Aymo Brunetti
Thilo Großer

Volkswirtschaftslehre

Eine Einführung für Deutschland

hep der bildungsverlag

der bildungsverlag
www.hep-verlag.de

Aymo Brunetti, Thilo Großer
Volkswirtschaftslehre
Eine Einführung für Deutschland
ISBN 978-3-03822-026-8

Gestaltung und Satz: Da-TeX Gerd Blumenstein, Leipzig
Umschlaggestaltung: Lorenzo Conti, Bern

Bibliografische Information der Deutschen Nationalbibliothek:
Die Deutsche Nationalbibliothek verzeichnet diese Publikation in der Deutschen Nationalbibliografie; detaillierte bibliografische Daten sind im Internet über http://dnb.dnb.de abrufbar.

2. Auflage 2016

www.hep-verlag.de

Zusatzmaterialien und -angebote zu diesem Buch:
http://mehr.hep-verlag.de/vwl

Vorwort

Die Volkswirtschaftslehre ist ein außerordentlich vielfältiges Gebiet. Wie kaum ein anderes Fach befasst sie sich einerseits mit „großen" Themen, welche oft die Schlagzeilen beherrschen – man denke etwa an die Beschäftigungssituation, die Konjunktur oder die Finanzkrise. Andererseits aber interessiert sie sich dafür, wie einzelne Menschen ihre Entscheidungen treffen – etwa bei der Wahl der Ausbildung, dem Abwägen von verschiedenen Konsummöglichkeiten oder der Frage, wie man mit Schulden umgeht. Für die Analyse derartiger Themen bietet die Volkswirtschaftslehre sehr nützliche Instrumente. Schon wenn man ein paar wenige Konzepte verstanden hat, kann man bei wichtigen Fragen kompetenter urteilen. Kurz, und um es gleich schon in der Fachsprache auszudrücken: Die Grundzüge der Volkswirtschaftslehre zu erlernen, ist eine lohnende Investition.

Das vorliegende Buch versucht, diese breite Anwendbarkeit auf möglichst attraktive Art und Weise zu vermitteln. Im Zentrum steht dabei unser Ziel, nicht mit unnötig komplizierten Darstellungen abzuschrecken, sondern Interesse für dieses faszinierende Gebiet zu wecken. Das Buch ist bewusst darauf ausgerichtet, den Schülerinnen und Schülern bzw. den Studierenden solide ökonomische Basisinformationen für Beruf und Alltag in die Hand zu geben. Das Werk ist verständlich geschrieben, zudem wurden ein großes Format und eine klare Struktur gewählt. Es ist deshalb auch im besten Sinne als „Lesebuch", als Studienbuch zu begreifen.

Die konsequente Ausrichtung auf die deutsche Volkswirtschaft erlaubt es, sich gemeinsam mit den wirtschaftswissenschaftlichen Methoden eine Fülle an praxisrelevanten Kenntnissen anzueignen. Neben der Vermittlung von Wissen zielt das Buch auch darauf ab, Methoden-, Selbst- und Sozialkompetenz zu entwickeln. Die Einheiten mit der Überschrift KOMPETENZEN BILDEN sprechen Schülerinnen und Schüler in ihrem eigenen Erfahrungshorizont an und erlauben ihnen mit verschiedenen Anwendungen, sich mit dem erlernten Material aktiv auseinanderzusetzen.

Für diesen Ansatz wurde das Buch, das nun in der 2. aktualisierten Auflage vorliegt, von der Bundesarbeitsgemeinschaft SchuleWirtschaft als „Schulbuch des Jahres – Ökonomische Bildung 2014/2015" ausgezeichnet.

Dieses Werk richtet sich gezielt an Schülerinnen und Schüler, die die Hochschulreife an einem beruflichen Gymnasium (Wirtschaftsgymnasium, Gymnasiale Oberstufe am Berufskolleg, Berufsoberschule) oder die Fachhochschulreife an einer beruflichen Vollzeitschule (z. B. Höhere Berufsfachschule, Fachoberschule, Berufskolleg Ba-Wü) erwerben möchten. Es ist aber auch an allgemeinbildenden Gymnasien im (Teil-)Fach Wirtschaft oder in Verbundfächern wie GWG (Geografie, Wirtschaft, Gemeinschaftskunde) oder Sozialwissenschaften sowie in der Fort- und Weiterbildung hervorragend verwendbar. Das Werk ist darüber hinaus für Fachhochschulen, für das universitäre Grundstudium und für andere an ökonomischen Themen Interessierte als gut verständliche Einführung (ohne mathematischen Apparat) in die Volkswirtschaftslehre geeignet.

Die 17 Kapitel des Buchs sind in sechs Themengebiete unterteilt:

1. „Einführung in das wirtschaftliche Denken" behandelt die grundlegenden Fragen, was wirtschaftliches Handeln bedeutet, welche zentrale Rolle Bedürfnisse dabei spielen und welche Bedeutung dem Geld in einer auf Tausch basierenden Volkswirtschaft zukommt. Als methodische Grundlage diskutieren wir am Beispiel des Wirtschaftskreislaufs das Denken in vereinfachenden Modellen.

2. „Märkte und internationale Arbeitsteilung" erläutert die Funktionsweise von Märkten und der von Märkten bewirkten Spezialisierung – einerseits modellhaft anhand der Prinzipien von Angebot und Nachfrage, andererseits konkret anhand des Angebots Deutschlands und seiner Nachfrage auf dem Weltmarkt.

3. „Quellen des Wohlstands" befasst sich mit der Produktion von Waren und Dienstleistungen. Wir erläutern hier, was Produktionsfaktoren sind und wie ihre sinnvolle Kombination zu Wohlstand und Wirtschaftswachstum führt.

4. „Ziele und Instrumente der Wirtschaftspolitik" betrachtet den Rahmen, den die Politik der Wirtschaft setzt, und zwar durch die Wirtschaftspolitik und deren Instrumente.

5. „Sozial- und Arbeitsmarktpolitik" beleuchtet die Konzepte der Umverteilung und der Regulierung des Arbeitsmarktes – und zeigt, wie sie in Deutschland umgesetzt werden.

6. „Konjunktur, Preisstabilität und Geldpolitik" befasst sich schließlich mit den wichtigsten Aspekten der Makroökonomie: mit konjunkturellen Schwankungen, Inflation und Deflation und der zentralen Rolle der Geldpolitik. Explizit thematisieren wir hier auch die Finanz-, Wirtschafts- und Eurokrise – das volkswirtschaftliche Thema unserer Zeit, zu dem unserer Erfahrung nach auch jüngere Menschen besonders viele Fragen stellen und Antworten erwarten.

Das Lehrbuch ist gleichzeitig Übungsbuch. Die Kapitel sind mit Elementen angereichert, die das Lernen und den Einsatz im Unterricht vereinfachen. So beginnen alle Kapitel mit einer Liste konkreter Lernziele und sie schließen jeweils mit einer Zusammenfassung, die Punkt für Punkt diesen Lernzielen folgt. Zudem findet sich am Ende der Kapitel ein Block mit Wiederholungsaufgaben und einer mit handlungsorientierten Aufgaben. Zahlreiche Kästen vertiefen interessante Aspekte und immer wieder sind zusammenfassende Übersichtsgrafiken eingestreut. Während gezielt ausgewähltes Bildmaterial auf die Relevanz von volkswirtschaftlichem Wissen hinweist, machen Diagramme und Grafiken es anschaulich. Karikaturen lockern den Text auf.

Verschiedene Zusatzmaterialien sind über die Webseite zum Buch verfügbar, etwa eine App mit den Glossarbegriffen sowie sämtliche Grafiken des Buches im PDF-Format. Für angemeldete Lehrpersonen werden zudem Lösungsvorschläge für die Aufgaben und ein didaktisch aufbereiteter Power-Point-Foliensatz angeboten, der den Unterricht mit diesem Buch erleichtert und unterstützt.

April 2016 Aymo Brunetti Thilo Großer

Inhaltsübersicht

Inhaltsverzeichnis

Themengebiet 1: Einführung in das wirtschaftliche Denken

„Die erste Lektion der Volkswirtschaftslehre ist die Knappheit: Es gibt nie genug, um alle Wünsche aller zu befriedigen. Die erste Lektion der Politik ist, die erste Lektion der Volkswirtschaftslehre nicht zu beachten."

Thomas Sowell, amerikanischer Ökonom und Publizist (*1930)

›

LERNZIELE ZU DEN KAPITELN 1 UND 2

Nachdem Sie die Kapitel 1 und 2 durchgearbeitet haben, sollten Sie in der Lage sein,

1. zu erläutern, mit welchen grundlegenden Themen sich die Volkswirtschaftslehre befasst.
2. Knappheit zu beschreiben und die Rolle von Anreizen, Opportunitätskosten und Preisen für das Verhalten von Menschen darzulegen.
3. zu erläutern, was ein „Homo oeconomicus" ist.
4. die Wirtschaftssektoren einer Volkswirtschaft zu beschreiben und zu unterscheiden.
5. die Begriffskette Bedürfnis, Bedarf und Nachfrage zu erklären.
6. die Maslow'sche Bedürfnispyramide zu verstehen und für sich anzuwenden.
7. Ihre eigenen Bedürfnisse und Formen der Bedürfnisbefriedigung zu hinterfragen.
8. den Unterschied zwischen einer Marktwirtschaft und einer Planwirtschaft zu erklären.

Kapitel 1: Wirtschaftlich handeln

Jede und jeder von uns ist Teil der deutschen Volkswirtschaft. Wir alle nehmen am Wirtschaftsleben teil. Ganz unabhängig davon, ob wir uns dessen bewusst sind oder nicht, schlüpfen wir dabei gleich in mehrere Rollen als ökonomische Akteure.

Als Auszubildende erwerben Sie eine berufliche Qualifikation und machen sich fit für den Arbeitsmarkt. Als Konsumenten erfüllen Sie sich Wünsche und sorgen für Umsatz in Geschäften Ihrer Stadt oder in Onlineshops. Weitere ökonomische Entscheidungen treffen Sie als Berufstätige, als Sparer, als Versicherte, als Steuerzahler, als Familienmitglieder, als Internetsurfer, als Verkehrsteilnehmer ... Jedes Mal prüfen Sie Alternativen, wägen Sie deren Preis oder Aufwand mit dem Ertrag oder der Zeitersparnis ab. Ihre Wahl hat Folgen – manchmal weltweite. Je nachdem, welches Produkt Sie nach Ihren persönlichen Vorstellungen erwerben, klingelt die Kasse eines Herstellers irgendwo auf der Welt.

Da wir alle an der Volkswirtschaft beteiligt sind, befassen wir uns auch alle mit den Fragen, auf welche die Volkswirtschaftslehre Antworten gibt. Jede und jeder fragt sich: Wie sicher ist mein Job? Wo werden in Zukunft Arbeitsplätze wegfallen und wo neue entstehen? Wie viel werde ich verdienen, kaufen und sparen können? Werden wir in Europa auf Dauer mit dem Euro bezahlen und uns Urlaube in fernen Ländern leisten können? Werden wir auch dann gut über die Runden kommen und abgesichert sein, wenn wir krank, arbeitslos, Eltern oder Rentner werden? Während es bei der letzten Frage um die soziale Sicherung geht, die uns der Staat bietet, drehen sich die anderen Fragen um die Sicherheit des Arbeitsplatzes, um die besten Berufsaussichten, um den individuellen Lebensstandard sowie um die Stabilität und Kaufkraft unserer Währung.

Von den Antworten auf all diese Fragen hängen viele Entscheidungen im Leben ab. Das Bedürfnis nach ökonomischer Orientierungshilfe im Alltag ist darum groß. Nicht erst seit dem Ausbruch der weltweiten Finanz- und Wirtschaftskrise kann man kaum eine Zeitung aufschlagen, ohne direkt mit volkswirtschaftlichen Fragen konfrontiert zu werden. Die Wirtschaftslage zählt nicht ohne Grund in Umfragen zu den Themen, welche die Menschen besonders stark beschäftigen. Dabei geht es keineswegs nur ums Geld, sondern auch um Politik: Wahlen entscheiden sich oft an volkswirtschaftlichen Größen wie der Entwicklung der Arbeitslosigkeit oder der Konjunktur.

Die Volkswirtschaftslehre hilft Ihnen, ökonomische Entscheidungen zu verstehen und sie auf einer möglichst sachlichen Grundlage zu treffen. Im ersten Kapitel werden wir die Bedeutung des wirtschaftlichen Handelns, mit dem sich die Volkswirtschaftslehre befasst, aus Sicht des Einzelnen näher kennenlernen.

1.1 Der Einzelne, die Märkte und die Gesamtwirtschaft

Bevor wir uns mit den zentralen Konzepten befassen, die das Verhalten des Einzelnen im wirtschaftlichen Umfeld analysieren, müssen wir uns fragen, mit welcher Systematik die Volkswirtschaftslehre dabei vorgeht. Das heißt, wir müssen uns zunächst einmal Klarheit darüber verschaffen, womit sich die Volkswirtschaftslehre beschäftigt. Vereinfacht kann man dabei drei eng miteinander verbundene Ebenen unterscheiden:

- Erstens befasst sich die Volkswirtschaftslehre mit den Entscheidungen einzelner Menschen.
- Zweitens analysiert sie das Zusammenspiel von Menschen in vielfältigen wirtschaftlichen Beziehungen auf sogenannten Märkten.
- Drittens beschäftigt sie sich mit der Gesamtwirtschaft, also mit dem Zusammenwirken all dieser Entscheidungen und Märkte.

Die Basis jeder wirtschaftlichen Analyse bilden die Entscheidungen von Einzelnen. Doch manchmal genügt es nicht, die Entscheidungen einzelner Personen oder die Vorgänge auf einzelnen Märkten zu analysieren. Wollen wir etwa wissen, wieso der *Wohlstand* in Deutschland höher ist als in Griechenland, so müssen wir die gesamte Leistung der beiden Volkswirtschaften miteinander vergleichen. Nicht anders ist es, wenn wir die Arbeitslosigkeit oder die Inflation in einem Land verstehen wollen. In diesen Fällen geht es um Aussagen zur Gesamtwirtschaft. Natürlich setzt sich die Gesamtwirtschaft letztlich aus den einzelnen Entscheidungen auf den verschiedenen Märkten zusammen. Aber es ist ein Ding der Unmöglichkeit, jede dieser Milliarden Transaktionen auf Tausenden von Märkten zu erfassen und aufzuaddieren. Vielmehr muss man hier vereinfachen und versuchen, die groben Zusammenhänge zwischen den gesamtwirtschaftlichen Größen zu erfassen. Deshalb hat die Volkswirtschaftslehre Instrumente entwickelt, die es ermöglichen, von Details abzusehen und die gesamte Wirtschaft zu überblicken.

→ **Wohlstand**
Materieller Lebensstandard in einer Volkswirtschaft.

Oft wird in der volkswirtschaftlichen Analyse zwischen *Mikroökonomie* und *Makroökonomie* unterschieden. Die Mikroökonomie befasst sich mit den beiden erstgenannten Untersuchungsgegenständen, also den individuellen Entscheidungen und dem Zusammenwirken dieser Entscheidungen auf einzelnen Märkten. Es geht somit – wie der Begriff „Mikro" bereits anklingen lässt – um die kleinen Einheiten, die in ihrer Gesamtheit die Volkswirtschaft ausmachen. Die Makroökonomie andererseits richtet den Blick auf die gesamte Volkswirtschaft; sie behandelt also das dritte der oben stehenden Themen der Volkswirtschaftslehre.

→ **Mikroökonomie**
Teilgebiet der Volkswirtschaftslehre, das sich mit den Entscheidungen der Haushalte und Unternehmen sowie mit deren Zusammenspiel auf einzelnen Märkten befasst.

→ **Makroökonomie**
Teilgebiet der Volkswirtschaftslehre, das sich mit gesamtwirtschaftlichen Phänomenen wie der Inflation, den Konjunkturschwankungen oder dem langfristigen Wachstum befasst.

Wir werden im Verlauf dieses Buches sehen, dass je nach Fragestellung eher mit mikro- bzw. mit makroökonomischen Ansätzen gearbeitet werden muss. Analysieren wir etwa Inflation und Geldpolitik, so ist dies in erster Linie Makroökonomie, während zum Beispiel die Wettbewerbspolitik vor allem die mikroökonomische Betrachtung einzelner Märkte nutzt. Bei zahlreichen wichtigen Themen müssen wir aber beide Ansätze verwenden, etwa bei der Analyse der Arbeitslosigkeit oder der Staatsfinanzen.

Zusammenfassende Übersicht

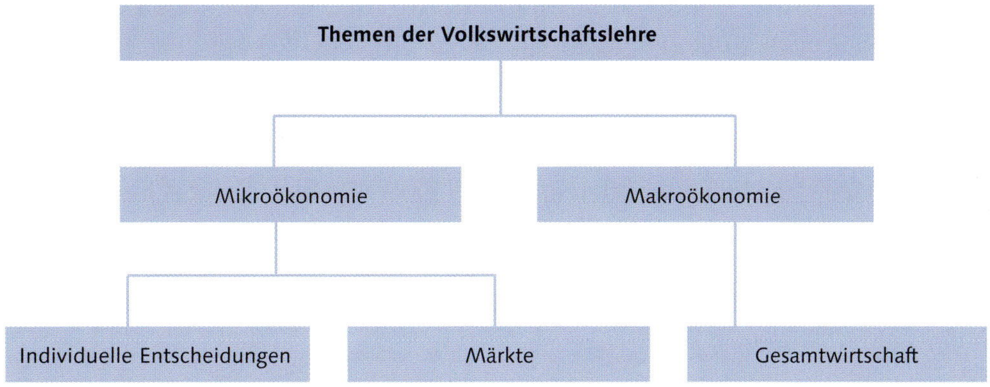

1.2 Der Einzelne und sein wirtschaftliches Handeln

Die Grundlage wirtschaftlicher Prozesse liegt im Verhalten der Einzelnen. Doch wie verhält sich jede und jeder Einzelne? Handeln wir immer so, dass wir die uns zur Verfügung stehenden Mittel sinnvoll einsetzen? Oder vergeuden wir nicht auch mal Zeit, Geld, Talent – oder irren uns einfach? Die Volkswirtschaftslehre kann nicht das Verhalten jedes Menschen in jeder Situation zu jeder Zeit erklären. Das ist schlicht unmöglich.

→ **Homo oeconomicus** Verhaltensmodell der Volkswirtschaftslehre, das davon ausgeht, dass sich die Menschen bei Entscheidungen rational verhalten und ihren Nutzen maximieren.

Dennoch werden in der ökonomischen Theorie Aussagen getroffen und damit auch Vorhersagen über unser Verhalten in bestimmten Situationen. Das ist machbar, weil die Ökonomen statt unseres Verhaltens dasjenige eines Modellmenschen zugrunde legen – des *Homo oeconomicus*. Auch wenn wir uns im realen Leben keineswegs alle gleich verhalten: Im Durchschnitt betrachtet handeln wir ziemlich genau so wie dieser „Wirtschaftsmensch".

Wir alle nehmen am Wirtschaftsleben teil – zum Beispiel als Konsumenten.

Der Homo oeconomicus steht prinzipiell vor demselben Problem wie wir in unserem Alltag: Unsere *Bedürfnisse* sind unbeschränkt, die *Ressourcen* aber sind knapp. Wir wollen immer mehr, als wir haben – irgendetwas fällt uns immer ein, das uns fehlt. Darum müssen wir verstehen, wie individuelle Entscheidungen in Knappheitssituationen getroffen werden. Man kann sich immer nur eine begrenzte Menge an Gütern leisten – dies gilt für Einzelne wie auch für die gesamte Gesellschaft. Jede und jeder wird durch das verfügbare Budget, also das Einkommen im weitesten Sinne, beschränkt. Sie oder er muss deshalb entscheiden, wie dieses knappe Budget auf unterschiedliche Verwendungszwecke aufgeteilt werden soll. Wie Menschen mit Knappheiten umgehen, ist die Grundfrage der Volkswirtschaftslehre.

→ **Bedürfnis**
Wunsch, einen empfundenen Mangel zu beseitigen oder zu mildern.

→ **Ressourcen**
Materielle oder immaterielle Mittel, die zur Befriedigung von Konsumbedürfnissen oder für die Produktion von Waren und Dienstleistungen verwendet werden können.

Neben dem Einkommen ist natürlich auch die Zeit eine knappe Ressource. Der Tag hat bekanntlich nur 24 Stunden, sodass auch hier dauernd entschieden werden muss, wie man diese beschränkte Zeit auf die schier unendliche Zahl möglicher Tätigkeiten verteilen soll. Sowohl in puncto Einkommen als auch in puncto Zeit ist man also ständig mit konkurrierenden Verwendungsmöglichkeiten konfrontiert.

Diese Situation wird mit dem zentralen Konzept der *Opportunitätskosten* beschrieben: Diese tatsächlichen Kosten einer Tätigkeit sind die Vorteile, die einem entgehen, weil man etwas anderes nicht tun kann.

→ **Opportunitätskosten**
Kosten, die bei einer Entscheidung für eine Handlung dadurch anfallen, dass die Vorteile einer alternativen Handlung nicht realisiert werden können.

Der Homo oeconomicus oder die Rolle der Eigeninteressen

Bei der Diskussion über das wirtschaftliche Verhalten von Konsumenten oder Unternehmen ist oft vom Eigeninteresse die Rede, das zu dieser oder jener Handlung führt. Man könnte sich jetzt fragen, ob die Volkswirtschaftslehre nicht ein bedenkliches Menschenbild habe, da sie konsequent eigennütziges Verhalten unterstellt. Letztlich geht es aber beim Homo oeconomicus – wie dieses Modell oft genannt wird – lediglich um die Beschreibung, wie sich Menschen in alltäglichen Situationen im Durchschnitt verhalten. Und hier ist es eine realistische Annahme, dass niemand systematisch gegen die eigenen Interessen handelt. Vielmehr versucht man in der Regel, sich so zu entscheiden, dass es einem nützt. Die meisten Menschen sind ja weder Engel noch Verbrecher – es ist üblich, sich innerhalb der gesellschaftlichen Normen milde eigennützig zu verhalten. Im Eigennutz enthalten ist dabei sehr oft auch, was anderen Menschen nützt. So werden wir doch ein Interesse daran haben, dass sich unser Verhalten positiv auf das Wohlergehen unserer Familie oder Freunde auswirkt. Dieses Verhalten ist dann keineswegs im landläufigen Sinne egoistisch, auch wenn es unserem Eigennutz entspringt. Der Homo oeconomicus ist also einfach jemand, der unter verschiedenen Alternativen diejenige auswählt, die ihm im weitesten Sinne am meisten nützt.

Dieses Modell erweist sich in der realen Analyse von Entscheidungen meist als ausgesprochen treffsicher, obwohl die Grundannahmen nicht besonders realistisch anmuten. Dass dieser Mensch in der Lage ist, immer zu seinem Wohl zu handeln, setzt extrem rationales Verhalten voraus. Er muss sämtliche Kosten, Nutzen und Alternativen überschauen. Er ist also immer (!) bestens (!) informiert, wägt genauestens (!) ab und handelt exakt (!) so, wie er es einzig und allein für richtig erkannt hat. Das klingt wirklichkeitsfremd? Allerdings. Seine Perfektion hat dem Homo oeconomicus schon viel Spott eingebracht. In der *Ökonomie* herrscht längst Einigkeit darüber, dass wir uns im Alltag bei Weitem nicht immer derart rational verhalten. Das Modell wurde um realistischere Annahmen erweitert und es wird von eingeschränkter statt vollständiger Rationalität gesprochen. Das macht die Analysen realitätsnäher, ändert aber nichts an der grundsätzlichen Annahme: Menschen handeln eher rational als irrational.

→ **Ökonomie**
Je nach Zusammenhang ein Synonym für die Volkswirtschaftslehre als Wissenschaft oder ein Synonym für die Gesamtwirtschaft eines Landes (Volkswirtschaft).

Ein Beispiel ist etwa die Frage, ob sich der Besuch einer weiterführenden Schule finanziell lohnt. Um dies zu beurteilen, muss man sich die Kosten der Weiterbildung vergegenwärtigen. Sie bestehen einmal aus den offensichtlichen Auslagen, wie z. B. den Schulgebühren oder den Kosten für Lehrbücher. Dieses Geld könnte man auch für alternative Verwendungszwecke einsetzen. Den Nutzen dieser Alternativen bezeichnen wir deshalb als einen Teil der Opportunitätskosten der Weiterbildung. Die gesamten Opportunitätskosten sind allerdings wesentlich höher: Die wertvollste Ressource, die in eine Weiterbildung fließt, ist nämlich die Zeit. Während der Zeit, in der ich lerne, könnte ich ja einer bezahlten Arbeit nachgehen. Wird der so entgangene Lohn ebenfalls in Rechnung gestellt, resultiert daraus ein wesentlich größerer Betrag als die zu Beginn genannten, direkt sichtbaren Kosten.

Dr. Brian May: Der Queen-Gitarrist erkannte die hohen Opportunitätskosten seiner verfügbaren Zeit während der erfolgreichsten Phase der Band: Auf Tour zu gehen war lukrativer als zu büffeln. Er erwarb seinen Doktortitel in Astrophysik deshalb erst im Jahr 2007 – im Alter von 60 Jahren.

→ **Marginale Entscheidung**
Der zusätzliche Nutzen aus einer Entscheidung wird den zusätzlichen Kosten gegenübergestellt. Überwiegt der Nutzengewinn, so entscheidet man sich dafür.

Jede Veränderung der Opportunitätskosten führt letztlich zu einem veränderten Verhalten, beeinflusst also unsere Entscheidungen. In der Regel sind davon nicht unsere „Ja/Nein-Entscheidungen" betroffen, sondern meist die „Wie-viel-davon-Entscheidungen", auch *marginale Entscheidungen* genannt. Veränderungen der Opportunitätskosten bewirken also eine Anpassung dieser marginalen Entscheidungen, die etwa um die Frage kreisen, ob eine zusätzliche Einheit konsumiert werden soll oder nicht. Um zu unserem Beispiel zurückzukehren: Erhöhen sich die Schulgebühren, so wird das meine Weiterbildungsentscheidung sehr wahrscheinlich beeinflussen – aber in der Regel nicht bezüglich der Frage, ob ich mich überhaupt weiterbilden soll, sondern eher bezüglich der Wahl meines Studienortes oder der Dauer meiner Weiterbildung.

Die Volkswirtschaftslehre hilft bei der Beantwortung der Frage, wie Personen auf Veränderungen der Opportunitätskosten reagieren. Die Opportunitätskosten zeigen uns die relative Knappheit von Gütern, und zwar in Form von *Preisen*. In diesem Sinn entspricht der Preis eines Gutes, für das ich mich entschieden habe, dem entgangenen Nutzen, den mir andere Güter gebracht hätten. Wird ein Gut knapper, so steigt der Preis – was wiederum *Anreize* für Verhaltensänderungen schafft. Meist führt eine Preiserhöhung zu einem Konsumrückgang des entsprechenden Gutes, da die Opportunitätskosten des Konsums steigen: Würde ich gleich viel vom entsprechenden Gut konsumieren wie bisher, könnte ich mir weniger von anderen Gütern leisten. Also besteht ein Anreiz, weniger von einem Gut zu konsumieren, wenn sein Preis steigt.

→ **Preis**
Maß für die Knappheit von Waren und Dienstleistungen.

→ **Anreiz**
Faktor, der einen wirtschaftlichen Akteur motiviert, sich für eine bestimmte Handlungsalternative zu entscheiden.

Der Kobra-Effekt oder die zentrale Bedeutung von Anreizen

In Diskussionen erkennt man Ökonominnen und Ökonomen oft daran, dass sie sehr viel von Anreizen sprechen. Gerade bei der Analyse wirtschaftspolitischer Maßnahmen beharren sie meist besonders nachdrücklich darauf, die Anreizwirkungen scheinbar guter Vorschläge nüchtern zu untersuchen. Ein inzwischen bekanntes, weil besonders treffendes Beispiel macht klar, warum:
Als Indien in der Kolonialzeit eine Kobraplage erlebte, glaubte der britische Gouverneur, die Lösung des Problems gefunden zu haben: Er ließ ein Kopfgeld auf jede erlegte Kobra aussetzen. Die Maßnahme war auf den ersten Blick ausgesprochen erfolgreich, denn es wurden immer mehr tote Kobras abgeliefert. Allerdings führte dies nicht zur gewünschten Reduktion, sondern zu einer Erhöhung des Bestands der lästigen Tiere. Die Bevölkerung ging nämlich dazu über, die Schlangen zu züchten und dann zu töten, um von der Prämie profitieren zu können. Als der Gouverneur dies erkannte, hob er die Maßnahme wieder auf – mit dem Resultat, dass die gezüchteten Kobras freigelassen wurden, da die Besitzer keine Verwendung mehr für sie hatten. Das Endergebnis war, dass eine teure Maßnahme exakt das Gegenteil dessen erreichte, was ursprünglich angestrebt worden war. Anstatt die Kobraplage zu reduzieren, wurde sie vergrößert. Dieser Kobra-Effekt illustriert die Probleme, die man sich einhandelt, wenn man die Anreizwirkungen von Maßnahmen nicht gründlich analysiert.

Bei jeder wirtschaftspolitischen Maßnahme ist es deshalb wichtig, sich darüber im Klaren zu sein, welches Verhalten dadurch ausgelöst wird. Andernfalls gerät man plötzlich in eine ähnliche Situation wie unser glückloser Gouverneur. Lässt man sich zu sehr davon leiten, wie die Menschen reagieren sollten, und berücksichtigt nicht nüchtern genug, wie sie tatsächlich reagieren, dann haben Maßnahmen oft unerwartete, ja kontraproduktive Effekte. So passiert es dann eben,

- dass zu hohe Mindestlöhne oder ein zu starker Kündigungsschutz gerade besonders benachteiligte Arbeitnehmerinnen und Arbeitnehmer auf dem Arbeitsmarkt schwächen und deren Arbeitslosigkeit erhöhen (weil ihnen zu diesen Bedingungen kein Job angeboten wird),
- dass Luxussteuern ausgerechnet ärmere Bevölkerungsschichten schädigen (weil reiche Steuerzahler im Ausland shoppen gehen oder ganz abwandern) oder
- dass ein weitgehender Versicherungsschutz die Leute zu riskanterem Verhalten ermutigt (weil Schäden nicht mehr von einem selbst, sondern von der Versicherung übernommen werden).

Für die Analyse der Anreizwirkungen geht man am besten von den Grundmechanismen aus, die in diesem Abschnitt beschrieben werden. Dabei steht immer die Veränderung der Preise im Zentrum. Führt eine Maßnahme zu anderen Preisen, so wird sie vorhersehbare Verhaltensänderungen auslösen. Eine Prämie auf erlegte Kobras etwa erhöht deren Preis, gibt damit das Signal, dass dieses Gut knapp ist, und setzt Anreize, mehr davon anzubieten. Berücksichtigt man die durch Preisveränderungen ausgelösten Anreize, läuft man kaum Gefahr, Opfer eines Kobra-Effekts zu werden.

Anreize bilden ein zentrales Element der ökonomischen Theorie; sie sind die eigentliche Essenz der Analyse. Ökonominnen und Ökonomen reagieren immer skeptisch, wenn Verhaltensänderungen erreicht werden sollen, ohne dass sich etwas an den Anreizen – den Preisen im weitesten Sinne – verändert. Soll aus ökologischen Gründen das Autofahren eingeschränkt werden, so hält die Volkswirtschaftslehre einen politischen Appell (etwa: „Fahren Sie weniger Auto, denn dies schädigt die Umwelt.") für weniger Erfolg versprechend als die Einführung einer Abgabe auf Benzin. Nur die Preisveränderung garantiert nämlich eine individuell spürbare Veränderung der relativen Knappheit und schafft damit einen echten Anreiz für eine Verhaltensänderung.

→ **Wirtschaftlicher Akteur**
Einzelne Personen, Unternehmen, staatliche Einheiten oder jeweils eine Gruppe davon, die wirtschaftliche Transaktionen tätigen.

Preise vermitteln Informationen über die Knappheit der Güter und senden damit Signale, die das Verhalten der *wirtschaftlichen Akteure* beeinflussen. Wird ein Gut knapper, so steigt sein Preis; oder anders ausgedrückt: Es erhöhen sich die Opportunitätskosten seines Verbrauchs. Dies setzt Anreize, weniger davon zu konsumieren. In der Regel wird man bei einer Preiserhöhung nicht vollständig auf den Konsum verzichten, sondern ihn lediglich einschränken. Deshalb haben wir oben von marginalen Entscheidungen gesprochen. Gleichzeitig setzt der gestiegene Preis für die Produzenten eines Gutes Anreize, mehr herzustellen. Zusammengefasst steht die Analyse von Entscheidungen über den Einsatz von knappen Ressourcen im Zentrum der ökonomischen Betrachtungsweise.

So klein – oder marginal – die Veränderungen der Anreize für jeden von uns von Tag zu Tag auch ausfallen mögen: Im Lauf der Zeit hinterlassen diese Verschiebungen der Anreize deutliche Spuren in der Volkswirtschaft. Das geht so weit, dass völlig neue Branchen und damit auch neue Berufe und Tätigkeiten entstehen, nur um Bedürfnisse zu befriedigen, die es vorher nicht gab. Einen „Netzwerkadministrator" braucht man erst seit der Verbreitung von Informationstechnologie (IT) und Internet. Andere Branchen und Berufe werden dagegen bedeutungslos oder verschwinden ganz. Wer kennt noch einen Stellmacher, Wollschläger oder Schriftsetzer? Dieser ständige Wandel ist ein Wesenselement der Volkswirtschaft, wie wir im nächsten Abschnitt sehen werden.

1.3 Der Einzelne und die Wirtschaftssektoren

Cola, Burger, Autos, Telefone, Flugreisen: Historisch betrachtet sind erst wenige Generationen vor uns zu einem Wohlstand gekommen, den auch wir als solchen bezeichnen würden. Dieser Wohlstand ist gekennzeichnet durch eine enorme Ausweitung der Konsummöglichkeiten, zumindest verglichen mit dem Lebensstil, den sich die Menschen vom Mittelalter bis weit ins 19. Jahrhundert leisten konnten. **Abbildung 1.1** zeigt, wie sich in Deutschland das Maß für den Wohlstand des Einzelnen, das *Bruttoinlandsprodukt (BIP) pro Kopf*, seit dem Jahr 1500 entwickelt hat – es ist eine Reise in die Geschichte, nicht nur in die Wirtschaftsgeschichte.

→ **Bruttoinlandsprodukt (BIP) pro Kopf**
Wert der gesamten Produktion (abzüglich Vorleistungen) von Waren und Dienstleistungen pro Einwohner, die während eines Jahres in einem Land hergestellt werden.

Zu erkennen ist, dass der Lebensstandard über Jahrhunderte hinweg praktisch der gleiche blieb. Erst ab ungefähr 1850 begann das Einkommen der Menschen nennenswert zu wachsen. Wie verheerend sich die beiden Weltkriege auf den Wohlstand auswirkten, ist am Kurvenverlauf gut erkennbar. In der Nachkriegszeit kam es dann zu einer regelrechten Wohlstandsexplosion, die bis heute anhält. Diesem beeindruckenden Aufwärtstrend taten auch Konjunktur-, Finanz- und politische Krisen keinen Abbruch.

Abbildung 1.1
BIP pro Kopf in Deutschland 1500–2010 (in US-Dollar zu Preisen von 1990)

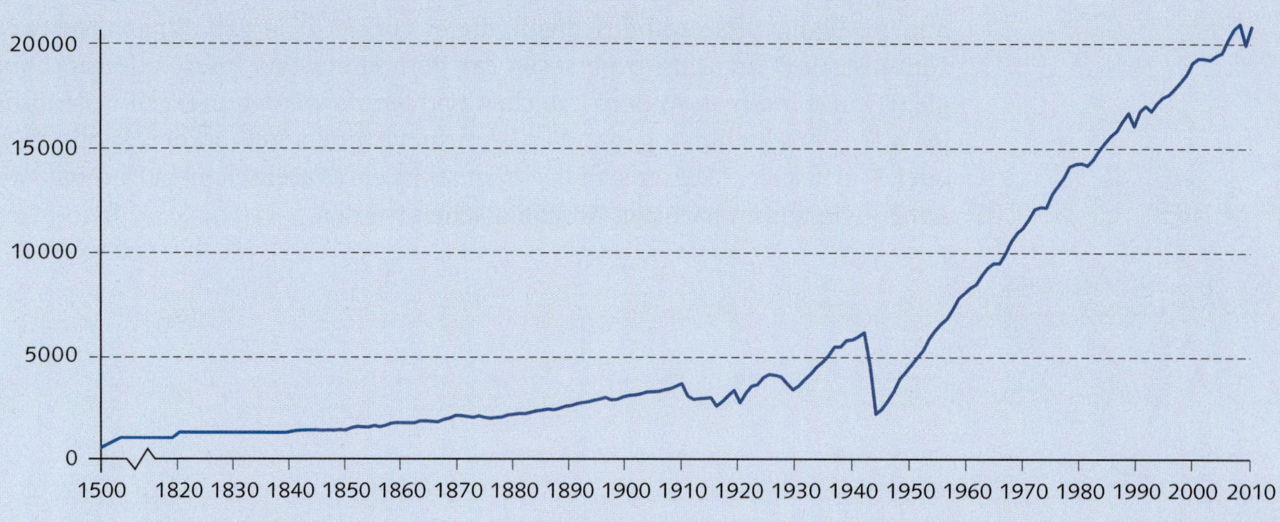

Quelle: Maddison, Angus; www.ggdc.net/maddison

Wie ist es zu erklären, dass es seit ungefähr 150 Jahren jeder Generation deutlich besser geht als der vorangegangenen, dies aber den Menschen vorher kaum gelang? Das hat mit der Produktivität des Einzelnen und damit mit der Entwicklung seiner jeweiligen Wirtschaftsbranche zu tun. Wir profitieren von den enormen Fortschritten, die diese *Arbeitsproduktivität* gemacht hat – und weiterhin macht.

→ **Arbeitsproduktivität**
Menge an produzierten Waren und Dienstleistungen pro geleistete Arbeitsstunde.

→ **Sektor**
Einteilung der Quellen der volkswirtschaftlichen Produktion in den primären Sektor, der Agrarprodukte herstellt, den sekundären Sektor, der Industriewaren fabriziert, und den tertiären Sektor, der Dienstleistungen anbietet.

Im Mittelalter hatten fast alle Menschen denselben Beruf: Sie waren Bauern. In der Sprache der Volkswirte ausgedrückt, arbeiteten die Menschen im primären *Sektor*, der Landwirtschaft. Die Bauern ernährten in erster Linie sich selbst, bei Missernten hungerten sie. In diesem Sektor gab es lange Zeit kaum Produktivitätsfortschritte und damit kaum Überschüsse, die gegen etwas eingetauscht werden und von denen sich Stadtbewohner ernähren konnten. Dementsprechend existierten nur relativ kleine Städte. Das Hamburg des Jahres 1700 zählte als damals größte deutsche Stadt gerade einmal 70000 Einwohner. Erst mit der sogenannten Agrarrevolution ab dem 18. Jahrhundert stiegen die Hektarerträge, etwa weil Mineraldünger die Pflanzen besser wachsen ließ. Bauern konnten in Städte ziehen, zu Arbeitern werden und Dinge herstellen, die mehr als nur Grundbedürfnisse befriedigten. Sie wechselten in den sekundären Sektor, besser bekannt unter dem Begriff „Industrie". In dem Sektor konnten schon damals bedeutende Produktivitätsfortschritte erreicht werden, z. B. mit der Dampfmaschine. Die industriellen Methoden werden seitdem wegen des technischen Fortschritts immer weiter perfektioniert. Das kostet zwar auch Arbeitsplätze in der Industrie, gleichzeitig werden jedoch mehr und mehr Bedürfnisse durch den Dienstleistungssektor (den tertiären Sektor) befriedigt, weshalb dort die Beschäftigung steigt. Er ist in den letzten Jahrzehnten zum größten Sektor der deutschen Volkswirtschaft geworden (**Abbildung 1.2**). In der einst dominierenden Landwirtschaft arbeiten heute nur noch 1,5% der Erwerbstätigen. Sie schaffen nur knapp 1% des deutschen Wohlstands.

Die Volkswirtschaft ist also von stetigen und durchaus gewaltigen Veränderungen geprägt. Das verlangt den wirtschaftlichen Akteuren ständige Anpassung ab. In diesem Wandel kann jede und jeder Einzelne den Wohlstand – oder die Chance auf mehr – nur dann wahren, wenn er rechtzeitig Signale über Veränderungen der Nachfrage erhält und darauf reagieren kann. Wie das in einer Marktwirtschaft funktioniert, erläutern wir im nächsten Kapitel.

Abbildung 1.2
Erwerbstätige in Deutschland 1950–2015 nach Sektoren (in Prozent)

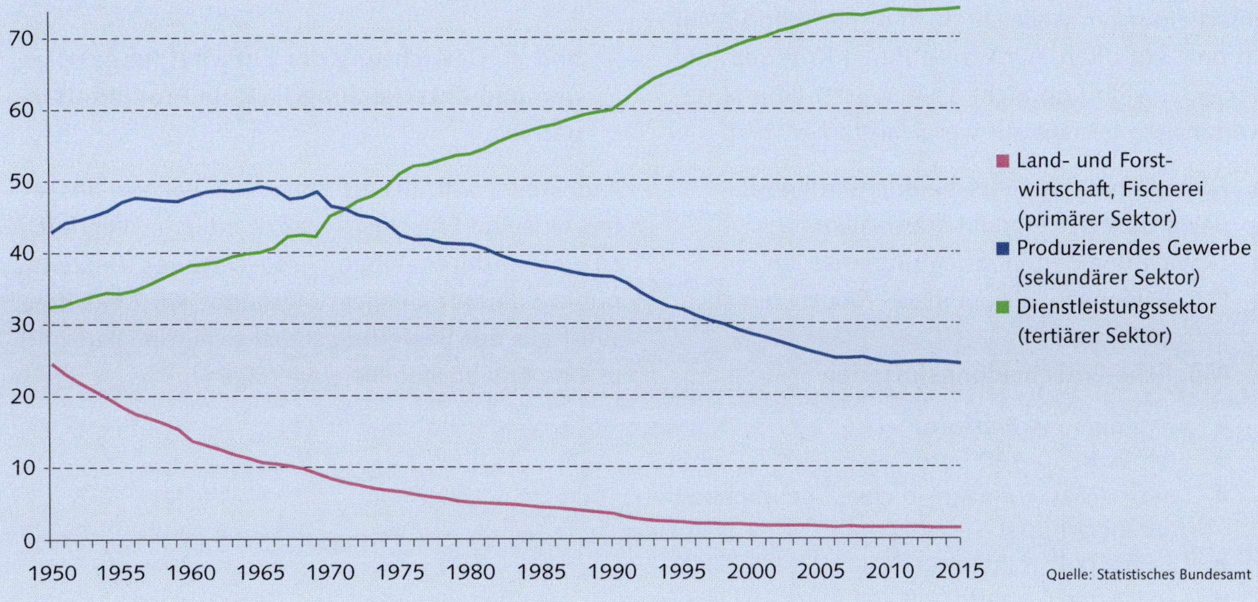

Quelle: Statistisches Bundesamt

KOMPETENZEN BILDEN:

Eine Entscheidung rational treffen (Nutzwertanalyse)

Wie wir in diesem Kapitel gesehen haben, sind rationale Entscheidungen, mit denen Menschen ihren Nutzen maximieren, ein wichtiges Konzept der Volkswirtschaftslehre. Am Beispiel einer einfachen Nutzwertanalyse werden Sie erfahren, wie Sie eine Entscheidung systematisch unter Berücksichtigung möglichst aller wichtigen Entscheidungskriterien treffen können. Wir beantworten die Frage: Welche Lösung ist für uns die beste?

Es können sehr unterschiedliche Entscheidungsprobleme mit einer Nutzwertanalyse angegangen werden: die Wahl des besten Angebots am Markt, des passenden Berufs, Ausbildungsplatzes, Studienfachs oder auch des besten Arbeitgebers. Für Unternehmer bieten sich Entscheidungen an wie die Auswahl von Lieferanten, Personal oder Standorten. So geht man auch – in komplexerer Form als hier dargestellt – tatsächlich im Wirtschaftsalltag vor. Bei aller Gründlichkeit und scheinbaren Objektivität handelt es sich aber immer auch um die zumindest in einigen Aspekten subjektive Nutzenabwägung einer Person oder Gruppe. Andere Entscheider, die auch ihren subjektiven Nutzen optimiert hätten, wären vielleicht zu anderen Ergebnissen gekommen.

Für eine Nutzwertanalyse können Sie alle Produkte heranziehen, die Sie interessieren. Wir wählen als Beispiel den Kauf einer Jeans. Sie haben Ihre Kaufentscheidungen vielleicht auch bisher schon recht rational getroffen, nur waren Ihnen Kriterien und deren Gewichtung nicht so bewusst. Eine Nutzwertanalyse besteht aus vier Schritten:

- Formulierung der Entscheidungskriterien,
- Bewertung der Produktalternativen,
- Gewichtung der Entscheidungskriterien,
- Entscheidung für die optimale Produktalternative.

1. Mögliche Entscheidungskriterien

- Aussehen und Passform
- Preis (z. B. 50–120 Euro)
- Image (Markenimage in der Öffentlichkeit oder Zielgruppe)
- Qualität (z. B. Haltbarkeit, Nähte, Stoffqualität)
- Service und Garantie (z. B. Beratung und Umtausch)

Oft treffen wir Kaufentscheidungen, z. B. bei Markenjeans, einfach aus dem Bauch heraus. Rationaler entscheiden wir uns nach vorheriger Nutzwertanalyse.

- Bezugskosten (Kosten des Versands oder der Fahrt zum Fachgeschäft)
- Nachhaltigkeit (soziale und ökologische Arbeitsbedingungen im Herstellerland)
- Weitere Kriterien (Diskutieren Sie, welche weiteren Kriterien Ihnen wichtig sind.)

2. Bewertung der Produktalternativen

Wir bewerten die Kriterien anhand einer einfachen Tabelle und vergeben für jedes Entscheidungskriterium 0–10 Punkte. Ein günstiger Preis bringt mehr Punkte, eine ökologisch fragwürdige Produktion entsprechend weniger.

3. und 4. Gewichtung der Entscheidungskriterien und Entscheidung für eine Produktalternative

Nun stellen wir uns die Frage, wie wichtig uns jedes einzelne Entscheidungskriterium im Vergleich zu den anderen scheint und verteilen Prozentpunkte. Dieser Gewichtungsfaktor wird mit dem Wert aus der Bewertungstabelle multipliziert und in eine Ergebnistabelle eingetragen.

Bewertungstabelle:

	Produktalternative			
Entscheidungskriterium	**Jeans A**	**Jeans B**	**Jeans C**	**Jeans D**
Aussehen/Passform	8	5	6	7
Preis	9	10	10	8
Image	10	10	7	8
Qualität	2	9	10	3
Service/Garantie	8	10	10	9
Bezugskosten	7	10	6	8
Nachhaltigkeit	2	5	9	3
Summe (Nutzwert)	46	59	58	46

Ergebnistabelle:

Entscheidungskriterium		**Produktalternative**							
	Gewichtung der Entscheidungskriterien in Prozent	**Jeans A**		**Jeans B**		**Jeans C**		**Jeans D**	
		Bewertung	Gewichtetes Ergebnis	Bewertung	Gewichtetes Ergebnis	Bewertung	Gewichtetes Ergebnis	Bewertung	Gewichtetes Ergebnis
Aussehen/Passform	30	8	240	5	150	6	180	7	210
Preis	20	9	180	10	200	10	200	8	160
Image	15	10	150	10	150	7	105	8	120
Qualität	10	2	20	9	90	10	100	3	30
Service/Garantie	10	8	80	10	100	10	100	9	90
Bezugskosten	5	7	35	10	50	6	30	8	40
Nachhaltigkeit	10	2	20	5	50	9	90	3	30
Summe (Nutzwert)	100		725		790		805		680

Ergebnis: Nachdem es nach der Bewertungstabelle noch so aussah, als wäre Jeans B die optimale Alternative, hat unter Einbeziehung der Gewichtung die Jeans C das Rennen gemacht. Sie liegt zwar beim Kriterium Image zurück, punktet aber sehr stark beim Kriterium Nachhaltigkeit.

Arbeitsaufträge:

1. Entscheiden Sie sich für ein für Sie persönlich relevantes Produkt, um eine Nutzwertanalyse durchzuführen.
2. Wählen Sie Entscheidungskriterien aus, eventuell auch im Brainstorming in der Gruppe. Machen Sie sich die Bedeutung der Entscheidungskriterien klar und beschreiben Sie diese.
3. Sammeln Sie möglichst viele Informationen über verschiedene Produktalternativen und Hersteller. Um es überschaubar zu halten, nehmen Sie nur drei bis vier Produktalternativen.
4. Führen Sie nun die Nutzwertanalyse wie vorgestellt durch.
5. Diskutieren Sie in der Klasse: Wo ist ein solches Verfahren sinnvoll? Und wo wäre es übertrieben?
6. In Verbraucherzeitschriften, z. B. von der Stiftung Warentest oder Ökotest, wird ein ganz ähnliches Verfahren zur Produktbeurteilung angewendet. Lesen Sie einige Tests in einem Heft oder online und beurteilen Sie die dortige Kriterienauswahl, Gewichtung und Bewertung. Wie objektiv und wie hilfreich sind die Testberichte Ihrer Meinung nach?

Kapitel 2: Bedürfnisse, Nachfrage und Marktwirtschaft

Bedürfnisse sind ein weiter Begriff, unter dem man sich vieles vorstellen kann. Nicht alles, was uns dabei einfällt, ist uns gleichermaßen wichtig. Einige Bedürfnisse haben eindeutig Vorrang, andere wiederum können warten. Gewiss hat jede und jeder von uns eine eigene Prioritätenliste, die ständig überarbeitet wird. Doch bei der Auslese der Bedürfnisse gehen wir alle meistens nach den gleichen Prinzipien vor. Diese lernen wir in diesem Kapitel kennen.

Vieles, was auf unserer persönlichen Wunschliste steht, können wir uns nicht leisten. Manches können wir uns noch nicht mal mit allem Geld der Welt kaufen. Aber eine ganze Menge an Waren und Dienstleistungen, nach denen uns der Sinn steht, werden auch tatsächlich produziert, angeboten und uns zur Verfügung gestellt. Dass uns die Bedürfnisbefriedigung so leicht gemacht wird, ist einem besonderen Koordinationsmechanismus der Volkswirtschaft zu verdanken: dem Markt. Moderne Wirtschaftssysteme werden deshalb nicht zufällig als Marktwirtschaften bezeichnet.

2.1 Vom Bedürfnis zur Nachfrage

Die grundsätzlichen Überlegungen zum Verhalten in Knappheitssituationen aus Kapitel 1 wollen wir nun verwenden, um etwas genauer zu verstehen, was hinter der Nachfrage nach Waren und Dienstleistungen steckt. Wir gehen dabei von der Feststellung aus, dass die Handlungen der Menschen im weitesten Sinne durch das Bestreben bestimmt sind, ihre Bedürfnisse zu befriedigen. Diese können beschrieben werden als Wunsch, einen empfundenen Mangel zu beseitigen oder zu mildern. Bedürfnisse gibt es dabei auf verschiedenen Ebenen. Diese reichen von den grundlegenden Bedürfnissen, deren Befriedigung das nackte Überleben sichert, bis zum Bedürfnis nach Selbstverwirklichung.

Bedürfnisse sind also grundsätzlich unbeschränkt. Beschränkt jedoch sind die Ressourcen, und zwar sowohl für die gesamte Wirtschaft als auch für die Individuen. So wohlhabend jemand auch sein mag, jede Person hat letztlich nur ein bestimmtes Budget an Geld und Zeit zur Verfügung. Weil unsere Bedürfnisse unbeschränkt sind, müssen wir Entscheidungen darüber treffen, welche Güter wir nachfragen wollen und auf welche wir verzichten können. Dazu müssen wir beurteilen, welchen *Nutzen* der Konsum verschiedener Güter stiftet.

→ **Nutzen**
Maß für das Wohlbefinden oder die Zufriedenstellung eines wirtschaftlichen Akteurs.

Weil wir aber alle unterschiedliche Vorlieben haben, ist dieser Nutzen von Mensch zu Mensch verschieden. Eine Weinliebhaberin wird eine höhere Wertschätzung für einen edlen Bordeaux aufbringen als ein Teetrinker – weshalb ihr der Konsum dieses Gutes mehr Nutzen stiftet. Folglich ist ihre *Zahlungsbereitschaft* für eine Flasche Bordeaux größer.

→ **Zahlungsbereitschaft**
Betrag, den ein Konsument maximal zu zahlen bereit ist, um eine bestimmte Ware oder eine bestimmte Dienstleistung zu erwerben.

Für die Entscheidung, welche Güter wir als Konsumentinnen und Konsumenten nachfragen, müssen wir also gemäß unseren Vorlieben beurteilen, ob uns ein zusätzlicher Kauf einen höheren Nutzen stiftet als der Verzicht auf den Kauf. Diesen zusätzlichen oder eben marginalen Nutzen bezeichnet die Wirtschaftswissenschaft als *Grenznutzen*.

→ **Grenznutzen**
Nutzen, der entsteht, wenn eine zusätzliche Einheit einer Ware oder einer Dienstleistung konsumiert wird.

Weil wir nicht im Schlaraffenland leben, stehen jeder und jedem von uns nicht unendlich viele Ressourcen zur Verfügung. Wir müssen uns also laufend zwischen Alternativen entscheiden. Soll ich ins Kino oder ins Restaurant gehen? Kaufe ich mir einen MP3-Player oder ein paar Bücher? Soll ich morgen Nachmittag Fußball spielen gehen oder noch zwei Stunden lernen? Bei derartigen Entscheidungen vergleichen wir – bewusst oder unbewusst – Kosten und Nutzen verschiedener Alternativen. Die Volkswirtschaftslehre liefert Grundlagen für die Analyse solcher Entscheidungen. Dabei unterscheidet sie zwei Personengruppen: Anbieter und Nachfrager. Die *Anbieter* müssen sich entscheiden, wie sie ihre Mittel einsetzen, um Dinge zu produzieren, die sie mit Gewinn verkaufen können. Darauf kommen wir in späteren Kapiteln ausführlich zurück. Die *Nachfrager* entscheiden, wie sie ihre Mittel einsetzen wollen, um Dinge zu kaufen, die sie benötigen.

→ **Anbieter**
Wirtschaftliche Akteure, die Güter auf einem Markt zum Verkauf anbieten.

→ **Nachfrager**
Wirtschaftliche Akteure, die Güter erwerben möchten und auf einem Markt als Käufer auftreten.

Der Blick aufs Angebot zeigt den Nachfragern, mit welchen Gütern sie ihre Bedürfnisse befriedigen können. Das eher allgemeine Bedürfnis z. B. eines Frierenden nach Wärme wird zum konkreten *Bedarf* an einer Winterjacke, wenn er diese im Schaufenster erblickt. Aus diesem Bedarf wird Nachfrage, wenn er das Geschäft betritt und genügend Geld dabeihat. Ohne Geld wäre es keine Nachfrage, sondern weiterhin Bedarf.

→ **Bedarf**
Konkretisiertes Bedürfnis des Einzelnen, das sich am Markt als Nachfrage äußert, sofern die nötigen Zahlungsmittel vorhanden sind.

Am Schaufenster: Ein Bedürfnis wird zum konkreten Bedarf.

KOMPETENZEN BILDEN: Bedürfnisse hinterfragen

Der amerikanische Psychologe Abraham Maslow entwickelte eine Abfolge der menschlichen Bedürfnisse, die als Maslow'sche Pyramide Berühmtheit erlangt hat. Ihr Vorteil ist es, die Bedürfnisse in verständliche Kategorien unterteilen und sie von den Grundbedürfnissen bis zu den „Luxusbedürfnissen" ordnen zu können. Die Abbildung zeigt diese modellhafte Pyramide.

Die Basis und damit die unterste Stufe der Pyramide bilden die physiologischen, also die elementaren körperlichen Bedürfnisse, etwa sich zu ernähren oder zu schlafen. Ihre Befriedigung ist für das Überleben notwendig, deshalb bilden sie den machtvollsten Antrieb für menschliches Handeln. Sind sie einmal gestillt, folgen als Nächstes die Sicherheitsbedürfnisse wie Stabilität, Schutz oder Angstfreiheit. Nach diesen beiden Basiskategorien von Bedürfnissen kommen die sozialen Bedürfnisse nach Zugehörigkeit oder Freundschaft, gefolgt vom Bedürfnis nach Wertschätzung durch Status, Karriere, Macht oder Auszeichnungen. An der Spitze schließlich steht das Bedürfnis nach Selbstverwirklichung – der Wunsch also, seine persönlichen Neigungen auszuleben und seine Talente auszuschöpfen.

Viele dieser Bedürfnisse lassen sich durch den Konsum von Gütern befriedigen. Die Liste dessen, was als „Gut" bezeichnet werden kann, ist so lang und vielfältig wie die Liste der Bedürfnisse, die uns einfallen. Für die Volkswirtschaftslehre von Interesse sind nur die knappen Güter, auch Wirtschaftsgüter genannt. Was nicht knapp ist, ist ein sogenanntes freies Gut – dazu gehören Sand in der Wüste oder Luft zum Atmen. Über diese Güter müssen wir uns wenig Gedanken machen, da es sie offenkundig im Überfluss gibt.

Anders sieht es aus bei den knappen Gütern. Die Befriedigung der Grundbedürfnisse erfordert in der Regel *materielle Güter*. Wer z. B. Hunger hat, der braucht Nahrung. Je weiter oben wir uns jedoch in der Bedürfnispyramide befinden, desto größer wird die Bedeutung *immaterieller Güter* zur Befriedigung der entsprechenden Bedürfnisse. Wer also satt ist, der möchte wohl nicht noch mehr Essen, sondern würde sich eher über etwas Unterhaltung freuen, z. B. durch einen Kinofilm.

→ **Materielle Güter**
Greifbare, physisch vorhandene Güter wie z. B. Nahrungsmittel.

→ **Immaterielle Güter**
Güter wie z. B. Patente oder Dienstleistungen, die einen Nutzen stiften, aber nicht physisch existieren.

Arbeitsaufträge:

1. Überprüfen Sie mit Blick auf die Abbildung, in der die Bedürfnispyramide dargestellt ist: Mit welchen Mitteln befriedigen Sie Bedürfnisse der jeweiligen Ebene? Beachten Sie dabei, dass die Befriedigung von Bedürfnissen in der Regel zwar materielle Güter erfordert. Je weiter oben wir uns in der Pyramide befinden, desto größer wird jedoch die Bedeutung immaterieller Güter.

2. Ein Schlager der 1960er-Jahre hatte den Refrain: „Ich will keine Schokolade, ich will lieber einen Mann!" Ordnen Sie den Refrain den

Bedürfnishierarchie-Stufen zu. Bei dauerhafter Nichtbefriedigung eines höherrangigen Bedürfnisses entsteht Frustration; dann wächst die Versuchung, Bedürfnisse auf eine niedrigere Ebene zu verlagern. Gibt es Bedürfnisse oder Ziele, die Sie mit den falschen Mitteln verfolgen?

3. Bedürfnisse motivieren – und Motivation ist eine wichtige Triebkraft im Berufsalltag. Es gibt verschiedene Arten, seiner Arbeit nachzugehen: von unmotiviert („Ist nur mein Geldjob"; Dienst nach Vorschrift; innere Kündigung; warten auf den Feierabend) bis hoch motiviert (tun können, was einem Spaß macht; Hobby zum Beruf machen; eigene, sogenannte intrinsische Motivation). Was motiviert Sie in der Schule und beim Arbeiten?

4. Unternehmen müssen, sofern Sie nicht scheitern wollen, die Bedürfnisse ihrer Mitarbeiter und die Unternehmensziele in Einklang bringen. Aus diesem Grund führen viele Vorgesetzte mit jeder Mitarbeiterin und jedem Mitarbeiter einmal im Jahr ein sogenanntes Mitarbeitergespräch. Dabei setzen sie sich Ziele fürs kommende Jahr. An das Erreichen dieser Zielvereinbarung sind oft Gegenleistungen des Unternehmens geknüpft, etwa mehr Geld oder eine Beförderung. Stufen Sie diese Leistungen auf der Bedürfnispyramide ein. Erkundigen Sie sich bei Ihren Eltern, wie deren Arbeitgeber versuchen, die Bedürfnisse ihrer Mitarbeiter im Betrieb zu berücksichtigen. Fragen Sie auch danach, welche Rolle dem dortigen Betriebsrat oder der Gewerkschaft bei der Wahrnehmung der Mitarbeiterinteressen zukommt.

5. In der Automobilproduktion herrschte bis in die 1970er-Jahre die Fließbandproduktion vor. Dabei war die komplexe Aufgabe, ein Auto zu bauen, in so viele kleine einfache Arbeitsschritte aufgespalten, dass selbst Ungelernte sie ausführen konnten und Beschäftigte leicht austauschbar waren (Taylorismus). Der japanische Konzern Toyota ging schließlich dazu über, aus Fließbandarbeitern Teams zu bilden. Statt als Einzelne für einen einzelnen Handgriff zuständig zu sein, waren die Arbeiter nun als Gruppe für ein komplexes Teil und damit für eine Palette an Arbeitsschritten verantwortlich. Inzwischen haben viele Hersteller das Konzept übernommen, nicht nur in der Autoindustrie. Warum erwies sich die Teamarbeit Ihrer Meinung nach als so erfolgreich und produktiv?

6. Mit Werbung und Marketing versuchen Unternehmen, bei Konsumenten Bedürfnisse zu wecken und sie zum Kauf ihrer Produkte zu bewegen. Wie stark gelingt es Unternehmen Ihrer Meinung nach, Sie bei Kaufentscheidungen mit Werbung zu beeinflussen?

7. Religionen, Parteien und Ideologien befassen sich ebenfalls mit der Frage, welche Bedürfnisse am wichtigsten sind. Die Geschichte ist reich an Beispielen, wie Herrscher versucht haben, Bedürfnispyramiden ihrer Untergebenen zu verändern und für ihre Zwecke zu nutzen. Vom Schriftsteller Bertolt Brecht, einem Kommunisten, stammt das Zitat: „Zuerst kommt das Fressen, dann kommt die Moral." Der Kaiser im alten Rom schenkte der Bevölkerung nach Ende der Republik statt Machteinfluss „Brot und Spiele", also Essen und Unterhaltung. Totalitäre Staaten wie heutzutage Nordkorea, die sich das nicht leisten können, relativieren die Nichtbefriedigung der Bedürfnisse der Bürger (Mangelwirtschaft, fehlende Mitsprache) mit dem Verweis auf höhere, gemeinsame Ziele (Aufbau des Sozialismus, Widerstand gegen den Klassenfeind). Halten Sie es gesellschaftlich für sinnvoll, zugunsten höherer Zwecke auf die Befriedigung eigener Bedürfnisse zu verzichten? Diskutieren Sie das Für und Wider.

2.2 Vom Bedürfnis zum Markt

Ob uns der Hunger quält, wir einen Urlaub herbeisehnen, uns ein neues Auto als erstrebenswert erscheint oder wir uns langfristig ein Eigenheim wünschen: Welches unbefriedigte Bedürfnis auch immer uns antreibt – wir gehen davon aus, dass andere uns bei der Bedürfnisbefriedigung helfen. Wir hätten nämlich weder die Ressourcen noch die Fähigkeiten dazu, all das allein herzustellen, was wir konsumieren möchten. Wir sind auf die Produktion von anderen angewiesen – und diese auf unsere. Wir sind schließlich auch selbst Produzenten, das heißt Anbieter, beseitigen also die Knappheiten anderer wirtschaftlicher Akteure.

Es ist typisch, dass uns in der Regel viel mehr Beispiele für unsere Entscheidungen als Nachfrager denn als Anbieter einfallen: Schließlich fragen wir tagtäglich Dutzende von Produkten nach, verkaufen aber in der Regel nur wenige Produkte selbst. Vielmehr sind wir eher indirekt am Angebot beteiligt, indem wir für Unternehmen arbeiten, die Güter produzieren und verkaufen. Für das Verständnis wirtschaftlicher Prozesse sind aber Angebots- und Nachfrageentscheidungen gleichermaßen bedeutend und wir werden uns daher mit beiden genauer beschäftigen.

Die Tatsache, dass es Anbieter und Nachfrager gibt, macht bereits klar, dass der Austausch von Waren und Dienstleistungen die Basis der wirtschaftlichen Beziehungen und damit einen zentralen Untersuchungsgegenstand der Volkswirtschaftslehre bildet. Es lohnt sich nur, etwas anzubieten, wenn jemand bereit ist, das entsprechende Gut auch nachzufragen. Ein wichtiger Teil der volkswirtschaftlichen Analyse befasst sich mit solchen Austauschprozessen. Diese finden auf sogenannten Märkten statt. Dabei bezeichnet der Begriff *Markt* verschiedene Formen des Zusammentreffens von Angebot und Nachfrage.

→ **Markt**
Ort oder Institution, wo Angebot und Nachfrage von Waren, Dienstleistungen oder Produktionsfaktoren zusammentreffen.

Wenn Sie einen Apfel kaufen, dann wird der Preis, den Sie dafür bezahlen, durch das gesamte Angebot an Äpfeln und die gesamte Nachfrage nach ihnen bestimmt. Wenn Sie einen Job suchen, dann bieten Sie Ihre Arbeitskraft auf einem Arbeitsmarkt an, auf dem andere Leute mit ähnlicher Ausbildung als Anbieter und die Unternehmen als Nachfrager aktiv sind. Und ähnlich verhält es sich, wenn jemand einen Kredit haben möchte, um ein Haus zu kaufen. Sie oder er ist dann Nachfrager auf einem Kreditmarkt, auf dem Kreditnehmer als Nachfrager auftreten und Sparer (indirekt über die Banken) als Anbieter. Wir sehen also, dass das Verständnis von Marktprozessen es uns erlauben wird, ganz unterschiedliche wirtschaftliche *Transaktionen* zu analysieren. Wie zentral das Konzept des Marktes ist, sieht man im Übrigen schon daran, dass die allermeisten Volkswirtschaften heute als Marktwirtschaften bezeichnet werden.

→ **Transaktion**
Ein wirtschaftlicher Handel, bei dem z. B. Waren oder Dienstleistungen gegen Geld getauscht werden.

2.3 Warum Marktwirtschaft?

→ **Marktwirtschaft**
Wirtschaftssystem, in dem die Produktions- und Konsumentscheidungen dezentral durch Märkte koordiniert werden.

Hätte man die Aufgabe, am Reißbrett ein Wirtschaftssystem zu entwickeln, das zu einem möglichst hohen Lebensstandard führt, so würde einem wohl kaum die *Marktwirtschaft* einfallen: ein System, bei dem Unternehmen und Haushalte vor allem ihre eigenen Interessen verfolgen und in dem der Austausch über anonyme Märkte erfolgt. Ein System überdies, in dem niemand dafür verantwortlich ist, dass die Abermillionen von tagtäglich getroffenen Entscheidungen aufeinander abgestimmt sind. Wie soll das funktionieren?

→ **Planwirtschaft**
Wirtschaftssystem, in dem eine zentrale Planungsbehörde über die Produktion und damit auch den Konsum von Waren und Dienstleistungen entscheidet.

Bis weit in die 1960er-Jahre wurden intensive Debatten über die bestmögliche Wirtschaftsordnung geführt, und zwar vor allem über die Frage, ob eine Marktwirtschaft oder eine *Planwirtschaft* größeren Wohlstand schaffen könne. Doch spätestens seit dem wirtschaftlichen Zusammenbruch der Sowjetunion Ende der 1980er-Jahre ist diese Frage – deren Beantwortung den meisten Ökonominnen und Ökonomen längst klar war – auch in der öffentlichen Debatte entschieden. Man weiß heute, dass marktwirtschaftliche Prozesse weit besser als eine zentrale staatliche Planung in der Lage sind, die Komplexität einer arbeitsteiligen Wirtschaft zu bewältigen und die Anreize so zu setzen, dass die knappen Ressourcen bestmöglich eingesetzt werden. Dabei gilt es zu berücksichtigen, dass auch in den meisten Marktwirtschaften der Staat eine gewichtige Rolle einnimmt, vor allem bei der Verteilung der Einkommen. Man spricht deshalb oft auch von *sozialer Marktwirtschaft*. Entscheidend ist aber, dass das System trotz der vielfältigen Staatseingriffe eben doch eindeutig marktwirtschaftlich orientiert ist, denn der Mitteleinsatz wird in der Regel nicht über eine zentrale Planung gelenkt.

→ **Soziale Marktwirtschaft**
Marktwirtschaftlich organisiertes Wirtschaftssystem, in dem der Staat politisch gewünschte Umverteilungen von Einkommen und Vermögen vornimmt.

In einer Planwirtschaft dagegen – schon der Name sagt es – werden die wirtschaftlichen Prozesse geplant, das heißt zentral gesteuert. Zwei Elemente sind charakteristisch für die Planwirtschaft: Erstens gehören die für die Produktion nötigen Ressourcen dem Staat, also der Allgemeinheit, und zweitens lenkt eine zentrale Planungsbehörde den Einsatz dieser Ressourcen. Der Staat bestimmt also, wer wie viel für wen produziert.

→ **Relative Knappheit**
Knappheit eines Gutes im Verhältnis zur Knappheit anderer Güter.

Eine Marktwirtschaft sieht im Vergleich dazu wenig geordnet aus: Die allermeisten Ressourcen gehören nicht dem Staat oder der Allgemeinheit, sondern Privatpersonen, und es gibt keine zentrale Steuerung des Ressourceneinsatzes. Private Haushalte und Unternehmen entscheiden selbst, wie sie ihre Mittel einsetzen wollen. Gesteuert werden sie dabei durch die Preise, welche die *relativen Knappheiten* anzeigen.

Angesichts dieser kurzen Beschreibung der beiden Systeme scheint intuitiv die Planwirtschaft mehr Erfolg zu versprechen. Denn hier sorgt eine zentrale Behörde dafür, dass die verschiedenen Entscheidungen koordiniert werden, um die Wohlfahrt zu erhöhen. Bei einer Marktwirtschaft dagegen entscheidet jede und jeder Einzelne für sich, und keine zentrale Lenkung sorgt dafür, wie die Mittel „vernünftig" verwendet werden.

„Ich wünschte, ich hätte einen Stein." *„Ich wünschte, ich hätte einen Stock."*

Die Geburt der freien Marktwirtschaft: Zwei Bedürfnisse, ein Tausch.

Gerade diese dezentrale Organisationsstruktur ist aber der Grund für die enorme Überlegenheit der Marktwirtschaft gegenüber der Planwirtschaft. Dies leuchtet ein, sobald man sich überlegt, welch ein kompliziertes Gebilde eine Volkswirtschaft darstellt. Tagtäglich werden Millionen von Entscheidungen darüber getroffen, was produziert und was nachgefragt wird, wo Knappheit und wo Überschuss herrscht. Eine Planungsbehörde ist schlicht und einfach nicht in der Lage, all diese Informationen zu sammeln und zu verarbeiten, um dann noch effizient und zeitgerecht darauf zu reagieren. Folgen dieses Unvermögens waren die bekannten Fehlplanungen, Warteschlangen und leeren Verkaufsstände in den früheren Planwirtschaften Osteuropas.

Zum Problem der Informationsverarbeitung kommt noch hinzu, dass natürlich auch die Planungsbehörde selbst Anreizen unterliegt und dass die volle Verfügungsgewalt über die Ressourcen eines ganzen Landes eine Behörde zum Missbrauch geradezu einlädt. Außerdem führt die starke Einschränkung des Privateigentums dazu, dass die Leistungsanreize klein sind. Denn viele Menschen strengen sich nicht besonders an, wenn sie die Früchte ihrer Arbeit nicht selber ernten können. Das wirtschaftliche Scheitern der osteuropäischen Planwirtschaften hat gezeigt, dass die Kombination all dieser Probleme tatsächlich unüberwindbar ist.

Die Alternative ist die Marktwirtschaft. Hier gibt es keine Produktionsanweisungen und keine Konsumvorgaben durch den Staat. Stattdessen verfolgen die Einzelnen ihre Eigeninteressen bei den Entscheidungen darüber, wie sie die knappen Mittel einsetzen wollen. Bei ihren Transaktionen auf anonymen Märkten spielt Geld eine sehr große Rolle, wie wir im nächsten Kapitel feststellen werden.

ZUSAMMENFASSUNG ANHAND DER LERNZIELE ZU DEN KAPITELN 1 UND 2

1 Die Fragestellungen der Volkswirtschaftslehre

Die Volkswirtschaftslehre befasst sich mit drei grundsätzlichen Fragestellungen: Erstens geht es darum, die Entscheidungen einzelner Menschen zu verstehen. Zweitens wird das Zusammenwirken von Menschen als Anbieter und Nachfrager auf Märkten untersucht. Drittens beschäftigt sie sich mit der Gesamtwirtschaft, also der Zusammenfassung der großen Menge von Einzelentscheidungen auf den zahlreichen Märkten.

2 Knappheit, Anreize, Opportunitätskosten und Preise

Das Problem der Knappheit der Ressourcen und der Reaktionen der Menschen darauf steht im Zentrum der volkswirtschaftlichen Analyse. Die Knappheit führt dazu, dass jede Handlung mit Opportunitätskosten verbunden ist, also mit den Kosten, die dadurch entstehen, dass man auf eine alternative Handlung verzichtet hat. Die Preise stellen diese Opportunitätskosten dar. Veränderungen der Preise setzen Anreize, das Verhalten zu ändern.

3 Der Homo oeconomicus

Das Modell des Homo oeconomicus geht davon aus, dass der Mensch grundsätzlich eigennützig handelt, also aus Alternativen immer diejenige wählt, welche ihm im weitesten Sinne am meisten nützt. Eine Schwäche des Modells besteht darin, dass es ein extrem rationales Verhalten voraussetzt – was im wahren Leben oft nicht gegeben ist. Doch die Tendenz stimmt: Menschen handeln vorwiegend rational und nur in Ausnahmefällen entgegen den eigenen Interessen.

4 Die Wirtschaftssektoren und das BIP

Bei der volkswirtschaftlichen Produktion wird zwischen drei Sektoren unterschieden:

- dem primären Sektor (Agrarprodukte),
- dem sekundären Sektor (Industrieprodukte) und
- dem tertiären Sektor (Dienstleistungen).

Während lange Zeit der Schwerpunkt auf dem primären Sektor lag, konnten ab Mitte des 19. Jahrhunderts mehr und mehr Arbeitskräfte in den sekundären und tertiären Sektor wechseln. Verantwortlich dafür sind vor allem enorme Fortschritte in der Arbeitsproduktivität sowie der mit zunehmendem Wohlstand einhergehende Bedürfniswandel. Zudem ist durch diese Veränderungen das Bruttoinlandsprodukt (BIP) – also der Wert der gesamten Produktion an Waren und Dienstleistungen innerhalb einer Volkswirtschaft und damit ein maßgeblicher Indikator für Wohlstand – in Deutschland seit 1850 um ein Vielfaches gestiegen.

5 **Vom Bedürfnis zur Nachfrage**

Jeder Mensch hat eine Vielzahl von Bedürfnissen, die auch ganz unterschiedlicher Art sein können – das kann vom Hungergefühl (dem Bedürfnis nach Sättigung) bis zum Wunsch nach einer Mondreise reichen. Dabei lassen sich einige Bedürfnisse schnell und einfach befriedigen, andere nur mit entsprechenden Mitteln. Ist ein Bedürfnis akut – z. B. wenn ein Frierender vor einem Schaufenster steht und sich nach dem ausgestellten Mantel sehnt –, so spricht man von einem (konkreten) Bedarf. Sind zudem die notwendigen Mittel (in der Regel Geld) vorhanden, um das Bedürfnis zu befriedigen, wird der Bedarf zur Nachfrage.

6 **Die Maslow'sche Bedürfnispyramide**

Mithilfe der Bedürfnispyramide nach Maslow können Bedürfnisse in Kategorien unterteilt und hierarchisch geordnet werden. Dabei bilden die physiologischen Bedürfnisse (z. B. Hunger, Bedürfnis nach Schlaf) die erste Stufe; sind diese befriedigt, so folgen das Bedürfnis nach Sicherheit und andere, bis schließlich ganz oben der Wunsch nach Selbstverwirklichung steht.

7 **Die persönlichen Bedürfnisse**

Die Maslow'sche Bedürfnispyramide unterscheidet verschiedene Kategorien von Bedürfnissen. Dabei bestimmt unser derzeitiger Lebensstandard, welche Art von Bedürfnissen gerade im Fokus steht – haben wir ausreichend zu essen und fühlen uns sicher, so werden beispielsweise soziale Kontakte zum nächsten wichtigen Anliegen. Generell müssen wir bei unseren Bedürfnissen Prioritäten setzen, denn unsere Mittel reichen in der Regel nicht aus, um sie alle zu befriedigen. Einige Bedürfnisse können auch nicht mithilfe von Geld befriedigt werden – und manche womöglich überhaupt nicht.

8 **Marktwirtschaft versus Planwirtschaft**

In einer Marktwirtschaft wird über den Ressourceneinsatz dezentral entschieden, während in einer Planwirtschaft eine zentrale Planungsbehörde diese Entscheidungen trifft. Planwirtschaften scheitern früher oder später an der Unmöglichkeit, eine komplexe, arbeitsteilige Wirtschaft zu planen. Es ist undenkbar, die Millionen Einzelentscheidungen, die jede Minute nötig sind, zentral zu koordinieren. Bei einer Marktwirtschaft lenken Preise als Knappheitssignale dezentral.

ZENTRALE BEGRIFFE

Wohlstand
Mikroökonomie
Makroökonomie
Homo oeconomicus
Bedürfnis
Ressourcen
Opportunitätskosten
Ökonomie
Marginale Entscheidung
Preis
Anreiz
Wirtschaftlicher Akteur
Bruttoinlandsprodukt (BIP) pro Kopf
Arbeitsproduktivität
Sektor
Nutzen
Zahlungsbereitschaft
Grenznutzen
Anbieter
Nachfrager
Bedarf
Materielle Güter
Immaterielle Güter
Markt
Transaktion
Marktwirtschaft
Planwirtschaft
Soziale Marktwirtschaft
Relative Knappheit

WIEDERHOLUNGSAUFGABEN ZU DEN KAPITELN 1 UND 2

1 Beschreiben Sie, mit welchen drei grundsätzlichen Themen sich die Volkswirtschaftslehre befasst, und geben Sie für jedes davon ein passendes Beispiel aus Ihrem Alltag.

2 Begründen Sie, weshalb der Ausspruch „Zeit ist Geld" aus ökonomischer Sicht zutrifft, und verwenden Sie den entsprechenden Fachbegriff.

3 Erläutern Sie das Modell des Homo oeconomicus und nennen Sie Beispiele für starke Abweichungen zwischen Modell und Realität.

4 Wie erklären Sie sich, dass die Landwirtschaft – einstmals Arbeitsbereich für das Gros der Bevölkerung – heutzutage nur noch weniger als 1 % unseres Wohlstands erzeugt? Welche Beispiele für Fortschritte in der Arbeitsproduktivität fallen Ihnen ein?

5 Erstellen Sie ein einfaches Schaubild zur Begriffskette „Bedürfnis, Bedarf, Nachfrage". Ergänzen Sie jeden Punkt um Beispiele aus Ihrem Alltag.

6 Zeichnen Sie die Maslow'sche Pyramide und füllen Sie jede Kategorie mit eigenen Beispielen. Fallen Ihnen auch Beispiele ein, bei denen die Zuordnung nicht ganz eindeutig ist (etwa wenn ein iPhone als technisches Hilfsmittel, aber auch als Statussymbol dient)?

7 Erläutern Sie die wichtigsten Unterschiede zwischen Markt- und Planwirtschaft.

HANDLUNGSORIENTIERTE AUFGABEN ZU DEN KAPITELN 1 UND 2

1 Der Anteil der Wirtschaftssektoren an der Gesamtwirtschaft hat sich seit Mitte des 19. Jahrhunderts in den entwickelten Volkswirtschaften stark verändert. Recherchieren Sie hierzu Zahlen aus Ihrer Region bzw. Ihrer Stadt. Wie entwickelten sich in Ihrer Umgebung der Agrarsektor, der Industriesektor und der Dienstleistungssektor? Erstellen Sie hierzu eine Tabelle und eine grafische Darstellung. Beschreiben Sie die Veränderungen in eigenen Worten.

2 Folgendes Beispiel illustriert den sinkenden Grenznutzen:
Jemand hat auf dem Markt Hunger bekommen und kauft sich daher ein Wurstbrötchen. Er konsumiert es, dadurch wird der Hunger zumindest teilweise gestillt. Hat er danach immer noch Hunger, kauft er ein weiteres, das ihm wohl auch noch schmeckt. Mit dem vierten oder fünften Wurstbrötchen wird er keinen weiteren Hunger stillen können, und isst er dann das siebte oder achte, wird ihm wohl schlecht werden. Der zusätzliche Nutzen des achten Wurstbrötchens (= der Grenznutzen) ist also negativ. Besser wäre es gewesen, er hätte sich stattdessen z. B. ein Glas Limonade gekauft.
Finden Sie drei weitere sinnvolle Beispiele für den fallenden Grenznutzen, das heißt für den Umstand, dass die jeweils zuletzt konsumierte Einheit einen geringeren Nutzen hat als die vorherige.

3 Der Kobra-Effekt schildert ein klassisches Anreizproblem. Fallen Ihnen weitere Beispiele (aus dem Alltag) ein, wo falsche Anreize gesetzt werden und somit unerwünschtes Handeln gefördert wird?

4 Unsere Bedürfnisse sind grundsätzlich unbeschränkt, die Ressourcen sind aber knapp. Reflektieren Sie über Ihr monatliches Ausgabeverhalten. Geben Sie das Ihnen zur Verfügung stehende Geld so aus, dass Sie Ihren Nutzen optimieren. Erstellen Sie eine Liste mit zwei Spalten: aktuelle Monatsausgaben und angestrebte Monatsausgabenverteilung. Fällt es Ihnen schwer, Ihr erwünschtes Verhalten zu erreichen? Diskutieren Sie das Thema in der Klasse.

5 Erkundigen Sie sich auf Internetseiten darüber, welche ökonomischen Folgen die Planwirtschaft in der damaligen DDR für deren Bürger in Beruf und Alltag hatte. Falls Sie Verwandte in Ostdeutschland haben, welche diese Zeit miterlebt haben, fragen Sie diese. Tauschen Sie sich in der Klasse darüber aus.

Kapitel 3: Geld, Schulden und Banken

3.1 Was ist Geld?

3.2 Was ist Geld wert?

3.3 Was sind Schulden?

3.4 Was tun Banken?

LERNZIELE ZU KAPITEL 3

Nachdem Sie Kapitel 3 durchgearbeitet haben, sollten Sie in der Lage sein,

1. die Funktionen und Formen des Geldes zu erläutern.
2. die Funktion des Warenkorbs zu verstehen, zu erläutern, wie Preisniveauveränderungen ermittelt werden, und zu dem Verfahren kritisch Stellung zu beziehen.
3. die Akteure bei der Verschuldung von Individuen (private Personen und Unternehmen) und Staaten zu bestimmen.
4. zu erkennen, welche Tragweite eine zunehmende Verschuldung hat, und zu wissen, welche Auswege es aus der individuellen Schuldenfalle gibt.
5. die volkswirtschaftliche Rolle von Banken zu beschreiben.

Kapitel 3: Geld, Schulden und Banken

Geld ist ein Phänomen. Obwohl es irgendwie immer zu knapp ist, ist es in unserem Alltag doch allgegenwärtig. Wir zahlen mit Geld an der Kasse, selbst wenn wir gar keins dabeihaben, haben Geld auf dem Konto, obwohl wir dabei nur Zahlen sehen, und begleichen Rechnungen mit Geld, das wir uns von jemand anders geborgt haben. In diesem Kapitel sehen wir, was hinter dem schillernden Begriff „Geld" steckt.

Obwohl es sich bei Münzen und Geldscheinen nicht um wertvolle Goldstücke oder um Tauschobjekte wie Lebensmittel handelt, die uns als solche einen Nutzen stiften, messen wir ihnen doch einen großen Wert zu. Schon immer haben sich Menschen gefragt, wie groß dieser Wert eigentlich ist und ob er im Lauf der Zeit auch erhalten bleibt. Die Geldentwertung, auch *Inflation* genannt, werden wir uns genauer ansehen.

→ **Inflation**
Anstieg des generellen Preisniveaus, meist gemessen als prozentuale Veränderung des Preises für einen repräsentativen Warenkorb.

Außerdem lernen wir mit den Banken die Wirtschaftsakteure kennen, die an einer der wichtigsten Schaltstellen jeder Volkswirtschaft sitzen. Sie sind diejenigen, die durch die Kreditvergabe die Mengen an Geld und Schulden vergrößern oder verkleinern können.

3.1 Was ist Geld?

Wir wollen uns zunächst der Frage zuwenden, wozu Geld überhaupt nötig ist und was genau man unter Geld versteht.

3.1.1 Wozu ist Geld notwendig?

Dass ein an sich wertloses Stückchen Papier einen hohen Wert aufweisen kann, ist verblüffend. Ebenso erstaunt, dass dieses Papier für die wirtschaftliche Entwicklung eine derartig zentrale Bedeutung hat und ihm die ökonomische Analyse so viel Aufmerksamkeit widmet. Der Grund ist, dass Geld eine Reihe von Funktionen erfüllt, ohne die eine arbeitsteilige Wirtschaft undenkbar wäre. Im Wesentlichen handelt es sich dabei um drei Funktionen. Geld dient als:

- Tauschmittel,
- Wertaufbewahrungsmittel,
- Maßeinheit.

Die wichtigste dieser drei Funktionen ist diejenige als Tauschmittel. Geld ist die unverzichtbare Voraussetzung für einen effizienten wirtschaftlichen Austausch. Stellen wir uns eine Welt ohne Geld vor: In einer solchen Welt könnte man Güter nicht für Geld, sondern nur im Tausch gegen andere Güter erwerben. Hätte man etwa Lust auf eine Flasche Wein, könnte man nicht einfach eine bestimmte Geldsumme verwenden und dieses Gut irgendwo kaufen. Man müsste vielmehr eine

Person finden, die bereit wäre, einem exakt dieses Gut im Austausch für andere Güter zu überlassen, die man gerade besitzt. Und es wären Verhandlungen mit den potenziellen Verkäufern darüber nötig, wie viele Flaschen Wein sie einem beispielsweise für ein Paar Schuhe geben würden. Wobei die Schuhe, die man offerieren würde, genau die richtige Größe haben und dem Weinverkäufer gefallen müssten. Denkt man solche Beispiele weiter, werden einem rasch die immensen *Transaktionskosten* einer solchen Tauschwirtschaft bewusst. Man lebt ja nicht vom Wein allein, sondern braucht für eine Mahlzeit auch noch Brot, Käse, Geschirr ...

Wie viel einfacher wird dieser Handel doch mit einem generell akzeptierten Zahlungsmittel, das gegen das gewünschte Gut eingetauscht werden kann. Es ist dann nicht mehr nötig, dass der Weinverkäufer genau das verwenden kann, was man ihm anbietet, sondern er akzeptiert das Geld, mit dem er genau diejenigen Waren und Dienstleistungen erwerben kann, die er benötigt. Es ist also nicht übertrieben zu behaupten, dass eine moderne, arbeitsteilige Wirtschaft ohne Geld funktionsunfähig wäre. Die Tauschprozesse wären so aufwendig, dass die *Spezialisierung* unserer Volkswirtschaft sehr schnell an natürliche Grenzen stieße.

Die zweite wichtige Funktion des Geldes ist diejenige als Wertaufbewahrungsmittel. Geld ermöglicht es, Kaufkraft zu „lagern". Man muss es nicht unbedingt sofort ausgeben, ein Kauf kann auch aufgeschoben werden. Das wäre mit zahlreichen Waren und den allermeisten Dienstleistungen – z. B. einem Haarschnitt – nicht möglich. Diese Wertaufbewahrungsfunktion erklärt unter anderem, warum die Geldentwertung, der wir uns in Abschnitt 3.2 zuwenden, ein Problem darstellt. Der Prozess der Inflation, bei dem das Geld über die Zeit entwertet, stört diese wichtige Funktion ganz empfindlich und kann sie im Extremfall sogar zerstören: Bei sehr hoher Inflation wird niemand mehr Geld als Wertaufbewahrungsmittel nutzen.

Die dritte Funktion des Geldes ist diejenige als Maßeinheit. Weil alle Preise in Geldeinheiten ausgedrückt werden, ist der relative Wert von Gütern einfach zu vergleichen. In einer Situation ohne Geld müsste der Preis eines Lehrbuchs etwa in Form seines Gegenwerts in Bananen oder Äpfeln bestimmt werden. Wesentlich einfacher lässt sich da der relative Wert des Lehrbuchs festlegen, wenn er, wie die Preise aller Güter in unserer Volkswirtschaft, in Euro angegeben wird.

Zusammenfassende Übersicht

Nicht alle Zahlungsmittel bestehen aus Bargeld; allerdings können wir Guthaben auf Bankkonten jederzeit in Bargeld umtauschen.

→ Transaktionskosten
Kosten des Austauschs von Waren und Dienstleistungen. Damit ist nicht der Preis des gehandelten Gutes gemeint, sondern die durch die Transaktion zusätzlich anfallenden Kosten (z. B. Informations-, Verhandlungs-, Abwicklungs- und Kontrollkosten).

→ Spezialisierung
Die Unternehmen und die einzelnen Arbeitnehmer konzentrieren sich auf bestimmte eingeschränkte Abläufe innerhalb des Produktionsprozesses.

3.1.2 Geldarten und -mengen

Die eben besprochenen Funktionen des Geldes kann grundsätzlich jedes Gut übernehmen, das allgemein als Zahlungsmittel akzeptiert wird. Das können Banknoten und Münzen sein, wie bei uns üblich. Sie haben praktisch keinen Materialwert. Das können aber auch Güter sein, wie früher, als Silber und Gold als Zahlungsmittel im Umlauf waren oder gar langlebige Konsumgüter wie Felle akzeptiert wurden. Schließlich gibt es auch aus der Not geborene Möglichkeiten, wie beispielsweise in Kriegsgefangenenlagern, in denen Zigaretten als Geld verwendet wurden. Um als Geld bezeichnet werden zu können, muss das Zahlungsmittel nur die oben erwähnten drei Funktionen erfüllen, das heißt, es muss Tauschmittel, Wertaufbewahrungsmittel und Maßeinheit sein. In einem Umfeld, in dem niemand Zigaretten produzieren kann – wie eben in einem Gefangenenlager –, erfüllen diese ohne Weiteres alle drei Funktionen. Es ist möglich, aber nicht nötig, dass Geldeinheiten auch Zwecke erfüllen, die über diese drei Funktionen hinausgehen: Zigaretten als Genussmittel oder Gold als Schmuck. Dann spricht man von Warengeld.

Die Geschichte des Geldes – vom Tauschhandel zum elektronischen Zahlungsverkehr

Geld ist aus unserer heutigen Gesellschaft kaum wegzudenken – dabei war es ein langer Weg bis zu seinen heutigen Formen. Doch schon früh erkannte man die Notwendigkeit von Geld. So wurde schon Jahrtausende v. Chr. sogenanntes Warengeld verwendet, um den Tauschhandel zu erleichtern. Beliebt waren dabei vor allem Werte wie Muscheln und Pfeilspitzen, später auch Edelmetalle wie Gold. Die ersten Münzen wurden im 7. Jahrhundert v. Chr. geschaffen. Sie hatten den großen Vorteil, dass das „Geld" nun nicht mehr abgewogen werden musste, sondern jede Münze einen festen Wert besaß. Nachdem sich diese Form verbreitet hatte, kam in China im 10. Jahrhundert und in Europa Ende des 15. Jahrhunderts das erste Papiergeld auf – zunächst bloß als vorläufiger Ersatz für das in zu geringen Mengen vorhandene und zudem schwer zu transportierende Münzgeld. Aufgrund seiner Effektivität setzte es sich zunehmend durch und wurde gegen Ende des 19. Jahrhunderts durch das sogenannte Buchgeld (auf Konten) ergänzt, das noch leichter zu transferieren ist. Hinzu kamen erste Kreditkarten. Diese Entwicklung führte so weit, dass heute ein Großteil des Zahlungsverkehrs über elektronische Wege (Onlinebanking, Kreditkarten, Online-Bezahlsysteme wie Paypal) abgewickelt wird.

Als effizienteste Art der Geldschaffung hat sich die Einrichtung eines staatlich anerkannten Monopols erwiesen. Dieses Monopol, Zentralbank genannt, hat als einzige Organisation in einem Land die legale Möglichkeit, Geld zu schaffen. Als Geld dienen in einer modernen, arbeitsteiligen Wirtschaft aber nicht nur die von der Zentralbank in Umlauf gesetzten Noten und Münzen. Jeder weiß aus eigener Erfahrung, dass Zahlungen nicht nur mit physischem Geld geleistet werden können, sondern auch mit Debitkarten (z. B. Girocard, früher EC-Karte genannt), Kreditkarten oder Schecks. In diesen Fällen wechselt bei einer Bezahlung kein Bargeld den Besitzer. Diese Zahlungen erfolgen über Bankkonten, die so *liquide* sind, dass wir sie wie Geld verwenden können. In einer sinnvollen Definition dessen, was Geld ist – das ist die sogenannte Geldmenge –, müssen deshalb auch diese Konten vorkommen. Was alles zur Geldmenge gehört, hängt ja letztlich davon ab, was alles als allgemein anerkanntes Zahlungsmittel verwendet werden kann.

→ **Liquidität**
Leichtigkeit, mit der man ein Wertpapier oder ein Kontoguthaben zu Geld machen kann, um damit Zahlungen zu tätigen.

Weil diese Abgrenzung unterschiedlich ausfallen kann, gibt es auch verschiedene Definitionen der Geldmenge. Als „Geld" kommen nur Tauschobjekte, Guthaben und Geldanlagen infrage, die wir sofort als Zahlungsmittel verwenden können. Längerfristige Anlagen wie Immobilien, Aktien oder Lebensversicherungen sind zwar auch bares Geld wert, sie schwanken aber stark im Wert – und lassen sich vor allem nicht so leicht verkaufen und damit in Bargeld ummünzen wie die Mittel, die in den folgenden Geldmengendefinitionen erfasst sind.

Bei der engsten Abgrenzung, der sogenannten *Zentralbankgeldmenge* (auch M0 genannt), bezeichnet man als Geld lediglich das Bargeld sowie die Girokonten der *Geschäftsbanken* bei der Zentralbank. Diese Konten enthalten Mittel, welche die Geschäftsbanken jederzeit und weitgehend ohne Bedingungen als Zahlungsmittel nutzen können; sie sind genauso liquide wie Bargeld.

Die weitergehenden Abgrenzungen der Geldmenge – genannt M1, M2 und M3 – umfassen zusätzliche Guthabenformen, die auch leicht in Bargeld verwandelt werden können, jedoch von Stufe zu Stufe etwas schwerer. **Abbildung 3.1** stellt die Zusammensetzung der verschiedenen Geldmengenkonzepte für die 18 Länder der Eurozone des Jahres 2014 dar und zeigt die Größenordnungen.

→ **Zentralbankgeldmenge**
Summe an Bargeld im Umlauf und an Geld auf Girokonten der Geschäftsbanken bei der Zentralbank.

→ **Geschäftsbanken**
Kommerzielle Geldinstitute, die Gelder entgegennehmen und als Kredite vergeben. Alle Sparkassen und Banken außer der Zentralbank werden als Geschäftsbanken bezeichnet.

Abbildung 3.1
Geldmengen in den Euroländern im November 2014 (in Milliarden Euro)

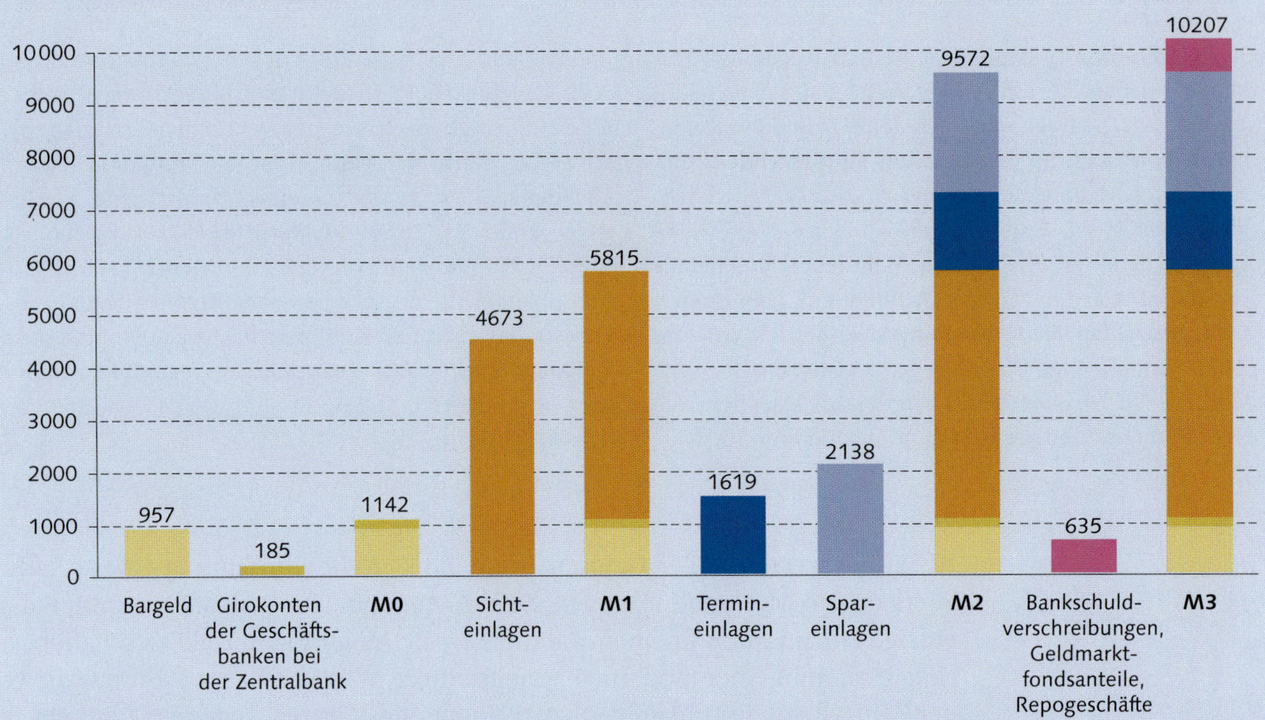

Der Blick auf die Geldmengen im Euroraum zeigt, wie viel Geld im Umlauf ist. Bargeld – Bestandteil jeder Geldmengendefinition – macht nur einen kleinen Teil aus. Aus der von der Zentralbank direkt kontrollierten Geldmenge, der Zentralbankgeldmenge (auch Geldbasis oder M0 genannt), schaffen Banken durch ihre Kreditvergabe ein Vielfaches an Geld, das Wirtschaftsakteure für Zahlungen einsetzen können, nämlich die Geldmengen M1, M2 und M3. Diesen Vorgang der Geldschöpfung lernen wir in Abschnitt 3.1.3 kennen.

Quelle: Deutsche Bundesbank, eigene Berechnungen und Rundungen

→ **Sichteinlagen**
Bankguthaben, über die innerhalb eines Tages verfügt werden kann.

→ **Spareinlagen**
Bankeinlagen, die nicht direkt für den Zahlungsverkehr bestimmt sind.

→ **Termineinlagen**
Einlagen, die für eine bestimmte Zeitspanne den Geschäftsbanken zur Verfügung gestellt werden und erst nach Ablauf dieser Frist wieder verfügbar sind.

→ **Repogeschäft**
Sehr kurzfristige Geschäfte der Zentralbank mit den Geschäftsbanken. Die Geschäftsbank erhält dabei für kurze Zeit liquide Mittel, wofür die Zentralbank den sogenannten Repozins verrechnet.

→ **Geldschöpfungsmultiplikator**
Faktor, um den sich eine von der Zentralbank geschaffene Geldeinheit durch die Geldschöpfung der Geschäftsbanken maximal erhöhen kann.

→ **Mindestreservesatz**
Prozentualer Anteil der Kundenguthaben, der von den Banken als Sicherheit liquide gehalten werden muss und nicht als Kredit vergeben werden darf.

→ **Liquide Mittel**
Finanzielle Mittel, z. B. Bargeld oder Kontoguthaben, mit denen Zahlungen getätigt werden können.

M1 beinhaltet neben dem Bargeld auch sogenannte *Sichteinlagen*, das heißt jene Konten, über die wir etwa mit einer Girocard jederzeit direkt Zahlungen leisten können. Diese beiden Kontenformen sind so liquide, dass sie von den Kontoinhaberinnen und -inhabern ohne Weiteres als Zahlungsmittel verwendet werden können.

M2 ist eine breiter gefasste Geldmenge, die zusätzlich zu M1 die *Spareinlagen* und *Termineinlagen* berücksichtigt. Diese sind nicht ganz so liquide wie Sichtguthaben. So können sie nicht direkt für Zahlungen verwendet, allerdings relativ einfach in Bargeld umgewandelt werden. Manche Sparbücher und Tagesgeldkonten sehen beispielsweise vor, dass Monat für Monat nur ein bestimmter Betrag abgehoben werden kann. Termineinlagen können erst nach Ablauf einer festgelegten Frist – in Banksprache: „bei Fälligkeit" – in Bargeld verwandelt werden. Eine vorzeitige Auflösung ist entweder nicht möglich oder mit Kosten verbunden. Termineinlagen sind damit weniger liquide als die Spareinlagen.

M3 ist die weitestgehende der gebräuchlichen Geldmengendefinitionen. Sie entspricht der Geldmenge M2 plus bestimmten Wertpapieren und Schuldverschreibungen, z. B. Geldmarktfondsanteilen und Rückkaufvereinbarungen (*Repogeschäfte*). All diese Papiere haben eine kurze Laufzeit und sind gut handelbar, sodass sie sich ebenfalls relativ leicht in Bargeld verwandeln lassen.

3.1.3 Der Geldschöpfungsmultiplikator

Wenn nur die Zentralbank als staatliches Monopol Geld herausgeben darf, wie lässt sich dann erklären, dass die umfangreichste Geldmenge M3 um ein Vielfaches größer ist als die Zentralbankgeldmenge? Die Antwort auf diese Frage gibt uns der sogenannte *Geldschöpfungsmultiplikator*. Dieser besagt, dass das von der Zentralbank herausgegebene Geld sich über die Tätigkeit des Bankensystems um ein Vielfaches vermehrt. Dies lässt sich anhand eines einfachen Beispiels veranschaulichen: Nehmen wir an, die Zentralbank schaffe zusätzliche 10 000 Euro, die auf dem Konto einer Geschäftsbank landen. Diese ist verpflichtet, einen gewissen Mindestbetrag davon als Reserve zu halten, kann also nicht die gesamten 10 000 Euro als Kredite vergeben. Nehmen wir an, dieser sogenannte *Mindestreservesatz* betrage 10 Prozent. Die Bank kann also von den 10 000 Euro, die sie von der Zentralbank erhalten hat, 9000 Euro als Kredite weitergeben.

Gehen wir davon aus, dass ein Unternehmen diesen Kredit erhält und sich dafür eine Maschine kauft. Der Verkäufer der Maschine zahlt die 9000 Euro anschließend bei seiner Hausbank ein. Diese wird nun ihrerseits diesen Betrag nicht einfach auf dem Konto belassen, sondern zur Kreditvergabe nutzen. Dabei muss sie von den 9000 eingezahlten Euro wiederum 10 Prozent als Mindestreserve zurückbehalten und kann somit einen Kredit von 8100 Euro an ein anderes Unternehmen vergeben. Schon nach diesen beiden Schritten sind aus den 10 000 Euro Zentralbankgeld zusätzliche 17 100 Euro an *liquiden Mitteln* geschaffen worden. Und dieser Prozess setzt sich immer weiter fort, bis im Extremfall aus den ursprünglichen 10 000 Euro Zentralbankgeld 100 000 Euro liquide Mittel geworden sind. Dies ist dann der Fall, wenn das gesamte als Kredit vergebene Geld immer wieder an die Banken zurückfließt.

„Hey, mein Kontostand hat sich nicht verändert; dabei habe ich gedacht, dass die Fed [US-amerikanische Zentralbank] letzte Woche eine starke Erhöhung der Geldmenge beschlossen hat!"

Der Geldschöpfungsmultiplikator lässt sich einfach errechnen:

$$\text{Geldschöpfungsmultiplikator} = \frac{1}{\text{Mindestreservesatz}}$$

In unserem Beispiel ist der Mindestreservesatz 0,1 (= 10 %), der Geldschöpfungsmultiplikator beträgt demnach 10.

Dieses Beispiel zeigt, wie über den Bankensektor zusätzliche liquide Mittel – also Geld – geschaffen werden. Durch das Zusammenwirken von Zentralbank und Geschäftsbanken entstehen wesentlich mehr Zahlungsmittel, als die Zentralbank ursprünglich ins Bankensystem eingeschleust hat. Die Basis der zusätzlichen Geldschöpfung der Geschäftsbanken ist aber immer der ursprünglich von der Zentralbank zur Verfügung gestellte Betrag. Damit ist die Geldmenge, die insgesamt geschaffen werden kann, stets von den Aktionen der Zentralbank abhängig. Von ihr mag zwar nur ein Bruchteil der liquiden Mittel stammen, sie kann aber dennoch die Entwicklung der gesamten Geldmenge steuern.

3.2 Was ist Geld wert?

Hat man erst Frau und Kind, befindet Helge Schneider im Film „Texas", dann „ist die Mark nur noch fünf Pfennig wert". Inflation schafft das auch ohne Familie.

Ob 5, 10 oder 50 Euro: Auf jeder Banknote steht, wie viel sie wert ist. Doch der Schein trügt. Dieser Wert verändert sich nämlich mit der Zeit. Genauer gesagt ändert sich der Gegenwert, den wir für den jeweiligen Geldschein erhalten.

→ Geldillusion
Psychologisch erklärbare, aber falsche Annahme, dass sich mit steigendem Nominallohn automatisch die persönliche Kaufkraft erhöht. Gründet auf dem Glauben der Wirtschaftsakteure an die Stabilität des Geldes.

Inflation bedeutet einen laufenden Anstieg des Preisniveaus. Steigt das Preisniveau, so sinkt der Wert des Geldes, das heißt, mit einer bestimmten Geldsumme kann ich weniger Waren und Dienstleistungen erwerben. Beachte ich diesen Zusammenhang nicht, unterliege ich der sogenannten *Geldillusion*. Wenn aufgrund von Inflation die Preise und damit auch die Preise für Arbeit – also die Löhne – steigen, tappen viele Menschen in diese Falle. Sie kaufen mehr als zuvor, weil sie der Blick auf die Lohnabrechnung glauben macht, dass sich ihr Verdienst erhöht habe. Das stimmt in *nominalen Größen*, nicht jedoch in *realen Größen*. Eine Lohnerhöhung um 3 % ändert nichts an der Kaufkraft des Einzelnen, wenn die Inflationsrate ebenfalls 3 % beträgt. Das Kaufverhalten sollte sich bei rationaler Betrachtung in dem Fall nicht ändern. Die Unterscheidung zwischen nominalen und realen Größen ist in der Volkswirtschaftslehre elementar und wird uns im Weiteren noch häufig beschäftigen.

→ **Nominale Größe**
Eine wirtschaftliche Kennziffer, die nicht um die Inflation korrigiert und damit zu laufenden Preisen bewertet wird.

→ **Reale Größe**
Eine wirtschaftliche Kennziffer, die um die Inflation korrigiert wird.

→ **Preisniveau**
Höhe der Preise in einem Land, meist gemessen als Preis eines repräsentativen Warenkorbs.

Bei Inflation verändern sich alle Preise, also eben das allgemeine *Preisniveau*. Erhöhen sich nur einzelne Preise, so handelt es sich keineswegs um eine Inflation, sondern um eine Veränderung relativer Preise. Ebenso muss man Inflation von einer einmaligen, generellen Preissteigerung unterscheiden, bei der sich zwar das Preisniveau erhöht, dies aber nur ein einziges Mal um einen bestimmten Faktor. Das passiert beispielsweise bei einer Mehrwertsteuererhöhung. Von einer echten Inflation spricht man erst bei einer laufenden Geldentwertung, bei der die Preise über längere Zeit steigen.

Im Gegensatz zu einzelnen Güterpreisen lässt sich das gesamtwirtschaftliche Preisniveau für alle Güter nicht direkt beobachten. Diese Größe muss aus der Zusammenfassung der verschiedenen Güterpreise konstruiert werden. Typischerweise berechnet man dabei den Preis eines repräsentativen *Warenkorbs* und bildet daraus einen Index (man setzt also zu einem bestimmten Zeitpunkt das Preisniveau gleich 100). Der Warenkorb entspricht den durchschnittlichen Ausgaben eines Haushalts während einer bestimmten Periode. Erhöht sich der Preis dieses Güterbündels über die Zeit, spricht man von Inflation.

→ **Warenkorb**
Gewichtetes Bündel von Waren und Dienstleistungen, das anhand der Ausgaben eines durchschnittlichen Haushalts zusammengestellt wird.

→ **Verbraucherpreisindex (VPI)**
Index, der die Preisentwicklung eines für deutsche Haushalte repräsentativen Warenkorbs misst.

In Deutschland wird der Preis dieses Warenkorbs im sogenannten *Verbraucherpreisindex (VPI)* ausgewiesen. Die Zusammensetzung des Warenkorbs und die Gewichtung der rund 600 einbezogenen Güterarten wird alle fünf Jahre dem veränderten Konsumentenverhalten angepasst. **Abbildung 3.2** enthält ein Diagramm mit den wichtigsten Güterkategorien und ihrer Gewichtung.

Abbildung 3.2
Gütergruppen und ihre Gewichtung im Verbraucherpreisindex für Deutschland (in Prozent)

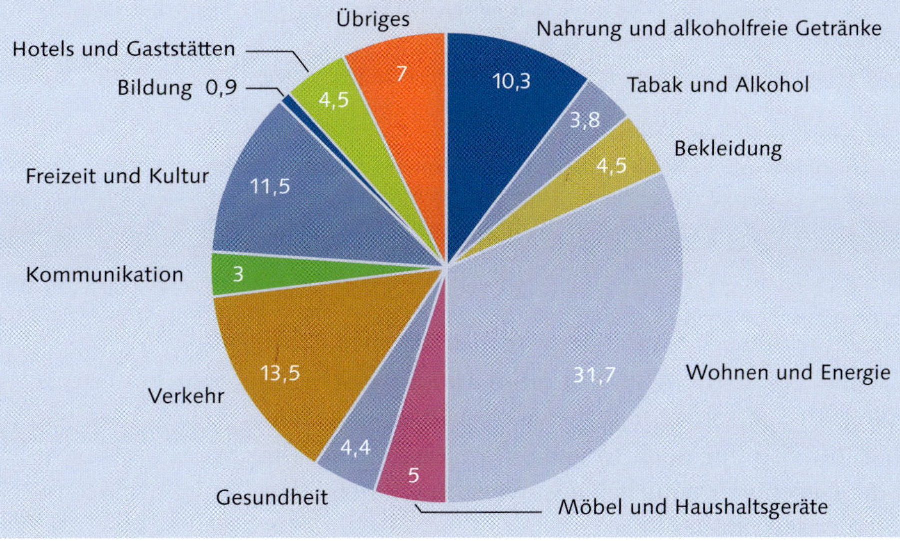

Quelle: Statistisches Bundesamt 2013, angepasst auf das Basisjahr 2010

Das größte Gewicht erhalten demnach die Kategorien Wohnen und Energie (31,7 %), Verkehr (13,5 %) sowie Freizeit und Kultur (11,5 %). Mit der Zunahme des Wohlstands sinkt übrigens der Anteil der Nahrung laufend, während derjenige der Gesundheit stetig ansteigt. Wir geben also von unserem Einkommen immer weniger fürs Essen und Trinken und mehr für die Gesundheitspflege aus.

So häufig von der Inflationsrate die Rede ist, so wichtig ist es auch, sich der Grenzen von deren Messung bewusst zu sein. Obwohl der Warenkorb alle fünf Jahre angepasst wird, spiegelt der VPI nur ungefähr die Preise der Waren und Dienstleistungen wider, die ein durchschnittlicher Haushalt konsumiert. Denn nicht jedes Einzelprodukt ist enthalten und die Konsumgewohnheiten können sich innerhalb der fünf Jahre verändern. Auch kann der Index Qualitätsverbesserungen von Gütern nicht vollständig erfassen. Ein heutiger Computer hat mit einem vor vier Jahren gleich teuren Computer nicht mehr viel gemeinsam. Für den gleichen Preis erhält man heute wesentlich mehr Leistung. Man könnte daher argumentieren, dass der Preis der Computerleistung gesunken ist, auch wenn der Computer immer noch gleich viel kostet. Ein Preisindex soll jedoch nur Preisveränderungen erfassen und nicht solche, die auf Qualitätsveränderungen beruhen. Die höhere Leistung wird darum bei Gütern, deren Technik rasch voranschreitet, herausgerechnet. Das betrifft PCs, Notebooks, Drucker, Festplatten und Prozessoren, aber auch Gebrauchtwagen – insgesamt rund 1 % der Güter des VPI.

Interessanter als die Preissteigerungsrate, die Monat für Monat in den Nachrichten bekannt gegeben wird, ist die langfristige Perspektive. Selbst eine niedrige Inflationsrate von 2 % halbiert binnen 35 Jahren die *Kaufkraft* unserer Geldscheine (**Abbildung 3.3**).

→ **Kaufkraft**
Menge an Waren und Dienstleistungen, die mit einer bestimmten Menge Geld gekauft werden kann.

Abbildung 3.3
Kaufkraftverlust bei verschiedenen Inflationsraten (in Euro)

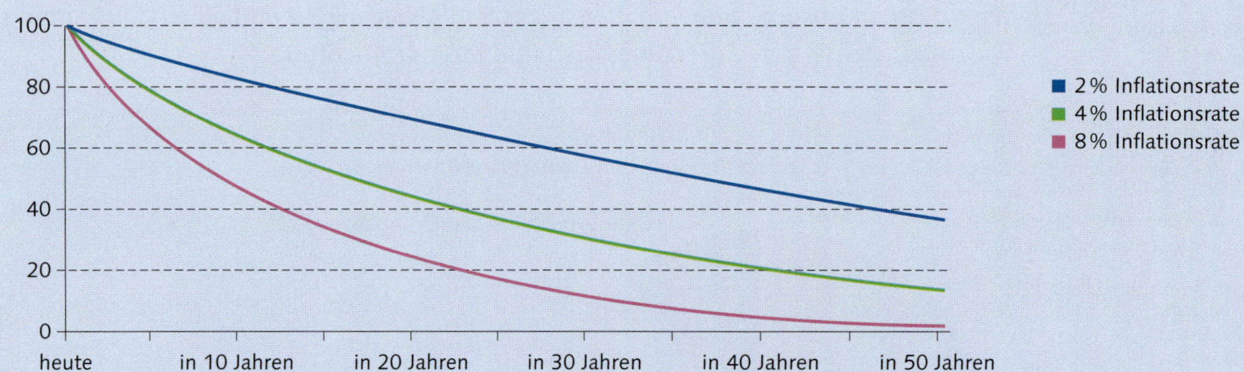

Quelle: Deutsche Bundesbank

Steter Tropfen höhlt den Stein: Eine jährliche Inflationsrate von 2 % mag nicht nach viel klingen. Trotzdem schmälert sie die Kaufkraft eines 100-Euro-Scheins in zehn Jahren um fast 18 Euro. Im Sparschwein aufbewahrt und in zehn Jahren ausgegeben, erhalten wir dafür also nur noch so viele Waren wie heute für 82 Euro. Noch niedriger fällt der Gegenwert natürlich aus, wenn noch mehr Jahre ins Land gehen oder die Inflationsrate höher liegt.

Auf die Inflation und ihre Messung gehen wir in Kapitel 16 ausführlich ein. Dort klären wir auch die Frage, wieso es überhaupt zur Geldentwertung kommt.

3.3 Was sind Schulden?

→ **Schulden**
Leistungen in festgelegter Höhe, die ein Schuldner einem Gläubiger zu erbringen hat. Auch als Verbindlichkeiten bezeichnet.

→ **Kredit**
Überlassung von Geld für eine bestimmte Dauer.

→ **Zins**
Preis für die Überlassung von Geld, den der Schuldner dem Gläubiger zahlen muss.

Inflation nagt am Wert des Geldes. *Schulden* hingegen, so scheint es, vergrößern unsere Kaufkraft. Handys, Autos, Häuser: Können wir uns dank *Krediten* nicht viel mehr leisten als ohne? Zum Beispiel finanzieren Unternehmen per Verschuldung einen Teil ihrer Investitionen und Verbraucher einen Teil ihres Konsums. Schulden sind in einer arbeitsteiligen Wirtschaft gang und gäbe.

Diese Kaufkraft ist allerdings nur geborgt. Mit Geldschulden – den Krediten – leihen wir uns Kaufkraft auf Zeit. Jemand anderes verzichtet für diese Zeit darauf, sich mit dem Geld Güter zu kaufen, und stellt es stattdessen uns zur Verfügung. Für diesen Konsumverzicht erwartet der Verleiher – auch Gläubiger genannt – eine Entschädigung. Dies ist der *Zins*, den wir ihm als Kreditnehmer schulden. Er wird bei jeder Rückzahlung zusätzlich zur Kreditsumme fällig.

Liegt der Zins unterhalb der Inflationsrate in dieser Zeit, erhält der Gläubiger einen niedrigeren Gegenwert zurück. Das Geld hat sich stärker entwertet, als er an Zinsen kassieren kann. Darum verleihen Geldgeber wie Banken, auf deren Kreditgeschäfte wir im nächsten Abschnitt genauer eingehen, Geld in der Regel nur zu Zinsen oberhalb der erwarteten Inflationsrate.

Schulden im weiteren Sinne

Jeder Tausch auf dem Markt lässt sich auch als Schuldverhältnis bezeichnen. Bestelle ich beim Lieferdienst eine Pizza oder beim Bäcker ein Brot, schulden sie mir die Ware und ich ihnen den Kaufpreis. Auch bei einem Mietvertrag gehen zwei Wirtschaftsakteure eine solche wechselseitige Beziehung ein: Der eine schuldet dem anderen eine Leistung (Zugang zu einer intakten Wohnung), der andere wiederum schuldet ihm dafür eine regelmäßige Geldzahlung (Miete, auch „Mietzins" genannt). Auch am Arbeitsplatz schließen zwei Marktteilnehmer einen solchen Vertrag: Arbeitnehmer schulden eine bestimmte Leistung und Arbeitgeber einen entsprechenden Lohn. Wer auf dem Markt agiert, geht somit automatisch Schuldverhältnisse und entsprechende Verpflichtungen ein. Wie diese Zahlungsströme und Leistungsversprechen ineinandergreifen, sehen wir in Kapitel 4 bei der Antwort auf die Frage, wie Unternehmen ihre Investitionen und Tätigkeiten finanzieren. Hierbei spielen Schulden eine herausragende Rolle.

Schulden haben durchaus positive Effekte. Sie ermöglichen es den Wirtschaftsakteuren, auf Märkten früher handlungsfähig zu werden, als wenn sie erst auf das allmähliche Anwachsen der eigenen Ersparnisse warten müssten. Unternehmen können sich z. B. neue, produktivere Maschinen rascher anschaffen. Oder Wohnungsbesitzer installieren eine neue, energieeffiziente Heizungsanlage heute und nicht erst in zehn Jahren. Die Erträge dieser Investitionen – das Unternehmen erhöht den Gewinn, der Haushalt spart Betriebskosten – stellen sich entsprechend früher ein und können verwendet werden, um die Kreditkosten (Zinsen) zu finanzieren.

Anders fällt die Bewertung aus, werden Schulden nicht für Investitionen, sondern für den Konsum verwendet. Man konsumiert etwas zu einem früheren Zeitpunkt, als man es sich aus eigener Kraft leisten kann. Das kann zwar in gewissen Fällen durchaus sinnvoll sein, aber es gibt hier doch Gefahren. Da die Bedürfnisse des Einzelnen, wie wir in Kapitel 2 gesehen haben, nach oben hin unbegrenzt sind, scheint deren Finanzierung über Schulden nämlich als verlockende Möglichkeit. Manche Marktteilnehmer führt sie aber auch in die Schuldenfalle. Solche Fallen, die in die *Überschuldung* führen, werden uns täglich gestellt. Wir kaufen mit Rabatt ein teures Handy, ohne zu merken, dass wir die daran geknüpften monatlichen Gesprächs- und Internetkosten gar nicht schultern können. Oder wir reagieren euphorisch auf den Brief unserer Bank, die uns einen sensationell günstigen Kredit verspricht – einfach so. Und wir werden auch nicht stutzig, wenn uns Elektronikgeräte im Ratenkauf offeriert werden. So gelingt es in Deutschland jährlich ungefähr 30 000 Unternehmen und rund 100 000 Verbraucherinnen und Verbrauchern nicht, ihren *Schuldendienst* zu leisten, also die Schulden fristgerecht zu bedienen. Sie werden *insolvent*.

→ **Überschuldung**
Notlage eines Wirtschaftsakteurs, die eintritt, wenn die aufgenommenen Schulden dessen Vermögen und damit die Rückzahlungsfähigkeit übersteigen.

→ **Schuldendienst**
Zahlungen des Schuldners an den Gläubiger; umfasst Tilgung und Zinsen.

→ **Insolvenz**
Zustand, in dem Unternehmen oder Privatleute so überschuldet sind, dass sie nicht mehr in der Lage sind, ihren Schuldendienst zu leisten.

Im schlimmsten Fall erhalten verschuldete Haushalte Besuch vom Gerichtsvollzieher, im besseren Fall kommen erst mal Leute wie er: Peter Zwegat, Deutschlands berühmtester Schuldnerberater. Der Titel seiner Fernsehsendung ist Programm: Raus aus den Schulden.

In einem *Insolvenzverfahren* legt ein Unternehmen all seine Habe auf den Tisch, und die Gläubiger bedienen sich aus diesen Resten. Darunter sind neben den Banken die Angestellten, die auf Löhne warten, das Finanzamt, das auf Steuern aus ist, oder die Lieferanten, die ihre Rechnungen beglichen sehen wollen. Für Verbraucher gibt es ein spezielles Insolvenzverfahren, auf das sich Schuldner und Gläubiger einigen können. Ist das Vermögen aufgebraucht, pfänden die Gläubiger von den künftigen monatlichen Einkommen des Schuldners einen gesetzlich definierten Anteil. Frühestens nach drei Jahren erlassen sie ihm die restlichen Schulden. Früher musste er seine Schulden über Jahrzehnte abstottern. Seit es diese Möglichkeit der *Restschuldbefreiung* gibt, hat die Zahl der Verbraucherinsolvenzen stark zugenommen.

→ **Insolvenzverfahren**
Befriedigung der Gläubiger eines Wirtschaftsakteurs durch Verwertung des Vermögens oder durch Sanierung mithilfe eines Insolvenzplans, bei Privathaushalten „Verbraucherinsolvenz" genannt.

→ **Restschuldbefreiung**
Vereinbartes Erlassen der restlichen Schulden, wenn der private Schuldner seinen Gläubigern mehrere Jahre lang sein pfändbares Einkommen überlassen und seine Schuld damit teilweise getilgt hat.

Da Banken Verluste erzielen, wenn insolvente Schuldner ihre Kredite nicht zurückzahlen, prüfen sie in der Regel vor der Kreditvergabe, wie es um deren Schuldentragfähigkeit bestellt ist. Wie viele Schulden kann ein Schuldner aufhäufen, ohne dass ihn die Zinsen und die Tilgung bei durchschnittlichen Risiken des Lebens (z. B. Krankheit, Unfall, Scheidung, Arbeitslosigkeit) aus der Bahn werfen? Dazu berechnen Banken Schuldenkennzahlen, mit denen die Höhe des gewünschten Kredits ins Verhältnis gesetzt wird zum vorhandenen Vermögen und zum erwarteten Einkommen des Bankkunden, den sogenannten Sicherheiten. Hat der Kunde eine hohe Bonität, das heißt Kreditwürdigkeit, kann er höhere Kredite stemmen als jemand, der dem Bankangestellten nur wenig Sicherheiten vorweisen kann. Wenn die Banken bei dieser Prüfung zu lax agieren, steigt die Zahl der überschuldeten Haushalte. Das hat nicht nur mikroökonomische Folgen, sondern kann ganze Volkswirtschaften destabilisieren, wie sich nach dem schuldengetriebenen Boom auf dem US-Häusermarkt gezeigt hat, dessen Folgen bis heute weltweit Kreise ziehen.

Wie wir in den allabendlichen Nachrichten zur Euro-Schuldenkrise sehen, hat selbst die Schuldentragfähigkeit von Staaten ihre Grenzen. Ab einer gewissen Höhe des Schuldenstands wird es nämlich schwer für die Staaten, die Gläubiger zu befriedigen. Weil nicht getilgt wird, steigt der Anteil der Zahlungen für Zinsen an den Staatsausgaben, wie in Kapitel 11 ausführlich erläutert wird. Besonders fatal – nämlich beschleunigend – wirkt sich das Phänomen des Zinseszinseffekts aus. Darunter versteht man Zinszahlungen, die auf angefallene Zinsen zu leisten sind. Der Betrag wird auf die gesamten Schulden aufgeschlagen, sodass im nächsten Jahr Zinsen für diesen erhöhten Schuldenstand fällig werden. Dadurch wächst der Schuldenberg, und zwar exponentiell.

→ Zinseszins
Zinszahlung, die bei einer Geldanlage für bereits früher gutgeschriebene und dem Kapitalstock zugeschlagene Zinsen geleistet wird.

→ Dispositionskredit (kurz: Dispo)
Möglichkeit für Bankkunden, bis zu einer bestimmten Höhe weiter Geld abzuheben oder zu überweisen, obwohl auf ihrem Konto kein Guthaben vorhanden ist. Für diese Überziehungsmöglichkeit verlangen Banken hohe Zinsen.

Für den, der spart, klingen Zins und *Zinseszins* nach einem Segen (vgl. Kasten). Für jenen, der bis zum Hals im Schuldensumpf steckt, ist es der Mühlstein, der ihn erst recht nach unten ziehen kann. Darum sind Zinseszinsen unter Privatleuten in Deutschland prinzipiell verboten und bei Bankgeschäften in der Regel nur bei Guthaben erlaubt. Eine Ausnahme vom Zinseszinsverbot sind ausgerechnet die ohnehin sehr teuren *Dispositionskredite*, die Banken ihren Kunden häufig gewähren, wenn der Kontostand ins Minus geraten ist.

Für manche leider mehr als der Titel eines Albums: Sie stehen knietief im Dispo.

Der Zinseszins

Abbildung 3.4
Kumulierte Guthabenentwicklung in 40 Jahren mit und ohne Wiederanlage der Zinsen (in Euro)

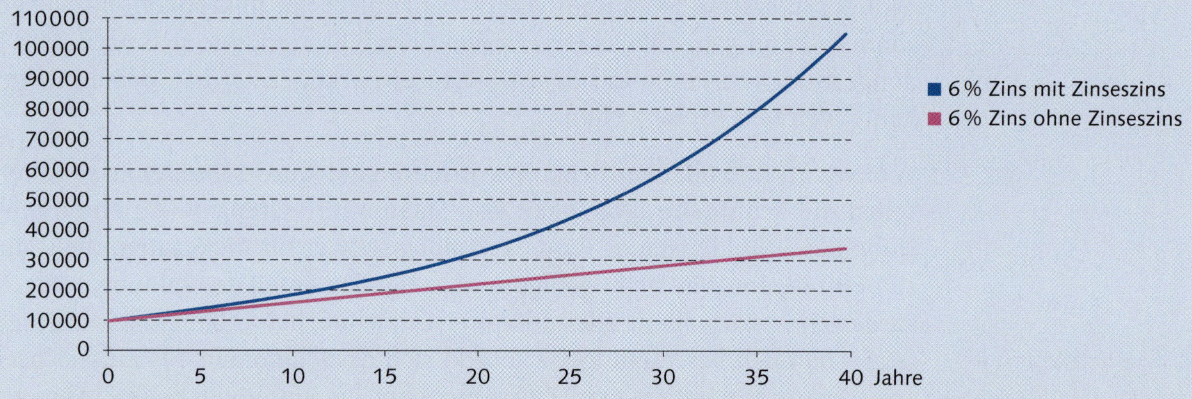

Quelle: Eigene Berechnung

In der Wirtschaftspresse ist gelegentlich zu lesen, Albert Einstein habe auf die Frage nach der größten Erfindung des menschlichen Geistes geantwortet: „Die Zinseszinsen!“ Es ist nicht überliefert, wo oder gar warum er das angeblich gesagt hat. Wahlweise wird der Ausspruch auch dem Schriftsteller Mark Twain oder dem Ökonomen Adam Smith zugeschrieben. So unwahrscheinlich es ist, dass überhaupt einer von ihnen eine solche Ansicht vertreten hat, so interessant ist das Phänomen „Zinseszins“. Was hat es damit auf sich?

Was die Menschen am Zinseszins fasziniert, ist die Möglichkeit, die Hände in den Schoß legen zu können und einfach das Geld für sich arbeiten zu lassen. Ein anschauliches Beispiel liefert die TV-Zeichentrickserie „Futurama“: Im Jahr 2000 hatte der Pizzabote Fry gerade mal 0,93 Dollar auf dem Konto. Nach einem tiefen Kälteschlaf sieht er im Jahr 3000 nach, was wohl daraus geworden ist. Zu jedermanns Überraschung: 4,3 Milliarden Dollar – dank tausend Jahren Zins und Zinseszins von 2,25 %.

Zu dieser wundersamen Geldvermehrung kommt es, weil die Zinsen Jahr für Jahr aufs Neue wieder angelegt und selbst mitverzinst werden. Rein mathematisch werden so innerhalb von 40 Jahren und bei 6 % Zinsen aus 10 000 Euro mehr als 100 000 Euro, wie **Abbildung 3.4** zeigt. Wer die Geduld verliert und die jährlichen Zinsen konsumiert statt investiert, erhält in den 40 Jahren insgesamt 24 000 Euro. Bei Konsumverzicht läge der Gewinn am Ende fast viermal höher – dank Zinseszins.

Abbildung 3.4 sieht auf den ersten Blick danach aus, als ob sie den beliebten Verdacht bestätigte, wonach die Reichen durch Nichtstun immer reicher würden. Von Zinsen und Zinseszinsen zu leben, ist aber ein Traum, der sich für die meisten nicht erfüllt. Wer nicht schon mit einem Vermögen auf die Welt gekommen ist, für den ist diese Erwartung unrealistisch. Warum das so ist, wird am Beispiel privater Renten- und Lebensversicherungen deutlich, die nach dem Prinzip Zinseszins mit entsprechend langen Laufzeiten konstruiert sind. Diese Verträge verheißen aufgrund des gegen Ende überproportional ansteigenden Zinsgewinns satte Erträge. Diese fallen aber längst nicht so hoch aus wie im Zahlenbeispiel.

Erstens ist eine Geldanlage mit Kosten verbunden, und im Fall von Versicherungen sind diese nicht zu unterschätzen. Zweitens sind die Sparzinsen meist niedriger und drittens ist die Laufzeit oft kürzer als im Beispiel. Tatsächlich gehört eine Menge Disziplin dazu, über so eine lange Zeit der Versuchung zu widerstehen, das stetig wachsende Guthaben anzutasten. Auch passt eine derart lange Sparphase nicht zu jedermanns Lebens- und Familienplanung. Darum kündigen viele Versicherte ihren Vertrag vorzeitig. Viertens verwässert die Inflation den Wert des Schatzes, der uns in ferner Zukunft zu winken scheint. Was unser Geld in 40 Jahren wert sein kann, haben wir in **Abbildung 3.3** gesehen. Fünftens vermehrt sich das Geld nicht von alleine, sondern nur dann, wenn es von der Bank oder Versicherung, der wir das Geld anvertrauen, für produktive Zwecke eingesetzt wird. Es arbeitet in Unternehmen, die einen Kredit erhalten haben und nun die Zinsen – unsere Zinsen – miterwirtschaften müssen. Die Wahrscheinlichkeit, dass im Zeitraum von 40 Jahren auch mal Krisen auftreten, Gewinne ausfallen oder Unternehmen pleitegehen, ist groß. Auch das schmälert die Zinserträge.

Darum werden wir hauptsächlich von den Früchten unserer Arbeit leben, nicht von den Erträgen unseres Bankkontos.

KOMPETENZEN BILDEN: Wie lerne ich den Umgang mit Geld?

Schuldenmachen ist unter jungen Erwachsenen nicht in Mode. Und wenn 18- bis 24-Jährige einen Kredit aufnehmen, zahlen sie diesen in der Regel auch zurück – nämlich laut Schufa (Schutzgemeinschaft für allgemeine Kreditsicherung) in 97 % der Fälle. Dennoch gibt es beim Umgang mit Geld einige Risiken, die Jugendliche in finanzielle Schwierigkeiten bringen können.

Wie aus der knappen Übersicht hervorgeht, ist neben dem Wissen um den Stand der eigenen Finanzen und um die Gefahren der Verschuldung auch eine möglichst stabile persönliche Situation notwendig, damit Geldprobleme vermieden werden können. Es spricht nichts dagegen, sich auch von Eltern, Freunden oder Beratungsstellen Rat und Hilfe einzuholen. „Über Geld spricht man nicht" ist kein vernünftiges Motto für selbstständig handelnde Wirtschaftsakteure. In einer Gruppendiskussion können Sie Ihre unterschiedlichen Herangehensweisen ans Thema Geld vergleichen.

Häufige Gründe für private Verschuldung sind:

- Arbeitslosigkeit
- Einkommensrückgang oder Niedrigeinkommen
- Gescheiterte Selbstständigkeit
- Überblick über Finanzen verloren
- Zu hohe Konsumneigung

- Vorsorge oder Versicherungsschutz fehlen
- Mangelnde Erfahrung im Umgang mit Banken
- Psychische Probleme und Sucht
- Scheidung

Arbeitsaufträge:

1. Bilden Sie Arbeitsgruppen, die sich mit einer finanziellen Fragestellung aus Ihrem Leben befassen. Möglich sind Fragen zu Problemfeldern wie:
   - Konsumneigung (Wie begrenze ich Spontankäufe? Wie beherrsche ich die Risiken komplexer Mobilfunktarife?),
   - Sparen (Wie und wie viel?),
   - Schulden (Brauche ich einen Dispokredit?),
   - Versicherungen (Welche sind nötig?).

2. Finden Sie in den Arbeitsgruppen Lösungen, mit denen sich finanzielle Schwierigkeiten beim jeweiligen Problemfeld vermeiden ließen. Recherchieren Sie auch unter Familienmitgliedern und Bekannten. Welche Lehren haben diese aus Geldsorgen gezogen? Stellen Sie Ihre Lösungsideen vor und diskutieren Sie diese in der Klasse.
   - Eine Möglichkeit, die Ausgaben im Griff zu behalten, ist die Selbstbindung. Das ist eine Methode, Versuchungen von vornherein zu widerstehen (wir lernen sie später mit der Schuldenbremse für Staaten kennen). Selbst gesetzte Limits, z. B. Prepaidkarten, sind ein Weg, den Überblick zu behalten und Ausgabendisziplin zu üben. Kreditkarten verleiten zu Mehrausgaben und erhöhen das Verschuldungsrisiko. Wie und wieso ändert sich Ihr Ausgabeverhalten, wenn Sie tägliche Einkäufe ausschließlich mit Bargeld bezahlen?
   - Viele Auszubildende erhalten von ihrer Bank einen Dispositionskredit. Berechnen Sie die Kosten eines dauerhaften Dispositionskredits von 2000 Euro bei einem Jahreszinssatz von 14 %. Welche Handlungsweise empfehlen Sie?
   - Für welche Zwecke könnten Sie sich vorstellen, einen Kredit aufzunehmen? Begründen Sie Ihre Wahl und legen Sie dar, auf welche Weise Sie das Risiko vermindern, Schulden nicht mehr zu bedienen können.

3. Nach der Gruppendiskussion: Suchen Sie Dienstleister einerseits zum Thema Vermögensbildung und andererseits zur Schuldnerberatung. Unterscheiden Sie dabei zwischen Anbietern neutraler Beratung und solchen mit Verkaufsabsichten.

3.4 Was tun Banken?

3.4.1 Die volkswirtschaftliche Rolle von Banken

Bei der Diskussion der Geldschöpfung in Abschnitt 3.1.3 haben wir zum ersten Mal über einen sehr wichtigen volkswirtschaftlichen Akteur gesprochen, nämlich über die Bank. Wir haben dabei gesehen, dass Banken über die Kreditvergabe zusätzliches Geld schaffen. Wir wollen in diesem Abschnitt diesen Akteur und seine Bedeutung etwas genauer betrachten, als dies üblicherweise in volkswirtschaftlichen Einführungsbüchern der Fall ist. Der Grund für diese Vertiefung ist nicht zuletzt die entscheidende Rolle des Bankensystems in der Finanzkrise, die sich im Herbst 2008 mit dem Zusammenbruch der US-Bank Lehman Brothers zu einer globalen Wirtschaftskrise ausweitete, mit deren Folgen wir heute noch zu kämpfen haben. Wir können die Entstehung dieser Jahrhundertkrise nur dann verstehen, wenn wir uns gewisse Kenntnisse über die Funktionsweise, die volkswirtschaftliche Rolle und die Risiken des Bankengeschäfts aneignen.

Wie wichtig Banken für eine arbeitsteilige Wirtschaft sind, wird sofort klar, wenn man sich eine Welt ohne Banken vorstellt. Mit Ausnahme der wenigen Großunternehmen, die sich direkt auf den Finanzmärkten finanzieren können, käme kaum mehr jemand in den Genuss von Krediten. Ohne Banken müssten sich die Unternehmen nämlich das Geld direkt bei den Haushalten besorgen, und das wäre mit verschiedenen Schwierigkeiten verbunden:

Erstens wäre es schwer, die Haushalte davon zu überzeugen, ihr Geld für lange Zeit in Investitionsprojekten zu binden; schließlich möchte man gerne jederzeit über das Ersparte verfügen können, falls Unvorhergesehenes passiert. Zweitens wäre es für die Haushalte mit großem Aufwand verbunden, Unternehmen mit passenden Investitionsplänen zu finden und – vor allem – die Qualität dieser Unternehmen und ihrer Investitionsprojekte zu beurteilen. Drittens sind Investitionen immer mit Risiken behaftet und der Haushalt, der sein gesamtes Erspartes in ein bestimmtes Projekt investiert hätte, könnte im schlimmsten Fall alles verlieren; er würde deshalb mit solchen direkten Krediten vernünftigerweise sehr zurückhaltend sein. Angesichts dieser Liste von Problemen ist klar, dass die direkte Finanzierung durch Haushalte für die allermeisten mittelgroßen und kleinen Unternehmen – und damit für mehr als 99 % aller Firmen – kaum denkbar ist; dazu kommt noch, dass Haushalte kaum eine Möglichkeit hätten, ihre Häuser über Kredite zu finanzieren.

Die Antwort auf all diese Probleme sind Banken. Sie schalten sich als Vermittler zwischen Kreditgeber und Kreditnehmer und tragen entscheidend zur Verminderung der oben genannten Schwierigkeiten bei, indem sie vor allem drei Aufgaben übernehmen:

- Transformation von Fristen,
- Bereitstellung von Informationen,
- Verteilung von Risiken.

Das erste und größte Problem, das die Banken lösen, ist der unterschiedliche Zeithorizont von Haushalten (Sparern) und Unternehmen (Investoren). Haushalte möchten möglichst jederzeit über ihr Erspartes verfügen können, ihr Geld also nur ganz kurzfristig anlegen. Unternehmen (oder Haushalte, die Häuser finanzieren möchten) hingegen brauchen die Gelder, um zu investieren. Und so gut wie jede Investition hat einen langfristigen Charakter; es ist kaum möglich, einmal investiertes Geld rasch und ohne substanzielle Verluste wieder zu Geld zu machen. Will man diese beiden Marktseiten mit sehr unterschiedlichen Interessen trotzdem zusammenführen, so hilft es sehr, wenn sich jemand dazwischenschaltet, der die ungleichen Anforderungen an die Fristen ausgleichen kann. Diese sogenannte *Fristentransformation* ist die Kernaufgabe von Banken. Sie sammeln große Mengen von kurzfristig abziehbaren Spargeldern und stellen sie Unternehmen für langfristige Investitionsprojekte zur Verfügung. Das ist deshalb möglich, weil in der Regel immer nur ein kleiner Teil der Sparer gleichzeitig sein Geld abheben möchte. Die Bank kann deshalb das Risiko eingehen, nicht alle Kundengelder jederzeit auszahlen zu können. Dieses Risiko führt aber dazu, dass Banken – ohne entsprechende Vorsichtsmaßnahmen – in schlechten Zeiten in sehr ungemütliche Situationen kommen können; wir werden in Abschnitt 3.4.2 darauf zurückkommen. Man kann sogar sagen, dass die besondere Krisenanfälligkeit von Banken sich letztlich immer auf die Tatsache zurückführen lässt, dass der allergrößte Teil der Sparer seine Gelder jederzeit sehr kurzfristig zurückfordern kann.

→ **Fristentransformation**
Volkswirtschaftliche Funktion der Banken, dafür zu sorgen, dass kurzfristig angelegte Spargelder für langfristige Investitionsprojekte zur Verfügung gestellt werden.

Die zweite Funktion von Banken ist, Informationen zu beschaffen. Ein Grundproblem der Kreditvergabe ist die asymmetrische Information zwischen Kreditgebern und -nehmern: Die Unternehmen wissen wesentlich mehr über das Risiko ihrer Investitionsprojekte als die Haushalte; und wenn diese Projekte sehr riskant sind, haben die Unternehmen einen großen Anreiz, das vor den Geldgebern zu verbergen. Die Beschaffung dieser – für die Risikoabschätzung der Kreditgeber entscheidenden – Informationen ist oft so kostspielig, dass ohne Banken nur sehr wenige Kredite vergeben würden. Banken verschaffen sich diese Informationen mit *Kreditprüfungen* und verringern somit das Risiko bei der Kreditvergabe.

→ **Kreditprüfung**
Die Bank überprüft vor der Vergabe von Krediten, ob der Kreditnehmer willens und fähig ist und sein wird, die regelmäßigen Zinszahlungen zu leisten und den Kredit zum Ende der Laufzeit zurückzuzahlen.

Eine dritte volkswirtschaftliche Funktion von Banken besteht schließlich in der besseren Verteilung von Risiken. Da die Zukunft unsicher ist, kommt es auch bei seriös geprüften Krediten an gute Schuldner immer wieder vor, dass ein Kredit ausfällt, das heißt nie zurückgezahlt wird. Da eine Bank viele Kredite vergibt, trifft sie ein einzelner Ausfall deutlich weniger als einen Haushalt, der nur in ein einziges Projekt investiert hat. Deshalb ist eine Bank besser in der Lage, die Kosten solcher Risiken zu tragen, als ein Haushalt; und dementsprechend werden deutlich mehr Kredite vergeben, wenn es Banken gibt.

Die Existenz von Banken ist also unabdingbar, damit die Ersparnisse einer Volkswirtschaft tatsächlich effizient in Investitionsprojekte fließen können. Die Banken werden dafür mit der Zinsdifferenz entschädigt (vgl. Kasten). Sie stammt aus dem Wert, welchen die Banken durch die Lösung der oben genannten Probleme als Intermediäre – also Vermittler – zwischen Sparern und Investoren schaffen.

Wie Banken ihr Geld verdienen: Die wichtigsten Bankgeschäfte in der Übersicht

Das Kerngeschäft der klassischen Bank (und damit auch der Sparkasse) ist das *Zinsdifferenzgeschäft*, also die Vergabe von Krediten, die über Einlagen der Kunden finanziert werden – wobei die Bank daran verdient, dass die Kreditzinsen höher sind als die Zinsen auf die Einlagen. Lange Zeit war dieses Geschäft mit der Differenz zwischen Einlagen- und Kreditzinsen die Haupttätigkeit von Banken. Mit der Zeit weiteten sich die Geschäfte der Banken aber immer mehr aus.

Erstens entwickelte sich das sogenannte *Kommissionsgeschäft*: Die Bank erbringt gegen eine Entschädigung („Kommission") Dienstleistungen für Kunden. Dies umfasst etwa die *Vermögensverwaltung*, also die Bewirtschaftung von privaten Vermögen nach Vorstellungen der Eigentümer. Ein anderes sehr wichtiges Kommissionsgeschäft ist das sogenannte *Investmentbanking*. Dabei geht es zu einem guten Teil um die Unterstützung von Unternehmen bei Finanzmarktgeschäften, etwa wenn ein Unternehmen Aktien ausgibt oder wenn Unternehmen fusionieren wollen. In beiden Fällen fungiert die Bank in erster Linie als Berater, macht also keine eigenen Geschäfte; sie verdient an den Honoraren für diese Leistung.

Zweitens engagieren sich viele Banken, und hier vor allem die Investmentbanken, inzwischen stark beim Handel mit Wertpapieren auf eigene Rechnung. Mit diesem sogenannten *Eigenhandel* tritt die Bank direkt als Käufer oder Verkäufer von Wertpapieren auf, mit dem Ziel, einen Gewinn zu erzielen. Im Gegensatz zum Kommissionsgeschäft ist die Bank beim Eigenhandel Besitzerin der Wertpapiere, das heißt, diese tauchen – ebenso wie die Kredite an Unternehmen – in ihrer Bilanz auf. Banken unterscheiden sich darin, in welchem dieser Geschäfte sie tätig sind. Es gibt Investmentbanken, Privatbanken, die auf die Vermögensverwaltung spezialisiert sind, oder klassische Geschäftsbanken, die nur in der Vergabe von Krediten tätig sind. Viele Großbanken aber – in Deutschland etwa die Deutsche Bank oder die Commerzbank – sind sogenannte *Universalbanken*, engagieren sich also in all diesen Geschäften.

→ **Zinsdifferenzgeschäft**
Traditionelles Bankgeschäft; die Bank verdient daran, dass ihre Zinszahlungen an die Sparer kleiner sind als die Zinsen, die sie aus der Kreditvergabe erhält.

→ **Kommissionsgeschäft**
Teil des Bankgeschäfts, bei dem die Bank gegen eine Entschädigung (Kommission) Dienstleistungen für den Kunden erbringt.

→ **Vermögensverwaltung**
Bankgeschäft, das in der Bewirtschaftung von privaten Vermögen nach den Vorstellungen der Eigentümer besteht.

→ **Investmentbanking**
Bankgeschäft, das vor allem darin besteht, Unternehmen bei Finanzmarktgeschäften zu unterstützen.

→ **Eigenhandel**
Bankgeschäft, das darin besteht, Wertpapiere auf eigene Rechnung zu handeln, um daraus einen Gewinn zu erzielen.

→ **Universalbank**
Bank, die in allen wesentlichen Bankgeschäften tätig ist.

3.4.2 Die Risiken des Bankgeschäfts

Die globale Finanz- und Wirtschaftskrise hat uns vor Augen geführt, dass Banking ein riskantes Geschäft ist. Banken schaffen zwar eindeutig volkswirtschaftliche Werte, gleichzeitig kann man aber in kaum einem anderen Geschäft so rasch so viel Geld vernichten, wenn einmal etwas wirklich schiefgeht.

Der Grund dafür ist der, dass das Kerngeschäft der Banken mit einer hohen Verschuldung einhergeht. Die Kredite, welche die Banken vergeben, sind mit Einlagen der Haushalte finanziert, und das sind nicht Mittel, die der Bank gehören; sie arbeitet also in erster Linie mit *Fremdkapital*. Bei einem typischen Unternehmen beträgt das Verhältnis zwischen Fremdkapital und *Eigenkapital* etwa 1 zu 1. Bei einer typischen Bank liegt das Verhältnis eher in der Größenordnung von 20 zu 1, das heißt, sie finanziert ihre Ausleihungen und ihren Eigenhandel mit Wertpapieren überwiegend mit Fremdkapital.

→ **Fremdkapital**
Finanzierung über Geldgeber, die nicht Eigentümer des Unternehmens sind.

→ **Eigenkapital**
Finanzierung über Geldgeber, die Miteigentümer des Unternehmens sind.

Diese sehr hohe Verschuldung macht Banken zu speziellen Unternehmen. Sie bedeutet, dass im Grunde genommen nicht viel passieren muss, damit eine Bank überschuldet ist und damit insolvent wird, sie also das aufgenommene Fremdkapital nicht zurückzahlen kann. Entsprechend genau muss eine Bank die verschiedenen Risiken beachten, die bei ihren Geschäftstätigkeiten bestehen. Wir wollen hier mit dem Liquiditätsrisiko und dem Kreditausfallrisiko die beiden zentralen Risiken betrachten, die aus der Kreditvergabe – also dem klassischen Bankgeschäft – entstehen.

→ **Liquiditätsrisiko**
Risiko im Bankgeschäft, das darin besteht, dass eine Bank nicht genügend liquide Mittel hat oder beschaffen kann, um Fremdkapitalgeber zu bedienen, die ihr Geld zurückhaben möchten.

Das *Liquiditätsrisiko* besteht darin, dass eine Bank in eine Situation geraten kann, in der sie nicht genügend liquide Mittel hat oder beschaffen kann, um ihre Gläubiger auszuzahlen. Das Kerngeschäft einer Bank ist anfällig für dieses Risiko, weil mit Einlagen, die jederzeit sehr kurzfristig abgezogen werden können, Kredite an Firmen oder Haushalte vergeben werden, die nur langfristig wieder vollständig zurückgezahlt werden müssen. Zwar halten Banken einen gewissen Teil der Einlagen liquide, aber das würde niemals ausreichen, um allen Verpflichtungen gegenüber den Einlegern jederzeit nachkommen zu können.

Das Geschäftsmodell der Banken basiert hier auf der vernünftigen Annahme, dass in der Regel nur ein kleiner Teil der Anleger zu einem bestimmten Zeitpunkt das gesamte Geld abziehen will. Deshalb kann man das Risiko eingehen, nicht alle Forderungen jederzeit vollständig zurückzahlen zu können. Gibt es aber aus irgendeinem Grund einen sogenannten „*Bank Run*", also die Situation, in der viele Einleger ihr Geld gleichzeitig abziehen wollen, muss die Bank rasch ihre Geschäftstätigkeit einstellen, falls sie sich nicht zusätzliches Geld beschaffen kann.

→ **Bank Run**
Krisensituation, bei der die meisten Einleger gleichzeitig ihre Einlagen bei einer Bank abheben möchten und die Bank wegen mangelnder liquider Mittel zu dieser Auszahlung nicht in der Lage ist.

→ **Kreditausfallrisiko**
Risiko im Bankgeschäft, das darin besteht, dass die Kreditnehmer nicht mehr in der Lage sein können, die Kreditzinsen zu zahlen oder den Kredit zurückzuzahlen.

Das *Kreditausfallrisiko* besteht darin, dass gewährte Kredite nicht zurückbezahlt werden können. Die Vergabe von Krediten an Unternehmen oder Haushalte ist ein riskantes Geschäft, weil deren zukünftige Zahlungsfähigkeit nur sehr schwer abzuschätzen ist. Ein guter Teil des Bankgeschäfts besteht darin, mit vertretbarem Aufwand die Kreditwürdigkeit von Kreditnehmern zu prüfen, also zu beurteilen, ob diese willens und fähig sind und sein werden, Zinszahlungen zu leisten und den Kredit wieder zurückzuzahlen. Ist dies nicht der Fall, so ist das Geld für die Bank verloren und der Kredit muss abgeschrieben werden. Macht die Bank nicht gleichzeitig genügend Gewinne mit anderen Geschäften, so verringert sich dadurch das an sich schon geringe Eigenkapital bedrohlich rasch. Die Bank kann deshalb bei größeren Kreditausfällen schnell insolvent werden, das heißt in die Situation geraten, dass sie nicht genügend Mittel hat, um die Schulden zurückzuzahlen.

Die großen Risiken des Bankings haben dazu geführt, dass dieses Geschäft stark reguliert wird. Beide der genannten Risiken werden mit entsprechenden Regulierungen gemindert. Um das Liquiditätsrisiko zu reduzieren, sind Banken verpflichtet, einen gewissen Teil der Einlagen nicht als Kredite zu vergeben, sondern liquide, das heißt mehr oder weniger als Bargeld, zu halten – dies für den Fall, dass einmal ein unüblich großer Teil der Kunden das eingelegte Geld zurückfordert. Die Folgen des Kreditausfallrisikos werden dadurch gemindert, dass Banken ein gewisses Minimum an Eigenkapital halten müssen. Die Höhe dieser *Eigenkapitalanforderungen* misst sich am Ausmaß und am Risiko der vergebenen Kredite. Ziel dieser Regulierung ist, dass eine Bank einen gewissen Teil der Kredite abschreiben kann, ohne gleich insolvent zu werden.

→ **Eigenkapitalanforderungen**
Regulierung, die verlangt, dass eine Bank einen gewissen Mindestanteil an Eigenkapital hält.

ZUSAMMENFASSUNG ANHAND DER LERNZIELE ZU KAPITEL 3

1 Die Funktionen und Formen des Geldes

Ohne Geld müsste die Wirtschaft auf Tauschhandel basieren – was das Potenzial der Arbeitsteilung enorm einschränken würde. Neben der zentralen Funktion als Tauschmittel dient Geld auch als Wertaufbewahrungsmittel und Maßeinheit. Über die Kreditvergabe der Banken werden aus jedem von der Zentralbank ausgegebenen Euro mehrere Euro Zahlungsmittel. Die gesamte Geldmenge setzt sich deshalb aus dem von der Zentralbank geschaffenen Geld und aus den als Zahlungsmittel verwendeten Einlagen bei Banken zusammen.

2 Die Funktionen des Warenkorbs und die Ermittlung von Preisniveauänderungen

Die Veränderung des Preisniveaus (Preis eines repräsentativen Warenkorbs) spiegelt die Preisstabilität eines Landes wider – je kleiner die Veränderung, desto stabiler die Preise. Steigt das so definierte Preisniveau, so spricht man von Inflation. Die Messung ist eine Durchschnittsmessung; für bestimmte Personengruppen einer Gesellschaft kann die Inflation deutlich höher sein als für den Durchschnittshaushalt. Wenn etwa die Energiepreise stark steigen, trifft es die armen Bevölkerungsgruppen besonders stark.

3 **Akteure bei der Verschuldung von Individuen (Privatpersonen und Unternehmen) und Staaten**

Bei einem Kredit treten immer zwei Akteure auf: ein Schuldner und ein Gläubiger. Privatpersonen nehmen Kredite in der Regel bei Banken auf, für Unternehmen kommen als Gläubiger oft auch andere Investoren infrage (etwa über Anleihen und Aktien). Außerdem kommen bei einer Unternehmensinsolvenz auf Seite der Gläubiger noch Angestellte, Lieferanten und das Finanzamt hinzu. Auch Staaten finanzieren sich über Kredite – und sind oft hoch verschuldet.

4 **Die Tragweite zunehmender Verschuldung und Auswege aus der individuellen Schuldenfalle**

Gerade bei dem weitgefächerten Angebot an Finanzierungsmöglichkeiten kann es leicht passieren, dass sich ein Kreditnehmer überschuldet – er ist also nicht mehr in der Lage, seine Schulden zurückzubezahlen. Bei Privatpersonen besteht dann die Möglichkeit einer „Verbraucherinsolvenz": Neben dem Restvermögen wird ein gesetzlich definierter Anteil vom monatlichen Einkommen des Schuldners gepfändet. Kann innerhalb von drei Jahren ein bestimmter Teil der Schulden zurückgezahlt werden, kommt es zu einer Restschuldbefreiung. Ansonsten läuft das Verbraucherinsolvenzverfahren über sechs Jahre.

5 **Die volkswirtschaftliche Rolle von Banken**

Banken haben in unserer Marktwirtschaft vor allem drei Funktionen:

- die Transformation von Fristen. Sie sorgen als Vermittler dafür, dass Unternehmen mit Investitionsgeldern langfristig planen, aber gleichzeitig Sparer auch kurzfristig auf ihr Geld zugreifen können;
- die Bereitstellung von Informationen. Sie nehmen Kreditprüfungen vor, um heikle Investitionen von Spargeldern möglichst zu vermeiden;
- die Verteilung von Risiken. Das bedeutet, dass das Kreditausfallrisiko meist bei der Bank liegt, die durch die hohe Anzahl an Investitionen Verluste einkalkulieren kann.

Über diese drei Funktionen sorgen Banken für eine effektive Verwendung von Ersparnissen. Entschädigt werden sie dafür durch die Differenz zwischen den Zinseinnahmen aus Krediten und den Zinsen, die an Sparer weitergegeben werden. Zudem finanzieren sich viele Banken über weitere Geschäftszweige, wie etwa Eigenhandel und Vermögensverwaltung. Da Banken hauptsächlich mit Fremdkapital arbeiten, müssen Risiken genauestens abgeschätzt werden. Wesentlich sind hier vor allem das Liquiditätsrisiko (die Bank hat nicht genügend liquide Mittel, um Gläubiger auszuzahlen) und das Kreditausfallrisiko.

ZENTRALE BEGRIFFE

Inflation
Transaktionskosten
Spezialisierung
Liquidität
Zentralbankgeldmenge
Geschäftsbanken
Sichteinlagen
Spareinlagen
Termineinlagen
Repogeschäft
Geldschöpfungsmultiplikator
Mindestreservesatz
Liquide Mittel
Geldillusion
Nominale Größe
Reale Größe
Preisniveau
Warenkorb
Verbraucherpreisindex (VPI)
Kaufkraft
Schulden
Kredit
Zins
Überschuldung
Schuldendienst
Insolvenz
Insolvenzverfahren
Restschuldbefreiung
Zinseszins
Fristentransformation
Kreditprüfung
Zinsdifferenzgeschäft
Kommissionsgeschäft
Vermögensverwaltung
Investmentbanking
Eigenhandel
Universalbank
Fremdkapital
Eigenkapital
Liquiditätsrisiko
Bank Run
Kreditausfallrisiko
Eigenkapitalanforderungen

WIEDERHOLUNGSAUFGABEN ZU KAPITEL 3

1 Erläutern Sie die wesentlichen Funktionen des Geldes und wie sie in der Realität umgesetzt werden. Welche anderen Formen von Geld sind denkbar?

2 Was beinhaltet der repräsentative Warenkorb und welche Funktion hat er?

3 Erstellen Sie eine Mindmap mit den (möglichen) Akteuren bei einer Verschuldung und überlegen Sie, aus welchen Gründen Kredite aufgenommen werden.

4 Überlegen Sie sich verschiedene Ursachen, die zur Überschuldung einer Privatperson führen können. Was ist bei Unternehmen und Staaten anders?

5 Erklären Sie, warum Banken so wichtig für unsere Marktwirtschaft sind, und finden Sie entsprechende Beispiele, um Ihre Punkte zu verdeutlichen.

HANDLUNGSORIENTIERTE AUFGABEN ZU KAPITEL 3

1 Recherchieren Sie im Internet zur Geschichte des Geldes und schreiben Sie einen kurzen eigenständigen Bericht unter Beantwortung der folgenden Fragen: Welche Tauschmittel wurden vor dem Münzgeld als Geld verwendet? Worin besteht der Vorteil des Münzgeldes gegenüber früherem Warengeld? Wie kam es zur Entstehung des Papiergeldes?

2 Stellen Sie sich vor, Ihre Vorfahren hätten im Jahr 1900 n. Chr. 2 Euro angelegt und Sie haben seither jährlich 1 % Zins erhalten. Wie viel Geld hätten Sie heute unter Berücksichtigung des Zinseszinses? Warum sind wir heute trotzdem nicht so reich?

3 Was können Regierungen tun, damit sie Bank Runs verhindern? Wie ist die Rechtslage in Deutschland? (Einlagensicherung, Staatsgarantie, Beschränkung im Kapitalverkehr)

4 Insbesondere seit der Finanzkrise ab 2008 wird immer wieder die Forderung erhoben, dass die Banken ein deutlich höheres Eigenkapital halten müssten. Stellen Sie zu dieser Forderung Pro- und Kontra-Argumente zusammen. Informieren Sie sich in diesem Zusammenhang über das Reformpaket „Basel III", in dem die neuen internationalen Standards für das Bankgeschäft festgelegt werden sollen.

Kapitel 4: Die Gesamtwirtschaft und das Denken in Modellen

LERNZIELE ZU KAPITEL 4

Nachdem Sie Kapitel 4 durchgearbeitet haben, sollten Sie in der Lage sein,

1. mit dem Konzept des Wirtschaftskreislaufs Beziehungen zwischen Wirtschaftssubjekten zu beschreiben und modellhaft monetäre und reale Ströme zu begründen.
2. über die Grenzen der Erklärungsfähigkeit von ökonomischen Modellen in Bezug auf realwirtschaftliche Prozesse zu diskutieren.
3. den produktiven Beitrag der einzelnen Wirtschaftssektoren zu Wachstum und Beschäftigung sowie ihre Veränderung herauszuarbeiten und eine Bewertung mit Blick auf die Wohlstandsentwicklung vorzunehmen.
4. den Unterschied zwischen Wachstum und Konjunktur zu erklären.

Kapitel 4: Die Gesamtwirtschaft und das Denken in Modellen

Wollen wir volkswirtschaftliche Zusammenhänge nicht nur beschreiben, sondern auch verstehen, so benötigen wir Instrumente, mit denen wir diese Zusammenhänge analysieren können. Die Volkswirtschaftslehre arbeitet aus diesem Grund mit vereinfachten Darstellungen der Wirklichkeit, sogenannten Modellen. Auch wenn sie auf den ersten Blick abstrakt wirken mögen, müssen diese Konzepte keineswegs kompliziert oder gar mathematisch sein.

Der große Vorteil solcher Konzepte ist, dass man verschiedenste Fragestellungen mit dem gleichen Instrument analysieren kann. Hat man einmal die Grundideen erfasst, lässt sich mit diesen einfachen Denkmodellen viel mehr vom Wirtschaftsgeschehen verstehen und einordnen, als wenn man Hunderte von Seiten mit wirtschaftlichen Fakten auswendig lernt.

In diesem Kapitel stellen wir Modelle vor, die volkswirtschaftliche Abläufe nicht aus der mikroökonomischen Sicht des Einzelnen abbilden, sondern aus gesamtwirtschaftlicher Perspektive. Ein wichtiges Beispiel für solch ein makroökonomisches Modell ist der Wirtschaftskreislauf, dem wir uns nach einer Einführung in die Welt der Modelle zuwenden werden. Seinen Schwung erhält dieser Kreislauf durch die Arbeitsteilung zwischen den Gliedern der Volkswirtschaft, die wir im Anschluss daran betrachten wollen. Aufgrund der zunehmenden Arbeitsteilung haben wir in unserem Wirtschaftsleben zwar mit unbequemen Anpassungen und ständigen Schwankungen zu rechnen, aber auch mit langfristig wachsendem Wohlstand. Mit dem Wachstum des Bruttoinlandsprodukts und den Schwankungen der Konjunktur betrachten wir schematisch zwei wichtige makroökonomische Größen, die uns durch die Kapitel dieses Buches begleiten werden.

4.1 Der Wirtschaftskreislauf

4.1.1 Vereinfachung durch Modelle

Wählen wir einen kleinen Ausschnitt und betrachten ökonomisches Handeln in unserer Nachbarschaft, so ist es noch recht überschaubar. Wir können uns am einfachen Bild eines Anbieters auf dem Obst- und Gemüsemarkt in einer Stadt orientieren: Ein Bauer bietet dort Äpfel an, und die Stadtbevölkerung fragt diese Äpfel nach. Dafür erhält der Bauer von den Städtern Geld. Das verwendet er wiederum dazu, etwas anderes zu kaufen, zum Beispiel Würste beim Metzger oder Saatgut für den Hof. So weit überschaubar.

Beziehen wir mehr Menschen in die Betrachtung mit ein, wird es komplizierter. Der eine verkauft dieses, der andere jenes. An einem Tag trifft jeder Marktteilnehmer Dutzende von ökonomischen Entscheidungen, die zu Transaktionen mit anderen Akteuren führen. Das reicht von der Frage, was sie oder er zu Mittag essen und welches Buch sie oder er kaufen will, bis zur Entscheidung eines Wirtes, welche Mahlzeiten er anbieten, oder der Buchhändlerin, welche Romane sie ins Schaufenster stellen soll.

All diese Entscheidungen und Transaktionen einzeln zu beschreiben, ist so mühselig wie erkenntnisarm. Hilfreich wäre es eher, nach gemeinsamen Merkmalen Ausschau zu halten und wiederkehrende Muster und Zusammenhänge zu erkennen. Heraus käme ein Modell, also ein abstraktes, aufs Wesentliche reduziertes Abbild der Wirklichkeit. Dieses Weniger ist mehr: Idealerweise liefert ein solches Modell nämlich ein aufschlussreicheres Bild von den ökonomischen Vorgängen auf dem Marktplatz als eine Überwachungskamera, die das Treiben stundenlang lückenlos und detailreich dokumentiert.

Eine abstrakte Modellbeschreibung der Marktsituation könnte so aussehen: Personen, die etwas anbieten, treffen auf Personen, die etwas nachfragen. Das Zusammentreffen dieser wirtschaftlichen Akteure macht den „Markt" aus. Auf diesem Markt wird nun getauscht. In aller Regel werden dabei nicht Waren gegen Waren getauscht – obwohl auch dies möglich wäre –, sondern Waren gegen Geld. Der Anbieter gibt seine Waren ab und erhält vom Nachfrager dafür den Gegenwert in Geld, das er dann auf anderen Märkten als Nachfrager verwenden kann, um seinerseits Waren zu kaufen. Jeder wirtschaftliche Akteur ist also sowohl Anbieter als auch Nachfrager, abhängig davon, welchen Markt man betrachtet. Dieser Tausch erfolgt freiwillig: Er findet nur dann statt, wenn beide Marktseiten davon profitieren.

Angebot und Nachfrage in Aktion.

Weil ein Tausch aus Geben und Nehmen besteht, ergibt sich ein Kreislauf. Wir wollen nun versuchen, die Vielzahl von Tauschgeschäften in der Volkswirtschaft in einem Schema darzustellen. Dazu betrachten wir zuerst den einfachen Wirtschaftskreislauf. Er beschreibt das Zusammenwirken der beiden wichtigsten Akteure in der Volkswirtschaftslehre: Haushalte und Unternehmen. Danach werden wir im erweiterten Wirtschaftskreislauf zwei weitere Akteure mit einbeziehen: den Staat und das Ausland.

4.1.2 Der einfache Wirtschaftskreislauf

Eine Volkswirtschaft besteht aus dem Zusammenwirken von Millionen einzelner wirtschaftlicher Akteure. Wollen wir nun die Gesamtwirtschaft analysieren, müssen wir einfache Muster identifizieren, die das typische Verhalten und Zusammenwirken der Einzelnen beschreiben. Wir betrachten also die wichtigen Märkte und versuchen, sinnvolle Gruppen von Akteuren und deren Wechselbeziehungen zu bilden und zu beschreiben, um die grundsätzlichen Abläufe der schier unendlichen Zahl ökonomischer Einzelentscheidungen besser zu verstehen.

Im Zentrum der volkswirtschaftlichen Analyse stehen einerseits die Haushalte und andererseits die Unternehmen. Die Haushalte sind in der Regel Nachfrager nach Waren und Dienstleistungen, und die Unternehmen bieten diese an. **Abbildung 4.1** stellt dies grafisch dar.

Abbildung 4.1
Einfacher Wirtschaftskreislauf

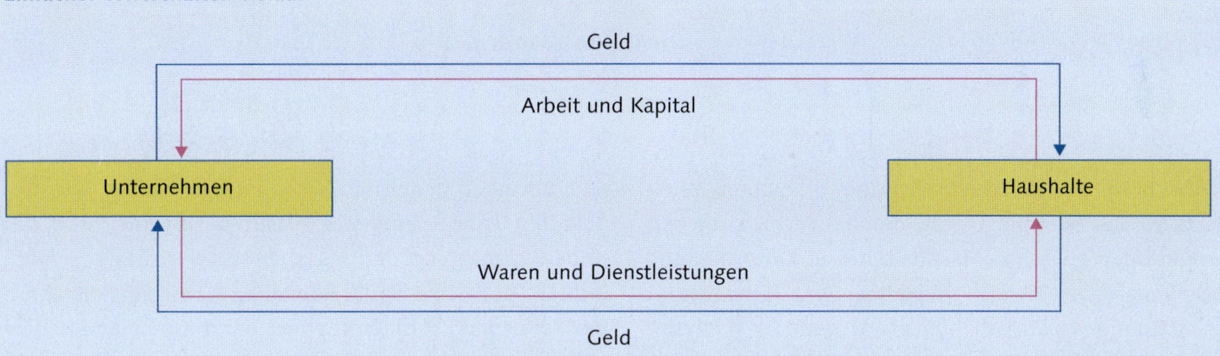

Waren und Dienstleistungen werden von den Unternehmen produziert und an die Haushalte verkauft. Damit beide Seiten an diesem Austausch freiwillig teilnehmen, müssen beide davon profitieren können. Wir sehen in der Darstellung denn auch, dass Ströme in beide Richtungen fließen. Weil bei den gegenläufigen Strömen jeweils reale Güter (Sachwerte oder Dienstleistungen) gegen finanzielle Mittel getauscht werden, wird auch vom realen und vom monetären Strom gesprochen. Der *reale Strom* (rot) geht von den Unternehmen an die Haushalte und der *monetäre Strom* (blau) von den Haushalten an die Unternehmen. Konkret: Der Gast erhält vom Wirt eine Mahlzeit (real) und zahlt ihm dafür den Preis für diese Mahlzeit (monetär).

→ **Reale Ströme**
Alle Transaktionen, bei denen Güter von einem Wirtschaftssubjekt auf ein anderes übergehen, und zwar entweder für eine Gegenleistung auf Märkten oder ohne Gegenleistung wie bei Transfers oder Geschenken.

→ **Monetäre Ströme**
Alle Zahlungs- und Kreditvorgänge in einer Volkswirtschaft.

→ **Produktionsfaktoren**
Materielle und immaterielle Mittel zur Herstellung von Waren und Dienstleistungen.

Wir sehen aber auch, dass dies nur einen Teil der Beziehungen zwischen Haushalten und Unternehmen ausmacht. Denn natürlich benötigen die Unternehmen für die Produktion Ressourcen, auch *Produktionsfaktoren* genannt, die ihnen von den Haushalten zur Verfügung gestellt werden. Diese Ressourcen bestehen aus Arbeitsleistung und Kapital. Bei dieser zweiten Art von Tausch ist nun die Situation gerade umgekehrt als beim Austausch von Waren und Dienstleistungen: Hier besitzen die Haushalte etwas, das sie den Unternehmen verkaufen. Die Haushalte sind also Anbieter und die Unternehmen Nachfrager. Entsprechend verläuft der reale Strom (rot) von den Haushalten an die Unternehmen und der monetäre Strom (blau) von den Unternehmen an die Haushalte. Konkret: Der Wirt erhält vom Koch die Arbeitsleistung (real) und zahlt ihm dafür einen Lohn (monetär).

Ein Ausschnitt aus dem Wirtschaftskreislauf: Wie sich Unternehmen finanzieren

Abbildung 4.2
Zwei Arten der Finanzierung von Unternehmen

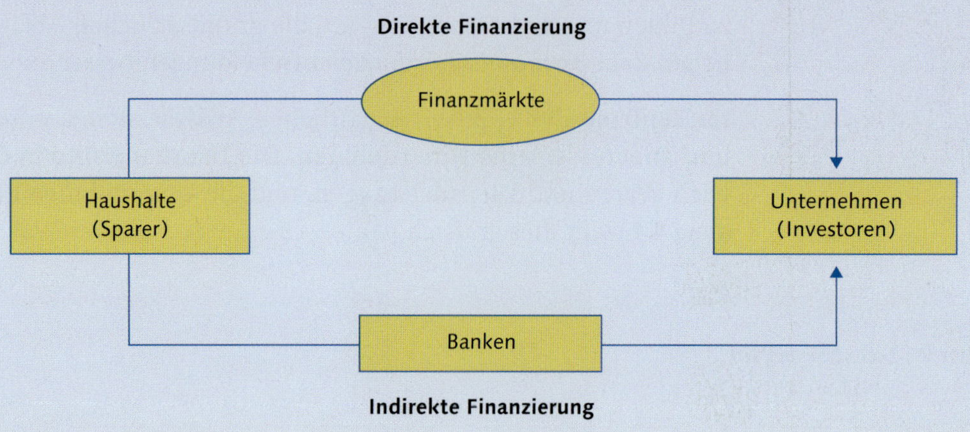

In Abschnitt 4.1.2 haben wir den einfachen Wirtschaftskreislauf kennengelernt, der die wirtschaftlichen Transaktionen zwischen Haushalten und Unternehmen modellhaft darstellt (vgl. **Abbildung 4.1**). Eine dieser Transaktionen wollen wir hier etwas genauer analysieren, nämlich den Strom von finanziellen Mitteln von den Haushalten zu den Unternehmen. Haushalte konsumieren in der Regel nicht ihr gesamtes Einkommen, sondern sparen auch. Dies mit der Absicht, einen Teil des Einkommens nicht für heutigen, sondern für zukünftigen Konsum zu verwenden. Die Haushalte haben deshalb in der Regel ein Überschussangebot an finanziellen Mitteln, im Wirtschaftskreislauf „Kapital" genannt. Umgekehrt ist die Situation der Unternehmen. Für die meisten Produktionsprozesse benötigen sie neben Arbeit auch Kapitalgüter wie Maschinen oder Gebäude. Das sind aber Dinge, für die man heute eine Investition leisten muss, damit man morgen mehr produzieren kann. Das heißt, dass die Unternehmen üblicherweise mehr finanzielle Mittel benötigen, als sie aus den laufenden Geschäften erwirtschaften; im Gegensatz zu den Haushalten weisen sie also eine Überschussnachfrage nach Kapital auf. Im einfachen Wirtschaftskreislauf sehen wir entsprechend, dass Kapital von den Haushalten zu den Unternehmen fließt und die Haushalte mit regelmäßigen Zinszahlungen dafür entschädigt werden, dass sie ihr Geld für eine gewisse Zeit zur Verfügung stellen.

Nun bestehen in der Praxis zwei Möglichkeiten, wie dies ablaufen kann. Entweder erhalten Unternehmen das Kapital direkt von den Haushalten oder dies geschieht indirekt über eine Bank. **Abbildung 4.2** ist ein Ausschnitt des einfachen Kreislaufschemas, der diese beiden Kanäle aufzeigt.

Der direkte Weg geht über die *Finanzmärkte*. Die Unternehmen finanzieren sich, indem sie den Haushalten Wertpapiere verkaufen. Dabei lassen sich zwei grundsätzliche Arten solcher Papiere unterscheiden, nämlich Aktien und Anleihen. Der Kauf einer *Aktie* macht den Haushalt zum Miteigentümer des Unternehmens. Als Entschädigung erhält er eine Beteiligung an den zukünftigen Gewinnen, und zwar über eine jährliche Zahlung (die sogenannte *Dividende*) und/oder über die Wertsteigerung der Aktie, falls das Unternehmen erfolgreich wirtschaftet und die Gewinnerwartungen steigen.

Da die Gewinne natürlich auch negativ ausfallen können, sind Aktien grundsätzlich riskanter als Anleihen – die zweite Form von Wertpapieren. Mit dem Kauf einer *Anleihe*, auch Obligation genannt, wird der Haushalt nämlich nicht Miteigentümer des Unternehmens, sondern gewährt ihm lediglich einen Kredit. Als Entschädigung erhält er dafür jedes Jahr eine fixe Zinszahlung, die von der Gewinnsituation des Unternehmens unabhängig ist. Nach Ablauf der Laufzeit der Anleihe bekommt der Haushalt den ursprünglich investierten Betrag zurück.

Sind nicht nur bekannt als Künstler aus Funk, Fernsehen und Klatschpresse, sondern auch als kühl spekulierende Geldanleger: Amerikanische Stars wie Justin Timberlake und Jay-Z beteiligen sich gern an frisch gegründeten Unternehmen, die Kapital für ihre Entwicklung brauchen. Der dabei besonders umtriebige Schauspieler Ashton Kutcher hat nicht nur Geld für hippe US-Internet-Start-ups wie den Übernachtungsmarktplatz Airbnb übrig, sondern auch für welche in Berlin, z. B. SoundCloud. Indem die Prominenten ihren Kapitalüberschuss in Hoffnung auf dicke Geschäfte in kapitalbedürftige Firmen stecken, tun sie im Prinzip das, was auch Otto Normalverdiener abseits der Öffentlichkeit mit seinem Ersparten tut. Bei ihm übernehmen lediglich die Banken die im Wirtschaftskreislauf wichtige Funktion, Spargelder für die Finanzierung von Unternehmen zu aktivieren.

Die direkte Finanzierung über Aktien oder Anleihen steht vor allem großen, etablierten Unternehmen offen, deren Reputation und Bekanntheit das Publikum dazu motiviert, ihre Papiere (Aktien oder Anleihen) zu kaufen. Die allermeisten Firmen sind jedoch klein und zu wenig bekannt, um diesen Weg zu gehen. Sie finanzieren sich deshalb indirekt, also über Banken, die als sogenannte *Intermediäre* zwischen Sparern und Investoren fungieren. Wie wir das in **Abbildung 4.2** sehen, sammeln die Banken von den Sparern Einlagen, die sie dann als Kredite an Unternehmen vergeben. Wie in Kapitel 3 ausgeführt wurde, verdient die Bank dabei an der sogenannten Zinsdifferenz, das heißt, sie zahlt den Einlegern einen Zins, der niedriger ist als der Zins, den die Kreditnehmer entrichten. Im Übrigen ist der Kreislauf in **Abbildung 4.2** insofern etwas vereinfacht, als er lediglich Ströme zwischen Haushalten und Unternehmen darstellt. Eine weitere wichtige finanzielle Beziehung, die auch über Banken abgewickelt wird, bildet der Hypothekarkredit. Dabei finanzieren Haushalte die Immobilienkäufe anderer Haushalte.

→ **Finanzmärkte**
Organisierte Märkte, auf denen Wertpapiere gehandelt werden.

→ **Aktie**
Wertpapier, mit dessen Kauf sich der Anleger zum anteilsmäßigen Besitzer des Unternehmens macht; damit beteiligt er sich an der Wertsteigerung und – über die Dividende – am Gewinn des Unternehmens.

→ **Dividende**
Ausschüttung des Gewinns einer Aktiengesellschaft an die Aktionäre.

→ **Anleihe**
Wertpapier, das bezeugt, dass man dem ausstellenden Unternehmen einen Kredit gegeben und damit einen Anspruch auf einen vereinbarten jährlichen Zins hat.

→ **Intermediär**
Klassische Funktion der Geschäftsbanken; sie sorgen dafür, dass die Ersparnisse der Haushalte zu den Investoren fließen.

Die wirtschaftlichen Beziehungen zwischen Haushalten und Unternehmen sind dabei nicht direkt, sondern erfolgen in aller Regel – wie wir schon gesehen haben – über Märkte. Haushalte und Unternehmen treffen auf ganz verschiedenen Märkten aufeinander. In einer modernen, arbeitsteiligen Marktwirtschaft bieten die meisten Personen nicht direkt ein Gut an, sondern in erster Linie ihre Arbeitskraft. Diese wird auf dem Arbeitsmarkt von den Unternehmen nachgefragt, die damit Güter produzieren, um sie auf Gütermärkten zu verkaufen. Dort werden Waren und Dienstleistungen gehandelt, auf Arbeitsmärkten Arbeit, auf Kapitalmärkten Kredite. Immer geht es um Mengen, die angeboten und nachgefragt werden, und um den Preis, der sich auf dem Markt bildet. Bei Gütermärkten spricht man dabei direkt vom Preis, bei Arbeitsmärkten vom Lohn und bei Kapitalmärkten vom Zins. Das Grundkonzept bei diesen sehr verschiedenen Märkten ist aber immer das gleiche: Dinge werden freiwillig gegen Geld getauscht.

Banken – hier in Frankfurt am Main – heben sich ab vom Rest der Wirtschaft. Ihre Geschäfte mit Geld, Krediten und Wertpapieren sind immaterieller Natur. Trotzdem ist der Einfluss der Geldhäuser real. Finanzbranche und Realwirtschaft sind nicht voneinander zu trennen, vielmehr handelt es sich um verschiedene Teile des Wirtschaftskreislaufs.

4.1.3 Der erweiterte Wirtschaftskreislauf

Der einfache Wirtschaftskreislauf mit den Beziehungen zwischen Haushalten und Unternehmen erlaubt es bereits, eine beachtliche Zahl der wichtigsten Transaktionen einer Volkswirtschaft abzubilden. Für die gesamtwirtschaftliche Analyse lohnt es sich allerdings, noch zwei weitere Akteure einzuführen. Zum einen spielen der Staat und seine Transaktionen mit den Haushalten und Unternehmen eine wichtige Rolle, zum anderen ist gerade für ein exportorientiertes, offenes Land wie Deutschland der Austausch zwischen den inländischen Haushalten und Unternehmen und dem Ausland von besonderer Bedeutung.

Abbildung 4.3 stellt den erweiterten Kreislauf dar, wobei hier der Einfachheit halber nur die Geldströme abgebildet sind. In der Realität steht aber jedem Geldstrom natürlich ein Strom realer Größen wie Waren, Dienstleistungen oder Produktionsfaktoren gegenüber.

Abbildung 4.3
Geldflüsse im erweiterten Wirtschaftskreislauf

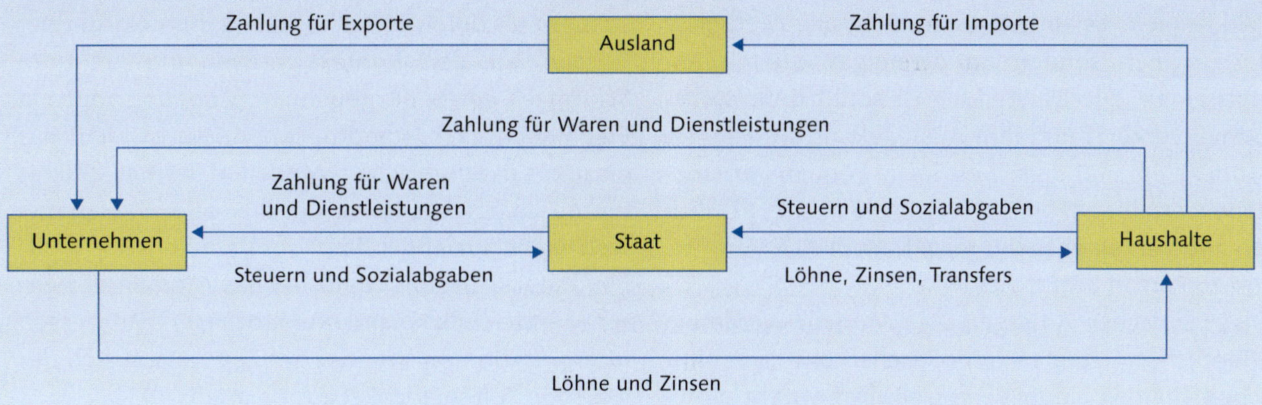

Zusätzlich zu den bereits im einfachen Kreislauf eingeführten Beziehungen zwischen Haushalten und Unternehmen kommen hier also die Transaktionen mit dem Staat und dem Ausland hinzu. Betrachten wir zunächst den Staat. Dieser finanziert sich über Steuern, die er bei den Haushalten und den Unternehmen einzieht. Diese Mittel verwendet er einerseits, um Waren und Dienstleistungen bei den Unternehmen zu kaufen, und andererseits, um die Haushalte zu bezahlen, die ihm Arbeit oder Kapital zur Verfügung stellen. Der Kauf von Schulbänken ist ein Beispiel für den ersten Tausch und die Lohnzahlung an eine Lehrerin eines für den zweiten. Zudem zahlt der Staat gewissen Haushalten *Transfers*, etwa in Form von Renten.

→ **Transfer**
Meist staatliche Leistungen, die man ohne direkte Gegenleistung erhält.

Das Analyseobjekt der Nationalökonomie (wie die Volkswirtschaftslehre auch genannt wird) ist – der Begriff verdeutlicht es – in erster Linie ein einzelnes Land. Weil es aber auch internationalen Austausch gibt, befinden sich nicht alle wichtigen Akteure im betrachteten Land. Deshalb führt eine erweiterte Betrachtung des Wirtschaftskreislaufs als vierten Akteur das Ausland ein. Einerseits verkaufen die Unternehmen einen Teil ihrer Waren, aber auch Dienstleistungen ins Ausland, womit Zahlungen für diese Exporte vom Ausland an die inländischen Unternehmen fließen. Andererseits kaufen die Haushalte nicht nur inländische, sondern auch ausländische Waren, womit sie eine Nachfrage nach Importen generieren. Damit verläuft auch ein Geldstrom von den Haushalten ins Ausland.

Mit diesem Konzept haben wir die wichtigsten Austauschbeziehungen in einer Volkswirtschaft schematisch dargestellt. Wie jedes Modell ist diese Grafik eine starke Vereinfachung der Realität. Auch innerhalb dieses schon sehr modellhaften Schemas könnte man noch eine Reihe zusätzlicher Ströme einzeichnen. So importiert natürlich auch der Staat Waren aus dem Ausland oder Unternehmen kaufen zahlreiche Güter von anderen Unternehmen. Auch könnten wir, wie im Kasten gezeigt, als zusätzliche Akteure die Banken einführen, die Spargelder von den Haushalten erhalten und diese als Kredite wieder an die Unternehmen verleihen. Jeder solche Versuch, die Realität präziser abzubilden, hat aber auch Kosten, und zwar in Form zunehmender Komplexität.

KOMPETENZEN BILDEN: Modell und Wirklichkeit

Ein Modell ist eine eingeschränkte Abbildung der Wirklichkeit. Es enthält somit nicht alle Merkmale des Originals, sondern nur diejenigen, die relevant erscheinen. Die Darstellung ist somit definitionsgemäß verkürzt und ihre Aussagekraft beschränkt. Modelle ein und derselben Sache können verschiedene Gestalt annehmen: Welches Bild sich nämlich jemand von einer Sache macht, kann sich von Person zu Person unterscheiden.

Diese einfachen Aussagen über Modelle werden in öffentlichen Debatten zu politischen und ökonomischen Themen häufig vergessen. Dann steht plötzlich ein Modell nicht als vereinfachtes und subjektiv geprägtes Abbild der Wirklichkeit im Raum, sondern als deren Maßstab oder gar als Norm oder Vorbild. Aus dem Kontext gerissen und von ihren Schöpfern getrennt, gewinnen Modelle somit ein Eigenleben. Der Homo oeconomicus ist nicht das einzige – ökonomische – Modell, das als abstraktes wissenschaftliches Konstrukt die reale Wirtschaftswelt nicht nur abgebildet, sondern verändert hat. Ein anderes Beispiel dafür ist das Modell effizienter Märkte (Effizienzmarkthypothese). Mit dessen Interpretation im Wandel der Zeit befasst sich der folgende Zeitungsartikel aus dem Jahr 2011.

„Die Modelle der Ökonomen taugen nichts“

Ökonom Roman Frydman rechnet mit seinen Kollegen ab: Sie würden sich auf weltfremde Modelle berufen, die Krisen nicht vorhersagen noch verhindern. Von Tobias Kaiser

Der [amerikanische] Ökonom Roman Frydman will, dass seine Kollegen künftig anders denken als bisher. Nicht erst seit der Finanzkrise diskutieren Ökonomen darüber, dass die Finanzwissenschaften auf falschen Annahmen aufbauen. Die vorherrschende Sichtweise der effizienten Finanzmärkte geht davon aus, dass alle Marktteilnehmer rational handeln und sich so verhalten, dass die Finanzmärkte hocheffizient sind.

Diese Sichtweise wird seit längerem kritisiert, weil sie die Wirklichkeit sehr stark vereinfacht. Die verhaltenswissenschaftliche Finanzforschung hat ein Gegenmodell entwickelt: Diese Wissenschaftler gehen davon aus, dass sich Anleger von Gefühlen wie Gier und Panik treiben lassen und irrational handeln. Allerdings haben auch die Behavioristen [von „Behavior“ – Verhalten; Anhänger der Verhaltensökonomie] das Verhalten dieser Kasinokapitalisten in Modelle gepackt, um es voraussagen zu können. Beide Schulen pochen auf ihre jeweilige Theorie – aber die Finanzkrise hat keine abgesehen. Deshalb plädieren zahlreiche Ökonomen dafür, die Debatte zwischen den Schulen zu beenden. [...]

Welt Online: Herr Frydman, Ökonomen wird immer noch vorgeworfen, sie hätten die Krise nicht vorhergesagt ...

Roman Frydman: Das stimmt auch, die Ökonomen haben tatsächlich versagt. [...]

Welt Online: Wo liegt das Problem?

Frydman: Die gängigen Modelle betrachten die Märkte als effizient und damit stabil. Alle Anormalitäten gelten als Abweichungen von der Norm. Aber mit einem so stark beschnittenen Blick auf die Wirklichkeit kann man keine Krise vorhersagen. Diese Krise war, wie Sie sagen, eine gewaltige Ballung ungewöhnlicher Ereignisse. Mit den Standardtheorien konnten Volkswirte nicht erkennen, dass diese Lage brandgefährlich war. Wissen Sie, wer gewarnt hat? [...] Diejenigen, die sich die Realität angeschaut haben, haben Alarm geschlagen. Aber nicht diejenigen, die auf ihre Modelle vertraut haben.

Welt Online: Sie werfen dem Gros der Ökonomen vor, sich nicht für die Realität interessiert zu haben?

Frydman: Ich gehe noch viel weiter: Die gegenwärtigen makroökonomischen Theorien ignorieren die Wirklichkeit. Deren Vertreter haben eine klare Vorstellung davon, wie rationales Verhalten aussieht. Und ihre Modelle setzen voraus, dass sich Anleger und Märkte verhalten, wie in der Vergangenheit – ganz mechanisch.

Welt Online: Ökonomen machen es sich also in ihrer einfachen Weltsicht bequem.

Frydman: Sie haben es sich darin sehr bequem gemacht. Das ist ja auch nicht schwierig. Alles dort ist logisch und folgt aus dem Vorangegangenen. Eine der wichtigsten Voraussetzungen, um in der Finanzwirtschaft zu arbeiten, ist, nichts von der Wirklichkeit zu verstehen. Die Firmen suchen Menschen mit technischer Expertise, promovierte Mathematiker oder Physiker. Über Märkte müssen diese Menschen nichts wissen.

Welt Online: Die Volkswirtschaft und besonders die Finanzwissenschaft setzt sehr stark auf die Mathematik. Schottet Sie sich damit nicht auch ab?

Frydman: Ja, die Ökonomen haben eine eigene Sprache entwickelt, die niemand anders verstehen kann. Damit haben sie sich für Kritiker von außen unangreifbar gemacht. Durch die Betonung der Mathematik sieht die Volkswirtschaftslehre plötzlich aus wie eine Naturwissenschaft, obwohl sie eine Sozialwissenschaft ist. [...] Dadurch kann man Herangehensweisen entwickeln, die Studenten sich aneignen und mit der jeder vergleichbare Ergebnisse erzielt. In dieser Hinsicht unterscheidet sich die Ökonomie nicht von anderen Disziplinen. Problematisch ist nur, dass die Ergebnisse in der realen Welt von Erwartungen abhängen. Um exakte Ergebnisse zu bekommen, muss man wissen, was Individuen von der Zukunft erwarten. Das können wir aber nicht, und deshalb treffen Ökonomen Annahmen. Das treibt sie aus der Wirklichkeit in eine Traumwelt, in der alles ihren Vorstellungen folgt.

Welt Online: Das kann man der Ökonomie aber doch nicht vorwerfen.

Frydman: Das tue ich aber. Denn in der Anwendung ist das gefährlich. Die Frage ist doch, ob diese weltfremden Annahmen nur genutzt werden, um Entscheidungen nachträglich zu erklären und zu recht werden, um Entscheidungen nachträglich zu erklären und zu rechtfertigen wie im Fall der EZB [Europäische Zentralbank, zuständig für den Euro]. Oder ob sie tatsächlich die Grundlage von Entscheidungen sind. Wir wissen, dass diese unrealistischen Modelle genutzt wurden, um Risiken zu bewerten und den Preis komplexer Finanzprodukte zu bestimmen. Mit verheerenden Folgen.

Welt Online: Sie werfen Ihren Kollegen vor, es sich zu leicht zu machen. Aber man muss doch vereinfachen, um Modelle zu entwickeln.

Frydman: Das stimmt, wenn Sie ein Modell bauen, müssen Sie vieles abstrahieren. Aber die Frage ist doch, welche Eigenschaften der Wirklichkeit Sie ausblenden. Meine Berufskollegen haben das weggelassen, was am Wichtigsten ist: das Unvorhersehbare. Wenn Menschen Immobilien oder Aktien oder andere Finanzprodukte bewerten, müssen Sie immer das Unvorhersehbare mit einkalkulieren. Die Ökonomie macht es sich da zu einfach, sie geht davon aus, dass Anleger alle möglichen Entwicklungen kennen, wissen, wie wahrscheinlich sie sind, und auf diesen Einschätzungen beruhen ihre Handlungen. Das nennen meine Kollegen dann Rationalität. Aber so treffen Menschen keine Entscheidungen.

Welt Online: Das heißt, wir handeln getrieben von Angst, Gier und Gefühlen?

Frydman: Nein, ganz und gar nicht. Anleger sind sehr rationale Individuen und kalkulieren so viel wie möglich. Aber wir können nicht alles berechnen, und die Unsicherheit überbrücken wir mit unseren Erfahrungen, dem Wissen über die Vergangenheit und mit Intuition. Das ist ein anderes Konzept als Rationalität: Wir kennen die Geschichte und versuchen, so gut wie möglich damit klarzukommen, dass unser Wissen sehr unvollständig ist.

Welt Online: Mit Verlaub, Professor Frydman, das ist eine ziemlich banale Erkenntnis.

Frydman: Sie haben völlig recht. [...] Aber die Wirtschaftswissenschaften haben sich in eine Ecke manövriert, und da müssen sie jetzt wieder hinausfinden.

Welt Online: Welche Schlüsse ziehen Sie denn aus dieser Diagnose?

Frydman: Bezogen auf die Finanzmärkte bedeutet diese Sicht auf die Welt, dass starke Ausschläge nach oben und unten völlig normal sind. Sie entstehen, weil Anleger versuchen, so gut es geht die zukünftige Entwicklung zu antizipieren und auf unvorhergesehene Ereignisse zu reagieren.

Welt Online: Das heißt, wir können nichts tun, um Krisen zu vermeiden?

Frydman: Doch. Wenn wir anerkennen, dass Märkte zu Exzessen tendieren, können wir die Zentralbanken oder andere Organe damit beauftragen, die Vermögenspreise im Auge zu behalten. Und wenn etwa die Preise für Immobilien ein bestimmtes Niveau überschreiten, kann die Zentralbank gegensteuern. Zum Beispiel, indem Hypotheken verteuert werden. Hätten wir in den 1990er-Jahren so gehandelt, es wäre nie zu der Finanzkrise gekommen.

Quelle: Welt Online vom 1.5.2011

Arbeitsaufträge:

1. Lesen Sie das Interview genau durch und notieren Sie die wesentlichen Aussagen:
   - Welche Aussagen trifft der Ökonom über die ökonomische Modellbildung im Allgemeinen?
   - Welche Aussagen trifft er über die Rolle von Modellen in der Finanzkrise?
   - Welche Lösungsvorschläge macht er, um die vorgebrachten Kritikpunkte zu beseitigen?

2. Im Interview wird deutlich, wie stark die Ansichten von Ökonomen untereinander abweichen können und dass es Denkschulen gibt, die auf verschiedenen Modellannahmen gründen. Was sagt die Tatsache, dass Ökonomen häufig uneins sind und keine eindeutigen Antworten liefern, Ihrer Meinung nach über die Ökonomie als Wissenschaft aus? Vergleichen Sie dies mit Ihrem Anspruch gegenüber anderen Wissenschaften und unterscheiden Sie dabei zwischen Naturwissenschaften und Sozial- oder Geisteswissenschaften.

3. Den Wirtschaftsnobelpreis des Jahres 2013 erhielten die US-Amerikaner Eugene Fama und Robert Shiller – der eine als Schöpfer der Effizienzmarkthypothese, der andere als deren Kritiker. Während Fama die Diagnose einer „Spekulationsblase" modellgemäß als unmöglich ablehnte, verfolgte Shiller die Preissteigerungen auf dem US-Immobilienmarkt und wies früh auf die Irrationalität dieser Entwicklung hin, die in die Finanzkrise mündete. Recherchieren Sie die wesentlichen Annahmen und Aussagen der beiden Preisträger. Wieso hat die Königlich Schwedische Akademie der Wissenschaften wohl beiden den Preis zuerkannt und nicht nur einem?

4. Finden Sie Beispiele für Modelle aus Ihrem Lebensalltag. Diskutieren Sie, wofür Sie diese Modelle verwenden und inwiefern sich die eingeschränkte Abbildung von der Wirklichkeit unterscheidet.

Bereits der Schritt vom einfachen zum erweiterten Wirtschaftskreislauf macht die Darstellung anspruchsvoller. Wollte man jetzt auch noch alle zusätzlich denkbaren realen und monetären Ströme einzeichnen oder die Akteure noch weiter differenzieren, dann würde die Darstellung ihren eigentlichen Zweck nicht mehr erfüllen – nämlich die wesentlichsten Aspekte der Realität vereinfacht abzubilden. Ein wirklich vollständiges Modell wäre etwa so hilfreich wie eine Landkarte im Maßstab 1:1. Allerdings müssen die Vereinfachungen so gewählt sein, dass die wichtigsten Akteure und die wichtigsten Ströme dennoch sichtbar bleiben – diese Bedingung erfüllt der hier dargestellte erweiterte Wirtschaftskreislauf.

Doch wie kommt es überhaupt dazu, dass jeder reale Strom einen monetären auslöst – und umgekehrt? Ursache dieses Wirtschaftskreislaufs ist die Arbeitsteilung, also die Tatsache, dass jeder von uns als spezialisierter Anbieter nur einen Bruchteil der volkswirtschaftlichen Produktpalette produziert (zum Beispiel der Programmierer Software). Den nötigen Rest (etwa Lebensmittel, Haarschnitt, Unterkunft) kaufen wir uns bei anderen, wiederum spezialisierten Anbietern (Bauer, Supermarkt, Friseur, Vermieter).

Das verdeutlicht ein kleines Gedankenexperiment: Ob Wohnung, Musik, Brötchen oder Bier: Würden wir alles, was wir brauchen, selbst herstellen, käme es zu keiner Kreislaufwirtschaft. Gestrandet auf einer einsamen Insel wären wir unser einziger Nachfrager und Anbieter. Robinson Crusoe hatte keinen Tauschpartner. Darum brauchte er kein Geld und keinen Markt. Wir hingegen sind auf all dies angewiesen – und verlassen uns tagtäglich darauf.

Volkswirtschaftslehre ist langweilig? Werden ökonomische Themen in Form von Computerspielen wie Die Siedler, Anno, SimCity oder Civilization präsentiert, erfreut sich die Beschäftigung mit wirtschaftlichen Kreisläufen großer Beliebtheit. Auf die eher simple Lektion, dass erst gesät werden muss, bevor geerntet werden kann, folgt bei den Aufbaustrategiespielen nach und nach die Erkenntnis, dass Überschüsse im intelligenten Verhältnis auf Konsum und Investitionen aufgeteilt werden müssen, um zufriedene Bürger und technischen Fortschritt hervorzubringen. Wer dabei auf Investitionen in Bildung und Forschung verzichtet, für den simuliert das Onlinespiel Farmville auf Facebook die Konsequenzen: Er oder sie muss in alle Ewigkeit Landwirtschaft betreiben.

4.2 Wirtschaftssektoren und Strukturwandel

Obwohl wir alle eine Wohnung brauchen, Essen benötigen und Unterhaltung wollen, entscheiden wir uns früh im Leben, nur sehr wenige dieser Güter selbst herzustellen. Wir lernen meist nur einen Beruf, nicht viele. Das heißt nicht, das wir nicht selbst mal backen oder Haare schneiden, statt zum Bäcker oder Friseur zu gehen oder Tiefkühlpizza zu kaufen. Im Lauf der Zeit delegieren wir jedoch gern. Dadurch nimmt die *Arbeitsteilung* zu. Haushalte lagern immer mehr Arbeiten aus an Dienstleister. Unternehmen stellen viele Einzelteile eines Produkts – sogenannte Vorprodukte – nicht mehr selbst her, sondern ordern diese bei Zulieferern.

→ **Arbeitsteilung**
Aufteilung des Produktionsprozesses in einzelne Arbeitsschritte, die durch jeweils verschiedene Personen oder Unternehmen ausgeführt werden.

Unterm Strich führt die steigende Arbeitsteilung dazu, dass der Umfang des Wirtschaftskreislaufs, also das freiwillige Geben und Nehmen in der Regel im Tausch auf Märkten, größer wird. Neue Produkte und Anbieter befriedigen immer neue Bedürfnisse. Die Konzentration auf eine Aufgabe ermöglicht es Unternehmen wie Arbeitskräften, produktiver zu werden. Diese Spezialisierung vergrößert sowohl die Vielfalt der produzierten Güter als auch deren jeweilige Menge. Mit anderen Worten: Die Wirtschaft wächst.

Wirtschaftswachstum ist immer mit einer Veränderung in der Branchenzusammensetzung einer Wirtschaft, also mit *Strukturwandel* verbunden. Denn Wachstum beruht vor allem auf technischem Fortschritt, kombiniert mit immer stärkerer Arbeitsteilung. Und sowohl die Einführung neuer Technologien als auch das Fortschreiten der Globalisierung führen zu laufenden Anpassungen in der Wirtschaftsstruktur. Im letzten Jahrhundert schritt dieser Strukturwandel der Wirtschaft somit viel rascher voran als in den Jahrhunderten zuvor.

→ **Strukturwandel**
Veränderungen in der Wirtschaftsstruktur eines Landes, insbesondere was die relative Bedeutung verschiedener Branchen betrifft.

Um diese Veränderungen der Wirtschaftsstruktur zu beschreiben, teilen Ökonomen die Volkswirtschaft nach der Art der produzierten Güter in drei Sektoren ein (vgl. einführend hierzu Abschnitt 1.3). Die Sektoren Agrar (primärer Sektor), Industrie (sekundärer) und Dienstleistungen (tertiärer) lassen sich weiter untergliedern. Der Agrarsektor beispielsweise umfasst neben der Landwirtschaft auch die Forstwirtschaft und die Fischerei. Der Industriesektor wiederum besteht in der Abgrenzung des Statistischen Bundesamts aus den Betrieben des sogenannten *Verarbeitenden Gewerbes* und der Bereiche Energie, Wasser, Bau und Bergbau (zusammen „Produzierendes Gewerbe" genannt). Und zum Dienstleistungssektor werden neben Restaurants, Banken und Versicherungen auch viele Einrichtungen des Staates gezählt, zum Beispiel die Schulen, Gerichte und Krankenkassen. Da viele Unternehmen mehr als ein Produkt herstellen und oft auch Dienstleistungen anbieten, werden sie nach ihrer hauptsächlichen Tätigkeit eingeordnet.

→ **Verarbeitendes Gewerbe**
Unternehmen, die mit maschinellen, arbeitsteiligen Methoden Agrar- und Rohstoffe nicht gewinnen, sondern be- und verarbeiten und als Waren auf großen Märkten absetzen.

Der über Jahrhunderte wichtigste Sektor der Volkswirtschaft erwirtschaftet heute gerade noch knapp 1 % des deutschen Wohlstands.

Strukturwandel bedeutet immer, dass zwar gewisse Branchen Arbeitsplätze abbauen, dass aber gleichzeitig – und das ist der wesentliche Punkt – in anderen Branchen wieder Arbeitsplätze geschaffen werden. Für die Betroffenen ist die Anpassung an den Strukturwandel alles andere als einfach. Die meisten von uns reagieren skeptisch auf tief greifende Veränderungen wie den Wechsel des Arbeitsplatzes, besonders dann, wenn der Wechsel eine Umschulung erfordert. Kaum überraschend werden deshalb oft politische Maßnahmen gegen den Strukturwandel gefordert; ein typisches Beispiel ist die Unterstützung der deutschen Landwirte durch Subventionen. Doch eine solche Strukturerhaltung kann Anpassungen zwar aufschieben, letztlich aber nicht verhindern. Und durch den Aufschub werden die nötigen Anpassungsschritte nach und nach immer größer. Die Folge ist dann oft ein eigentlicher *Strukturbruch*, der zu einem sprunghaften Anstieg der Arbeitslosigkeit im entsprechenden Sektor führen kann. So verloren Tausende Kumpel im deutschen Steinkohlebergbau ihren Arbeitsplatz, als Ende der 1950er-Jahre bedeutende Kohlesubventionen gestrichen wurden und viele Zechen im Ruhrgebiet dichtmachten. Wesentlich sinnvoller ist es, den Strukturwandel zuzulassen, zugleich aber die Strukturanpassung für die betroffenen Arbeitnehmerinnen und Arbeitnehmer möglichst zu erleichtern. Wir werden in Kapitel 13 darauf zurückkommen.

→ **Strukturbruch**
Große, schockartige und in einem kurzen Zeitraum stattfindende Veränderung in der Branchenstruktur.

Interessanterweise verläuft der Strukturwandel in Deutschland etwas anders als in anderen Industrieländern. In **Abbildung 4.4** fällt die hierzulande noch immer hohe und auch relativ stabile Bedeutung der Industrie auf. Während die Industrie in Frankreich und Großbritannien stetig schrumpft und nur noch für rund 10 % des Wohlstands dieser Länder sorgt, erwirtschaftet die deutsche Industrie einen mehr als doppelt so hohen Anteil.

Ein wichtiger Grund für den hohen Industrieanteil ist die Exportorientierung der deutschen Industrie – sie produziert nicht nur für den heimischen Markt, sondern vor allem für den Weltmarkt. Im hohen Industrieanteil sind aber auch mehr und mehr Dienstleistungen enthalten, welche die Industriebetriebe passend zu ihren Produkten anbieten. Wer ein Auto kauft (Industrieprodukt), erhält beispielsweise oft einen Kredit (Finanzdienstleistung) von einer Bank, die dem Autohersteller gehört. Ebenfalls einen Mix aus Ware und Dienstleistung liefert ein Maschinenhersteller, der mit der Maschine auch deren Wartung sicherstellt.

Abbildung 4.4
Anteil des Verarbeitenden Gewerbes am Bruttoinlandsprodukt 2015 (in Prozent)

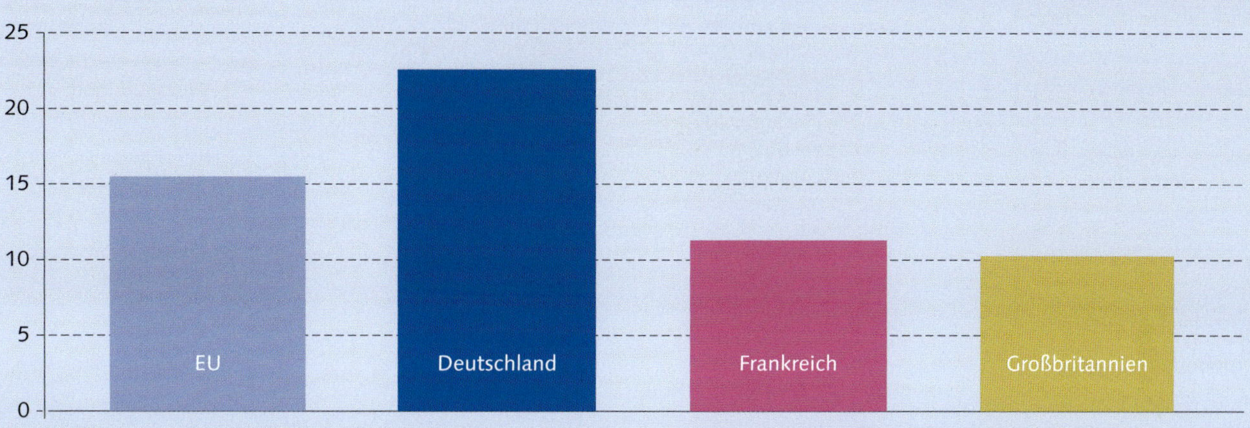

Quelle: Eurostat

4.3 Das Wirtschaftswachstum

4.3.1 Angebot und Nachfrage in der Makroökonomie

In der Analyse der Gesamtwirtschaft (Makroökonomie) werden die gleichen Begriffe verwendet wie in der Mikroökonomie, nämlich „Angebot" und „Nachfrage". Wenn auch gewisse Ähnlichkeiten bestehen, haben die beiden Begriffe aber in der makroökonomischen Sichtweise – *gesamtwirtschaftliches Angebot* und *gesamtwirtschaftliche Nachfrage* – eine durchaus andere Bedeutung.

→ **Gesamtwirtschaftliches Angebot**
Die gesamte, während einer bestimmten Periode produzierte Menge an Waren und Dienstleistungen.

Das gesamtwirtschaftliche Angebot ist die in einer Volkswirtschaft während eines bestimmten Zeitraums produzierte Menge an Waren und Dienstleistungen, z. B. das jährliche Bruttoinlandsprodukt (BIP). Es wird bestimmt von der Ausstattung mit Produktionsfaktoren (vgl. Kapitel 8).

→ **Gesamtwirtschaftliche Nachfrage**
Die gesamte, während einer bestimmten Periode gekaufte Menge an Waren und Dienstleistungen.

Die gesamtwirtschaftliche Nachfrage ist die in einer Volkswirtschaft innerhalb eines bestimmten Zeitraums gekaufte Menge an Waren und Dienstleistungen. Wir unterscheiden dabei vier mögliche Käufergruppen:

- Konsumentinnen und Konsumenten, die vor allem Konsumgüter erwerben,
- Unternehmen, die vor allem Investitionsgüter nachfragen,
- den Staat mit seinen *Staatsausgaben* (für Konsum- und Investitionsgüter) und
- das Ausland, das Exportgüter kauft.

→ **Staatsausgaben**
Konsum- und Investitionsausgaben der öffentlichen Hand.

Auf der Angebotsseite bestimmt also die Verfügbarkeit von Produktionsfaktoren, was und wie viel gesamtwirtschaftlich produziert werden kann (Entstehungsseite des BIP). Auf der Nachfrageseite entscheidet das Verhalten der Konsumentinnen und Konsumenten, der Unternehmen, des Staates und des Auslands, wohin die produzierten Güter fließen (Verwendungsseite des BIP). Dies ist in **Abbildung 4.5** schematisch dargestellt.

Abbildung 4.5
Angebot und Nachfrage in der Gesamtwirtschaft

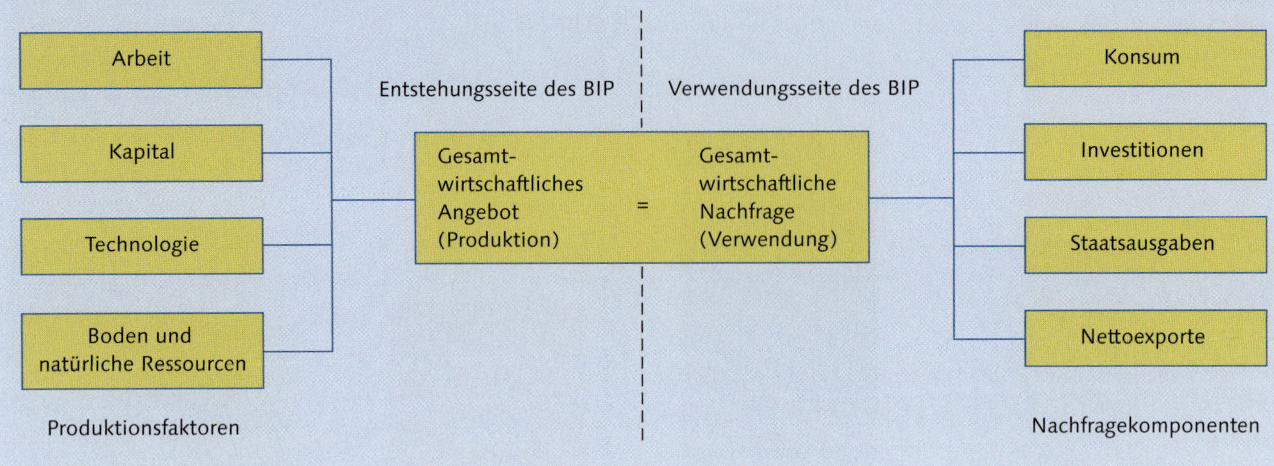

Bei der Nachfrage ist nicht von Exporten, sondern von Nettoexporten die Rede. Dies deshalb, weil für die Auslastung der inländischen Produktionsfaktoren nur die Nachfrage nach im Inland produzierten Waren und Dienstleistungen maßgebend ist. Alle Käufergruppen erwerben aber auch Güter, die nicht im Inland produziert, sondern importiert werden (im Fall von Deutschland etwa Ananas aus Costa Rica als importierte Konsumgüter oder Lastkraftwagen aus Schweden als importierte Investitionsgüter). Um nun die für die makroökonomische Analyse relevante Nachfrage zu ermitteln – also diejenige nach inländischen Produkten –, zieht man von den Exporten die Importe ab und erhält damit die Nettoexporte als Nachfragekategorie. Von der gesamtwirtschaftlichen Nachfrage her betrachtet, setzt sich also das BIP folgendermaßen zusammen:

BIP = Konsum + Investitionen + Staatsausgaben + Nettoexporte

→ **Wachstum**
Langfristige Entwicklung des Wohlstands einer Volkswirtschaft, gemessen am realen BIP; wird auch als Trendwachstum oder langfristiges (Wirtschafts-)Wachstum bezeichnet.

→ **Konjunktur**
Auslastung der Produktionsfaktoren in einer Volkswirtschaft, betrachtet über einen kürzeren Zeitraum (Quartale, einzelne Jahre).

4.3.2 Wachstum und Konjunktur im Makro-Schema

Eigentlich geht es bei den makroökonomischen Größen „Wachstum" und „Konjunktur" ja um das Gleiche: die Veränderung des BIP über die Zeit. Im Sprachgebrauch ist denn auch in der Regel einfach von „Wachstum" die Rede. Will man die Entwicklung des BIP aber verstehen und – vor allem – die Effekte wirtschaftspolitischer Entscheidungen beurteilen, so ist die in der Überschrift angesprochene Unterscheidung unerlässlich. Denn ganz verschiedene Faktoren sind für die langfristige Entwicklung des BIP (*Wachstum*) einerseits und für die kurzfristigen Bewegungen dieser Größe (*Konjunktur*) andererseits verantwortlich. Wir wollen diesen Unterschied anhand eines einfachen grafischen Schemas erläutern. Dieses

Makro-Schema werden wir in der Folge immer wieder verwenden, wenn es um die Analyse gesamtwirtschaftlicher Phänomene geht.

Die rote Kurve in **Abbildung 4.6** zeigt die modellhafte Entwicklung des BIP über die Zeit. Modellhaft ist sie deshalb, weil das reale BIP-Wachstum nie so regelmäßige Schwankungen aufweist. Wichtig ist aber, dass die Wachstumsraten des BIP über die Zeit relativ stark schwanken. Perioden mit sehr hohem Wachstum folgen auf solche mit langsamer oder gar negativer BIP-Entwicklung. Diese rasche Veränderung des BIP-Wachstums innerhalb kurzer Zeit wird als Konjunktur bezeichnet.

Abbildung 4.6
Das Makro-Schema: Wachstumstrend und Konjunkturverlauf

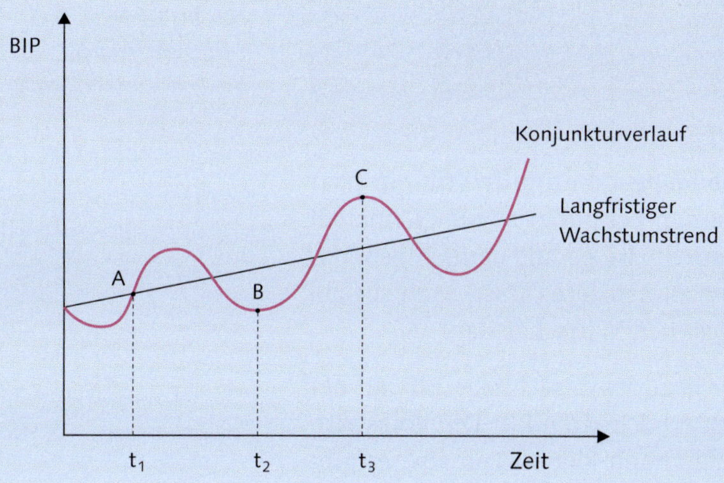

Der Konjunkturverlauf weist Schwankungen auf. Deshalb kann die Wirtschaft kurzfristig z. B. stark unterausgelastet sein, und die Arbeitslosigkeit steigt. Langfristig jedoch ist der Wachstumstrend der entscheidende Faktor, der den Wohlstand eines Landes bestimmt. Dieser langfristige Wachstumstrend entspricht dem Wachstum des Produktionspotenzials bei Normalauslastung und bestimmt auch das durchschnittliche Wachstum einer Volkswirtschaft.

Abbildung 4.6 enthält aber neben der Kurve mit der tatsächlichen Wirtschaftsentwicklung (Konjunkturverlauf) auch eine Gerade mit einer positiven Steigung. Diese Gerade entspricht der durchschnittlichen BIP-Entwicklung im betrachteten Land. Die Steigung dieser Geraden bezeichnet man als langfristiges Wachstum oder Trendwachstum; im Gegensatz zur realen Konjunkturkurve ist diese Gerade aber ein theoretisches Konstrukt. Es stellt dar, mit welcher Rate sich der Wohlstand längerfristig verändert. Die Gerade zeigt uns aber noch etwas anderes als das durchschnittliche Wachstum des BIP, nämlich die für die makroökonomische Analyse wichtige Entwicklung des *Produktionspotenzials*. Dieses gibt an, wie groß das BIP der betrachteten Volkswirtschaft ist, wenn die Produktionsfaktoren normal ausgelastet sind. Wir haben im vorherigen Abschnitt festgehalten, dass das gesamtwirtschaftliche Angebot, also die Produktion einer Volkswirtschaft, von ihrer Ausstattung mit den Produktionsfaktoren abhängt. Normale Auslastung dieser Faktoren bedeutet, dass die verfügbaren Arbeitskräfte ihre volle Arbeitszeit leisten und die vorhandenen Kapitalgüter wie Maschinen, Computer oder Gebäude voll genutzt werden. Das Produktionspotenzial und damit die Punkte auf der Geraden in **Abbildung 4.6** geben uns also für verschiedene Zeitpunkte die normale Leistung der betrachteten Volkswirtschaft an.

→ **Produktionspotenzial**
BIP einer Volkswirtschaft bei einer normalen Auslastung der Produktionsfaktoren.

Nutzt sein Produktionspotenzial nicht ansatzweise aus: Big Lebowski, auch „der Dude“ genannt. Bowlt viel, arbeitet wenig.

Wir wollen nun Kurve und Gerade in der **Abbildung 4.6** mithilfe von ein paar Beispielen interpretieren. Betrachten wir zuerst den Zeitpunkt t_1; hier schneidet die Kurve die Gerade. Das tatsächliche BIP entspricht also gerade demjenigen, das sich mit einem ausgelasteten Produktionspotenzial realisieren lässt. Man spricht in diesem Fall von einer konjunkturell ausgeglichenen Wirtschaftslage.

Nehmen wir als Nächstes den Zeitpunkt t_2; hier liegt das tatsächliche BIP auf der Kurve am Punkt B und damit deutlich unter dem erreichbaren BIP. Die Volkswirtschaft nutzt in dieser Situation nicht alle vorhandenen Ressourcen aus, es gibt ungewöhnlich hohe Arbeitslosigkeit und ungenutzte Kapitalgüter, wie etwa leer stehende Fabriken. Zum Zeitpunkt t_2 ist die Konjunkturlage schlecht und die Wirtschaft befindet sich in einer *Rezession*.

→ **Rezession**
Periode, in der die Produktionsfaktoren schlecht ausgelastet sind. Die realen Einkommen nehmen ab und die Arbeitslosigkeit steigt.

Betrachten wir schließlich den Zeitpunkt t_3; hier liegt das tatsächliche BIP (Punkt C) über dem Potenzial. In dieser Situation sind die Ressourcen überausgelastet, die Arbeiter leisten Überstunden und die Maschinen laufen auch nachts auf Hochtouren. Die Wirtschaft befindet sich zum Zeitpunkt t_3 in einer *Hochkonjunktur*.

→ **Hochkonjunktur**
Gesamtwirtschaftliche Situation, in der wegen der großen Nachfrage die Produktionsfaktoren übermäßig ausgelastet sind. Wird auch als Boom bezeichnet.

Zusammengefasst zeigt uns **Abbildung 4.6** das langfristige Trendwachstum in Form der Steigung der Geraden und die Konjunkturschwankungen in Form der Kurve. Das Verhältnis der Kurve zur Geraden zeigt uns, in welcher konjunkturellen Lage sich die betrachtete Volkswirtschaft zum entsprechenden Zeitpunkt befindet.

Die Unterscheidung zwischen langfristigen und kurzfristigen Veränderungen des BIP ist für die Wirtschaftspolitik sehr wichtig. Je nachdem, welche der beiden Zielgrößen Politiker beeinflussen wollen, greifen sie zu ganz unterschiedlichen Instrumenten aus dem wirtschaftspolitischen Werkzeugkasten. Das sind weitreichende Richtungsentscheidungen, wie Kapitel 15 zeigen wird, nachdem wir in Kapitel 9 das Trendwachstum und in Kapitel 14 die Konjunktur genauer kennengelernt haben werden.

ZUSAMMENFASSUNG ANHAND DER LERNZIELE ZU KAPITEL 4

1 **Das Konzept des Wirtschaftskreislaufs: Beziehungen zwischen Wirtschaftssubjekten und die modellhafte Beschreibung monetärer und realer Ströme**

Die Wechselbeziehungen zwischen Wirtschaftssubjekten werden schematisch im einfachen Wirtschaftskreislauf dargestellt: Haushalte bekommen von Unternehmen Waren und Dienstleistungen und zahlen dafür Geld; umgekehrt erhalten Unternehmen von Haushalten Arbeit und Kapital und zahlen dafür Geld in Form von Löhnen und Zinsen bzw. Gewinnbeteiligungen. Dabei wird der Geldfluss als „monetärer Strom" und die Weitergabe von Sachwerten und Dienstleistungen als „realer Strom" bezeichnet. In einer erweiterten Analyse werden mit dem Staat und dem Ausland zwei zusätzliche Akteure berücksichtigt. Man spricht dann vom erweiterten Wirtschaftskreislauf.

2 **Die Grenzen der Erklärungsfähigkeit von ökonomischen Modellen in Bezug auf realwirtschaftliche Prozesse**

Modelle sind stets vereinfachte Darstellungen von Wirklichkeit. An ihnen lassen sich zum Beispiel realwirtschaftliche Prozesse veranschaulichen – doch immer auch mit der Einschränkung, dass nicht alle Einfluss nehmenden Faktoren berücksichtigt werden können. Je präziser ein Modell sein soll, desto mehr leidet die Anschaulichkeit.

3 **Der produktive Beitrag der einzelnen Wirtschaftssektoren und der Strukturwandel**

Das Wirtschaftswachstum begründet sich vor allem auf dem Prinzip der Arbeitsteilung und dem technischen Fortschritt. Dies führt zu einem stetigen Strukturwandel, der auch eine Schwerpunktverlagerung unter den Wirtschaftssektoren zur Folge hat. So sind seit dem 19. Jahrhundert der sekundäre und der tertiäre Sektor zunehmend wichtiger geworden, sodass der Agrarsektor heute nur noch weniger als 2 % der Beschäftigung und knapp 1 % des Wohlstands bestimmt. Dies erklärt sich unter anderem auch dadurch, dass im Industrie- und im Dienstleistungsbereich die Produktivitätsfortschritte viel größer sind. Hinzu kommen Veränderungen in den Konsumgewohnheiten.

4 **Wachstum versus Konjunktur**

Langfristiges und kurzfristiges Wachstum müssen scharf unterschieden werden. Das langfristige Wachstum entspricht dem Trendwachstum des BIP, die Konjunktur dagegen beschreibt die kurzfristigen Schwankungen des tatsächlichen Wachstums um diesen Trend herum. Das Trendwachstum misst die Entwicklung der produzierbaren Menge an Waren und Dienstleistungen (gesamtwirtschaftliches Angebot) und die Konjunktur die schwankende Bereitschaft, diese zu kaufen (gesamtwirtschaftliche Nachfrage).

ZENTRALE BEGRIFFE

Reale Ströme
Monetäre Ströme
Produktionsfaktoren
Finanzmärkte
Aktie
Dividende
Anleihe
Intermediär
Transfer
Arbeitsteilung
Strukturwandel
Verarbeitendes Gewerbe
Strukturbruch
Gesamtwirtschaftliches Angebot
Gesamtwirtschaftliche Nachfrage
Staatsausgaben
Wachstum
Konjunktur
Produktionspotenzial
Rezession
Hochkonjunktur

WIEDERHOLUNGSAUFGABEN ZU KAPITEL 4

1 Erklären Sie, wann und warum der Einsatz von ökonomischen Modellen sinnvoll ist, obwohl dabei Faktoren außer Acht gelassen werden.

2 Zeichnen Sie den einfachen Wirtschaftskreislauf auf und ergänzen ihn um Beispiele aus Ihrem Umfeld. Geben Sie im erweiterten Kreislauf für jeden eingezeichneten Geldstrom an, über welche Märkte die entsprechenden Transaktionen getätigt werden.

3 Sammeln Sie Gründe für die zunehmende Beschäftigung im Dienstleistungssektor. Welcher Wirtschaftssektor ist vor allem für Ihren „persönlichen Wohlstand" verantwortlich?

4 Sammeln Sie Faktoren, von denen das Wirtschaftswachstum abhängt. In welcher Konjunkturphase befindet sich die Wirtschaft gerade?

HANDLUNGSORIENTIERTE AUFGABEN ZU KAPITEL 4

1 Das Ruhrgebiet gehört zu den Regionen Europas, deren Struktur schon in der Frühindustrialisierung stark geprägt und verändert wurde. Durch den Steinkohleabbau und die Nähe zum Meer (Handelswege) entwickelte sich dabei eine Industrie der Rohstoffverarbeitung. Insbesondere dieser Bereich steht seit Jahrzehnten unter enormem Wettbewerbsdruck. Alternative Industrien entwickelten sich in den Branchen Automobil- und Maschinenbau vergleichsweise spät. Aufgrund mangelnder Innovation und Investition in die Produktionsanlagen stehen auch diese ersten Ersatzindustrien heute unter Druck durch wirtschaftlich attraktivere Gebiete auf der Welt.

- Stellen Sie Informationen zu den strukturellen Veränderungen im Ruhrgebiet zusammen. Erstellen Sie eine Zeittafel mit „Meilensteinen" von 1850 bis heute.
- Sollte ein nicht mehr wettbewerbsfähiger Wirtschaftszweig über lange Zeit subventioniert werden? Welche Gründe sprechen dafür, welche dagegen?
- Wie sieht die heutige Wirtschaftsstruktur des Ruhrgebiets aus und welche Perspektive hat die Region? Beschreiben Sie diese und geben Sie eine eigene Einschätzung der Perspektive ab.

2 Einen sehr drastischen Wandel hat die Wirtschaft der DDR nach der Wende 1989 durchgemacht. Informieren Sie sich über diesen Wandel der letzten 25 Jahre. Wurden die richtigen wirtschaftspolitischen Weichen gestellt? Nutzen Sie zu Ihrer Meinungsbildung auch folgenden Text.

Wirtschaftlicher Zusammenbruch und Neuanfang nach 1990

Geringe Produktivität, überalterte Anlagen, Zusammenbruch der Märkte. Die Ausgangslage ostdeutscher Betriebe war schlecht, als sie sich mit der Währungsunion „über Nacht" der globalen Konkurrenz stellen mussten. Die Folge: eine Schocktherapie für die Wirtschaft.

[...] Die Transformation der Planwirtschaft zur Marktwirtschaft wurde von Hoffnungen begleitet, die sich alsbald als illusionär erwiesen. Ursprünglich war vermutet worden, dass die Wiedervereinigung und die Sanierung der ostdeutschen Wirtschaft sich wechselseitig verstärken würden. Diese Erwartungen erfüllten sich nicht. Stattdessen folgte auf die politische Integration beider Staaten der wirtschaftliche Zusammenbruch in Ostdeutschland.

Abwicklung der Planwirtschaft und Anpassungskrise

In den Beschäftigungsstrukturen der ost- und westdeutschen Industrie vor und nach der Wende spiegelt sich ein dramatischer Wandel wider: die Abwicklung der DDR-Planwirtschaft und die Einführung marktwirtschaftlicher Prinzipien. Innerhalb von zwei Jahren schrumpften Großbetriebe überwiegend zu kleinen und mittelgroßen Unternehmen – falls es sie überhaupt noch gab. Hinter den nüchternen und abstrakten Zahlen verbergen sich Effekte einer tiefgehenden wirtschaftlichen und sozialen Anpassungskrise, die im Grad ihrer Auswirkungen auf die ostdeutsche Bevölkerung nur mit der Weltwirtschaftskrise der 30er Jahre vergleichbar ist.

Das Ende der Kombinate

In den 80er Jahren arbeiteten die meisten Beschäftigten in der DDR in Großbetrieben mit mehr als 1000 Mitarbeitern. Im industriellen Sektor war der Anteil von Personen in Großbetrieben im Vergleich zur Bundesrepublik ungefähr doppelt so groß (75,7 Prozent verglichen mit 39,3 Prozent). Dies hing mit der Wirtschaftsstruktur in der DDR zusammen, in der große Kombinate eine beherrschende Stellung einnahmen. Seit 1978 waren diese Kombinate – ähnlich wie westliche Konzerne – als betriebliche Zusammenschlüsse, hier Volkseigener Betriebe (VEB), entstanden. Damit verband sich die Hoffnung, dass die Betriebe innerhalb einer Branche effektiver arbeiten könnten. [...]

Beschäftigungsentwicklung in Ostdeutschland

Durch das gleichzeitige massierte Auftreten nachteiliger Faktoren – Währungsunion, Zusammenbruch traditioneller Märkte, Wiedervereinigungsfolgen, ungewohnter Wettbewerb, nicht konkurrenzfähige Produkte und mangelnde Markterschließung, ferner das Erbe der DDR-Wirtschaft, das u. a. in geringer Arbeitsproduktivität, einer ganzheitlichen Betriebskonzeption und überalterten Produktionsanlagen fortwirkte – gerieten viele Betriebe in eine existenzgefährdende Lage. [...] Die Folgen der wirtschaftlichen Schocktherapie lassen sich an dem Strukturwandel der ostdeutschen Wirtschaft ablesen. Zwei Jahre nach der Wende arbeitete nur noch eine Minderheit von Beschäftigten in Großbetrieben. Doch diese Sichtweise gibt nur eingeschränkt die gesamten Folgen des wirtschaftlichen Umbruchs wieder, da hierbei die Zahl der entlassenen Mitarbeiter und der Unternehmensinsolvenzen unberücksichtigt bleibt. [...] Der Wirtschaftssoziologe Paul Windolf [...] schätzt, dass im Zeitraum von 1990 bis 1995 ca. 80 Prozent der erwerbstätigen Bevölkerung der DDR ihren Arbeitsplatz vorübergehend oder auf Dauer verloren haben. Unabhängig davon, wie man das politische Ende der DDR kategorial einordnet, kann die Umgestaltung ihrer wirtschaftlichen Strukturen am besten mit dem Begriff „Revolution" umschrieben werden. Deren Folgen sind bis heute spürbar. Sie waren und sind nur durch den Einsatz massiver Finanzmittel seitens des Bundes und der alten Bundesländer zu beherrschen.

Quelle: Bernd Martens, Bundeszentrale für politische Bildung, 30.3.2010 (Auszüge)

3 Deutschland hat im Vergleich zu anderen europäischen Ländern einen großen Industrieanteil. Welche Bedeutung haben die drei Wirtschaftssektoren in Ländern wie Albanien, China, Luxemburg, Kolumbien, Norwegen, Saudi-Arabien, USA etc.? Begründen Sie die Ergebnisse.

wyhlen

Themengebiet 2: Märkte und internationale Arbeitsteilung

„Nicht vom Wohlwollen des Metzgers, Bäckers oder Brauers erwarten wir das, was wir zum Leben brauchen, sondern davon, dass diese ihre eigenen Ziele verfolgen. […] Der Mensch hat seine eigene Sicherheit, seinen eigenen Nutzen im Sinn. Und er wird dabei von einer unsichtbaren Hand geleitet, letztlich doch ein Ziel zu verfolgen, das nicht in seiner Absicht lag; indem er nämlich seinen eigenen Nutzen anstrebt, fördert der Mensch häufig den Nutzen der Gesellschaft wirksamer, als hätte er dies beabsichtigt."

Adam Smith, schottischer Ökonom und Philosoph (1723–1790)

LERNZIELE ZU KAPITEL 5

Nachdem Sie Kapitel 5 durchgearbeitet haben, sollten Sie in der Lage sein,

1 beispielhaft die Funktionen des Preises und deren Wirkung auf Anbieter und Nachfrager zu entwickeln.

2 die Nachfrage nach einem Gut in einem Diagramm darzustellen sowie zu erklären, wie sich die Nachfragekurve verschieben kann.

3 das Angebot eines Gutes in einem Diagramm darzustellen sowie zu erklären, wie sich die Angebotskurve verschieben kann.

4 das Modell des freien Marktes zu analysieren und dessen Aussagefähigkeit in Bezug auf Marktrealitäten zu überprüfen.

5 sich selbst als Marktteilnehmer zu erfahren und Ihre Rolle als Nachfrager (Konsumgüter) und Anbieter (Arbeit) zu interpretieren.

6 die Wirkungen von Preisänderungen in Abhängigkeit von der Nachfrageelastizität verschiedenartiger Güter zu analysieren und zu bewerten.

7 den Preisbildungsprozess auf freien Märkten im Polypol und das Entstehen von Konsumenten- und Produzentenrente zu erklären.

Kapitel 5: Wie Märkte funktionieren

Wieso ist gerade das scheinbar chaosträchtige System einer dezentralen Marktwirtschaft am besten in der Lage, mit der schier unglaublichen Komplexität einer arbeitsteiligen Wirtschaft effizient umzugehen? Adam Smith gilt nicht zuletzt deshalb als Gründervater der Volkswirtschaftslehre, weil er dies Ende des 18. Jahrhunderts als Erster überzeugend erklären konnte. Wie er zeigte, steuern die Preise den Einsatz der knappen Ressourcen, und zwar so, dass gerade die eigennützigen Entscheidungen Einzelner besonders wirksam die gesamtwirtschaftliche Wohlfahrt fördern. Will man die Quellen des Wohlstands in einer arbeitsteiligen Marktwirtschaft entdecken, muss man die grundlegende Bedeutung des Preismechanismus und damit von Märkten verstehen.

5.1 Die zentrale Rolle der Preise

Vor mehr als 200 Jahren fand Adam Smith in seinem Buch über den Wohlstand der Nationen das wohl bekannteste Bild der Ökonomie: die Idee der „unsichtbaren Hand". In seiner Analyse der Funktionsweise marktwirtschaftlicher Systeme beobachtete er, dass jeder Marktteilnehmer, ob Haushalt oder Unternehmen, in erster Linie seine eigenen Interessen verfolgt. Und obwohl diese Verhaltensweise eigentlich unsozial erscheint, führt gerade sie dazu, dass der Wohlstand der gesamten Volkswirtschaft und damit der Allgemeinheit – wie durch eine „unsichtbare Hand" gelenkt – erhöht wird.

Was für ein frappanter Unterschied zur „sichtbaren Hand" der zentralen Verwaltungsbehörde in einer Planwirtschaft! Doch welche Kraft ist es, die in einer Marktwirtschaft als „unsichtbare Hand" wirkt? Es sind die Preise, welche die relative Knappheit von Gütern und Ressourcen anzeigen. Sie bestimmen in einer Marktwirtschaft letztlich die sogenannte *Allokation der Ressourcen*, also wofür die Produktionsmittel verwendet werden. Entscheidend für diese Allokation ist dabei nicht, wie hoch der absolute Preis für ein bestimmtes Gut ist, sondern wie hoch der Preis dieses Gutes im Vergleich zu den Preisen anderer Güter ist. Deshalb ist in der Volkswirtschaftslehre oft von *relativen Preisen* die Rede.

→ **Allokation der Ressourcen**
Entscheidung darüber, wofür die knappen Ressourcen eingesetzt werden.

→ **Relativer Preis**
Preis eines Gutes im Verhältnis zum Preis anderer Güter.

Die Preise zeigen zweierlei an: einerseits – auf der Nachfrageseite – den Wert, den die Käuferinnen und Käufer einem Gut beimessen; andererseits – auf der Angebotsseite –, was es kostet, das Gut zu produzieren. Wie wir bei der Diskussion der Angebots- und Nachfragekurven in diesem Kapitel sehen werden, liefern die Preise den Konsumentinnen und Konsumenten sowie den Unternehmen wichtige Informationen und lenken damit ihre Entscheidungen.

Adam Smith

Adam Smith

Adam Smith wird als der Vater der modernen Volkswirtschaftslehre bezeichnet. Er legte 1776 ein Buch vor, das in seiner Wirkung auf die Ökonomenzunft wohl unerreicht bleiben wird. In diesem Werk über den Wohlstand der Nationen („An Inquiry into the Nature and Causes of the Wealth of Nations") finden sich sehr viele der wichtigsten ökonomischen Konzepte zumindest in angedeuteter, oft aber schon in verblüffend klar ausgeführter Form.
Adam Smith wurde 1723 in der Nähe von Edinburgh geboren. Schon im Alter von 28 Jahren erhielt er eine Professur für Logik an der Universität von Glasgow. Ein gutes Jahrzehnt später legte er seine Professur nieder und wurde Lehrer bei einem wohlhabenden schottischen Adligen, den er auf einer zweijährigen Reise durch Europa begleitete. In der Folge wurde ihm eine jährliche Pension von 300 Pfund zugesprochen, die ihm die finanzielle Unabhängigkeit garantierte, in den nächsten zehn Jahren sein epochales Werk zu erarbeiten.
Die Grundfrage seines Hauptwerks kommt schon im Titel zum Ausdruck: Warum sind gewisse Länder reicher als andere? Die Ende des 18. Jahrhunderts beginnende industrielle Revolution lieferte reichlich Anschauungsmaterial für diese Frage. Die Produktionsweisen in der Textilindustrie oder die Transportmöglichkeiten veränderten sich durch neue Technologien in rasanter Weise. Aus seinen Beobachtungen folgerte Smith, dass für die Entwicklung des Wohlstands vor allem zwei Elemente entscheidend seien, nämlich die Koordinationsleistung freier Märkte einerseits und die Arbeitsteilung andererseits. Das Bild der „unsichtbaren Hand" und die Schilderung der Spezialisierung in einer Nadelfabrik fassten diese beiden Grundprinzipien in einprägsame Beschreibungen.
Mit dem Argument, dass die wohlstandsfördernde Arbeitsteilung durch zu kleine Märkte beschränkt wird, plädierte Smith für die Öffnung der Märkte und damit gegen *Protektionismus* in der Wirtschaftspolitik.

→ **Protektionismus**
Handelspolitische Maßnahme mit dem Ziel, die inländischen Produzenten vor ausländischer Konkurrenz zu schützen.

Konzeptionell können wir diese Lenkungsfunktion der Preise in vier Elemente unterteilen:

- Erstens vermitteln die Preise Informationen über Knappheiten: Ein niedriger relativer Preis (relativ zu den Preisen anderer Güter) gibt das Signal, dass ein Gut reichlich vorhanden ist.
- Zweitens führen diese Knappheitssignale der Preise zu einer effizienten Allokation der Ressourcen: Die Produktionsmittel werden dort eingesetzt, wo die größte Knappheit herrscht. Ist der Preis eines Gutes relativ hoch, besteht für Produzenten ein Anreiz, mehr davon auf den Markt zu bringen, also die Produktion auszuweiten.
- Drittens haben die Preise eine Koordinationsfunktion: Preissignale führen dazu, dass der Tausch zwischen Anbietern und Nachfragern in effizienter Weise stattfindet. Preise koordinieren die Einzelentscheidungen der voneinander getrennt agierenden Anbieter und Nachfrager im Sinne von Smiths „unsichtbarer Hand".
- Viertens schließlich zeigen die Knappheitssignale der Preise an, wo sich *Innovation* lohnt, und lösen damit technischen Fortschritt aus, der das langfristige Wirtschaftswachstum erhöht, wie wir in Kapitel 9 sehen werden.

→ **Innovation**
Erfindung oder Verbesserung eines Produkts oder einer Produktionsmethode und deren Durchsetzung auf dem Markt.

→ OPEC
Abkürzung für „Organization of the Petroleum Exporting Countries", das Kartell der wichtigsten Erdöl exportierenden Staaten.

→ Schock
Eine bedeutende, plötzliche und unerwartete Änderung einer wirtschaftlichen Kenngröße.

Diese vier für die marktwirtschaftliche Lenkung wichtigen Funktionen der Preise hängen eng miteinander zusammen. Am besten lässt sich dies an einem Beispiel zeigen.

Betrachten wir daher die schockartige Preiserhöhung von Erdöl im Jahr 1973. Damals verknappte die *OPEC*, die Organisation der Erdöl exportierenden Länder, das Angebot und bewirkte dadurch eine plötzliche und massive Erhöhung des Erdölpreises. Was auf diesen *Schock* folgte, illustriert die Lenkungsfunktionen von Preisen auf exemplarische Weise.

Die Preiserhöhung setzte erstens ein Signal: Sie informierte die Marktteilnehmer darüber, dass Erdöl auf dem Weltmarkt knapp wurde. Dieses Signal schuf den Anreiz für die Nachfrager von Erdöl, den Verbrauch zu verringern, da die Opportunitätskosten des Erdölverbrauchs gestiegen waren. Die Bundesregierung verbot im Winter 1973 an insgesamt vier Sonntagen sogar das Autofahren. Dieses Sonntagsfahrverbot, das rasch wieder gelockert wurde, hatte eher symbolischen Wert. Viel wichtiger war der scharfe Preisanstieg an den Zapfsäulen. Dieser betraf Haushalte in ihren Konsumentscheidungen ebenso wie Unternehmen in ihren Produktionsentscheidungen. Die neuen Knappheitsverhältnisse bewirkten also zweitens eine neue Allokation der Ressourcen, weil die alte Allokation unter den neuen Rahmenbedingungen nicht mehr effizient war. So kauften beispielsweise die Haushalte kleinere, verbrauchsärmere Autos und die Unternehmen versuchten, in der Produktion weniger Erdöl zu verwenden. Durch die Preisänderung wurden drittens die voneinander unabhängigen, individuellen Reaktionen von Erdölproduzenten, Erzeugern von Alternativenergie und Energiekonsumenten wie durch eine „unsichtbare Hand" effizient koordiniert, ohne dass eine zentrale Planungsstelle für diese Abstimmung sorgen musste. Kraftwerke, die aus Öl Strom erzeugten, wurden z. B. durch Atomkraftwerke ersetzt. Viertens schließlich führte die Preiserhöhung des Erdöls zu einem Schub an Innovationen. Einerseits wurden alternative Energieträger attraktiver, sodass die Forschung in diese Richtung verstärkt wurde. Andererseits lohnte es sich aufgrund der hohen Preise, neue, bisher zu teure Erdölquellen, z. B. in der Nordsee, zu erschließen. Ebenfalls angeregt wurde die Suche nach weniger energieintensiven Produktionsmethoden.

Die Auswirkungen der hohen Erdölpreise: „Bitte warten: Wir sind am Bohren."

Dieses Beispiel demonstriert die weitreichenden Effekte von *Preissignalen*. Auch die Erdölpreiserhöhungen, die wir in den letzten Jahren beobachten konnten, lösen aus den gleichen Gründen Reaktionen aus. Bleibt der Erdölpreis hoch genug, wird die Investition in alternative Energiequellen immer attraktiver, und es wird sich außerdem zunehmend lohnen, weitere, schwerer abbaubare Erdöllager zu erschließen.

→ Preissignal
Information, welche die Preise den Marktteilnehmern über die relative Knappheit eines Gutes vermitteln.

Preise sorgen also dafür, dass in einer Marktwirtschaft die knappen Ressourcen effizient eingesetzt werden. *Effizienz* bedeutet in dieser volkswirtschaftlichen Betrachtungsweise, dass es keinen anderen Einsatz der Ressourcen gibt, mit dem man mehr von einem Gut produzieren könnte, ohne gleichzeitig weniger von einem anderen Gut herstellen zu können. Effiziente Ressourcenallokation ist folglich dann erreicht, wenn keine knappen Mittel verschwendet werden.

→ Effizienz
Situation, in der es mit den gegebenen Ressourcen nicht möglich ist, mehr von einem Gut zu produzieren, ohne dass von einem anderen Gut weniger hergestellt werden kann. Im weiteren Sinne bezeichnet Effizienz eine Situation, in der die Wohlfahrt der Akteure maximiert ist.

Zusammenfassende Übersicht

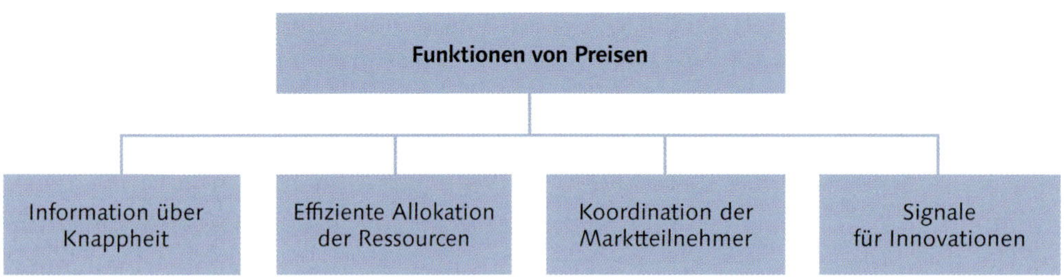

5.2 Die Nachfrage

Jeder und jede kann an sich selbst die Reaktion der Nachfrage auf Preisänderungen beobachten. Sinken die Handygebühren, so telefoniert man mehr, erhöht sich der Preis für Eintrittskarten, so besucht man weniger Fußballspiele. Steigt nämlich der Preis eines Gutes, und wir ändern nichts an der nachgefragten Menge, dann können wir uns weniger von anderen Gütern leisten – die Opportunitätskosten für den Kauf dieses Gutes haben sich durch die Preissteigerung erhöht. Deshalb werden wir in der Regel auf die Preiserhöhung eines Gutes mit einer verringerten Nachfrage danach reagieren – die nachgefragte Menge wird also kleiner. Sinken umgekehrt die Preise eines Gutes, dann kaufen wir tendenziell mehr davon. Man bezeichnet dieses Verhaltensmuster als das *Gesetz der Nachfrage*. Es ist ein Eckpfeiler der ökonomischen Analyse und besagt, dass ein steigender Preis die Nachfrage reduziert, wenn alle anderen Einflüsse auf die Nachfrage unverändert bleiben.

→ Gesetz der Nachfrage
Die nachgefragte Menge sinkt mit steigenden Preisen, wenn alle anderen Einflüsse konstant gehalten werden.

5.2.1 Die Nachfragekurve

Die *Nachfragekurve* illustriert den Zusammenhang. Dazu tragen wir in einer Grafik auf der horizontalen Achse die Menge eines Gutes ab und auf der vertikalen Achse den Preis desselben Gutes. Wir nehmen dabei an, dass alle anderen Einflussfaktoren auf die Nachfrage – etwa die Preise ähnlicher Güter oder das Einkommen der Käufer – unverändert bleiben.

→ Nachfragekurve
Grafische Darstellung der nachgefragten Menge in Abhängigkeit vom Preis.

Gesetze der Bedürfnisbefriedigung

Der Grenznutzen ist der zusätzliche Nutzen einer konsumierten Einheit eines Gutes. Er ist für die Analyse des individuellen Nachfrageverhaltens zentral. Wichtig ist dabei, dass dieser Grenznutzen abnimmt, je mehr Einheiten wir von ein und demselben Gut konsumieren. Wir nennen dies das *Gesetz des abnehmenden Grenznutzens*. Es wird nach seinem Entdecker, dem Ökonomen Hermann Heinrich Gossen, auch als erstes Gossensches Gesetz bezeichnet. Dazu ein Beispiel: Das erste Stück Brot, das ein hungriger Mensch isst, stiftet ihm einen sehr hohen Nutzen. Auch das zweite und dritte Stück werden mit Genuss konsumiert, doch der zusätzliche Nutzen wird mit jedem weiteren Bissen kleiner. Ist jemand wirklich satt, dann wird der Verzehr eines Stücks Brot den bereits erreichten Nutzen sogar verringern; der Konsum stiftet dann einen negativen Grenznutzen.
Das *Gesetz vom Ausgleich der Grenznutzen*, auch zweites Gossensches Gesetz genannt, ist eine Regel, nach der wir unser Einkaufsbudget am besten auf verschiedene Güter verteilen. Demnach handeln wir optimal, wenn die von uns gekauften Dinge jeweils den gleichen – in Geldeinheiten ausgedrückten – Grenznutzen stiften. Wir kaufen also beispielsweise für eine Mahlzeit so viel Brot, Wurst, Käse und Milch, dass deren jeweiliges Verhältnis von Grenznutzen und Preis gleich ist. Wäre dieser gewogene Grenznutzen der Güter nicht gleich, könnten wir den Gesamtnutzen der Mahlzeit noch steigern, indem wir von einem Gut mehr und von einem anderen weniger konsumieren.

→ Gesetz des abnehmenden Grenznutzens (Erstes Gossensches Gesetz)
Je mehr man von einer Ware oder einer Dienstleistung bereits konsumiert hat, desto geringer wird der Nutzen einer zusätzlich konsumierten Einheit.

→ Gesetz vom Ausgleich der Grenznutzen (Zweites Gossensches Gesetz)
Ein Wirtschaftsakteur verteilt sein Einkommen so auf seine verschiedenen Bedürfnisse, dass ihm im besten Fall jedes konsumierte Gut geteilt durch dessen Preis den gleichen Grenznutzen stiftet.

Unter dieser Annahme lässt sich anhand einer Grafik analysieren, wie eine Preisveränderung die nachgefragte Menge beeinflusst. **Abbildung 5.1** stellt dies an einem konkreten Beispiel dar. Die Tabelle zeigt die wöchentliche Nachfrage eines Landes nach Milch zu verschiedenen Preisen. In der Grafik bezeichnet die horizontale Achse die Menge wöchentlich nachgefragter Milch in 1000 Litern und die vertikale Achse den Preis pro Liter in Euro.

Abbildung 5.1
Marktnachfrage

Nachfragekurve

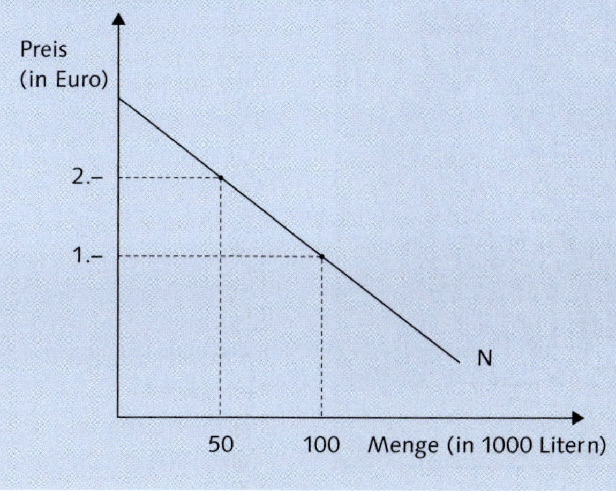

Marktnachfrage nach Milch
Die unten stehende Tabelle zeigt auf, wie viele Liter Milch bei einem bestimmten Preis in einem Land pro Woche nachgefragt werden.

Preis (in Euro) pro Liter Milch	Menge (in 1000 Litern) pro Woche
0,25	175
0,50	150
0,75	125
1,00	100
1,50	75
2,00	50
2,50	25
3,00	0

Betrachten wir nun verschiedene Preis-Mengen-Kombinationen: Beträgt der Preis beispielsweise 1 Euro, so werden während einer Woche 100 000 Liter Milch gekauft. Erhöht sich der Preis jedoch auf 2 Euro, wird entsprechend weniger nachgefragt – nämlich nur noch 50 000 Liter pro Woche. Die Nachfragekurve N bildet diese beiden und alle anderen Preis-Mengen-Kombinationen ab. Dabei gilt das Gesetz der Nachfrage: Je höher der Preis, desto weniger wird nachgefragt. Unter der erwähnten, wichtigen Annahme, dass alle anderen Einflussfaktoren konstant bleiben, lässt sich Folgendes ableiten: Erhöht sich der Preis, so bewegen wir uns auf der Nachfragekurve nach links; reduziert er sich, so wandern wir auf der Kurve nach rechts.

5.2.2 Verschiebung der Nachfragekurve

Nun wird die Nachfrage aber noch von anderen Faktoren beeinflusst, beispielsweise vom Einkommen der Käufer oder vom Preis anderer Güter. Was geschieht nun, wenn sich diese Einflussfaktoren verändern? Da es nicht der Preis ist, der sich ändert, können wir die Veränderung nicht als eine Bewegung auf der Nachfragekurve darstellen. Vielmehr wird sich die gesamte Nachfragekurve verschieben, was bedeutet, dass zu jedem Preis eine neue Menge nachgefragt wird.

Veränderungen folgender Faktoren verschieben die Nachfragekurve:

- Einkommen,
- Anzahl der Nachfrager,
- Preis von ähnlichen Gütern (Substitutionsgüter),
- Preis von ergänzenden Gütern (Komplementärgüter),
- Geschmack der Konsumenten (Präferenzen).

Milk Prices Reach Record Levels

Die Milchpreise erreichen Rekordwerte: „Ich würde gerne in Fässer Milch investieren."

Nehmen wir an, das Einkommen der Bevölkerung im betrachteten Land stiege an. Die Folge ist, dass tendenziell mehr von allen Gütern nachgefragt wird und deshalb auch die Nachfrage nach Milch steigt. Das höhere Einkommen verschiebt die Nachfragekurve nach rechts, weil zu jedem Milchpreis eine höhere Menge nachgefragt wird. Ebenfalls nach rechts verschiebt sich die Nachfragekurve, wenn zusätzliche Nachfrager auf dem Markt auftreten. Gerade für den Milchmarkt ist dies sehr aktuell. Das starke Wachstum in Ländern wie China und Indien hat dazu geführt, dass in jüngster Zeit die Nachfrage nach Milch und anderen Rohwaren auf dem Weltmarkt zugenommen hat; zu jedem Preis wird also zusätzliche Milch nachgefragt. Die Karikatur nimmt Bezug auf dieses Phänomen.

Bei einem Rückgang des Einkommens oder einer Reduktion der Anzahl der Nachfrager verschiebt sich umgekehrt die Nachfragekurve nach links, weil dann zu jedem Preis weniger Milch nachgefragt wird. **Abbildung 5.2** zeigt diese Verschiebungen der Nachfragekurve.

Neben dem Einkommen können natürlich weitere Faktoren die Nachfragekurve verschieben, so zum Beispiel die Preise ähnlicher Güter, die zu einem gewissen Grad als Ersatz dienen können. Nehmen wir an, dass der Preis für ein anderes gesundes Getränk, sagen wir Orangensaft, deutlich sinkt. Ein niedrigerer Preis für das *Substitutionsgut* Orangensaft wird manche Konsumenten dazu bewegen, auf den nun relativ billigeren Orangensaft umzusteigen. Die Nachfrage nach Milch geht deshalb bei jedem Preis zurück, sodass sich die Nachfragekurve nach links verschiebt. Ebenfalls einen Einfluss haben die Preise sogenannter *Komplementärgüter*, also Güter, die oft gemeinsam mit Milch konsumiert werden. Eine Preiserhöhung bei solchen Gütern wirkt in die gleiche Richtung wie ein höherer Preis für das betrachtete Gut. Steigt beispielsweise der Preis für Kakaopulver, so wird nicht nur weniger Kakao, sondern tendenziell auch weniger Milch konsumiert.

→ **Substitutionsgüter**
Güter, welche dieselben oder sehr ähnliche Bedürfnisse befriedigen.

→ **Komplementärgüter**
Güter, die sich in ihrem Nutzen ergänzen und deshalb oft gemeinsam nachgefragt werden.

Abbildung 5.2
Verschiebung der Nachfragekurve

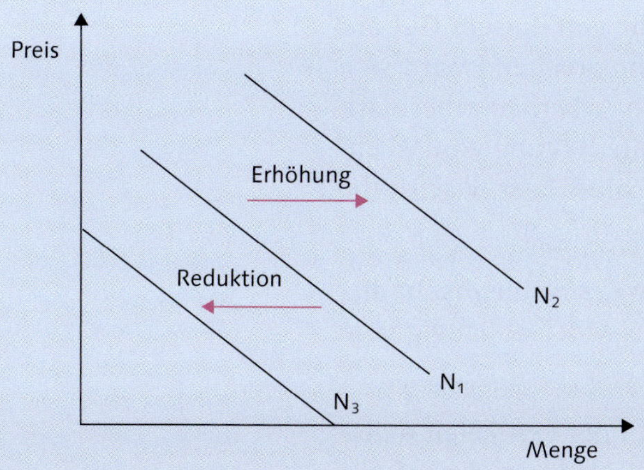

Eine Erhöhung der Nachfrage bedeutet eine Verschiebung der Nachfragekurve nach rechts. Das heißt, unter der Nachfrage N_2 wird zu jedem Preis mehr nachgefragt als unter Nachfrage N_1. Eine Reduktion der Nachfrage bedeutet eine Verschiebung der Nachfragekurve nach links. Das heißt, unter der Nachfrage N_3 wird zu jedem Preis weniger nachgefragt als unter Nachfrage N_1.

Präferenzen bilden einen weiteren wichtigen Faktor, der die Nachfrage beeinflusst. Wie sehr schätzen es die Konsumentinnen und Konsumenten, Milch zu trinken? Zeigt etwa eine neue Studie, dass Milchtrinken weniger gesund sei als bisher angenommen, bedeutet dies, dass die Nachfrage nach Milch bei jedem Preis fallen wird; die Nachfragekurve verschiebt sich wiederum nach links.

→ **Präferenz**
Bevorzugung einer bestimmten Handlungsalternative, die sich aus der individuellen Bewertung aller Handlungsalternativen ergibt.

Wir fassen zusammen: Die Nachfragekurve ist eine Kurve mit negativer Steigung, die den Zusammenhang zwischen Preis und nachgefragter Menge darstellt, unter der Annahme, dass alle anderen Einflussfaktoren konstant sind. Variiert anstatt des Preises ein anderer für die Nachfrage bedeutsamer Faktor, so verschiebt sich die Nachfragekurve als Ganze.

Zusammenfassende Übersicht

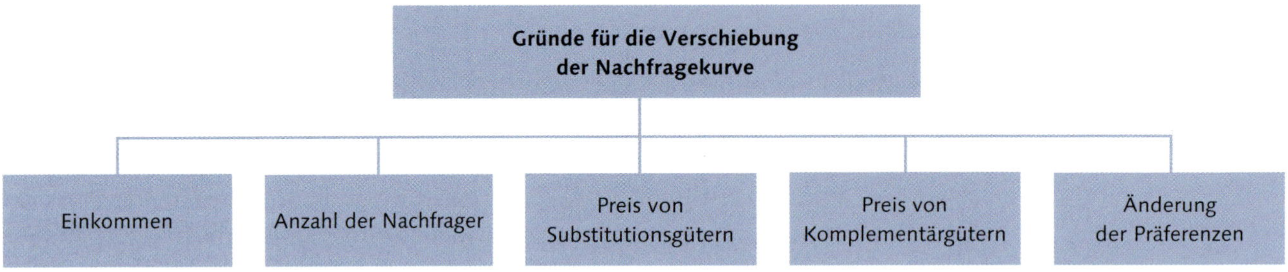

5.3 Das Angebot

5.3.1 Die Angebotskurve

Auf der Angebotsseite stellen wir uns die gleiche Frage wie zuvor bei der Nachfrage: Wie reagiert die angebotene Menge, wenn sich der Preis verändert? Auch diese Frage ist intuitiv ziemlich einfach zu beantworten. Erhöht sich der Preis eines Gutes, dann lohnt es sich für die Produzenten, mehr von diesem Gut anzubieten, weil der Ertrag pro verkaufte Einheit steigt. Entsprechend wird sich bei steigenden Preisen das Angebot ausweiten. So wird ein Ackerbauer bei stark steigendem Milchpreis einen größeren Anreiz haben, auf die Haltung von Milchkühen umzusteigen. Mit jedem Landwirt, der diesen Entschluss fasst, wächst die angebotene Menge von Milch.

In unserem Beispiel versetzen wir uns jetzt in die Situation des Anbieters, in diesem Fall des Landwirts. **Abbildung 5.3** stellt das Angebot für Milch abhängig vom Preis dar.

Auch hier ist auf der horizontalen Achse die Menge und auf der vertikalen Achse der Preis abgetragen. Die *Angebotskurve* A weist eine positive Steigung auf – je höher der Preis, desto größer die angebotene Menge. Wir betrachten erneut zwei konkrete Preis-Mengen-Kombinationen: Beträgt der Preis 1 Euro pro Liter, werden während einer Woche 100 000 Liter Milch angeboten. Erhöht sich der Literpreis auf 2 Euro, so steigt das Angebot auf 200 000 Liter. Die Angebotskurve zeigt wiederum diese beiden und alle anderen Preis-Mengen-Kombinationen an.

→ **Angebotskurve**
Grafische Darstellung der angebotenen Mengen in Abhängigkeit vom Preis.

Abbildung 5.3
Marktangebot

Angebotskurve

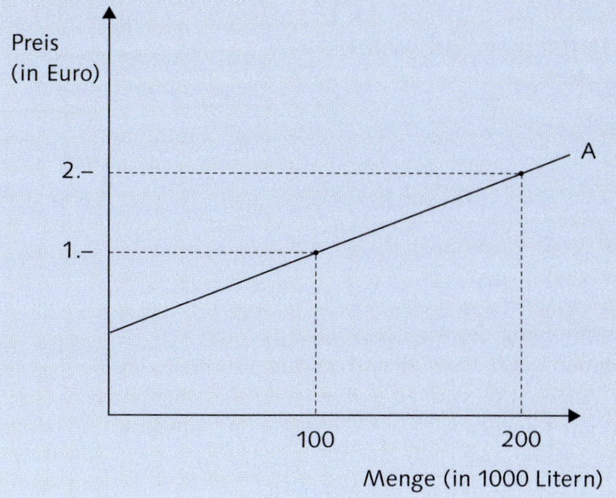

Marktangebot für Milch
Die unten stehende Tabelle zeigt auf, wie viele Liter Milch bei einem bestimmten Preis in einem Land pro Woche angeboten werden.

Preis (in Euro) pro Liter Milch	Menge (in 1000 Litern) pro Woche
0	0
0,50	0
0,75	50
1,00	100
1,50	150
2,00	200
2,50	250

5.3.2 Verschiebung der Angebotskurve

Wie zuvor müssen wir wieder zwischen Bewegungen auf der Angebotskurve und der Verschiebung der gesamten Kurve unterscheiden. Denn auch die Angebotskurve ist unter der Bedingung gezeichnet, dass alle anderen Einflussfaktoren auf das Angebot konstant sind. Sie verschiebt sich deshalb als Ganzes, sobald sich andere Einflussfaktoren als der Preis verändern. Solche Verschiebungen der Angebotskurve zeigt **Abbildung 5.4.**

Verschiebt sich die Kurve nach rechts, so bedeutet dies, dass zu jedem Preis mehr angeboten wird. Verschiebt sie sich nach links, bedeutet dies umgekehrt eine Reduktion der angebotenen Menge zu jedem Preis.

Veränderungen folgender Faktoren verschieben die Angebotskurve:

- Preise von Vorleistungen,
- Produktivität,
- Preise von Substituten in der Produktion,
- Anzahl der Anbieter.

Die wichtigste Einflussgröße sind die Produktionskosten. Diese sind stark von den Preisen der Vorleistungen abhängig. Steigen zum Beispiel die Preise für Futtermittel, so erhöhen sich die Kosten für die Landwirte und es wird zu jedem Marktpreis eine kleinere Menge an Milch angeboten. Die Angebotskurve verschiebt sich demzufolge nach links.

Ebenfalls auf die Produktionskosten wirkt die Produktivität. Verbessert sich diese beispielsweise wegen des Einsatzes einer neuen Technologie, dann verschiebt sich die Angebotskurve nach rechts. Wird etwa eine effizientere Melkmaschine entwickelt, so reduzieren sich die Produktionskosten und das Angebot wird bei jedem Preis ausgeweitet.

Ein weiterer Einflussfaktor sind die Preise von anderen Gütern, die ein Produzent ebenfalls anbieten könnte. Steigt beispielsweise der Preis für Getreide an, so werden Landwirte eher dazu übergehen, auf ihren Feldern Getreide anzubauen, anstatt sie als Kuhweide zu verwenden. Ein höherer Preis eines *Substituts in der Produktion* wird also zu einem kleineren Angebot an Milch und damit zu einer Verschiebung der Angebotskurve nach links führen.

→ **Substitut in der Produktion**
Andere Güter, die ein Unternehmen mit der bestehenden Ressourcenausstattung ebenso gut produzieren könnte.

Schließlich verschiebt sich die Angebotskurve auch, und zwar nach rechts, wenn die Anzahl der Unternehmen zunimmt, die auf dem Markt anbieten.

Abbildung 5.4
Verschiebung der Angebotskurve

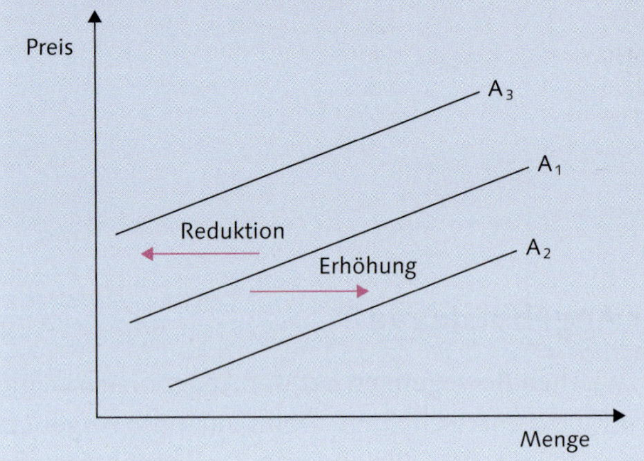

Eine Erhöhung des Angebots bedeutet eine Verschiebung der Angebotskurve nach rechts. Das heißt, unter dem Angebot A_2 wird zu jedem Preis mehr angeboten als unter Angebot A_1. Eine Reduktion des Angebots bedeutet eine Verschiebung der Angebotskurve nach links. Das heißt, unter dem Angebot A_3 wird zu jedem Preis weniger angeboten als unter Angebot A_1.

Wir fassen zusammen: Die Angebotskurve hat eine positive Steigung. Sie zeigt den Zusammenhang zwischen Preis und angebotener Menge, unter der Annahme, dass alle anderen Einflussfaktoren konstant sind. Variiert anstatt des Preises ein anderer für das Angebot bedeutsamer Faktor, so verschiebt sich die gesamte Angebotskurve.

Zusammenfassende Übersicht

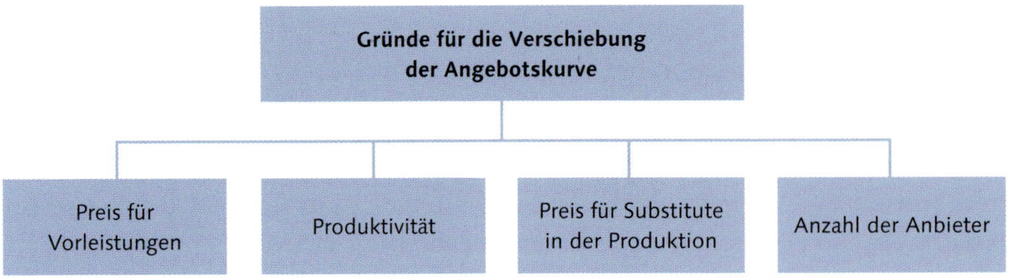

5.4 Der Markt

Wir verstehen jetzt die grundsätzlichen Mechanismen von Angebot und Nachfrage und wollen nun das wohl wichtigste Konzept der Volkswirtschaftslehre genauer analysieren: den Markt. Ganz einfach ausgedrückt, ist ein Markt das Zusammentreffen von Angebot und Nachfrage. Personen, die etwas anbieten, treffen auf Personen, die etwas nachfragen. Die Begegnung dieser wirtschaftlichen Akteure macht dann den „Markt" aus. Um ihn darzustellen, wollen wir die beiden Kurven, die wir in den vorherigen Abschnitten hergeleitet haben, zusammenführen.

5.4.1 Das Marktgleichgewicht

→ **Gleichgewicht**
Situation, in der kein wirtschaftlicher Akteur einen Grund hat, seine Handlungen anzupassen.

→ **Markträumung**
Die nachgefragte Menge entspricht der angebotenen Menge. Voraussetzung für Markträumung ist, dass der Marktpreis dem Gleichgewichtspreis entspricht.

Der vollständige Markt mit beiden Marktseiten Angebot und Nachfrage ist in **Abbildung 5.5** dargestellt. Wir betrachten hier wieder die Angebots- und Nachfragekurven für Milch. Wir sehen, dass es in diesem Markt ein *Gleichgewicht* gibt, also eine Preis-Mengen-Kombination, bei der sich Angebots- und Nachfragekurve schneiden. Im Beispiel beträgt der sogenannte Gleichgewichtspreis 1 Euro. Zu diesem Preis fragen die Konsumentinnen und Konsumenten 100 000 Liter Milch pro Woche nach, und die Produzenten bieten 100 000 Liter pro Woche an. Die angebotene Menge entspricht im Schnittpunkt also genau der nachgefragten Menge. Man spricht hier auch von einem *geräumten Markt*. Dieser Schnittpunkt wird deshalb als Gleichgewicht bezeichnet, weil in einer Marktwirtschaft Kräfte bestehen, die zu dieser Preis-Mengen-Kombination hinführen. Warum ist das so?

Abbildung 5.5
Marktgleichgewicht

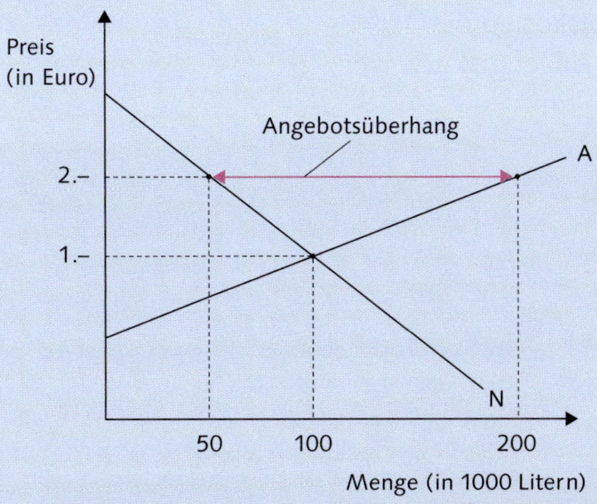

Das Marktgleichgewicht stellt sich dort ein, wo sich Angebotskurve und Nachfragekurve schneiden. Zum Preis von 1 Euro werden 100 000 Liter angeboten und 100 000 Liter nachgefragt. Der Markt ist somit geräumt. Bei einem Preis, der über dem gleichgewichtigen Preis von 1 Euro liegt, zum Beispiel 2 Euro, entsteht ein Ungleichgewicht, nämlich ein Angebotsüberhang. Das Gegenteil ist der Fall, wenn der Preis unter dem Gleichgewichtspreis liegt; dann entsteht ein Nachfrageüberhang.

→ **Angebotsüberhang**
Die angebotene Menge übersteigt die nachgefragte Menge, weil der herrschende Preis über dem Gleichgewichtspreis des Marktes liegt.

Betrachten wir **Abbildung 5.5** und nehmen wir an, dass der Ausgangspreis nicht dem gleichgewichtigen Preis entspräche, sondern 2 Euro betrüge. Zu diesem Preis wird weniger nachgefragt, nämlich nur noch 50 000 Liter Milch pro Woche. Für die Anbieter ist dieser Preis natürlich attraktiver, sie würden deshalb gerne mehr – im konkreten Fall 200 000 Liter Milch – verkaufen und möchten ihre Produktion entsprechend ausdehnen. Mit anderen Worten: Es entsteht ein *Angebotsüberhang* – es werden nur 50 000 Liter nachgefragt, jedoch 200 000 Liter angeboten. Was geschieht nun auf einem Markt mit einem Angebotsüberhang? Damit die Anbieter nicht auf ihrer Milch sitzen bleiben, werden sie die angebotene Menge so lange reduzieren, bis wieder der Gleichgewichtspreis erreicht ist und das gesamte Angebot auch nachgefragt wird. Es werden also diejenigen Anbieter aus dem Markt ausscheiden, deren Kosten zu hoch sind, um beim Gleichgewichtspreis genügend entschädigt zu werden. Entsprechend hat dieser Markt die Tendenz, sich bei einer Preis-Mengen-Kombination von 1 Euro und 100 000 Einheiten einzupendeln. Analog ist die Situation bei einem *Nachfrageüberhang*, also bei einem zu tiefen Ausgangspreis. Die Nachfrager erhalten in diesem Fall nicht genügend Milch und sind deshalb bereit, so lange mehr zu bezahlen, bis die nachgefragte Menge genau der angebotenen Menge entspricht.

→ **Nachfrageüberhang**
Die nachgefragte Menge übersteigt die angebotene Menge, weil der herrschende Preis unter dem Gleichgewichtspreis des Marktes liegt.

„Erklären Sie die Redewendung ‚Reden ist billig'." „Das kommt daher, dass hier das Angebot immer größer ist als die Nachfrage."

5.4.2 Veränderungen des Marktgleichgewichts

In einem freien Markt pendelt sich also der Gleichgewichtspreis durch das Verhalten der Anbieter und Nachfrager automatisch ein. Wir sehen dies auch daran, dass sich bei einer Verschiebung der Angebots- oder Nachfragekurve sehr rasch wieder ein neues Gleichgewicht bildet.

Nehmen wir in unserem Beispiel an, dass wegen schlechter Witterung die Preise für Heu steigen. Das erhöht für die Landwirte die Produktionskosten der Milch, sodass sie zu jedem Marktpreis weniger Milch anbieten. Die Angebotskurve verschiebt sich also, wie in **Abbildung 5.6** dargestellt, von A_1 nach links zu A_2.

Abbildung 5.6
Veränderung des Marktgleichgewichts

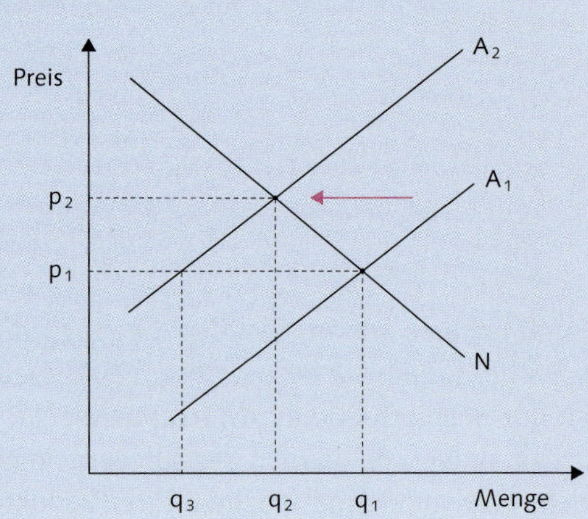

Bei einer Verschiebung der Angebotskurve A_1 nach A_2, etwa weil die Vorleistungen teurer geworden sind, stellt sich ein neues Gleichgewicht ein. In der Ausgangssituation herrscht bei Preis p_1 und Menge q_1 ein Gleichgewicht. Nach der Verschiebung der Angebotskurve würden die Produzenten bei Preis p_1 eine kleinere Menge als q_1 anbieten, nämlich nur noch q_3. Auf diese Verknappung reagieren die Nachfrager, die eine hohe Zahlungsbereitschaft haben, indem sie einen höheren Preis bieten. Dies wiederum setzt den Anreiz, das Angebot auszudehnen. Dies geht so lange, bis sich das neue Gleichgewicht bei Preis p_2 und Menge q_2 einstellt.

Wie erfolgt nun die Anpassung an das neue Gleichgewicht? Die Landwirte sind aufgrund der gestiegenen Kosten nicht mehr bereit, zum Preis p_1 die Menge q_1 anzubieten, welche die Konsumentinnen und Konsumenten zu diesem Preis nachfragen, sondern nur noch die Menge q_3. Es entsteht also ein Nachfrageüberhang nach Milch. Die Nachfrager mit einer hohen Zahlungsbereitschaft für Milch werden auf die Verknappung des Angebots reagieren, indem sie den Landwirten einen höheren Preis bieten. Zu einem höheren Preis als p_1 werden die Landwirte wiederum bereit sein, etwas mehr Milch als nur die Menge q_3 zu produzieren, und es wird sich für Anbieter mit etwas höheren Kosten lohnen, in den Markt einzusteigen. Dieser Prozess wird so lange andauern, bis sich angebotene und nachgefragte Menge wieder entsprechen, was beim Preis p_2 der Fall ist, bei dem die reduzierte Menge q_2 nachgefragt wird.

Ein Rückgang des Angebots führt also zu einem neuen Gleichgewicht, bei dem eine kleinere Menge zu einem höheren Preis gehandelt wird. Das Gegenteil tritt natürlich bei einer Ausweitung des Angebots ein: Das Gleichgewicht pendelt sich dort bei einer größeren Menge und einem tieferen Preis ein.

Vollständige Konkurrenz

Das hier beschriebene Zusammenspiel zwischen Angebot und Nachfrage beruht auf der Annahme der sogenannten *vollständigen Konkurrenz*. Damit ist ein möglichst reibungslos funktionierender Wettbewerb gemeint, wofür die folgenden Voraussetzungen erfüllt sein sollten:

- Die Güter sind *homogen*; das heißt, auf einem bestimmten Markt werden nur Güter gehandelt, die sich qualitativ nicht unterscheiden.
- Es gibt eine so große Anzahl von Anbietern und Nachfragern *(Polypol)*, dass das Verhalten eines Einzelnen den Marktpreis nicht beeinflussen kann.
- Der Marktzutritt ist frei und die Anbieter können den Markt nicht gegen neue Konkurrenten abschotten.
- Die Marktteilnehmer sind vollständig über das Marktgeschehen informiert.

Angesichts dieser Liste könnte man erwarten, dass ein Markt mit vollständiger Konkurrenz in der Realität kaum möglich ist; zu weitgehend erscheinen die Annahmen. In der Tat sind diese Bedingungen selten vollständig erfüllt, aber meist doch in einem Ausmaß, das für unser Marktmodell ausreicht. Denn selbst in Märkten mit nicht völlig homogenen Gütern, wenig Teilnehmern, erschwertem Marktzutritt und unvollständiger Information sind die Marktkräfte so stark, dass über kurz oder lang Angebot und Nachfrage zu einem Markt zusammenfinden, der mehr oder weniger demjenigen bei vollständiger Konkurrenz entspricht. Die nicht erfüllten Bedingungen bedeuten lediglich, dass nicht alle Vorteile realisiert werden können, die bei wirklich vollständiger Konkurrenz möglich wären. Vorteile bringen die Märkte aber selbst in diesem Fall. Und wie schwer es ist, diese Marktkräfte zu bändigen, haben etwa die Erfahrungen in den ehemaligen Planwirtschaften Osteuropas gezeigt. Auch dort reagierten die Menschen auf Knappheitssignale. Überall, wo keine vollständige Kontrolle möglich war, bildeten sich „Märkte"; also Situationen, in denen Anbieter und Nachfrager gegenseitig vorteilhafte Tauschmöglichkeiten suchten.

→ **Vollständige Konkurrenz**
Marktsituation, in der weder Produzenten noch Konsumenten über genügend Marktmacht verfügen, um die Preise zu beeinflussen.

→ **Homogene Güter**
Güter, die sich in ihrer Qualität nicht unterscheiden und vollkommen gegeneinander austauschbar sind.

→ **Polypol**
Eine Marktform, bei der eine Vielzahl von Anbietern einer Vielzahl von Nachfragern gegenübersteht.

KOMPETENZEN BILDEN

KOMPETENZEN BILDEN: Konsumphänomene

Preissignale senden uns wichtige Botschaften. Darauf reagieren die Marktteilnehmer aber nicht immer so, wie es zu erwarten wäre. So kann eine Preiserhöhung bei einem Gut dazu führen, dass Konsumentinnen und Konsumenten nicht etwa weniger davon kaufen, sondern dann erst recht zugreifen. Was absurd klingen mag, lässt sich in ganz verschiedenen Märkten beobachten, z.B. auf Lebensmittel-, Kleidungs-, Handy-, Luxusgüter- und Aktienmärkten.

Viele Phänomene rühren daher, dass wir uns bei unseren Entscheidungen an unseren Zeitgenossen orientieren. Üblicherweise geht das ökonomische Modell davon aus, dass jeder Wirtschaftsakteur seine Entscheidungen für sich allein trifft, die Markthandlungen der einzelnen Konsumenten also voneinander unabhängig sind. Doch was wir gut finden und kaufen, hängt in Wirklichkeit auch davon ab, was die anderen gut finden und kaufen. Unsere Konsumgelüste – die Präferenzen – fallen nicht vom Himmel, sondern sind beeinflussbar und anpassungsfähig.

Wer der Mode folgt, unterliegt dem sogenannten Mitläufereffekt. Nicht der Preis gibt den Ausschlag für einen Kauf, sondern der Wunsch, die Teile zu tragen, die im Freundeskreis en vogue sind.

Anders verhalten sich Menschen, denen der eigene Status wichtig genug ist, um sich beim Einkauf von den Mitmenschen abzusetzen. Um zu signalisieren, wie groß der Abstand zwischen ihnen und der gewöhnlichen Welt ist, können selbst einfache Gebrauchsgegenstände nicht exklusiv genug sein. Das Phänomen lässt sich bei Käufern von Luxusgütern beobachten, aber auch unter den vor Elektronikmärkten campierenden, technikaffinen Erstkäufern und in nonkonformistischen Subkulturen wie bei Punkern oder Cosplay-Figuren, die sich durch szenetypische Accessoires vom Rest der Gesellschaft abgrenzen. Dieses Verhalten wird Demonstrativkonsum oder unmissverständlich Snobeffekt genannt.

Beim Snobeffekt ist der Drang zur Exklusivität ausschlaggebend. Beim nach einem amerikanischen Ökonomen benannten Veblen-Effekt ist hingegen der Preis maßgeblich. Durch den Kauf möglichst hochpreisiger Güter wird der gesellschaftliche Status hervorgehoben und die Abgrenzung gegenüber anderen Käufern erreicht.

Bei all diesen Phänomenen des sogenannten statusorientierten oder Geltungskonsums verläuft die Nachfragekurve nicht so wie im ökonomischen Normalfall, demzufolge ein steigender Preis zu sinkender Nachfrage führt (vgl. Abschnitt 5.2). Auch bei einem sogenannten Giffen-Gut ist dieser Mechanismus außer Kraft gesetzt. Im 19. Jahrhundert beobachteten Ökonomen, dass arme Haushalte bei Missernten mehr Brot und Kartoffeln kauften statt weniger, obwohl deren Preis aufgrund des knapperen Angebots deutlich gestiegen war. Der Grund: Sie konnten sich kein Fleisch mehr leisten und ersetzten es durch die zwar teurer gewordenen, aber verglichen mit Fleisch erschwinglicheren Grundnahrungsmittel.

„Teuerste, diese Schuhe sind gerade teurer geworden" – „Teurer geworden? Dann kaufe ich sie!"

Auch bei Wertpapieren wirkt ein steigender Preis nicht unbedingt nachfragedämpfend, sondern kann die Nachfrage an der Börse zusätzlich anheizen. Ein höherer Kurs wird von vielen als Signal verstanden, dass ein Papier besonders chancenreich ist. Solches Herdenverhalten wirkt eine Weile wie eine sich selbst erfüllende Prophezeiung, das heißt, der Kurs steigt wegen der vielen zusätzlichen Kaufinteressenten tatsächlich weiter. Das muss jedoch keineswegs bedeuten, dass das Unternehmen, von dem Anleger mit der Aktie einen Anteil erwerben, wirklich bessere Chancen hat, auf den Märkten zu bestehen.

Keine Beispiele für Snobs, aber vielleicht für den Snobeffekt?

Arbeitsaufträge:

1. Lesen Sie den nebenstehenden Text durch und arbeiten Sie heraus, worin sich die beschriebenen Konsumphänomene vom sonst üblichen Nachfragerverhalten unterscheiden.
2. Zeichnen Sie zunächst eine typische Nachfragekurve und verschieben Sie diese Kurve im Zuge einer Preiserhöhung. Tragen Sie nun die Kurve ein, die dem Veblen-Effekt und Giffen-Gut entspricht (Nachfrage steigt trotz steigender Preise). Interpretieren Sie die Ergebnisse.
3. Finden Sie Beispiele für die beschriebenen Effekte in Ihrem sozialen Umfeld. Einst exklusiv, heute gewöhnlich: Beachten Sie, dass Snobgüter für ihre Liebhaber den Reiz verlieren, sobald sie sich stärker verbreiten und zu Mitläufergütern werden. Suchen Sie auch hierfür einige Beispiele.
4. Einkaufszentrum, Kaufhaus, Discounter, Biomarkt, Filiale, Fachgeschäft: Suchen Sie zum Einkaufen gezielt andere Geschäfte auf, als Sie sonst frequentieren, und achten Sie darauf, wie Konsumenten dort durch Werbung, Aufmachung und Preise angesprochen werden. Können Sie beurteilen, welche Käuferschichten es gibt, wo diese einkaufen – und warum?

5.4.3 Die Elastizität

Wie stark die Verschiebung der Angebots- oder Nachfragekurve die gleichgewichtige Menge verändert, hängt – vereinfacht gesagt – davon ab, wie steil die Kurven sind. Und wie steil die Kurven sind, hängt wiederum von der sogenannten Preiselastizität ab. In diesem Abschnitt erläutern wir dieses für die mikroökonomische Analyse zentrale Konzept der *Elastizität*. Wir diskutieren dabei beispielhaft die wohl wichtigste Anwendung, nämlich die Preiselastizität der Nachfrage. Sie zeigt an, wie stark die nachgefragte Menge reagiert, wenn sich der Preis verändert. **Abbildung 5.7** erläutert das Konzept in zwei Grafiken, die sich nur darin unterscheiden, dass die Nachfrage unterschiedlich elastisch ist. Die Angebotskurve hat in beiden Fällen genau den gleichen Verlauf.

→ **Elastizität**
Ausmaß der Reaktion einer Größe auf die Veränderung einer anderen wirtschaftlichen Größe.

Abbildung 5.7
Effekte einer Angebotsänderung bei unterschiedlicher Elastizität der Nachfrage

Unelastische Nachfrage

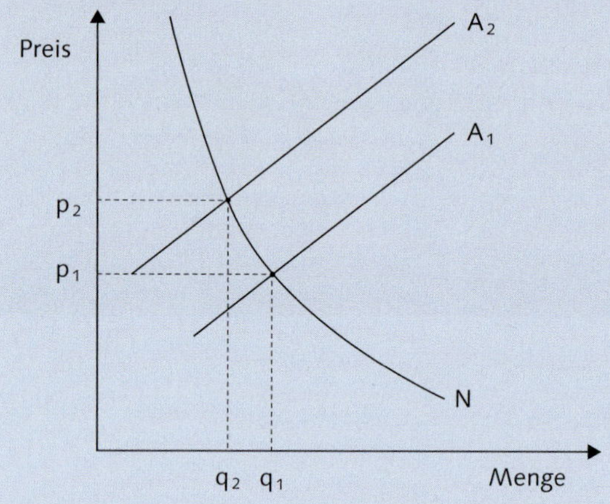

Eine Verschiebung der Angebotskurve A_1 nach A_2 löst bei einer sehr unelastischen Nachfrage nur eine relativ geringe Mengenreaktion aus. Die gehandelte Menge sinkt nur von q_1 auf q_2.

Elastische Nachfrage

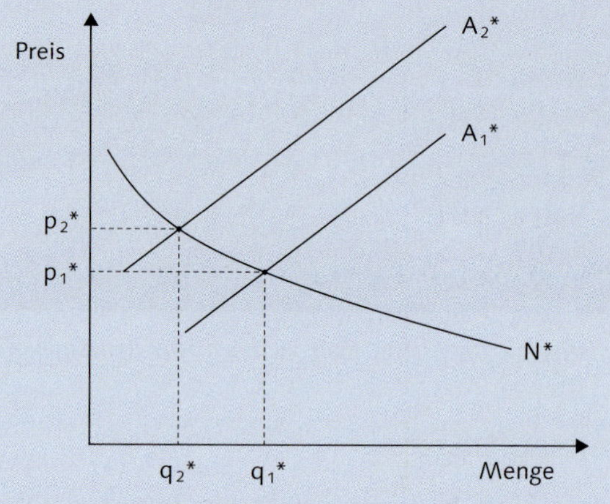

Eine gleich starke Verschiebung der Angebotskurve von A_1* nach A_2* löst bei einer sehr elastischen Nachfrage eine relativ starke Mengenreaktion aus. Die gehandelte Menge sinkt von q_1* auf q_2*.

Die linke Grafik zeigt eine sehr unelastische Nachfrage. Eine Verschiebung der Angebotskurve von A_1 nach A_2 bedeutet hier eine starke Preiserhöhung von p_1 nach p_2, reduziert aber die nachgefragte Menge nur wenig. Sie sinkt lediglich von q_1 auf q_2. Ein Beispiel für einen solchen Fall ist etwa die Nachfrage nach Zigaretten – es erfordert schon spürbare Preiserhöhungen, bevor ein starker Raucher seinen Konsum einzuschränken beginnt.

Ganz anders die in der rechten Grafik dargestellte, äußerst elastische Nachfragekurve. Schon eine kleine Erhöhung des Preises von p_1* nach p_2* – verursacht durch die gleich starke Verschiebung der Angebotskurve von A_1* nach A_2* – bewirkt eine drastische Mengenreaktion: Die gehandelte Menge sinkt von q_1* auf q_2*.

War ein Konsument mit sehr unelastischer Nachfrage: Helmut Schmidt, ehemaliger deutscher Bundeskanzler und Kettenraucher.

Dies gilt etwa für Güter, die leicht durch andere ersetzt werden können. So werden beispielsweise schon relativ kleine Preiserhöhungen bei einer bestimmten Zigarettenmarke zu einem starken Rückgang der nachgefragten Menge führen, da die Raucher leicht zu einer anderen Marke wechseln können.

Für Ökonominnen und Ökonomen, die den Effekt einer Preiserhöhung auf die nachgefragte Menge prognostizieren sollen, stellt sich also stets die Frage nach der Preiselastizität der Nachfrage.

5.4.4 Die Messung der Effizienz mit Konsumenten- und Produzentenrenten

Um zu beurteilen, wie effizient die Transaktionen eines Marktes sind, das heißt zu prüfen, ob die knappen Ressourcen optimal eingesetzt werden, verwendet man das Konzept von Konsumenten- und Produzentenrenten. Es basiert auf einer Interpretation des Angebot-Nachfrage-Schemas. Wir können dies anhand von **Abbildung 5.8** erläutern.

Abbildung 5.8
Das Konzept der Konsumenten- und Produzentenrente

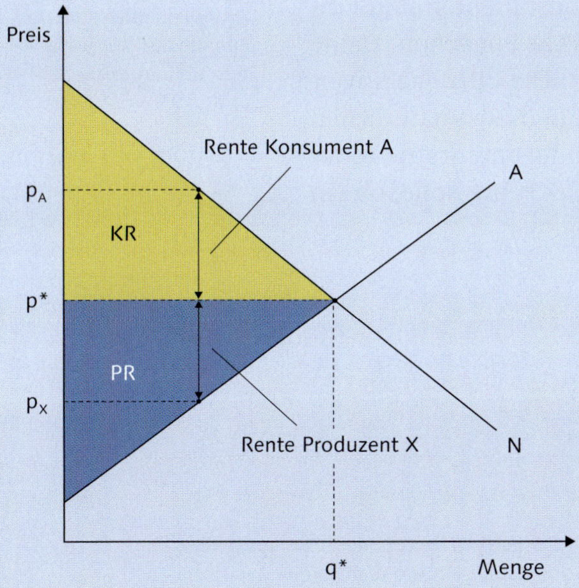

Die Konsumentenrente ergibt sich aus der Tatsache, dass gewisse Konsumenten bereit wären, mehr als den Marktpreis p* zu bezahlen. Die Differenz zwischen ihrer Zahlungsbereitschaft und dem Marktpreis ergibt die Konsumentenrente (KR). Bei den Produzenten fließt all jenen eine Rente zu, die bereit wären, das Gut zu einem tieferen Preis als dem Marktpreis zu verkaufen. Die Differenz ergibt die Produzentenrente (PR).

Betrachten wir zuerst die Nachfragekurve: Wir können sie auch interpretieren als eine Darstellung der unterschiedlichen Zahlungsbereitschaften verschiedener Konsumentinnen und Konsumenten für das betrachtete Gut, in unserem Falle wieder Milch. Es gibt Personen, die Milch besonders lieben. Sie sind daher gewillt, relativ viel dafür auszugeben. Andere wiederum, die Milch weniger mögen, würden entsprechend weniger bezahlen. Durch den Marktprozess befinden sich aber alle in einer Situation, in der sie gleich viel für ein Produkt bezahlen, unabhängig von ihrer Zahlungsbereitschaft.

Konsument A etwa wäre bereit, den Preis p_A für das Gut zu bezahlen. Beim geltenden Gleichgewichtspreis p* stellt die Differenz zwischen p_A und p* die sogenannte *Konsumentenrente* dar, also den Vorteil, den Konsument A aus der Markttransaktion erzielt. Zählt man alle Renten der einzelnen Konsumenten zusammen, so entspricht dies der gelben Fläche. Diese Fläche wird als gesamte Konsumentenrente (KR) bezeichnet.

→ **Konsumentenrente**
Zahlungsbereitschaft eines Konsumenten für ein Gut, abzüglich des Preises, den er tatsächlich dafür bezahlen muss.

Genau die gleichen Überlegungen gelten für die Produzentinnen und Produzenten. Wie wir dem Verlauf der Angebotskurve entnehmen, gibt es Unternehmen, die bereit wären, das Gut zu einem tieferen Preis zu verkaufen, sodass der aktuelle Marktpreis für sie eine Rente – die sogenannte *Produzentenrente* (PR) – abwirft.

→ **Produzentenrente**
Erlös eines Produzenten für ein Gut, abzüglich der Kosten, die ihm für den Erwerb oder die Herstellung des Gutes entstanden sind.

Sie entspricht der Differenz zwischen dem Marktpreis und dem Preis, zu dem die Produzenten gerade noch bereit gewesen wären, das Gut zu verkaufen. Produzent X wäre zum Beispiel bereit, schon für den Preis p_X das Gut zu verkaufen. Beim geltenden Gleichgewichtspreis p* stellt die Differenz zwischen p* und p_X die Rente dar, die Produzent X aus der Transaktion erzielt. Das blaue Dreieck zeigt die Summe all dieser Produzentenrenten.

Die Summe aus Konsumenten- und Produzentenrente bezeichnet man als die *Wohlfahrt*, die auf diesem Markt entsteht. Dies ist ein Referenzpunkt, auf den wir uns bei der Beurteilung der Effizienz eines Marktes beziehen können. Der Austauschprozess auf einem Markt führt also dazu, dass für Konsumenten und Produzenten Renten in der Höhe der beiden eingefärbten Dreiecke entstehen. Fände kein Tausch statt, so gäbe es diesen Wohlfahrtsgewinn nicht. Die Effizienz unverzerrter Preise zeigt sich daran, dass jeder künstliche Eingriff in diesen natürlichen Preismechanismus die Summe aus Konsumenten- und Produzentenrente reduziert, was zu einer Einbuße an Wohlfahrt führt. Dabei spielt es keine Rolle, ob ein Preis künstlich zu hoch oder zu tief angesetzt wird.

→ **Wohlfahrt**
Gesamte Rente, die auf einem Markt entsteht. Diese entspricht der Summe aus Konsumenten- und Produzentenrente.

Abbildung 5.9
Wohlfahrtseffekte eines Mindestpreises

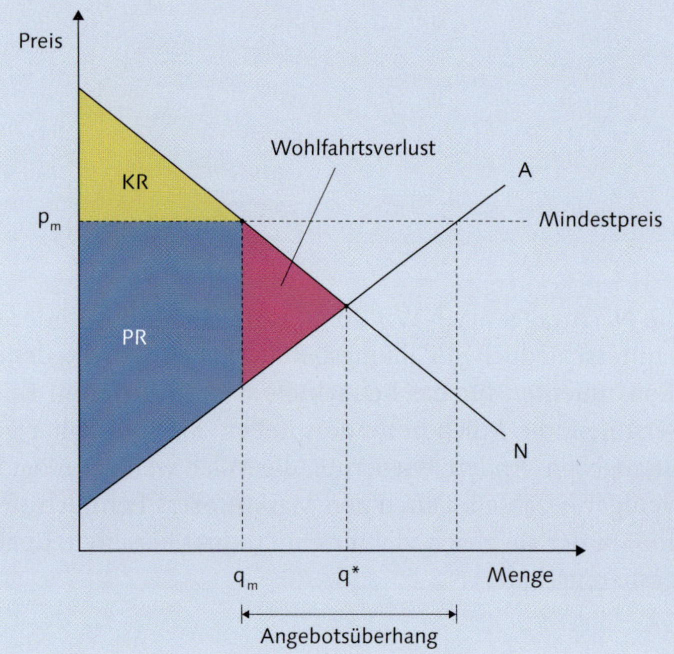

Durch das Setzen eines Mindestpreises p_m entsteht ein Wohlfahrtsverlust in Höhe der roten Fläche. Zu dem künstlich hoch gehaltenen Preis ist die angebotene Menge größer als die nachgefragte Menge.

→ Mindestpreis
Gesetzlich vorgegebener Minimalpreis eines Gutes. Unterhalb dieses Preises darf das Gut auf dem Markt nicht gehandelt werden.

Wir analysieren den Fall eines *Mindestpreises* anhand von **Abbildung 5.9**. Durch einen staatlichen Eingriff wird hier ein Mindestpreis p_m eingeführt – zum Beispiel indem der Verkaufspreis von Milch hochgesetzt wird. Damit Bauern mehr verdienen, darf der Liter Milch nun nicht mehr unter 1,50 Euro verkauft werden. Wie wirkt sich dies auf die Wohlfahrt aus? Zum höheren Preis p_m sind weniger Konsumentinnen und Konsumenten bereit, dieses Gut zu kaufen, weil es weniger unter ihnen gibt, deren Zahlungsbereitschaft p_m oder höher ist. Nachgefragt wird deshalb nur noch die Menge q_m und nicht mehr, wie ohne den Preiseingriff, die Menge q^*. Die Konsumentenrente reduziert sich dadurch auf das kleinere gelbe Dreieck, während die Produzentenrente neu der veränderten blauen Fläche entspricht. Ein höherer Preis ist also für die Konsumenten nachteilig, für die Produzentinnen und Produzenten kann er dagegen vorteilhaft sein, falls sich die Produzentenrente durch den Eingriff vergrößert.

→ Wohlfahrtsverlust
Verminderung der Wohlfahrt durch einen preisverzerrenden Eingriff in einen Markt.

Durch das Setzen eines Mindestpreises p_m entsteht aber ein *Wohlfahrtsverlust* in Höhe der roten Fläche. Zu dem künstlich hoch gehaltenen Preis ist die Rente kleiner als ohne Eingriff und somit reduziert sich die Wohlfahrt der Volkswirtschaft. Dieser Teil der ursprünglichen Rente wird nicht einfach von den Konsumenten zu den Produzenten umverteilt, sondern geht der Volkswirtschaft verloren. Ohne den Preiseingriff wären Anbieter und Nachfrager bereit gewesen, eine größere Menge des Gutes auszutauschen. Der Mindestpreis verhindert also beidseitig vorteilhafte Markttransaktionen und reduziert dadurch die gesamtwirtschaftliche Wohlfahrt.

ZUSAMMENFASSUNG ANHAND DER LERNZIELE ZU KAPITEL 5

1 **Funktionen des Preises und deren Wirkung auf Anbieter und Nachfrager**

Der Preis eines Gutes hat vor allem vier Funktionen: Erstens zeigt er die relative Knappheit an – beispielsweise hat eine Erdölknappheit eine Erhöhung der Benzinpreise zur Folge. Diese Knappheitssignale führen zweitens zu einer effizienteren Allokation der Ressourcen – in einigen Bereichen greift man verstärkt auf Alternativen zurück, z. B. bei der Strom- und Wärmeerzeugung; zudem werden öffentliche Verkehrsmittel als Alternative für den Endverbraucher attraktiver. Der Preis koordiniert drittens den Tausch zwischen Anbietern und Nachfragern nach dem Prinzip der „unsichtbaren Hand" – ein Gleichgewichtspreis für Benzin pendelt sich ein. Viertens lösen Knappheitssignale Innovationen aus – es werden (auf Anbieterseite) sparsamere Antriebskonzepte erarbeitet und alternative Treibstoffquellen erschlossen.

2 **Die Nachfragekurve**

Die Nachfrage nach einem Gut steigt, wenn sein Preis sinkt. Die Nachfragekurve ist eine grafische Darstellung dieses negativen Zusammenhangs zwischen Preis und nachgefragter Menge. Eine Veränderung des Preises führt zu einer Bewegung auf der Nachfragekurve, eine Veränderung aller anderen Einflussfaktoren der nachgefragten Menge (wie etwa Einkommen oder Preise verwandter Güter) dagegen zu einer Verschiebung der ganzen Nachfragekurve.

3 **Die Angebotskurve**

Das Angebot eines Gutes steigt, wenn dessen Preis steigt. Die Angebotskurve ist eine grafische Darstellung dieses positiven Zusammenhangs zwischen Preis und angebotener Menge. Eine Veränderung des Preises führt zu einer Bewegung auf der Angebotskurve, eine Veränderung aller anderen Einflussfaktoren der angebotenen Menge (wie etwa Produktionskosten oder Anzahl der Anbieter) dagegen zu einer Verschiebung der ganzen Angebotskurve.

4 **Das Modell des freien Marktes und dessen Aussagefähigkeit in Bezug auf Marktrealitäten**

In einem freien Markt pendeln sich durch das Verhalten von Anbietern und Nachfragern automatisch Gleichgewichtspreise ein. Voraussetzung hierfür ist aber unter anderem das Prinzip der vollständigen Konkurrenz, das heißt, die Güter müssen homogen (qualitativ gleichwertig) sein, die Anzahl von Anbietern und Nachfragern ist ausreichend hoch, der Marktzutritt frei und alle Marktteilnehmer sind vollständig über das Marktgeschehen informiert. Ebenso dürfen keine Einschränkungen durch die Politik (z. B. über festgelegte Mindestpreise) vorhanden sein. Doch auch wenn diese Voraussetzungen in der Realität nur sehr bedingt gegeben sind, sind die Marktkräfte so stark, dass das Modell trotzdem anwendbar ist.

5 **Sie als Marktteilnehmer und Ihre Rolle als Nachfrager und Anbieter**

Wenn Sie in einem marktwirtschaftlichen System leben, so nehmen Sie ganz automatisch am Markt teil: Indem sie Konsumgüter kaufen (oder auch von Ihren Eltern kaufen lassen), treten Sie als Nachfrager auf; wenn Sie einer Arbeit nachgehen, treten Sie als Anbieter auf. Als Konsument bevorzugen Sie vermutlich eher niedrige Preise, als Anbieter wohl eher hohe (Löhne).

6 **Die Wirkungen von Preisänderungen in Abhängigkeit von der Nachfrageelastizität verschiedenartiger Güter**

Wie stark die durch Preisveränderungen bewirkten Verschiebungen auf der Nachfragekurve sind, hängt von der Nachfrageelastizität ab. Ist ein Produkt für seine Konsumenten nahezu unverzichtbar, so ist die Nachfrageelastizität sehr niedrig und die Nachfrage sinkt bei steigenden Preisen nur geringfügig. Kann das Produkt leicht durch ein anderes ausgetauscht werden, so ist die Elastizität hoch und die Nachfrage sinkt bei steigenden Preisen sehr schnell (Beispiel: allgemeiner Preisanstieg bei Zigaretten im Gegensatz zum Preisanstieg bei lediglich einer Zigarettenmarke).

7 **Der Preisbildungsprozess auf freien Märkten im Polypol und das Entstehen von Konsumenten- und Produzentenrente**

Auf einem freien Markt bildet sich in der Regel ein Marktgleichgewicht – beim sogenannten Gleichgewichtspreis entspricht die angebotene Menge eines Gutes der Nachfragemenge. Wird ein Gut zu einem höheren Preis angeboten, so sinkt die Nachfrage. Es herrscht ein Angebotsüberhang, bis wieder der Gleichgewichtspreis erreicht ist. Ein Nachfrageüberhang führt zu höheren Preisen, wodurch die Anbieter wiederum animiert sind, mehr von einem Gut anzubieten. Die Differenz zwischen dem Preis, den ein Konsument zu zahlen bereit wäre, und dem tatsächlichen (niedrigeren) Marktpreis bezeichnet man als Konsumentenrente; die Differenz zwischen dem Preis, für den ein Anbieter ein Gut gerade noch verkaufen würde, und dem tatsächlichen (höheren) Marktpreis wird Produzentenrente genannt.

ZENTRALE BEGRIFFE

- Allokation der Ressourcen
- Relativer Preis
- Protektionismus
- Innovation
- OPEC
- Schock
- Preissignal
- Effizienz
- Gesetz der Nachfrage
- Nachfragekurve
- Gesetz des abnehmenden Grenznutzens (Erstes Gossensches Gesetz)
- Gesetz vom Ausgleich der Grenznutzen (Zweites Gossensches Gesetz)
- Substitutionsgüter
- Komplementärgüter
- Präferenz
- Angebotskurve
- Substitut in der Produktion
- Gleichgewicht
- Markträumung
- Angebotsüberhang
- Nachfrageüberhang
- Vollständige Konkurrenz
- Homogene Güter
- Polypol
- Elastizität
- Konsumentenrente
- Produzentenrente
- Wohlfahrt
- Mindestpreis
- Wohlfahrtsverlust

WIEDERHOLUNGSAUFGABEN ZU KAPITEL 5

1 Finden Sie Beispiele, an denen Sie die Funktionen von Preisen veranschaulichen.

2 Erklären Sie, durch welche Faktoren die Nachfrage nach einem Gut bestimmt wird. Inwieweit lassen Sie persönlich sich vom Preis leiten? Was sonst beeinflusst Sie bei einer Kaufentscheidung?

3 Zeichnen Sie jeweils die Nachfrage- und die Angebotskurve und überlegen Sie sich Beispiele, wie sich die Kurven nach links oder rechts verschieben können.

4 Sammeln Sie Beispiele für Güter mit besonders hoher bzw. niedriger Nachfrageelastizität. Wovon hängt der Grad der Elastizität in der Regel ab?

5 Sammeln Sie in einer Tabelle, in welchen Formen Sie als Nachfrager und als Anbieter am Marktgeschehen teilhaben.

6 Erläutern Sie die wesentlichen Vorteile des freien Marktes. Inwiefern werden diese Vorteile eingeschränkt, wenn keine vollständige Konkurrenz gegeben ist? Nennen Sie Beispiele.

7 Erklären Sie, inwiefern die unterschiedlichen Preisvorstellungen von Konsumenten und Anbietern eine Veränderung des Marktgleichgewichts nach sich ziehen können. Inwieweit lässt sich das anhand des Online-Auktionshauses Ebay beispielhaft nachvollziehen?

HANDLUNGSORIENTIERTE AUFGABEN ZU KAPITEL 5

1 Preise sind Knappheitsindikatoren. Überlegen Sie bzw. recherchieren Sie, auf welchen Märkten oder Teilmärkten Preise deutlich gestiegen bzw. deutlich gefallen sind. Erläutern Sie die Vorgänge auf diesen Märkten.

2 Stellen Sie jeweils eine Liste von Substitutionsgütern auf und eine von Komplementärgütern. Können Sie auf den entsprechenden Märkten Verschiebungen von Nachfragekurven beobachten und können Sie plausibel machen, dass es hier tatsächlich zu solchen Verschiebungseffekten kommt?

3 Überlegen Sie: Wo ist Ihre persönliche Nachfrage besonders unelastisch? Welche Konsequenzen hat dies für Sie? Geht es anderen auf diesem Markt genauso? Tauschen Sie sich in Kleingruppen hierüber aus.

Kapitel 6: Internationale Arbeitsteilung

6.1 Spezialisierung und komparative Vorteile

6.2 Globalisierung

6.3 Deutschland in der Weltwirtschaft

6.4 Wechselkurse

LERNZIELE ZU KAPITEL 6

Nachdem Sie Kapitel 6 durchgearbeitet haben, sollten Sie in der Lage sein,

1. die Vorteile der Spezialisierung und die Gründe für die Zunahme der globalen Arbeitsteilung zu benennen.
2. das Prinzip des komparativen Vorteils zu erläutern.
3. die Messung der internationalen Verflechtung – die Zahlungsbilanz – zu erklären.
4. die Spezialisierung Deutschlands und die deutsche Exportstärke zu erkennen.
5. verschiedene Wechselkursmechanismen zu definieren und ihre Funktionsweisen zu erläutern.
6. die Chancen und Risiken von Wechselkursschwankungen zu kennen und einzuschätzen.

Kapitel 6: Internationale Arbeitsteilung

Das Ausmaß, das die Arbeitsteilung heutzutage erreicht hat, ist erstaunlich. Wir alle konzentrieren uns in unserer Arbeit auf eine einzige hoch spezialisierte Tätigkeit und verlassen uns darauf, dass alle anderen lebenswichtigen Waren und Dienstleistungen von anderen produziert werden und jederzeit erhältlich sind. An dieser Spezialisierung sehen wir die immense Koordinationsleistung der Märkte. Zu Recht machen wir uns nämlich keine Sorgen, dass eines Tages plötzlich der Zugang zu Lebensmitteln, medizinischer Versorgung oder Computern gefährdet wäre. Gleichzeitig ermöglicht die extreme Spezialisierung einen Lebensstandard, der in einer Gemeinschaft von Selbstversorgern schlicht undenkbar wäre. Diese Arbeitsteilung kann schon innerhalb eines Landes zu bedeutenden Wohlstandsgewinnen führen. Wirklich ausgeschöpft wird ihr Potenzial aber erst dann, wenn auch über die Landesgrenzen hinweg Handel betrieben wird. Die zunehmende internationale Arbeitsteilung erhöht die Spezialisierungsgewinne noch einmal um ein Vielfaches; gerade für ein exportorientiertes Land wie Deutschland ist dies von zentraler Bedeutung.

6.1 Spezialisierung und komparative Vorteile

Nationale wie internationale Arbeitsteilung basieren auf der Spezialisierung. Wir werden deshalb zuerst die Hauptelemente dieser Spezialisierung erläutern. In einem zweiten Schritt wird das wesentliche Konzept des internationalen Handels besprochen: die Idee des komparativen Vorteils. Erst ein Verständnis dieser Idee lässt klar werden, wieso die (inter-)nationale Arbeitsteilung für alle Beteiligten Wohlstandsgewinne bringt.

6.1.1 Spezialisierung und Marktgröße

Neben der „unsichtbaren Hand" (vgl. Kapitel 5) hat Adam Smith noch eine zweite elementare Überlegung in die Volkswirtschaftslehre eingebracht: das Konzept der auf Spezialisierung beruhenden Arbeitsteilung. Die Kombination von „unsichtbarer Hand" und Arbeitsteilung erklärt weitgehend die enorme Wohlstandsverbesserung der letzten 200 Jahre. Diese zwei Jahrhunderte unterscheiden sich wirtschaftlich von den vorangegangenen Perioden in erster Linie durch eine massive Zunahme der Spezialisierung, also durch den Übergang zu einer stetig wachsenden internationalen Arbeitsteilung; und dies mehr und mehr auf der Grundlage von marktwirtschaftlichen Prozessen, gelenkt durch die „unsichtbare Hand".

Worin besteht die Grundidee der Spezialisierung? Adam Smith hat sie am einfachen Beispiel der Produktion von Nadeln demonstriert. Ausgehend von der damals – also um 1770 – verfügbaren Technologie stellte er zunächst Folgendes fest: Zehn Personen konnten pro Tag etwa 200 Nadeln herstellen, wenn jede

Person jeden einzelnen Produktionsschritt selbst erledigte. Wurden diese zehn Personen aber stattdessen arbeitsteilig eingesetzt, wobei sich jeder nur auf einen gewissen Teilschritt spezialisierte, dann konnten pro Tag an die 50000 Nadeln produziert werden. Diese phänomenale Steigerung der Produktivität und damit des erzielbaren Wohlstands beruht auf der Aufteilung der Arbeitsschritte, auf der Spezialisierung also.

Eine Analyse der Spezialisierung liefert aber noch eine zweite wesentliche Erkenntnis: die Bedeutung der Marktgröße. Denn je mehr Leute sich an der Spezialisierung beteiligen, desto größer sind die so erreichbaren Wohlstandsgewinne. Stellen wir uns vor, die Wirtschaft wäre auf ein Dorf mit ein paar Dutzend Einwohnerinnen und Einwohnern beschränkt. Es ist klar, dass hier die Arbeitsteilung bald an ihre natürlichen Grenzen stößt. Durch die Arbeitsteilung lässt sich ein gewisser bescheidener Wohlstandsgewinn erreichen, aber wegen der Kleinheit des Marktes bleibt die Spezialisierung stark beschränkt. Schließt sich das Dorf jedoch mit anderen Dörfern zusammen und betreiben diese untereinander Handel, so nehmen die Möglichkeiten der Arbeitsteilung wesentlich zu. Noch weiter lässt sich die Spezialisierung steigern, wenn dieses Gebiet, in dem Handel herrscht, ein ganzes Land umfasst, beispielsweise Deutschland mit Millionen Einwohnerinnen und Einwohnern. Aber auch Deutschland ist immer noch ein kleiner Markt, verglichen mit den Möglichkeiten, die der Weltmarkt bietet. Und damit erreichen wir die Dimension des internationalen Handels. Es sind nicht mehr Millionen, sondern Milliarden von Personen, die in den Prozess der Arbeitsteilung eingebunden werden können. Erinnert man sich an das einfache Beispiel von Adam Smiths Nadelfabrik, dann wird das gewaltige Potenzial zur Wohlstandssteigerung deutlich, das die Arbeitsteilung über nationale Grenzen hinaus mit sich bringen kann.

Der Reichtum, den sich viele Länder in den letzten 200 Jahren erarbeiten konnten, basiert auf dieser Arbeitsteilung. Eine Gesellschaft von Selbstversorgern hätte nicht die geringste Chance gehabt, ein annähernd vergleichbares Wohlstandsniveau zu erreichen. Das Geheimnis hinter dieser „Explosion" an Wohlstand ist, dass sich jede einzelne Person in ihrer Arbeit extrem spezialisiert und letztlich nur einen kleinen Schritt in der Produktion eines ganz bestimmten Gutes leistet. Alle anderen Waren und Dienstleistungen produziert sie nicht selbst, sondern kauft sich diese mit dem Ertrag aus ihrer spezialisierten Tätigkeit.

6.1.2 Das Prinzip des komparativen Vorteils

Oft wird die Ansicht vertreten, dass die internationale Arbeitsteilung zwar für die Industrieländer vorteilhaft sei, die Entwicklungsländer dabei aber das Nachsehen hätten. Denn die Industrieländer produzieren ja so gut wie alle Waren und Dienstleistungen effizienter; womit also sollen die Entwicklungsländer überhaupt konkurrieren?

Diese Frage lässt sich mit dem zentralen Konzept des *komparativen Vorteils* beantworten, das David Ricardo – auch er ein Klassiker der Ökonomie – Anfang des 19. Jahrhunderts entwickelt hat. Das Konzept besagt, dass auch Personen oder eben Länder, die in der Herstellung aller Güter weniger produktiv sind, ebenfalls mit Gewinn am internationalen Handel teilnehmen können.

→ **Komparativer Vorteil**
Gegenüber dem Handelspartner tiefere Opportunitätskosten bei der Produktion eines Gutes. Für die Spezialisierung kommt es nur auf den komparativen, nicht den absoluten Vorteil an.

Am besten lässt sich dieses Konzept an einem einfachen, natürlich völlig hypothetischen Beispiel erläutern, das zunächst nichts mit internationaler Arbeitsteilung zu tun zu haben scheint. Und zwar stellen wir uns die Frage, ob Sebastian Vettel seine Autos zu Hause selber waschen soll oder ob er dies besser einem zwölfjährigen Jungen aus seiner Nachbarschaft überlässt, der sich damit sein Taschengeld aufbessern möchte. Sicherlich kann Vettel als durchtrainierter Sportler diese Arbeit schneller erledigen. Nehmen wir an, er benötige dafür zwei Stunden, das Nachbarskind dagegen doppelt so lange. Kann es sich bei dieser Ausgangslage für Vettel wirklich lohnen, die Arbeit zu delegieren?

Um dies zu beantworten, müssen wir uns fragen, wie hoch die jeweiligen Opportunitätskosten der beiden sind, was sie also anstelle des Autowaschens anderes tun könnten. In den zwei Stunden, die er für das Waschen seiner Autos benötigen würde, könnte Sebastian Vettel beispielsweise an der Werbeveranstaltung eines Sponsors teilnehmen und dafür, nehmen wir einmal an, 50 000 Euro verdienen. Der Junge dagegen hätte in seinen vier Stunden mit Gartenarbeit bei einem anderen Nachbarn 60 Euro verdienen können.

Es ist klar, dass Vettel bei den beiden hier genannten Tätigkeiten produktiver ist: Er kann Autos schneller waschen, und gleichzeitig verdient er eindeutig mehr, wenn er bei einer Werbeveranstaltung mitmacht. Bei beiden Tätigkeiten (Autowaschen oder anderswo Geld verdienen) hat er einen *absoluten Vorteil* gegenüber dem Nachbarskind, und auf den ersten Blick scheint es keine Möglichkeit zur Arbeitsteilung zu geben. Genau hier kommt aber die Idee des komparativen Vorteils ins Spiel. Sie besagt Folgendes:

→ **Absoluter Vorteil**
Gegenüber dem Handelspartner höhere Produktivität bei der Produktion eines Gutes.

Stellen zwei Produzenten das gleiche Gut her, so hat derjenige einen komparativen Vorteil, dessen Opportunitätskosten für die Produktion dieses Gutes geringer sind.

Sogar Menschen mit vielen absoluten Vorteilen haben gewisse komparative Nachteile – zum Beispiel bei der Autowäsche. Diesem ökonomischen Grundsatz muss sich auch der mehrfache Formel-1-Weltmeister stellen.

In unserem Beispiel belaufen sich Vettels Opportunitätskosten des Autowaschens auf 50 000 Euro, die des Nachbarsjungen auf 60 Euro. Der Junge hat zwar in beiden Tätigkeiten einen absoluten Nachteil, da er weniger produktiv ist. Weil seine Opportunitätskosten für das Autowaschen aber wesentlich niedriger sind, besitzt er bei dieser Tätigkeit einen komparativen Vorteil. Er kann deshalb mit Gewinn an diesem Handel teilnehmen, denn Vettel kann es sich leisten, ihm für seine Arbeit einen Betrag zwischen 60 Euro und 50 000 Euro zu bezahlen. Dank dieses Unterschieds im komparativen Vorteil lohnt es sich für beide, sich zu spezialisieren: der Junge auf das Autowaschen, Vettel auf die Werbeveranstaltung.

Wir können diese Überlegung eins zu eins auf Länder übertragen. Natürlich ist es so, dass die Industrieländer praktisch alle Güter effizienter produzieren können als die Entwicklungsländer. Anders gesagt: Die Industrieländer haben absolute Vorteile in mehr oder weniger allen Tätigkeiten. Dennoch können beide mit jeweils sehr großem Gewinn miteinander Handel treiben, weil die Entwicklungsländer komparative Vorteile in der Produktion von Gütern haben, bei denen der Produktivitätsunterschied nicht so groß ist. In der Regel sind dies Tätigkeiten, die weniger Investitionen in Kapital oder Technologien benötigen, zum Beispiel die Produktion von Agrargütern oder Textilien.

Die beiden Konzepte, die wir in diesem Abschnitt kennengelernt haben – die Vorteile der Spezialisierung und die Idee des komparativen Vorteils –, bilden die Basis zum Verständnis der Frage, warum Handel für alle Beteiligten vorteilhaft ist.

6.2 Globalisierung

Das Schlagwort der *Globalisierung* ist heute in aller Munde. Es bezeichnet die Tatsache, dass die Welt immer stärker zusammenwächst, wobei vor allem die wirtschaftliche Dimension gemeint ist. Der Austausch von Waren, Dienstleistungen, Arbeit, Kapital und Wissen hat in den letzten Jahrzehnten deutlich zugenommen; die weltweite Arbeitsteilung integriert heute mehr Menschen als je zuvor. Wir wollen in diesem Abschnitt zeigen, wie stark die internationale Verflechtung in jüngster Vergangenheit zugenommen hat und was die wichtigsten Ursachen dafür sind.

→ **Globalisierung**
Zunehmende wirtschaftliche Verflechtung von Volkswirtschaften durch die raschere Verbreitung von Technologien und das Wachstum des globalen Handels und der internationalen Finanzströme.

6.2.1 Die Zunahme der globalen Arbeitsteilung

Die meisten von uns erfahren die zunehmende Globalisierung in erster Linie dadurch, dass wir das Gefühl haben, immer mehr ausländische Waren und Dienstleistungen zu kaufen; das reicht von amerikanischen DVDs bis zu belgischem Bier und von chinesischen Spielwaren bis zu französischem Käse. **Abbildung 6.1** bestätigt, dass uns unser Eindruck nicht täuscht: Sie zeigt die Entwicklung der weltweiten Exporte und der Produktion von Waren seit 1960.

Abbildung 6.1
Weltweite Exporte und Produktion von Waren in konstanten Preisen 1950–2014 (Index: 1960 = 1)

Quelle: BPB/WTO

Seit 1960 ist die Wachstumsrate des internationalen Handels in den meisten Jahren deutlich höher als die der Warenproduktion – und zwar weltweit. Die Linie, die das Warenexportvolumen darstellt, steigt in **Abbildung 6.1** stärker als das Volumen der Warenproduktion – der Handel legte also mehr zu als die Produktion. Ab den 1990er-Jahren hat sich der Prozess deutlich verstärkt, nicht zuletzt dank der zunehmenden Integration der Bevölkerungsriesen China und Indien in die Weltwirtschaft. An diesem grundsätzlichen Aufwärtstrend hat auch die Schockreaktion auf die Finanz- und Wirtschaftskrise – der schlagartige Rückgang des Handels im Jahr 2009 – nichts geändert: Der weltweite Handel hat sich davon schnell wieder erholt und den Einbruch ausgeglichen.

Im Übrigen betrifft die Zunahme nicht nur den Handel mit Endprodukten. Vielmehr zeigen die Daten, dass gerade auch innerhalb der großen Unternehmen der internationale Spezialisierungsprozess sehr stark voranschreitet. Viele von ihnen teilen die Produktion zunehmend in kleine Schritte auf, die in unterschiedlichen Ländern getätigt werden – man spricht hier von der sogenannten Aufspaltung der *Wertschöpfungskette*. Ein „deutsches" Auto wird beispielsweise nur noch zu einem geringen Teil tatsächlich in Deutschland hergestellt, da viele der Produktionsschritte über den Globus verteilt erfolgen. Diese Globalisierung der Produktion führte dazu, dass der Anteil der importierten Vorleistungen in der Industrie in den letzten Jahrzehnten massiv gestiegen ist.

→ Wertschöpfungskette
Die gesamte Abfolge von einzelnen, wertschöpfenden Produktionsschritten, die ein Produkt bis zu seiner Fertigstellung durchläuft.

Schließlich beschränkt sich der globale Spezialisierungsprozess nicht auf Waren und Dienstleistungen. Auch die Produktionsfaktoren Arbeit und vor allem Kapital werden immer stärker international ausgetauscht.

Die internationalen Kapitalmärkte wachsen noch deutlich dynamischer als die globalen Gütermärkte. Auch hier ist die Wachstumsrate viel höher als das BIP-Wachstum, was die zunehmende Verflechtung verdeutlicht. Schließlich lässt sich bei der Ein- und Auswanderung von Arbeitskräften in den letzten Jahren in den meisten Industrieländern ebenfalls eine spürbare Steigerung feststellen, wenn auch die internationale Wanderung von Arbeitskräften immer weit weniger dynamisch verläuft als der Austausch von Produkten und Kapital.

6.2.2 Gründe für die Zunahme der Globalisierung

Weshalb aber beschleunigte sich der Prozess der internationalen Arbeitsteilung gerade in den letzten Jahrzehnten derart stark? Zweierlei lässt sich hier anführen: technologische Veränderungen und (wirtschafts-)politische Anpassungen.

Beginnen wir mit der Technologie. Die entscheidende Rolle spielen hier die gewaltigen Effizienzsteigerungen im Transportwesen und in der Informationsverarbeitung. **Abbildung 6.2** zeigt dazu eindrückliche Daten.

Abbildung 6.2
Technischer Fortschritt und Globalisierung

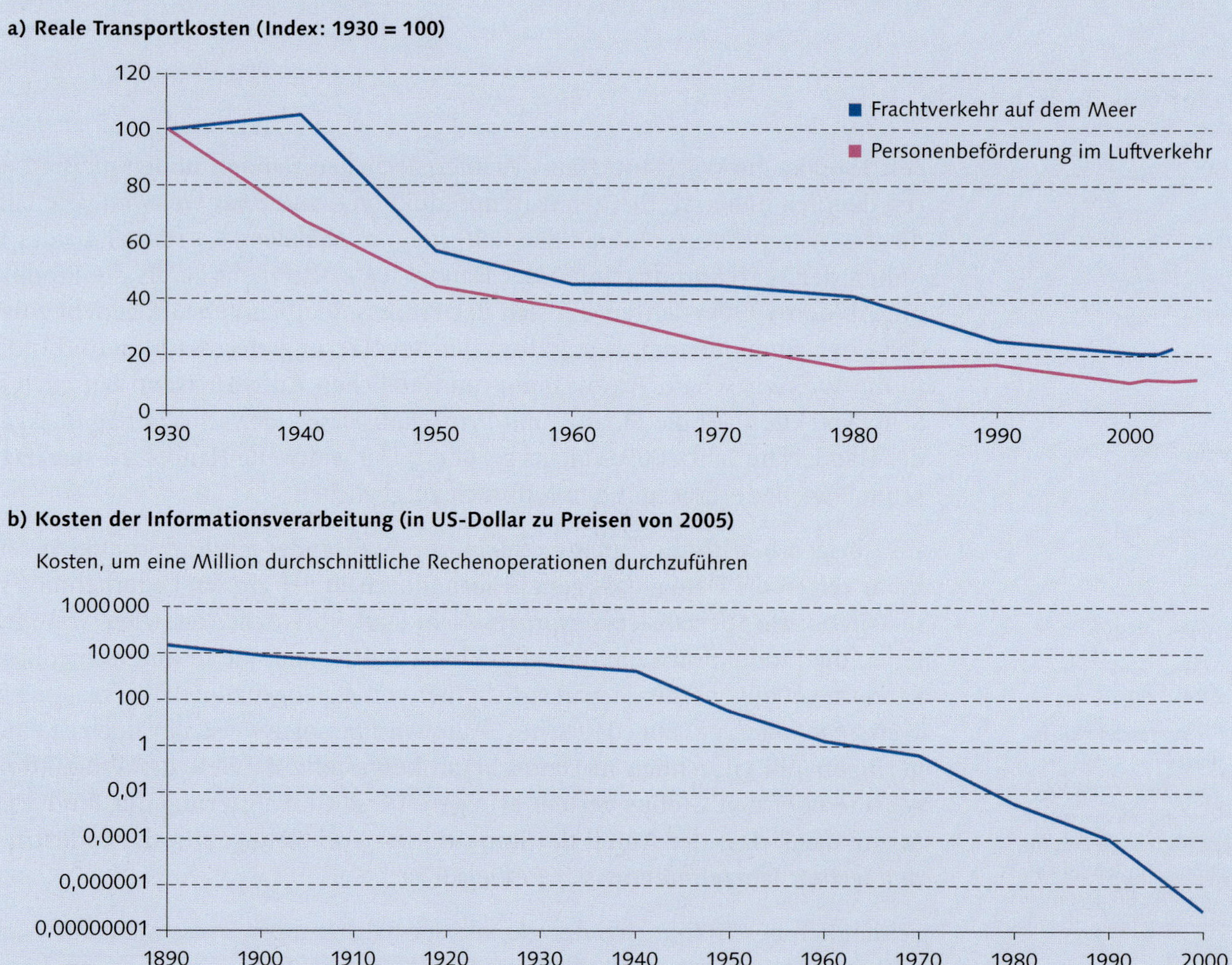

Quelle: OECD

In **Abbildung 6.2a** sehen wir die Kostenentwicklung der Gütertransporte auf dem Seeweg und der Personentransporte mit dem Flugzeug seit 1930. In beiden Fällen sind die Kosten massiv gefallen, und zwar jeweils um rund 80 %. Wir sehen auch, dass hier die größten Durchbrüche in den Jahren 1940 bis 1960 erfolgten und dass sich der Fortschritt seither eher etwas verlangsamt hat. Dieser Faktor kann daher die zunehmende Globalisierung miterklären, nicht aber die Beschleunigung dieses Prozesses in den letzten Jahrzehnten. Anders ist dies bei den Kosten der Informationsverarbeitung und -übermittlung. **Abbildung 6.2b** zeigt die schier unglaublichen Kostenreduktionen in diesem Bereich seit 1890. Dargestellt werden die realen Kosten in US-Dollar (Basisjahr 2005) für die Verarbeitung einer standardisierten Informationsmenge. Sie betrugen 1890 noch über 10 000 Dollar, belaufen sich aber heute lediglich noch auf den Bruchteil eines Dollars. Der Fortschritt hat sich in den letzten Jahrzehnten noch einmal beschleunigt und in jüngster Vergangenheit einen regelrechten Quantensprung vollführt. So sind etwa die Preise für internationale Telefongespräche – früher ein bedeutender Kostenfaktor für Unternehmen – heute vernachlässigbar geworden, was internationale Transaktionen enorm vereinfacht.

Aber auch bewusste politische Entscheidungen haben den Globalisierungsprozess stark beschleunigt. Ein offensichtliches Beispiel ist hier die zunehmende wirtschaftliche Öffnung von Schwellenländern in den letzten Jahrzehnten, allen voran diejenige der bevölkerungsreichen Länder China und Indien. Zahlreiche Länder haben in den letzten Jahrzehnten ihre wirtschaftspolitisch gesetzten Handelsschranken – wir werden sie in Kapitel 7 noch genauer diskutieren – stark reduziert. Sowohl die technologische Entwicklung als auch bewusste wirtschaftspolitische Weichenstellungen haben also dazu beigetragen, dass die globale Arbeitsteilung heute ein Niveau erreicht hat wie nie zuvor in der Menschheitsgeschichte.

Ein Grund für die stark zunehmende Globalisierung sind die Produktivitätserhöhungen im Transportwesen. Diese zeigen sich im Hamburger Hafen im Großen wie im Kleinen: in Form immer größerer Schiffe, die mehr Container fassen, aber auch beim raschen Weitertransport auf dem Hafengelände. Die Transportfahrzeuge sind inzwischen fahrerlos.

6.2.3 Die Messung der internationalen Verflechtung

Die internationale Verflechtung betrifft nicht nur den Güterhandel, sondern auch den Austausch von Dienstleistungen, internationale Kapitalflüsse und die Übertragung von Arbeitseinkommen. Um in dieser Vielfalt den Überblick zu behalten, wurde die Zahlungsbilanz entwickelt. Sie stellt diese unterschiedlichen Vorgänge nach einheitlichen Kriterien dar. Wir wollen zuerst die Konstruktion dieser wichtigen Statistik verstehen, bevor wir die deutsche Zahlungsbilanz genauer betrachten.

Die Grundidee der *Zahlungsbilanz* ist einfach: Jede internationale Transaktion wird in einer Bilanz festgehalten, wobei als Zahlungseingang jeder Zufluss an finanziellen Mitteln verbucht wird und als Zahlungsausgang jeder Abfluss an Mitteln. So bringt beispielsweise der Export eines deutschen Autos in die USA einen Zustrom an Mitteln und der Kauf eines amerikanischen Autos in Deutschland einen Abfluss an Mitteln. Zahlungseingänge werden mit einem positiven Vorzeichen in der Zahlungsbilanz aufgeführt und Zahlungsausgänge mit einem negativen.

> → **Zahlungsbilanz**
> Bilanz, die alle internationalen Transaktionen eines Landes erfasst und laut Definition immer ausgeglichen sein muss. Sie zeigt das Ausmaß der internationalen Verflechtung einer Volkswirtschaft.

Abbildung 6.3 zeigt schematisch, wie die Zahlungsbilanz aufgebaut ist. Zunächst einmal sehen wir, dass es zwei Hauptteile der Zahlungsbilanz gibt: die Leistungsbilanz und die Kapitalverkehrsbilanz.

Die *Leistungsbilanz* erfasst alle Transaktionen von realen Leistungen. Dies betrifft:

- Erträge aus dem Handel mit Produkten, also Waren (z. B. geht der Kauf eines amerikanischen Autos mit negativen Vorzeichen ein, da Zahlungsausgang) und Dienstleistungen (z. B. Übernachtungen ausländischer Touristen in deutschen Hotels als Zahlungseingang);
- Erträge aus der Verwendung der Produktionsfaktoren Kapital (z. B. Dividenden aus ausländischen Aktien als Zahlungseingang) und Arbeit (z. B. der Lohn eines holländischen Grenzgängers, der in Aachen arbeitet, als Zahlungsausgang);
- laufende Übertragungen (z. B. Überweisungen ausländischer Arbeitnehmer an ihre Familien als Zahlungsausgang).

> → **Leistungsbilanz**
> Teilbilanz der Zahlungsbilanz, welche hauptsächlich alle Einnahmen und Ausgaben aus dem Handel mit Gütern und aus der internationalen Verwendung von Produktionsfaktoren erfasst.

Abbildung 6.3
Schematischer Aufbau der Zahlungsbilanz

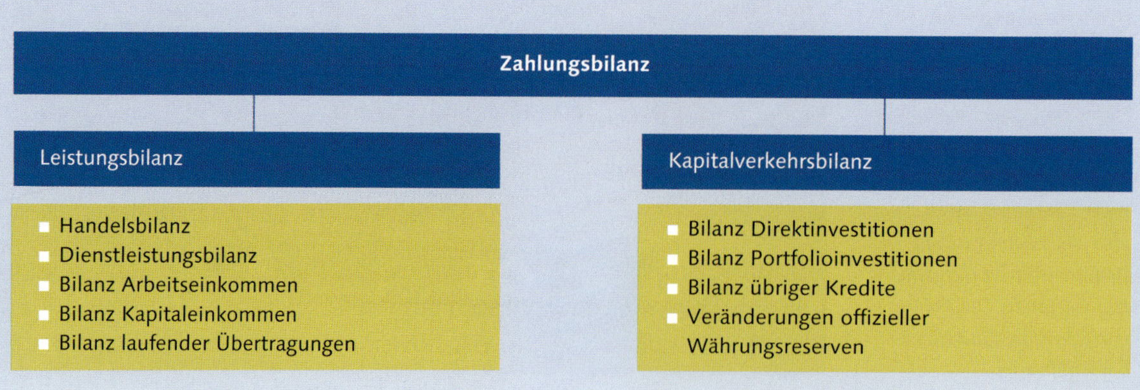

→ **Handelsbilanz**
Stellt die Warenexporte eines Landes den Warenimporten gegenüber. Der Saldo der Handelsbilanz entspricht den Nettoexporten.

→ **Kapitalverkehrsbilanz**
Teilbilanz der Zahlungsbilanz, welche alle grenzüberschreitenden Zuflüsse und Abflüsse von Kapital erfasst.

Für jede der genannten Kategorien hat die Leistungsbilanz gesonderte Unterbilanzen. Bei den Erträgen aus dem Handel mit Produkten sind dies die *Handelsbilanz* für die Waren einerseits und die Dienstleistungsbilanz andererseits. Bei den Erträgen aus den Produktionsfaktoren handelt es sich um die Bilanzen für Arbeitseinkommen und Kapitaleinkommen; und Mittelflüsse ohne direkte Gegenleistungen bilden die Bilanz der laufenden Übertragungen.

In der *Kapitalverkehrsbilanz* werden die Käufe und Verkäufe von Kapitalanlagen im weitesten Sinne dargestellt. Es geht dabei nicht um Entschädigungen für laufende (das heißt in der aktuellen Periode gelieferte) Leistungen wie bei der Leistungssaldo, sondern um finanzielle Anlagen. Tätigen Deutsche im Ausland Anlagen, so ist dies ein Mittelabfluss, kaufen Ausländer Vermögenswerte in Deutschland, so ist dies ein Mittelzufluss. Auch die Kapitalverkehrsbilanz ist in Unterbilanzen unterteilt, und zwar je nach Art der Kapitalströme in die folgenden Katcgorien:

- Direktinvestitionen,
- Portfolioinvestitionen,
- übrige Kredite,
- Veränderungen der Währungsreserven der Zentralbank.

→ **Direktinvestition**
Substanzielle Beteiligung eines inländischen Investors an einem ausländischen Unternehmen.

→ **Portfolioinvestition**
Kauf von ausländischen Wertpapieren (v. a. Aktien und Anleihen), die nicht zu einer größeren Beteiligung an Unternehmen führen.

Direktinvestitionen sind substanzielle Beteiligungen an ausländischen Unternehmen. Kauft etwa eine deutsche Bank eine Tochtergesellschaft im Ausland, so ist dies ein Kapitalabfluss, der in der Unterbilanz „Direktinvestitionen" als Zahlungsausgang verbucht wird. Die zweite Unterbilanz betrifft sogenannte *Portfolioinvestitionen*, also den Kauf oder Verkauf von Wertpapieren, die nicht zu einer größeren Beteiligung an Unternehmen führen; hier geht es also um die reine Geldanlage und nicht um die Einflussnahme auf die Tätigkeiten eines Unternehmens. Kauft eine Deutsche amerikanische Staatsanleihen, so geht dies als Zahlungsausgang in die Bilanz der Portfolioinvestitionen ein. Investiert ein Franzose in deutsche Bundesobligationen, dann wird dies als positiver Zahlungseingang verbucht. Schließlich werden in einer dritten Unterbilanz die übrigen Kredite (z. B. Kredite zwischen einer inländischen und einer ausländischen Bank) und in einer vierten die Veränderungen von Währungsreserven der Bundesbank verbucht.

→ **Devisen**
Gelder und Kontoguthaben in einer Fremdwährung.

Man spricht in den Medien oft von Leistungsbilanzdefiziten oder Handelsbilanzüberschüssen, woran man sehen kann, dass die einzelnen Unterbilanzen der Zahlungsbilanz durchaus Ungleichgewichte aufweisen können. Das gilt aber nicht für die Zahlungsbilanz selbst. Diese muss immer ausgeglichen sein, weil letztlich jede Transaktion finanziert sein muss. Weist ein Land beispielsweise ein Leistungsbilanzdefizit auf, dann heißt dies in der Regel, dass wertmäßig mehr importiert als exportiert wird. Die Devisenzuflüsse aus den Exporten reichen also nicht aus, um die Importe zu finanzieren. Da die ausländischen Unternehmen für die Importe aber eine Bezahlung in *Devisen* erwarten, bedeutet dies, dass das Land sich in ausländischer Währung verschulden muss, um den Importüberschuss zu finanzieren. Die Verschuldung erfolgt über einen Zufluss an ausländischem Kapital, also über einen Kapitalverkehrsbilanzüberschuss. Dabei fließen über die Kapitalmärkte mehr Devisen ins Land hinein als aus dem Land heraus. Ein Leistungsbilanzdefizit bedeutet deshalb zwangsläufig, dass das Land in der Kapitalverkehrsbilanz einen Überschuss aufweisen muss.

Abbildung 6.4
Leistungsbilanzsaldo 1997–2014 (in Prozent des BIP)

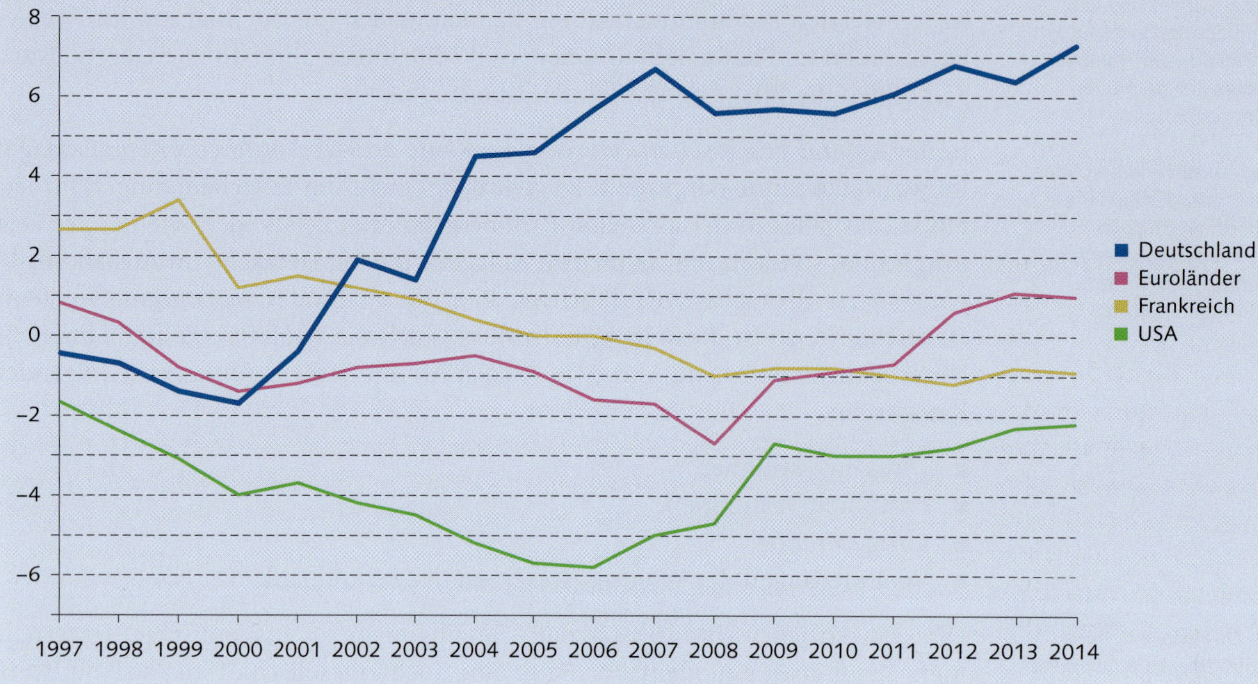

Quelle: OECD

Wollen wir die Zahlungsbilanzsituation Deutschlands international vergleichen, so wird in der Regel immer der gleiche Indikator verwendet, nämlich der Leistungsbilanzsaldo in Prozent des BIP. **Abbildung 6.4** stellt diese Größe für Deutschland, die Eurozone und zwei Vergleichsländer dar. Wir sehen anhand dieser Darstellung die außergewöhnliche Situation Deutschlands. Der Leistungsbilanzüberschuss betrug 2014 über 7 % des BIP, ein Wert, den kein anderes großes Industrieland auch nur annähernd erreicht. Dies spiegelt vor allem die Tatsache wider, dass Deutschland deutlich mehr Güter exportiert als importiert. Wir sehen im Übrigen auch, dass die USA ein sehr hohes Leistungsbilanzdefizit haben. Das Land importiert nach wie vor mehr, als es exportiert, und finanziert das – angesichts seiner Größe – mit massiven Kapitalzuflüssen aus dem Rest der Welt.

Diese Mittel stammen auch aus Deutschland, das nicht nur mehr Waren exportiert als importiert, sondern auch Kapital. Kapitalabflüsse sind die andere Seite des deutschen Exportüberschusses. Nur ein Teil der Einnahmen in ausländischen Währungen, die mit dem deutschen Warenexport einhergehen, wird für die Bezahlung von Importen verwendet oder landet nach dem Umtausch in Euro als Währungsreserve bei der Bundesbank. Von dem, was übrig bleibt, fließt viel wieder ins Ausland zurück in Form von Investitionen in neue Produktionsstandorte, als Kapitalanlage oder als Unternehmensbeteiligung. Das wird als Kapitalabfluss verbucht. Die positive Leistungsbilanz Deutschlands wird somit von einer negativen Kapitalverkehrsbilanz begleitet. Andernfalls wäre die Zahlungsbilanz nicht ausgeglichen.

KOMPETENZEN BILDEN: Der deutsche Außenhandel (Recherche)

Im Zuge der fortschreitenden Globalisierung hat sich der internationale Handel in den letzten Jahrzehnten enorm ausgeweitet. Als klassische Export- und offene Handelsnation ist die Bundesrepublik – mit entsprechenden Chancen und Abhängigkeiten – weit überdurchschnittlich in den internationalen Austausch eingebunden. Davon wollen wir uns nun ein eigenes Bild erarbeiten. Führen Sie dazu in Gruppen Internetrecherchen zu den bilateralen Handelsbeziehungen Deutschlands durch.*

Arbeitsaufträge:

1. **Arbeitsgruppeneinteilung**
Bilden Sie in der Klasse vier oder fünf Arbeitsgruppen und nehmen Sie sich jeweils eine bestimmte Gruppe von Deutschlands Handelspartnern vor. Mögliche Ländergruppen sind:
   - Nachbarländer,
   - Entwicklungsländer,
   - Schwellenländer,
   - die sogenannten G8-Staaten,
   - Euro-Krisenländer (Griechenland, Irland, Portugal, Spanien),
   - Länder, die vom Arabischen Frühling betroffen waren,
   - andere.

2. **Informationssuche, Auswertung und Gewichtung**
Gehen Sie auf die Webseite der Genesis-Online-Datenbank des Statistischen Bundesamtes (https://www-genesis.destatis.de, Themen: Außenhandel, Code: 51000-0007). Sehen Sie sich zuerst das Einführungsvideo an („Erster Besuch"). Grenzen Sie Ihre Länderauswahl („Länderverzeichnis") pro Datenabruf ein und verwenden Sie zur Warendifferenzierung Einstellung „GP2009 (2-Steller)". Recherchieren Sie folgende Punkte:
   - Entwicklung der Gesamtexporte und -importe über den verfügbaren Zeitraum,
   - wichtigste Warengruppen,
   - Verhältnis Import und Export,
   - Anteil der Ländergruppen am deutschen Außenhandel,
   - Auffälligkeiten?

   Organisieren Sie in den Gruppen Ihr gemeinsames Vorgehen. Tragen Sie nach einer zuvor vereinbarten Zeitspanne für die Recherchen Ihre Informationen und Zwischenergebnisse zusammen. Wählen Sie die wichtigsten Informationen für eine Kurzpräsentation aus. Verständigen Sie sich auch über den Punkt „Auffälligkeiten" und bereiten Sie für die Klasse kurze Erklärungsversuche vor. Recherchieren Sie dazu evtl. auch die politische und wirtschaftliche Situation der Länder.

3. **Vorbereitung einer Präsentation**
Bereiten Sie für eine Präsentation von maximal fünf Minuten Dauer eine Wandzeitung vor:
   - mit den zentralen Befunden und Daten in Form von Diagrammen oder Tabellen (inklusive Zwischenüberschriften, Einheiten und Bezugsgrößen) und
   - mit den „Auffälligkeiten" in Form von Hinweisen, Fragen oder Thesen.

4. **Ergebnispräsentationen**
Informieren Sie sich unter Verwendung der Wandzeitungen gegenseitig über Ihre Sachgebiete. Achten Sie darauf, dass die Kurzvorträge sachlich klar und für Nichtexperten gut verständlich sind. Für Fragen und Einwände aus dem Plenum sollten Sie sich die nötige Zeit nehmen.

5. **Auswertung im Plenum und Stellungnahmen**
Ziehen Sie in der Klasse Schlussfolgerungen aus Ihren Recherchen. Wo sehen Sie die Unterschiede zwischen den untersuchten Ländergruppen? Wie erklären Sie sich diese? Was bedeutet das für die Wirtschaft und die Politik in Deutschland?

KOMPETENZEN BILDEN

* Wir beschränken uns hier auf den internationalen Warenhandel und lassen die zahlenmäßig weniger bedeutsamen grenzüberschreitenden Dienstleistungen ebenso außer Acht wie den internationalen Handel mit Rechten (Nutzung von geistigem Eigentum, Patente, Markenrechte).

6.3 Deutschland in der Weltwirtschaft

Für Deutschland ist die Außenwirtschaft von zentraler Bedeutung. Wir haben gesehen, dass der Wohlstand entscheidend vom Ausmaß der Spezialisierung und damit von der Größe des Marktes abhängt. Deutschland als mittelgroßes Land hätte niemals das heutige Wohlstandsniveau erreicht, hätte es – *autark*, also auf sich allein gestellt – keinen internationalen Handel getrieben. Und dies umso mehr, als es kaum natürliche Rohstoffe besitzt. Wenn Deutschland heute eines der reichsten Länder der Erde ist, dann nur deshalb, weil es sich in die Weltwirtschaft integriert hat.

→ **Autarkie** (griechisch für Selbstgenügsamkeit) Situation eines Landes, das sämtliche benötigten Rohstoffe, Waren und Dienstleistungen selbst produziert und somit auf jeglichen Außenhandel verzichtet.

Deutschland hat bei der Industrialisierung schon früh auf die internationale Arbeitsteilung gesetzt. Wie viele andere Länder versuchte es im 19. Jahrhundert zunächst, den Vorsprung des britischen Königreichs einzuholen. Dabei wurde Deutschland international bald so erfolgreich, dass seine Warenexporte ins Empire von dortigen Behörden den Stempel „made in Germany" verpasst bekamen. Die leicht erkennbare Angabe der ausländischen Herkunft sollte britische Verbraucher vom Kauf abhalten. Stattdessen entwickelte sie sich zum Qualitätsmerkmal.

Der Zugang zum Weltmarkt macht Firmen groß, selbst wenn sie klein anfangen und sich in einem abgelegenen Gebirgstal angesiedelt haben. In den 1920er-Jahren wurde das DKW-Werk im sächsischen Zschopau zum größten Motorradhersteller der Welt. Mit dem Krieg und der anschließenden Verstaatlichung (Marke „MZ") ging der Kontakt zum Weltmarkt verloren; die marktwirtschaftliche Wende nach 1989 misslang. Die Investitions- und Innovationsschwäche des sozialistischen Wirtschaftssystems ruinierte viele ostdeutsche Markenunternehmen von Weltrang. Anders erging es jenen, die nach Kriegsende nach Westdeutschland gewechselt waren, so wie eine einstige DKW-Tochter – Audi.

Der Erste Weltkrieg und die Vorbereitung auf den Zweiten Weltkrieg unterbrachen die Auslandsorientierung der deutschen Volkswirtschaft. 1914 waren die Verkehrswege ins Ausland, vor allem übers Meer, schlagartig versperrt. Die Kriegswirtschaft sollte ab 1933 nach dem Willen des nationalsozialistischen Staates von Importgütern unabhängig werden und nur noch für den heimischen Markt produzieren, vor allem Rüstungsgüter. Der Erdölmangel führte dazu, dass einheimische Braun- und Steinkohle zu synthetischem Kraftstoff verflüssigt wurde. Dieses aufwendige und sehr umweltschädliche Verfahren kam auch nach dem Zweiten Weltkrieg in Ländern zum Einsatz, die von Weltmärkten abgeschnitten waren, z.B. in der DDR wegen Devisenmangel oder in Südafrika, das als Apartheidstaat boykottiert wurde.

Abbildung 6.5
Deutsche Exporte in die sechs wichtigsten Handelspartnerländer 1980–2015 (in Milliarden Euro)

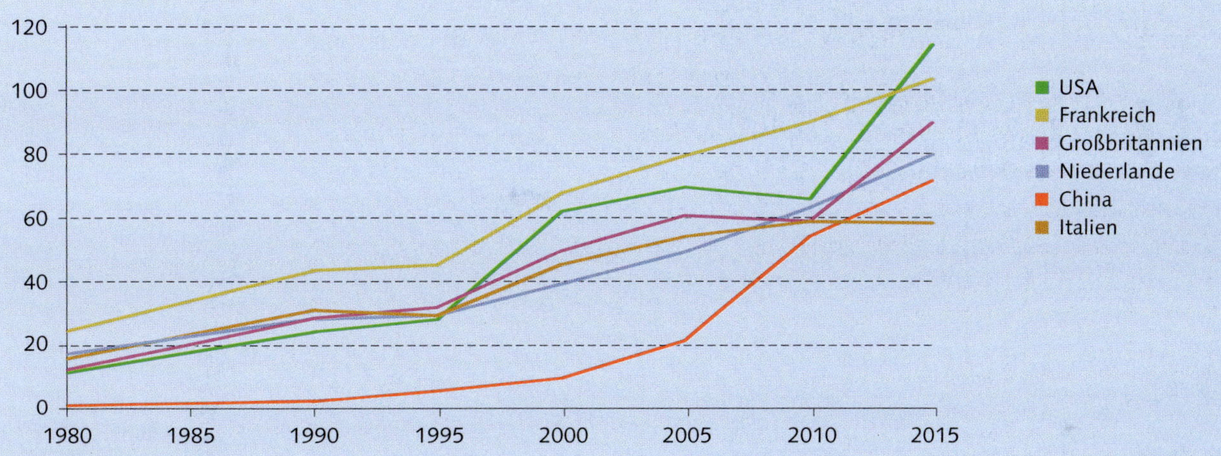

Quelle: Statistisches Bundesamt

Heute stoßen wir an allen Ecken und Enden der Welt auf Produkte „made in Germany". Das gilt vor allem für unsere Nachbarländer, besonders Frankreich und die Niederlande, aber auch für die USA, Großbritannien und Italien, die schon lange zu den größten Abnehmern deutscher Waren zählen. Wie **Abbildung 6.5** zeigt, gehört seit wenigen Jahren auch China zu der Gruppe der Länder, die für deutsche Exporte am empfänglichsten sind.

Besonders vier deutsche Industriezweige sind exportstark: die Autoindustrie, der Maschinenbau, die chemische Industrie und die Branche Elektrotechnik/Elektronik. Sie sorgen für rund 50% des Werts der Exporte. Größter Exportschlager sind Autos und Maschinen, aber z.B. auch Motoren, Pumpen, Schalter oder Medizinprodukte.

Natürlich importiert Deutschland auch eine große Menge an Waren, allerdings weniger, als es exportiert. Darunter ist vieles, das es hier entweder nicht gibt oder das man nicht so günstig herstellen kann. So führt Deutschland viel mehr Rohstoffe, Energieträger, Textilien und Landwirtschaftsprodukte ein, als es im Ausland verkauft. Wichtigstes Importgut ist Erdöl.

Gleichzeitig erwerben viele Deutsche aber auch ausländische Waren, die deutsche Hersteller ihnen in ähnlicher Form ebenfalls anbieten könnten, z. B. ein Auto aus Frankreich oder Japan. Hier offenbaren sich Vorlieben der Konsumentinnen und Konsumenten für kleine, aber feine Unterschiede zwischen den Produkten, sei es beim Design, der Ausstattung, dem Image und nicht zuletzt beim Preis. Die Nuancen erklären, warum ein großer Teil des Außenhandels aus dem Austausch von scheinbar identischen Gütern besteht, und Deutschland darum Autos gleichzeitig exportiert wie importiert.

Wie stark ein Land wirtschaftlich international verflochten ist, lässt sich nicht mit einem einzelnen Indikator alleine beurteilen. Wir werden deshalb wichtige Messgrößen betrachten, die uns Informationen zu verschiedenen Aspekten der Internationalisierung geben können. Der einfachste und am häufigsten verwendete Indikator setzt bei den Exporten an. Damit man die Daten international vergleichen kann, werden die Exporte dabei als Prozentsatz des Bruttoinlandprodukts ausgewiesen. Wir sehen die Entwicklung dieser Messgröße für Deutschland und vier Vergleichsländer in **Abbildung 6.6**.

Abbildung 6.6
Exporte 1971–2014 (in Prozent des BIP)

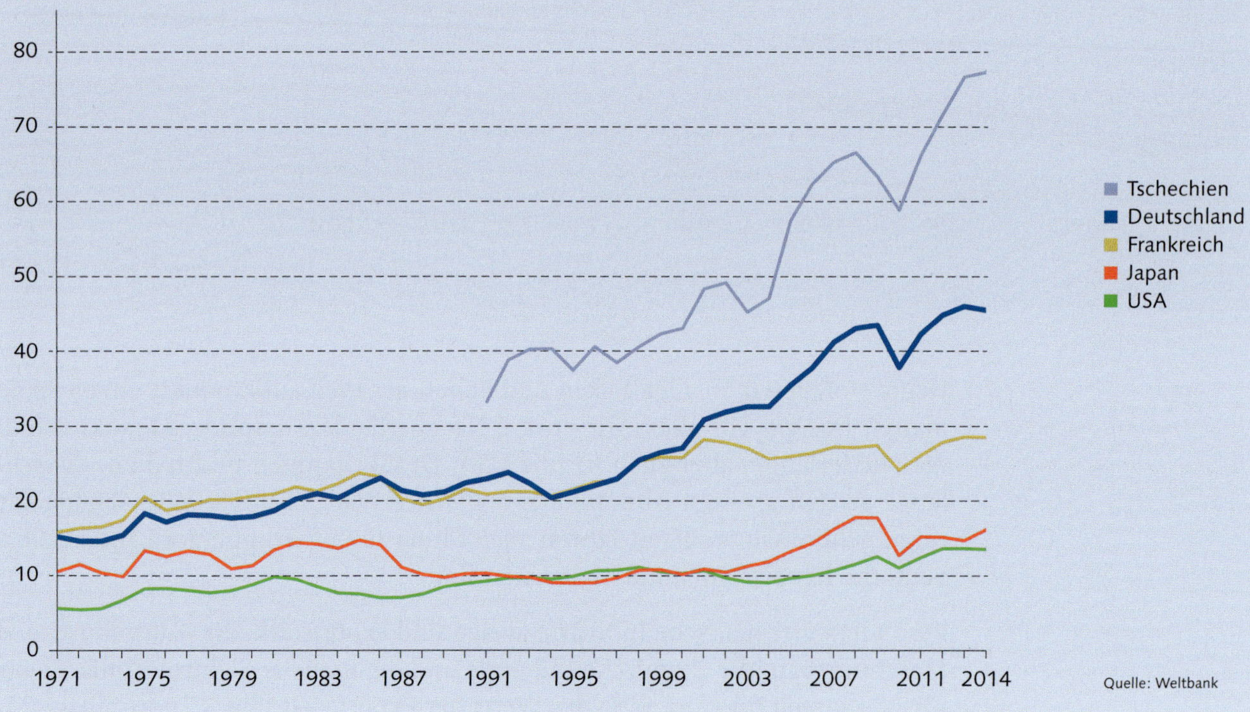

Quelle: Weltbank

Die deutschen Exporte machen heute etwas über 45 % des BIP aus; ein beträchtlicher Teil der hierzulande produzierten Waren und Dienstleistungen wird also exportiert. Der Anteil ist im internationalen Vergleich hoch, wenn auch – wie uns der Vergleich mit Tschechien zeigt – nicht außergewöhnlich. Japan und die USA hingegen haben deutlich niedrigere Exportquoten, wenn auch aus unterschiedlichen Gründen. Während Japan wirtschaftlich weniger offen ist als Deutschland, dem grenzüberschreitenden Handel also mehr Grenzen setzt, lässt sich das von den USA nicht behaupten. Die USA sind ein wesentlich größeres Land und haben darum einen deutlich größeren inländischen Markt. Sie können sich damit innerhalb ihrer Grenzen stärker spezialisieren und werden bei ansonsten ähnlichen Voraussetzungen immer weniger exportieren als kleinere Volkswirtschaften.

In absoluten Zahlen ausgedrückt, hat Deutschland im Jahr 2015 Güter im Wert von 1196 Milliarden Euro exportiert. Obwohl die Ausfuhren auf einen Rekordwert gestiegen sind, reichte es, anders als in manch anderem Jahr zuvor, nicht für den Titel „Exportweltmeister“, der dem Land mit der höchsten Exportsumme gebührt. Vielmehr trägt ihn inzwischen China, das von allen Ländern am meisten Produkte ausführt. Das starke Wachstum der Exporte asiatischer und anderer Länder ist ein Grund dafür, dass der Weltmarktanteil der deutschen Exportwirtschaft von 12,2 % im Jahr 1990 auf 7,9 % im Jahr 2014 gesunken ist (**Abbildung 6.7**). Ein anderer Grund ist die Integration der – noch nicht so exportstarken – ostdeutschen Wirtschaft seit der Wiedervereinigung. Für ein Land mit der Größe Deutschlands ist der Weltmarktanteil aber immer noch bemerkenswert groß.

Abbildung 6.7
Weltmarktanteil deutscher Exporte an allen Exporten 1950–2014 (in Prozent)

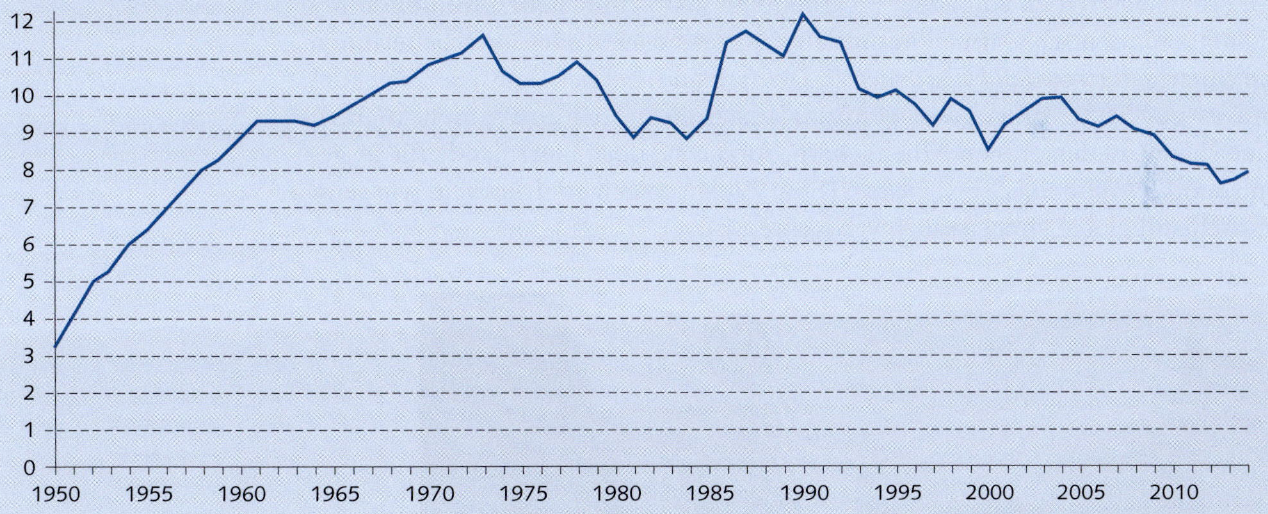

Quelle: Statistisches Bundesamt/WTO

Da große Länder immer eine kleinere Exportquote aufweisen, sollten wir weitere Indikatoren verwenden, um die wirtschaftliche Offenheit eines Landes zu beurteilen. Dabei muss man auch die internationale Mobilität von Kapital berücksichtigen. Deutschland exportiert wesentlich mehr Kapital, als es importiert, wie **Abbildung 6.8** verdeutlicht.

Abbildung 6.8
Bestand der Direktinvestitionen von Unternehmen im Ausland 2002–2012 (in Milliarden Euro)

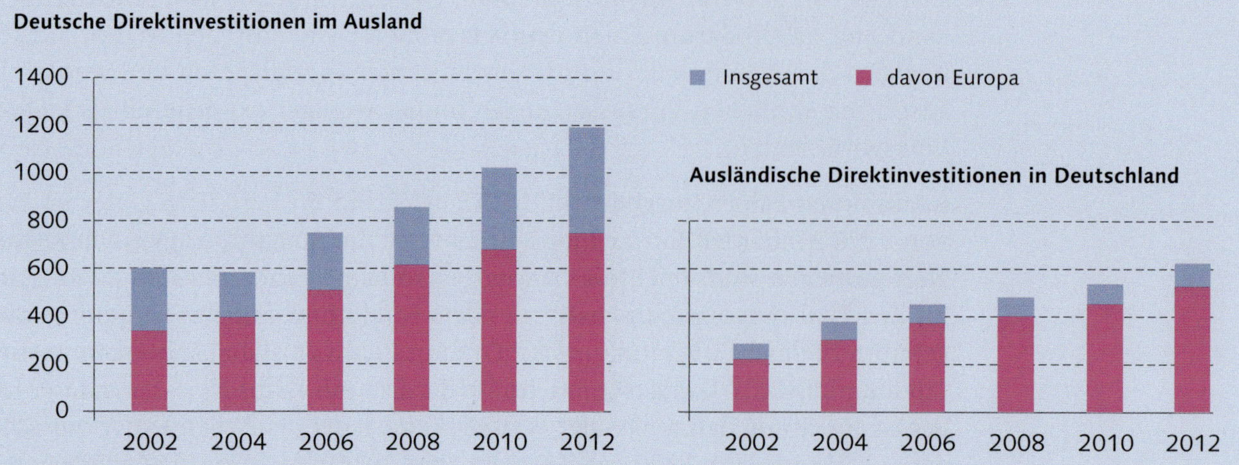

Quelle: Deutsche Bundesbank

Dieser stetig steigende Bestand von deutschen Direktinvestitionen im Ausland bringt es mit sich, dass deutsche Unternehmen einen immer größeren Teil ihres Umsatzes im Ausland erzielen und in Niederlassungen rund um die Welt immer größere Belegschaften aufbauen. So arbeiteten 2015 rund sieben Millionen Beschäftigte für deutsche Firmen im Ausland. Nur rund 12 % aller Mitarbeiterinnen und Mitarbeiter von Adidas arbeiten in Deutschland, bei der Deutschen Telekom sind es gut 50 %. Umgekehrt gehören ausländische Unternehmen auch in Deutschland zu den großen Arbeitgebern, sorgen sie doch hierzulande für insgesamt rund 3 Millionen Arbeitsplätze. Diese Zahlen zeigen eindrücklich, wie stark Deutschland global wirtschaftlich verflochten ist.

Ein VW-Werk – nicht in Wolfsburg, sondern in São Paulo. Die brasilianische Metropole gilt mit rund 800 Töchtern hiesiger Unternehmen als größte Ansammlung deutscher Betriebe außerhalb Deutschlands.

Es sind nicht nur Großunternehmen, die als „Global Player" Erfolg haben. Eigens für international aktive deutsche Mittelständler hat sich der Begriff „Hidden Champions" eingebürgert. Diese Unternehmen sind klein, aber in ihrer Nische ganz groß, nämlich Weltmarktführer, etwa in Märkten für Reißverschlüsse, Tunnelbohrungen oder Behindertenprothesen. Im Bild ein Produkt von Europas größter Firma für Fahrradreifen, Marke „Schwalbe": entwickelt in einem Ort bei Gummersbach, gefertigt im Tochterbetrieb in Jakarta, Indonesien.

Eine so starke Einbindung in die internationale Arbeitsteilung setzt voraus, dass Unternehmen den grenzüberschreitenden Güterverkehr relativ unbehindert abwickeln können. Dafür ist zum einen eine leistungsfähige Transportinfrastruktur nötig: Häfen, Flughäfen, Straßen, Bahnen. Zum anderen verlangt es danach, dass die Türen überhaupt offen stehen für den Austausch von Waren und Geschäftsleuten. Offene Grenzen klingen für uns wie eine Selbstverständlichkeit. Das sind sie aber nicht. Zwischen vielen Ländern behindern noch immer Zölle, Visapflichten, gar Sanktionen und Boykotts den Handel. Ein Ziel der deutschen *Außenwirtschaftspolitik* ist es, die starke internationale Verflechtung des Landes mit anderen Ländern vertraglich abzusichern. Auf die entsprechenden Verträge und Mitgliedschaften in Organisationen wie der Welthandelsorganisation WTO gehen wir im Kapitel 7 genauer ein.

→ **Außenwirtschaftspolitik**
Maßnahmen zur Absicherung der wirtschaftspolitischen Interessen eines Landes gegenüber dem Ausland.

Wie ertragreich der internationale Handel für die deutschen Unternehmen ist, hängt aber nicht nur von ihrer weltweiten Präsenz ab. Internationaler Erfolg ist auch eine Frage des Preises – und der wird bei handelbaren Gütern stark durch die Wechselkurse beeinflusst, denen wir uns im nächsten Abschnitt zuwenden.

6.4 Wechselkurse

6.4.1 Nominale und reale Wechselkurse

→ **Wechselkurs**
Preis einer Währung, ausgedrückt in einer anderen Währung.

Die Entwicklung der *Wechselkurse* gab in Deutschland immer wieder Anlass zu heftigen wirtschaftspolitischen Debatten. Die starke internationale Verflechtung des Landes bringt es mit sich, dass Veränderungen in den Wechselkursen starke Auswirkungen auf zahlreiche Unternehmen, ja ganze Branchen haben. So ist es nicht ungewöhnlich, dass die Gewinnentwicklung eines deutschen Unternehmens zu einem guten Teil durch die Wechselkursentwicklung bestimmt wird; und das ist natürlich ein Faktor, den das Unternehmen durch seine Geschäftstätigkeit nicht beeinflussen kann.

Wir wollen nun genauer betrachten, was Wechselkurse sind und wie sie sich aufs Wirtschaftsleben auswirken. Dabei treffen wir die wichtige Unterscheidung zwischen nominalen und realen Wechselkursen.

Nominale Wechselkurse

Der nominale Wechselkurs – häufig schlicht „der Wechselkurs" genannt – ist der relative Wert einer Währung gegenüber einer anderen. Spricht man von einem Wechselkurs, ist es wichtig klarzustellen, wie er definiert ist. Da der Wechselkurs ein relativer Preis ist, kann er beispielsweise als Euro pro US-Dollar oder aber auch als US-Dollar pro Euro festgelegt werden. Die Art der Definition ist vor allem dann wichtig, wenn darüber gesprochen wird, ob ein Wechselkurs „steigt" oder „fällt". Was im Zähler und was im Nenner steht, entscheidet letztlich darüber, was mit dieser Aussage gemeint ist. Aufgrund dieser sprachlichen Unschärfe ist es im Allgemeinen besser, von einer Auf- oder Abwertung der einheimischen Währung zu sprechen, weil dann völlig klar ist, welche Währung an Wert gewinnt und welche an Wert verliert.

In der Regel ist der Wechselkurs für die Länder der Eurozone definiert als ausländische Währung geteilt durch einheimische Währung. Der wichtigste Wechselkurs für Deutschland ist definiert als US-Dollar geteilt durch Euro:

$$\text{Wechselkurs} = \frac{\text{ausländische Währung}}{\text{einheimische Währung}} = \frac{\text{US-Dollar}}{\text{Euro}} = \frac{1{,}30}{1}$$

Der so ausgedrückte Wechselkurs gibt an, was ein Euro kostet; wie viele US-Dollar man also benötigt, um einen Euro zu kaufen. Werden mehr Dollar benötigt, um einen Euro zu kaufen, sinkt der relative Wert des Dollar. Steigt also der Wechselkurs in Dollar pro Euro von 1,30 Dollar auf 1,35 Dollar, so heißt dies, dass der Dollar gegenüber dem Euro abgewertet hat; Amerikaner benötigen fünf US-Cent mehr, um sich einen Euro zu kaufen. Wir können diesen Fall auch umgekehrt betrachten: Der Euro hat gegenüber dem Dollar aufgewertet, weil weniger Euro nötig sind, um einen Dollar zu kaufen. Selbstverständlich kann das Preisverhältnis der Währungen auch in Euro statt in US-Dollar ausgedrückt werden. Dann werden einfach Zähler und Nenner getauscht; es ergibt sich im Rechenbeispiel ein Kurs von 0,77 Euro je Dollar. An den Finanzmärkten hat sich je nach Währungspaar aber eine von beiden Darstellungen eingebürgert; für den Euro-Dollar-Kurs ist es wie beschrieben die Darstellung in Dollar je Euro.

Reale Wechselkurse

Ein wichtiges Konzept zum Verständnis von Wechselkurssystemen ist der sogenannte *reale Wechselkurs*. Obwohl in Zeitungen fast immer nur der nominale Wechselkurs aufgeführt wird, ist eigentlich der reale Wechselkurs die ökonomisch relevante Größe. Vereinfacht gesagt, gibt der reale Wechselkurs den Preis für einen bestimmten Güterkorb im Ausland im Verhältnis zum Preis des gleichen Güterkorbs z. B. in der Eurozone an. Damit beide Güterkörbe aber wirklich sinnvoll verglichen werden können, müssen ihre Preise jeweils in Euro angegeben werden. Wenn der reale Wechselkurs größer als 1 ist, so bedeutet dies, dass der Güterkorb im Ausland mehr kostet als in der Eurozone; der Zähler ist größer als der Nenner.

→ **Realer Wechselkurs**
Gibt an, in welchem Verhältnis ein repräsentativer Güterkorb eines Landes gegen den gleichen Güterkorb eines anderen Landes getauscht werden kann.

Reale Wechselkursunterschiede bestehen selbst zwischen Ländern und Regionen, die eine gemeinsame Währung haben. So kostet ein Güterbündel in Spanien nicht das Gleiche wie in Deutschland, in Ostdeutschland nicht das Gleiche wie in Westdeutschland, in Buxtehude nicht das Gleiche wie in München. Das heißt, dass auch nach Ausschalten aller nominellen Wechselkursschwankungen, z. B. durch Gründung einer Währungsunion wie der Eurozone, kein einheitliches Preisniveau besteht. Mit diesem Phänomen befassen wir uns in Abschnitt 6.4.4. Vorher sehen wir, welche Folgen Veränderungen von Wechselkursen überhaupt haben.

6.4.2 Wechselkursschwankungen

Seit der Eurokrise ist immer wieder davon die Rede, dass südlichen Euroländern wie Griechenland geholfen wäre, wenn diese ihre Währung abwerten könnten. Eine solche *nominale Abwertung* ist aber für Länder, die den Euro eingeführt haben, gar nicht möglich. Sie haben keine eigene Währung mehr, die sie abwerten könnten. In der Vergangenheit hingegen war es in diesen Ländern tatsächlich üblich, bei wirtschaftlichen Schwierigkeiten den Außenwert ihrer Währungen herabzusetzen.

→ Nominale Abwertung
Verringerung des Werts einer Währung gegenüber einer anderen Währung. Wertet die einheimische Währung ab, wird die ausländische Währung im Vergleich dazu teurer.

Sehen wir uns an, was passiert, nachdem eine Währung – z. B. der Euro – bewusst abgewertet wurde, und zwar angenommen durch einen Beschluss der Europäischen Zentralbank, den Südländern zuliebe Geld zu drucken. Wird morgen die Geldmenge in der Eurozone verdoppelt, so wird der nominale Wechselkurs so stark abwerten, dass der Euro – in einer anderen Währung ausgedrückt – nominal nur noch die Hälfte wert ist. Der nominale Wechselkurs ist ein hoch variabler Preis, der auf den internationalen Finanzmärkten gebildet wird. Er reagiert auf jede neue Information äußerst rasch, denn die entsprechenden Transaktionen auf den Finanzmärkten werden sekundenschnell getätigt, weil sich damit viel Geld verdienen lässt.

Welche Auswirkungen hat dies nun auf den realen Wechselkurs, der ja die relativen Knappheiten anzeigt und folglich das Verhalten lenkt? Sicher ist, dass der Euro nach einer Weile der Anpassung der Preise in der Eurozone real genauso viel wert sein wird wie zuvor. Es kann aber lange dauern, bis sich alle Preise eines Güterkorbs angepasst – also in unserem Beispiel verdoppelt – haben. Gewisse Preise reagieren sofort (die meisten Warenpreise), andere aber mit einiger Verzögerung (vor allem Preise von Dienstleistungen, da diese stark von Lohnkosten abhängen). Letztere werden erst nach einer gewissen Zeit voll auf die neue Situation reagieren, z. B. erst nach den nächsten Tarifverhandlungen. Alle diese Preise sind aber im Preisindex, also dem Preis des gesamten Güterkorbs, enthalten. Somit kann es deutlich länger als ein Jahr dauern, bis sich eine Geldmengenerhöhung vollständig in der Erhöhung des Preisniveaus widerspiegelt. Bis diese Verdopplung des Preisniveaus eingetreten ist, hat die Abwertung durchaus einen realen Effekt: Der Euro und damit auch im Euroraum hergestellte Güter sind für das Ausland billiger geworden. Weil die Güterpreise sich zunächst nicht vollständig anpassen, führt die nominale Abwertung also auch zu einer *realen Abwertung*. Was aber bedeutet dies ökonomisch?

→ Reale Abwertung
Der Preis eines Güterkorbs im Inland sinkt im Verhältnis zum Preis des gleichen Güterkorbs (in die gleiche Währung umgerechnet) im Ausland.

Am leichtesten lässt sich die Situation mikroökonomisch am Beispiel eines Exportunternehmens verstehen, sagen wir eines deutschen Textilmaschinenbauers. Die Kosten für die Produktion der Textilmaschine fallen vor allem im Inland an (Löhne, Immobilien, lokale Aufwendungen), während das Unternehmen die Maschinen vor allem im Ausland verkauft; das heißt, es erzielt seine Erträge im Ausland. Erfolgt nun eine reale Abwertung des Euro, so wird, in Euro ausgedrückt, ein Güterkorb im Ausland teurer im Vergleich zum gleichen Güterkorb in Deutschland. Dies bedeutet eine Verbesserung der Situation für das Exportunternehmen, weil seine Kosten ja vor allem im Inland, seine Erlöse aber im Ausland anfallen. Reduzieren sich die Kosten im Inland und steigen die Preise im Ausland – erfolgt also eine reale Abwertung des Euro –, so steigen die Gewinne des Maschinenherstellers. Da der reale Wechselkurs die Preise von Inlands- und Auslandsgütern in Euro ausdrückt, lassen sich diese Größen direkt vergleichen. Wir sehen an diesem Beispiel, dass der reale Wechselkurs ein Maß für die *preisliche Wettbewerbsfähigkeit* von Exportunternehmen ist: Wertet er sich ab, so erhöht sich deren Wettbewerbsfähigkeit, wertet er sich auf, so werden die Unternehmen international weniger wettbewerbsfähig.

→ **Preisliche Wettbewerbsfähigkeit**
Die inländischen Preise sind, in die gleiche Währung umgerechnet, niedriger als die entsprechenden Preise im Ausland.

Dieser Effekt lässt sich auch makroökonomisch beschreiben. Durch das Drucken von Geld erhöht sich im Verhältnis zum ausländischen Geld die Menge an inländischem Geld. Weitet beispielsweise die Eurozone die Geldmenge aus, während diese in den USA konstant bleibt, gibt es im Verhältnis zum US-Dollar nun mehr Euro. Damit wird der Dollar relativ gesehen knapper und der Euro verliert gegenüber dem Dollar an Wert. Diese Abwertung wiederum stimuliert die Exporte, weil es für Amerikaner billiger wird, Waren aus Euroländern zu kaufen. Sie erhalten ja für jeden Dollar mehr Euro. Gleichzeitig werden aber die Importe in den Euroraum reduziert, weil dessen Einwohnerinnen und Einwohner für ihre Euro weniger Dollar erhalten und sich deshalb weniger Importe leisten können. Die Abwertung der Währung stimuliert die Exporte und dämpft gleichzeitig die Importe. Das bedeutet eine größere Nachfrage des Auslands nach europäischen Gütern und gleichzeitig einen kleineren Kaufkraftabfluss über Importe. Beides erhöht die Nettoexporte und damit die gesamtwirtschaftliche Nachfrage nach in der Eurozone produzierten Gütern.

Italien hat mit dem Phänomen der Abwertung („Svalutazione") so viel Erfahrung gesammelt wie kaum ein anderes heutiges Euroland. Wenn früher die preisliche Wettbewerbsfähigkeit nachließ, wertete Italien einfach seine Lira ab. Einer der populärsten Sänger des Landes, Adriano Celentano, hat das in einem wütenden Lied beschrieben – wütend auch darauf, dass die Abwertung unverzichtbare Importgüter verteuert: „Ach, das Benzin kostet jeden Tag mehr, ein Monatslohn reicht nur für einen Kaffee."

Bis hierher entspricht die Analyse den Erwartungen: Eine Abwertung begünstigt kurzfristig die Exporte. Was aber geschieht langfristig? Langfristig verschwindet der Effekt, denn der Anstieg des nominalen Wechselkurses mit der Zeit wird kompensiert durch den Anstieg des inländischen Preisniveaus. Die Kosten der Hersteller werden nämlich im Lauf der Zeit ebenfalls steigen und den Wettbewerbsvorteil wieder zunichtemachen. Der kurzfristige Effekt verschwindet in der langen Frist, weil alle Preise langfristig vollständig flexibel sind. Es wäre immer wieder aufs Neue eine Abwertung nötig, sonst verpufft der Effekt. Und wenn andere Länder ihr Geld ebenfalls verbilligen, zöge kein Land einen Vorteil.

6.4.3 Flexible und feste Wechselkurse

Das nominale Preisverhältnis hängt davon ab, ob es sich frei einstellen kann oder ob es von der Zentralbank eines Landes gesteuert wird. Ein Wechselkurs ist dann flexibel, wenn die Zentralbank eines Landes nicht versucht, ihn zu steuern. Dann verfolgt die Geldpolitik eine Strategie *flexibler Wechselkurse*, strebt also kein bestimmtes Kursniveau an. Das trifft zum Beispiel auf das Verhältnis des Euro zum US-Dollar oder zum japanischen Yen zu: Diese Wechselkurse bilden sich frei an den Devisenmärkten.

→ **Flexibler Wechselkurs**
Wechselkurs, der sich auf dem freien Markt bildet, ohne dass die Zentralbank versucht, diesen Kurs mit gezielten geldpolitischen Eingriffen zu gestalten.

→ **Fixkurssystem**
Wechselkurssystem, in dem die Währungen innerhalb von definierten Bandbreiten aneinander gebunden sind.

→ **Fixer Wechselkurs**
Wechselkurssystem, bei dem die Kurse der beteiligten Währungen innerhalb einer gewissen Bandbreite gegeneinander fixiert sind.

Viele Wechselkurse sind jedoch nicht oder nicht völlig flexibel. Vielmehr werden sie fixiert. Wir wollen analysieren, was die Vorteile und was die Nachteile solcher *Fixkurssysteme* sind.

Fixe Wechselkurse haben den wesentlichen Vorteil, dass das Risiko von nominellen Wechselkursschwankungen eliminiert oder zumindest stark reduziert wird. Das ist besonders dann vorteilhaft, wenn zwei Länder sehr intensive Handelsbeziehungen miteinander unterhalten. Durch die Fixierung wird dann die Wechselkursentwicklung berechenbarer. Ein weiterer Vorteil besteht oft darin, dass mit einer Fixierung des Wechselkurses die stabilere Geldpolitik eines anderen Landes übernommen werden kann. Ein Land, das mit einem stark inflationären Preisniveau kämpft, kann versuchen, die eigenen Preise zu stabilisieren, indem es seinen Wechselkurs an eine stabilere Währung koppelt.

Ziele für feste Wechselkurse werden zumeist in Bandbreiten definiert. Das heißt, es wird nicht ein genauer Wert für den Wechselkurs angestrebt, sondern ein enges Band definiert, innerhalb dessen der Kurs am Devisenmarkt pendeln kann. Somit ist die jeweilige Zentralbank nicht gezwungen, schon bei minimalen Ausschlägen an den Finanzmärkten zu reagieren. Sobald der Wechselkurs aber den gesetzten Rahmen zu verlassen droht, muss sie korrigierend eingreifen. Nehmen wir an, einem Land, das Mitglied eines Fixkurssystems ist, drohe eine substanzielle Aufwertung der Währung. Die Zentralbank ist dann gezwungen, gegen die Aufwertung vorzugehen. Eine Aufwertung bedeutet, dass im Verhältnis zu den anderen Währungen die eigene Währung knapp wird. Soll dieser Aufwertung entgegengewirkt werden, muss die Zentralbank zusätzliches inländisches Geld auf den Markt werfen, um die relative Knappheit der eigenen Währung und damit den Aufwertungsdruck zu mindern. Droht hingegen eine Abwertung, wird die Zentralbank versuchen, den Wechselkurs zu stabilisieren, indem sie inländisches Geld vom Markt nimmt. Sie tauscht einen Teil ihrer Reserven an fremden Währungen in die eigene Währung zurück, senkt also die Menge an einheimischem Geld am Devisenmarkt. Dies kann sie aber nur so lange tun, wie Währungsreserven vorhanden sind. Ist die Devisenkasse leer, muss das Wechselkursziel beerdigt werden.

Fixe Wechselkurse bringen zwar einerseits den Vorteil größerer Vorhersehbarkeit, andererseits aber entfällt die Möglichkeit, eine landesspezifische Geldpolitik zu betreiben. Ein Land gibt nämlich durch die Anbindung seine eigenständige Geldpolitik auf und ist somit gezwungen, die Geldpolitik eines anderen Landes selbst dann zu imitieren, wenn diese Politik zwar den Wechselkurs stabilisiert, aber anderen Interessen des Landes zuwiderläuft. Fixe Wechselkurse führen vor allem dann zu Problemen, wenn sich die konjunkturellen Situationen der beteiligten Länder deutlich voneinander unterscheiden. Im folgenden Kasten werden wir diesen entscheidenden Nachteil der Wechselkursfixierung an einem historischen Beispiel demonstrieren: am ehemaligen *Europäischen Währungssystem (EWS)*.

→ **Europäisches Währungssystem (EWS)**
Währungspolitische Zusammenarbeit der Mitglieder der früheren Europäischen Gemeinschaft mit dem Ziel, Währungsstabilität zu gewährleisten.

Spekulative Attacken im Europäischen Währungssystem (EWS)

Bis Anfang der 1970er-Jahre waren die Wechselkurse der wichtigen Industrieländer aneinander gebunden und orientierten sich am US-Dollar als Leitwährung. Nach dem Übergang zu flexiblen Wechselkursen kam in den Ländern der Europäischen Gemeinschaft (EG) bald der Wunsch auf, wieder eine größere Wechselkursstabilität zwischen den Währungen zu erreichen, vor allem aus zwei Gründen: Zum Ersten sind die europäischen Länder wirtschaftlich stark miteinander verflochten, unterhalten also untereinander intensive Handelsbeziehungen. Unvorhersehbare Wechselkursveränderungen schaffen für die Unternehmen einige Unsicherheit, erhöhen die Risiken des Handels und erschweren so die Handelsströme. Der zweite Grund bestand in der abschreckenden Erfahrung aus der Zeit vor dem Zweiten Weltkrieg. Die Periode der Weltwirtschaftskrise nach 1929 war in Europa gekennzeichnet vom bewussten Versuch einzelner Länder, mit einer Schwächung ihrer eigenen Währung ihre Exportindustrie zulasten derjenigen der Handelspartner zu bevorteilen. Dieser Versuch, sich auf Kosten der Nachbarn aus der konjunkturellen Krise zu befreien, trug damals dazu bei, das politische Klima zwischen den Ländern zu vergiften. Diese problematische Politik lässt sich nur in einem System flexibler Wechselkurse verfolgen, was mit ein Grund dafür ist, dass die europäischen Länder seit Längerem eine starke Präferenz für untereinander fixierte Wechselkurse haben. 1979 wurde von den damaligen EG-Ländern das Europäische Währungssystem (EWS) eingeführt: Man einigte sich darauf, die Wechselkurse nur innerhalb enger, vorher vereinbarter Bandbreiten schwanken zu lassen. Fixkurssysteme wie dieses sind jedoch anfällig gegenüber sogenannten *spekulativen Attacken*, die eine große Instabilität des Systems verursachen können.

Die Ursache dafür besteht darin, dass in einem fixen Wechselkurssystem ein Land jederzeit beschließen kann, den Wechselkurs auf- oder abzuwerten oder sogar aus dem Fixkurssystem auszusteigen; das ist eine politische Entscheidung. Da die Finanzmärkte das wissen, können sie auf solche Auf- oder Abwertungen spekulieren, sobald sie eine größere Inkonsistenz zwischen dem Ziel der Wechselkursfixierung und anderen makroökonomischen Zielen beobachten. Das EWS bot Anfang der 1990er-Jahre Anschauungsunterricht, wie so etwas geschehen kann.

Griff sich 1992 schätzungsweise umgerechnet eine Milliarde US-Dollar, indem er mit Wetten am Devisenmarkt den fixen Kurs des Britischen Pfunds unterminierte: Spekulant George Soros.

Damals erlebte Deutschland aufgrund der Wiedervereinigung einen wirtschaftlichen Boom, da diese sehr große Staatsausgaben in den neuen Bundesländern erforderte, was die gesamtwirtschaftliche Nachfrage stark stimulierte. Ganz anders war die Lage jedoch in zwei anderen großen Mitgliedsländern des EWS: Großbritannien steckte in der Rezession, war also konjunkturell in einer Deutschland entgegengesetzten Verfassung. Italiens Industrie wiederum litt unter einer realen Aufwertung seiner Währung Lira, da das italienische Preisniveau schneller stieg als das deutsche.

In dieser Situation spekulierten die Finanzmarktteilnehmer ab Sommer 1992 darauf, dass die Bank of England mehr Pfund in Umlauf bringen würde, um die heimische Konjunktur anzukurbeln – was sie aber wegen der Wechselkursfixierung innerhalb des EWS nicht tun konnte. Also strebten Spekulanten wie der Investor George Soros danach, dass Großbritannien das EWS verlassen werde. Um daraus Gewinne zu ziehen, nutzten sie eine simple Operation: Mit (noch) überbewerteten Pfund wurden große Mengen an D-Mark gekauft. Mit diesen konnten sie nach erfolgter Pfundabwertung wesentlich größere Mengen an Pfund zurückkaufen. Die Bank of England sah sich mit dem Risiko eines massiven Verlustes konfrontiert, hätte sie doch zur Stützung des Pfunds massenhaft D-Mark viel zu billig verkaufen müssen – zu billig für den wahrscheinlichen Fall, dass die Abwertung des Pfunds schließlich doch kommen würde. Die Bank of England gab daher rasch nach, ließ eine Abwertung um 20% zu und verließ damit de facto das EWS. Konjunkturell erwies sich dieser Schritt als sinnvoll; die Arbeitslosigkeit reduzierte sich spürbar.

Auch im Fall Italiens bot sich für die Finanzmärkte eine aussichtsreiche Spekulation an. Spekulanten wetteten darauf, dass es für die italienische Zentralbank angesichts der realen Aufwertung der Lira und der damit wachsenden Probleme der italienischen Exportindustrie politisch zunehmend schwieriger sein würde, den fixen nominalen Wechselkurs beizubehalten. Sie verkauften daher im großen Stil italienische Lira und kauften dafür billige D-Mark – billig deshalb, weil die erwartete Abwertung der Lira die D-Mark, in Lira ausgedrückt, verteuern würde. Die Banca d'Italia war bald gezwungen, dieser spekulativen Attacke nachzugeben und eine Abwertung zuzulassen.

Zusammengefasst zeigt die EWS-Krise von 1992, dass fixe Wechselkurssysteme sehr labil sind, sobald es klare Differenzen in der makroökonomischen Situation der beteiligten Länder gibt. Unterschiede in der konjunkturellen Entwicklung oder in den Inflationsraten signalisieren den Finanzmärkten, dass die Geldpolitik zweier Länder eigentlich verschieden sein sollte, aufgrund der Fixierung des Wechselkurses aber gleich sein muss. Diese Inkonsistenz verspricht praktisch risikolose Spekulationsgewinne. Spekulieren in einem solchen Fall die Finanzmarktteilnehmer auf eine Veränderung des Wechselkurses, so können die beteiligten Zentralbanken sich kaum mehr wehren; denn die Verluste bei der Verteidigung eines „falschen" Wechselkurses können innerhalb kürzester Zeit atemberaubende Dimensionen annehmen.

→ **Spekulative Attacke**
Situation, bei der die Finanzmarktteilnehmer in großem Stil eine erwartete Wechselkurskorrektur aufgrund von bestehenden makroökonomischen Ungleichgewichten ausnutzen, und zwar durch den gezielten Kauf oder Verkauf der entsprechenden Währung. Die Spekulation erzwingt dann häufig die Anpassung, auf die spekuliert wurde.

6.4.4 Währungsunionen

→ **Währungsunion**
Integrationsform, bei der die nationalen Währungen zugunsten einer gemeinsamen Währung aufgegeben werden.

Auf den ersten Blick mag es eigenartig erscheinen, fixe Wechselkurssysteme und *Währungsunionen* in unterschiedlichen Abschnitten zu behandeln, scheint es sich doch in beiden Fällen um das Gleiche zu handeln: eine Situation, in der die beteiligten Länder ihre nationale Geldpolitik nicht mehr autonom gestalten können. Tatsächlich aber bestehen zwischen den beiden Systemen fundamentale Unterschiede.

In einem Fixkurssystem sind die Wechselkurse nicht für alle Zeiten fixiert; es ist für ein Land jederzeit möglich, aus dem System auszusteigen und den Wechselkurs anzupassen. Im letzten Abschnitt sahen wir, dass gerade diese Anpassungsmöglichkeit in einem fixen Wechselkurssystem auch einen wichtigen Nachteil eines solchen Systems darstellt.

Ein Geschäft, das an Besuchern aus anderen Euroländern nichts mehr verdient.

In einer Währungsunion dagegen sind die nominalen Wechselkurse unwiderruflich fixiert. Es ist nicht mehr möglich, Anpassungen vorzunehmen, da nur noch eine Währung existiert. An die Stelle von nationalen Geldpolitiken tritt eine geldpolitische Behörde für die gesamte Währungsunion. Daher ist es für die einzelnen Länder auch nicht mehr möglich, durch Veränderungen der relativen Geldmengen Auf- und Abwertungen zu tätigen. Das erhöht einerseits die Stabilität, reduziert aber andererseits die Flexibilität. Damit sind die Vor- und Nachteile einer Währungsunion, auf die wir in Kapitel 17 am Beispiel der Eurozone genauer eingehen werden, bereits angesprochen.

Der Vorteil der Währungsunion besteht nämlich darin, dass die oben erwähnten positiven Effekte von fixen Wechselkurssystemen massiv verstärkt werden. Das *Wechselkursrisiko* wie auch die Transaktionskosten beim Währungstausch werden nicht nur reduziert, sondern vollständig eliminiert. Außerdem steigt die Preistransparenz deutlich an, da die Güterpreise direkt verglichen werden können, was bei einem fixen Wechselkurssystem mit seinen zahlreichen Währungen schwieriger ist. Dieser Gewinn an Transparenz und Stabilität durch eine gemeinsame Währung bringt einen klaren positiven Wohlstandseffekt, da er den gemeinsamen Handel kräftig stimuliert.

→ **Wechselkursrisiko**
Unsicherheit über die zukünftigen Wechselkursentwicklungen.

Das Ausschalten von Wechselkursschwankungen sorgt aber nicht dafür, dass alle Länder innerhalb einer Währungsunion auch preislich gleich wettbewerbsfähig sind. Wie in Abschnitt 6.4.2 bereits angesprochen, besteht trotz einheitlicher Währung kein einheitliches Preisniveau. In den Ländern können sich die Preise, z. B. die Löhne oder Abgaben wie die Steuern, unterschiedlich entwickeln. Wertet sich der reale Wechselkurs eines Landes auf, heißt das, das Land wird im Vergleich zu anderen teurer. Es gerät preislich ins Hintertreffen und wird für manche Unternehmen als Standort unattraktiv. Die preislichen Nachteile kann es als Mitglied einer Währungsunion nicht durch eine nominelle Abwertung seiner Währung für eine gewisse Zeit ausgleichen, sondern nur noch durch reale Anpassungen, z. B. eine Senkung der Arbeitskosten. Dieser Weg ist, wie wir in Ländern wie Griechenland und Spanien sehen, langwierig, schmerzhaft und politisch unattraktiv.

Protestieren gegen Gehaltskürzungen und andere Sparmaßnahmen, oder anders gesagt, gegen eine Anpassung der realen Wechselkurse: Spanier im Juli 2012.

ZUSAMMENFASSUNG ANHAND DER LERNZIELE ZU KAPITEL 6

1 Die Vorteile der Spezialisierung und die Zunahme globaler Arbeitsteilung

Arbeitsteilung bringt eine wesentliche Produktivitätssteigerung mit sich. Diese Produktivitätssteigerung verstärkt sich mit zunehmender Spezialisierung der Wirtschaftsteilnehmer. Deshalb bietet es sich an, die Arbeitsteilung nicht nur auf ein Land zu begrenzen, sondern global auszuweiten. Diese globale Arbeitsteilung hat vor allem seit den 1990er-Jahren stark zugenommen – wobei sie sich keineswegs auf Endprodukte beschränkt, sondern auch einzelne Produktionsschritte innerhalb von Unternehmen oft auf verschiedene Standorte (in unterschiedlichen Ländern) verteilt werden. Wichtige Gründe für diese rasante Zunahme liegen in den massiven Effizienzsteigerungen im Transportwesen und in der Informationsverarbeitung. So sind beispielsweise die Kosten für Warentransporte und internationale Kommunikation in den letzten Jahrzehnten erheblich gesunken.

2 Das Prinzip des komparativen Vorteils

Komparative und nicht absolute Vorteile bestimmen die Arbeitsteilung. Auch ein Land, das in allen Gebieten einen absoluten Produktivitätsrückstand hat, kann mit Gewinn an der internationalen Arbeitsteilung teilnehmen. Es spezialisiert sich auf die Tätigkeiten, bei denen seine Opportunitätskosten im Verhältnis zu reicheren Ländern am geringsten sind, denn dort liegt sein komparativer Vorteil.

3 Die Messung der internationalen Verflechtung (Zahlungsbilanz)

Um die internationale Verflechtung – z. B. Güterhandel und Kapitalflüsse – messen zu können, wurde die Zahlungsbilanz entwickelt. In ihr werden für ein Land Zuflüsse an Mitteln als Zahlungseingang, Abflüsse als Zahlungsausgang verbucht. Die Zahlungsbilanz untergliedert sich in zwei Sparten: zum einen die Leistungsbilanz, welche Transaktionen von realen Leistungen wie Warenhandel und Arbeitslöhne erfasst, zum anderen die Kapitalverkehrsbilanz, in welcher unter anderem Investitionen erfasst werden. Leistungs- und Kapitalverkehrsbilanz sowie weitere Untergruppen können durchaus Defizite bzw. Überschüsse aufweisen, die Zahlungsbilanz insgesamt aber ist definitionsgemäß immer ausgeglichen.

4 Die Spezialisierung Deutschlands und die deutsche Exportstärke

Trotz seiner relativ geringen Rohstoffvorkommen gehört Deutschland zu den exportstärksten Ländern. Dies lässt sich vor allem zurückführen auf die starke Industrie und deren weitgehende internationale Verflechtung. Vor allem in den Bereichen Autoindustrie, Maschinenbau, Chemieindustrie und Elektrotechnik/Elektronik besitzen deutsche Unternehmen eine hohe internationale Wettbewerbsfähigkeit.

5 **Definition verschiedener Wechselkursmechanismen und deren Funktionsweisen**

Man unterscheidet zwischen dem nominalen und dem realen Wechselkurs einer Währung. Während ersterer die Relation zu einer anderen Währung anzeigt, bezieht sich letzterer auf den Preisvergleich eines repräsentativen Warenkorbs in unterschiedlichen Ländern bzw. Regionen. Dieser kann sich auch bei gleicher Währung unterscheiden. Der Wechselkurs ist in unserem Wirtschaftssystem ständigen Schwankungen unterworfen. Je nach wirtschaftspolitischer Zielsetzung ist es möglich, auf flexible Wechselkurse zu setzen – also gänzlich auf eine Steuerung durch die Zentralbank zu verzichten – oder die Währung mittels eines Fixkurssystems an die Währung eines anderen Landes zu koppeln. Hier schreitet die Zentralbank stabilisierend ein, sobald die Wechselkursschwankungen einen bestimmten Rahmen verlassen.

6 **Chancen und Risiken von Wechselkursschwankungen**

Ob man sich nun für flexible oder für fixe Wechselkurse entscheidet – beides birgt sowohl Chancen als auch Risiken. Im Gegensatz zu flexiblen Wechselkursen halten fixe Wechselkurse die Schwankungen in überschaubaren Grenzen und bieten dadurch eine gewisse Vorhersehbarkeit. Außerdem besteht die Chance, durch die Kopplung an eine stabilere Währung auch die eigene zu stabilisieren. Doch muss dafür die Geldpolitik eines anderen Landes imitiert werden, auch wenn einige Entscheidungen womöglich den eigenen wirtschaftspolitischen Prioritäten zuwiderlaufen. Zudem bieten Fixkurssysteme eine willkommene Angriffsfläche für sogenannte spekulative Attacken.

ZENTRALE BEGRIFFE

Komparativer Vorteil
Absoluter Vorteil
Globalisierung
Wertschöpfungskette
Zahlungsbilanz
Leistungsbilanz
Handelsbilanz
Kapitalverkehrsbilanz
Direktinvestition
Portfolioinvestition
Devisen
Autarkie
Außenwirtschaftspolitik
Wechselkurs
Realer Wechselkurs
Nominale Abwertung
Reale Abwertung
Preisliche Wettbewerbsfähigkeit
Flexibler Wechselkurs
Fixkurssystem
Fixer Wechselkurs
Europäisches Währungssystem (EWS)
Spekulative Attacke
Währungsunion
Wechselkursrisiko

WIEDERHOLUNGSAUFGABEN ZU KAPITEL 6

1 Warum ist die globale Arbeitsteilung so wichtig für den wirtschaftlichen Erfolg der beteiligten Länder? Können Sie Produkte anführen, deren Produktion auf verschiedene Länder verteilt liegt?

2 Im Beispiel in Abschnitt 6.1.2 hat der Nachbarsjunge von Sebastian Vettel ihm gegenüber einen komparativen Vorteil, wenn es darum geht, Autos zu waschen. Warum? Konstruieren Sie ein ähnliches Beispiel. Bei der Produktion welcher Arten von Waren und Dienstleistungen hat Deutschland Ihrer Einschätzung nach eher komparative Vorteile, wo herrschen komparative Nachteile?

3 Erklären Sie, warum die Zahlungsbilanz immer ausgeglichen sein muss. Wodurch zeichnen sich die Zahlen der deutschen Zahlungsbilanz im internationalen Vergleich aus? Nennen Sie die entsprechenden Unterbilanzen und beschreiben Sie die auffälligsten Posten.

4 Recherchieren Sie beispielhaft einige Unternehmen, die sich durch besondere Exportstärke und durch Renommee im Ausland hervorheben. Lassen sich Schwerpunkte von Branchen feststellen?

5 Erklären Sie den Unterschied zwischen dem nominalen und dem realen Wechselkurs.

6 Entwickeln Sie zwei Szenarien: eines, in dem ein flexibler Wechselkurs, und eines, in dem ein fixer Wechselkurs sinnvoll erscheint. Begründen Sie Ihre Entscheidungen.

HANDLUNGSORIENTIERTE AUFGABE ZU KAPITEL 6

1 Erstellen Sie eine Übersicht über die Arbeiten in Ihrem Haushalt. Wer (in Ihrer Familie) hat für welche Arbeiten einen absoluten Vorteil? Wer hat bei diesen Tätigkeiten einen komparativen Vorteil?

Kapitel 7: **Außenwirtschaftspolitik**

7.1 **Protektionismus und Handelsliberalisierung**

7.2 **Regionale Handelsabkommen (Integration)**

LERNZIELE ZU KAPITEL 7

Nachdem Sie Kapitel 7 durchgearbeitet haben, sollten Sie in der Lage sein,

1 Formen und Ursachen des Protektionismus zu erklären.

2 Formen der Handelsliberalisierung zu erläutern.

3 die Aufgaben der Welthandelsorganisation (WTO) darzustellen.

4 die Stufen der regionalen Handelsabkommen von der Freihandelszone bis zur vollständigen Wirtschaftsunion zu erläutern und deren Unterschiede herauszuarbeiten.

5 die Geschichte der Europäischen Union aus wirtschaftlicher Sicht darzustellen und die wesentlichen Abkommen zu erläutern.

Kapitel 7: Außenwirtschaftspolitik

Ökonomisch betrachtet sind offene Grenzen für Güter, Menschen und Kapital außerordentlich vorteilhaft. Die Analyse in Kapitel 6 zeigte unmissverständlich die positiven Effekte des internationalen Handels. Doch in der Realität beobachten wir regelmäßig Fälle von sogenanntem Protektionismus, das heißt von Eingriffen in den internationalen Handel, welche die Wohlfahrt reduzieren. Zwar haben sich nur noch wenige Länder gänzlich gegenüber dem Weltmarkt abgeschottet. Viele Länder benachteiligen ausländische Konkurrenten aber mehr oder weniger offensichtlich bei Genehmigungsverfahren oder öffentlichen Ausschreibungen. Manche erheben an ihren Grenzen übertrieben hohe Zölle, um heimische Hersteller zu schützen. Wiederum andere Länder vereinbaren Handelsabkommen, die den Handel untereinander begünstigen, jedoch alle anderen Länder und damit auch bisherige Lieferanten außen vor lassen.

Historisch gesehen kommen handelsbeschränkende Maßnahmen weit häufiger vor, als es die ökonomische Vernunft nahelegen würde. Die Wirtschaftsgeschichte kennt Phasen der Globalisierung ebenso wie Phasen der Abschottung. In diesem Abschnitt analysieren wir, welche Formen solcher Handelsbeschränkungen es gibt, und gehen der Frage nach, warum es so schwierig ist, sie einzudämmen.

7.1 Protektionismus und Handelsliberalisierung

7.1.1 Formen des Protektionismus

→ **Zollsatz**
Abgabesatz, der auf den Import einer Ware oder einer Dienstleistung erhoben wird.

Die einfachste und lange Zeit wichtigste Form des Protektionismus sind Zölle. Ein Zoll ist eine Steuer, die beim Import von Gütern erhoben wird. Je höher der *Zollsatz* – also der zu zahlende Prozentsatz des Werts der importierten Ware –, desto weniger wird importiert. Damit reduzieren Zölle beidseitig vorteilhaften Austausch zwischen Ländern, was die Wohlfahrt verschlechtert. Dies gilt auch dann, wenn der Staat durch den Eingriff Zolleinnahmen abschöpfen kann, was in der Vergangenheit übrigens oft das Hauptmotiv für die Erhebung von Zöllen war.

Wie in den folgenden Abschnitten genauer ausgeführt wird, wurden in mehreren internationalen Verhandlungsrunden im Rahmen der Welthandelsorganisation WTO und ihres Vorläufervertragswerks GATT in den letzten Jahrzehnten die Zölle weltweit deutlich abgebaut. Die gewichtige Ausnahme bleibt dabei allerdings der Landwirtschaftsbereich, der in den meisten Industrieländern politisch sensibel ist und der deshalb oft durch hohe Zollschranken vor Konkurrenz geschützt wird. Der weltweite Zollabbau hat aber nicht dazu geführt, dass die Nachfrage inländischer Produzentinnen und Produzenten nach schützenden Handelsschranken nachgelassen hätte. Weil Zölle in den meisten Bereichen nicht mehr zulässig waren, entwickelten sich einfach neue Formen des Protektionismus.

Handelsbeschränkungen bestehen eben nicht nur dann, wenn Zölle erhoben werden. Vielmehr gibt es eine ganze Reihe von sogenannten *nichttarifären Handelshemmnissen*, also Schranken, die nicht über Zölle (engl. tariffs) laufen. Ein offensichtliches Beispiel eines nichttarifären Handelshemmnisses sind *Quoten*, die festlegen, dass nur eine bestimmte Menge eines Gutes importiert werden darf. Wie ein Zoll ist auch eine Quote einfach identifizierbar und lässt sich folglich in internationalen Verhandlungen verhältnismäßig einfach abbauen. Viel problematischer sind die weniger offensichtlichen nichttarifären Schranken, etwa die *technischen Handelshemmnisse*: Müssen dieselben Güter in verschiedenen Ländern unterschiedlichen technischen Anforderungen genügen, stellt das eine sehr wirksame und schwer abzubauende Handelsschranke dar. Soll nämlich das Gut exportiert werden, muss es erst mühsam umgerüstet werden, um den technischen Vorschriften des Importlandes zu genügen. Das kommt oft so teuer zu stehen, dass sich der Handel nicht mehr lohnt. Als Beispiel für die Bedeutung solcher technischen Handelshemmnisse kann die in Abschnitt 7.2 genauer diskutierte europäische Integration dienen; für ihre Vertiefung war die Beseitigung derartiger Handelshemmnisse einer der größten Knackpunkte. Ein wichtiger Schritt zur Lösung des Problems war dabei, neben der Vereinheitlichung technischer Vorschriften auch die gegenseitige Anerkennung solcher Vorschriften vorzusehen (das sogenannte *Cassis-de-Dijon-Prinzip*).

Die große Herausforderung bei den Handelsliberalisierungen besteht heute – abgesehen vom Landwirtschaftsbereich – sicher nicht mehr im Zollabbau, sondern im Versuch, diese nichttarifären Handelshemmnisse in den Griff zu bekommen. Deshalb spielen Themen wie technische Vorschriften, Vorschriften über das öffentliche Beschaffungswesen oder Subventionen in den heutigen internationalen Verhandlungen zum Abbau von Handelsschranken eine zentrale Rolle. Gelingen hier wirkliche Fortschritte, lässt sich der Handel auch weiterhin deutlich stärken.

→ Nichttarifäre Handelshemmnisse
Alle protektionistischen Maßnahmen, die den freien Austausch von Waren und Dienstleistungen behindern – mit Ausnahme der Zölle. Beispiele sind Quoten, unterschiedliche technische Vorschriften und Subventionen.

→ Quoten
Mengenmäßige Beschränkungen des grenzüberschreitenden Handels. Die häufigste Form ist die Importquote, welche die Einfuhr ausländischer Güter auf eine bestimmte Menge einschränkt.

→ Technische Handelshemmnisse
Regulierungen und Normen des Importlandes, die den Handel von Gütern verteuern und damit behindern.

→ Cassis-de-Dijon-Prinzip
Prinzip, nach dem die EU-Länder beim Handel miteinander jene nationalen technischen Vorschriften gegenseitig anerkennen, die nicht EU-weit vereinheitlicht sind. Der Begriff geht auf ein Urteil des Europäischen Gerichtshofs zurück, das den Verkauf französischen Johannisbeerlikörs in Deutschland ermöglichte, obwohl dessen Alkoholgehalt nicht dem eines deutschen „Likörs" entsprach.

7.1.2 Warum gibt es Protektionismus?

Doch warum ist der Protektionismus trotz seiner klar negativen Wohlfahrtseffekte so weit verbreitet? Dies lässt sich nur mit einer politisch-ökonomischen Analyse beantworten.

Jeder Übergang von einer Situation mit Zoll zu einer Situation mit *Freihandel* bringt eine deutliche Umverteilung mit sich. Sie erfolgt zugunsten der Konsumentinnen und Konsumenten und zulasten der Produzenten und des Staates. Auch wenn der Gesamteffekt für die Volkswirtschaft eindeutig positiv ist, gibt es bei einer solchen Änderung der Politik also klar erkennbare Benachteiligte. Die Erfahrung zeigt, dass jede Umverteilung, die klare Verlierer schafft, politisch schwer zu realisieren ist. Ein Abbau des Protektionismus ist deshalb wirtschaftspolitisch äußerst schwierig durchzusetzen.

→ Freihandel
Grenzüberschreitender Handel, der nicht durch Zölle und andere Handelshemmnisse beeinträchtigt wird.

Ein mögliches Argument für die politische Attraktivität des Freihandels sollte eigentlich sein, dass die Konsumenten insgesamt ja mehr gewinnen, als die Produzenten und der Staat verlieren. Doch hier kommt die unterschiedliche Organisierbarkeit von Interessen ins Spiel. Wie in Abschnitt 11.5 dargelegt wird, lassen sich Produzenteninteressen politisch wesentlich einfacher organisieren als Konsumenteninteressen. Produzenten bilden nämlich eine kleine, homogene Gruppe; Konsumenten dagegen eine große, heterogene Menge. Eine Reduktion von Zöllen würde zumindest kurzfristig zu einem Nachteil für die Produzenten führen. Diese haben also ein starkes Interesse, sich politisch zu organisieren, um den Zollabbau zu bekämpfen. Die Konsumentinnen und Konsumenten hätten zwar als Gesamtheit ein noch größeres Interesse, für den Zollabbau zu kämpfen. Jede und jeder Einzelne hätte aber dabei viel weniger zu gewinnen, als der einzelne Produzent zu verlieren hat. Denn der Produzent ist darauf spezialisiert, ein einzelnes Gut anzubieten, während der typische Konsument Hunderte von verschiedenen Gütern nachfragt.

Man kann aber mit Fug und Recht bezweifeln, ob der Protektionismus den Produzenten längerfristig wirklich nützt. Durch den Protektionismus kann sich eine Produzentengruppe zwar für eine gewisse Zeit eine künstliche (da auf Staatseingriffen beruhende) Rente sichern. Doch mit der Zeit wird es für sie zunehmend dringlicher, ihre Strukturen den sich laufend ändernden weltwirtschaftlichen Verhältnissen anzupassen. Das Aufschieben des Strukturwandels macht die zuletzt unvermeidliche Anpassung immer schmerzhafter, weshalb der Protektionismus über kurz oder lang auch den vermeintlichen Gewinnern schadet.

Um das nochmals zu unterstreichen: Protektionismus kann zwar kurzfristig Schutz bieten, er schadet aber mittel- bis langfristig auch den Produzenteninteressen. In der politischen Debatte überwiegen aber – nicht unerwartet – die unmittelbar sichtbaren Effekte und damit die kurzfristige Betrachtungsweise. Entsprechend spielen protektionistische Produzenteninteressen in der *Handelspolitik* eine große Rolle.

→ **Handelspolitik**
Alle staatlichen Maßnahmen, die den internationalen Handel eines Landes gezielt beeinflussen. Wird auch als Außenhandelspolitik bezeichnet.

Doch auch der Staat selbst verliert bei einem Zollabbau eine Einnahmequelle, weshalb sich seine Vertreter oft nicht übermäßig motiviert für einen Zollabbau einsetzen. Und in wenig entwickelten Ländern, wo die Erhebung von direkten oder indirekten Steuern schwierig ist, machen die Zolleinnahmen oft einen besonders gewichtigen Teil der Staatseinnahmen aus. Die Gesamtheit dieser politisch-ökonomischen Aspekte macht es so schwierig, Protektionismus abzubauen. Oft sind mühsame internationale Verhandlungen erforderlich, um eine Freihandelspolitik innenpolitisch durchzusetzen, die ja eigentlich im ureigensten gesamtwirtschaftlichen Interesse läge.

Auch wenn der freie Handel für die beteiligten Länder vorteilhaft wäre, ist der Abbau von Protektionismus in der politischen Realität eine schwierige Angelegenheit. Dies spricht die Karikatur mit dem doppeldeutigen Begriff „constructive talks" an. Er bedeutet im Zusammenhang mit Handelsgesprächen normalerweise, dass die Parteien beim Abbau von Handelsschranken Fortschritte erzielen.

Trade talks between China and the US

Handelsgespräche zwischen China und den USA: „Wir führen konstruktive Gespräche."

Zusammengefasst zeigt diese Analyse, weshalb der politische Kampf gegen den Protektionismus sehr schwierig zu führen ist: Beim Versuch, den internationalen Freihandel einzuführen, stehen den eher schlecht organisierten Konsumenteninteressen die äußerst gut organisierten Produzenten gegenüber.

7.1.3 Formen der Handelsliberalisierung

Die *Handelsliberalisierung*, also der Abbau von protektionistischen Schranken zwischen Ländern, kann auf drei Arten erfolgen: multilateral, regional oder bilateral.

→ **Handelsliberalisierung**
Maßnahmen zur Förderung des freien Handels, insbesondere der Abbau von Zöllen und anderen Handelshemmnissen.

Die erste Möglichkeit besteht in der multilateralen Handelsliberalisierung. „Multilateral" bedeutet, dass am Zollabbau möglichst alle oder zumindest doch die meisten Länder beteiligt sind. Diese Form der Handelsliberalisierung wird im Rahmen der Welthandelsorganisation WTO vorangetrieben. Ihr gehören inzwischen praktisch alle Länder der Erde an. Durch Verhandlungen im Rahmen der WTO wurden in den letzten Jahrzehnten zahlreiche Zölle zwischen den Mitgliedsländern erfolgreich abgebaut.

Die Konferenz von Bretton Woods im Jahr 1944 war eine der erfolgreichsten der Geschichte. Sie legte den Grundstein für die liberale Weltwirtschaftsordnung nach dem Zweiten Weltkrieg und führte zur Gründung von IWF, Weltbank und der Vorläuferorganisation der heutigen WTO. Auf dem Foto spricht übrigens der Ökonom John Maynard Keynes (vgl. Kapitel 15), der bei dieser Konferenz eine prägende Rolle spielte.

Eine zweite Form bildet die regionale Handelsliberalisierung, auch als *regionale Integration* bezeichnet. Bei dieser Variante sind nicht alle Länder beteiligt, sondern nur Gruppen von Ländern mit besonders engen Handelsbeziehungen. Das wichtigste Beispiel einer regionalen Handelsliberalisierung ist die Europäische Union (EU).

→ **Regionale Integration**
Handelsliberalisierung zwischen einzelnen, geografisch meist nahe beieinander gelegenen Ländern. Oft wird auch nur der Begriff Integration verwendet.

Die dritte Form ist die bilaterale Handelsliberalisierung, das heißt ein Abkommen zwischen zwei Ländern oder Ländergruppen. Solche Abkommen werden meist als *Freihandelsabkommen* bezeichnet. Üblicherweise werden Freihandelsabkommen ebenfalls vor allem zwischen Ländern abgeschlossen, die ohnehin bereits intensiv miteinander Handel treiben.

→ **Freihandelsabkommen**
Meist bilaterale Abkommen, die den Handel zwischen den beteiligten Staaten liberalisieren.

Regionale Integration und Freihandelsabkommen sind pragmatische Antworten auf die Tatsache, dass der Zollabbau auf der multilateralen Ebene oft nur schleppend vorangeht. Im Rahmen der WTO muss dafür nämlich Einigkeit zwischen praktisch allen Ländern der Erde erzielt werden. Da ist es verständlich, dass Länder mit bereits sehr intensiven Handelsbeziehungen über regionale oder bilaterale Abkommen rascher vorankommen wollen. Solche nicht-multilateralen Abkommen vertiefen zwar die Handelsbeziehungen zwischen den Mitgliedern (Vorteil), diskriminieren aber die Handelspartner außerhalb des Integrationsraums (Nachteil). Diesen Punkt werden wir in Abschnitt 7.2.1 genauer analysieren.

Zusammenfassende Übersicht

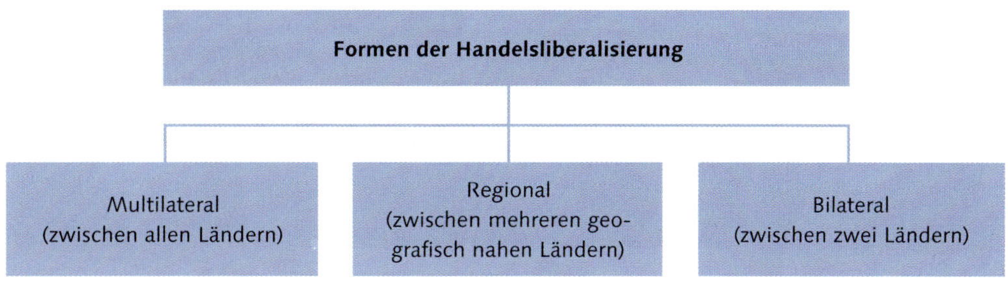

7.1.4 Die WTO

→ **WTO**
Abkürzung für „World Trade Organization" (Welthandelsorganisation). Institution, innerhalb derer multilaterale, das heißt für alle Mitgliedsländer gleichermaßen geltende Handelsverträge abgeschlossen werden.

Die Welthandelsorganisation *WTO* ist eine internationale Organisation mit Sitz in Genf. Innerhalb dieser Institution werden internationale Handelsverträge ausgehandelt, welche die meisten Länder der Welt umfassen. Sie hatte Anfang 2016 162 Mitglieder. Gegründet wurde die WTO 1994 als Dachorganisation für drei Verträge:

- GATT: Abkommen über den internationalen Handel mit Waren,
- GATS: Abkommen über den internationalen Handel mit Dienstleistungen,
- TRIPS: Abkommen zum internationalen Schutz des geistigen Eigentums.

→ **Meistbegünstigung**
Prinzip der WTO, nach dem der Abbau einer Handelsschranke gegenüber einem Mitgliedsland gleichzeitig auch für alle anderen WTO-Mitgliedsländer gelten muss.

Den multilateralen Charakter der Organisation erkennt man besonders an einem der beiden Grundprinzipien, nämlich dem Prinzip der *Meistbegünstigung*. Es besagt, dass ein Abbau von Handelsschranken, der einem Mitgliedsland der WTO gewährt wird, gleichzeitig auch für alle anderen Mitglieder gelten muss. Damit wird also eine Diskriminierung ausdrücklich ausgeschlossen. Weil bei der bilateralen und regionalen Integration die Teilnehmerländer gegenüber den anderen Ländern ausdrücklich bevorzugt werden, widersprechen diese Abkommen eigentlich dem Prinzip der Meistbegünstigung. Damit solche Abkommen unter WTO-Mitgliedern zulässig sind, müssen folglich Ausnahmen zur Meistbegünstigung möglich sein. Um das Prinzip nicht zu verwässern, beruhen diese Ausnahmen aber auf klaren Regeln. Die Hauptregel dabei ist, dass Bilateralismus und Regionalismus im Wesentlichen den gesamten Handel umfassen müssen. Will man also solche im Prinzip diskriminierenden Verträge abschließen, müssen sie sehr umfassend sein; punktuelle Zugeständnisse in Einzelbereichen sind gemäß WTO-Regeln nicht zulässig.

„Bauern ~~gegen~~/~~für~~ die WTO“ – „Da müssen wir noch ein paar Details klären.“

Wir sind es in der EU derart gewohnt, dass Bauern gegen Zollabbau und damit gegen die WTO eintreten, dass uns oft gar nicht bewusst ist, dass die Bauern in Entwicklungsländern das genau umgekehrt sehen können. Sie sind nämlich Leidtragende des Agrarprotektionismus, der sie daran hindert, ihre komparativen Vorteile in der Landwirtschaft auszuspielen und ihre Produkte in reichere Länder zu exportieren. Sie gehören also in der Regel zu den Befürwortern der entsprechenden Bemühungen der WTO.

Das zweite Grundprinzip, auf dem die WTO beruht, ist die *Inländerbehandlung*. Inländische Waren und Dienstleistungen dürfen gegenüber den Produkten aus anderen WTO-Mitgliedsländern nicht durch Regulierungen bevorzugt werden. Der Begriff Inländerbehandlung verdeutlicht die Grundidee, dass nämlich alle – also auch die Ausländer – wie Inländer behandelt werden sollen.

→ **Inländerbehandlung**
Prinzip der WTO, nach dem inländische Produkte gegenüber Produkten anderer WTO-Mitgliedsländer nicht durch Regulierungen bevorzugt werden dürfen.

Die Verhandlungen in der WTO laufen in sogenannten „Runden“ ab, in denen über mehrere Jahre hinweg in verschiedenen Bereichen gegenseitige Öffnungsschritte ausgehandelt werden. Bis in die 1960er-Jahre ging es im Rahmen des GATT vor allem um den Abbau von Zöllen. In den 1970er-Jahren ging man dazu über, auch nichttarifäre Handelshemmnisse zu berücksichtigen. Mit der Uruguay-Runde 1986–1994 wurden dann die Verhandlungsthemen so ausgebaut, dass die WTO gegründet wurde, die auch Dienstleistungen und geistiges Eigentum umfasst. Seit 2001 läuft die neunte, die sogenannte Doha-Runde.

Zusammenfassende Übersicht

Säulen der WTO

- GATT (Waren)
- GATS (Dienstleistungen)
- TRIPS (geistiges Eigentum)

7.2 Regionale Handelsabkommen (Integration)

Regionale Handelsabkommen zwischen mehreren Ländern haben in den letzten Jahrzehnten sehr stark an Bedeutung gewonnen. Vor allem der europäische Integrationsraum – die frühere Europäische Gemeinschaft (EG) und heutige Europäische Union (EU) – hat sich als sehr dynamisch erwiesen. Für Deutschland als Land mitten in Europa ist dies von höchster Bedeutung. Wir werden im Folgenden zunächst die Wohlfahrtseffekte von Integrationsräumen analysieren, anschließend die verschiedenen konkreten Formen der Integration abhandeln und zuletzt die Entwicklung der europäischen Integration skizzieren.

7.2.1 Wohlfahrtseffekte von Integrationsräumen

Regionale Integration erhöht den Freihandel, ist aber nicht mit Multilateralismus gleichzusetzen, da nur gewisse Länder beteiligt sind. Durch die Integration entsteht eine Diskriminierung gegenüber Nichtmitgliedsländern.

Die Integration schafft deshalb zwar zusätzlichen Handel, verzerrt aber gleichzeitig auch den schon bestehenden Handel dadurch, dass nicht mehr alle in gleichem Ausmaß daran teilnehmen können. Ob und wie stark ein Integrationsraum die gesamte Wohlfahrt erhöht, hängt davon ab, ob der zusätzliche Handel, die sogenannte *Handelsschaffung*, größer ist als die Verzerrung der Handelsströme, die sogenannte *Handelsumlenkung*. Die Handelsumlenkung entsteht dadurch, dass man gewisse Güter nicht mehr vom weltweit billigsten Produzenten bezieht, sondern von einem Produzenten innerhalb des Integrationsraums. Dieser ist dann nur deshalb der billigste Produzent, weil sein Produktpreis von keinem Zoll mehr belastet wird.

→ **Handelsschaffung**
Erhöhung der Menge an gehandelten Waren und Dienstleistungen durch wirtschaftliche Integration.

→ **Handelsumlenkung**
Waren und Dienstleistungen werden nicht mehr vom weltweit günstigsten Produzenten bezogen, sondern vom günstigsten Produzenten innerhalb des Integrationsraums, dessen Preise nicht mehr durch Zölle belastet sind.

Wegen der Handelsumlenkung schafft die Bildung von Integrationsräumen zwar einen kleineren Wohlfahrtsgewinn als der globale Freihandel. Die Integration ist aber in der Regel effizienter als das Festhalten an Zöllen gegenüber allen Ländern. Besonders positiv wirkt sich die Integration dann aus, wenn die Zölle in der Ausgangslage sehr hoch und damit stark verzerrend waren und wenn möglichst viele Länder an der Integration beteiligt sind. Für die europäische Integration kann man deshalb davon ausgehen, dass ihre starke Erweiterung in den letzten Jahren eindeutig positiv auf die Wohlfahrt der Mitgliedsländer gewirkt hat. In diesem Integrationsraum, der heute 28 Länder umfasst, wird der Gewinn durch Handelsschaffung in den meisten Fällen den Verlust durch Handelsumlenkung deutlich übertreffen.

7.2.2 Formen von regionalen Abkommen

→ **Freihandelszone**
Integrationsform, bei der Zölle und andere Handelsbeschränkungen zwischen den Mitgliedsländern abgeschafft werden, die Außenzölle gegenüber Nichtmitgliedern aber nicht vereinheitlicht werden.

Es gibt verschiedene Formen der Integration, die sehr unterschiedlich weit gehen können: vom einfachen Zollabbau bis zur vollständigen wirtschaftlichen Union. Schematisch lassen sich dabei fünf Integrationsformen unterscheiden, je nach Ausmaß der Handelsliberalisierung und Koordination der Wirtschaftspolitik zwischen den Partnerländern. **Abbildung 7.1** stellt ihre wichtigsten Unterscheidungsmerkmale dar, ausgehend vom tiefsten bis hin zum höchsten Integrationsgrad.

Die *Freihandelszone* ist die einfachste Form der Integration. In ihr wird der Handel zwischen den Mitgliedsländern des Integrationsraums liberalisiert, in der Regel

KOMPETENZEN BILDEN: Ein Freihandelsabkommen zwischen der EU und den USA (Rollenspiel)

Sogenannte nichttarifäre Handelshemmnisse behindern wechselseitig vorteilhaften Handel heute zumeist wesentlich stärker als verbliebene Zölle. Der Abbau solcher faktischen Handelsschranken wird daher auch das bestimmende Thema der Verhandlungen sein, die seit dem Juli 2013 vermutlich über Jahre zwischen den USA und der EU über ein umfassendes Freihandelsabkommen geführt werden (Transatlantic Trade and Investment Partnership – TTIP). Dass die Verhandlungen alles andere als einfach werden dürften, klang schon bei der Pressekonferenz an, auf der EU-Kommissionspräsident Barroso und US-Präsident Obama im Juni 2013 deren Beginn verkündeten:

> „Heute ist ein besonderer Tag für die Beziehungen zwischen der Europäischen Union und den Vereinigten Staaten. […] [Das angestrebte Abkommen] wird den Handel und die Investitionen fördern und auf beiden Seiten des Atlantiks zu mehr Wachstum und mehr Arbeitsplätzen führen. […] Das derzeitige Wirtschaftsklima zwingt uns, unsere Kräfte zu bündeln und mit weniger Aufwand mehr zu erreichen. Und, was noch wichtiger ist, wir werden unsere Rolle als starke Global Players behalten, die die Standards und die Regeln für das 21. Jahrhundert festlegen."
>
> *(José Manuel Barroso anlässlich der Pressekonferenz von EU und USA im nordirischen Lough Erne vom 17.6.2013)*

> „There are gonna be sensivities [Empfindlichkeiten] on both sides. There are gonna be politics [hier so viel wie: hartes von Interessen geleitetes Ringen] on both sides. […] But [we have to] look beyond the narrow concerns to stay focused on the big picture, the economic and strategic importance of this partnership […]. It is important that we get it right. This means resisting the temptation to downsize our ambitions or avoid tough issues just for sake of getting a deal. And it is important also that we make sure that it is part of overall plan to do what it takes to support growth and jobs."
>
> *(Barack Obama in seiner Antwort auf Barrosos Statement beim selben Anlass)*

In Aussicht stehen für den Fall einer umfassenden Einigung beiderseits erhebliche Wohlfahrtsgewinne und beträchtliche, wenngleich schwer im Voraus zu beziffernde Wachstumsschübe. Die Rede ist aber auch von der Bildung einer möglichen Übermacht, die den beiden aktuell größten Wirtschaftsblöcken der Welt einen standardsetzenden Einfluss auf die Weltwirtschaft von morgen sichern könnte.

Doch die Erwartungen und Interessen beider Verhandlungsseiten sind im Einzelnen auch sehr unterschiedlich. Es geht dabei um die wechselseitige Anerkennung von Produktnormen, um gemeinsame technische Standards, um Zulassungsverfahren z. B. für Medikamente und Finanzdienstleistungen, um den Zugang von Unternehmen zu öffentlichen Ausschreibungen diesseits und jenseits des Atlantiks, aber auch um den Umgang mit gentechnisch veränderten Agrarprodukten und – Stichwort: amerikanische „Chlorhähnchen" – um die Lebensmittelsicherheit.

Warum es so schwierig ist, zählebige Handelsbeschränkungen einvernehmlich zu beseitigen, obwohl dies eigentlich doch im gemeinsamen Interesse liegen sollte, können Sie im folgenden Rollenspiel selbst erfahren.

Die unterschiedlichen Rollen

In unserem Rollenspiel gibt es drei unmittelbar an den Verhandlungen beteiligte Gruppen und eine wesentlich kleinere Beobachtergruppe, der bei der Auswertung eine besondere Bedeutung zukommen wird. Die beiden Verhandlungsteams sind die US- und die EU-Delegation. Sie bestimmen jeweils intern, wer als „Hauptverhandler" (3 Personen) und wer als „Berater" agiert und durch seine Zuarbeit, Informationen und Ideen zum Erfolg beiträgt.

Die beiden Verhandlungsteams haben die Aufgabe, im Spannungsfeld zwischen verbindenden gemeinsamen Interessen und gegensätzlichen Teil- und Sonderinteressen, die jeweils gewahrt oder durchgesetzt werden sollen, zu einer Einigung zu gelangen.

Unterstützt werden sie darin von einem „Moderatorenteam", das sich für eine umfassende Liberalisierung des Welthandels und eine faire Welthandelsordnung einsetzt. Diesem Team obliegt die Verhandlungsleitung. Es ist selbst aber machtlos und kann deshalb nur beschränkt im Sinne einer Einigung und eines fairen Ausgleichs auf die Verhandlungen einwirken.

Zum Ablauf:

	US-Delegation samt Beratern	**EU-Delegation samt Beratern**	**Moderatorenteam**	**Beobachtergruppe (max. 4 Pers.)**
1. Informationsphase	Informieren Sie sich zunächst *gemeinsam* genauer über - Art und Umfang der Handelsbeziehungen zwischen USA und EU, - die Chancen beider Seiten durch ein mögliches Abkommen, - bestehende nichttarifäre Handelshemmnisse und - die zu erwartenden Konfliktpunkte in den Verhandlungen. *Ziel* ist hier ein halbwegs gleicher Kenntnisstand bei allen.			
2. Vorbereitungsphase	In dieser Phase bereiten Sie sich unabhängig voneinander möglichst genau und konkret auf Ihre Rolle als Verhandler vor. Entwickeln Sie dazu eine *Verhandlungsstrategie*. - Klären Sie die genauen Interessenlagen der Interessenten Ihres Landes. - Versuchen Sie, sich die Interessen der Gegenseite verständlich zu machen. - Entwickeln und priorisieren Sie eigene Ziele/Forderungen an Ihre Verhandlungspartner. - Bestimmen Sie die „Reserven" Ihres Landes und definieren Sie eigene „Flexibilitäten" (Punkte der Konzessionsbereitschaft), die Sie als Verhandlungsmasse ins Spiel bringen können. - Versuchen Sie, die Strategie und die wahrscheinlichen Züge der anderen Seite zu antizipieren.		Recherchieren Sie mögliche Einigungslinien zu strittigen Fragen. Eruieren Sie denkbar erscheinende Gegengeschäfte, um später konstruktiv im Sinne einer weitgehenden Liberalisierung agieren zu können.	Entwerfen Sie einen Beobachtungs- und Protokollbogen für die späteren Verhandlungen. Informieren Sie sich zur eigenen Sensibilisierung für ihre Aufgabe außerdem über die besonders „harten Nüsse"/ Konfliktpunkte der anstehenden Verhandlungen.
3. Rollenspielphase	**Rollenspiel** Verhandlung		Sie moderieren *vorsichtig* die Verhandlungen und versuchen *hintergründig* (weil Sie die Parteien zu nichts zwingen können und nicht selbst zur Partei werden dürfen), auf Einigungen, Kompromisse und Tauschgeschäfte hinzuwirken. Falls nötig, können Sie die Verhandlungen auch einmal unterbrechen. Sofern keine Bewegung mehr feststellbar ist, beenden Sie die Verhandlungen.	Sie verfolgen und beobachten von außen das Verhandlungsgeschehen und das Handeln der verschiedenen Akteure, also ohne selbst aktiv teilzunehmen. Sie machen sich Notizen und halten Zwischenergebnisse, Verhandlungsstände und -wendungen fest.
4. Prozessauswertung	Rekonstruieren Sie im Austausch von Selbst- und Fremdwahrnehmung den Verlauf und die entscheidenden Punkte der Verhandlungen: Wie und warum kam es genau zu dem erzielten Ergebnis?			
5. Ergebnisanalyse und Diskussion	Analysieren Sie das erreichte Ergebnis (Erfolg, Scheitern, Teilerfolg) in sachlicher Hinsicht. Diskutieren Sie die Argumente der Akteure in deren Berechtigung und das Gesamtergebnis in seinen absehbaren Folgen.			
6. Schlussfolgerungen	Versuchen Sie, verallgemeinerungsfähige Schlussfolgerungen aus den Erfahrungen ihres Rollenspiels zu ziehen. - Worauf kommt es bei solchen Verhandlungen an? - Wie könnte die „Rationalität" der Parteien möglicherweise erhöht werden? - Welche Umstände könnten Einigungen zum gegenseitigen Vorteil befördern?			

Materialhinweise

Presse, TTIP-Seite der EU-Kommission, Eurostat, US Department of Commerce, US Chamber of Commerce, Verbände und Gewerkschaften (z. B. DIHK, BGA, BDI, DGB) durch den Verzicht auf Zölle. Gegenüber allen anderen Ländern behält jedes Mitglied die Freiheit, seine Außenhandelspolitik nach eigenem Ermessen auszugestalten.

Die *Zollunion* geht einen wichtigen Schritt weiter. Zusätzlich zum Zollabbau verfolgen die Mitgliedsländer eine gemeinsame Außenhandelspolitik: Gegenüber allen Nichtmitgliedsländern werden die gleichen Zölle erhoben. Dies hat einen stark handelserleichternden Effekt, da es nicht mehr nötig ist, beim internationalen Handel mit Produkten *Ursprungsnachweise* zu erbringen. In einer Freihandelszone benötigt man diese, um zu verhindern, dass Güter aus Drittländern zuerst in das Mitgliedsland mit dem tiefsten Außenzoll importiert und anschließend zollfrei in die anderen Länder des Integrationsraums exportiert werden. Ein Wegfall dieser aufwendigen Ursprungsnachweise reduziert die Transaktionskosten des Handels und hat deshalb eine ähnliche Wirkung wie ein zusätzlicher Zollabbau. Die EU war zum Beispiel bis Anfang der 1990er-Jahre im Wesentlichen eine Zollunion.

→ **Zollunion**
Integrationsform, bei der Zölle und andere Handelsbeschränkungen zwischen den Mitgliedsländern abgeschafft und gegenüber Nichtmitgliedern die gleichen Zölle erhoben werden.

→ **Ursprungsnachweis**
Erklärung über die Warenherkunft, wobei als Herkunftsland das Land aufgeführt wird, in dem die letzte wesentliche Be- oder Verarbeitung des Produkts stattgefunden hat.

In einem *Binnenmarkt* können nicht nur Waren und Dienstleistungen zwischen den Mitgliedsländern frei zirkulieren, sondern auch die Produktionsfaktoren Arbeit und Kapital. Man spricht in diesem Fall von den sogenannten vier Freiheiten, das heißt dem freien Austausch von Waren, Dienstleistungen, Arbeit und Kapital. Ein Beispiel für einen Binnenmarkt ist die EU seit 1992.

→ **Binnenmarkt**
Integrationsform, bei der nicht nur Waren und Dienstleistungen, sondern auch die Produktionsfaktoren Arbeit und Kapital frei gehandelt werden können.

In der Währungsunion werden die nationalen Währungen zugunsten einer gemeinsamen Währung aufgegeben. Das bedeutet, dass die Mitgliedsländer ihre nationale Geldpolitik an eine supranationale (überstaatliche) Behörde abtreten. Dieser Integrationsschritt ist insofern sehr weitreichend, als damit das wichtigste Instrument der makroökonomischen Politik, die Geldpolitik nämlich, nicht mehr vom einzelnen Mitgliedsland selbst gestaltet werden kann. Hinzu kommt, dass eine Währungsunion nur dann gut funktionieren kann, wenn die Mitgliedsländer auch die Wirtschaftspolitik und hier vor allem die Finanzpolitik zu einem gewissen Grad untereinander koordinieren. Bekanntestes Beispiel ist die Europäische Währungsunion, die 1999 realisiert wurde.

Abbildung 7.1
Formen der wirtschaftlichen Integration

	Keine Zölle zwischen den Mitgliedern	Gemeinsame Außenzölle	Mobilität der Produktionsfaktoren	Gemeinsame Währung	Gemeinsame Wirtschaftspolitik
Freihandelszone	×				
Zollunion	×	×			
Binnenmarkt	×	×	×		
Währungsunion	×	×	×	×	
Vollständige Wirtschaftsunion	×	×	×	×	×

→ Vollständige Wirtschaftsunion
Integrationsform, bei der eine gemeinsame Wirtschaftspolitik verfolgt wird.

Bei der *vollständigen Wirtschaftsunion* schließlich wird eine gemeinsame Wirtschaftspolitik in den wichtigsten Bereichen verfolgt. In wirtschaftspolitischer Hinsicht unterscheidet sich eine vollständige wirtschaftliche Union kaum mehr von einem Nationalstaat. Die Diskussionen zur Weiterentwicklung der EU drehen sich stark um die Frage, wie weit die Wirtschaftspolitik zentralisiert werden soll, wie weit man also in Richtung einer vollständigen Wirtschaftsunion gehen soll. **Abbildung 7.2** zeigt, dass sich inzwischen weltweit ein ganzes Netz von unterschiedlich weitgehenden Integrationsräumen gebildet hat; die Attraktivität dieser Form von internationaler Öffnung ist ungebrochen.

Abbildung 7.2
Weltkarte mit Integrationsräumen (Stand 2016)

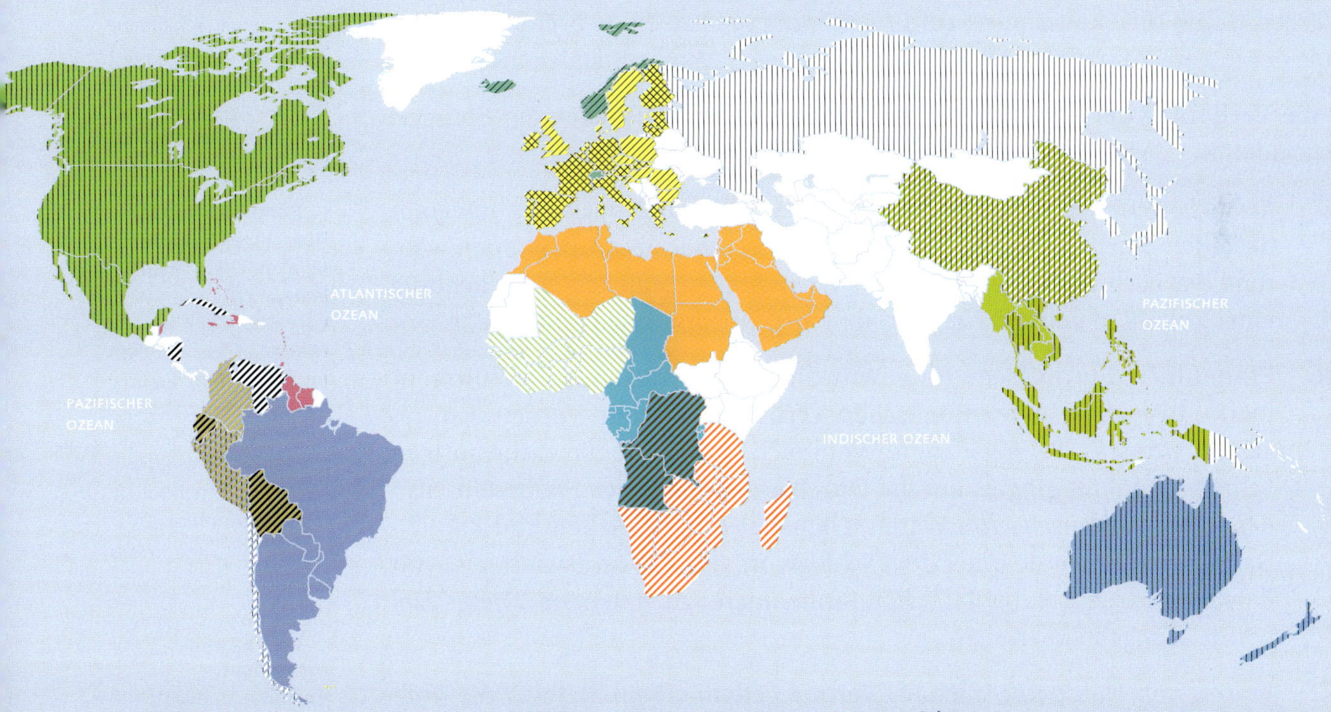

Amerika
- Andengemeinschaft
- Mercosur – gemeinsamer Markt im südlichen Lateinamerika; schraffiert: assoziierte Mitglieder
- Nordamerikanische Freihandelszone (NAFTA)
- Karibische Gemeinschaft (CARICOM)
- Bolivarianische Allianz (ALBA)

Europa
- Europäische Union (EU)
- Europäische Währungsunion (EWU)
- Europäische Freihandelsassoziation (EFTA)
- Europäischer Wirtschaftsraum (EWR)

Afrika
- Größere arabische Freihandelszone (GAFTA)
- Wirtschaftsgemeinschaft westafrikanischer Staaten (ECOWAS)
- Wirtschaftsgemeinschaft zentralafrikanischer Staaten (CEEAC)
- Südafrikanische Entwicklungsgemeinschaft (SADC)

Asien
- Verband Südostasiatischer Staaten (ASEAN); schraffiert: Freihandelsabkommen mit China
- Australisch-neuseeländische Wirtschaftsgemeinschaft (CER)

Asien – Pazifik – Amerika
- Australisch-Pazifische Wirtschaftliche Zusammenarbeit (APEC)

→ Bretton-Woods-Konferenz
Konferenz der Alliierten, 1944 in Bretton Woods (USA), um die globale wirtschaftliche Zusammenarbeit nach dem Zweiten Weltkrieg festzulegen.

7.2.3 Die Europäische Union

Der Ursprung der europäischen Integration liegt im Wiederaufbau nach dem Zweiten Weltkrieg. Die legendäre *Konferenz von Bretton Woods* im Jahr 1944 schuf die Basis für eine gesunde wirtschaftliche Zusammenarbeit in Europa. Entscheidend war die Behandlung der Kriegsverlierer. Nach dem Ersten Weltkrieg hatten die Siegermächte unerfüllbare Reparationszahlungen (also Entschädigungen für die Kriegsschäden) gefordert. Nach dem Zweiten Weltkrieg dagegen wurde mithilfe des Marshallplans alles darangesetzt, den Verlierermächten wirtschaftlich möglichst rasch wieder auf die Beine zu helfen und sie in den internationalen und vor allem europäischen Handel zu integrieren. Auf der Konferenz wurden einerseits die Eckpfeiler der globalen wirtschaftlichen Zusammenarbeit konzipiert: der *Internationale Währungsfonds (IWF)*, die *Weltbank* und die Welthandelsorganisation (GATT, heute WTO). Andererseits wurde auch der Grundstein für die europäische Integration gelegt.

Auf zwei Wegen hat sich die europäische Integration in der Nachkriegszeit laufend weiterentwickelt. Einerseits wurde die wirtschaftliche Zusammenarbeit vertieft, von einer noch relativ lockeren Zollunion bis hin zu einer Währungsunion. Andererseits haben sowohl die frühere Europäische Gemeinschaft (EG) als auch die heutige Europäische Union (EU) konsequent auf Erweiterung gesetzt. In mehreren Schritten wurde der Integrationsraum durch die Aufnahme neuer Mitgliedsländer ausgedehnt.

Für die Vertiefung der europäischen Integration waren die folgenden Etappen entscheidend:

1957 *Römische Verträge.* Sie hatten das Ziel, innerhalb des europäischen Integrationsraums einen Binnenmarkt zu schaffen. Tatsächlich erreicht wurden während der nächsten 30 Jahre aber im Wesentlichen lediglich die Errichtung einer Zollunion und die Einigung auf eine gemeinsame Agrarpolitik.

1986 Einheitliche Europäische Akte. Mit diesem Vertrag sollte der Binnenmarkt, der schon in den Römischen Verträgen skizziert worden war, realisiert werden. Das sogenannte Weißbuch analysierte die dafür nötigen Schritte. Konkret ging es um die Durchsetzung der vier Freiheiten, also des freien Austauschs von Waren, Dienstleistungen, Arbeit und Kapital. Das Programm wurde unter dem Schlagwort „EG 92" propagiert, also mit dem messbaren Ziel, bis 1992 den Binnenmarkt zu vollenden. Dieses Ziel wurde weitgehend erreicht.

1992 *Vertrag von Maastricht*, auch EU-Vertrag genannt. Sein Ziel war die Vollendung der Wirtschafts- und Währungsunion. Die Einführung des Euro gelang 1999 (zunächst nur als Buchgeld, dann 2002 durch Einführung von Noten und Münzen). Außerdem wurden mit diesem Vertragswerk auch die drei Pfeiler der Integration definiert, die deutlich machen, dass neben der wirtschaftlichen auch die politische Integration vorangetrieben werden sollte. Es sind dies (1) die Europäische Gemeinschaft (EG), also die Wirtschaftsverträge der EU, (2) die gemeinsame Außen- und Sicherheitspolitik und (3) die vertraglich geregelte Zusammenarbeit in der Justiz- und Innenpolitik, etwa im Rahmen des *Schengener Abkommens*. Mit diesen Meilensteinen wurde aus der EG die EU.

1997 Vertrag von Amsterdam. Dieses Abkommen konkretisierte die politische Integration weiter. Ziel war die Schaffung eines gemeinsamen Raums von Sicherheit und Freiheit. Der Vertrag von Amsterdam stellte eine Ergänzung und Verstärkung des EU-Vertrags dar, vor allem was die nichtwirtschaftlichen Vertragsteile betrifft.

→ Internationaler Währungsfonds (IWF)
Internationale Organisation, die unter anderem zum Ziel hat, die Stabilität des internationalen Finanzsystems zu fördern.

→ Weltbank
Internationale Organisation, die wirtschaftliche Entwicklung insbesondere von Entwicklungsländern fördert und geeignete Projekte finanziert.

→ Römische Verträge
Abkommen zwischen Belgien, Deutschland, Frankreich, Italien, Luxemburg und den Niederlanden, mit dem unter anderem die Europäische Wirtschaftsgemeinschaft (EWG), die Vorgängerin der Europäischen Gemeinschaft (EG), gegründet wurde.

→ Vertrag von Maastricht
Abkommen, mit dem die Mitgliedstaaten der Europäischen Gemeinschaft (EG) die Europäische Union (EU) gründeten. Der Vertrag lieferte unter anderem die Grundlage für die Vollendung der Europäischen Währungsunion.

→ Schengener Abkommen
Europäischer Vertrag über die Zusammenarbeit im Bereich der inneren Sicherheit, mit dem insbesondere die Personenkontrollen an den gemeinsamen Grenzen abgeschafft wurden.

2001 Vertrag von Nizza. Sein Ziel lag darin, die Institutionen so anzupassen, dass die Osterweiterung der EU bewältigt werden konnte. Dieser Vertrag hätte mit der europäischen Verfassung vervollständigt werden sollen. In Frankreich und in den Niederlanden wurde aber im Jahr 2005 dieser Verfassungsentwurf abgelehnt. Es zeigte sich dabei ein Missbehagen der Mitgliedstaaten gegenüber einer Stärkung der EU-Institutionen, da eine zunehmende Übertragung nationaler Kompetenzen nach Brüssel befürchtet wird.

Abbildung 7.3
Europakarte mit dem Integrationsstand im Jahr 2016

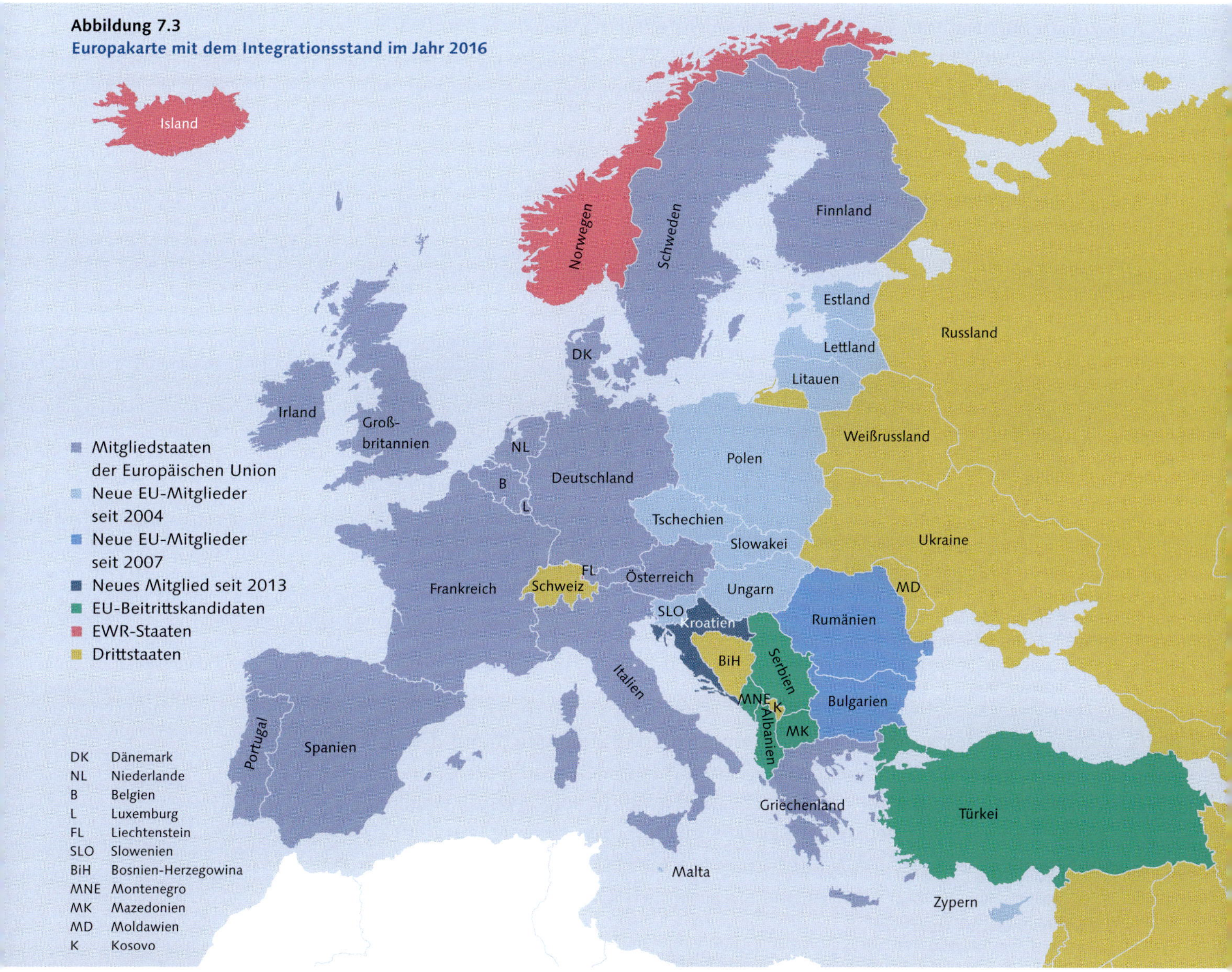

2007 Vertrag von Lissabon. Nach dem Scheitern eines eigentlichen Verfassungsvertrags einigten sich die EU-Staaten im Grundsatz darauf, stattdessen einen neuen EU-Reformvertrag zu beschließen. Dieser ist weniger umfassend als ursprünglich geplant, enthält aber doch einige größere institutionelle Anpassungen, wie etwa die Einsetzung eines EU-Präsidenten mit maximal fünfjähriger Amtszeit.

Parallel zur Vertiefung und Erweiterung der EU erfolgte in Europa die Entwicklung der *EFTA*, eines Integrationsraums also, der sich auf die Bildung einer Freihandelszone beschränkt. Die EFTA wurde 1960 gegründet. Heute besteht sie nur noch aus vier Ländern, da die meisten Mitgliedsländer im Lauf der Zeit der EU beigetreten sind. Zur EFTA gehören derzeit noch die Schweiz, Norwegen, Island und Liechtenstein.

1993 kam als jüngster Integrationsraum der *Europäische Wirtschaftsraum (EWR)* dazu, der darauf abzielte, einen Binnenmarkt zwischen der EFTA und den EU-Ländern einzuführen. Von den vier EFTA-Mitgliedern sind drei, nämlich Norwegen, Island und Liechtenstein, Mitglieder des EWR. Die Schweiz lehnte den Beitritt zum EWR 1992 in einer Volksabstimmung ab.

→ EFTA
Abkürzung für „European Free Trade Association". Diese Freihandelszone wurde 1960 als Gegengewicht zur damaligen EG gegründet.

→ Europäischer Wirtschaftsraum (EWR)
Der EWR erweitert den Europäischen Binnenmarkt um Island, Norwegen und Liechtenstein.

Abbildung 7.4
Deutscher Außenhandel nach Regionen 2015 (in Prozent)

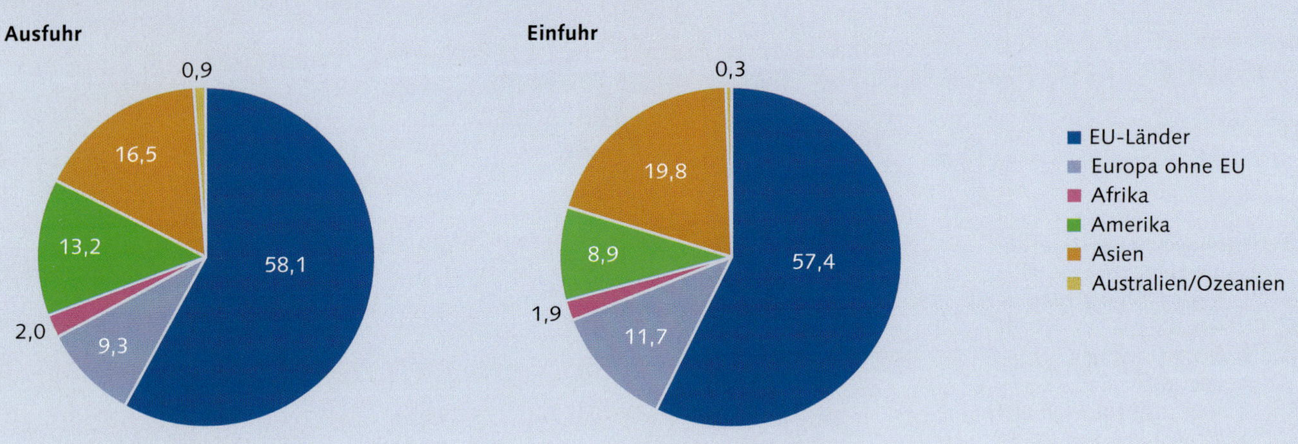

Quelle: Statistisches Bundesamt

Abbildung 7.3 zeigt anhand einer Europakarte den heutigen Stand der europäischen Integration. Welche enorme wirtschaftliche Bedeutung die offenen Grenzen innerhalb Europas für die deutsche Wirtschaft haben, geht aus **Abbildung 7.4** hervor: Fast 70 % der deutschen Exporte und Importe stammen aus dem Handel mit Europa.

Zusammenfassende Übersicht

Drei Säulen der EU

1. Säule: Europäische Gemeinschaft EG (Wirtschaftsabkommen)	2. Säule: Gemeinsame Außen- und Sicherheitspolitik	3. Säule: Polizeiliche und juristische Zusammenarbeit in Strafsachen

ZUSAMMENFASSUNG ANHAND DER LERNZIELE ZU KAPITEL 7

1 Formen und Ursachen des Protektionismus

Von Protektionismus spricht man dann, wenn politische Maßnahmen den internationalen Handel einschränken – entweder zum Schutz heimischer Anbieter oder zur Staatsfinanzierung. Die bekannteste Form sind Zölle, also prozentuale Abgaben auf Importe, die entsprechend dem Zollsatz die Importmenge senken. Andere Formen sind nichttarifäre Handelshemmnisse wie Quoten (mengenmäßige Beschränkungen) und technische Hemmnisse (besondere Normen, die ausländische Produkte erfüllen müssen). Obwohl Protektionismus langfristig gesehen nicht nur den Konsumenten, sondern der gesamten Wirtschaft schadet, sind solche Handelsbeschränkungen politisch bedingt nur schwer abzuschaffen. Denn oft sind einzelne Branchen sehr stark betroffen und gerade auf Anbieterseite ist die Interessenvertretung verhältnismäßig stark. Hinzu kommt – kurzfristig gesehen – die Attraktivität von Zolleinnahmen für den Staat.

2 Formen der Handelsliberalisierung

Handelsliberalisierung, also die Abschaffung der Handelshemmnisse, ist in drei Formen umsetzbar: bilateral (also zwischen zwei Ländern, in der Regel über Freihandelsabkommen), regional (also zwischen einer Gruppe von Ländern) und multilateral (also zwischen möglichst allen Ländern). Bilaterale und regionale Abkommen werden mittlerweile häufig getroffen, während der Zollabbau auf multilateraler Ebene nur schleppend vorangeht.

3 Die Aufgaben der Welthandelsorganisation (WTO)

Die Welthandelsorganisation ist eine Organisation mit bisher 162 Mitgliedsländern (Stand: Anfang 2014), innerhalb derer internationale Handelsverträge geschlossen werden. Sie ist multilateral ausgerichtet und arbeitet nach den beiden Grundprinzipien der Meistbegünstigung und der Inländerbehandlung: Zum einen soll der Fall von Handelsschranken immer direkt für alle Länder gelten – weshalb bilaterale und regionale Handelsabkommen nur als Ausnahmen unter festgelegten Regeln zulässig sind –, zum anderen sollen Ausländer (wirtschaftlich gesehen) wie Inländer behandelt werden.

4 Die Stufen regionaler Handelsabkommen von der Freihandelszone bis zur vollständigen Wirtschaftsunion

Regionale Abkommen können in verschiedenen Formen realisiert werden. Mit zunehmender Handelsliberalisierung sind diese

- die Freihandelszone (Zölle und andere Handelsbeschränkungen zwischen den Mitgliedsländern werden abgeschafft, Außenzölle gegenüber Nichtmitgliedern aber nicht vereinheitlicht),
- die Zollunion (zusätzlich werden Außenzölle gegenüber Nichtmitgliedern vereinheitlicht),
- der Binnenmarkt (neben Waren und Dienstleistungen können auch Arbeit und Kapital frei gehandelt werden),

- die Währungsunion (gemeinsame Währung und Geldpolitik sowie untereinander abgestimmte Fiskalpolitik) und – als nächsthöhere Stufe –
- die vollständige Wirtschaftsunion (mit gemeinsamer Wirtschaftspolitik in den wichtigsten Punkten, ähnlich dem Nationalstaat).

5 Die Geschichte der Europäischen Union aus wirtschaftlicher Sicht und die wesentlichen Abkommen

Für die Zeit nach dem Zweiten Weltkrieg wurde auf der Konferenz von Bretton Woods statt hoher Reparationszahlungen vor allem der wirtschaftliche Wiederaufbau ins Zentrum gestellt. Damit wurde gewissermaßen auch der Grundstein für die heutige EU gelegt. 1957 schlossen Deutschland, Belgien, Frankreich, Italien, Luxemburg und die Niederlande mit den Römischen Verträgen ein Abkommen mit dem (zunächst unverwirklichten) Ziel, einen Binnenmarkt zu schaffen. Dieser wurde ab 1986 unter dem Titel „EG 92" Schritt für Schritt Realität. 1992 kam es dann zum Vertrag von Maastricht, der eine Wirtschafts- und Währungsunion ermöglichen sollte. Außerdem wurde damit innerhalb der EU die politische Integration vorangetrieben, unter anderem mit dem Schengener Abkommen über die Zusammenarbeit im Bereich der inneren Sicherheit.

ZENTRALE BEGRIFFE

Zollsatz
Nichttarifäre Handelshemmnisse
Quoten
Technische Handelshemmnisse
Cassis-de-Dijon-Prinzip
Freihandel
Handelspolitik
Handelsliberalisierung
Regionale Integration
Freihandelsabkommen
WTO
Meistbegünstigung
Inländerbehandlung
Handelsschaffung
Handelsumlenkung
Freihandelszone
Zollunion
Ursprungsnachweis
Binnenmarkt
Vollständige Wirtschaftsunion
Bretton-Woods-Konferenz
Internationaler Währungsfonds (IWF)
Weltbank
Römische Verträge
Vertrag von Maastricht
Schengener Abkommen
EFTA
Europäischer Wirtschaftsraum (EWR)

WIEDERHOLUNGSAUFGABEN ZU KAPITEL 7

1 Beschreiben Sie die verschiedenen Formen des Protektionismus.

2 Erklären Sie anhand von Beispielen, warum Protektionismus (langfristig gesehen) auch den heimischen Anbietern schadet. Weshalb setzt sich die Politik meist nicht für einen vollständigen Zollabbau ein, wenn dieser doch zu sinkenden Preisen und größerer gesamtwirtschaftlicher Wohlfahrt führen würde? Argumentieren Sie aus politisch-ökonomischer Sicht.

3 Nennen und erläutern Sie je ein Beispiel für ein Handelsabkommen auf bilateraler und auf regionaler Ebene. Weshalb kommt es vor allem zu solchen Abkommen? Wirken sich diese in jedem Fall positiv auf die Wohlfahrt aus?

4 Worin liegt der Schwerpunkt der WTO und welches sind ihre wesentlichen Handelsabkommen? Weshalb stehen der Bilateralismus und die regionale Integration im Widerspruch zu den WTO-Prinzipien?

5 Erstellen Sie eine Rangfolge für die Formen regionaler Abkommen und tragen Sie in die entsprechenden Felder die zusätzlichen Regeln der jeweiligen Stufe ein.

6 Welches sind die wichtigsten Eckpfeiler in der Geschichte der Europäischen Union? Erstellen Sie einen Zeitstrahl.

HANDLUNGSORIENTIERTE AUFGABEN ZU KAPITEL 7

1 Deutschland ist erst im 19. Jahrhundert über eine Zollunion zusammengewachsen. Frischen Sie Ihr Geschichtswissen aus früheren Schulstufen auf. Gibt es Parallelen zur Entwicklung in Europa?

2 Informieren Sie sich über die EU-Beitrittskandidaten Serbien, Mazedonien, Island und die Türkei. Welche Argumente sprechen für, welche gegen einen EU-Beitritt? Nehmen Sie Stellung.

3 Recherchieren Sie zum Thema „Merkantilismus". Bringen Sie diesen in Zusammenhang mit dem Protektionismus.

Themengebiet 3: Quellen des Wohlstands

„Die Auswirkungen von Wachstumsraten auf den Wohlstand des Menschen sind einfach verblüffend. Beginnt man einmal über die Thematik nachzudenken, fällt es schwer, noch an andere Fragen zu denken."

Robert Lucas, amerikanischer Ökonom (*1937)

LERNZIELE ZU KAPITEL 8

Nachdem Sie Kapitel 8 durchgearbeitet haben, sollten Sie in der Lage sein,

1 die Relevanz der volkswirtschaftlichen Produktionsfaktoren zu erkennen und ihre Bedeutung für die Produktion zu diskutieren.

2 verschiedene Kombinationsmöglichkeiten von Produktionsfaktoren hinsichtlich ihrer Effizienz zu beurteilen und ihre Einsicht im Sinne des ökonomischen Prinzips zu konkretisieren.

3 das Verfahren zur Optimierung des Einsatzes der volkswirtschaftlichen Produktionsfaktoren anzuwenden und deren volkswirtschaftliche Auswirkungen einzuschätzen.

Kapitel 8: Volkswirtschaftliche Produktionsfaktoren

Was benötigen Unternehmen, um ihre Produkte herzustellen? Die sogenannten Produktionsfaktoren sind die Quellen der Produktion von Unternehmen und damit die Quellen des Wohlstands einer Volkswirtschaft. Man unterteilt sie in die Kategorien Arbeit, Kapital, Technologie sowie Boden und natürliche Ressourcen.

Eine wichtige Aufgabe für ein Unternehmen ist es, diese Faktoren so zu kombinieren, dass es sich mit dem Ergebnis auf dem Markt blicken lassen kann und die Kosten im Griff bleiben. Das Wissen darüber, wie man Arbeit, Kapital, Boden und natürliche Ressourcen miteinander kombiniert, ist die Technologie. Und an dieser entscheidet sich letztlich die Frage, ob ein Unternehmen im Geschäft bleibt. Selbst wer in der Marktwirtschaft Erfolg hat, muss immer weiter nach besseren Kombinationsmöglichkeiten der Produktionsfaktoren suchen, die sich aufgrund des technischen Fortschritts ergeben. So war z. B. das Drucken von Büchern oder Zeitungen jahrhundertelang ein sehr personalintensives Unterfangen, das vielen Menschen Arbeit gab. Inzwischen wurden die Produktionsfaktoren neu kombiniert: Druckereien sind heute fast menschenleere Maschinenhallen und dafür sind in anderen Wirtschaftsbranchen neue Arbeitsplätze geschaffen worden.

8.1 Die Produktionsfaktoren

Die Produktion eines Unternehmens hängt – wie in **Abbildung 8.1** dargestellt – vom Einsatz der Produktionsfaktoren Arbeit, Kapital, Boden und natürliche Ressourcen ab. Dazu kommt die Technologie, also das Know-how, das nötig ist, um die Faktoren sinnvoll miteinander zu verknüpfen. Technologie ist das Wissen, auf welche Art Arbeit, Kapital und Boden kombiniert werden können, um Waren und Dienstleistungen zu produzieren. Betrachten wir dafür als Beispiel die Abbildungen in diesem Buch. Solche Grafiken ließen sich noch vor wenigen Jahren nur in etlichen Arbeitsstunden herstellen, heute dagegen werden sie dank einem geeigneten Computerprogramm mit wenigen Mausklicks geschaffen.

Die Menge des Faktors Arbeit, die bei der Produktion zum Einsatz kommt, wird dadurch bestimmt, wie viele Mitarbeiter eingestellt werden und wie lange diese arbeiten. Dabei kann ein Unternehmen die Länge der Arbeitszeit nicht nach Belieben ausweiten. Arbeitszeiten werden einerseits gesetzlich begrenzt und andererseits zwischen Arbeitgeberverbänden und Gewerkschaften branchenbezogen ausgehandelt. Sowohl Tages- als auch Wochenarbeitszeiten sind Bestandteil von Tarifverträgen. War es bis in die 1960er-Jahre hinein üblich, auch den Samstag als Werktag zu verwenden, ist die durchschnittliche Wochenarbeitszeit anschließend gesunken. Die Regelungen sind in den vergangenen Jahren durch Maßnahmen wie Arbeitszeitkonten flexibilisiert worden. Somit haben Unternehmen durchaus die Möglichkeit, ihre Belegschaft je nach Bedarf mal länger oder mal kürzer arbeiten zu lassen.

Abbildung 8.1
Produktionsfaktoren

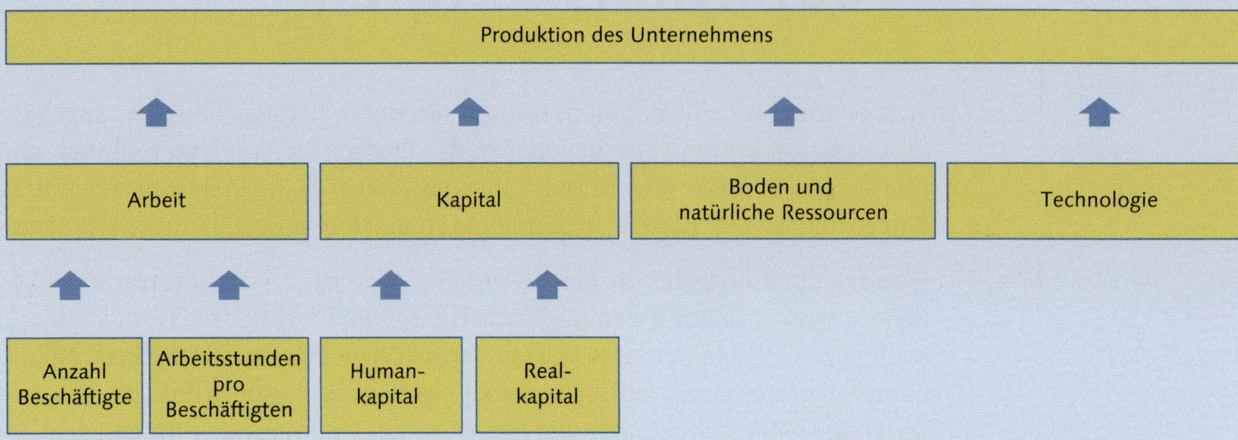

Auch der Faktor Kapital hat zwei Bestimmungsfaktoren: die Ausstattung des Unternehmens mit *Realkapital* und die Ausstattung mit Humankapital. Beide beeinflussen die Produktivität des einzelnen Beschäftigten.

→ **Realkapital**
Anlagen und Einrichtungen, die zur Produktion von Waren und Dienstleistungen eingesetzt werden.

Je mehr Realkapital einer Arbeitskraft zur Verfügung steht, desto mehr kann sie während ihrer Arbeitszeit produzieren. Mithilfe eines Traktors lässt sich eine größere landwirtschaftliche Fläche bearbeiten als mit einem Ochsenpflug. Ob hinterm Lenkrad, an der Maschine, am Fließband oder am Computer: Der Umgang mit hochwertigen Kapitalgütern setzt natürlich entsprechende Fähigkeiten der Beschäftigten voraus. Je besser deren Ausbildung ist, desto höher ist in der Regel ihr Wert für das Unternehmen und damit ihr Lohn. Im ökonomischen Jargon spricht man hier von *Humankapital*.

→ **Humankapital**
Fähigkeiten, Fertigkeiten und Wissen der Arbeitskräfte, in der Regel erworben durch Aus- und Weiterbildung.

1956 begannen die Gewerkschaften in Deutschland mit einer Kampagne für die Fünftagewoche. Statt einer wöchentlichen Arbeitszeit von 48 Stunden verlangten sie eine Begrenzung der Nutzung des Produktionsfaktors Arbeit auf 40 Stunden. Gut zehn Jahre danach war aus dem Wunsch in vielen Branchen Wirklichkeit geworden. In den 1990er-Jahren folgte eine Verkürzung auf 35 Stunden pro Woche, die inzwischen weitgehend rückgängig gemacht wurde.

Humankapital ist kein Unwort

Gewiss kann man über die Sprache der Ökonomen streiten. Die Volkswirtschaftslehre ist keine experimentell überprüfbare Wissenschaft wie die Physik, basiert nicht auf einigen abstrakten logischen Regeln wie die Mathematik und ist auch keine reine Geisteswissenschaft wie die Philosophie oder die Germanistik. Zwar hantiert sie mit quantifizierbaren, das heißt messbaren Größen. Als Sozialwissenschaft lebt aber natürlich auch die Volkswirtschaftslehre von ihrem Wortschatz und ist darauf angewiesen, dass Begriffe und Definitionen korrekt gebraucht und verstanden werden. Da nicht jeder VWL-Begriff allgemein bekannt ist, kommt es durchaus zu Missverständnissen. So küren Jahr für Jahr Sprachwissenschaftler einer Jury (darunter sind keine Ökonomen) ein „Unwort des Jahres" – und greifen sich dabei häufig Begriffe aus der Wirtschaftspresse. So bedenklich Wörter wie „Entlassungsproduktivität", „sozialverträgliches Frühableben", „Wohlstandsmüll" oder „betriebsratsverseucht" sind, so falsch ist der Eindruck, sie seien Bestandteil der volkswirtschaftlichen Lehre oder des Jargons der Ökonomen. Anders war es im Jahr 2004, als mit „Humankapital" tatsächlich ein wichtiger Begriff der Ökonomik an den Pranger der Sprachkritiker gestellt wurde. Dieses Wort findet man – siehe oben – sehr wohl in VWL-Lehrbüchern. Die Begründung für die negative Einstufung lautete, das Wort degradiere Menschen „zu nur noch ökonomisch interessanten Größen". Diese Einschätzung lehnen viele Ökonomen ab, andere sprechen lieber von „Humanvermögen", meinen aber das Gleiche. Für sie ist der Begriff positiv besetzt. Humankapital würdigt den Einzelnen nicht herab, sondern nutzt diesem. Es gehört nämlich dem Mitarbeiter und nicht dem Unternehmen, bei dem er arbeitet, sodass es beim Wechsel des Arbeitsplatzes mitgenommen werden kann. Zudem betont das Konzept des Humankapitals die große Bedeutung, die Bildung und Wissen des Einzelnen für das Wachstum eines Unternehmens und der Volkswirtschaft haben. Wer als Arbeitgeber nur heuert und feuert, Mitarbeiter nicht weiterbildet oder diese gar mobbt, handelt demnach keineswegs im Sinne von Ökonomen.

Neben Arbeit und Kapital ist Boden für die Produktion eines Unternehmens unerlässlich. Landwirtschaftliche Betriebe benötigen Ackerland, Industrieunternehmen und Dienstleister brauchen Flächen für Fabriken und Büros. Zudem ist Platz für Lagerhallen und Verkehrswege vonnöten, um Güter lagern und transportieren zu können. Zu diesem Produktionsfaktor gehören auch die natürlichen Ressourcen, also die Rohstoffe, die im Boden schlummern – seien es Kohle, Erze, Kali, Erdgas oder Öl.

8.2 Die Kombination von Produktionsfaktoren

In Kapitel 5 haben wir immer den gesamten Markt betrachtet und analysiert, wie sich Preisänderungen auf die insgesamt nachgefragte Menge auswirken. In den verschiedenen Anwendungen des Konzepts arbeiten wir jeweils mit dieser Darstellung des Gesamtmarktes, betrachten also die Reaktionen aller Anbieter und Nachfrager gemeinsam und nicht die einer einzelnen Person. Um aber das Handeln der Einzelnen auf Märkten besser zu verstehen, lohnt es sich, deren

Überlegungen genauer nachzuvollziehen. In einigen Schritten wollen wir deshalb das Produzentenverhalten analysieren.

Wieso dehnt eine Produzentin oder ein Produzent die angebotene Menge aus, wenn der Preis ansteigt? Diese Frage wollen wir nicht nur intuitiv, sondern konzeptionell beantworten. Der entscheidende Faktor bei der Angebotsentscheidung sind die Kosten der Produktion. Um die Entstehung dieser Kosten zu verstehen, betrachten wir die Produktionsfunktion. Diese Funktion zeigt uns den Zusammenhang zwischen Input und Output: Wie stark verändert sich also die Produktion (Output), wenn zusätzliche Produktionsfaktoren wie Arbeit oder Kapital (Input) eingesetzt werden?

Abbildung 8.2
Produktionsfunktion und Kostenfunktion

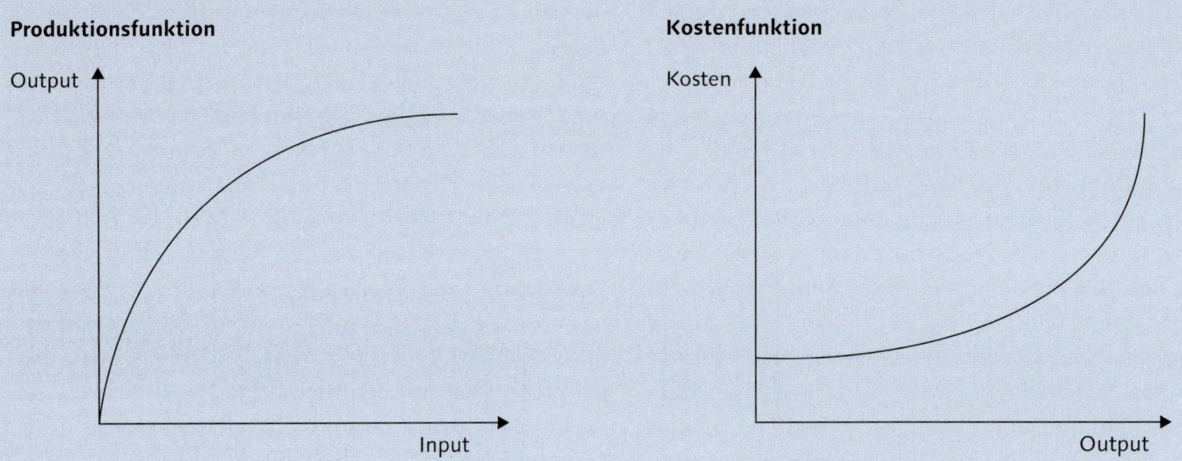

Die *Produktionsfunktion* zeigt die Beziehung zwischen der Outputmenge eines Gutes und der Inputmenge (Produktionsfaktoren wie Arbeit und Kapital), die für die Produktion nötig ist. Dabei stellt die Outputmenge jeweils die effiziente Menge dar, die mit der entsprechenden Inputmenge produziert werden kann. Die typische Produktionsfunktion weist abnehmende Grenzerträge auf. Sie ist für einen Input dargestellt unter der Annahme, dass der andere Input konstant ist.

Die *Kostenfunktion* lässt sich aus der Produktionsfunktion ableiten. Sie zeigt, welche Kosten anfallen, wenn eine bestimmte Outputmenge eines Gutes produziert werden soll. Da fixe Kosten anfallen, bevor etwas produziert werden kann, beginnt die Kurve nicht im Ursprung. Die zunehmenden Grenzkosten (Kosten für eine zusätzliche produzierte Einheit) sind durch die abnehmenden Grenzerträge der Produktion begründet.

Die *Produktionsfunktion* ist in der linken Grafik von **Abbildung 8.2** eingezeichnet. Auf der vertikalen Achse steht der Output, das heißt die produzierte Menge eines betrachteten Unternehmens, und auf der horizontalen Achse der Input, in diesem Fall die eingesetzte Arbeit (unter der Annahme konstanten Kapitaleinsatzes). Wir erkennen, dass die Produktionsfunktion mit zunehmendem Einsatz an Arbeit zwar stets einen positiven, aber mit zunehmender Produktionsmenge immer flacheren Verlauf aufweist.

→ **Produktionsfunktion**
Beziehung zwischen der Inputmenge und der Outputmenge bei der Produktion eines Gutes.

→ **Gesetz abnehmender Grenzerträge**
Gesetzmäßigkeit, nach der limitierende Inputfaktoren dazu führen, dass der zusätzliche Output pro Inputeinheit mit steigender Inputmenge abnimmt.

Der Grenzertrag, das ist die zusätzlich produzierte Menge, sinkt also mit steigender Produktionsmenge – man nennt dies das *Gesetz abnehmender Grenzerträge*. Wie aber lässt sich diese Gesetzmäßigkeit begründen? Am einfachsten versteht man es mithilfe eines Beispiels: Nehmen wir an, ein Restaurant wirtschafte immer erfolgreicher, sodass die Besitzerin immer mehr Mahlzeiten verkaufen kann. Das heißt aber, dass sie ihre Produktion steigern muss. Um das zu erreichen, kann sie relativ kurzfristig zusätzliche Köche einstellen. Stellt die Besitzerin einen zweiten Koch ein, dann wird dieser ähnlich produktiv sein wie der erste. Mit jedem weiteren Koch wird aber die zusätzliche Menge an produzierbaren Gerichten kleiner, da sich die Köche mit zunehmender Zahl im Wege zu stehen beginnen. Die Größe der Küche ist nämlich fix und lässt sich kurzfristig kaum verändern, sodass die größere Anzahl von Köchen wachsende Wartezeiten zur Folge hat, wenn etwa gerade wieder keine Herdplatte frei ist. Die Restaurantbesitzerin erlebt in diesem Beispiel ganz real das Gesetz abnehmender Grenzerträge.

Die Grundidee dahinter ist die folgende: Wenn ein Faktor fix ist (in diesem Fall die Küchengröße), dann kann man mit zusätzlichem Einsatz eines anderen Faktors (hier die Anzahl Köche) die Produktion zwar steigern, aber die zusätzliche Produktion wird mit jedem zusätzlichen Einsatz dieses variablen Faktors immer kleiner. Die Produktionsfunktion zeigt diesen Zusammenhang grafisch auf.

→ **Kostenfunktion**
Beziehung zwischen der Outputmenge eines Gutes und den Kosten, die bei der Produktion dieser Outputmenge anfallen.

Aus der Produktionsfunktion lässt sich nun in einem zweiten Schritt direkt die *Kostenfunktion* eines Unternehmens ableiten, die in **Abbildung 8.2** rechts dargestellt ist. Auf der vertikalen Achse sind die totalen Kosten abgetragen und auf der horizontalen Achse die Produktionsmenge. Die Kurve beginnt nicht im Ursprung, weil die fixen Kosten auch ohne Produktion anfallen. Bevor das Restaurant den ersten Teller Spaghetti verkaufen kann, müssen die Küche und die Restauranteinrichtung vorhanden und finanziert sein. Die Kostenkurve hat nun ebenfalls eine positive Steigung: Je größer die Produktion, desto höher die Kosten. Verantwortlich dafür sind die variablen Kosten, wie beispielsweise die Auslagen für Fleisch oder Gemüse. Wir sehen aber auch, dass diese Kurve mit zunehmender Produktionsmenge immer steiler wird. Und dies ist nichts anderes als das Gesetz abnehmender Grenzerträge. Je mehr Köche da sind, desto weniger produziert der einzelne Koch, weil die Küche immer voller wird. Je mehr Mahlzeiten die Küche produziert, desto teurer wird deshalb jede zusätzliche Mahlzeit. Oder, allgemein ausgedrückt: Je mehr Einheiten eines Produkts hergestellt werden, desto größer sind die Kosten jeder zusätzlich produzierten Einheit dieses Produkts, die sogenannten *Grenzkosten*; und deshalb wird die Kostenfunktion immer steiler. Bei vollständigem Wettbewerb weitet ein Unternehmen seine Produktion so lange aus, bis die Grenzkosten dem Marktpreis entsprechen.

→ **Grenzkosten**
Anstieg der Gesamtkosten bei der Produktion einer zusätzlichen Einheit.

KOMPETENZEN BILDEN: Deutschlands Produktionsfaktoren

Deutschlands Stärke hat 13 Gründe

In keinem Land der Erde sind mehr Weltmarktführer beheimatet als in Deutschland. Berater und Wissenschaftler sind auf der Suche nach dem deutschen Erfolgsgeheimnis. Wer genau hinschaut, findet deren mehrere.

Von Hermann Simon

Es war im Jahr 1986, als mich Harvard-Professor Ted Levitt, der den Ausdruck Globalisierung populär machte, fragte, warum die deutsche Wirtschaft im Export immer vorn mitspiele. In den 25 Jahren seither hat sich wenig geändert. Zehnmal waren wir in diesem Zeitraum Exportweltmeister. Auch 2011 brachte wieder einen neuen Rekord. Der Export, nicht die Binnennachfrage, ist für unseren Wohlstand und die niedrige Arbeitslosigkeit verantwortlich. Noch nie war das Interesse am „deutschen Modell" so groß wie heute. Was sind also die Wurzeln unserer Wettbewerbsstärke? [...] Die Hauptursache für den anhaltenden deutschen Exporterfolg liegt in der Stärke unseres Mittelstandes oder, präziser gesagt, der Elite des Mittelstandes, den sogenannten „Hidden Champions". [...]

1. Historische Kleinstaaterei
Anders als beispielsweise Frankreich war Deutschland bis Ende des 19. Jahrhunderts kein Nationalstaat, sondern eine Ansammlung von Kleinstaaten. Jeder Unternehmer, der wachsen wollte, musste internationalisieren. Der Drang zur Internationalisierung steckt den deutschen Unternehmern im Blut und setzt sich bis heute fort. Sie beginnen viel früher und bei kleinerer Unternehmensgröße als ihre ausländischen Kollegen mit dem Export. Das ist der Nährboden, auf dem Hidden Champions und Exporterfolge gedeihen.

2. Traditionelle Kompetenzen
In vielen deutschen Regionen gibt es jahrhundertealte Kompetenzen, die ihr Licht bis in die Gegenwart werfen. So wurden im Schwarzwald seit je Uhren gefertigt, das erforderte hohe feinmechanische Kompetenzen. [...] Heute gibt es im Raum Tuttlingen am Schwarzwaldrand mehr als 400 medizintechnische Unternehmen, die aus dieser feinmechanischen Tradition entstanden sind, einige sogar direkt aus Uhrmachereien. Oder nehmen wir Göttingen. Wieso finden wir dort 39 Hersteller von Messtechnik, viele von ihnen Weltmarktführer? Die Erklärung liegt darin, dass die mathematische Fakultät der Universität Göttingen über Jahrhunderte führend war. Einige dieser Firmen gehen auf Prinzipien zurück, die Carl Friedrich Gauß entdeckte. Der frühere Siemens-Vorstand Edward Krubasik sagt dazu: „Deutschland nutzt die Technologiebasis, die bis ins Mittelalter zurückgeht, um im 21. Jahrhundert erfolgreich zu sein." [...]

3. Herausragende Innovationskraft
Nehmen wir als Indikator der Einfachheit halber die vom Europäischen Patentamt gewährten Patente. Dann hat Deutschland je Kopf mehr als doppelt so viele Patente wie Frankreich, viermal so viele wie Italien, fünfmal so viele wie Großbritannien und 18-mal so viele wie Spanien – von Portugal (56-mal so viele) und Griechenland (110-mal so viele) ganz zu schweigen. Lediglich die Schweiz und Schweden liegen in den Pro-Kopf-Patentzahlen noch vor uns. Unsere Innovationskraft ist im europäischen Kontext herausragend und kann sich auch im globalen Maßstab sehen lassen.

4. Starke Produktionsbasis
Anders als beispielsweise Großbritannien und die Vereinigten Staaten hat Deutschland seine Produktionsbasis erhalten. Während dies bis vor kurzem als rückständig galt, werden wir heute dafür bewundert. Die Korrelation zwischen Produktionsbasis und Leistungsbilanzsaldo ist mit 79 Prozent extrem hoch. Deutschland mag in diesem Sinne zwar altmodisch sein, aber ist nicht zuletzt deswegen im Export erfolgreich.

5. Entwicklung der Lohnstückkosten
Die deutschen Exporte profitierten in den letzten zehn Jahren massiv von der günstigen Entwicklung der Lohnstückkosten. Diese sind von 2002 bis 2010 mit Ausnahme der Krisenjahre 2008/9 nur moderat gestiegen oder sogar gefallen, während sie im Euroraum insgesamt um 22 Prozent und in Frankreich um 26 Prozent anzogen. Der Anstieg in Deutschland betrug hingegen nur 6 Prozent.

6. Scharfe Konkurrenz
[Der Ökonom] Michael Porter hat auf die enge Korrelation zwischen scharfer interner Konkurrenz und dauerhafter internationaler Wettbewerbsfähigkeit hingewiesen. Ein Drittel der Hidden Champions sehen ihre schärfsten Wettbewerber in Deutschland, oft sogar in regionaler Nähe. Die harte interne Konkurrenz trägt entscheidend zur Export- und Wettbewerbsstärke deutscher Unternehmen bei.

7. Made in Germany
Aus dem 1887 von den Engländern als Zeichen für minderwertige Qualität gedachten „made in Germany" ist heute genau das Gegenteil geworden, ein Gütesiegel erster Klasse. Es besteht kein Zweifel, dass „made in Germany" und die dahinterstehende Qualität wesentlich zum anhaltenden deutschen Exporterfolg beitragen.

8. Industriecluster
Dazu zählen traditionelle Cluster wie etwa für Schneidwaren in Solingen, Wälzlager in Schweinfurt, Schließtechnik in Velbert oder Bleistifte in Nürnberg. Andere, wie das Ventilatorencluster in Hohenlohe, das Interfacecluster in Ostwestfalen, das Isoliergefäßecluster in Wertheim oder das Windenergiecluster in Norddeutschland sind jüngeren Ursprungs. Solche Cluster versammeln höchste Kompetenz weltweit in einer Region und fördern Höchstleistung.

9. Unternehmercluster
Neben den branchenbezogenen Industrieclustern finden wir eine andere Art von Konzentration, die ich Unternehmercluster nenne. Häufig gibt es in enger Nachbarschaft mehrere Hidden Champions, die nicht in der gleichen Branche tätig sind, also keinem Industriecluster angehören. Windhagen im Westerwald hat 4260 Einwohner und drei mittelständische Weltmarktführer: Wirtgen bei Straßenfräsen, JK bei professionellen Sonnenbräunern und Geutebrück bei Überwachungssystemen. Ähnliches beobachtet man quer durch die Republik [...] Die Erklärung liegt in einem sozialen Ansteckungsprozess. Anders als beim Industriecluster ist das Verbindende nicht die Branche, sondern das soziale Netzwerk, das Inspiration liefert, einem Erfolgreichen nachzueifern. [...]

10. Regionale Streuung
In den meisten Ländern dieser Welt ist die Intelligenz an einem Ort, in der Regel in der Hauptstadt, konzentriert. Wenige Länder sind so dezentral strukturiert wie Deutschland. Selbst auf dem Lande findet man bei uns überall Weltklasseunternehmen. Ich halte diese regionale Streuung für einen enormen Vorteil. Selbst in den neuen Bundesländern sind mittlerweile 45 Hidden Champions entstanden.

11. Duale Berufsausbildung
Dieses in der Welt einmalige System wird regelmäßig als eine der wichtigsten Ursachen der deutschen Wettbewerbsstärke genannt – mit Recht. „Deutschland steht sehr gut da", heißt es in einer Studie der OECD zur beruflichen Bildung aus dem Jahre 2010. Dem ist nichts hinzuzufügen, außer vielleicht, dass immer mehr Länder versuchen, das deutsche System nachzuahmen.

12. Geostrategische Mittellage
Selbst in Globalia, der globalisierten Welt der Zukunft, existieren Distanzen und Zeitzonen. Deutschland hat in dieser Hinsicht eine einzigartige Mittellage. Wir können innerhalb normaler Bürozeiten mit Japan und Kalifornien telefonieren. Zwischen Amerika und Asien geht das nicht, da die Zeitunterschiede zehn bis zwölf Stunden betragen. Auch unsere Reisezeiten in die wichtigsten Geschäftszentren der Welt sind kürzer als diejenigen, die Asiaten oder Amerikaner auf sich nehmen müssen. Selbst innerhalb Europas liegen wir zentral. Das sind Vorteile, die mit zunehmender Globalisierung an Gewicht gewinnen.

13. Mentale Internationalisierung
Stets erforderte internationales Geschäft eine kulturelle Horizonterweiterung. „Die beste Sprache ist die Sprache des Kunden", sagte schon Anton Fugger. Unter den großen Ländern liegt Deutschland in der mentalen Internationalisierung mit Abstand vorne. Kleinere Länder wie die Schweiz, die Niederlande oder Schweden sind allerdings noch weiter.

Natürlich gibt es weitere Erklärungen. So werden oft typisch deutsche Tugenden wie Gründlichkeit oder Pünktlichkeit angeführt. Unsere Analyse belegt, dass der globale Erfolg deutscher Unternehmen nicht auf eine einzelne Wurzel zurückgeht, sondern aus einem komplexen Bündel teilweise interagierender Ursachen entsteht. Und eine weitere wichtige Einsicht besteht darin, dass diese Ursachen nur schwer imitierbar sind.

Hermann Simon [...] ist Aufsichtsratsvorsitzender der Beratungsgesellschaft Simon-Kucher & Partners. Der Artikel ist ein Exzerpt aus seinem Buch „Hidden Champions – Aufbruch nach Globalia" (Campus-Verlag).

Quelle: F.A.Z. vom 14.10.2012

Arbeitsaufträge:

1. Lesen Sie den Artikel und ordnen Sie – soweit möglich – die 13 Gründe für den wirtschaftlichen Erfolg den volkswirtschaftlichen Produktionsfaktoren zu. Wie können die nicht zuordnungsfähigen Gründe Ihrer Meinung nach zusammengefasst werden?

2. Laut Hermann Simon, der den Begriff „Hidden Champions" geprägt hat, stammt fast die Hälfte der insgesamt 2700 mittelständischen Weltmarktführer aus Deutschland. Bezogen auf eine Million Einwohner hat Deutschland 16 dieser Unternehmen, Frankreich aber nur 1,1, die USA 1,2 und Japan 1,7. Wie erklären Sie diesen Unterschied? Weshalb ist dieser Anteil in der Schweiz und Österreich ähnlich hoch wie in Deutschland? Berücksichtigen Sie dabei die wichtigen Aspekte Geografie und Geschichte.

3. Recherchieren Sie das wirtschaftliche Profil Ihrer Stadt oder Ihres Kreises und untersuchen Sie es auf Stärken und Schwächen. Nutzen Sie Vergleichsdaten anderer Regionen oder den bundesweiten Durchschnitt. Wo arbeiten die Einwohner? Welche Branchen sind stark vertreten; gibt es Weltmarktführer? Welche Produktionsfaktoren sind in Ihrer Region besonders ausgeprägt? Achten Sie dabei auch auf Zulieferer und Dienstleistungsbetriebe, über die nur selten berichtet wird.

4. Der Artikel erklärt die Erfolge der Vergangenheit. Wie aber steht es mit der Zukunftsfähigkeit? Es ist ja nicht sicher, dass Deutschland auch in der Zukunft so erfolgreich sein wird. Kritiker verweisen zum Beispiel auf Schwächen bei Hochtechnologien und Onlinegeschäftsfeldern. Bilden Sie zwei Gruppen in der Klasse und führen Sie nach entsprechender Vorbereitung eine PRO- und KONTRA-Diskussion:
   - PRO-Gruppe: Deutschlands wirtschaftliche Stärke wird erhalten bleiben, wenn wir unsere Produktionsfaktoren pflegen und nötige Reformen nicht aufschieben. Die Gruppe nennt Maßnahmen, die Deutschlands ökonomische Basis weiterentwickeln könnten.
   - KONTRA-Gruppe: Die aufstrebenden und bevölkerungsreichen Länder Asiens, Südamerikas und vielleicht auch Afrikas werden die Weltwirtschaft künftig dominieren. Sie nennen Argumente, warum Deutschland und die EU im internationalen Wettbewerb zurückfallen könnten.

Wieso gibt es Rabatte?

Wenn wir einkaufen gehen, wecken Rabatte unsere Kauflust. Wer mehr von einer Sache kauft, erhält einen günstigeren Stückpreis. Die Shoppingpraxis scheint hier der Wirtschaftstheorie zu widersprechen. Die Kostenfunktion in **Abbildung 8.2** besagt ja, dass die Produktion mit jedem weiteren Stück teurer wird, nicht billiger. Wieso können Anbieter den Stückpreis senken, wenn Nachfrager ihnen größere Mengen abnehmen? Warum gibt es Rabatte?

Das Gesetz des abnehmenden Grenzertrags wurde einst mit Blick auf die Landwirtschaft formuliert. Hier ist der Boden ein limitierender Faktor, der sich nicht beliebig vermehren lässt. Bei der industriellen Produktion gibt es hingegen die Möglichkeit, nicht nur wenige Produktionsfaktoren vermehrt einzusetzen, sondern alle. Man vergrößert den Umfang (die Skala) der Produktion, indem alle relevanten Faktoren z. B. verfünffacht werden. In dem Fall kann dann auch fünfmal mehr produziert werden – und meist sogar noch mehr. Bei einer Produktion im größeren Stil lohnen sich nämlich Investitionen in Maschinen, Technologie, Standardisierung, Forschung und Ausbildung, allesamt Treiber der Arbeitsproduktivität. Erhöht sich dadurch der Output überproportional, erzielt das Unternehmen *steigende Skalenerträge*. Die durchschnittlichen Kosten – die Kosten pro Stück – sinken. Das sind die Früchte der Massenproduktion, die wir als Konsumenten in Form niedriger Preise oder eben auch als Rabatt ernten.

Diese Vorteile aus der schieren Größe der Produktion sind besonders groß bei den sogenannten natürlichen Monopolen, mit denen wir uns ausführlich in Abschnitt 11.2.2 befassen. Ihr gemeinsames Merkmal sind Produktionskosten, die aus einem extrem hohen, fixen Kostenblock bestehen: den Kosten einer Infrastruktur, etwa ein Netz aus Straßen, Schienen, Wasser- oder Stromleitungen. In diesen Infrastrukturbranchen sind die Einsparungen bei Ausweitung der Produktionsmenge – die Anbindung neuer Nutzer – so groß, dass ein einziger Anbieter viel effizienter produzieren kann als mehrere Anbieter mit jeweils eigener Infrastruktur.

→ **Steigende Skalenerträge**
Überproportionale Zunahme des Outputs bei Vermehrung der Inputeinheiten.

8.3 Effizienz und Wachstum

In Abschnitt 5.1 haben wir die effiziente Allokation der Ressourcen kennengelernt, die durch die Koordination der Wirtschaftsakteure mittels Preissignalen möglich wird. Die Produktionsfaktoren werden von den Produzenten im Idealfall so miteinander kombiniert, dass der Güterausstoß maximiert wird. Es ist dann nicht möglich, mehr von einem Gut zu produzieren, ohne gleichzeitig weniger von einem anderen Gut herstellen zu können. Der einzelne Produzent orientiert sich dabei am Wirtschaftlichkeitsprinzip: Er strebt danach, entweder ein bestimmtes Ergebnis mit dem geringstmöglichen Ressourceneinsatz (Minimalprinzip) oder mit einem bestimmten Ressourceneinsatz das größtmögliche Ergebnis (Maximalprinzip) zu erreichen. Gelingt ihm dies, hat er die *Minimalkostenkombination* verwirklicht.

→ **Minimalkostenkombination**
Kombination der Produktionsfaktoren, mit der Unternehmen entweder eine gegebene Menge an Gütern zu minimalen Kosten herstellen oder bei gegebenen Kosten die hergestellte Gütermenge maximieren.

Verfehlt ein Unternehmen die Minimalkostenkombination, dann heißt das, es verschwendet Ressourcen, arbeitet also ineffizient. Das schmälert seinen Gewinn. Effizienz beschreibt einen Zustand, bei dem die Ressourcen nicht verschwendet, sondern – positiv ausgedrückt – optimal eingesetzt werden. Das Konzept ist für die ökonomische Analyse zentral. Insbesondere ist es wichtig zu verstehen, warum Effizienz und Wohlstand eng zusammenhängen und was in diesem Zusammenhang Wachstum bedeutet.

Eine Volkswirtschaft operiert dann effizient, wenn sie die Produktionsfaktoren optimal einsetzt. Oder anders ausgedrückt: Der Wohlstand lässt sich steigern, wenn es gelingt, eine Volkswirtschaft effizienter zu organisieren. In einem marktwirtschaftlich organisierten System garantieren *unverzerrte Preise* einen solchen effizienten Einsatz der Ressourcen.

→ **Unverzerrte Preise**
Preise, welche die relativen Knappheiten der Güter korrekt widerspiegeln.

→ **Produktionsmöglichkeitenkurve**
Grafische Darstellung, die aufzeigt, welche Güterkombinationen mit den gegebenen Ressourcen maximal produziert werden können.

Wir können den Unterschied zwischen einem effizienten und einem ineffizienten Einsatz der Ressourcen an einer ganz einfachen Darstellung verdeutlichen. Dafür nehmen wir an, dass sich alle Güter einer Volkswirtschaft in zwei Kategorien aufteilen lassen: in „Konsumgüter" und „Investitionsgüter". Wir überlegen uns jetzt, wie viele dieser Güter mit der bestehenden Ausstattung an Produktionsfaktoren zu einem bestimmten Zeitpunkt produziert werden können. Die maximal produzierbaren Kombinationen dieser beiden Güterkategorien sind mit der sogenannten *Produktionsmöglichkeitenkurve* in **Abbildung 8.3** dargestellt.

Abbildung 8.3
Produktionsmöglichkeitenkurve

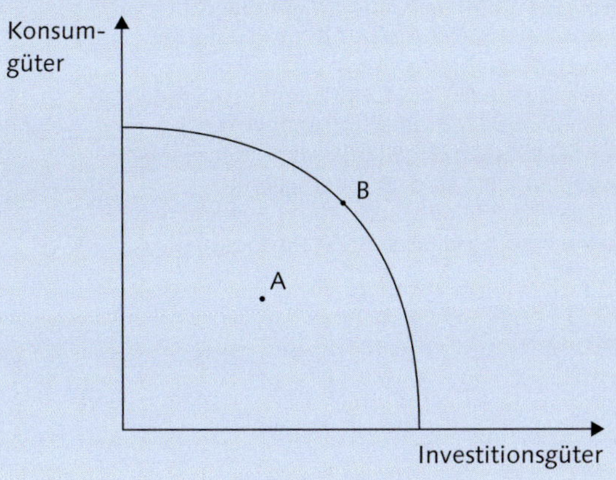

Die Grafik stellt die Produktionsmöglichkeitenkurve dar. Sie zeigt alle effizienten Kombinationen von Konsum- und Investitionsgütern, die sich bei gegebener Ausstattung an Arbeit, Kapital, Boden und natürlichen Ressourcen sowie Technologie herstellen lassen. Punkt A ist eine ineffiziente Situation. Mit der gegebenen Ausstattung ist es nämlich möglich, von beiden Gütern mehr zu produzieren, zum Beispiel Punkt B. Eine Bewegung von A nach B führt zu einem Wachstum des Wohlstands (Effizienzgewinn), das aber aufhört, sobald die Kurve erreicht ist; diese Bewegung wird auch als statischer Wachstumseffekt bezeichnet.

Wir könnten alle Ressourcen einsetzen, um Konsumgüter zu produzieren. Dann befänden wir uns am Schnittpunkt der Kurve mit der vertikalen Achse. Wollen wir aber auch Investitionsgüter produzieren, so müssen wir einen Teil der Ressourcen dafür verwenden. Das heißt aber dann, dass wir etwas weniger Konsumgüter produzieren können, womit wir uns entlang der Kurve nach rechts bewegen. Welche dieser Kombinationen gewählt wird, hängt von den Präferenzen der Bevölkerung ab. Was bedeutet jedoch in diesem Zusammenhang Effizienz? Ein Ressourceneinsatz ist dann effizient, wenn die Kombination produzierter Güter sich auf der Kurve befindet. Ineffizient eingesetzt sind die Ressourcen beispielsweise im Punkt A, der sich unterhalb der Kurve befindet. Natürlich können wir die in diesem Punkt dargestellte Güterkombination mit den vorhandenen Ressourcen erreichen; wir würden mit ihnen dabei aber verschwenderisch umgehen.

Wir könnten nämlich die gleiche Menge an Konsumgütern und gleichzeitig mehr Investitionsgüter produzieren, indem wir die Effizienz steigern und uns horizontal vom Punkt A weg auf die Kurve hin bewegen. Wir können aber auch mehr von beiden Gütern produzieren, wenn wir uns vom Punkt A zu Punkt B bewegen. Diese Überlegung zeigt uns, was in der Volkswirtschaftslehre mit „Effizienz" gemeint ist. Genauer spricht man oft auch von *Pareto-Effizienz*: Eine Maßnahme erhöht dann die Effizienz, wenn sie erlaubt, mehr von einem Gut zu produzieren, ohne gleichzeitig weniger von einem anderen Gut produzieren zu müssen. Bringt uns also eine Maßnahme von Punkt A etwa zu Punkt B, so steigert sie eindeutig die Effizienz bzw. den Wohlstand. Bewegen wir uns aber auf der Kurve von einem Punkt zu einem anderen, so führt dies nicht zu einer Effizienzsteigerung, weil die Ressourcen an jedem Punkt auf der Kurve effizient eingesetzt sind.

→ **Pareto-Effizienz**
Technische Bezeichnung für das volkswirtschaftliche Konzept der Effizienz. Die Bezeichnung verweist auf den italienischen Ökonomen Vilfredo Pareto.

Kurzfristig ist die Ausstattung der Wirtschaft mit den Produktionsfaktoren Arbeit, Kapital, Boden und natürliche Ressourcen sowie Technologie konstant. Bei einer solchen Betrachtungsweise geht es also darum, effizient zu wirtschaften, das heißt, die Produktionsmöglichkeitenkurve zu erreichen.

Abbildung 8.4
Wachstum

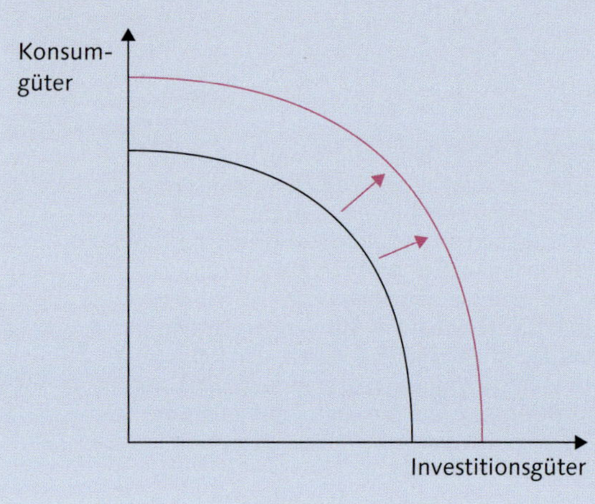

Permanentes Wachstum ist möglich, wenn die Ressourcen selbst sich laufend erhöhen. Die Ausstattung mit Arbeit oder Kapital kann sich vergrößern oder es kann technischen Fortschritt geben. Dies führt zu einer laufenden Verschiebung der Produktionsmöglichkeitenkurve nach außen. Eine laufende Erhöhung der Ressourcen führt zu einem permanenten Wachstum des Wohlstands; diese Bewegung wird auch als dynamischer Wachstumseffekt bezeichnet.

Längerfristig bleiben die Produktionsfaktoren jedoch nicht notwendigerweise konstant. Es können mehr Arbeitskräfte eingesetzt bzw. über Investitionen zusätzliche Kapitalgüter geschaffen werden und wir können technischen Fortschritt realisieren. Eine solche Entwicklung führt zu einer Erhöhung der Produktionsmöglichkeiten selbst, was bedeutet, dass bei einem effizienten Einsatz der Ressourcen mehr produziert werden kann als zuvor. **Abbildung 8.4** zeigt anhand einer einfachen Darstellung, was Wachstum in diesem Zusammenhang bedeutet.

Wir sehen, dass sich bei einer Ausdehnung der Produktionsfaktoren die Produktionsmöglichkeitenkurve selbst nach außen verschiebt. Oft wird die Bewegung auf die Produktionsmöglichkeitenkurve zu (also von A nach B in **Abbildung 8.3**) als *statischer Wachstumseffekt*, die Bewegung der Kurve nach außen (die Verschiebung in **Abbildung 8.4**) als *dynamischer Wachstumseffekt* bezeichnet. In beiden Fällen wird man ein Wachstum der Produktion feststellen. Bei einem statischen Effekt stößt dieses aber an seine Grenzen, sobald ein Punkt auf der Kurve erreicht wird, während bei einem dynamischen Effekt das Wachstum so lange weitergehen kann, wie sich die Kurve nach außen verschiebt.

→ **Statischer Wachstumseffekt**
Ergibt sich dann, wenn durch einen optimierten Ressourceneinsatz mehr produziert werden kann.

→ **Dynamischer Wachstumseffekt**
Ergibt sich dann, wenn zusätzliche Produktionsfaktoren die Produktionsmöglichkeiten erhöhen.

Im nächsten Kapitel geht es um die Faktoren, die zu längerfristigem Wachstum, also einer Verschiebung der Kurve nach außen, führen können.

ZUSAMMENFASSUNG ANHAND DER LERNZIELE ZU KAPITEL 8

1 Die Relevanz der volkswirtschaftlichen Produktionsfaktoren

Die Produktionsfaktoren Arbeit, Kapital, Boden und natürliche Ressourcen sowie Technologie sind wesentlich für die Produktion vieler Güter: Natürliche Ressourcen bieten das Material zur Weiterverarbeitung, die (menschliche) Arbeitskraft führt die Weiterverarbeitung durch und Kapital stellt die notwendige Produktionsmaschinerie zur Verfügung. Während Boden und natürliche Ressourcen gewissermaßen die Grundvoraussetzung für die Produktion vieler Güter bilden, sind die Faktoren Arbeit und Kapital wesentlich für die Produktionsmenge: Will ein Unternehmen mehr produzieren, so muss es entweder die Anzahl der Arbeitsstunden erhöhen – pro Mitarbeiter oder durch den Einsatz zusätzlicher Mitarbeiter – oder es muss mittels (Real- oder Human-)Kapital die Arbeitsproduktivität verbessern – entweder durch effizientere Maschinen oder qualifiziertere Mitarbeiter. Ein weiterer wesentlicher Faktor ist die Technologie – das Wissen darüber, wie man die anderen Produktionsfaktoren miteinander kombinieren kann.

2 Kombinationsmöglichkeiten von Produktionsfaktoren und ihre unterschiedliche Effizienz

Bei der Produktion eines Gutes können die Produktionsfaktoren in unterschiedlicher Intensität eingesetzt werden. Mithilfe zusätzlicher Arbeitskräfte kann z. B. die Produktionsmenge gesteigert werden. Doch mit zunehmendem Input sinkt auch der zusätzliche Output pro Inputeinheit (Gesetz abnehmender Grenzerträge). Ein entscheidender Faktor bei der Angebotsentscheidung sind die Produktionskosten. Hier zeigt die Kostenfunktion, dass mit zunehmendem Output auch die Kosten pro zusätzlicher Outputeinheit potenziell ansteigen. Eine Steigerung der Produktionsmenge ist also nur bis zu einem gewissen Punkt effizient, es sei denn, steigende Skalenerträge sind möglich.

3 Verfahren zur Optimierung des Einsatzes der volkswirtschaftlichen Produktionsfaktoren und deren volkswirtschaftliche Auswirkungen

In der Regel sind Produzenten bestrebt, möglichst effizient zu produzieren. Im Idealfall wird das durch die Minimalkostenkombination erreicht. Dies ist möglich entweder nach dem Minimalprinzip – eine bestimmte Gütermenge wird mit dem geringstmöglichen Ressourceneinsatz hergestellt – oder dem Maximalprinzip – mit einem bestimmten Ressourceneinsatz wird die höchstmögliche Gütermenge produziert. Für die volkswirtschaftliche Effizienz ist es wichtig, dass die Produktionsfaktoren optimal eingesetzt werden. Die Effizienz – und damit auch der Wohlstand – kann gesteigert werden, zum einen durch eine bessere Kombination der Produktionsfaktoren, zum anderen durch deren Vermehrung oder technischen Fortschritt. Im ersten Fall spricht man von einem statischen, im zweiten von einem dynamischen Wachstumseffekt.

ZENTRALE BEGRIFFE

Realkapital
Humankapital
Produktionsfunktion
Gesetz abnehmender Grenzerträge
Kostenfunktion
Grenzkosten
Steigende Skalenerträge
Minimalkostenkombination
Unverzerrte Preise
Produktionsmöglichkeitenkurve
Pareto-Effizenz
Statischer Wachstumseffekt
Dynamischer Wachstumseffekt

WIEDERHOLUNGSAUFGABEN ZU KAPITEL 8

1 Nennen Sie die Produktionsfaktoren und erklären Sie, inwiefern diese wichtig für den Erfolg eines Unternehmens sind.

2 Erklären Sie, mit welchen Mitteln ein Unternehmen die Produktionsmenge steigern kann.

3 Nennen Sie einige Beispiele, bei denen jeweils einer der Produktionsfaktoren Arbeit, Kapital sowie Boden und natürliche Ressourcen besonders wichtig ist, und erläutern Sie warum.

4 Aus welchen Gründen lohnt sich eine Steigerung der Produktionsmenge oft nur bis zu einem gewissen Punkt? Wonach richtet sich die Angebotsentscheidung? Geben Sie Beispiele.

5 Sammeln Sie Fälle, in denen Produktionsfaktoren optimal eingesetzt werden, und konstruieren Sie ein Beispiel für einen dynamischen Wachstumseffekt.

HANDLUNGSORIENTIERTE AUFGABEN ZU KAPITEL 8

1 Der russische Wirtschaftswissenschaftler Nikolai Kondratjew hat bereits in den 1920er-Jahren die Theorie der langen Wellen aufgestellt. Demnach verläuft die wirtschaftliche Entwicklung aufgrund technischer Innovationen in 40–60 Jahre dauernden langen Wellen. Diese können sich mit den kurzen Konjunkturwellen überlagern. Recherchieren Sie, welche Kondratjew-Zyklen es bereits gegeben hat und in welchem Zyklus wir uns gerade befinden.

2 Erstellen Sie eine Grafik zu den Kondratjew-Zyklen.

3 Diskutieren Sie in der Klasse, welche Themen den nächsten Kondratjew-Zyklus beherrschen könnten.

4 Für die hoch entwickelten deutschsprachigen Länder (Deutschland, Österreich und die Schweiz) spielt das Humankapital eine besonders große Rolle. Untersuchen Sie, wieso die duale Berufsausbildung (Schule und betriebliche Praxis) gerade in diesen drei europäischen Ländern eine so große Bedeutung hat. Weshalb könnte dies eine Vorbildfunktion für die anderen europäischen Staaten haben?

5 Sammeln Sie Beispiele, in welchen Wirtschaftsbereichen eher steigende oder eher sinkende Skalenerträge in der Produktion anfallen.

LERNZIELE ZU KAPITEL 9

Nachdem Sie Kapitel 9 durchgearbeitet haben, sollten Sie in der Lage sein,

1. das BIP zu erklären und es vom BNE abzugrenzen.
2. die Grundlagen der Entstehungsrechnung und das Prinzip der Wertschöpfung zu verstehen und auch den grundsätzlichen Aufbau von Verteilungs- und Verwendungsrechnung zu erkennen.
3. das BIP als rein quantitatives Wohlstandskonzept zu kritisieren und sich mit qualitativen Aspekten gesellschaftlichen Wohlstands und entsprechenden Konzepten auseinanderzusetzen und davon ausgehend eigene Reflexionsmaßstäbe zu entwickeln.
4. allgemeine Bestimmungsfaktoren des Wohlstands zu nennen und diese volkswirtschaftlichen Wachstumsdeterminanten zuzuordnen.
5. positive und negative Effekte des Wirtschaftswachstums zu erläutern, z. B. im Hinblick auf Umweltschutz.

Kapitel 9: Wohlstand und Wirtschaftswachstum

In Diskussionen über Politik, Wirtschaft und Umwelt ist das Wort allgegenwärtig: Wachstum. Der Begriff ist eng verknüpft mit dem des Bruttoinlandsprodukts (BIP), denn es handelt sich um den Anstieg dieser Größe. In den nächsten Abschnitten wollen wir erklären, welche Bedeutung diesen beiden wichtigen volkswirtschaftlichen Begriffen zukommt.

Von Generation zu Generation sind die Menschen vor uns dem Wachstumsdenken gefolgt. Ein Blick auf unseren Lebensstandard zeigt: Wir sind es, die von diesen Anstrengungen profitiert haben. Doch neben den vielen genutzten Chancen der wirtschaftlichen Entwicklung sind mit dem Wirtschaftswachstum auch Herausforderungen verbunden. Wie alle Marktprozesse benötigt das Wachstum einen geeigneten Rahmen, damit seine Vorteile zum Tragen kommen und seine Nachteile kompensiert werden.

Wir betrachten in diesem Kapitel zunächst das langfristige Wachstum, auch Trendwachstum genannt. Mit den kurzfristigen Schwankungen des BIP, also mit der Entwicklung und Beeinflussung der Konjunktur, befassen wir uns später in den Kapiteln 14 und 15.

9.1 Die Messung des wirtschaftlichen Wohlstands

9.1.1 Das Bruttoinlandsprodukt (BIP) als international vergleichbares Maß

→ **Wertschöpfung**
Wertsteigerung bei der Produktion, indem bestehende Güter in ein neues Gut umgewandelt werden. Entspricht dem Wert der produzierten Güter abzüglich der Vorleistungen.

→ **Nominales BIP**
Die gesamte, zu laufenden Preisen bewertete Produktion von Waren und Dienstleistungen einer Volkswirtschaft.

→ **Reales BIP**
Die gesamte, zu konstanten Preisen bewertete Produktion von Waren und Dienstleistungen einer Volkswirtschaft.

Wollen wir die Wohlstandsentwicklung eines Landes beurteilen, dann müssen wir uns fragen, wie der Wohlstand gemessen werden kann. Dafür hat sich das Bruttoinlandsprodukt pro Kopf als Standardmaß durchgesetzt. Es ist wohl die wichtigste Zahl, um den Zustand einer Volkswirtschaft insgesamt zu beurteilen. Zu ihrer Ermittlung wird der Marktwert aller Waren und Dienstleistungen gemessen, die in einem Land während einer bestimmten Periode hergestellt worden sind. Berücksichtigt werden dabei allerdings nur Endprodukte, um Doppelzählungen zu vermeiden; wir werden diesen wichtigen Punkt noch genauer erläutern. Man misst also die effektive *Wertschöpfung*, die im betrachteten Land zu aktuellen Marktpreisen erbracht worden ist, und spricht vom *nominalen BIP*.

Damit man das gegenwärtige BIP Deutschlands mit dem BIP vergangener Perioden vergleichen kann, muss die Inflation berücksichtigt und das BIP entsprechend korrigiert werden. Wegen der Teuerung ist ein Euro heute weniger wert als noch vor zehn Jahren, was im BIP zu Marktpreisen (auch laufende Preise genannt) nicht beachtet wird. Indem man also die Inflation herausrechnet, erhält man aus dem nominalen BIP das *reale BIP*. Dieser Wert lässt sich dann auch über die Zeit vergleichen.

Will man das BIP verschiedener Länder vergleichen, so muss man berücksichtigen, dass die Länder unterschiedlich groß sind. Deutschland wird immer ein wesentlich höheres BIP aufweisen als etwa die Schweiz, denn seine Bevölkerungszahl ist um ein Vielfaches größer. Bei Ländervergleichen wird daher das reale BIP pro Kopf ausgewiesen, indem man das BIP durch die Bevölkerungszahl dividiert. Rechnet man dieses reale BIP pro Kopf in eine einheitliche Währung um – meist in US-Dollar –, so erhält man ein international vergleichbares Wohlstandsmaß.

„Ja, jetzt wird wieder in die Hände gespuckt, wir steigern das Bruttosozialprodukt!", hieß es in einem Neue-Deutsche-Welle-Hit Anfang der 1980er-Jahre. Heute würde man, wenn überhaupt, übers inzwischen neu so benannte „Bruttonationaleinkommen" (BNE) singen. Oder lieber gleich übers Bruttoinlandsprodukt, das BIP, das häufiger verwendet, aber etwas anders berechnet wird. Das BIP erfasst die Produktion im Inland, das BNE die Produktion von Inländern, die auch im Ausland stattfinden kann und deren Erträge als Einkommen nach Deutschland fließen. Inländer sind alle mit deutschem Wohnsitz, also auch hier lebende Ausländer.

→ Bruttonationaleinkommen (BNE)
Früher Bruttosozialprodukt genannt. Gesamte Produktion von Gütern, die von Inländern während einer Zeitperiode erbracht wird. Im Gegensatz zum BIP werden auch von ihnen im Ausland produzierte Werte berücksichtigt.

Wohlstand oder Wohlfahrt?

In der volkswirtschaftlichen Diskussion ist oft in ähnlichen Zusammenhängen von Wohlstand und Wohlfahrt die Rede und man könnte annehmen, dass die beiden Begriffe letztlich das Gleiche bedeuten. Dies ist aber nicht der Fall, auch wenn die beiden Größen in der Regel positiv miteinander zusammenhängen.
Unter Wohlstand versteht man den materiellen Lebensstandard einer Gesellschaft (oder auch eines Individuums). Dabei geht es vor allem um die Menge an Waren und Dienstleistungen, die man sich im Durchschnitt leisten kann. Dieser Wohlstand eines Landes lässt sich mit dem Konzept des Bruttoinlandprodukts (BIP) messen. Natürlich kann man argumentieren, dass das BIP ein unvollständiges Maß für den Wohlstand ist; im nächsten Abschnitt werden wir diesen Punkt diskutieren. Aber zumindest besteht hier ein international standardisiertes und daher vergleichbares Maß für den Reichtum von Ländern.

Die Wohlfahrt ist ein breiteres, aber damit auch weniger leicht messbares Konzept. Es enthält neben dem materiellen Wohlstand auch weitere Aspekte der Lebensqualität, die sich im Wohlbefinden eines Menschen zeigen. Konzeptionell ausgedrückt erfasst die Wohlfahrt, welchen Nutzen jemand aus einer Ware oder einer Dienstleistung erzielt, und vergleicht diesen mit den Kosten. Ist der Nutzen einer Aktion größer als die Kosten, so erzielt man daraus einen Gewinn an Nutzen und damit an Wohlfahrt. Genau dies messen die Konsumenten- und Produzentenrenten, die Sie in Kapitel 5 kennengelernt haben. Man kann die dort erläuterte Summe der beiden Renten als die gesamte Wohlfahrt bezeichnen, die auf einem Markt geschaffen wird. Mit diesem Konzept kann man auch beurteilen, ob eine Maßnahme diese Wohlfahrt erhöht oder reduziert.

9.1.2 Die Berechnung des BIP

Das BIP – ob pro Kopf oder insgesamt ausgedrückt – wird in der volkswirtschaftlichen Diskussion so häufig verwendet, dass wir etwas genauer verstehen sollten, was hinter dieser Größe steckt. Daher erläutern wir das Konzept zunächst an einem Beispiel. Anschließend zeigen wir anhand dieses Beispiels, dass sich das BIP auf verschiedene Arten berechnen lässt.

→ **Vorleistung**
Wert der von anderen Unternehmen bezogenen Waren und Dienstleistungen, die in die Produktion eingehen.

Ein einfaches Beispiel

Entscheidend ist, dass das BIP nur den Wert der Endprodukte einer Volkswirtschaft ausweist. Um Doppelzählungen zu vermeiden, werden deshalb bei der Berechnung die *Vorleistungen* abgezogen. Berücksichtigt wird lediglich die Wertschöpfung, der Wert also, der innerhalb eines Unternehmens neu geschaffen wurde.

Abbildung 9.1
Berechnung des BIP: Ein einfaches Beispiel

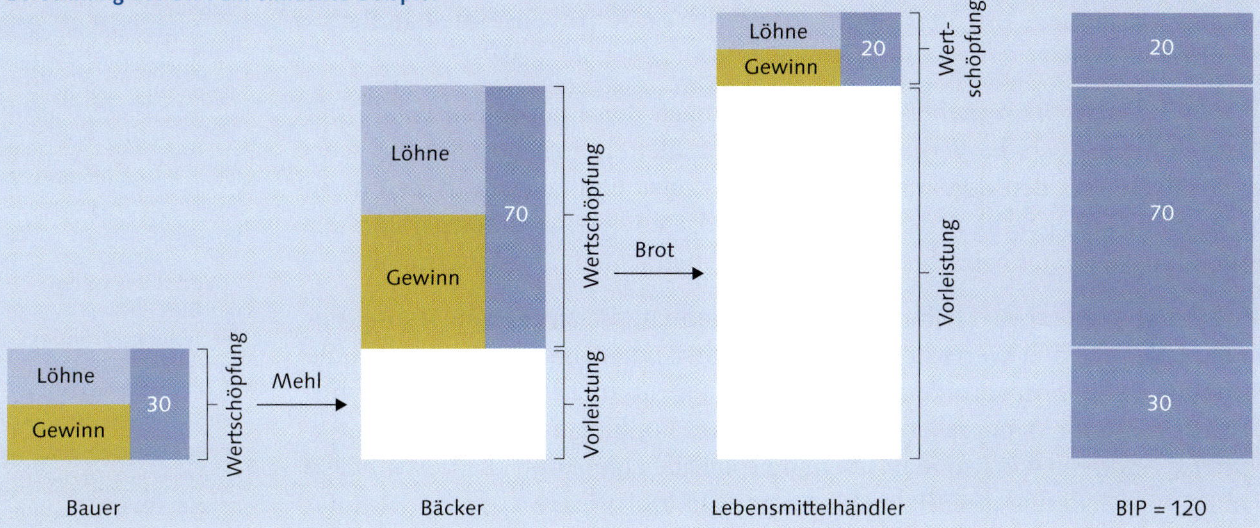

Im Preis des Brots steckt nicht nur die Wertschöpfung des Bäckers, sondern auch die des Bauern und des Verkäufers.

Dazu ein Beispiel: Wir betrachten eine Volkswirtschaft, die nur ein Endprodukt herstellt, nämlich Brot. An der Herstellung sind drei Produzenten beteiligt: ein Bauer, ein Bäcker und ein Lebensmittelhändler. **Abbildung 9.1** zeigt die Zusammenhänge.

Der Bauer produziert das Getreide und verarbeitet es zu Mehl, das er an den Bäcker verkauft. Dieser backt aus dem Mehl Brote und verkauft sie an einen Lebensmittelhändler, der die Brote an die Endkunden liefert. Nehmen wir an, der Bauer verlange vom Bäcker für eine bestimmte Menge Mehl 30 Euro. Damit deckt der Bauer die Lohnkosten ab und erwirtschaftet einen Gewinn. Diese 30 Euro sind seine Wertschöpfung, und die Löhne und Gewinne gehen an die Angestellten und den Landwirt selbst. Der Bäcker verwendet das Mehl, um daraus Brote zu backen, die er dem Lebensmittelgeschäft für 100 Euro verkauft. Wie hoch ist nun seine Wertschöpfung? Das Mehl produziert nicht er, weshalb dessen Preis nicht zu seiner Wertschöpfung gezählt wird; es ist vielmehr eine Vorleistung. Ziehen wir diese 30 Euro Vorleistung vom Brotpreis ab, so erhalten wir eine Wertschöpfung des Bäckers von 70 Euro; diese fließt in seine Löhne und Gewinne. Das Lebensmittelgeschäft schließlich verkauft die Brote für insgesamt 120 Euro. Zieht man davon die Vorleistungen von 100 Euro ab, so erzielt dieser dritte Produzent eine Wertschöpfung von 20 Euro. Die Kunden des Lebensmittelladens kaufen die Brote für 120 Euro und konsumieren sie. Das verkaufte Brot ist also das Endprodukt, und der Wert dieses Endprodukts entspricht dem BIP dieser einfachen Volkswirtschaft.

Drei Arten, das BIP zu ermitteln

Vergegenwärtigen wir uns nun an diesem einfachen Beispiel die drei Arten, wie sich das BIP einer Volkswirtschaft berechnen lässt: von der Entstehungsseite, von der Verwendungsseite und von der Verteilungsseite her. Keine dieser Betrachtungsweisen ist besser als die andere, und es hängt von der Fragestellung ab, welche man in den Vordergrund stellt. In allen drei Fällen kommt der gleiche Betrag heraus.

Die *Entstehungsseite* konzentriert sich auf die Produktion. In unserer einfachen Volkswirtschaft zählen wir dafür die Wertschöpfungen der einzelnen Produktionsstufen zusammen, also 30 (Bauer) + 70 (Bäcker) + 20 (Lebensmittelhändler) = 120 Euro.

Die *Verwendungsseite* setzt bei der Nachfrage nach den Endprodukten an und misst den Betrag, den die Verbraucher dafür bezahlen. In unserem Beispiel werden die Brote von den Konsumentinnen und Konsumenten gekauft und dann verbraucht. Dafür bezahlen sie 120 Euro und das entspricht – diesmal von der Verwendungsseite her betrachtet – dem BIP der betrachteten Volkswirtschaft.

Die *Verteilungsseite* schließlich misst die Einkommen, die aus diesen Transaktionen auf jeder der drei Wertschöpfungsstufen entstanden sind. Sie werden an die Beschäftigten in Form von Löhnen und an die Eigentümer in Form von Gewinnen ausgezahlt. Ihre Summe entspricht der Wertschöpfung des jeweiligen Unternehmens. Addieren wir also in unserem Beispiel alle Löhne und alle Gewinne, so erhalten wir wiederum das BIP in Höhe von 120 Euro.

→ **Entstehungsseite des BIP (Entstehungsrechnung)**
Berechnung des BIP über die entstandene Wertschöpfung bei der Produktion von Waren und Dienstleistungen.

→ **Verwendungsseite des BIP (Verwendungsrechnung)**
Berechnung des BIP über die gesamten Ausgaben der privaten Haushalte, der Unternehmen, des Staates und des Auslands für im Inland produzierte Waren und Dienstleistungen.

→ **Verteilungsseite des BIP (Verteilungsrechnung)**
Berechnung des BIP über die Verteilung der erzielten Wertschöpfung an die Unternehmen (Gewinne) und Arbeitnehmer (Löhne).

Ist das BIP ein geeignetes Maß zur Beurteilung des Wohlstands?

Digitale Güter wie Musikstreaming, Onlinegames und Wikipedia sind immer stärker verbreitet, in der BIP-Statistik jedoch noch unterrepräsentiert. Sie stiften einen Nutzen, erhöhen aber – sofern sie kostenlos sind – nicht das BIP. Erfasst werden hingegen die Umsatzrückgänge, die sie beim Verkauf bisheriger Spiele-DVDs, Musik-CDs und Lexika auslösen.

In der internationalen Praxis hat sich das BIP als Wohlstandsmaß konkurrenzlos durchgesetzt. Alle Länder errechnen diese Größe und verwenden ihr Niveau zur Beurteilung des Wohlstands sowie ihre Veränderung als Maß für die Wachstumsdynamik. Trotzdem muss man sich darüber im Klaren sein, dass das BIP kein „perfektes" Maß ist. Es handelt sich um eine Größe, die den Wohlstand so gut wie möglich zu erfassen sucht, die aber auch ihre klaren Grenzen hat. Ein wichtiger Kritikpunkt ist, dass das BIP nur jene Wertschöpfung misst, die über den Markt erzielt wird. Erfasst werden also nur bezahlte Transaktionen, und das unabhängig davon, ob es sich um legale oder illegale Geschäfte handelt. Schwarzarbeit, Drogenhandel, Zigarettenschmuggel fließen also über Schätzwerte mit ein ins BIP, nicht jedoch die Hausarbeit, die man zu Hause selbst erledigt – obwohl es sich dabei um eindeutig um Wertschöpfung handelt. Auch der Nutzen vieler digitaler Güter, etwa gestreamter Musik oder Youtube-Filme, wird nicht erfasst, wenn sie für Nutzer kostenlos zu haben sind. Ein anderer Kritikpunkt ist, dass das BIP zwar die Wertschöpfung erfasst, nicht aber vorausgegangene Wertminderungen. So geht ein Verkehrsunfall positiv ins BIP ein, da die Reparaturleistungen eine Wertschöpfung darstellen; das Gleiche gilt für die Bewältigung von Naturkatastrophen. Auch wird oft eingewendet, dass mit dem BIP nur der durchschnittliche Wohlstand einer Volkswirtschaft erfasst wird und nicht seine Verteilung auf verschiedene Gruppen.

Darum werden von Ökonomen und Nichtregierungsorganisationen immer wieder Alternativen zum BIP vorgestellt. Das Konzept des Net Economic Welfare (NEW) etwa ergänzt das BIP um vernachlässigte Größen. Es zieht vom BIP die Kosten der Umweltverschmutzung ab und addiert beispielsweise die Leistungen der unbezahlten häuslichen Arbeit. Weitere Indizes, wie der Human Development Index (HDI) oder der noch umfassendere Better Life Index der Organisation für wirtschaftliche Zusammenarbeit und Entwicklung (*OECD*), beinhalten ebenfalls nicht nur das Einkommen in einer Volkswirtschaft, sondern auch den Bildungsstand und Gesundheitsindikatoren wie die Lebenserwartung. Allerdings sind auch diese Messkonzepte nicht ohne Mängel. So ist es reine Ansichtssache, wie stark die einzelnen Teilindikatoren gewichtet werden, also den Index beeinflussen. Manche basieren auf Umfrageergebnissen und spiegeln somit subjektive Eindrücke, nicht objektive Werte. Und wie viel Hausarbeit in Euro ausgedrückt wert ist, lässt sich nur schätzen, nicht aber messen. Verglichen damit sind die Mängel des BIP nicht so gravierend. Die Einwände gegen das gebräuchliche Wohlstandsmaß sind berechtigt, entwerten das Konzept aber nicht entscheidend. Dessen großer Vorteil ist, dass es sich um ein international standardisiertes Maß handelt, das nach klaren Regeln erstellt wird. Zudem hängt es relativ eng mit anderen Maßen für das Wohlbefinden, wie etwa der Lebenserwartung, zusammen. Und im Gegensatz zu den diffuseren Konzepten wie „Lebensqualität" oder „Glück" ist es einfacher messbar.

Bei internationalen Vergleichen liegen übrigens bei den meisten Alternativindizes die wohlhabenden Industrieländer vorn, welche auch die BIP-Rangliste anführen. Eine Ausnahme ist der Happy Planet Index, für den vor allem nach der subjektiv empfundenen Lebenszufriedenheit und dem möglichst niedrigen Umweltverbrauch von Einwohnern gefragt wird. Hier führten im Jahr 2012 Länder wie Costa Rica, Vietnam, Kolumbien, Belize und El Salvador, während Deutschland erst auf Platz 46 folgte. Nach diesem Wohlstandsmaß ist also das Leben in Entwicklungs- und Schwellenländern für Menschen attraktiver als im wohlhabenden Deutschland. Ein plausibles Ergebnis?

→ OECD
Organisation von 34 Ländern, die sich einer demokratischen Regierungsform und der Marktwirtschaft verpflichtet fühlen. Die OECD erarbeitet z. B. wirtschaftspolitische Entscheidungsgrundlagen in Form von Publikationen und Statistiken.

Das BIP eines ganzen Landes berechnet sich nun dem Prinzip nach genauso wie in unserem kleinen Beispiel; mit dem Unterschied, dass man hier Abertausende von derartigen Wertschöpfungsketten berücksichtigen muss.

- Auf der Entstehungsseite wird für alle Branchen der Wirtschaft der Wert der Endprodukte berechnet, also die Summe der Wertschöpfungen auf den einzelnen Verarbeitungsstufen.
- Auf der Verwendungsseite wird für alle Verbraucher ermittelt, wie viel sie für die Waren und Dienstleistungen ausgegeben haben; die Verbrauchergruppen unterteilen sich dabei in die Konsumentinnen und Konsumenten (Konsumausgaben), die Unternehmen (Investitionsnachfrage), den Staat (Staatsausgaben) und das Ausland (Exportnachfrage).
- Schließlich werden auf der Verteilungsseite alle Lohnsummen und alle Gewinne der Volkswirtschaft ermittelt und daraus wiederum das gesamte BIP bestimmt.

Natürlich ist die Berechnung für die gesamte Volkswirtschaft wesentlich anspruchsvoller als in unserem Beispiel; das Grundprinzip ist aber das gleiche.

Zusammenfassende Übersicht

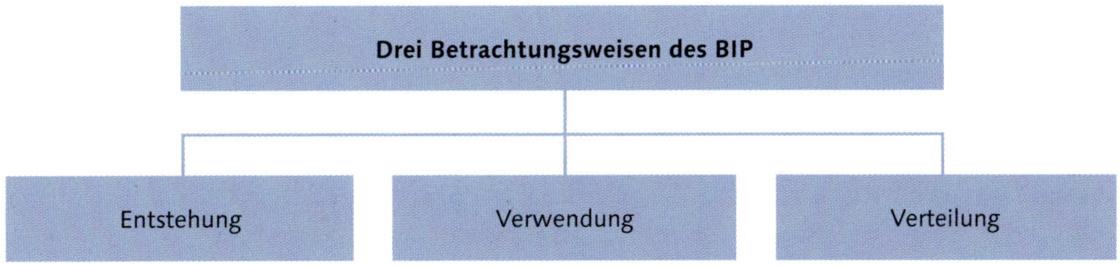

KOMPETENZEN BILDEN: Ein eigener Wohlstandsindikator

Die meisten Ökonomen betrachten das BIP und sein Wachstum als einen relativ guten, objektiv mess- und vergleichbaren Maßstab und halten ihn für einen wichtigen Gradmesser für den Fortschritt einer Gesellschaft. Dennoch wird das Konzept stark kritisiert. Seit dem Bericht des „Club of Rome", einer Expertenkommission aus den 1970er-Jahren, die „Die Grenzen des Wachstums" auf vielen wirtschaftlichen und gesellschaftlichen Feldern zu beschreiben versuchte, betonen viele die Gefahren des wirtschaftlichen Strebens nach „Immer mehr!" – Gefahren für die Umwelt, für nachkommende Generationen und den sozialen Zusammenhalt. Dass die pessimistischen Prognosen des Club of Rome zu einem großen Teil gar nicht eingetreten sind, spielt in der Betrachtung meist keine Rolle. Die einen Wachstumskritiker befürworten eine sogenannte „nachhaltige Entwicklung". Andere wiederum möchten die Lebenszufriedenheit der Menschen in den Mittelpunkt der Bemühungen um gesellschaftlichen Fortschritt gerückt sehen.

Brauchen wir also einen neuen, umfassenderen Wohlstandsindikator und ein neues Zielsystem für die Entwicklung von Wirtschaft und Gesellschaft? Welche Kriterien und Ziele sollten berücksichtigt werden? Sollten die aufzunehmenden Aspekte alle gleich bedeutsam sein oder müssten sie unterschiedlich gewichtet werden? Rund um den Globus tagen zu derartigen Fragen heute wiederum Expertenkommissionen, darunter auch in Deutschland. Sämtliche der vorgeschlagenen Messkonzepte sind dabei aber bislang umstritten geblieben.

Macht Geld glücklich?

Auch Wachstumskritiker werden hier bedient. Für den Einzelnen ist es meist gar keine Frage, ob mehr und mehr zu haben ein erstrebenswertes Ziel ist.

Ein junger Zweig der Wirtschaftswissenschaften befasst sich mit nicht mehr und nicht weniger als mit dem „Glück". Eine Grunderkenntnis dieser Glücks- oder Zufriedenheitsforschung lautet, dass sich die durchschnittliche Lebenszufriedenheit in wohlhabenden Gesellschaften trotz des enormen Anstiegs der Pro-Kopf-Einkommen in den letzten Jahrzehnten nicht erhöht hat (das sogenannte „Easterlin-Paradox").

Eine Erklärung für das gleichbleibende Glücksempfinden bei steigendem Einkommen ist der Gewöhnungseffekt: Man freut sich über die Lohnerhöhung, doch nach wenigen Monaten hat man sich ans neue Einkommenniveau gewöhnt. Die Saat der Unzufriedenheit ist gesät, schon beginnen neue Ansprüche zu keimen. Eine weitere Erkenntnis der Glücksforschung lautet, dass wir uns weniger mit einem Bevölkerungsdurchschnitt (Pro-Kopf-Einkommen), sondern vielmehr mit konkreten Personen aus unserem nahen Umfeld vergleichen: Freunden, Kollegen, Nachbarn. Da wir unser Glück oft nicht an absoluten, sondern an relativen Zahlenvergleichen festmachen, kann selbst eine Lohnerhöhung unsere Gemütslage eher verschlechtern als verbessern – nämlich dann, wenn wir eine Erhöhung um 100 Euro bekommen und alle Arbeitskollegen eine um 200 Euro. Geld allein macht also nicht glücklich – oder doch? Es besteht nämlich durchaus ein statistischer Zusammenhang zwischen der Höhe des persönlichen Einkommens der Befragten und der von ihnen angegebenen Lebenszufriedenheit: Je niedriger das monatliche Einkommen ist, desto enger ist dieser Zusammenhang. Erst ab einer gewissen Höhe des Einkommens hat ein Anstieg des Einkommens kaum noch Auswirkungen auf das subjektive Wohlbefinden.

Arbeitsaufträge:

1. Entwerfen Sie in Gruppen von drei bis sieben Personen ein eigenes Wohlstandsmessinstrument. Welche Kriterien gehören für Sie unverzichtbar zu einem guten Leben? Versuchen Sie dabei möglichst viele verschiedene Faktoren (nicht nur materielle) abzudecken. Wenden Sie bei der Suche nach den Kriterien eine der folgenden Kreativitätstechniken an:
   - Kopfstandmethode: Stellen Sie sich die Frage mal umgekehrt: „Welche Faktoren führen dazu, dass der Wohlstand abnimmt?" (Beispiel: Arbeitslosigkeit, schlechte Bildung, ...)
   - Brainwriting: Schreiben Sie ein Wohlstandskriterium oben auf ein Blatt. Geben Sie anschließend das Blatt weiter. Der Nächste schreibt eine Idee unter Ihren Vorschlag, welcher auf dieser Idee aufbaut, und gibt das Blatt wiederum weiter. Dies machen Sie so lange, bis das Blatt wieder bei Ihnen angekommen ist. (Beispiel: Arbeitslosenversicherung – geringe Arbeitslosigkeit – Weiterbildungsmöglichkeit – ...)
   - ABC-Methode: Finden Sie für jeden Buchstaben des ABC ein Kriterium heraus, welches den Wohlstand positiv beeinflusst. Sie können pro Buchstaben auch mehrere Begriffe aufschreiben. (Beispiel: A – Arbeitslosenversicherung, B – Bildung, ...)
2. Fassen Sie die gesammelten Wohlstandskriterien nun in Kategorien zusammen und überlegen Sie sich, welche Ihnen wichtiger/weniger wichtig sind (Gewichtung).
3. Überlegen Sie, wie mit welchen Indikatoren Sie die einzelnen Kriterien messen können, damit ein Vergleich zwischen dem Wohlstand verschiedener Länder möglich ist.

Wohlstandskriterien	**Mögliche Messindikatoren**	**Gewichtung (1 bis 10)**

4. Besuchen Sie anschließend die Internetseite zum Thema „Wohlstandsindikator" der OECD: www.oecdbetterlifeindex.org/de/. Dort können Sie ein Länderranking betrachten, das sich auf Basis realer Indikatoren ergibt, je nachdem, wie Sie die einzelnen Indikatoren verschiedener Lebensbereiche gewichten. Haben Sie ähnliche Kriterien bestimmt? Wo gibt es Abweichungen? Wie erklären Sie sich die Ergebnisse? Mit welchen Indikatoren werden die Kriterien des Better Life Index gemessen? In welchem Land würden Sie am liebsten leben, unter Berücksichtigung Ihrer Gewichtung?
5. Ergänzen Sie Ihre Liste mit den Erkenntnissen aus dem Besuch der Webseite.

9.2 Das BIP Deutschlands nach Entstehung, Verwendung und Verteilung

Um diese Überlegungen etwas konkreter zu machen, betrachten wir das BIP Deutschlands, unterteilt in die drei Berechnungsarten. **Abbildung 9.2** zeigt diese Daten für das Jahr 2015: im linken Diagramm für die Entstehungsseite, aufgeteilt auf die Wirtschaftssektoren, im mittleren Diagramm für die Verwendungsseite und rechts für die Verteilungsseite.

Auf der Entstehungsseite stellen wir – wie in den Kapiteln 1 und 4 ausführlich erläutert – fest, dass die Landwirtschaft nur noch einen sehr kleinen Teil der deutschen Produktion ausmacht. Auch der Industriesektor ist im langfristigen Vergleich geschrumpft, beträgt aber noch ein Viertel des BIP. Dominiert wird die deutsche Wertschöpfung heute durch die Dienstleistungen, die – in drei Untergruppen unterteilt – für mehr als zwei Drittel der deutschen Produktion stehen.

Abbildung 9.2
Aufteilung des BIP Deutschlands 2015 nach Entstehung, Verwendung und Verteilung
BIP 2015: 3026 Milliarden Euro

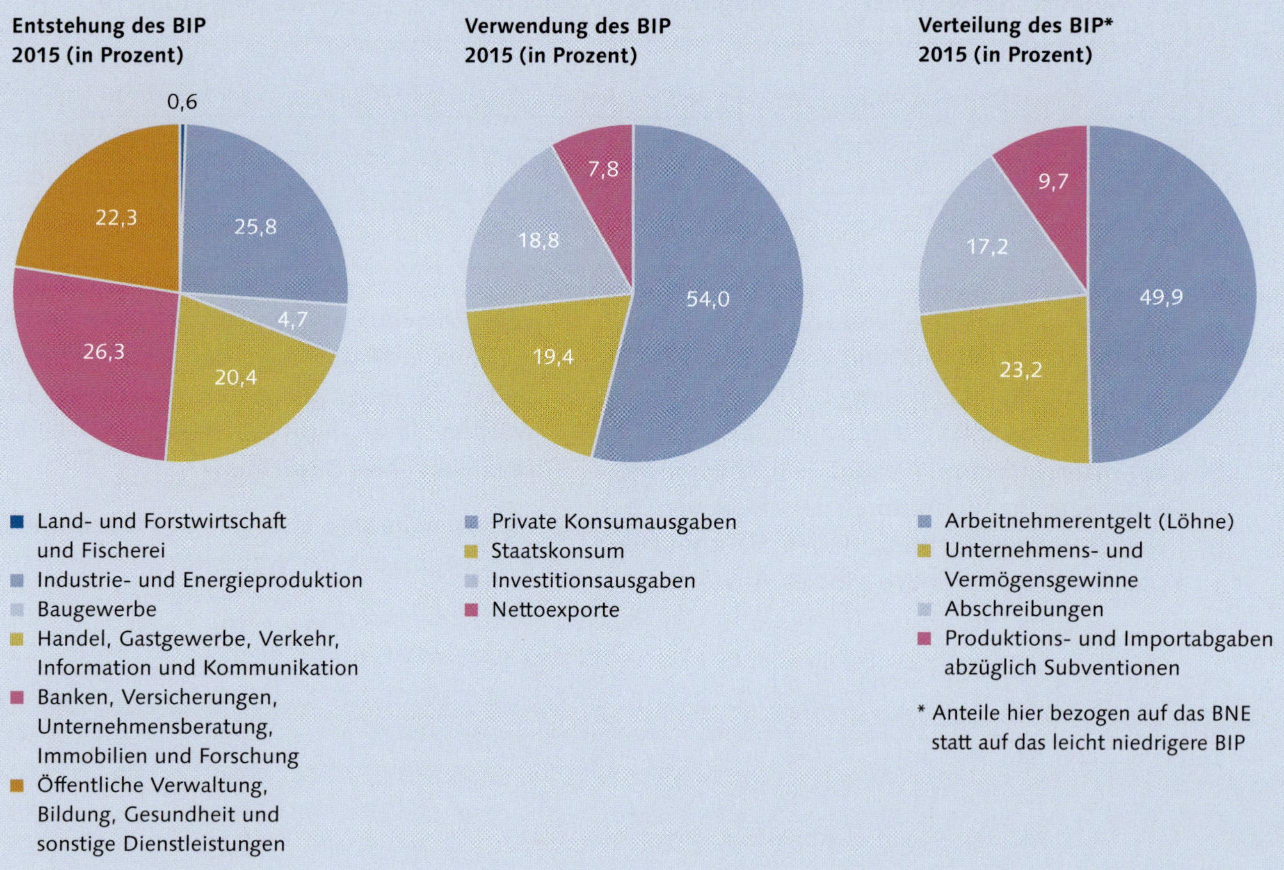

Quelle: Statistisches Bundesamt

→ **Privater Konsum**
Konsumausgaben der privaten Haushalte.

→ **Investitionsausgaben**
Ausgaben der Unternehmen und der öffentlichen Hand für sehr langlebige Güter.

→ **Staatskonsum**
Staatliche Konsumausgaben für Waren und Dienstleistungen.

→ **Nettoexporte**
Wert der Exporte einer Volkswirtschaft abzüglich des Werts der Importe.

Auf der Verwendungsseite sehen wir die überragende Bedeutung des *privaten Konsums*, der 54 % der gesamtwirtschaftlichen Nachfrage bestimmt. Die *Investitionsausgaben* (Bau- und Ausrüstungsinvestitionen) machen 19 % aus und der *Staatskonsum* ein knappes Fünftel. Hierzu ein kleine Anmerkung zur Definition: Wir sehen, dass in dieser Statistik nur der Staatskonsum ausgewiesen wird und nicht die gesamten Staatsausgaben; staatliche Investitionen sind nicht hier, sondern in den Investitionsausgaben enthalten. Wenn wir im weiteren Verlauf von den „Staatsausgaben" sprechen, so meinen wir immer die gesamte Nachfrage, also die Summe aus Staatskonsum und staatlichen Investitionen.

Bei der Betrachtung der Verwendungsseite des BIP überrascht vielleicht, dass der Außenhandel auf den ersten Blick wenig wichtig erscheint, liegen die *Nettoexporte* doch nur bei 8 % des BIP. Wie steht es hier mit der oft gehörten Aussage, jeder zweite Euro Deutschlands werde im Ausland verdient? Der Grund ist, dass es sich hier um eine Nettogröße handelt, also um Exporte minus Importe. Die Exporte von Waren und Dienstleistungen für sich alleine machen tatsächlich fast 50 % des BIP aus; weil aber die Importe – die für die Berechnung des BIP einen Abzugsposten darstellen (vgl. Abschnitt 4.3.1) – nur etwas geringer sind, kann hier der völlig falsche Eindruck entstehen, der Außenhandel sei für Deutschland gar nicht so bedeutsam.

Auf der Verteilungsseite sehen wir schließlich, dass die Hälfte auf die Löhne entfallen und dass die Gewinne der Unternehmen und die Vermögensgewinne 23 % ausmachen. Die Abschreibungen betragen 17 %; sie sind hier aufgeführt, weil ein Teil der Einkommen der Unternehmen verwendet werden muss, um die während der Periode verbrauchten, aber in früheren Perioden produzierten Kapitalgüter (z. B. Maschinen) zu ersetzen.

9.3 Wachstum: Der langfristige Trend

9.3.1 Die Bedeutung des Trendwachstums

→ **Wachstumsrate**
Prozentuale Zunahme des BIP innerhalb einer bestimmten Zeiteinheit.

Langfristige *Wachstumsraten* sind von immenser Bedeutung für den Wohlstand von Ländern. Minimal erscheinende Unterschiede in den Wachstumsraten führen längerfristig zu sehr großen Wohlstandsunterschieden. Dies illustriert **Abbildung 9.3.**

Zu Beginn des 19. Jahrhunderts starteten die USA, Japan und Bangladesch von einem aus heutiger Sicht ähnlich niedrigen Einkommensniveau. Doch wie frappant unterschiedlich gestaltete sich die weitere Entwicklung! Die USA weisen bis heute ein konstant hohes Wachstum auf und haben inzwischen ein fast 25-mal höheres Pro-Kopf-Einkommen als 1820 erreicht. Japan wiederum zeigte, dass sich ein Rückstand rasch aufholen lässt. Bis zum Zweiten Weltkrieg ein relativ armes Land, konnte Japan innerhalb weniger Jahrzehnte mit zum Teil sehr hohen Wachstumsraten praktisch zu den USA aufschließen. Bangladesch hingegen verblieb auf dem ähnlichen, extrem tiefen Einkommensniveau wie vor knapp 200 Jahren.

„Du hast zwei Steine? Die Wirtschaft wächst!"

So spektakulär die Wohlstandsunterschiede sich in dieser Periode entwickelt haben, so bescheiden nehmen sich die Unterschiede in den durchschnittlichen jährlichen Wachstumsraten dieser Länder in der betrachteten Zeitspanne aus. Sie betrugen etwa für die USA 1,7 % und für Bangladesch 0,6 %. Dies zeigt, dass auch konstante Wachstumsraten zu überproportionalen Zunahmen des Einkommens führen, analog zur Geldanlage, die neben dem Zinssatz auch den Zinseszins als Ertrag abwirft. Ein für sich allein betrachtet eher bescheidener Zinssatz bewirkt über längere Zeiträume eine spektakuläre Erhöhung des Einkommens (vgl. Kapitel 3).

Abbildung 9.3

Langfristige Wohlstandsentwicklung (BIP pro Kopf) in Bangladesch, Japan und den USA (in US-Dollar zu Preisen von 1990)

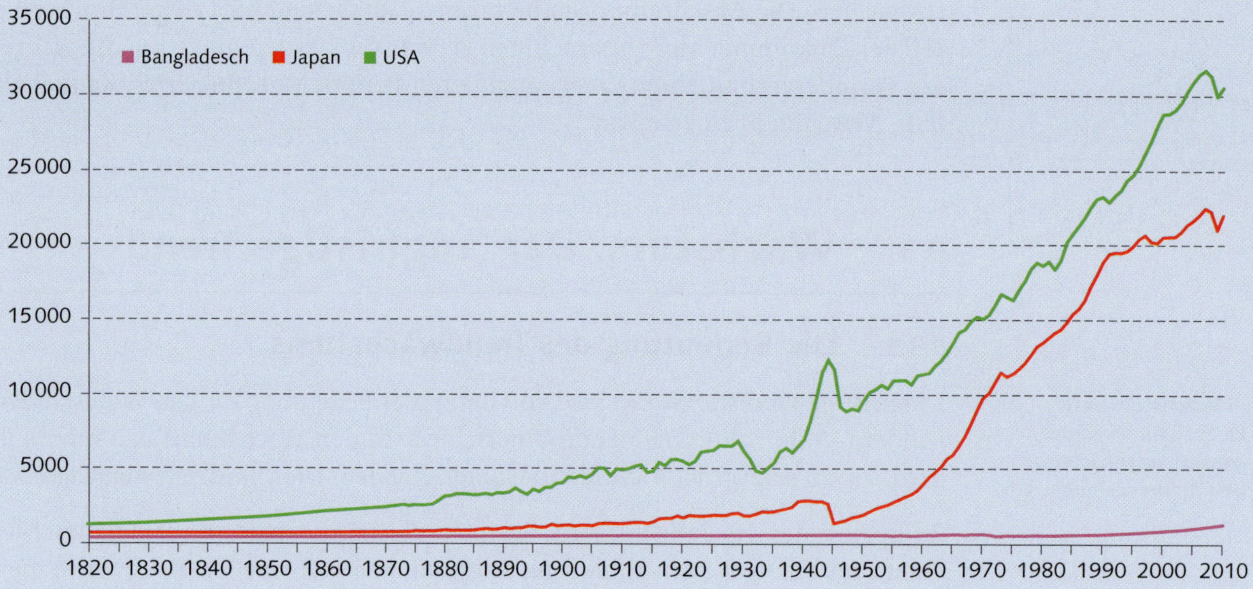

Quelle: Maddison, Angus; www.ggdc.net/maddison

Dazu kommt, dass die Zunahme des BIP den Wohlstandsgewinn eher unterschätzt. Denn die Verfügbarkeit neuer Waren und Dienstleistungen wird in der langfristigen Betrachtung nicht genügend berücksichtigt. Man kann ja mit gutem Recht behaupten, dass der Durchschnittseuropäer von heute in vieler Hinsicht reicher ist als der reichste Mensch vor 100 Jahren. Zahlreiche heute selbstverständliche Güter gab es damals noch gar nicht. So hatten damals auch noch so wohlhabende Personen keinen Zugang zu Interkontinentalflügen, Internet, CD-

Playern oder zahlreichen Medikamenten; alles Güter, die heute in Industrieländern auch Personen mit durchschnittlichem Einkommen zur Verfügung stehen.

Wir können die Veränderungen des langfristigen Wachstums konzeptionell in unserem einfachen Makro-Schema zeigen, das uns erstmals in Kapitel 4 begegnet ist. In der dortigen **Abbildung 4.6** entspricht das langfristige Trendwachstum ja der Steigung der Geraden. Erhöht sich nun das Trendwachstum – etwa durch ein höheres Wachstum der Arbeitsproduktivität –, so erhöht sich auch die Steigung der Geraden. In **Abbildung 9.4** ist dies ab dem Zeitpunkt t_1 der Fall. Von da an ist das durchschnittliche Wachstum der betrachteten Volkswirtschaft gestiegen und die Konjunktur schwankt um einen steileren Trend herum. Entsprechend geht das Wachstum in konjunkturell schlechteren Zeiten nicht mehr so stark zurück. Ein höheres Trendwachstum reduziert so auch die Gefahr von Rezessionen, also negativem Wachstum des BIP.

Abbildung 9.4
Wachstum im Makro-Schema mit Anstieg der Arbeitsproduktivität

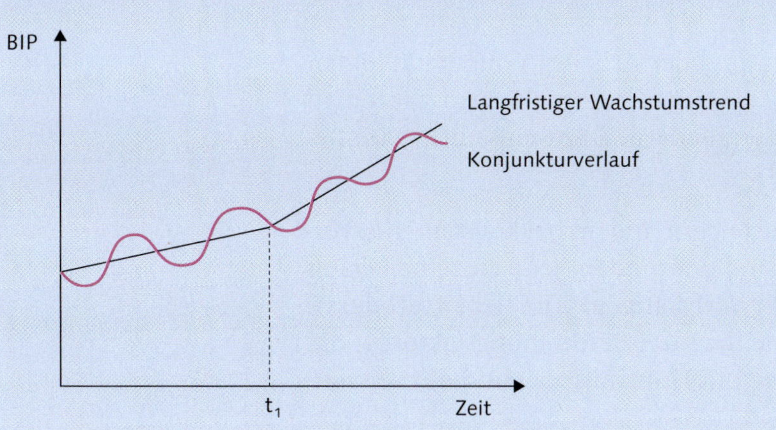

Ab dem Zeitpunkt t_1 erhöht sich das durchschnittliche Wachstum der betrachteten Volkswirtschaft, zum Beispiel aufgrund eines höheren Wachstums der Arbeitsproduktivität. Da ab t_1 die Konjunktur um ein höheres Trendwachstum herum schwankt, geht das Wirtschaftswachstum entsprechend auch in konjunkturell schlechteren Zeiten nicht mehr so stark zurück.

9.3.2 Die Quellen des Wachstums

Wir haben gesehen, dass der Wohlstand einer Volkswirtschaft davon abhängt, wie viele Waren und Dienstleistungen sie produzieren kann. Der Wohlstand nimmt also zu, wenn die produzierbare Menge zunimmt. **Abbildung 9.5** stellt die Zusammenhänge schematisch dar. Dabei erkennen wir – nicht zufällig – eine große konzeptionelle Ähnlichkeit mit der Darstellung der Quellen der Produktion eines einzelnen Unternehmens in Kapitel 8.

Zunächst verdeutlicht die Darstellung, dass es nur zwei Möglichkeiten gibt, wie pro Kopf mehr Waren und Dienstleistungen produziert werden können:

- Entweder werden mehr Arbeitsstunden geleistet
- oder die Produktion pro geleistete Arbeitsstunde (die Arbeitsproduktivität) wird erhöht.

Abbildung 9.5
Quellen des Wachstums

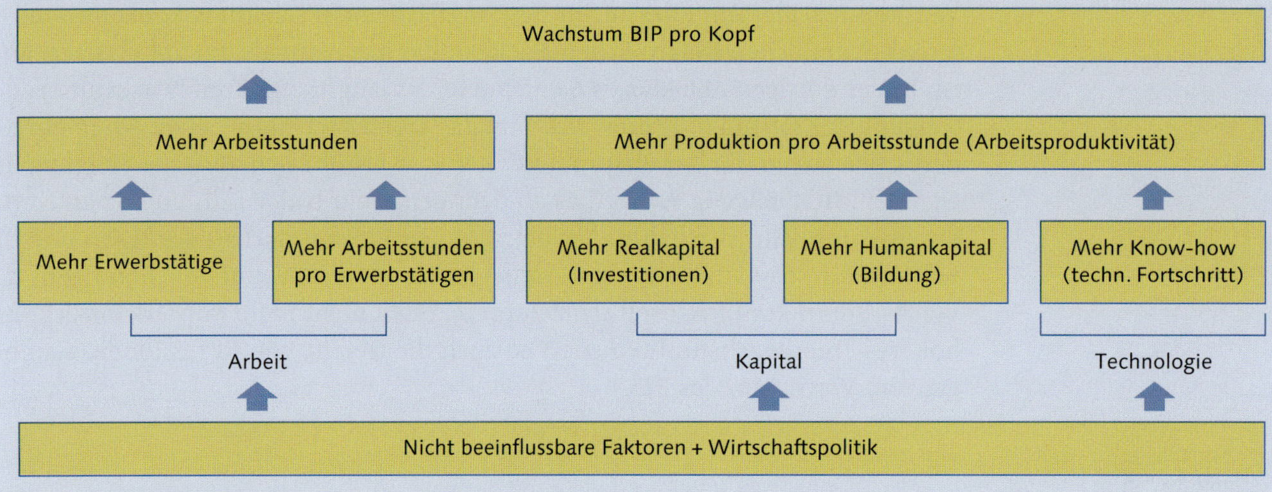

Erhöhungen der Anzahl der Arbeitsstunden und der Arbeitsproduktivität bilden also die direkten Quellen des Wachstums. In einem zweiten Schritt kann man diese beiden Quellen aber noch weiter untergliedern. Dazu muss man ihre Bestimmungsfaktoren ermitteln.

So lässt sich die Anzahl der Arbeitsstunden steigern, indem bei konstanter Bevölkerungszahl mehr Personen erwerbstätig sind oder indem jede einzelne Person mehr arbeitet (mehr Arbeitsstunden pro Erwerbstätigen). Die Arbeitsproduktivität, also die Produktion pro Arbeitsstunde, hat drei Bestimmungsfaktoren: die Ausstattung mit Realkapital, die Ausstattung mit Humankapital und die verwendete Technologie.

Erstens steigt die Produktivität, wenn einer Arbeitskraft mehr Realkapital zur Verfügung steht. So sind beispielsweise bei der Energieproduktion relativ wenige Arbeitnehmer mit sehr kostspieligen Kapitalgütern ausgestattet, was zu einer hohen Arbeitsproduktivität führt. Dies etwa im Gegensatz zu den Friseuren, die ihrer Tätigkeit mit wesentlich weniger Kapitalausstattung nachgehen und entsprechend eine niedrigere Produktivität aufweisen. Eine Erhöhung der Investitionen, das heißt des Aufbaus von Realkapital, kann also einer Volkswirtschaft zu höherer Arbeitsproduktivität und damit zu mehr Wachstum verhelfen.

Zweitens hängt die Produktivität von den Fähigkeiten der Beschäftigten ab, also vom sogenannten Humankapital, wie wir in Abschnitt 8.1 am Beispiel einzelner Unternehmen gesehen haben. Eine Erhöhung der Investitionen in die Ausbildung steigert demnach die Arbeitsproduktivität und führt zu Wachstum.

Drittens schließlich lässt sich die Arbeitsproduktivität durch eine verbesserte Technologie – durch technischen Fortschritt also – erhöhen. Diese besteht aus dem Wissen, auf welche Art Arbeit, Kapital sowie Boden und natürliche Ressourcen kombiniert werden können, um Waren und Dienstleistungen zu produzieren. Auf die überragende Bedeutung der Technologie gehen wir im nächsten Abschnitt genauer ein.

→ **Gesamtwirtschaftliche Produktionsfunktion**
Beziehung zwischen der in einer Volkswirtschaft produzierten Menge an Waren und Dienstleistungen (reales BIP) und den insgesamt dafür eingesetzten Produktionsfaktoren.

Abbildung 9.5 zerlegt den Wachstumsprozess in die fünf soeben erläuterten messbaren Größen. Hinter diesen steckt das Konzept der *gesamtwirtschaftlichen Produktionsfunktion*: Die Kombination der Produktionsfaktoren Arbeit, Kapital, Boden und natürliche Ressourcen sowie Technologie bestimmt, wie viel produziert werden kann.

Schließlich zeigt **Abbildung 9.5** noch die beiden Arten von Einflussgrößen auf das Wachstum der Produktionsfaktoren: einerseits die natürlichen Gegebenheiten, also exogene – das heißt wirtschaftspolitisch nicht beeinflussbare – Faktoren wie Klima, geografische Lage oder Nachbarstaaten eines Landes, aber auch kulturelle und politische Rahmenbedingungen; andererseits wirtschaftspolitische Entscheidungen wie die Steuern, die Bildungsausgaben oder die Wettbewerbspolitik.

9.3.3 Die entscheidende Rolle des technischen Fortschritts

Die Produktionsfaktoren werden miteinander kombiniert, um Waren und Dienstleistungen zu produzieren. Dabei kann ein und dasselbe Gut sowohl arbeitsintensiv als auch kapitalintensiv hergestellt werden. Im ersten Fall kommen viele Arbeitskräfte, aber nur wenige Maschinen zum Einsatz, im zweiten Fall ist es andersherum: viele Maschinen, wenig Arbeiter. Diese Unterschiede sind überall erkennbar, z. B. in der Landwirtschaft. Benutzen deutsche Bauern für Ackerbau und Viehzucht einen ganzen Fuhrpark aus Traktoren, Mähdreschern, Transportern sowie Futter- und Melkanlagen, ist dies in Entwicklungsländern noch weitgehend Handarbeit. Entsprechend viele Menschen sind dort im Agrarsektor beschäftigt und entsprechend wenige bei uns. Auch in der Industrie lässt sich das Phänomen beobachten. Fabriken ein und desselben Konzerns sehen in Deutschland und China nicht etwa gleich aus, auch wenn dieselben Modelle vom Fließband rollen. Arbeitsschritte, die in chinesischen Werkhallen von Menschen ausgeführt werden, erledigt an der deutschen Taktstraße Kollege Roboter.

→ **Technologie**
Wissen darüber, auf welche Art die Produktionsfaktoren kombiniert werden können, um Waren und Dienstleistungen zu produzieren.

→ **Technischer Fortschritt**
Verbesserung der Technologie, welche zu einer Steigerung der Produktivität der Produktionsfaktoren führt.

Das Wissen darüber, wie man Arbeit, Kapital, Boden und natürliche Ressourcen miteinander kombiniert, ist die *Technologie*.

Deren Weiterentwicklung ist die eigentliche treibende Kraft des langfristigen Wohlstandszuwachses. Der *technische Fortschritt* ist neben Arbeit, Kapital sowie Boden und natürlichen Ressourcen der vierte Produktionsfaktor – und der wichtigste. Denn im Gegensatz zu Arbeitskräften, Kapitalgütern und Boden ist der technische Fortschritt nicht beschränkt. Er ist der einzige Faktor, der grundsätzlich immerzu weiterwachsen kann.

Auf den ersten Blick scheint dies fragwürdig, und gerade Naturwissenschaftler zeigen oft unverhohlene Skepsis bei der Vorstellung einer langfristig immer weiter wachsenden Wirtschaft. Schließlich gibt es auf der Erde nur eine bestimmte Menge an Ressourcen, die wir nicht erhöhen können. Wie sollte es da möglich sein, dass der Wohlstand langfristig und bei steigenden Bevölkerungszahlen immerfort wächst?

Trotz dieser logisch scheinenden Bedenken gibt es aber keinen Grund zur Annahme, das schon oft verkündete Ende des Wachstums stehe vor der Tür. Der Anlass für den Optimismus der Ökonominnen und Ökonomen liegt darin, dass das gesamtwirtschaftliche Wachstum eben nur zum kleineren Teil von physischen, endlichen Dingen wie Arbeit und Kapital angetrieben wird. Hauptverantwortlich für das langfristige Wachstum ist vielmehr der technische Fortschritt, also die Möglichkeit, die endlichen Ressourcen immer wieder neu miteinander zu kombinieren und so Mehrwert zu schaffen.

Dazu ein einfaches Beispiel: Eisenoxid, auch als Rost bekannt, wurde während langer Perioden der Menschheitsgeschichte als nutzloser Abfall betrachtet. Die Höhlenmenschen kamen dann auf die Idee, mineralisches Eisenoxid als Farbe zu benutzen und damit Höhlenwände zu bemalen. Dies war ein erster Schritt, um aus wertlosem Schmutz eine Ressource zu machen, mit der sich Wertschöpfung erzielen ließ. Später lernten die Menschen, aus Eisenoxid Eisen zu gewinnen. Das steigerte die Wertschöpfung erneut, denn jetzt wurde es möglich, aus dem Material eine Fülle nützlicher Produkte herzustellen. Noch später verstand man es, Eisen mit Kohlenstoff zu legieren und so Stahl herzustellen, was die Einsatzmöglichkeiten ein weiteres Mal vervielfachte. Und erst vor wenigen Jahrzehnten fand man heraus, dass sich Eisenoxid zu Magnetdisketten verarbeiten lässt, die als Ton- und Bildspeicher eine ganz neue Medienwelt erschlossen haben.

Für das Wachstum ist dabei entscheidend, dass die endliche Ressource Eisenoxid immer noch in gleicher Menge auf der Erde vorhanden ist wie vor Tausenden von Jahren, dass sich aber aus den neu entwickelten Verwendungsmöglichkeiten dieses Stoffs heute ein spektakulär höherer Wohlstand erzielen lässt. Und es ist wenig wahrscheinlich, dass bereits der letzte wertvermehrende Schritt in der Verwendung dieser Ressource getan ist; vielmehr spricht die Erfahrung dafür, dass sich künftig noch produktivere Anwendungen für diesen Stoff finden werden.

Nicht die aktuellste Verwendung von Eisenoxid: Höhlenmalerei.

Der technische Fortschritt beschränkt sich aber nicht auf naturwissenschaftliche Durchbrüche. Ein großer Teil der Produktivitätssteigerung entsteht aus kleinen, unspektakulären, kaum beachteten Ideen zur verbesserten Organisation von Arbeitsabläufen in Unternehmen. So hat beispielsweise die amerikanische Einzelhandelsbranche in den 1990er-Jahren einen gewaltigen Produktivitätsschub erlebt. Dies gelang durch eine Kombination der neuen Informations- und Kommunikationstechnologien mit Know-how-Fortschritten bei der Unternehmensorganisation. Man spricht heute davon, dass ein Drittel des zusätzlichen Produktivitätswachstums der USA in den 1990er-Jahren allein auf diese Fortschritte im Einzelhandel zurückzuführen war. Auch hier hat man bestehende Ressourcen auf neue Weise kombiniert und so Mehrwert geschaffen.

Das verblüffende Ausmaß des technischen Fortschritts

Das Produktivitätswachstum in den letzten 200 Jahren war dermaßen groß, dass im historischen Kontext fast von einem Wunder die Rede sein muss. In den 1500 Jahren vor der industriellen Revolution blieb die Produktivität praktisch unverändert. Seither – wir haben es anhand der Daten des ersten Kapitels (vgl. Abschnitt 1.3) gesehen – ist das Wachstum in den Industrieländern förmlich explodiert. Und ein Großteil dieses Wachstums ist auf Fortschritte in der Produktivität zurückzuführen. Am besten verdeutlichen lassen sich diese Fortschritte, wenn man ein paar konkrete Beispiele betrachtet. Preisvergleiche von Gütern über die Zeit sind nicht einfach. Deshalb stellt **Abbildung 9.6** dar, wie viele Minuten bzw. Stunden der durchschnittliche Konsument arbeiten musste, um sich ein bestimmtes, klar definiertes Gut leisten zu können. Da sich die Qualität der betrachteten Produkte über die Zeit sicher stark verbessert hat, unterschätzen die Daten wohl den tatsächlichen Fortschritt. Sie sind aber schon so eindrücklich genug.

Abbildung 9.6
Produktivitätsgewinne bei einzelnen Gütern

Arbeitszeit eines westdeutschen Arbeitnehmers, bis er sich diese Waren und Dienstleistungen leisten konnte, in Stunden und Minuten

	1960	2011
Gebrauchsgüter, Kleidung, Energie		
Fernseher	351:38	30:15
Waschmaschine	224:30	27:55
Damenpumps	14:29	05:05
Herrenanzug	68:00	14:58
Strom (200 kWh)	10:07	03:32
Dienstleistungen, Medien		
Damenhaarschnitt inkl. waschen und fönen	01:28	01:08
Kinokarte	00:38	00:27
Briefporto (Standardbrief)	00:05	00:02
Schuhe besohlen	04:06	01:31
Tageszeitungsabo (Monat)	01:41	01:41
Lebensmittel		
Mischbrot (kg)	00:20	00:10
Vollmilch (Liter)	00:11	00:03
Eier (10 Stück)	00:51	00:08
Schweinekotelett (1 kg)	02:37	00:30
Kartoffeln (2,5 kg)	00:17	00:11
Kabeljau (1 kg)	00:56	01:09

Quellen: Statistisches Bundesamt, IAB, IW Köln

Am größten ist der Fortschritt natürlich bei technologischen Gütern. So musste man für einen Fernseher 1960 noch rund 350 Stunden arbeiten, während es 2011 gerade noch 30 Stunden waren. Nicht ganz so stark, aber ebenfalls deutlich hat die Produktivität bei der Produktion von Lebensmitteln zugenommen. Viel geringer fallen die Fortschritte bei den Dienstleistungen aus – ein Damenhaarschnitt kostet heute nur unwesentlich weniger als damals. Das drastischste Beispiel ist der (hier nicht abgebildete) Produktivitätsgewinn in der Leistungsfähigkeit von Computern (vgl. dazu **Abbildung 6.2** in Kapitel 6). Um eine bestimmte standardisierte Leistungsmenge eines Computers (eine Million Instruktionen pro Sekunde) zu kaufen, ist heute deutlich weniger als eine halbe Stunde Arbeitszeit erforderlich. 1984 waren es noch 52 Stunden, 1970 hatte man 1,24 Lebensarbeitszeiten gebraucht und 1944 noch 733 000 Lebensarbeitszeiten. Nicht nur die Produktivität in der Herstellung von Gütern ist über die Zeit stark gewachsen, sondern auch das Angebot an Gütern selbst. Auch hier setzte das Wachstum erst vor gut 200 Jahren ein. So gab es vor dem Beginn des 19. Jahrhunderts nur ganz wenige Güter, die nicht schon zu Zeiten der alten Römer vorhanden waren. Wirkliche Neuerungen waren (ungenaue) Uhren und Gewehre, Papier und Fensterglas. Wenn man sich überlegt, welche Unmengen an neuen Produkten allein schon in den letzten Jahrzehnten entstanden sind (PC, DVD, Handy, Internet), dann sieht man, dass neue Produkte ebenso den Wohlstand vorantreiben, wie es die höhere Produktivität bei der Erzeugung bekannter Produkte vermag.

9.3.4 Nachhaltiges Wirtschaftswachstum

In diesem Kapitel behandeln wir die Quellen des langfristigen Wachstums an materiellem Wohlstand. Wachstum und Wohlstand gehören demnach zusammen. Ohne geeignete wirtschaftspolitische Vorkehrungen kommt es jedoch bei Wachstum zu Begleiterscheinungen, die alles andere als wünschenswert sind oder gar als Wohlfahrtsverlust zu Buche schlagen – z. B. zu Umweltverschmutzung. Sogenannte externe Effekte können zu einer Übernutzung der Umwelt führen. Ökonomen, die Wachstum als erstrebenswert ansehen, reden nicht einem Wachstum um jeden Preis das Wort. Sie meinen einen Wachstumsprozess, der nur dann den Wohlstand wirklich erhöht, wenn die Effekte auf die Umwelt berücksichtigt werden.

Hier setzt das viel diskutierte Konzept der *Nachhaltigkeit* an. Popularisiert durch eine internationale Konferenz in Rio de Janeiro im Jahr 1992, besagt er Folgendes: Nachhaltig ist eine Entwicklung nur dann, wenn sie die Möglichkeiten der kommenden Generationen nicht einschränkt. Das bedeutet, dass ein Wachstum nur dann als nachhaltig eingeschätzt wird, wenn es nicht auf Kosten der natürlichen Lebensgrundlagen erfolgt. Die Internalisierung externer Effekte im Umweltbereich ist hier der zentrale Ansatzpunkt. Später wurde dieses Konzept noch ausgeweitet, sodass man heute von drei Dimensionen der Nachhaltigkeit spricht: der wirtschaftlichen, der ökologischen und der sozialen. Die soziale Nachhaltigkeit ist dabei vergleichsweise unpräzise definiert. Zu diesem Punkt besagt das Konzept, vereinfacht ausgedrückt, dass ein Wachstum nur dann nachhaltig ist, wenn es nicht einseitig auf Kosten von bestimmten Bevölkerungsgruppen geht.

→ **Nachhaltigkeit**
Situation, in der die Möglichkeiten der kommenden Generationen durch heutige Handlungen nicht eingeschränkt werden.

Bezüglich des Wirtschaftswachstums – also auf die ökonomische Dimension ausgerichtet – bedeutet das Konzept der Nachhaltigkeit, dass die Erhöhung des materiellen Wohlstands nicht mittels Maßnahmen angestrebt werden sollte, welche die natürlichen Lebensgrundlagen oder den sozialen Zusammenhalt stark beeinträchtigen. Für die Wachstumspolitik sind die ökologischen und sozialen Effekte Rahmenbedingungen, die es im Interesse eines qualitativ hochstehenden Wachstums zu berücksichtigen gilt.

Was die Umwelt betrifft, so besteht hier die Problematik externer Effekte, die zu einem sogenannten Marktversagen führen, das in Kapitel 11 ausführlich behandelt wird. Sei es bei Luftverschmutzung, Gewässerschutz oder Abfallbehandlung: Das Verursacherprinzip, das zur Bekämpfung dieses Marktversagens gelten sollte, hat den Weg in die Wirtschaftspolitik gefunden und ist inzwischen in der Umweltgesetzgebung vieler Staaten fest verankert. Da die Wirkung von Gesetzen in der Regel auf Länder beschränkt ist, während die Umweltverschmutzung an Staatsgrenzen nicht haltmacht, sind internationale Verträge nötig, um grenzüberschreitend Verbesserungen zu erreichen. Doch genau daraus resultieren Probleme, wie im Kasten über die Klimapolitik deutlich wird. Selbst wenn alle gleichsam profitieren würden, hat nicht jeder Staat ein gleich hohes Interesse an solchen Abkommen.

Die Klimapolitik – und wie sie in Deutschland umgesetzt wird

Die Eindämmung des CO_2-Ausstoßes, vor allem auch in Schwellenländern wie China, ist die größte Herausforderung für die weltweite Klimapolitik.

Umweltverschmutzung ist in vielen Fällen grenzüberschreitend. Sie erfordert dann eine internationale, oft sogar globale Koordination nationaler Wirtschaftspolitik. Das wichtigste Beispiel ist die Klimaerwärmung aufgrund der zu hohen CO_2-Emissionen. Dieses Problem muss über internationale Abkommen angegangen werden, da es vollkommen gleichgültig ist, wo auf der Erde CO_2 ausgestoßen wird: Es landet in jedem Fall in der weltumspannenden Atmosphäre. Den Ausgangspunkt bildete die bekannte Konferenz in Rio de Janeiro von 1992, die zur Klimarahmenkonvention führte. Damals vereinbarten 189 Länder, gemeinsam das Ziel einer Reduktion der Klimaerwärmung anzustreben. Mit dem *Kyoto-Protokoll* von 1997 verpflichteten sich viele Industrieländer dann zu konkreten Maßnahmen. Das Kyoto-Protokoll ist ein internationales Abkommen, das von allen beteiligten Ländern im nationalen Recht umgesetzt werden muss. Dazu haben sich allerdings die USA, zusammen mit China der mit Abstand wichtigste Emittent von CO_2, bisher nicht durchringen können. Trotzdem haben genügend Länder – Deutschland im Jahr 2002 – das Kyoto-Protokoll unterzeichnet, sodass es Anfang 2005 auch formell in Kraft gesetzt werden konnte.

Wie werden nun die eingegangenen Verpflichtungen hierzulande umgesetzt? Deutschland hat damals zugesagt, den Ausstoß von Treibhausgasen, insbesondere CO_2, bis zum Jahr 2012 gegenüber 1990 um 21 % zu senken. Das ist ein ehrgeiziges Ziel, zu dem sich der deutsche Staat verpflichtet hat – und das, obwohl nicht er selbst, sondern die Unternehmen und die Haushalte die Hauptverursacher der deutschen Emissionen sind. Um diese zur CO_2-Einsparung zu bewegen, setzt die Politik gleich eine ganze Reihe an Instrumenten ein. Einige wesentliche sind:

- **Ökosteuer:** Um den Energieverbrauch zu senken, hat ihn die Bundesregierung 1999 mit der sogenannten *Ökosteuer* künstlich verteuert. Seitdem zahlen Verbraucher von Kraftstoffen, Strom, Heizöl und -gas einen Aufschlag.
- **Förderung erneuerbarer Energien:** Seit dem Jahr 2000 schießen Windräder aus dem Boden, werden viele Dächer mit Solarmodulen verkleidet und bauen Landwirte statt Weizen lieber Energiepflanzen wie Mais oder Raps an. Der Grund dafür ist das *Erneuerbare-Energien-Gesetz*, kurz EEG. Es garantiert jedem, der Strom aus Windkraft, Solarenergie, Biomasse oder

Wasserkraft erzeugt, für 20 Jahre eine feste, hohe Vergütung jeder produzierten Kilowattstunde und die bevorzugte Abnahme des Stroms im Stromnetz. Die Kosten für diese Umstellung der Stromerzeugung auf kohlendioxidneutrale Energieträger tragen die Stromverbraucher.

- **Emissionshandel:** Die EU legt seit dem Jahr 2005 für Kraftwerke, Raffinerien, Papier- und Zementfabriken fest, wie viel CO_2 diese maximal ausstoßen dürfen. Sie erhalten Emissionsrechte, deren Menge sich im Lauf der Zeit verringert. Stoßen sie mehr CO_2 aus, als sie an *CO_2-Zertifikaten* besitzen, können sie welche von anderen kaufen, die in energieeffiziente Technik investiert haben und somit weniger CO_2 freisetzen. Damit soll der CO_2-Ausstoß zuerst dort verringert werden, wo dies am kostengünstigsten möglich ist.

Während am Ziel Klimaschutz wenig gezweifelt wird, so war – und ist – doch jede dieser Maßnahmen umstritten. Das ist kein Wunder, da sie einen drastischen Eingriff in die Märkte bedeuten und die Marktakteure entsprechend zur Anpassung zwingen. Die Widerstände sind in der Politik teilweise auf Gehör gestoßen. Strompreisvergünstigungen für besonders energieintensive Betriebe sorgen derzeit z. B. dafür, dass diese ihre Produktion nicht aus Kostengründen aus Deutschland und der EU wegverlagern. Der Anteil der kohlendioxidneutralen Energieträger an der Stromproduktion hat zwar stark zugenommen, dafür sind jedoch die Strompreise geklettert.

Deutschland hat das Kyoto-Protokoll erfüllt – bis 2012 sank der CO_2-Ausstoß auf das vereinbarte Niveau. Auch in der EU insgesamt – wenn auch nicht in jedem Mitgliedsland – ist es gelungen, den Kohlendioxidausstoß vom Wirtschaftswachstum zu entkoppeln. Obwohl die politisch beschlossenen Maßnahmen in Deutschland erst ab Mitte der 1990er-Jahre griffen, gingen die Emissionen schon in den ersten Jahren nach der Wiedervereinigung zurück – und zwar rasant. Das lag am Niedergang der Industrie der ehemaligen DDR. Damals wurden viele ostdeutsche Industriebetriebe stillgelegt und verbrauchten somit auch keine Energie mehr. Veraltete Kraftwerke wurden abgerissen und durch neue, effizientere ersetzt. Weltweit hat der Treibhausgasausstoß trotz Kyoto-Protokoll nicht ab-, sondern zugenommen. Eine wichtige Frage war darum, welche Verpflichtungen die Industrie- und Schwellenländer für die Zeit nach 2012 eingehen würden. Über diesen sogenannten Post-Kyoto-Prozess wurde mit lange nur mäßigem Erfolg auf internationalen Großkonferenzen verhandelt. Doch Ende 2015 erzielten in Paris 195 Länder eine neue Einigung.

Die Beschlüsse dieses Klimagipfels klingen sehr ambitioniert: So soll nach dem Jahr 2050 weltweit nur noch so viel Kohlendioxid ausgestoßen werden, wie in der Natur gleichzeitig gebunden wird, etwa in Wäldern. Der Anstieg der Erderwärmung soll auf unter 2 Grad Celsius gegenüber vorindustrieller Zeit begrenzt werden. Offen bleibt allerdings, wo und wie die Emissionen genau zurückgefahren werden sollen. Hier hat jedes Land große Freiräume. Verfehlt es seine Zusage, gibt es keine Strafe. Für Deutschland hat die Regierung zugesagt, den Kohlendioxid-Aussstoß im Vergleich zum Jahr 1990 bis 2020 um 40 Prozent zu senken und um 80 bis 95 Prozent bis 2050.

→ Kyoto-Protokoll
Internationale Vereinbarung über verbindliche Reduktionsziele beim Ausstoß von CO_2, abgeschlossen 1997 in der japanischen Stadt Kyoto.

→ Ökosteuer
Eine Steuer, die das Verhalten der Marktakteure in ökologisch gewünschte Bahnen lenken soll. In Deutschland verbirgt sich dahinter keine einzelne Steuer, sondern ein Bündel an verschiedenen Abgaben, z. B. auf den Strom- oder Kraftstoffverbrauch.

→ Erneuerbare-Energien-Gesetz (EEG)
Gesetz, das durch langfristige Zusicherung finanzieller Anreize Investoren zur Stromerzeugung aus erneuerbaren Energien (Sonne, Wind, Wasser, Biomasse) motivieren soll.

→ CO_2-Zertifikat
Handelbares Recht, eine bestimmte Menge an Treibhausgasen in die Atmosphäre auszustoßen.

9.4 Wachstumspolitik

Wie bereits in **Abbildung 9.5** festgehalten, wird das Wachstum auch durch eine Reihe von fix vorgegebenen Faktoren bestimmt. Durch wirtschaftspolitische Weichenstellungen sind diese kurzfristig nicht beeinflussbar. Zu diesen nicht gestaltbaren *Wachstumsdeterminanten* gehören einmal geografische Gegebenheiten, wie

→ **Wachstumsdeterminanten**
Bestimmungsfaktoren des Wirtschaftswachstums.

- die Ausstattung mit Rohstoffen,
- das Klima,
- die Nähe zu starken Handelspartnern.

Dazu zählen wir aber auch das, was man als *Sozialkapital* bezeichnen kann:

→ **Sozialkapital**
Ressourcen, die sich aus den Beziehungen zwischen Menschen ableiten, also aus deren Teilhabe am sozialen Netzwerk.

- politische Stabilität und politische Rechte,
- Vertrauen in Eigentums- und Vertragsrechte,
- geringe Korruption.

Das Sozialkapital ist im Gegensatz zu den geografischen Gegebenheiten zwar langfristig gestaltbar, doch meist nur durch zeitraubende gesellschaftspolitische Weichenstellungen. Für die Analyse der wirtschaftspolitischen Bestimmungsfaktoren des Wachstums kann man daher das Sozialkapital als exogen, also wirtschaftspolitisch nicht beeinflussbar betrachten.

In vielen Entwicklungsländern ist es gerade diese Ausgestaltung des politischen Umfelds, die wirtschaftliches Wachstum entscheidend behindert – wie dies im folgenden Kasten ausgeführt wird. In den meisten reichen Ländern dagegen hat dieses Sozialkapital einen gewissen Mindeststandard erreicht, sodass Wirtschaftspolitik im engeren Sinne hier eher Wachstumsunterschiede bewirken kann.

Diese wirtschaftspolitischen Einflussmöglichkeiten besprechen wir hier nur überblicksartig, da sie in anderen Kapiteln genauer diskutiert werden. Sie lassen sich danach einteilen, über welche der beiden grundsätzlichen Quellen des Wachstums – Arbeitsstunden (Beschäftigung) bzw. Arbeitsproduktivität – sie auf die Entwicklung des BIP einwirken.

Betrachten wir als erste Quelle des Wachstums die Beschäftigung: Wirtschaftspolitisch gesehen, wird sie einerseits von der Arbeitsmarktpolitik und andererseits von der Sozialpolitik direkt beeinflusst. Die Arbeitsmarktpolitik, das heißt die

We don't need no education? Doch! Von Bildungsanstrengungen profitiert nicht nur der Einzelne, sondern die gesamte Volkswirtschaft.

Regulierung des Arbeitsmarktes, setzt Anreize dafür, wie stark das vorhandene Potenzial an Arbeitskräften tatsächlich ausgeschöpft wird. Die Frage ist hier: Welcher Anteil der potenziell beschäftigungsfähigen Bevölkerung geht mit welcher Wochenarbeitszeit einer bezahlten Arbeit nach, und wie lässt sich die Anzahl gearbeiteter Stunden vergrößern? Aber auch die Sozialpolitik setzt sehr häufig Anreize für oder gegen mehr Erwerbstätigkeit. Sind etwa die Abgaben für die Altersvorsorge sehr hoch oder sind die Leistungen der Arbeitslosenversicherung besonders großzügig, so kann dies den Arbeitsanreiz reduzieren, was zu einem Rückgang der geleisteten Arbeitsstunden führt.

Arbeitsproduktivität ist die zweite Quelle des Wachstums. Sie wird durch die Wirtschaftspolitik vor allem in vier Bereichen direkt beeinflusst:

- Wettbewerbspolitik (mehr Wettbewerb schafft Anreize für Innovationen),
- Außenwirtschaftspolitik (Öffnung der Volkswirtschaft verstärkt die Arbeitsteilung),
- Finanzpolitik (niedrige und gut ausgestaltete Steuern sowie produktive Staatsausgaben),
- Bildungs- und Forschungspolitik (schafft Humankapital und technischen Fortschritt).

Zusammenfassende Übersicht

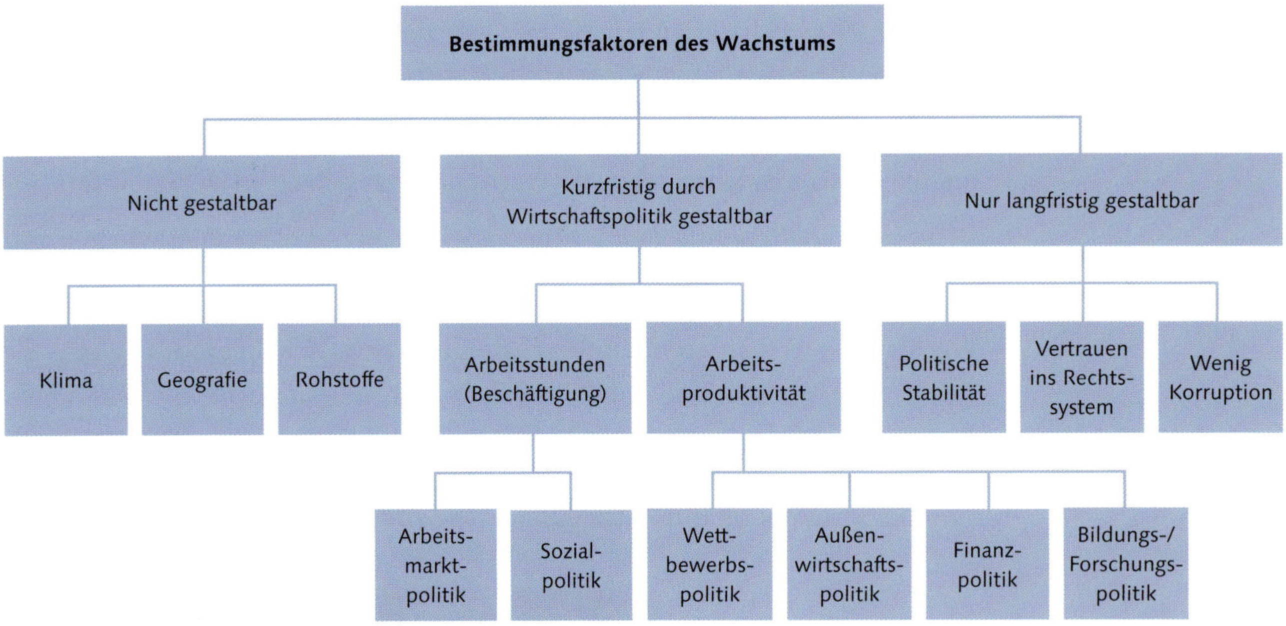

Die Wachstumschancen von Entwicklungsländern

Wie arme Entwicklungsländer einen höheren Lebensstandard erreichen können, gehört wirtschaftlich wie politisch zu den wichtigsten Fragestellungen. Dass unzählige Menschen tagtäglich ums nackte Überleben kämpfen, ist schwer zu akzeptieren, wenn wir ihr Schicksal mit dem spektakulären Wohlstandsniveau der Menschen in den reichen Industrieländern vergleichen. Gleichzeitig gibt unser Reichtum aber auch Anlass zur Hoffnung, zeigt er doch, dass ein viel höherer Lebensstandard als in den Entwicklungsländern erreichbar ist. Aber gilt dies wirklich für alle Länder? Sind also die wichtigen Faktoren des Wachstumsprozesses durch die (Wirtschafts-)Politik beeinflussbar?

Die bisherigen Erfahrungen legen hier eine – für Ökonomen nicht untypische – „Ja, aber"-Antwort nahe. „Ja", weil der wirtschaftliche Erfolg von Ländern nicht von unveränderbaren Naturgegebenheiten abhängt; „aber", weil die entscheidenden Wachstumsfaktoren nicht einfach zu beeinflussen sind.

Zuerst zum positiven Teil der Antwort. Unverrückbare geografische Realitäten wie das Klima, eigene Rohstoffe oder die Nähe zu Handelspartnern sind nicht entscheidend für den wirtschaftlichen Erfolg eines Landes. So zeigen etwa Schweden und Singapur, dass man unter sehr verschiedenen klimatischen Bedingungen wohlhabend werden kann. Neuseeland ist ein Beispiel dafür, dass es auch ohne die Nähe zu Handelspartnern geht, und Deutschland ist ein zwar rohstoffarmes, aber reiches Land. Diese Hürden sind also zu überspringen.

Der nicht so positive Teil der Antwort ist, dass weniger die eher „technischen", vergleichsweise einfach zu ändernden Aspekte der Wirtschaftspolitik, als vielmehr politische und institutionelle Faktoren für ein Land über reich oder arm entscheiden. Und gerade diese Faktoren sind oft nur schwer zu verändern. Sehr arme Länder sind häufig charakterisiert durch große politische Instabilität, unzuverlässige Behörden oder kaum zu bändigende Korruption. Eigentums- und Vertragsrechte sind dann nicht gesichert, und der Staat erfüllt damit eine seiner zentralen Aufgaben für das Funktionieren einer Marktwirtschaft nur unzureichend (vgl. dazu Kapitel 11).

Deshalb lohnt es sich in diesen Ländern kaum, längerfristig zu investieren: Die Wirtschaftsbeziehungen bleiben informell, gehen also kaum über den persönlichen Bekanntenkreis hinaus. Damit lassen sich aber die großen Vorteile einer arbeitsteiligen Wirtschaft nicht realisieren. Denn der Entwicklungsprozess kommt nur dann wirklich in Gang, wenn die Institutionen stabile Eigentumsverhältnisse schaffen. Andererseits waren die Entwicklungschancen ärmerer Länder noch nie so groß wie heute. Denn die in Kapitel 6 beschriebene Globalisierung hat es für sie wesentlich vereinfacht, produktive Technologien aus den reichen Ländern zu „importieren". Wir haben gesehen, dass technologisches Wissen die entscheidende Quelle des Wachstums darstellt, und eine bereits verfügbare Technologie kann zum großen Teil auch von ärmeren Ländern eingesetzt werden. Neben der Sicherung der Eigentumsrechte verspricht deshalb eine zweite Politik bedeutende Wachstumsgewinne: die Öffnung der Wirtschaft nach außen. Zahlreiche Schwellenländer haben dies bereits bewiesen; China und Indien sind hier nur die aktuellsten, angesichts ihrer Größe spektakulärsten Fälle.

Zusammengefasst lässt sich feststellen, dass ein Wachstum armer Länder möglich ist, dass dafür die Sicherung der Eigentumsrechte eine Grundvoraussetzung bildet und dass die Offenheit der Wirtschaft das Potenzial verstärken kann. Von dieser Erkenntnis zur konkreten Umsetzung ist es aber – die zahlreichen Beispiele deprimierend armer Länder, gerade in Afrika, zeigen es leider überdeutlich – ein weiter, politisch oft steiniger Weg.

Vorstandsvorsitzender (CEO – Chief Executive Officer) mit seinem Lohnauszug und einer Auflistung des BIP (GDP – Gross Domestic Product) von Mali: „Im internationalen Vergleich ist mein Einkommen eigentlich gar nicht so groß."

ZUSAMMENFASSUNG ANHAND DER LERNZIELE ZU KAPITEL 9

1 **BIP-Ermittlung und Abgrenzung vom BNE**

Das BIP fasst die effektive Wertschöpfung innerhalb eines Landes zusammen. Für die Ermittlung wird der Marktwert aller Waren und Dienstleistungen gemessen, die in einem Land innerhalb einer bestimmten Periode (in der Regel ein Jahr) hergestellt worden sind. Dabei kann das BIP mittels Entstehungs-, Verwendungs- oder Verteilungsrechnung ermittelt und entweder absolut oder im Durchschnitt (pro Kopf) betrachtet werden.

Das Bruttonationaleinkommen (BNE) dagegen betrachtet die Wertschöpfung aller Einwohner eines Landes, wobei auch von diesen im Ausland produzierte Werte berücksichtigt werden.

2 **Entstehungs-, Verteilungs- und Verwendungsrechnung**

Für die Berechnung des BIP auf Entstehungsseite ist es wichtig, dass für jede Produktionsstufe nur die jeweilige effektive Wertschöpfung gezählt wird; Vorleistungen – z. B. der Preis, den ein Bäcker für die Zutaten eines Brots bezahlt – werden abgezogen. Neben der Entstehungsrechnung kann das BIP noch auf zwei weitere Weisen berechnet werden: Auf der Verwendungsseite werden die Ausgaben aller Verbraucher summiert, unterteilt in private und staatliche Konsumausgaben, Investitionsausgaben und Nettoexporte. Auf der Verteilungsseite werden sämtliche Löhne und Gewinne summiert.

3 **Kritik am BIP als rein quantitatives Wohlstandskonzept und alternative Messkonzepte**

Das BIP weist als Maßstab für Wohlstand auch einige Schwächen auf. So werden nur Werte berücksichtigt, die über den Markt erzielt werden. Ebenso werden bei Reparaturleistungen (z. B. nach Verkehrsunfällen oder Umweltkatastrophen) die vorhergehenden Schäden nicht erfasst. Außerdem lassen sich keinerlei Aussagen zur Verteilung auf verschiedene Bevölkerungsgruppen treffen, da nur ein Durchschnittswert gegeben ist. Es bestehen einige alternative Messkonzepte, so z. B. der NEW, der HDI, der Better Life Index sowie der Happy Planet Index, die jeweils unterschiedliche Stärken und Schwächen aufweisen. Der große Vorteil des BIP bleibt seine relativ gute internationale Vergleichbarkeit.

4 **Allgemeine Bestimmungsfaktoren des Wohlstands- bzw. Wirtschaftswachstums**

Wohlstand bzw. der materielle Lebensstandard einer Gesellschaft wird im Wesentlichen bestimmt durch die Wertschöpfung eines Landes, also durch die Summe aller Werte (Güter), die innerhalb dieses Landes geschaffen werden. Seine Entwicklung ist damit vor allem abhängig vom Wirtschaftswachstum, welches sich aus genau zwei Quellen speist: mehr Arbeitsstunden und steigende Arbeitsproduktivität. Diese wiederum werden beeinflusst durch Faktoren wie Klima, geografische Lage, Ausstattung mit Rohstoffen, die politischen Rahmenbedingungen und die Ausgestaltung der Wirtschaftspolitik. Einige dieser Faktoren sind leicht und kurzfristig, andere weniger oder überhaupt nicht veränderbar.

5 **Positive und negative Effekte des Wirtschaftswachstums**

Mit dem Wirtschaftswachstum steigt in der Regel auch der Wohlstand eines Landes. Doch kann Wirtschaftswachstum auch negative Effekte mit sich bringen, z. B. Umweltschäden durch die Rodung von Regenwäldern oder verstärkte CO_2-Ausstöße und die dadurch beschleunigte Klimaerwärmung. Damit diese negativen Begleiterscheinungen verhindert werden, rückt zunehmend das Prinzip der Nachhaltigkeit in den Fokus wirtschaftspolitischer Entscheidungen.

ZENTRALE BEGRIFFE

Wertschöpfung
Nominales BIP
Reales BIP
Bruttonationaleinkommen (BNE)
Vorleistung
Entstehungsseite des BIP
(Entstehungsrechnung)
Verwendungsseite des BIP
(Verwendungsrechnung)
Verteilungsseite des BIP
(Verteilungsrechnung)
OECD
Privater Konsum
Investitionsausgaben
Staatskonsum
Nettoexporte
Wachstumsrate
Gesamtwirtschaftliche Produktionsfunktion
Technologie
Technischer Fortschritt
Nachhaltigkeit
Kyoto-Protokoll
Ökosteuer
Erneuerbare-Energien-Gesetz (EEG)
CO_2-Zertifikat
Wachstumsdeterminanten
Sozialkapital

WIEDERHOLUNGSAUFGABEN ZU KAPITEL 9

1 Erklären Sie den wesentlichen Unterschied zwischen BIP und BNE anhand eines Beispiels.

2 Erläutern Sie die drei verschiedenen Berechnungsweisen des BIP jeweils an einem kurzen Beispiel.

3 Obwohl das BIP in dieser Hinsicht einige Schwächen aufweist, wird es meist genommen, um den Wohlstand eines Landes zu beurteilen. Warum?

4 Welche Wachstumsdeterminanten sind nur bedingt oder gar überhaupt nicht beeinflussbar? Begründen Sie Ihre Antwort.

5 Erläutern Sie das Prinzip der Nachhaltigkeit und erklären Sie, warum es auf langfristige Sicht so wichtig ist – auch aus wirtschaftlicher Perspektive.

HANDLUNGSORIENTIERTE AUFGABEN ZU KAPITEL 9

1 Informieren Sie sich über die Entwicklung des BIP der letzten fünf Jahre von folgenden Ländern: Deutschland, Österreich, Schweiz, Frankreich, USA und Indien. Welche Schlussfolgerungen ziehen Sie daraus? Nehmen Sie begründet Stellung dazu, wie diese Entwicklung Ihrer Meinung nach weitergeht.

2 Erkundigen Sie sich über die wirtschaftliche Entwicklung der Volksrepublik China und über deren langfristigen Wachstumstrend. Erstellen Sie auf der Basis der von Ihnen erhobenen Daten eine Prognose über das BIP-Wachstum in China in den nächsten zehn Jahren. Welche Schlussfolgerungen ziehen Sie daraus?

3 Bei der Entwicklung einer Volkswirtschaft spielt der technische Fortschritt eine große Rolle. Nur in wenigen Ländern werden im Verhältnis zur Bevölkerung mehr Patente angemeldet als in Deutschland. Dennoch hat die deutsche Wirtschaft Stärken und Schwächen bei den verschiedenen modernen Technologien. Informieren Sie sich darüber. In welchen technologischen Bereichen sollte Deutschland mehr in die Zukunft investieren?

4 Nach dem Atomausstieg Deutschlands wird der Beitrag der erneuerbaren Energien immer wichtiger. Die Wege hierzu sind in der Politik teilweise strittig. Im Mittelpunkt der Diskussion stehen das Erneuerbare-Energien-Gesetz und dessen Umsetzung. Bereiten Sie ein Referat oder eine Hausarbeit zum Thema „Energiewende in Deutschland" vor. Teilen Sie in der Klasse gegebenenfalls das Thema in verschiedene Unterthemen auf.

Themengebiet 4: Ziele und Instrumente der Wirtschaftspolitik

*„Gesegnet seien die Jungen,
denn sie werden unsere Schulden erben.“*

Herbert Hoover (1874–1964), amerikanischer Präsident 1929–1933

›

Kapitel 10: Wirtschaftspolitische Ziele

10.1 Die Zielgrößen der Wirtschaftspolitik

10.2 Die Zielgrößen: Deutschland im internationalen Vergleich

LERNZIELE ZU KAPITEL 10

Nachdem Sie Kapitel 10 durchgearbeitet haben, sollten Sie in der Lage sein,

1. die Zielgrößen der Wirtschaftspolitik und deren Messgrößen (auch im Kontext des Stabilitätsgesetzes) zu erläutern.
2. zu verstehen, weshalb in der Wirtschaftspolitik von magischen Vielecken gesprochen wird, und zu diskutieren, inwieweit es in der Wirtschaftspolitik zu Zielkonflikten kommen kann.
3. zu erläutern, wie die gesamtwirtschaftlichen Zielgrößen zusammenhängen.
4. die wirtschaftliche Entwicklung Deutschlands seit Ende des Zweiten Weltkriegs zu beurteilen und im Hinblick auf die gesamtwirtschaftlichen Ziele zu beschreiben.

Kapitel 10: Wirtschafts-politische Ziele

„It's the economy, stupid." Dieser Ausspruch war an die Wand der Wahlkampfzentrale eines Kandidaten für die US-Präsidentschaft geheftet. Damit sollten alle Wahlkampfhelferinnen und -helfer darauf eingeschworen werden, sich auf ein – und zwar das entscheidende – Thema zu konzentrieren: die Wirtschaftslage. Nicht zuletzt dank der konsequenten Ausrichtung seines Wahlkampfs auf diesen Punkt gelang es dem Kandidaten, aus einer wenig versprechenden Ausgangslage heraus startend, 1992 zum Präsidenten gewählt zu werden. Eine leichte Rezession in der Vorwahlperiode und deren konsequente Ausschlachtung in der Wahlkampfkampagne waren mitentscheidend für den Umschwung.

Bill Clinton, so hieß der erfolgreiche Wahlkämpfer, hatte sich die älteste Tatsache der amerikanischen Politik zu Herzen genommen: Wahlen entscheiden sich meist an volkswirtschaftlichen Themen. Kennt man die Wirtschaftslage in den USA im Jahr vor der Wahl, so kann man praktisch mit Sicherheit das Wahlergebnis voraussagen. Die Bedeutung volkswirtschaftlicher Themen in der Politik ist aber keine amerikanische Eigenheit. Auch in Deutschland können wir beobachten, dass in Umfragen über die größten Sorgen der Bevölkerung meist wirtschaftliche Probleme mit an der Spitze der Rangliste liegen. Dabei sind es immer wieder die gleichen Themen, die in der öffentlichen Wahrnehmung im Vordergrund stehen – je nach Wirtschaftslage mit unterschiedlicher Gewichtung. In diesem Kapitel sollen diese zentralen volkswirtschaftlichen Themen – die Zielgrößen der Wirtschaftspolitik – identifiziert und anhand entsprechender Daten für Deutschland diskutiert werden.

10.1 Die Zielgrößen der Wirtschaftspolitik

Hören wir in den Medien von Wirtschaftspolitik, dann geht es z. B. um Konjunkturpolitik, Steuerpolitik, Außenwirtschaftspolitik, Geldpolitik oder Arbeitsmarktpolitik. All dies sind Beispiele für das Eingreifen des Staates in die volkswirtschaftlichen Abläufe. Auf einer abstrakten Ebene lässt sich als Ziel der Wirtschaftspolitik zusammenfassen, mit staatlichen Maßnahmen dem Markt einen passenden Rahmen zu setzen und so die Effizienz des Marktes zu sichern. Die staatlichen Eingriffe sollen die Marktwirtschaft möglichst funktionsfähig machen, Verschwendungen vermeiden und damit letztlich Effizienz erreichen. Die wirtschaftspolitische Diskussion orientiert sich aber nicht am abstrakten Ziel der Effizienz; diesen Begriff haben Sie in den Medien wahrscheinlich noch kaum je in diesem Zusammenhang gehört. In der Praxis wird dieses übergeordnete Ziel quasi übersetzt, indem Ziele formuliert werden, die besser messbar sind und unter denen sich auch Nicht-Ökonomen etwas vorstellen können. Damit sprechen wir die in den Abschnitten 10.1.1 und 10.1.2 vorgestellten, allgemein anerkannten Zielgrößen „hoher Wohlstand", „niedrige Arbeitslosigkeit", „stabile Preise", „nachhaltige Staatsfinanzierung" und „stabiles Finanzsystem" an.

„Allgemein anerkannt" sind diese Ziele deshalb, weil sich wohl kaum jemand niedrigeren Wohlstand, höhere Arbeitslosigkeit, hohe Inflationsraten, zerrüttete Staatsfinanzen oder unsichere Ersparnisse herbeiwünscht. Mit anderen Worten: Die Ziele selbst sind wenig umstritten – uneinig kann man sich aber in der Beurteilung der relativen Wichtigkeit dieser fünf Ziele sein.

10.1.1 Magische Vielecke der Wirtschaftspolitik

Geht es um die Ziele der Wirtschaftspolitik, sprechen die allermeisten deutschsprachigen Lehrbücher von sogenannten „magischen" Vier-, Fünf- oder Sechsecken. Der Grund liegt nicht zuletzt im deutschen Stabilitätsgesetz. Es hält ausdrücklich fest, dass wirtschafts- und finanzpolitische Maßnahmen zu den vier Zielen Wirtschaftswachstum, Preisstabilität, hohe Beschäftigung und außenwirtschaftliches Gleichgewicht beitragen sollen. In unserer Darstellung sind die ersten drei Zielgrößen ebenfalls enthalten, nicht jedoch das Ziel des außenwirtschaftlichen Gleichgewichts. Nun stammt das deutsche Stabilitätsgesetz aus dem Jahr 1967, aus einer Zeit also, in der die Industrieländer untereinander fixe Wechselkurse kannten, wie wir in Kapitel 6 schon erfahren haben. In einem solchen System ist ein Gleichgewicht von Exporten und Importen wichtig, um die Wechselkursfixierung nicht zu erschweren. Seit Mitte der 1970er-Jahre aber kennen wir in weiten Teilen der Weltwirtschaft statt des globalen Fixkurssystems flexible Wechselkurse. Bei Wechselkursflexibilität wird das Gleichgewicht zwischen Exporten und Importen durch die Anpassung der Wechselkurse sichergestellt. Seit mit der Europäischen Währungsunion die Mitgliedstaaten dieselbe Währung haben und deshalb Wechselkursanpassungen nicht mehr möglich sind, werden außenwirtschaftliche Ungleichgewichte zwischen den Euro-Mitgliedsländern wieder öfter thematisiert. Das heißt aber nicht, dass das außenwirtschaftliche Gleichgewicht deshalb heute direkt eine echte Zielgröße für die deutsche Wirtschaftspolitik wäre.

Entsprechend diesen Entwicklungen ist die Liste der wirtschaftspolitischen Ziele in letzter Zeit flexibler gehandhabt worden und berücksichtigt auch andere Größen, wie die Umweltqualität oder die Verteilungsgerechtigkeit. So kommt man dann rasch auf Fünf- oder Sechsecke. Wir konzentrieren uns auf die eigentlichen volkswirtschaftlichen Ziele der Wirtschaftspolitik, ergänzen diese aber um das Ziel der Stabilität des Finanzsystems. Dass diese keine jederzeitige Selbstverständlichkeit darstellt, ist mit dem Ausbruch der globalen Finanz- und Wirtschaftskrise schlagartig wieder ins Bewusstsein von Politikern, Ökonomen und nicht zuletzt von besorgten Sparern geraten.

Wahlkampfrede: „Dank meiner neuen Wirtschaftspolitik werden Sie Ihren Lebensstandard halten können!" – „Genau das habe ich befürchtet."

→ **Zielkonflikt**
Situation, in der die Erreichung eines Ziels verhindert, dass gleichzeitig ein anderes Ziel erreicht werden kann.

Als „magisch" bezeichnet man die Vielecke im Übrigen oft, weil man annimmt, es bestünden *Zielkonflikte*, die ein gleichzeitiges Erreichen aller Ziele unmöglich machen würden. Doch derartige Zielkonflikte spielen nur in der kurzfristigen Betrachtung eine gewisse Rolle. Mittel- und langfristig sind die Ziele weitgehend komplementär, wie wir im Folgenden sehen werden. Wirtschaftlich erfolgreiche Länder weisen für alle fünf Ziele gute Werte auf. So kennt etwa Deutschland gleichzeitig hohen Wohlstand, stabile Preise sowie relativ niedrige Arbeitslosigkeit, gesunde Staatsfinanzen und ein vergleichsweise robustes Finanzsystem.

Das Ziel der gerechten Einkommensverteilung

Bei der hier vorgestellten Auswahl an volkswirtschaftlichen Zielgrößen werden manche die *Verteilungsgerechtigkeit* vermissen. Verteilungsziele sind ohne Zweifel von großer Bedeutung – ihre Festlegung ist aber vor allem eine politische Frage. Man kann ohne Übertreibung sagen, dass politische Debatten und Aktivitäten sich überwiegend an Verteilungsfragen entzünden. Bei Diskussionen über das Für und Wider bestimmter Maßnahmen steht meist die Frage im Vordergrund, auf welche Gruppen der Gesellschaft diese Maßnahmen positiv oder negativ wirken, also ob sie zu Umverteilungen zwischen Regionen, Berufen, Altersklassen oder Einkommensschichten führen. In diesem Buch geht es aber um die Analyse der volkswirtschaftlichen Mechanismen und nicht um die Beurteilung derartiger politischer Fragen. Wir beschränken uns deshalb auf die Darstellung der Messung der Einkommensverteilung und auf die Funktionsweise der Umverteilung übers Steuersystem und die wichtigsten Sozialversicherungen in Kapitel 12.

Fügten wir nämlich unseren fünf Zielgrößen als ein sechstes Ziel die Verteilungsgerechtigkeit hinzu, würde sich sofort die Frage stellen, was eigentlich eine gerechte Verteilung sei. Dies ist aber letztlich eine normative Frage der persönlichen Beurteilung, die bei jeder Person anders ausfällt, abhängig von ihrer finanziellen, sozialen oder beruflichen Lebenssituation und ihrem politischen und ethischen Standpunkt. Für unsere fünf Zielgrößen trifft dies hingegen deutlich weniger zu. Hoher Wohlstand, nachhaltige Staatsfinanzierung, geringe Arbeitslosigkeit, Preisstabilität und stabile Finanzsysteme werden in der Regel von den meisten Menschen als erstrebenswert erachtet. Die in diesem Buch präsentierten ökonomischen Konzepte lassen sich außerdem für die Analyse verwenden, wie politisch definierte Verteilungsziele so angestrebt werden können, dass die fünf im engeren Sinne volkswirtschaftlichen Zielgrößen möglichst wenig beeinträchtigt werden. Diese Art von Analysen gehört zu den wichtigsten Aufgaben von Ökonominnen und Ökonomen, die in der wirtschaftspolitischen Praxis tätig sind.

→ **Verteilungsgerechtigkeit**
Normative Vorstellung darüber, wie in einer Gesellschaft der Wohlstand verteilt sein soll.

10.1.2 Die gesamtwirtschaftlichen Zielgrößen

Was als Ziel für eine ganze Volkswirtschaft formuliert wird, muss so allgemein definiert sein, dass ein breiter Konsens über seine Wünschbarkeit besteht; gleichzeitig sollte es jedoch so konkret sein, dass die Zielerreichung überhaupt gemessen werden kann. Diesen Ansprüchen genügen die folgenden fünf bereits genannten gesamtwirtschaftlichen Ziele:

- hoher Wohlstand,
- niedrige Arbeitslosigkeit,
- stabile Preise,
- nachhaltige Staatsfinanzierung,
- stabiles Finanzsystem.

Betrachten wir nun in einem kurzen Überblick jede dieser fünf zentralen Zielgrößen der Wirtschaftspolitik, denen wir uns im Detail in verschiedenen Kapiteln dieses Buches annehmen werden oder schon angenommen haben.

Hoher Wohlstand

Warum sind die Industrieländer so viel reicher als die Entwicklungsländer? Wie lässt sich erklären, dass die phänomenale Entwicklung unseres Wohlstands erst vor rund 200 Jahren eingesetzt hat? Warum hat sich das deutsche Wachstum der Nachkriegszeit von Jahrzehnt zu Jahrzehnt verlangsamt? Ist Wachstum überhaupt sinnvoll, und gibt es Grenzen der Wohlstandsentwicklung? Welche Rolle spielt die Ausgestaltung der Wirtschaftspolitik für den Wachstumsprozess eines Landes?

Um solche Fragen beantworten zu können, muss man die Bestimmungsfaktoren des Wohlstands und seiner Erhöhung, das heißt des Wirtschaftswachstums, analysieren. Wir haben die wichtigen Ansatzpunkte dafür schon in Kapitel 9 angesprochen. Dabei geht es um die Grundfrage der Volkswirtschaftslehre, nämlich wie die knappen Ressourcen (Arbeit, Kapital, Boden, Rohstoffe) möglichst effizient eingesetzt werden können. In der Effizienz dieses Ressourceneinsatzes gibt es offensichtlich große Unterschiede zwischen den Ländern, die ebenso erklärt werden müssen wie die Tatsache, dass die unglaubliche Wohlstandssteigerung in den heutigen Industrieländern erst während der vergangenen beiden Jahrhunderte erreicht werden konnte. Aus Sicht Deutschlands ist natürlich die Frage von großem Interesse, unter welchen Bedingungen sich die bemerkenswerte Wohlstandsentwicklung fortsetzen lässt oder ob man dabei an natürliche Grenzen stößt. Wohl die wichtigste Frage für die Wirtschaftspolitik ist, welche Ausgestaltungen des politisch gesetzten Rahmens die langfristige Wohlstandsentwicklung begünstigen. Welcher Teil der immensen weltweiten Wohlstandsunterschiede ist also auf Faktoren zurückzuführen, die mit der Wirtschaftspolitik beeinflussbar sind?

Niedrige Arbeitslosigkeit

Warum ist die Arbeitslosigkeit in der Schweiz in der Regel niedriger als in Deutschland? Welche Effekte haben Mindestlöhne oder der Kündigungsschutz auf die Arbeitslosigkeit? Lässt sich mit staatlicher Stimulierung der Nachfrage die Arbeitslosigkeit reduzieren? Geht uns die Arbeit aus?

Diese und ähnliche Fragen sind auch in der öffentlichen Diskussion von einiger Bedeutung. Da unfreiwillige *Arbeitslosigkeit* eine einschneidende Erfahrung für alle Betroffenen darstellt, wird bei stark steigender Arbeitslosenquote die Beschäftigungsfrage in aller Regel sofort zum wirtschaftspolitischen Thema Nummer eins. Um die oben genannten Fragen zu beantworten, muss man den Arbeitsmarkt detailliert analysieren. Dabei zeigt sich, dass unterschiedliche staatliche Regulierungen – und damit wirtschaftspolitische Entscheidungen – die Unterschiede der durchschnittlichen Arbeitslosenquoten zwischen verschiedenen Ländern größtenteils erklären können. Wir werden uns in Kapitel 13 genauer damit beschäftigen. Die Höhe der Arbeitslosigkeit wird jedoch auch von der Konjunktur beeinflusst, also vom Auf und Ab an allen Märkten. Will man das Thema der Arbeitslosigkeit umfassend diskutieren, so braucht man dafür sowohl die mikroökonomische Analyse des Arbeitsmarktes als auch die makroökonomische Analyse der Gesamtwirtschaft.

→ **Arbeitslosigkeit**
Zustand, in dem arbeitsfähige Personen aktiv auf Arbeitssuche sind, jedoch keine Arbeitsstelle finden.

Stabile Preise

Ist eine moderate Inflation überhaupt ein Problem? Warum war die Inflation in den letzten Jahren deutlich niedriger als zuvor? Wie funktioniert die Geldpolitik, und welche Relevanz hat sie für die Preisstabilität? Wie hängen Inflation und Geldpolitik mit den Wechselkursen zusammen?

Die Antworten auf solche Fragen scheinen auf den ersten Blick weniger bedeutsam zu sein als die Bestimmungsfaktoren von Wohlstand und Arbeitslosigkeit. Angesichts der in den meisten Industrieländern seit Jahren niedrigen Inflationsraten könnte man zur Ansicht gelangen, dieses Thema habe sich eigentlich erledigt. Das wäre aber ein Trugschluss, da die gegenwärtige Situation nur darauf zurückzuführen ist, dass die Inflationsbekämpfung der vergangenen Jahrzehnte erfolgreich war. Würde sich aber beispielsweise die Geldpolitik der Zentralbanken der großen Volkswirtschaften grundlegend ändern, wäre die *Preisstabilität* sehr schnell wieder gefährdet – sie ist keinesfalls automatisch garantiert. Ein guter Teil der Krisenängste seit Ausbruch der globalen Finanz- und Wirtschaftskrise speist sich aus der Unsicherheit darüber, ob die Krisenhilfen der Zentralbanken für überschuldete Banken und Staaten womöglich längerfristig die Inflation anheizen könnten. Stabile Preise sind eminent wichtig für eine Volkswirtschaft und letztlich auch für die Zufriedenheit der Bevölkerung. Sobald nämlich die Inflation eine gewisse Höhe erreicht, zweistellig wird und immer stärker steigt, wird sie sehr rasch zur dominierenden wirtschaftspolitischen Frage. Aber auch moderate Inflationen haben subtile negative Effekte und können nur mit hohen Kosten in Form von höherer Arbeitslosigkeit und gebremstem Wachstum erfolgreich bekämpft werden. Schon hier erkennen wir: Die zentralen volkswirtschaftlichen Zielgrößen sind voneinander abhängig. In Kapitel 16 werden wir uns vertiefter mit Inflation, aber auch mit Deflation befassen.

→ **Preisstabilität**
Zustand, in dem ein gewichteter Durchschnitt der für den Konsum relevanten Preise einer Volkswirtschaft keine großen Schwankungen aufweist.

Nachhaltige Staatsfinanzierung

Warum steigt die Staatsverschuldung dauernd an? Sind Steuererhöhungen gesamtwirtschaftlich schädlich? Was ist der Sinn finanzpolitischer Regeln, wie z. B. der deutschen Schuldenbremse? Wie können wir die Sozialversicherungen in Zukunft noch finanzieren? Wie garantiert man eine *nachhaltige Staatsfinanzierung*?

→ **Nachhaltige Staatsfinanzierung**
Die Ausgaben des Staates sind langfristig (über einen Konjunkturzyklus hinweg) durch die ordentlichen Einnahmen gedeckt.

Moses mit der Tafel der Zehn Gebote zu Gott: „Es würde später viel Ärger erspart bleiben, wenn Du etwas über ein ausgeglichenes Budget anfügen könntest."

Fragen rund um die Finanzierung der Staatstätigkeit haben besonders seit dem Ausbruch der Schuldenkrise im Euroraum in der wirtschaftspolitischen Diskussion stark an Bedeutung gewonnen. Der wichtigste Grund dafür: In vielen Ländern besteht die Tendenz, die Staatsausgaben stärker steigen zu lassen als die Staatseinnahmen. Die Folge sind Budgetdefizite, die über eine steigende Verschuldung auf dem Kapitalmarkt finanziert werden müssen. Vor diesem Hintergrund ist es wichtig zu analysieren, inwiefern eine steigende Staatsverschuldung gesamtwirtschaftlich problematisch ist und was dagegen unternommen werden kann. Die alternative Finanzierungsform für den Staat sind Steuern, deren Erhebung aber ebenfalls mit Kosten in Form von Effizienzverlusten verbunden ist. Eine zentrale Rolle für die Finanzierung der Staatstätigkeit spielen zudem die Sozialversicherungen, insbesondere die Altersvorsorge. Aufgrund der demografischen Entwicklung wissen wir schon heute, dass diese die Staatsausgaben in Zukunft stark ansteigen lassen wird. Wie bei der Preisstabilität ist auch bei der nachhaltigen Staatsfinanzierung die Wichtigkeit des Ziels meist nicht offensichtlich. Verschlechtert sich die Lage der Staatsfinanzen, so erscheint dies momentan nicht so dramatisch wie eine hohe Arbeitslosigkeit oder ein negatives Wachstum. Die Langzeitfolgen angeschlagener Staatsfinanzen sind jedoch ebenso massiv wie die einer stark steigenden Inflation. Ein Land, dessen Staatsfinanzen nachhaltig zerrüttet sind, wird kaum mehr Wohlstandsverbesserungen bewirken können, womit auch bald andere Ziele gefährdet sind. In den Kapiteln 11 und 12 vertiefen wir dieses Themengebiet.

Stabiles Finanzsystem

Warum haben Finanzkrisen derart negative Auswirkungen auf die Wirtschaftsentwicklung? Was unterscheidet Banken von anderen Unternehmen? Was verursachte die große Finanz- und Wirtschaftskrise? Wie sollte man Banken regulieren, damit sie genügend stabil sind?

Solche Fragen haben bis vor Kurzem vor allem Wirtschaftshistoriker oder allenfalls Spezialisten der Bankenregulierung interessiert. In der breiten Öffentlichkeit wurde kaum darüber geredet, und so gut wie niemand maß der Finanzmarktstabilität auch nur im Entferntesten eine ähnliche Bedeutung zu wie der Arbeitslosigkeit oder der Preisstabilität. Das hat sich in den letzten Jahren gewaltig geändert. Seit der Kollaps der US-amerikanischen Investmentbank Lehman Brothers im Herbst 2008 eine weltweite Bankenpanik ausgelöst hat, kommt der Begriff der Finanzkrise nicht mehr aus den Schlagzeilen. Und noch heute schlagen wir uns mit den Folgen dieser Krise herum, die noch längst nicht überwunden ist. Vergleichbar ist dieses Ereignis nur mit der Großen Depression der 1930er-Jahre, die allerdings doch deutlich einschneidender war. Auch diese große Krise vor dem Zweiten Weltkrieg hatte ihren Ursprung in einer weltweiten Bankenpanik. Finanzmarktstabilität ist also ohne Zweifel ein Thema von ähnlicher Bedeutung wie die anderen vier gesamtwirtschaftlichen Zielgrößen. Speziell aber ist, dass sie im Gegensatz zu den anderen Themen nur dann wirklich wahrgenommen wird, wenn im großen Stil etwas schiefgeht – und das passiert zum Glück eher selten. Allerdings hat es in den letzten 100 Jahren neben den beiden globalen Finanzkrisen immer wieder sehr tiefgreifende nationale Bankenkrisen gegeben. Sich mit diesen Fragen zu befassen, ist daher auch für Einsteiger in die Volkswirtschaftslehre eine lohnende Investition. Wir haben uns deshalb in Kapitel 3 vertieft mit Banken und ihren Risiken beschäftigt.

Zusammenfassende Übersicht

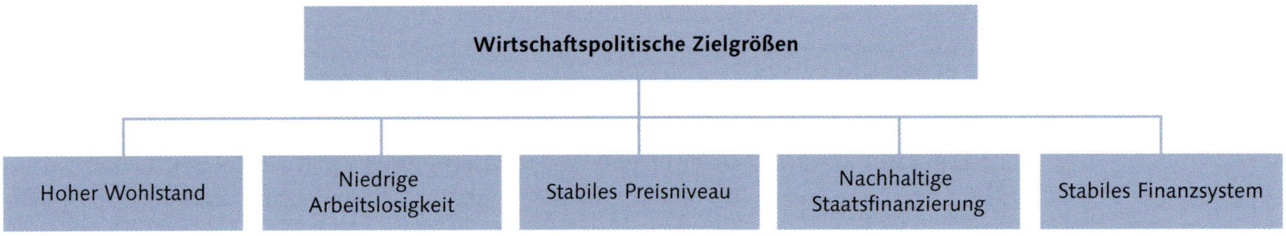

10.1.3 Der Zusammenhang zwischen den gesamtwirtschaftlichen Zielgrößen

Die Analyse der fünf genannten Bereiche gibt verlässliche Hinweise auf den wirtschaftlichen Gesundheitszustand eines Landes. Ihre Entwicklung lässt sich auch als eine wichtige Information darüber interpretieren, wie erfolgreich die Wirtschaftspolitik agiert. In der politischen Debatte wird der Zusammenhang zwischen den Zielgrößen immer wieder als ein Entweder-oder angesehen. Es wird mit den Begriffen hantiert, als ob man das eine Ziel gegen das andere tauschen könnte. Höhere Staatsschulden – also Abstriche beim Ziel der nachhaltigen Staatsfinanzierung – gelten dann schon mal als legitimes Mittel, um die Arbeitslosigkeit zu senken. Der ehemalige Bundeskanzler Helmut Schmidt schrieb diese Wirkung in den 1970er-Jahren der Inflation zu, als er einen Ausspruch in dem Sinne tätigte, 5 % Preisanstieg seien doch besser als 5 % Arbeitslosigkeit. Es drängt sich die Frage auf, in welchem Zusammenhang die Zielgrößen wirklich stehen und ob es zwischen diesen fünf Größen zu Zielkonflikten kommen kann.

Glücklicherweise sind die Ziele ausgesprochen komplementär. Zumindest bei einer mittel- bis langfristigen Betrachtungsweise bestehen keine wesentlichen Zielkonflikte – eine zweckmäßig ausgestaltete Wirtschaftspolitik ist in allen fünf Dimensionen erfolgreich. Dies ökonomisch zu erklären, erfordert ein analytisches Rüstzeug, das wir uns im Verlauf dieses Buches erarbeiten.

Dass es sich dabei nicht nur um eine unbegründete Behauptung handelt, können wir aber auch ohne große Vorkenntnisse leicht an Beispielen wie der wirtschaftlichen Entwicklung Deutschlands in der Dekade ab Mitte der 1990er-Jahre erkennen. In diesem Zeitraum nach dem Wiedervereinigungsboom wiesen – wie wir im nächsten Abschnitt sehen werden – alle Zielgrößen in die gleiche, ungünstige Richtung. Das Wirtschaftswachstum reduzierte sich so drastisch, dass über das gesamte Jahrzehnt eine Stagnation zu verzeichnen war. Diese schlechte Situation bezüglich der Wohlstandsentwicklung spiegelte sich auch in der Arbeitslosigkeit wider. Mit dem Rückgang des Wachstums stieg die Arbeitslosenquote stark an und erreichte von Jahr zu Jahr neue Rekordstände. Im Gleichschritt verschlechterte sich die Situation der Staatsfinanzen, da die Verschuldung massiv anstieg, vor allem aufgrund der mit der schlechten Wirtschaftslage einhergehenden Kombination aus höheren Staatsausgaben und sinkenden Steuererträgen. Es gab zwar keine Finanzkrisen, aber zahlreiche Banken wurden durch Verluste wegen schlechter Konjunkturlage und fallender Immobilienpreise – vor allem im Osten des Landes – arg geschwächt.

In diesen Entwicklungen lassen sich keine gegenläufigen Bewegungen beobachten, die Hinweise auf Zielkonflikte geben könnten. Vielmehr haben sich alle wichtigen Indikatoren verschlechtert oder zumindest nicht verbessert. Die Inflation stellt nur scheinbar eine Ausnahme dar – sie blieb während dieser Periode durchgehend niedrig. Bei einer schlechten Wirtschaftslage droht meist keine Inflation. Allerdings sind außergewöhnlich schlechte Wirtschaftslagen manchmal gekennzeichnet durch ein sinkendes Preisniveau, also durch Deflation – womit aber das Ziel der Preisstabilität ebenfalls verfehlt wird. So ungünstig die Lage der deutschen Wirtschaft in den 1990er-Jahren auch war, so klar ist auch, dass die Gesamtwirtschaft keinen wirklich dramatischen Einbruch erlebte und deshalb zum Glück auch keine Deflation entstand.

Bevor wir uns der wirtschaftlichen Lage Deutschlands etwas genauer widmen, können wir die Abwesenheit von wesentlichen Zielkonflikten auch dadurch illustrieren, dass wir unseren kleinen historischen Exkurs von der Einleitung dieses Kapitels fortsetzen. Die Periode von 1993 bis 2000, also die Zeit der Präsidentschaft von Bill Clinton, war für die USA eine wirtschaftlich ausgesprochen erfolgreiche Zeit. Auch hier lässt sich beobachten, dass in einer wirklich guten wirtschaftlichen Situation alle wichtigen Indikatoren in die gewünschte Richtung gehen, dass also kaum Zielkonflikte auftreten. In den USA stieg während dieser Periode das Wirtschaftswachstum, die Arbeitslosigkeit sank und die Staatsverschuldung konnte abgebaut werden – und dies alles bei nie wirklich gefährdeter Preis- oder Finanzmarktstabilität. Wie stark diese günstige Entwicklung einer erfolgreichen Wirtschaftspolitik zuzuschreiben war und wie viel von glücklichen Umständen abhing, ist natürlich eine offene Frage. Die Wirtschaftspolitik hat diese vorteilhafte Entwicklung aber zumindest begünstigt oder nicht gefährdet. Die exzellente Wirtschaftslage war auf jeden Fall mitentscheidend dafür, dass Clinton trotz einer Reihe von Skandalen 1996 problemlos wiedergewählt wurde und 2000 mit einer der höchsten Zustimmungsraten der amerikanischen Geschichte sein Amt abgab.

10.2 Die Zielgrößen: Deutschland im internationalen Vergleich

Wie gut die wirtschaftliche Situation eines Landes ist, lässt sich – wie wir gesehen haben – anhand einiger weniger volkswirtschaftlicher Daten beurteilen. Um dies für Deutschland nachzuvollziehen, müssen wir uns nur fragen, wie gut oder schlecht die deutsche Volkswirtschaft die fünf gesamtwirtschaftlichen Zielgrößen erfüllt. Mit dieser Methode können wir neben dem wirtschaftlichen Zustand auch die Qualität der hiesigen Wirtschaftspolitik einschätzen.

10.2.1 Wohlstand

Wie nimmt sich der deutsche Wohlstand im internationalen Vergleich aus? **Abbildung 10.1** zeigt uns, wie viele Waren und Dienstleistungen je Einwohner im Jahr 2014 produziert wurden. Deutschland wird dabei verglichen mit dem Durchschnitt der EU-Länder, zudem mit den größten Handelspartnern in Westeuropa (Frankreich) und Osteuropa (Polen) sowie den größten außereuropäischen Handelspartnern (China und USA). Um das tatsächliche Wohlstandsniveau vergleichen zu können, wird das BIP pro Kopf der Länder einerseits in eine bestimmte Währung umgerechnet (US-Dollar) und andererseits kaufkraftbereinigt. Mit der Kaufkraftbereinigung wird berücksichtigt, dass die Preise der Waren und Dienstleistungen in den verschiedenen Ländern unterschiedlich hoch sind.

Deutschland ist demnach ein vergleichsweise reiches Land. Die USA weisen ein höheres kaufkraftbereinigtes BIP pro Kopf auf, die anderen betrachteten Länder lässt Deutschland dagegen hinter sich.

Abbildung 10.1
Reales BIP pro Kopf 2014 (kaufkraftbereinigt in US-Dollar, 2010)

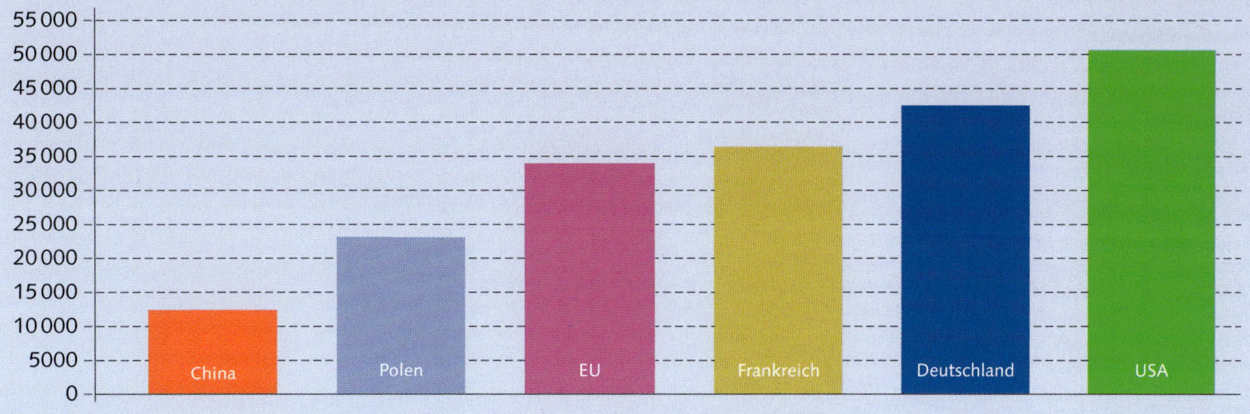

Quelle: OECD

Als Nächstes betrachten wir die Entwicklung des wirtschaftlichen Wohlstands Deutschlands über die Zeit.

Für die in **Abbildung 10.2** abgetragene Periode von 1950 bis 2015 lassen sich sechs Abschwungphasen (Rezessionen genannt) festmachen, die den Aufwärtstrend des BIP unterbrachen:

Mit der ersten Rezession im Jahr 1967 endete das deutsche „Wirtschaftswunder" und damit der Wiederaufbau nach dem Krieg. In den 1970er-Jahren gab es zwei Ölkrisen. Der wichtige Rohstoff wurde knapp und teuer, was die Wirtschaft lähmte. Auf den Boom nach der Wiedervereinigung folgte im Jahr 1993 eine wirtschaftliche Ernüchterung. Zu einem ähnlichen Auf und Ab kam es an der Jahrtausendwende. Nach einem Hype um die sogenannten New-Economy-Branchen rund um Internet, Mobilfunk und Biotechnologie brach die Wirtschaftsentwicklung ein. Noch stärker war der Einbruch in der großen Finanz- und Wirtschaftskrise: Der Rückgang des deutschen BIP um 5,1 % im Jahr 2009 war der stärkste Abschwung der Nachkriegszeit.

Dennoch lässt sich feststellen, dass Konjunktureinbrüche in einer langfristigen Betrachtung lediglich kleine, vom Auge kaum wahrnehmbare Rückgänge eines trendmäßig wachsenden BIP darstellen. Während der Rezessionsphase selbst jedoch beherrscht der temporäre Einbruch die wirtschaftspolitische Debatte.

Etwas anderes ist ebenfalls bemerkenswert: Das Tempo, mit dem das BIP durchschnittlich zulegt, verlangsamt sich von Jahrzehnt zu Jahrzehnt. In den 1950er-Jahren lag die Wachstumsrate bei 8,2 % pro Jahr und in den 1960er-Jahren bei 4,4 %, um in den 1970er-Jahren auf 2,9 % und in den 1980ern auf 2,6 % zu sinken. Seit der Wiedervereinigung wächst die deutsche Wirtschaft im Durchschnitt nur noch um 1,4 % pro Jahr (1991 bis 2015). Ein guter Teil dieser Unterschiede erklärt sich aus der Tatsache, dass Deutschland nach dem Zweiten Weltkrieg mit dem Wiederaufbauprozess gegenüber den reichsten Ländern wirtschaftlich stark aufholen konnte. Wie man bei den heutigen Schwellenländern sieht, kann ein solcher Prozess mit sehr hohen Wachstumsraten einhergehen. Sobald aber

Abbildung 10.2
BIP pro Kopf in Deutschland 1950–2014, um Inflation bereinigt (in Euro)

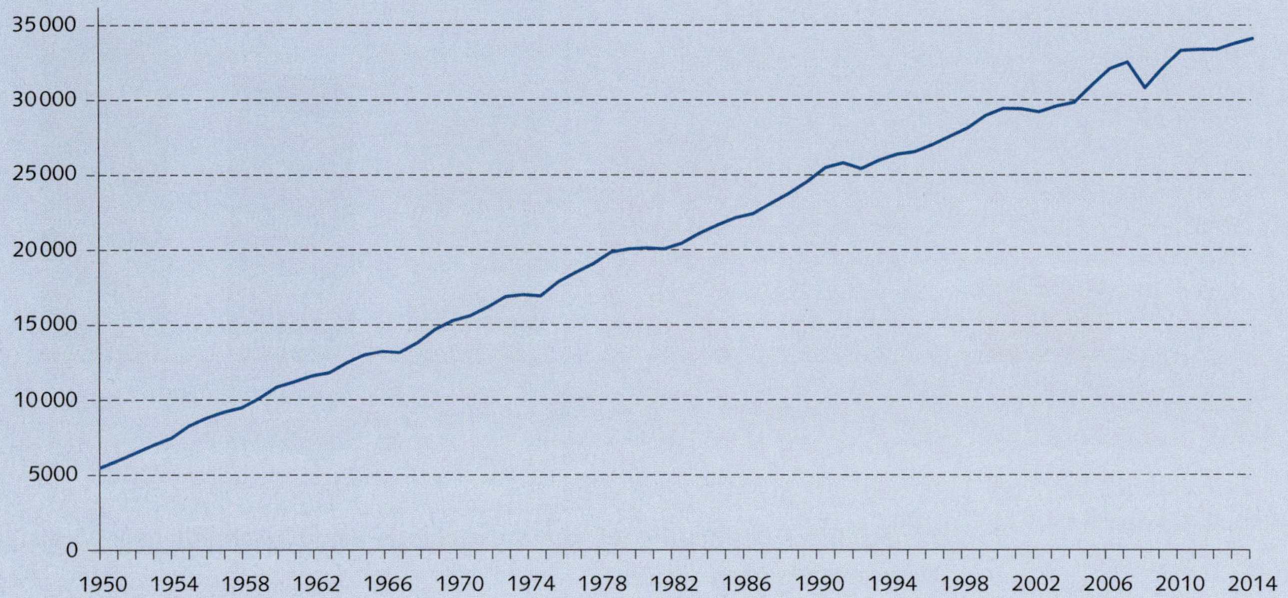

Bis 1990: Westdeutschland; ab 1991: Deutschland

Quellen: Statistisches Bundesamt, Deutsche Bundesbank, eigene Berechnungen

Deutschland zur Weltspitze in Sachen Wohlstand aufgeschlossen hatte, verlangsamten sich die Wachstumsraten. Ähnliches haben wir bei Japan gesehen – und auch China wird nicht über Jahrzehnte hinweg mit Raten von durchschnittlich 10 % pro Jahr wachsen.

10.2.2 Arbeitslosigkeit

Das zweite zentrale Kriterium zur Beurteilung der wirtschaftlichen Situation betrifft die Lage auf dem Arbeitsmarkt und hier insbesondere die Entwicklung der Arbeitslosigkeit. Gemessen wird dies mit der *Arbeitslosenquote*, die ausweist, welcher Prozentsatz der erwerbswilligen Personen keine Arbeit findet.

→ **Arbeitslosenquote** Prozentualer Anteil der Arbeitslosen an der Erwerbsbevölkerung.

Abbildung 10.3 zeigt, dass die Arbeitslosenquote Deutschlands seit Beginn der 1970er-Jahre einen bemerkenswerten Verlauf nahm. Im Jahrzehnt davor hatte die Arbeitslosigkeit kaum je die 1 %-Grenze überschritten. Eine solche Arbeitslosenquote ist im internationalen Vergleich ungewöhnlich niedrig. In den meisten Ländern würde man hier von massiver Überbeschäftigung sprechen, ist es doch in einer arbeitsteiligen und dynamischen Wirtschaft normal, dass sich immer ein gewisser Teil der Erwerbsbevölkerung auf Stellensuche befindet.

Zu Beginn der 1970er-Jahre beobachten wir dann aber einen deutlich erkennbaren Bruch. Der gesamtwirtschaftliche Rückgang in der Ölkrise wirkte sich massiv auf die Beschäftigung aus. Innerhalb kurzer Zeit, etwa von 1973 bis 1975, schoss die Arbeitslosenquote in die Höhe, von rund 1 % auf beinahe 5 %. Dies entspricht einer Verfünffachung – im internationalen Vergleich ein ungewöhnlicher Vorgang. Zwar darf man bei 5 % immer noch von einer vergleichsweise moderaten Arbeitslosenquote sprechen. Aufgrund der starken Zunahme empfand die deutsche Bevölkerung diese Arbeitsmarktverschlechterung aber als einschneidendes Ereignis – das jedoch in den folgenden Dekaden seine Fortsetzung fand. In jeder Rezession erhöhte sich die Arbeitslosigkeit, ohne im folgenden Aufschwung im gleichen Maße zu sinken. Das änderte sich erst mit dem Aufschwung, der seit 2005 die deutsche Wirtschaft beflügelt: Seitdem geht die Arbeitslosigkeit stetig zurück.

Abbildung 10.3
Arbeitslosenquote in Deutschland 1950–2015 (in Prozent)

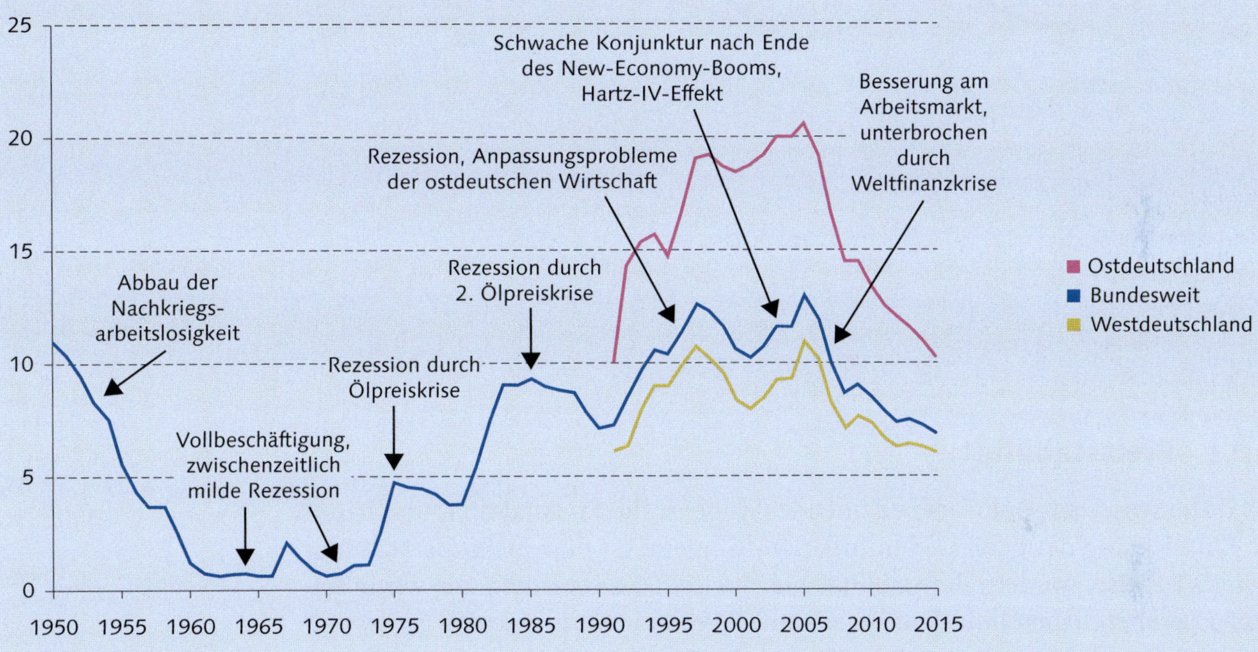

Quelle: Bundesagentur für Arbeit

Abbildung 10.4 zeigt, dass Deutschland im internationalen Vergleich aktuell eine niedrige Arbeitslosenquote aufweist. Viele andere EU-Staaten haben bereits seit Langem mit hartnäckig hohen Arbeitslosenquoten zu kämpfen. In den letzten Jahren ist die Arbeitslosenquote auch in angelsächsischen Ländern wie den USA angestiegen. Die Zahlen für Deutschland in den **Abbildungen 10.3** und **10.4** lassen sich übrigens nicht direkt vergleichen, da die international vergleichbare Arbeitslosigkeit etwas anders gemessen wird als die offiziellen nationalen Arbeitslosenquoten.

Als Effekt der Finanz- und Wirtschaftskrise sehen wir ab dem Jahr 2008 einen deutlichen Anstieg der Arbeitslosigkeit in der EU und in den Vergleichsländern – nicht jedoch in Deutschland. Hier hat sich der Aufwärtstrend am Arbeitsmarkt fortgesetzt: Im Jahr 2015 lag die deutsche Arbeitslosenrate mit 6,4 % nach nationaler Messung auf dem tiefsten Wert seit 30 Jahren. Die Jugendarbeitslosigkeit war eine der niedrigsten in Europa und die Zahl der Erwerbstätigen erreichte mit über 43 Millionen einen Höchststand.

Abbildung 10.4
Standardisierte Arbeitslosenquoten 1991–2015 (in Prozent)

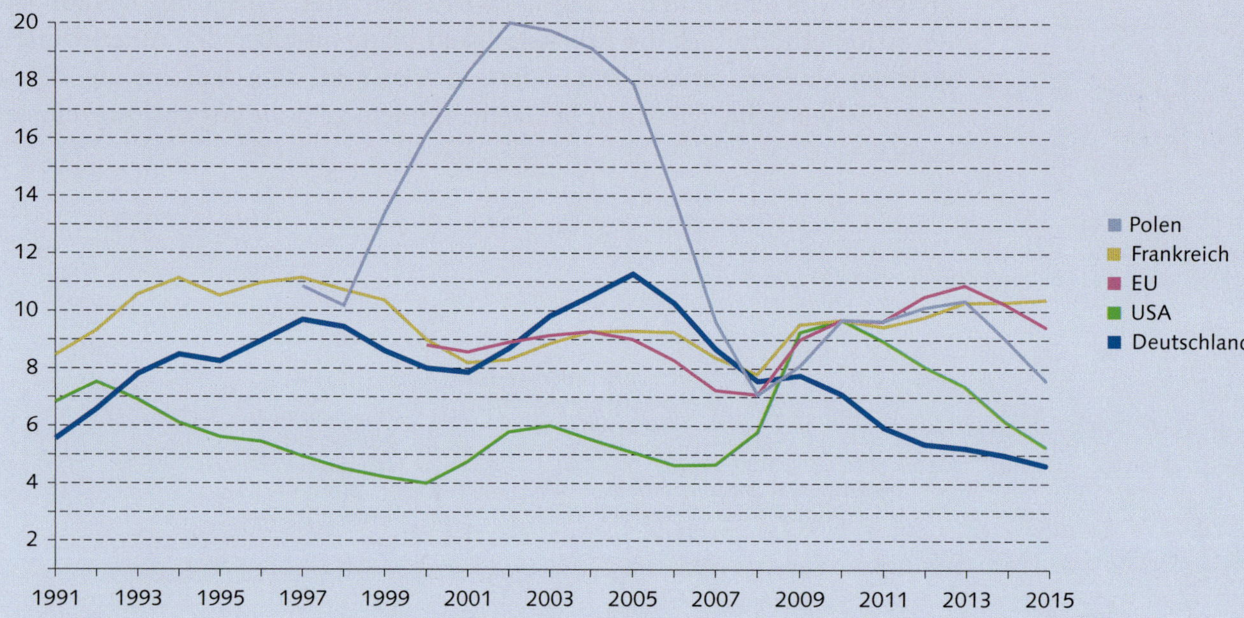

Quelle: OECD

10.2.3 Preisstabilität

Die dritte wirtschaftspolitisch bedeutende Größe ist die Preisstabilität und damit die Entwicklung der gemessenen Inflation. Gemeint ist hier nicht die Stabilität einzelner Preise, sondern die Stabilität aller Preise. Diese werden, wie wir in Kapitel 3 gesehen haben, mit dem sogenannten Verbraucherpreisindex gemessen, der die Preise eines repräsentativen Warenkorbs ausweist. Steigt diese Größe, so spricht man von Inflation. **Abbildung 10.5** zeigt die Entwicklung der Inflation für Deutschland und drei Vergleichsländer in der Periode von 1970 bis 2015.

Wie die Arbeitslosigkeit weist auch die Inflation in Deutschland eine markante Entwicklung auf. Die Inflationsrate ist heute im Durchschnitt wesentlich niedriger und schwankt weniger stark als noch vor einigen Jahren. Wir sehen, dass von 1971 bis noch zu Beginn der 1990er-Jahre die Inflationsrate mehrmals die 5%-Marke überstieg. Während dieser Periode war die Inflation also relativ hoch und schwankte stark. Mitte der 1970er-Jahre sank sie von rund 7% auf unter 2%, um dann gegen Anfang der 1990er-Jahre wieder auf 5% anzuwachsen. Im Verhältnis zu anderen industrialisierten Staaten wies Deutschland aber auch während inflationärer Phasen eine vergleichsweise niedrige Inflationsrate auf – mit Ausnahme des Wiedervereinigungsbooms 1991 und 1992.

Mitte der 1990er-Jahre wurde dann eine neue Periode eingeläutet, in der die Inflationsrate wesentlich tiefer lag und deutlich stabiler blieb. Seitdem rangiert sie meist bei 1 % bis 2 %.

Es überrascht nicht, dass Mitte der 1990er-Jahre die Inflation dermaßen sank. Ein starker Wirtschaftseinbruch und eine steigende Arbeitslosigkeit, wie man sie in dieser Periode zu verzeichnen hatte, sind regelmäßig mit geringer Inflation verbunden. Wir sehen aber, dass diese Preisstabilität nicht nur während der rezessiven Phase anhielt, sondern dass die Inflationsrate auch nachher die 2 %-Marke kaum mehr überschritt. Deutschland gehört damit weltweit zu den Ländern mit den stabilsten Preisniveaus.

Eine solche Preisstabilität, wie sie nun seit fast zwei Jahrzehnten über alle Konjunkturzyklen hinweg herrscht, ist bemerkenswert. Dieses Phänomen beschränkt sich aber, wie wir in **Abbildung 10.5** erkennen können, nicht auf Deutschland, sondern lässt sich in den meisten reichen Ländern beobachten. Seit der Nachkriegszeit und bis zu Beginn der 1990er-Jahre waren Perioden mit hohen Inflationsraten durchaus üblich, selbst zweistellige Inflationsraten waren in jener Zeit möglich. Diese hohen und schwankenden Inflationsraten verschwanden jedoch in den 1990er-Jahren und wichen einer Phase außergewöhnlicher Preisstabilität.

Abbildung 10.5
Inflation 1970–2015 (in Prozent)

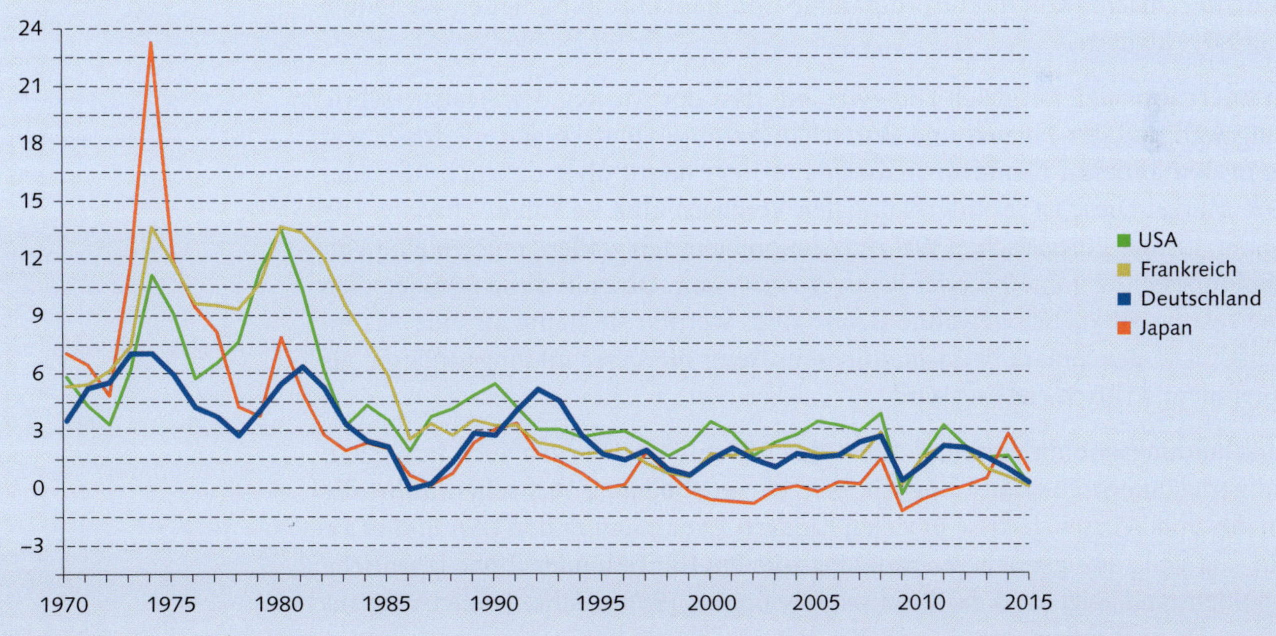

Quelle: OECD

10.2.4 Staatsfinanzen

Der Zustand der Staatsfinanzen stellt die vierte bedeutende gesamtwirtschaftliche Größe dar. Wir konzentrieren uns dabei auf die Staatsverschuldung als ein Maß für die Nachhaltigkeit der Staatsfinanzierung. Denn laufend wachsende Schulden sind letztlich ein Zeichen dafür, dass ein Land nicht in der Lage ist, seine Staatsausgaben mit ordentlichen Staatseinnahmen zu finanzieren. Die Folge sind permanente Budgetdefizite, die mit Kreditaufnahmen auf dem Kapitalmarkt – also mit zunehmender Verschuldung – gedeckt werden müssen.

Abbildung 10.6 zeigt die Entwicklung der *Verschuldungsquote*, also der Staatsschulden in Prozent des BIP für Deutschland (Bund, Bundesländer und Gemeinden zusammengezählt), für den Durchschnitt der ersten 15 Länder, die den Euro eingeführt haben, und für weitere Vergleichsländer.

→ **Verschuldungsquote**
Gesamter Bestand der Staatsverschuldung, gemessen als Prozentsatz des nominalen BIP eines Jahres.

Die Verschuldungsquote in Westdeutschland stieg ab Mitte der 1970er-Jahre an und blieb bis Ende der 1980er-Jahre relativ stabil. 1990 lag die Verschuldungsquote bei etwa 40 % des BIP. Durch die steigenden Staatsausgaben aufgrund der Wiedervereinigung und der anschließend schwierigen Wirtschaftslage erhöhte sich diese Quote stark, bis im Jahr 2005 ein Stand von über 70 % erreicht wurde. Zu dieser Zeit herrschten ja, wie wir bereits gesehen haben, eine Rezession und steigende Arbeitslosigkeit. Eine solche Situation ist typischerweise mit einem Budgetdefizit und folglich mit steigender Verschuldung verbunden. Der Aufschwung der folgenden Jahre schlug sich in sinkenden Verschuldungsquoten nieder. Diese Erholung wurde durch die Finanz- und Wirtschaftskrise ab 2009 zunichtegemacht. Konjunkturprogramme und Bankenrettung ließen die Quote über 80 % klettern.

Im internationalen Vergleich fällt zwar auf, dass der Anstieg der Staatsverschuldung während der Finanz- und Wirtschaftskrise in Deutschland niedriger war als in den anderen Ländern. Deutschland liegt damit aber deutlich über der 60 %-Marke. Diese ist im internationalen Vergleich eine wichtige Schwelle. Die Länder, die der Europäischen Währungsunion beitreten wollen, müssen eine Verschuldungsquote von 60 % oder weniger vorweisen. Obwohl diese 60 % letztlich eine relativ willkürlich gewählte Größe sind, werden sie heute als eine Art internationale Benchmark betrachtet, jenseits derer die Verschuldungssituation als zunehmend kritisch erachtet wird.

Verschuldungsquoten von über 100 % des BIP sind im Übrigen auch in reichen Industrieländern durchaus möglich. Wie wir in **Abbildung 10.6** sehen, führt die Finanz- und Wirtschaftskrise in vielen Ländern – vor allem in den USA und in Japan – zu steil ansteigenden Verschuldungsquoten. Der besonders hohe japanische Schuldenstand zeigt, dass das Land seit Beginn der 1990er-Jahre keinen Weg aus seiner Krise gefunden hat.

Abbildung 10.6
Verschuldungsquote 1971–2014 (Staatsschulden in Prozent des BIP)

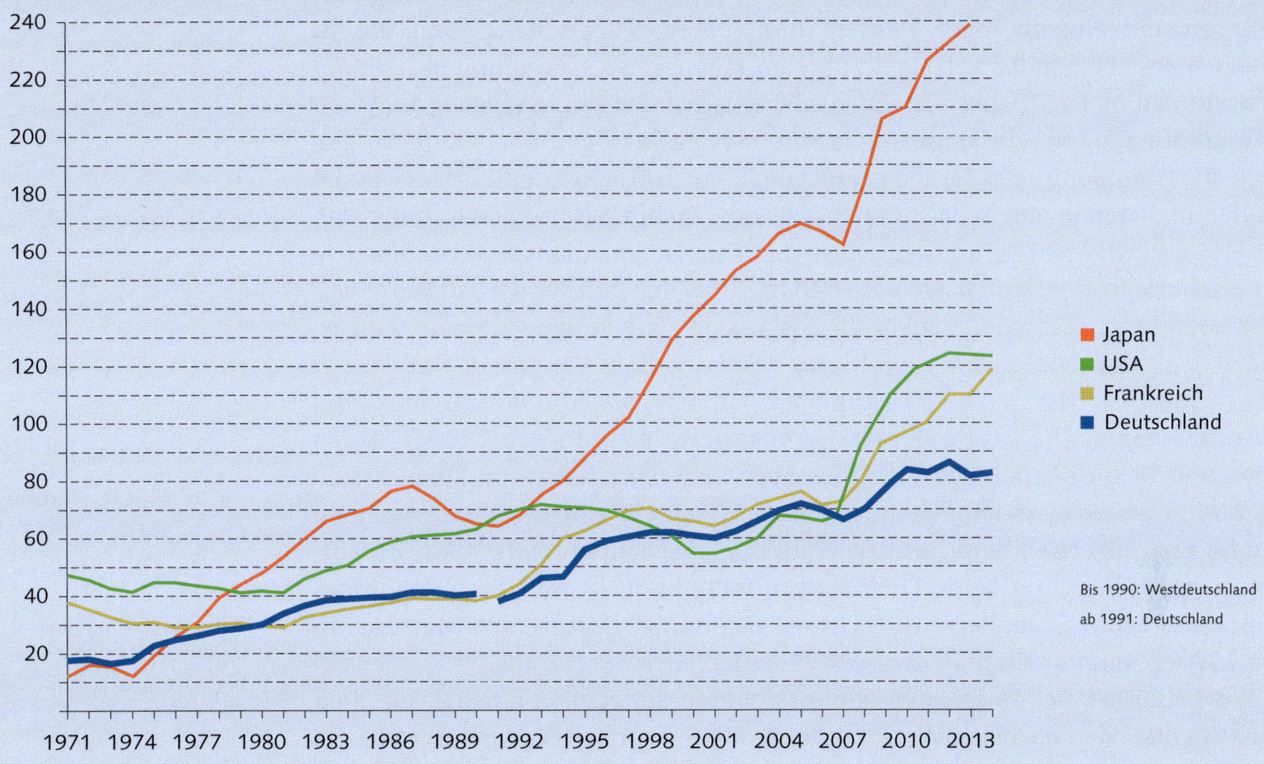

Der ohnehin deutliche Trend zu steigender Staatsverschuldung wurde durch die Finanz- und Wirtschaftskrise verstärkt. Auch Deutschland bleibt schon lange nicht mehr unter der Marke von 60% des BIP. Diese ist im internationalen Vergleich eine wichtige Schwelle. Die Länder, die der Europäischen Währungsunion beitreten wollen, müssen eine Verschuldungsquote von 60% oder weniger vorweisen. Obwohl die 60%-Marke letztlich eine relativ willkürlich gewählte Größe ist, wird sie heute als eine Art international gültige Schwelle betrachtet, ab der die Verschuldungssituation als kritisch erachtet wird. Die 15 Länder, die bis zum Jahr 2008 den Euro eingeführt hatten, sind heute im Durchschnitt mit einer Summe verschuldet, die einer Jahreswirtschaftsleistung entspricht.

Quelle: OECD

10.2.5 Finanzmarktstabilität

Das fünfte bedeutende gesamtwirtschaftliche Thema ist die Stabilität des Finanzsektors. Diese gesamtwirtschaftliche Größe unterscheidet sich konzeptionell von den vier anderen, weil sie im Konjunkturverlauf nicht stark schwankt. Vielmehr geht es um eine grundlegende Voraussetzung für die Funktionsfähigkeit einer Marktwirtschaft, die in aller Regel gegeben ist. Ist die Finanzmarktstabilität aber einmal gefährdet, verursacht dies massive gesamtwirtschaftliche Kosten. In historischen Analysen zeigt sich, dass Finanzkrisen in der betroffenen Volkswirtschaft jeweils sehr tiefe Spuren hinterlassen und es lange dauern kann, bis sie überwunden sind. Das sieht man an den Auswirkungen solcher Krisen auf die anderen gesamtwirtschaftlichen Größen. Gemäß vergleichenden Studien für alle größeren Länder fiel das Bruttoinlandsprodukt während der Finanzkrisen des 20. Jahrhunderts im Durchschnitt um beinahe 10 Prozentpunkte, die Arbeitslosigkeit stieg um 7 Prozentpunkte an und die Staatsverschuldung in Prozent des BIP verdoppelte sich beinahe. Gleichzeitig gehen schwere Finanzkrisen oft einher mit lang anhaltenden Deflationsphasen, also fallenden Konsumentenpreisen.

Finanzkrisen sind also seltene Unfälle, die jedoch große Auswirkungen haben. Anders als zu den anderen gesamtwirtschaftlichen Bereichen gibt es hier keine allgemein anerkannten Messgrößen; dies vor allem deshalb, weil diese Ereignisse so selten sind. Hinzugezogen werden können aber historische Studien, die für unterschiedliche Länder aufzeigen, ob eine Finanzkrise stattgefunden hat oder nicht; in den meisten Jahren ist das natürlich nicht der Fall. **Abbildung 10.7** fasst diese Informationen sehr langfristig in einer aussagekräftigen Darstellung zusammen. Die Abbildung zeigt für die vergangenen gut 200 Jahre den Prozentsatz der Länder, in denen in einem bestimmten Jahr eine Finanzkrise zu verzeichnen war. Die Abbildung macht sofort klar, wieso das Thema der Finanzmarktstabilität in der Nachkriegszeit relativ lange vom Radarschirm der Volkswirtschaftslehre verschwunden war, während es zuvor die Diskussion stark beherrscht hatte. Finanzkrisen waren bis zum Zweiten Weltkrieg relativ häufige Ereignisse, und es war beinahe normal, dass in einem bestimmten Jahr 10 % bis 20 % der Länder davon betroffen waren. Die Große Depression markierte dann in den 1930er-Jahren einen traurigen Höhepunkt, als deutlich über 50 % der Länder von Finanzkrisen erschüttert wurden – es handelte sich denn auch um ein globales, sehr einschneidendes Ereignis. Nach dem Zweiten Weltkrieg aber fanden mehr als zwei Jahrzehnte lang überhaupt keine Finanzkrisen mehr statt; es war die mit Abstand längste Ruheperiode in dieser Hinsicht seit Beginn der historischen Messung. In den 1980er- und vor allem in den 1990er-Jahren stieg die Anzahl der Länder mit Bankenkrisen wieder deutlich an und erreichte in der großen Finanzkrise 2008 mit etwa 40 % den höchsten Wert seit der Großen Depression. Deshalb steht das Thema spätestens seit dieser – auch eindeutig globalen – Episode wieder im Zentrum der volkswirtschaftlichen Diskussion.

Abbildung 10.7
Anteil der Länder, die sich in einer Finanzkrise befanden (in Prozent der jeweiligen Ländergruppen)

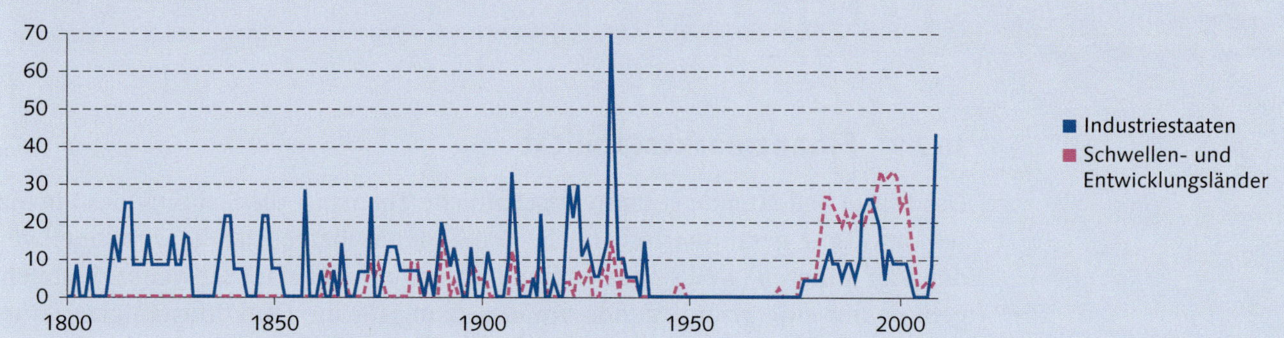

Quelle: Taylor, Alan M., The Great Leveraging, NBER Working Paper 18290, August 2012

Auch in Deutschland sind große Bankenkrisen sehr seltene, aber einschneidende Ereignisse. Treten sie auf, verursachen sie substanzielle gesamtwirtschaftliche Kosten. Sowohl während der Großen Depression als auch in der jüngsten globalen Finanzkrise erlebten wir tiefe Erschütterungen des heimischen Finanzsektors. Anfang der 1930er-Jahre stürmten misstrauisch gewordene Sparer die Banken, um ihre Guthaben aufzulösen. Selbst verordnete zeitweilige Schließungen – „Bankfeiertag" genannt – beruhigten die Lage nicht. Letztlich mussten viele Großbanken vom Deutschen Reich ganz oder teilweise verstaatlicht werden, darunter waren auch heute noch bekannte Firmennamen wie Dresdner Bank, Commerz- und Privatbank sowie Deutsche Bank und Disconto-Gesellschaft. Später wurden sie wieder privatisiert.

Dieses Muster wiederholte sich im Jahr 2009. Die Hypo Real Estate, ein börsennotiertes Schwergewicht, wurde vollständig unter staatliche Fittiche genommen und die zweitgrößte deutsche Bank – die Commerzbank – teilweise. Selbst Sparkassen nahmen in der Not Hilfe von ihren Eigentümern, den Kommunen, in Anspruch. Einige Banken, die massive Verluste mit Spekulationen im Eigenhandel und im Kreditgeschäft erlitten hatten, verloren ihre wirtschaftliche Selbstständigkeit. Im letzten Jahrhundert gab es immer wieder auch einzelne Bankpleiten, die für Verunsicherung, nicht aber für eine Panik sorgten. Der bis dahin größte Bankrott der Nachkriegszeit war der Fall der Kölner Privatbank Herstatt im Jahr 1974. Weil viele Sparer der Bank ihre Einlagen nicht vollständig zurückerhalten hatten, verbesserten daraufhin die Banken ihre Einlagensicherungssysteme. Um die Sparer zu beruhigen, gilt zudem seit 2011 für Finanzinstitute in der EU eine gesetzliche Garantie, durch die 100 000 Euro je Bankkunde im Pleitefall gesichert wären.

ZUSAMMENFASSUNG ANHAND DER LERNZIELE ZU KAPITEL 10

1 **Zielgrößen der Wirtschaftspolitik und deren Messgrößen**
Eine gute Wirtschaftspolitik misst sich vor allem an den fünf allgemein anerkannten Zielgrößen „hoher Wohlstand", „niedrige Arbeitslosigkeit", „stabile Preise", „nachhaltige Staatsfinanzierung" und „stabiles Finanzsystem". Die ersten vier Ziele lassen sich jeweils relativ direkt messen am Niveau und an der Wachstumsrate des BIP, an der Arbeitslosenquote, an der Inflationsrate und an der Staatsverschuldung in Prozent des BIP. Drei der Ziele – Wirtschaftswachstum, Preisstabilität und hohe Beschäftigung – sind auch ausdrücklich im deutschen Stabilitätsgesetz festgehalten und somit wesentliche Ziele wirtschafts- und finanzpolitischer Maßnahmen. Hinzu kommt dort noch das Ziel des außenwirtschaftlichen Gleichgewichts.

2 **Magische Vielecke in der Wirtschaftspolitik und der Umgang mit Zielkonflikten**
In Zusammenhang mit den Zielgrößen wird oft von magischen Vielecken gesprochen. Ursprünglich war von einem Viereck die Rede, doch kommen immer wieder Zielgrößen hinzu oder fallen weg, sodass beispielsweise auch das magische Fünfeck oder das magische Sechseck geläufige Begriffe sind. „Magisch" aufgrund der Annahme, dass Zielkonflikte ein gleichzeitiges Erreichen aller Ziele unmöglich machten – wenn z. B. massive Staatsausgaben zur Minderung der Arbeitslosigkeit die nachhaltige Staatsfinanzierung verhindern. Solche Zielkonflikte sind aber nur kurzfristig ausschlaggebend. Mittel- und langfristig besteht zwischen den Zielgrößen kein Konflikt.

3 **Die Zusammenhänge zwischen den gesamtwirtschaftlichen Zielgrößen**
Wie der Begriff der magischen Vielecke schon verdeutlicht, geht man oft davon aus, dass die Zielgrößen sich in ihrer Erreichbarkeit gegenseitig ausschließen. Sicherlich beeinflussen sich die Zielgrößen – wie ja auch die Folgen der Finanzkrise gezeigt haben. Dabei zeigt gerade dieses Beispiel, dass bei einer Verschlechterung der Wirtschaftslage alle Zielgrößen negativ berührt sind. Die Krise brachte negatives Wachstum, hohe Arbeitslosigkeit, Deflationsgefahr, zerrüttete Staatsfinanzen und Bankenkrisen.

4 **Die wirtschaftliche Lage Deutschlands seit Ende des Zweiten Weltkriegs und der Grad der Erreichung der wirtschaftspolitischen Ziele**
Im Hinblick auf die fünf wesentlichen Zielgrößen hat Deutschland im internationalen Vergleich einen relativ guten Stand:
Obwohl seit Ende des Zweiten Weltkriegs sechs Rezessionen zu Einbrüchen im BIP-Wachstum geführt haben – der stärkste im Zuge der Finanz- und Wirtschaftskrise –, ist ein stetiges Trendwachstum zu verzeichnen. Lediglich das Wachstumstempo hat abgenommen, was durchaus normal ist, sobald ein Land ein gewisses Wohlstandsniveau erreicht hat. Auch die Arbeitslosenquote ist vergleichsweise niedrig. Von der sehr niedrigen Arbeitslosenrate von unter 1 % in den 1960er-Jahren ist Deutschland zwar wieder weit entfernt, doch mit 6,4 % im Jahr 2015 wurde immerhin der seit 30 Jahren tiefste Wert erreicht. Die Inflationsrate stieg von 1971 bis Anfang der 1990er-Jahre mehrmals auf über 5 % an, bleibt aber seitdem bemerkenswert stabil und bewegt sich in der Regel zwischen 1 % und 2 %. Die Verschuldungsquote hingegen hat seit Ende der 1980er-Jahre stark zugenommen. Aufgrund der konjunkturpolitischen Maßnahmen im Zuge der Finanz- und Wirtschaftskrise liegt sie inzwischen bei über 80 % und damit über der 60 %-Marke, die den kritischen Bereich markiert. Mit Problemen der Finanzmarktstabilität hatte Deutschland eher selten zu kämpfen. Seit der Großen Depression kurz vor dem Zweiten Weltkrieg war es dann erst wieder von der Finanzkrise 2008 maßgeblich betroffen.

ZENTRALE BEGRIFFE

- Zielkonflikt
- Verteilungsgerechtigkeit
- Arbeitslosigkeit
- Preisstabilität
- Nachhaltige Staatsfinanzierung
- Arbeitslosenquote
- Verschuldungsquote

WIEDERHOLUNGSAUFGABEN ZU KAPITEL 10

1 Welches sind die fünf wesentlichen Zielgrößen der Wirtschaftspolitik und was zeichnet sie aus?

2 Sammeln Sie Beispiele für Zielkonflikte zwischen den fünf Zielgrößen. Fallen Ihnen Lösungsmöglichkeiten ein?

3 Konstruieren Sie ein Beispiel, in dem die positive Veränderung einer der fünf Zielgrößen eine oder mehrere weitere fördert.

4 Zeichnen Sie einen Zeitstrahl für Deutschland ab Ende des Zweiten Weltkriegs und tragen sie die wichtigsten Entwicklungen bezüglich der fünf Zielgrößen darauf ein.

HANDLUNGSORIENTIERTE AUFGABEN ZU KAPITEL 10

1 Befragen Sie Ihre Eltern und Großeltern. Wie haben diese persönlich die wichtigsten wirtschaftlichen Entwicklungen gemessen an den fünf Zielgrößen seit Ende des Zweiten Weltkriegs erfahren? Erstellen Sie hierzu eine Tabelle mit positiven und negativen Erfahrungen. Führen Sie in der Klasse eine Diskussion über die Erfahrungen der Eltern- und Großelterngeneration. Achten Sie dabei besonders auf die Erfahrungen der Eltern und Großeltern mit Migrationshintergrund.

2 Setzen Sie sich mit den Themen Staatsverschuldung und Finanzmarktstabilität tiefer auseinander. Bilden Sie in Ihrer Klasse vier Gruppen und arbeiten Sie überblicksartig an folgenden Themen:

- die Verschuldungsentwicklung Deutschlands seit Gründung der Bundesrepublik,
- die besondere Bedeutung der Wiedervereinigung für den Verschuldungsgrad Deutschlands,
- die hohe Arbeitslosigkeit und die steigende Staatsverschuldung bis zum Jahr 2005,
- die Bankenkrise in Deutschland im Jahr 2008 und deren Folgen.

Stellen Sie Ihr Gruppenergebnis in Form einer Wandzeitung oder einer Power-Point-Präsentation in der Klasse vor.

3 Betrachten Sie die wirtschaftliche Entwicklung in Griechenland seit 2005. Wie beurteilen Sie diese anhand der fünf gesamtwirtschaftlichen Zielgrößen? Wo liegen die Unterschiede im Vergleich mit Deutschland? Welches sind die Ursachen dieser Unterschiede?

Kapitel 11: Wirtschaftspolitische Instrumente

LERNZIELE ZU KAPITEL 11

Nachdem Sie Kapitel 11 durchgearbeitet haben, sollten Sie in der Lage sein,

1. zu verstehen, was der Staat zum Funktionieren einer Marktwirtschaft beiträgt.
2. die Notwendigkeit und die Aufgaben der Wettbewerbspolitik (funktionsfähiger Wettbewerb, Kartellrecht) zu verstehen.
3. umweltpolitische Instrumente und die Besonderheiten der deutschen Umweltpolitik zu benennen.
4. die Finanzpolitik zu erläutern und die grundlegenden Mechanismen (Staatseinnahmen, Effekte der Staatsverschuldung und die sogenannte Schuldenbremse) zu verstehen.
5. zu verstehen, dass Wirtschaftspolitik von Interessen geleitet ist und Politiker, Verwaltung und Interessengruppen (auch) eigene Vorteile suchen.

Kapitel 11: Wirtschaftspolitische Instrumente

Das vorherige Kapitel hat gezeigt, dass die Politik eines Landes eine ganze Reihe von im weiteren Sinne volkswirtschaftlichen Zielen verfolgt. Nun werden wir sehen, welche Vorkehrungen der Staat konkret treffen muss, damit eine Marktwirtschaft effizient funktioniert. Umgesetzt wird dies im Rahmen der Wirtschaftspolitik, die alle staatlichen Aktivitäten umfasst, mit denen direkt oder indirekt die Wirtschaft beeinflusst wird. Dies kann im weitesten Sinne über die Gesetzgebung geschehen oder über die staatliche Finanzierung von Tätigkeiten. Im Folgenden wollen wir die wichtigsten Ansatzpunkte kurz ansprechen; in den restlichen Kapiteln des Buches werden wir uns mit den wesentlichen Facetten der Wirtschaftspolitik noch ausgiebig beschäftigen.

11.1 Was der Staat zum Funktionieren einer Marktwirtschaft beiträgt

Die Analyse in Kapitel 5 hat gezeigt, dass Staatseingriffe in funktionierende Märkte zu Wohlfahrtsverlusten führen. Kommt dem Staat also überhaupt eine Rolle in einer Marktwirtschaft zu oder ist jegliche staatliche Aktivität aus Wohlfahrtssicht problematisch? Letzteres ist keineswegs der Fall. Für eine funktionierende Marktwirtschaft hat der Staat einige klar definierte, aus Gründen der Effizienz aber auch klar limitierte Aufgaben, deren mangelhafte Erfüllung die Wohlfahrt deutlich vermindert:

- Der Staat muss erstens ein Rechtssystem bereitstellen, das Eigentumsrechte und Vertragsrechte klar definiert und durchsetzt.
- Der Staat sollte zweitens dafür sorgen, dass politisch gewünschte *Regulierungen* so ausgestaltet sind, dass sie die wirtschaftliche Effizienz so wenig wie möglich beeinträchtigen.
- Der Staat sollte drittens in den wenigen, gut definierten Fällen, in denen sogenannte *Marktversagen* bestehen, korrigierend eingreifen. Bei einem Marktversagen zeigen die frei gebildeten Preise falsche relative Knappheiten an oder aber die Akteure werden daran gehindert, auf an sich korrekte Preissignale zu reagieren.

→ **Regulierung**
Begrenzung des Handlungsspielraums der wirtschaftlichen Akteure durch Gesetze und Verordnungen.

→ **Marktversagen**
Situation, in welcher der Markt keine effiziente Allokation der Ressourcen hervorbringt.

Wir wollen nun diese drei Aufgaben des Staates und ihren Beitrag zu einer funktionierenden Marktwirtschaft erläutern.

Zusammenfassende Übersicht

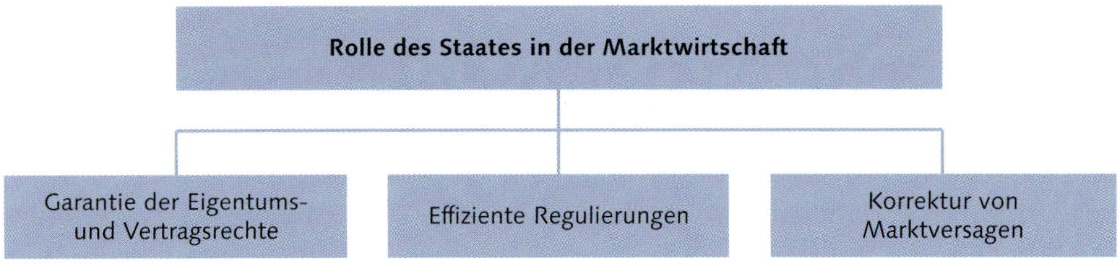

11.1.1 Garantie der Eigentums- und Vertragsrechte

Ein Rechtssystem mit garantierten *Eigentumsrechten* und *Vertragsrechten* ist wohl die wichtigste Voraussetzung dafür, dass ein arbeitsteiliges, marktwirtschaftliches System überhaupt funktionieren kann. Denn privates Eigentum bildet das Fundament der Marktwirtschaft. Jede Person muss darauf zählen können, dass die Dinge, die sie erwirbt, auch wirklich ihr gehören und dass ihr Recht darauf durchgesetzt wird. Nur dann kann ein System wie die Marktwirtschaft, das auf beidseitig vorteilhaften Austauschbeziehungen beruht, auch effizient funktionieren.

→ **Eigentumsrechte** Durchsetzbare Rechte, die das Eigentum der Menschen schützen.

→ **Vertragsrechte** Rechte, die sich aus einem Vertrag zwischen wirtschaftlichen Akteuren ergeben.

In wirtschaftlich hoch entwickelten Ländern wie Deutschland ist ein derartiges Rechtssystem selbstverständlich. Zahlreiche Entwicklungsländer aber leiden wirtschaftlich massiv darunter, dass ihr Rechtssystem nicht oder nur unvollständig funktioniert. Dann spielt beispielsweise die Korruption eine zentrale Rolle, staatliche Enteignungen sind an der Tagesordnung, das Eigentum ist dauernd von Diebstahl bedroht, Verträge werden nicht durchgesetzt oder mafiöse Gruppen erpressen Schutzgelder.

Setzt ein Staat die Eigentumsrechte ungenügend durch oder bedroht er sie gar selbst immer wieder, dann wird der Einzelne seine wirtschaftlichen Aktivitäten am Staat und an dessen Rechtssystem vorbei entfalten, allerdings mit deutlich verringerter Effizienz. Die wohlbekannten informellen, auf persönlicher Bekanntschaft beruhenden Austauschbeziehungen in Entwicklungsländern sind letztlich eine Antwort auf das Unvermögen des Staates, einen verlässlichen Rechtsrahmen zu bieten. *Informelle Wirtschaftsbeziehungen* jedoch erfordern einen Vertrauensaufbau durch regelmäßige persönliche Kontakte. Dies verringert die mögliche Ausweitung von Märkten erheblich. Bleibt der wirtschaftliche Austausch nämlich im Wesentlichen auf den Bekanntenkreis beschränkt, so verhindert dies weitgehend die wohlstandsfördernde Arbeitsteilung, mit der wir uns in Kapitel 4 detailliert auseinandergesetzt haben.

→ **Informelle Wirtschaftsbeziehungen** Aufgrund fehlender Rechtssicherheit handeln die Akteure nicht über anonyme Märkte, sondern nur mit ihnen bekannten Personen oder Unternehmen.

11.1.2 Effiziente Regulierungen

Der Staat orientiert sich bei seinen Eingriffen natürlich nicht nur am Ziel der Effizienz, sondern er verfolgt dabei auch eine Reihe anderer, politisch gewünschter Ziele. Viele Staatseingriffe betreffen etwa die Verteilung der Mittel zwischen Einkommensgruppen, Regionen oder Generationen. Solche Regulierungen greifen aber letztlich in marktwirtschaftliche Prozesse ein. Nun ist es natürlich nicht die Aufgabe der Volkswirtschaftslehre, diese demokratisch legitimierten Ziele einer Gesellschaft zu hinterfragen. Ist das Ziel einer bestimmten Regulierung aber einmal gesetzt, so lässt sich mit dem Einsatz der ökonomischen Analyse sicherstellen, dass es auf möglichst effiziente Weise erreicht wird.

→ **Kosten-Nutzen-Analyse**
Untersuchung, die für eine bestimmte Entscheidung die erwarteten Kosten dem erwarteten Nutzen gegenüberstellt.

→ **Gesetzesfolgenabschätzung**
Verfahren, um die Auswirkungen neuer Regulierungen auf die Volkswirtschaft aufzuzeigen.

Oft werden solche Überlegungen auch als *Kosten-Nutzen-Analysen* bezeichnet. In Deutschland kommt eine detaillierte Berechnung von Aufwand und Ertrag beispielsweise bei der Planung von Fernverkehrsstrecken zum Einsatz. Bei geplanten Autobahnen, Bundesstraßen, Schienenwegen und Wasserstraßen werden vorab die geschätzten Vorteile beziffert und mit den Baukosten ins Verhältnis gesetzt. Ergibt sich eine Relation von größer als eins, stiftet die neue oder ausgebaute Verbindung einen volkswirtschaftlichen Nutzen und kann in den Bundesverkehrswegeplan aufgenommen werden. Idealerweise sollte bei jeder geplanten staatlichen Regulierung untersucht werden, wie ihr Ziel mit möglichst geringen Effizienzeinbußen erreicht werden kann. So weit ist die *Gesetzesfolgenabschätzung* in Deutschland zwar noch nicht gediehen. In vielen Gesetzentwürfen werden die Auswirkungen auf die Volkswirtschaft aber zumindest kurz thematisiert. Und auch in den meisten anderen OECD-Ländern werden derartige Kosten-Nutzen-Analysen immer wichtiger, da Regulierungen in komplexen, arbeitsteiligen Gesellschaften die Tendenz haben, laufend zuzunehmen.

11.1.3 Korrektur von Marktversagen

Die dritte wichtige Aufgabe des Staates für das Funktionieren der Marktwirtschaft besteht schließlich darin, in den wenigen Fällen einzugreifen, in denen die Preissignale nicht funktionieren. Dabei ist klar zu definieren, wann es sich bei einem Phänomen um ein tatsächliches Marktversagen handelt. Denn in der wirtschaftspolitischen Diskussion wird mit diesem Begriff häufig Missbrauch getrieben. Nicht alle Marktergebnisse, die einer bestimmten Gruppierung missfallen, sind tatsächlich Resultate eines Marktversagens.

Ein echtes Marktversagen liegt nämlich nur dann vor, wenn die Preise nicht die wirklichen Knappheiten signalisieren oder wenn die Akteure an einer Reaktion auf an sich korrekte Preissignale gehindert werden. Dann nämlich führt der uneingeschränkte Markt zu einer ineffizienten Allokation der Ressourcen und damit zu einer geringeren Wohlfahrt.

→ **Monopolmacht**
Ein Unternehmen ist auf einem bestimmten Markt der einzige Anbieter und kann wegen der fehlenden Konkurrenz die Preise auf diesem Markt zu seinen Gunsten beeinflussen.

→ **Externe Effekte**
Auswirkung der Handlung eines ökonomischen Akteurs auf die Handlungen eines anderen, ohne dass sich dies in den Preisen widerspiegelt. Externe Effekte werden auch als Externalitäten bezeichnet.

Es lassen sich drei unbestrittene Formen von Marktversagen unterscheiden:

- *Monopolmacht*,
- *externe Effekte*,
- öffentliche Güter.

In Abschnitt 11.2 werden wir das Marktversagen „Monopolmacht" vertieft besprechen und die „externen Effekte" in Abschnitt 11.3. Die Vertiefung zu den öffentlichen Gütern steht im übernächsten Kasten.

Die Garantie von Eigentums- und Vertragsrechten, die wir als zentrale Aufgabe des Staates in einer Marktwirtschaft bezeichnet haben, ist im Übrigen eines der wichtigsten öffentlichen Güter. Stellt der Staat dieses nicht zur Verfügung, so wird ein marktwirtschaftliches System entweder nicht oder nur in sehr unvollständiger Art und Weise entstehen.

Asymmetrische Informationen

Bei den in diesem Abschnitt genannten drei Formen von Marktversagen ist man sich darüber einig, dass entsprechende Staatseingriffe die Effizienz verbessern können. Gelegentlich wird argumentiert, dass auch der Fall der *asymmetrischen Information* auf gewissen Märkten – beispielsweise den Versicherungsmärkten – ein derartiges Marktversagen darstellen würde. Asymmetrische Information liegt dann vor, wenn Personen miteinander handeln, die unterschiedlich gut informiert sind. Ein bekanntes Beispiel ist der Markt für Gebrauchtwagen. Der Verkäufer weiß mehr über die Qualität des Autos als der Käufer. Gleichzeitig weiß der Käufer, dass vor allem Verkäufer mit schlechten Autos einen Anreiz haben, diese zu verkaufen. Folglich ist es nicht sehr attraktiv, einen Gebrauchtwagen zu kaufen; und entsprechend erzielen gebrauchte Autos oft einen viel niedrigeren Preis als Neuwagen, selbst wenn sie an sich einwandfrei sind. Ein ähnliches Problem besteht auf Versicherungsmärkten, da dort ein Versicherungsnehmer wesentlich mehr über seine Risiken weiß als das Versicherungsunternehmen. Zudem führt die Tatsache, versichert zu sein, oft dazu, dass man sich weniger vorsichtig verhält. Die Versicherung ihrerseits weiß um ihre Informationsnachteile und wird entsprechend vorsichtig handeln, womit gewisse Versicherungsformen nicht oder in zu geringem Ausmaß angeboten werden könnten. Solche asymmetrischen Informationen können tatsächlich unter gewissen Bedingungen ein Marktversagen verursachen, das einen Staatseingriff rechtfertigen könnte. Allerdings gibt es praktisch für jedes asymmetrische Informationsproblem Marktlösungen. So wird etwa ein Gebrauchtwagen oft nur dann zu einem vernünftigen Preis verkauft werden können, wenn er von einem unabhängigen Automechaniker geprüft wurde. Oder eine Versicherung kann eine Selbstbeteiligung verlangen, sodass der Versicherungsnehmer einen Anreiz hat, sich vorsichtig zu verhalten. Derartige private Lösungen ermöglichen es, die meisten Situationen mit asymmetrischen Informationen effizient zu meistern. Deshalb wird dieser Fall hier nicht zu den klassischen, unbestrittenen Marktversagen gezählt.

→ **Asymmetrische Information**
Bei einer Markttransaktion verfügt die eine Seite über mehr und bessere Informationen als die Gegenseite.

Monopolmacht, externe Effekte und öffentliche Güter bilden im Wesentlichen eine abschließende Liste von eindeutigen Marktversagen, von Situationen also, in denen der freie Markt zu ineffizienten Lösungen führen kann. Das muss man sich immer vor Augen halten, wenn in wirtschaftspolitischen Diskussionen sehr schnell alle möglichen anderen Sachverhalte zu Marktversagen erklärt werden. In der Regel geht es in diesen Debatten aber um Verteilungsfragen, und zwar dann, wenn der Markt zu einer Einkommensverteilung führt, die nicht den Erwartungen einzelner Menschen oder einer bestimmten Gruppe entspricht. Mit einem Marktversagen im Sinne einer Verschwendung von Ressourcen bei freien Märkten hat dies aber nichts zu tun. In der wirtschaftspolitischen Analyse ist es deshalb entscheidend, Verteilungsfragen immer klar von der Frage nach der Effizienz einer Lösung zu trennen.

Zusammenfassende Übersicht

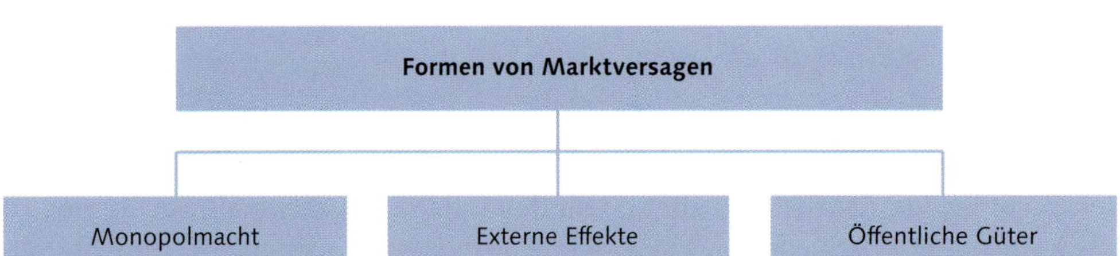

Öffentliche Güter

Abbildung 11.1
Arten von Gütern

	rivalisierend	nicht rivalisierend
ausschließbar	Private Güter (z.B. Äpfel)	Clubgüter (z.B. Pay-TV)
nicht ausschließbar	Allmendegüter (z.B. Fischbestände)	Öffentliche Güter (z.B. Satz des Pythagoras)

Öffentliche Güter sind Güter, von deren Gebrauch niemand ausgeschlossen werden kann, weshalb ihr Preis für den privaten Konsumenten gleich null ist. Niemand kann beispielsweise daran gehindert werden, die Straßenbeleuchtung zu nutzen. Daher ist oft auch niemand bereit, etwas für dieses Gut zu bezahlen, und jedermann verhält sich als „Trittbrettfahrer". So aber fehlt der Anreiz für Produzenten, dieses Gut überhaupt herzustellen. Ein öffentliches Gut wird also – ohne entsprechendes Einschreiten – in einem freien Markt nicht oder in zu geringer Menge produziert. Auch hier besteht das Problem, dass die Preise nicht die tatsächlichen Knappheiten widerspiegeln. Die Straßenbeleuchtung hat einen positiven Nutzen, gleichzeitig kann man von den Passanten aber kaum einen Preis dafür verlangen, was letztlich ein falsches Signal über die tatsächliche Knappheit dieses Gutes aussendet. Aus Wohlfahrtssicht lässt sich daher ein Staatseingriff vertreten, indem der Staat die Bereitstellung der Straßenbeleuchtung übernimmt und über Steuern alle Bürgerinnen und Bürger an dessen Finanzierung beteiligt.
Öffentliche Güter können also in der ökonomischen Analyse nicht gleich behandelt werden wie die „normalen" Güter, über die wir sonst sprechen. Die Unterscheidungsmerkmale der verschiedenen Güter wollen wir in diesem Kasten anhand eines einfachen Schemas etwas genauer erläutern. Dabei sind für jedes Gut jeweils zwei Fragen zu beantworten:

- Ist das Gut *rivalisierend* im Gebrauch?
- Ist die Verwendung des Gutes *ausschließbar*?

Ein Gut ist dann rivalisierend, wenn es nicht von zwei Personen gleichzeitig verwendet werden kann. Esse ich einen Apfel, kann kein anderer denselben Apfel essen. Der Apfel ist also ein Gut, dessen Gebrauch rivalisierend ist. Ein Gut ist dann ausschließbar, wenn es möglich ist, jemand anderen am Gebrauch dieses Gutes zu hindern. Kaufe ich einen Apfel, dann kann ich andere davon abhalten, den Apfel zu essen. Der Apfel ist also auch ein Gut, dessen Verwendung ausschließbar ist.
Die Extremformen hinsichtlich dieser beiden Eigenschaften bilden die reinen privaten und die reinen öffentlichen Güter. *Private Güter* sind rivalisierend im Gebrauch und vollständig ausschließbar. Deshalb sind sie in **Abbildung 11.1** links oben aufgeführt. Öffentliche Güter andererseits sind nicht rivalisierend im Gebrauch und überhaupt nicht ausschließbar. Nehmen wir als Beispiel den Satz des Pythagoras. Wende ich diesen an, so stört es mich keineswegs, wenn gleichzeitig tausend andere das Gleiche tun. Er ist immer gleich produktiv, egal, wie viele ihn verwenden. Gleichzeitig ist der Satz des Pythagoras überhaupt nicht ausschließbar. Ich kann niemanden daran hindern, ihn ebenfalls anzuwenden. Er ist deshalb ein rein öffentliches Gut.

Keine Selbstbedienung: Durch die Festlegung von Fangquoten für jeden einzelnen Fischer versucht die EU, die Überfischung der Meere zu verringern.

Wenden wir uns nun noch den Zwischenformen zu. Gewisse Güter sind rivalisierend im Gebrauch, aber nicht ausschließbar. Das sind die sogenannten *Allmendegüter*. Bei ihnen besteht das Problem, dass sie viel zu intensiv verwendet werden. Das klassische Beispiel sind Fischbestände. Der einzelne Fisch stellt ein Gut dar, das rivalisierend ist im Gebrauch: Wenn ich den Fisch fange, kann niemand denselben Fisch fangen. Gleichzeitig ist er aber nicht ausschließbar. Es ist nämlich so gut wie unmöglich, ein Eigentumsrecht auf einen Fisch durchzusetzen, der im Ozean umherschwimmt.
Die andere Zwischenform bilden jene Güter, die nicht rivalisierend im Gebrauch, zugleich aber ausschließbar sind – die sogenannten *Clubgüter*. Ein Beispiel dafür ist das Pay-TV. Eine Pay-TV-Sendung ist nicht rivalisierend. Die ganze Welt könnte die Sendung zur selben Zeit verfolgen wie ich, meinen Gebrauch dieses Gutes würde dies in keiner Weise beeinträchtigen. Dieses Gut ist aber ausschließbar, und zwar indem man es codiert und nur zahlenden Konsumentinnen und Konsumenten zugänglich macht.
In den meisten Fällen unseres Lebens haben wir es mit privaten Gütern zu tun; wir können uns bei der ökonomischen Analyse deshalb weitgehend auf sie konzentrieren.

→ Öffentliche Güter
Güter, die im Gebrauch weder rivalisierend noch ausschließbar sind und deren Bereitstellung sich daher für wirtschaftliche Akteure in der Regel nicht rechnet. Deshalb werden sie auf einem freien Markt in ungenügendem Ausmaß zur Verfügung gestellt.

→ Rivalität
Eigenschaft eines Gutes, wonach der Gebrauch des Gutes verhindert, dass ein anderer wirtschaftlicher Akteur das gleiche Gut auch konsumieren kann.

→ Ausschließbarkeit
Eigenschaft eines Gutes, wonach ein Akteur einen anderen am Gebrauch eines Gutes hindern kann.

→ Private Güter
Güter, die rivalisierend und ausschließbar im Gebrauch sind. Die meisten Güter sind private Güter.

→ Allmendegüter
Güter, die zwar rivalisierend im Gebrauch, aber nicht ausschließbar sind. Bei Allmendegütern besteht die Gefahr der übermäßigen Nutzung des Gutes.

→ Clubgüter
Güter, die ausschließbar, aber nicht rivalisierend im Gebrauch sind.

11.2 Die Wettbewerbspolitik

Wir wollen nun konkreter werden, was die aus Sicht der ökonomischen Effizienz gerechtfertigten Eingriffe des Staates in die Marktwirtschaft betrifft. Dabei konzentrieren wir uns zunächst auf die neben den externen Effekten wichtigste Form von Marktversagen, die Monopolmacht.

11.2.1 Volkswirtschaftliche Kosten von Monopolen

Der entscheidende Unterschied zwischen der vollständigen Konkurrenz und dem Monopol ist, dass der Monopolist den Marktpreis seines Gutes beeinflussen kann, das Unternehmen in vollständiger Konkurrenz jedoch nicht. Ein Unternehmen in vollständiger Konkurrenz hat eine große Anzahl von Konkurrenten, die alle das gleiche Produkt verkaufen. Bei einem genügend großen Markt führt dies dazu, dass die Entscheidungen bezüglich der Produktionsmenge überhaupt keinen Einfluss auf den Marktpreis haben. Verlangt das Unternehmen einen Preis, der auch nur minimal über dem Marktpreis liegt, so wird es nichts verkaufen können und folglich vom Markt verdrängt werden. Es besteht für das Unternehmen aber auch keinerlei Anreiz, einen Preis unterhalb des Marktpreises zu setzen, da es seine Güter jederzeit zum höheren Marktpreis verkaufen und damit höhere Einnahmen erzielen kann.

Ganz anders stellt sich die Situation des Monopolisten dar. Er sieht sich der gesamten Marktnachfrage gegenübergestellt, da er ja der einzige Anbieter ist. Im Gegensatz zum Unternehmen in vollständiger Konkurrenz hat die Mengenentscheidung des Monopolisten einen Einfluss auf den Preis – und das ist entscheidend. Denn der Monopolist kann sich gewissermaßen den für ihn vorteilhaftesten Punkt auf der Nachfragekurve des Marktes aussuchen. Erhöht er nämlich seine Produktionsmenge, so wird der Preis fallen. Im Gegensatz zu einem Unternehmen unter vollständiger Konkurrenz kann der Monopolist einen höheren Gewinn erzielen, indem er die verkaufte Menge reduziert und damit einen höheren Preis pro verkaufte Menge festsetzen kann. Dabei wird insgesamt weniger angeboten als bei vollständiger Konkurrenz, und dies führt zu einem gesamtwirtschaftlichen Verlust. Die Mittel werden in einer Monopolsituation also ineffizient eingesetzt.

Neben diesem negativen Effekt erzeugen Monopolsituationen noch eine ganze Reihe zusätzlicher gesamtwirtschaftlicher Kosten, die wir hier kurz ansprechen wollen.

→ X-Ineffizienz
Ein Unternehmen produziert mit den vorhandenen Ressourcen weniger, als möglich wäre.

Erstens begünstigen Monopole die sogenannte *X-Ineffizienz*. Das Management von Monopolunternehmen hat wenig Anlass, die Produktionskosten so niedrig wie möglich zu halten, da es nicht im harten Wettbewerb zu anderen Unternehmen steht. Dies zeigt sich etwa daran, dass man sich unnötigen Luxus wie wertvolle Möbel oder teure Bürotürme leistet. Im Lauf der Zeit kann das zu großen betriebsinternen Ineffizienzen führen, die einen guten Teil des Monopolgewinns wieder „wegfressen".

→ Marktzutrittsschranken
Faktoren, die potenzielle Konkurrenten davon abhalten, in einen bestehenden Markt einzutreten.

→ Monopolrente
Einkommen, das ein Monopolist im Vergleich zum vollkommenen Wettbewerb zusätzlich erhält, weil er seine Preise unabhängig vom Wettbewerb gewinnmaximierend festlegen kann.

Zweitens, und dies wird uns gleich noch beschäftigen, müssen Monopolgewinne in aller Regel durch *Marktzutrittsschranken* gesichert werden. Der Monopolist investiert in Barrieren, die seine Konkurrenten am Markteintritt hindern und ihm eine *Monopolrente* sichern. Aus gesamtwirtschaftlicher Sicht dienen solche Investitionen lediglich der Umverteilung und sind daher ineffizient. Oft fließen sie in die Politik: Mittels Rent-Seeking – gesamtwirtschaftlich eine reine Verschwendung – wird versucht, Politiker dazu zu bringen, mit gesetzlichen Maßnahmen die Konkurrenz vom Markt fernzuhalten. So beobachtet man häufig, dass die Vertreter monopolistischer Firmen oder Branchen Mittel aufwenden, um sich im politischen Prozess gegen den Abbau von Zöllen zur Wehr zu setzen, da dies zu Konkurrenz durch Importe führen und damit das Monopol beseitigen würde.

Drittens schließlich haben Monopolisten auch kaum Anreize, durch Innovationen die Effizienz der Produktion langfristig zu steigern. Dies bremst den technischen Fortschritt und damit den entscheidenden Motor des Wirtschaftswachstums. Ein Unternehmen in Monopolstellung ist kaum bestrebt, sich durch den Einsatz der bestmöglichen Technologie oder durch die Entwicklung neuer Produkte oder Prozesse ständig zu verbessern. Die Monopolrente ist ja auch ohne derartige Anstrengungen gesichert. Dieser negative Effekt von Monopolen auf die Innovation verursacht aus Sicht der Gesamtwirtschaft wohl die höchsten Kosten.

Aus all diesen Gründen kann eine staatliche Bekämpfung von Monopolen die Effizienz erhöhen. Oder anders ausgedrückt: Es besteht ein gutes Argument für eine Wettbewerbspolitik.

Zusammenfassende Übersicht

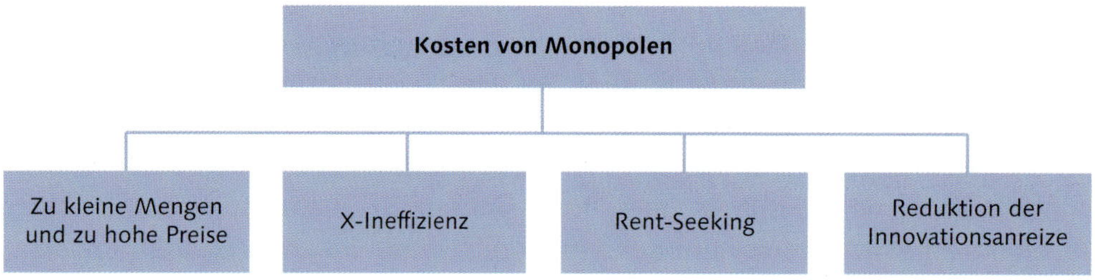

11.2.2 Marktzutrittsschranken und die Wettbewerbspolitik

Manche mögen sich fragen, warum bei Monopolen der Preismechanismus eigentlich nicht funktionieren soll. Der Monopolist verknappt künstlich die Menge eines Gutes, was zu einem hohen Preis führt. Dieser hohe Preis zeigt doch völlig korrekt die bestehenden Knappheiten an und sollte daher neue Konkurrenten anlocken. Man müsste also so lange Markteintritte von Unternehmen beobachten, bis wir uns der Situation vollständiger Konkurrenz annähern. Warum führt hier die Signalwirkung des Preises nicht direkt zur Beseitigung des Monopols?

Die Antwort sind Marktzutrittsschranken, die in irgendeiner Form die potenziellen Konkurrenten vom Markteintritt abhalten. Die Analyse von Monopolsituationen muss deshalb immer bei der Analyse von Marktzutrittsschranken ansetzen.

Zwei Formen von Marktzutrittsschranken lassen sich unterscheiden. Einerseits gibt es *natürliche Monopole*. Den Marktzutritt erschweren dort die hohen *Fixkosten*, die aufgewendet werden müssen, bevor die Produktion des betreffenden Gutes überhaupt beginnen kann. Beispiele dazu finden sich vor allem in den Infrastrukturbereichen. So bilden etwa das Schienennetz oder die Hochspannungsleitungen (weitgehend) natürliche Monopole, da es für einen Marktneuling viel zu teuer wäre, parallele Netze aufzubauen.

→ **Natürliches Monopol**
Monopolsituation, die deshalb besteht, weil die hohen Fixkosten der Produktion potenzielle Konkurrenten davon abhalten, in den Markt einzutreten.

→ **Fixkosten**
Kosten, die unabhängig davon anfallen, wie viel von einem Gut produziert wird.

Zweitens gibt es Monopolisten, die bewusst in künstliche Marktzutrittsschranken investieren, um ihre Stellung zu sichern. Hierbei lassen sich wiederum zwei Formen unterscheiden: Sie spannen entweder den Staat für sich ein, der sie durch Regulierungen schützen soll (zum Beispiel Zölle), oder sie kümmern sich selbst um ihre Konkurrenten. Solch strategisches Unternehmensverhalten besteht zum Beispiel in Form von *Kartellen*, also aus Absprachen zwischen Unternehmen über Preise, Mengen oder Lieferbedingungen.

→ **Kartell**
Gruppe von Unternehmen, die sich absprechen, um eine monopolistische Stellung zu erlangen.

Oligopole und Kartellbrüder

Bis hierher haben wir die Marktformen vollkommener Wettbewerb und Monopol kennengelernt. Sie sind zwei Extremformen, liegen also am jeweils gegenüberliegenden Ende des Spektrums der möglichen Wettbewerbsintensität. Beim vollkommenen Wettbewerb gibt es eine Unmenge kleiner Anbieter, die so viel herstellen, bis der Markt gesättigt ist. Beim Monopol gibt es einen einzigen Anbieter, der Preise hoch und Mengen niedrig hält. Beide Extremfälle sind in der Praxis selten. Viel häufiger treffen wir auf Oligopole.

Hier teilen sich den Markt einige wenige, dafür aber große Anbieter. So vereinen im deutschen Lebensmitteleinzelhandel sechs Ketten – Edeka, Aldi, Rewe, Lidl/Kaufland, Metro, Tengelmann – rund 90 % des gesamten Umsatzes auf sich. Im Strommarkt geben vier Konzerne den Ton an: RWE, E.on, EnBW und Vattenfall. Auch an Tankstellen begegnen wir meist den wiederkehrenden Konzernlogos von Aral, Shell, Jet, Esso oder Total. Im Markt für große Passagierflugzeuge sind mit Airbus und Boeing weltweit sogar nur zwei Anbieter wirklich relevant. Sie bilden eine Sonderform des Oligopols, ein Duopol.

Solch hohe *Konzentrationsgrade* entstehen aus verschiedenen Gründen. Oft können größere Anbieter effizienter produzieren und verkaufen als kleine. Sie haben sogenannte *Größenvorteile*, z. B. weil sie Maschinen besser auslasten oder ein weltweites Vertriebsnetz unterhalten können. Eine bestimmte Betriebsgröße ist bei gewissen Gütern sogar Voraussetzung, um überhaupt am Markt teilnehmen zu können. Es ist heute unvorstellbar, das Automarken ihre Gefährte wie zu Urzeiten in Garagen zusammenschrauben. Seit 1913, der Aufnahme der Fließbandproduktion durch Henry Ford, liegt die Autofertigung in den Händen riesiger Konzerne.

Ein anderer Grund für die Konzentration der Nachfrage auf wenige Anbieter sind *Produktdifferenzierungen*. Jeder weiß, was ein Auto ist, würde aber nicht auf die Idee kommen zu sagen, ein VW sei das Gleiche wie ein BMW. Gewiss, beide fahren, haben Blinker und bieten Stauraum. Doch so sehr die Gemeinsamkeiten überwiegen, so schwer fallen bei der Kaufentscheidung die kleinen Unterschiede der Fahrzeuge ins Gewicht – sei es bei Optik oder Image. Weil wir für diese kleinen Unterschiede empfänglich sind, ziehen wir Konkurrenzprodukte weniger in Betracht, als wenn es sich um völlig identische Güter handeln würde. Wir fangen z. B. nicht an, plötzlich Pepsi zu trinken, nur weil Coca-Coca die Preise erhöht hat. Oder ein No-Name-Produkt statt eines Markenprodukts zu kaufen, obwohl der Preisunterschied viel größer ist als der Qualitätsunterschied. Aus Herstellersicht sind Produktdifferenzierungen großartig, denn sie vermindern den Wettbewerb. Dafür müssen sie hohen Aufwand für Forschung, Entwicklung und Werbung betreiben.

Es ist nicht so, dass Oligopole grundsätzlich zum Nachteil der Konsumentinnen und Konsumenten ausfallen. Über die Marktmacht der Supermarktbetreiber in Deutschland klagen z. B. vor allem die Lieferanten, während die Kunden vom permanenten Preisdruck der Einkäufer profitieren. Auch der Innovationsdruck ist durch den Zwang, sich vom Wettbewerb zu unterscheiden, sehr hoch.

Dominieren wenige große Anbieter in einem Markt, kann das zu Trägheit und Kartellabsprachen führen. Das muss aber nicht sein, wie das Beispiel des Flugzeugmarktes zeigt. Airbus und Boeing sind nicht dafür bekannt, Innovationen abgeneigt zu sein oder dem Konkurrenten besonders freundlich zu begegnen.

Klar ist jedoch, dass es auch umso leichter ist, sich gegen die Verbraucher zu verbünden, wenn nur wenige Anbieter auf dem Markt sind. Das erleichtert die Kontaktaufnahme ungemein. Absprachen treffen die Kartellbrüder mal ganz konspirativ im Geheimen, mal relativ offen, z. B. nach Messen abends beim Bier an der Hotelbar. Dabei spricht man sich beispielsweise ab, welches Kartellmitglied ein überteuertes Gebot bei Ausschreibungen von Großaufträgen abgibt, während die anderen noch höhere Mondpreise nennen, also nur zum Schein als Wettbewerber auftreten. Bei der nächsten Ausschreibung kommt dann ein anderes Unternehmen zum Zuge, bis alle gut versorgt sind. Man kennt sich, man hilft sich – und man hat sich im Auge: Darum kann so ein Kartell über Jahre stabil sein. Es fällt auf, dass vor allem solche Oligopole zur Kartellbildung neigen, die homogene Güter herstellen. In den letzten Jahren flogen Kartelle auf z. B. in den Märkten für Gipsplatten, Zement, Bahnschienen, Rolltreppen und Industrieglas.

Bei diesen profanen Gütern unterscheiden sich die Produkte zwischen den Herstellern nicht oder fast nicht, Produktdifferenzierung ist kaum möglich. Darum ist der Preis das wichtigste Unterscheidungsmerkmal und Absprachekriterium.

→ **Konzentrationsgrad**
Marktanteil, der auf die größten Anbieter eines Marktes entfällt.

→ **Größenvorteile**
Technologisch bedingte Vorteile der Massenproduktion, die dafür sorgen, dass die Stückkosten eines Herstellers mit zunehmender Produktionsmenge sinken.

→ **Produktdifferenzierung**
Strategie von Unternehmen, aus einem von Konkurrenzprodukten kaum unterscheidbaren homogenen Produkt ein unverwechselbares zu machen, z. B. durch Produktvarianten und Imagepflege.

„Hoffentlich ist es Beton!" lautete eine gemeinsame Kampagne der deutschen Zementindustrie, die in den 1990er-Jahren das Image des Baustoffs verbessern sollte. Die führenden Konzerne gingen bei der Kooperation gleich noch weiter und sprachen ihre Preise zulasten der Kunden ab. 2009 wurden die größten Hersteller dieses Kartells zu über 300 Millionen Euro Strafe verurteilt.

Wettbewerbspolitik bedeutet also in erster Linie die Bekämpfung von Marktzutrittsschranken. Hier gibt es zwei Ansatzpunkte. Einerseits kann der Staat mit der Art, wie Märkte reguliert werden, die Höhe der Marktzutrittsschranken stark beeinflussen. Regulierungstätigkeit ist deshalb immer bis zu einem gewissen Grad auch Wettbewerbspolitik. Andererseits können Monopole und monopolistische Absprachen zwischen Unternehmen direkt bekämpft werden, indem eine Wettbewerbsbehörde solches Verhalten einschränkt oder verbietet. Beide Ansätze werden wir im Folgenden kurz am Beispiel Deutschlands diskutieren.

Zusammenfassende Übersicht

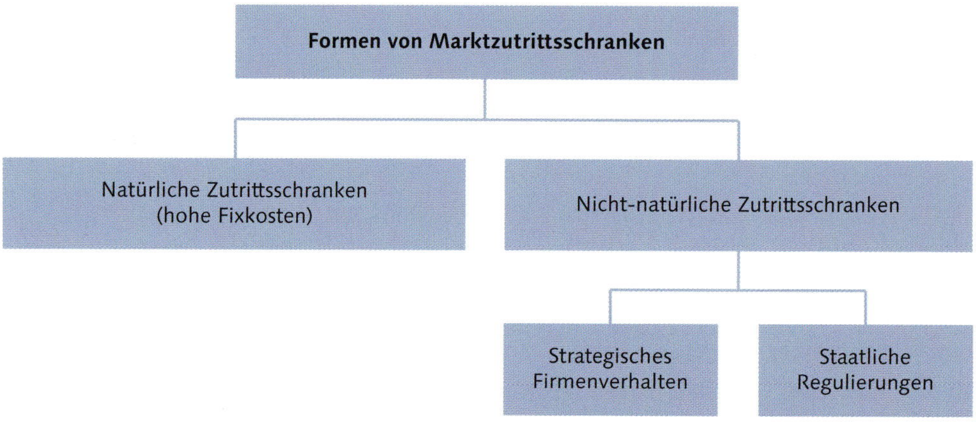

11.2.3 Deutsche und europäische Wettbewerbspolitik

Im Mittelalter waren die Handwerker in deutschen Städten in Gilden und Zünften organisiert: Wer nicht von hier war, durfte nicht anbieten, arbeiten oder ausbilden. Die Hersteller vor Ort schlossen sich zusammen, um Konkurrenz fernzuhalten. Dieses Prinzip hat sich im Zuge der Industrialisierung zwar schrittweise abgeschwächt. Die deutsche Industrie blieb jedoch bis weit ins 20. Jahrhundert geprägt von Absprachen unter Konkurrenten. Während die USA schon seit der Jahrhundertwende gegen Kartelle und Monopolisten vorgingen (darunter spektakulär gegen John D. Rockefellers Standard Oil Company), kam es in Deutschland erst 1958 zu einem Kartellgesetz. Seitdem ist die Kontrolle des Wettbewerbs eine staatliche Angelegenheit, die inzwischen für die EU-Länder mehr und mehr von der EU-Kommission in Brüssel wahrgenommen wird. Sowohl bei den wettbewerbssteigernden Regulierungen wie auch bei der Verschärfung der Wettbewerbspolitik ist in Deutschland und in Europa in den letzten Jahren einiges in Bewegung gekommen. Die Erkenntnis, dass eine Beschränkung des Wettbewerbs hohe gesamtwirtschaftliche Kosten verursacht, hat sich in zunehmendem Maße durchgesetzt und die Wettbewerbsgesetzgebung geprägt.

Wettbewerbssteigernde Regulierung

Bei den natürlichen Monopolen haben die meisten OECD-Länder in den letzten Jahren *Liberalisierungsversuche* unternommen. In Deutschland kam es Mitte der 1990er-Jahre zur *Deregulierung* des Post- und Fernmeldemarktes. Seitdem tummeln sich eine Reihe von Wettbewerbern in den Märkten für Briefzustellung, Telefondienste und Handynetze. Vorher war es allein Sache der staatlichen Deutschen Bundespost, unter der Aufsicht des Postministeriums Briefe zu transportieren und Telefonanschlüsse einzurichten. Auch im Elektrizitätsbereich und im Schienenverkehr sind Deregulierungsschritte erfolgt, deren Vorteile für die Nutzerinnen und Nutzer bislang nicht so augenfällig sind wie im Telekommunikationssektor. In all diesen Fällen ging es nicht darum, jegliche Regulierung zu beseitigen, sondern diese so umzugestalten, dass sie Wettbewerb begünstigt.

→ **Liberalisierung**
Öffnung eines bisher monopolistischen Marktes durch die Zulassung von Wettbewerb.

→ **Deregulierung**
Lockerung oder Beseitigung staatlicher Regulierungen.

Viele künstliche Marktzutrittsschranken sind im Zuge des Europäischen Binnenmarktes gefallen. Seit 1993 herrschen für Waren, Dienstleistungen, Kapital und Arbeitskräfte zwischen den EU-Ländern praktisch keine Grenzen mehr. Beim öffentlichen Beschaffungswesen (Kauf von Waren und Dienstleistungen durch den Staat) gibt es europaweite Ausschreibungen, was wettbewerbsfeindliche Absprachen einheimischer Hersteller erschwert.

Kartellbekämpfung

Der zweite Ansatzpunkt ist die Wettbewerbspolitik im engeren Sinne, also die Arbeit der *Wettbewerbsbehörden*. Deren Aufgaben übernimmt das deutsche Bundeskartellamt für alle Fälle, deren Bedeutung nicht über Deutschland hinausreicht, während die Generaldirektion Wettbewerb der EU-Kommission zuständig ist für Fälle, die europaweite Bedeutung haben. Dazu zählen auch das Marktverhalten und Fusionsvorhaben von US-Firmen, sofern diese in Europa Geschäfte machen. Der Softwarehersteller Microsoft oder der Chipfabrikant Intel wurden beispielsweise wegen wettbewerbswidrigen Verhaltens zu Milliardenzahlungen an die EU verdonnert.

→ **Wettbewerbsbehörde**
Staatliche Institution, die für einen funktionierenden Wettbewerb sorgt und monopolistische Stellungen und Kartelle bekämpft. Je nach Bedeutung der Fälle sind für deutsche Unternehmen EU-Kommission, Bundeskartellamt oder Landeskartellämter zuständig.

Die Wettbewerbsbehörden bekämpfen kartellistische Absprachen zwischen Unternehmen und den Missbrauch von Marktmacht einzelner Unternehmen. Zudem prüfen sie Fusionsvorhaben, die möglicherweise eine Monopolstellung bewirken könnten. Sie suchen z. B. nach *harten Kartellen.* Damit bezeichnet man Preis-, Mengen- und Gebietskartelle, weil diese Kartellformen den Wettbewerb besonders drastisch einschränken.

→ **Harte Kartelle**
Absprachen, die den Wettbewerb besonders drastisch einschränken. Darunter fallen Preis-, Mengen- und Gebietskartelle.

KOMPETENZEN BILDEN: Die Fünf von der Tankstelle (Befragung)

Die Benzinpreise schwanken, oft sogar mehrmals im Tagesverlauf. Mal fallen sie (wenn auch nicht so stark wie an dieser geschlossenen Tankstelle) ...

Die Spritpreise: Immer wieder erregt dieses Thema die Gemüter. Autofahrer sind regelmäßig auf Kraftstoff angewiesen und jeder von ihnen hat eine Theorie über das Auf und Ab der Preise. Die meisten Bürger tippen auf „verbotene Preisabsprachen" der fünf dominanten Mineralölkonzerne. Der Verband der Mineralölwirtschaft (MWV) behauptet einen „lebhaften Wettbewerb". Die staatlichen Wettbewerbshüter sprechen von „Parallelverhalten" der beteiligten Unternehmen bei der Preissetzung in einem „funktionierenden Oligopol". Viele Fahrzeugbesitzer fühlen sich ausgeliefert, manche abgezockt, einige halten sich gar für die „Melkkuh der Nation". Versuche einer nüchternen Erklärung stoßen eher selten auf Gehör. Bei einem Thema, zu dem offenbar jede und jeder eine Meinung hat, ist eine Befragung geeignet, sich ein konkretes Stimmungsbild zu verschaffen. Wir suchen dabei nach Hinweisen auf das Nachfrage- und das Informationsverhalten von Verbraucherinnen und Verbrauchern.

Eine Studie des Bundeskartellamts

Das Bundeskartellamt hat den Kraftstoffmarkt 2011 gründlich unter die Lupe genommen. Sein Präsident, Andreas Mundt, erläuterte die Ergebnisse der Untersuchung 2012 in einem Interview der Zeitschrift Wirtschaftswoche:

„In der Regel ziehen die Preise ab Freitag gegen 18 Uhr an. Sonntagabend bröckeln sie wieder ab – und montags ist der günstigste Tag zum Tanken. […]
Offensichtlich muss sich keiner der großen Mineralölkonzerne in Deutschland fragen, ob höhere Preise durchsetzbar sind. Wir haben es hier mit einem Oligopol der großen fünf zu tun, die sich kaum Wettbewerb liefern. Entsprechend muss davon ausgegangen werden, dass die Preise höher sind, als es bei echter Konkurrenz der Fall wäre. […]
[Die großen Anbieter Aral, Esso, Jet, Shell und Total kontrollieren fast 70 Prozent des Marktes. Sie] sind als integrierte Unternehmen auf allen Wertschöpfungsstufen tätig und eng miteinander verflochten. Sie betreiben gemeinsame Pipelines und Raffinerien und beliefern sich im beachtlichen Umfang auch untereinander. […]
Die freien Tankstellen sind auch ökonomisch von den großen Anbietern abhängig, weil sie ihre Kraftstoffe von dort beziehen. […]
[Es ist den Mineralölkonzernen] bei ihrer Preissetzung an den Zapfsäulen keine verbotene Absprache nachzuweisen. Es gibt aber ein festes Verhaltensmuster: In 90 Prozent der Fälle preschen Shell oder Aral mit einer Preiserhöhung vor – und exakt drei Stunden später folgt der andere. Die nächsten Anbieter erhöhen dann nach exakt fünf Stunden. Wenn sich so ein ungeschriebenes Gesetz etabliert hat, braucht man keine Absprachen mehr. […]
Die Konzerne verstehen sich sozusagen blind. […] Sie haben das gegenseitige Abgucken der Preise perfektioniert. Die Pächter beobachten die umliegenden Tankstellen der Konkurrenz und melden deren Preise mehrmals am Tag an die Zentrale. Die Zentrale bestimmt dann, wohin die Preise gehen. Wenn die Preise steigen, kann also der Pächter nichts dafür. Und das alles ist auch nicht verboten."

Andreas Mundt, „Wir sind keine Preisbehörde", in: www.wiwo.de vom 5.3.2012

... mal steigen sie (wenn auch nicht immer so hoch wie hier im Jahr 2012 an drei benachbarten Tankstellen in München).

KOMPETENZEN BILDEN

Trifft auf mich … zu.	voll und ganz	überwiegend	eher nicht	überhaupt nicht
Aussage				
Ich tanke gewohnheitsmäßig fast immer an derselben Tankstelle.				
Ich vergleiche intensiv die Preise und tanke an der billigsten Tankstelle.				
Zum Finden der günstigsten Tankstelle nutze ich Apps oder Webseiten.				
Ich achte beim Tanken überhaupt nicht auf die Preise.				
Wenn mir die Preise irgendwo besonders hoch vorkommen, tanke ich nur ein paar Liter und suche mir eine günstigere Tankstelle.				
Um für drei Cent pro Liter billiger zu tanken, fahre ich auch einen Umweg von drei km.				
Ich beobachte beiläufig die Preise, treibe aber keinen Aufwand für Preisvergleiche.				
Wenn der Tank zur Neige geht, tanke ich einfach an der nächstbesten Tankstelle.				
Wenn die Spritpreise erheblich steigen, fahre ich deutlich weniger.				

Arbeitsaufträge:

1. Füllen Sie den Fragebogen aus. Soweit Sie nicht selbst tanken, bitten Sie ein Familienmitglied oder jemanden aus dem Freundeskreis, die Fragen zu beantworten. Darin sollen Sie oder die Befragten das Nachfrageverhalten an der Zapfsäule reflektieren. Werten Sie den Fragebogen aus. Welche Trends zeigen sich, vor allem was die Bereitschaft angeht, sich zu informieren?

2. Lesen Sie die Aussagen des Präsidenten des Bundeskartellamts und recherchieren Sie:
   - Seit Herbst 2013 sind Tankstellenbetreiber verpflichtet, ihre Preise an eine „Markttransparenzstelle Kraftstoffe" beim Bundeskartellamt zu melden. Informieren Sie sich bei dieser Wettbewerbsbehörde über die Ziele dieser Datensammlung.
   - Autofahrer können sich seit Ende 2013 sehr einfach über die aktuellen Kraftstoffpreise informieren. Entsprechende Onlineportale liefern diese Information per App oder nach ein paar Mausklicks. Führen Sie Preisvergleiche in Ihrer Umgebung online durch.
   - Befassen Sie sich auf der Webseite des Mineralölwirtschaftsverbands (MWV) mit den Argumenten der Mineralölkonzerne. Finden Sie dort auch heraus, wie sich der Spritpreis zusammensetzt. In welchem Verhältnis teilen sich Konzerne und Staat die Kraftstofferlöse?

3. Nach diesen Recherchen erweitern Sie den Fragebogen nun um einige Wissensfragen und bitten Sie ein Familienmitglied oder jemanden aus dem Freundeskreis, diese zu beantworten. Stellen Sie Fragen offen, also ohne zusätzliche Informationen für die Befragten. Fragen könnten beispielsweise lauten:
   - Wie erklären sich die Befragten die Schwankungen der Kraftstoffpreise? Welches Muster meinen sie erkannt zu haben?
   - Wie hoch ist nach Einschätzung der Befragten der staatliche Steueranteil am Spritpreis?
   - Wie viele wissen, dass es die Markttransparenzstelle gibt? Wie viele nutzen Apps oder Webseiten zum Preisvergleich bei Kraftstoffen?
   - Gibt es Überlegungen, den Kraftstoffbedarf durch den Kauf eines kleineren, sparsameren Wagens zu verringern?

4. Werten Sie die Fragebögen aus und fassen Sie die Ergebnisse zusammen. Welchen Eindruck haben Sie von Kenntnisstand, Informationsbereitschaft und Nachfrageverhalten der Autofahrer?

Als mächtiges Instrument bei der Bekämpfung dieser volkswirtschaftlich schädlichen Absprachen hat sich die sogenannte *Kronzeugenregelung* erwiesen. Denn ein Kartell kann meist nur dann wirklich effektiv aufgedeckt werden, wenn eines der Mitglieder vor den Behörden gegen das Kartell aussagt. Die Kronzeugenregelung verspricht Firmen, die mit den Behörden zusammenarbeiten, eine Strafreduktion oder sogar eine Befreiung von der Strafe. Seit der Einführung der Kronzeugenregelung im europäischen Kartellrecht in den 1990er-Jahren ist die Zahl der aufgedeckten Kartelle in Europa stark gestiegen.

→ **Kronzeugenregelung**
Strafbefreiung oder Strafreduktion für Unternehmen, die als Mittäter helfen, Verstöße gegen die Wettbewerbsregeln aufzudecken.

11.3 Die Umweltpolitik

11.3.1 Umweltschutz und externe Effekte

Externe Effekte sind Auswirkungen der Handlungen eines wirtschaftlichen Akteurs auf einen anderen, die sich nicht in den Preisen widerspiegeln. Wenn zum Beispiel eine Fabrik Abwässer ungeklärt in einen Fluss leitet, so beeinträchtigt dies das Geschäft von Fischern flussabwärts. Kostet dies die Fabrik nichts, so führt dieser externe Effekt zu Ineffizienz (vgl. folgender Kasten). Nirgends tritt das Problem externer Effekte deutlicher zutage als im Umweltbereich. Die Verschmutzung der Gewässer, das Ozonloch und die globale Erwärmung können direkt auf dieses Marktversagen zurückgeführt werden. Im Umgang mit Umweltfragen, das heißt in der Ausgestaltung der Umweltpolitik, lassen sich grundsätzlich vier Methoden unterscheiden, die wir kurz erläutern.

Die erste Möglichkeit ist der freiwillige Umweltschutz. Erkennt der Verursacher das Externalitätenproblem, kann ihn dies dazu motivieren, die von ihm verursachten und als unfair beurteilten Kosten für die Gesellschaft selbst zu tragen.

Global Warming In The Alps

Die Folgen der Klimaerwärmung für die Alpen: „Schnee – geschützte Ursprungsbezeichnung."

→ **Nachsorge**
In der Regel durch den Staat organisierte, nachträgliche Beseitigung einer Umweltverschmutzung.

→ **Ordnungsrechtlicher Umweltschutz**
Staatliche Vorschriften in Form von Geboten und Verboten, die umweltschädigende Tätigkeiten einschränken sollen.

Der zweite Ansatz ist die staatliche *Nachsorge*: Man lässt die Umweltschädigung zu und beseitigt nachträglich die Schäden.

Der dritte, am weitesten verbreitete Ansatz ist der *ordnungsrechtliche Umweltschutz* über Regulierungen. Dabei werden Tätigkeiten, die externe Effekte auf die Umwelt haben, durch Vorschriften eingeschränkt. Das kann über Produktionsbeschränkungen, wie z. B. Verbote bestimmter Stoffe, oder über Grenzwerte geschehen. Als beispielsweise erkannt wurde, dass Fluorchlorkohlenwasserstoffe (FCKW) die Ozonschicht schädigen, wurde ihr verbreiteter Einsatz in Kühlschränken und Sprühdosen verboten.

Alle drei bisher genannten Maßnahmen weisen ernst zu nehmende Nachteile auf:

- Beim freiwilligen Umweltschutz beschränkt sich die Rolle der Behörden darauf, Informationen über die Kosten der Umweltverschmutzung zu geben. Da aber eine tatsächliche Preiserhöhung für die umweltschädigende Tätigkeit ausbleibt, besteht bei reiner Freiwilligkeit ein starker Anreiz zum Trittbrettfahren: Man bleibt selbst passiv und hofft, dass sich die anderen umweltfreundlich verhalten.
- Nachsorge führt zwar zu einer Reduktion der Schäden, schafft aber keine Anreize, die schädigende Tätigkeit zu vermindern.
- Ordnungsrechtlicher Umweltschutz führt zu ineffizienten, weil starren Vorschriften, die den individuellen Kosten eines Unternehmens nicht Rechnung tragen und umweltschonende Innovationen kaum begünstigen.

Letztlich kranken alle drei Vorgehensweisen daran, dass keine Anreize über die Preise vermittelt werden. Ihre Analyse bestätigt einmal mehr, dass in einer Marktwirtschaft kein alternatives Steuerungssystem so wirkungsvoll ist wie Preise, welche die tatsächlichen Knappheiten anzeigen. Deshalb ertönt die immer dringendere Forderung, Umweltschutz mithilfe der Marktkräfte anzustreben.

→ **Verursacherprinzip**
Grundsatz, nach dem der Verursacher einer Umweltverschmutzung die Kosten ihrer Beseitigung zu tragen hat.

→ **Internalisierung**
Berücksichtigung der externen Effekte durch die Verursacher.

→ **Lenkungsabgabe**
Besteuerung einer umweltschädigenden Tätigkeit mit dem Ziel, die externen Effekte zu internalisieren.

Diese vierte umweltpolitische Strategie – die Anwendung des *Verursacherprinzips* – bezeichnet man als marktwirtschaftlichen Umweltschutz. Dabei wird der externe Effekt *internalisiert*; der Verursacher wird so mit den tatsächlichen Kosten für die gesamte Volkswirtschaft konfrontiert. Die Verwendung der Umwelt erhält damit einen Preis. In der Praxis lassen sich vor allem zwei Formen unterscheiden: *Lenkungsabgaben* (etwa die als Ökosteuer bezeichneten Steuererhöhungen) und Umweltzertifikate (Emissionsrechte). Die Lenkungsabgabe ist eine Steuer, die im Idealfall genau so hoch ist wie die Kosten der Umweltverschmutzung. Werden die Erträge dieser Steuer gleichmäßig an die Bevölkerung zurückverteilt, spricht man von einer reinen Lenkungsabgabe. Sie erreicht so die gewünschte Lenkungswirkung ohne eine Erhöhung des Steuerniveaus. Bei den Emissionsrechten legt man die akzeptable Verschmutzung fest und schafft Rechte auf Emissionen, die gehandelt werden können. Damit erhält die Verschmutzung einen Preis und wird so zu einem Kostenfaktor, der bei der Produktion berücksichtigt werden muss. Ein typisches Beispiel ist das Emissionshandelssystem der EU, das wir in Abschnitt 9.3.4 kennengelernt haben.

Volkswirtschaftliche Kosten externer Effekte

Nehmen wir an, ein Stahlwerk leite seine Abwässer ungereinigt in einen Fluss, was die Erträge der Fischer verringert, die flussabwärts ihr Geschäft betreiben. Hier haben wir es mit einem externen Effekt zu tun, da der Verursacher nicht alle Kosten seiner Tätigkeit selbst tragen muss. Die Umweltverschmutzung hat für das Stahlwerk keinen Preis, und deshalb unterschätzt dieses die wahren Kosten seiner Tätigkeit. Dies lässt sich anhand von **Abbildung 11.2** einfach analysieren.

In der Grafik ist auf der horizontalen Achse die produzierte Menge Stahl eingetragen und auf der vertikalen Achse dessen Preis. Die Nachfragekurve hat wie üblich eine negative Steigung.

Abb. 11.2
Negative Externalität

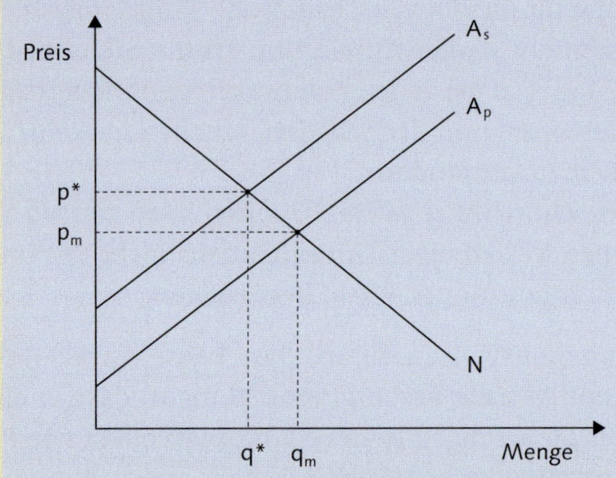

Eine negative Externalität in der Produktion zeichnet sich dadurch aus, dass das Marktergebnis nicht die sozial optimale Menge hervorbringt. In der Produktion werden nur die privaten Kosten, repräsentiert durch die Angebotskurve A_p, berücksichtigt, jedoch nicht die gesamten sozialen Kosten (A_s). Dadurch wird zu viel zu einem zu tiefen Preis produziert und konsumiert.

Für die folgende Analyse ist jedoch die Angebotskurve von Bedeutung. Wie wir in Kapitel 5 festgehalten haben, sind die Produktionskosten die wichtigste Bestimmungsgröße der Angebotskurve. Im Fall externer Effekte müssen wir nun die Kosten für den Produzenten von den Kosten für die Gesellschaft unterscheiden. Dem Stahlwerk selbst entstehen durch die von ihm verursachte Umweltverschmutzung keine Kosten. Für die gesamte Gesellschaft sind diese aber durchaus relevant. Die von den *privaten Kosten* der Stahlproduktion bestimmte Angebotskurve A_p verläuft daher in der Grafik unterhalb der von den *sozialen Kosten* bestimmten Angebotskurve A_s. Weshalb? Wie wir bereits wissen, führen höhere Produktionskosten zu einer Linksverschiebung der Angebotskurve. Müsste also das Stahlwerk neben den privaten Kosten zusätzlich auch die Kosten der Verschmutzung bezahlen, die für die Gesellschaft entstehen, so müsste es gezwungenermaßen die angebotene Menge an Stahl zu jedem Preis reduzieren. Der vertikale Abstand der beiden Kurven entspricht dabei genau den Kosten der – vom Stahlwerk nicht berücksichtigten – Umweltverschmutzung. Der Marktpreis p_m liegt deshalb niedriger als der eigentlich effiziente Preis p*, der die relativen Knappheiten korrekt widerspiegeln würde. Deshalb produziert das Stahlwerk mehr Stahl (q_m) als die gesamtwirtschaftlich optimale Menge q*, womit die Umwelt zu stark verschmutzt wird. Bei negativen externen Effekten bilden sich also zu niedrige Preise und es wird zu viel produziert.

→ **Private Kosten**
Kosten, die bei der Produktion von Waren und Dienstleistungen beim Produzenten anfallen.

→ **Soziale Kosten**
Gesamte Kosten der Produktion von Waren und Dienstleistungen, also auch diejenigen, die aus externen Effekten resultieren.

Zusammenfassende Übersicht

Formen von umweltpolitischen Maßnahmen

- Aufruf zu freiwilligem Umweltschutz
- Staatliche Nachsorge
- Ordnungsrechtlicher Umweltschutz (Regulierung)
- Marktwirtschaftlicher Umweltschutz

11.3.2 Deutsche Umweltpolitik

Wie in den anderen OECD-Ländern ist die Umweltpolitik auch in Deutschland erst in der zweiten Hälfte des letzten Jahrhunderts ins Zentrum der Wirtschaftspolitik getreten. Zwei Tendenzen lassen sich dabei ausmachen. Erstens wird immer klarer, dass der marktwirtschaftliche Umweltschutz den anderen Formen aus Effizienzsicht überlegen ist. Zweitens verlagert sich das Gewicht zunehmend weg von den lokalen und hin zu den globalen Umweltproblemen, die sich umfassender auswirken und vor allem schwieriger zu bekämpfen sind.

Waldsterben in den 1980er-Jahren im Harz.

Seit den 1970er-Jahren standen in der deutschen Umweltpolitik verschiedene Umweltschutzthemen im Vordergrund. In den 1980er-Jahren waren Luft- und Gewässerverschmutzung viel diskutierte Themen, aufgrund derer sich in der Bundesrepublik sogar eine neue Partei – Die Grünen – etablierte und sich in der damaligen DDR Oppositionskreise bildeten. Die Verschmutzung der Luft mit Schwefeldioxid und Stickstoffoxid durch den ungefilterten Rauch von Kohlekraftwerken hatte zu säurehaltigem Niederschlag („Saurer Regen") geführt, der Bäume stark schädigte („Waldsterben"). 1986 kam es nach einem Brand im Lager der Schweizer Chemiefirma Sandoz zu einem Fischsterben im Rhein. So verheerend dessen unmittelbare Folgen waren, so positiv war der folgende Politik- und Bewusstseinswandel. Seitdem hat die Industrie die Einleitung giftiger Chemikalien drastisch reduziert, sodass die Flüsse sauberer sind und viele Fischarten wiederkehren (**Abbildung 11.3**). Schärfere Vorschriften im Bundes-Immissionsschutzgesetz zwingen Kraftwerksbetreiber seit 1983 zum Abscheiden der säurebildenden Luftschadstoffe, sodass Schornsteinrauch keinen Säureregen mehr auslöst (**Abbildung 11.4**).

Abbildung 11.3
Wasserqualität von Flüssen und Seen in Deutschland 1992–2010 (in Prozent)

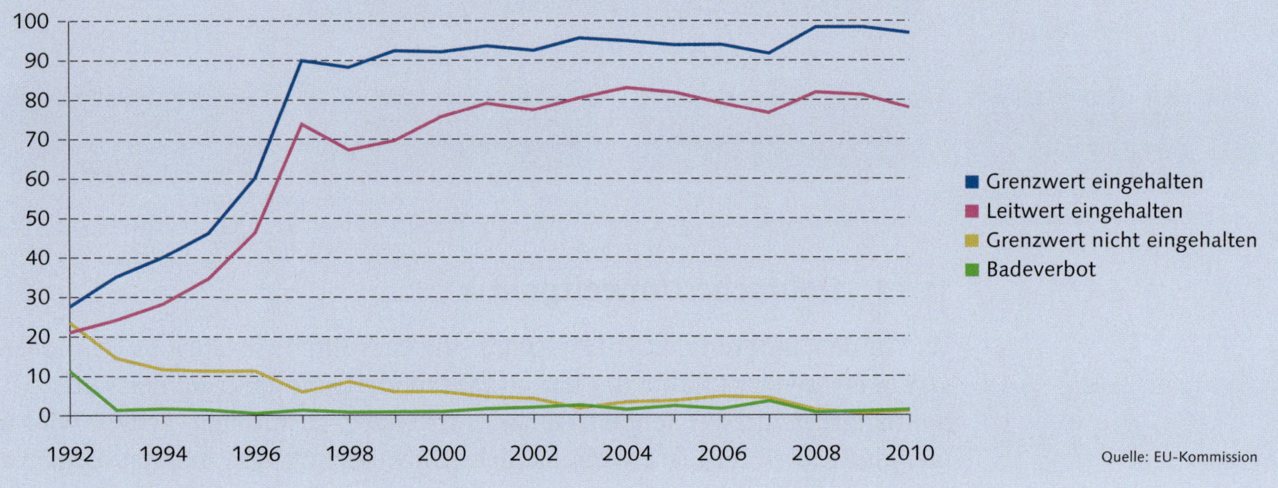

Quelle: EU-Kommission

Abbildung 11.4
Ausstoß von Luftschadstoffen in Deutschland 1990–2013 (Index: 1990/1995 = 100)

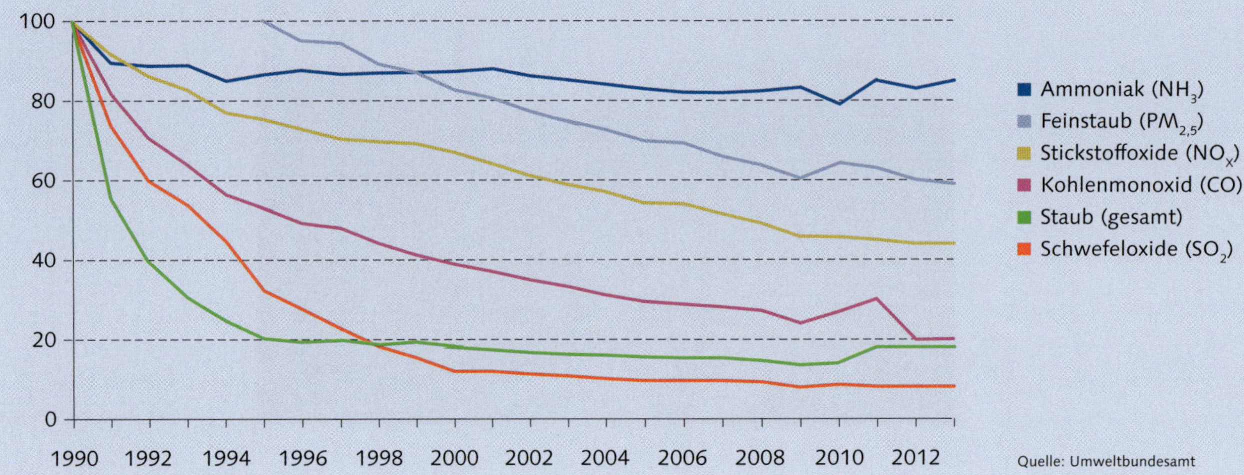

Quelle: Umweltbundesamt

In den 1990er-Jahren nahm sich die Umweltgesetzgebung des Themas „Abfall" an. Müll wird, statt einfach nur deponiert, nun getrennt und recycelt oder verbrannt. Es ist also viel geschehen. Doch für die Umweltpolitik ergeben sich immer wieder neue Problembereiche, z. B. Verkehrslärm, Feinstaub, Artenvielfalt, Bodenbelastung oder Treibhausgase. Um die umweltpolitischen Vorhaben umzusetzen, wurden in Deutschland verschiedenste umweltpolitische Instrumente geschaffen. Beispielhaft seien genannt:

- im ordnungsrechtlichen Umweltschutz Verbote, z. B. Fahrverbote in Innenstädten für Fahrzeuge mit hohem Feinstaubausstoß, aber auch verschiedene Gebote und Vorschriften, etwa zur Wärmeisolation von Gebäuden oder zur Katalysatorenpflicht für Fahrzeuge;

Deutsche Kohlekraftwerke produzieren nicht nur Strom, sondern auch – Gips. In den seit 1983 vorgeschriebenen Rauchgasentschwefelungsanlagen (REA) entzieht zugesetzter Kalk dem Rauch das Schwefeldioxid. Heraus kommt sogenannter REA-Gips, der in Wohnhäusern und Büros verbaut wird (Trockenbau).

- eine ganze Reihe an umweltbezogenen Steuern und Gebühren sowie Lenkungsabgaben. Dazu gehören die Energie-, die Strom- und die Kraftfahrzeugsteuer, die Abwasser-, Müll- und Straßenreinigungsgebühren und Sonderregeln wie das Dosenpfand.

Häufig sind aber nicht die reinen Formen, sondern Kombinationen der Umweltschutzinstrumente anzutreffen. Ein Beispiel sind Abfallgebühren, eine Kombination aus marktwirtschaftlichem Umweltschutz und staatlicher Nachsorge. Das marktwirtschaftliche Element besteht darin, dass die Gebühr den Preis erhöht und damit eine gewisse Lenkungswirkung entfaltet. Gleichzeitig wird das eingezogene Geld dafür verwendet, die Abfallentsorgung zu finanzieren. Typisch sind auch Branchenvereinbarungen, die freiwillige und marktwirtschaftliche Maßnahmen kombinieren. So kündigen beispielsweise die Umweltbehörden die Einführung von Lenkungsabgaben an, falls die Umweltverschmutzung nicht auf freiwilliger Basis reduziert wird. Das gibt den Unternehmen Anreize, über ihre Branchenverbände „freiwillige" Maßnahmen zu organisieren. Derzeit gibt es in Deutschland neun derartige Selbstverpflichtungen von Branchen. So haben sich die Mobilfunkunternehmen verpflichtet, Antennenmasten gemeinsam zu nutzen und die Folgen von „Elektrosmog" zu erforschen. Man kann sich zwar darüber streiten, ob dieser Umweltschutz wirklich „freiwillig" ist. Doch haben die Unternehmen so immerhin die Möglichkeit, durch geeignete Aktionen staatliche Zwangsmaßnahmen zu vermeiden.

Lenkungswirkung bis zum letzten Dreck: Um Gebühren zu sparen, trennen Bürger in manchen Gegenden Deutschlands besonders eifrig ihren Müll und ordern für den Rest bei ihrer Kommune sehr kleine Tonnen. Anschließend verriegeln sie den Deckel mit einem Schloss, damit ja kein Nachbar den wertvollen Stauraum mit seinem Abfall füllt. Im Bild: Mülltonnen in Freiburg/Breisgau.

11.4 Die Finanzpolitik

Manche Vorhaben verwirklicht der Staat ganz ohne Geld. So kostet es den Bundestag fast nichts, ein Gesetz zu beschließen, dass das Wahlalter auf 16 herabsetzt oder Kraftwerken den Einbau von Filteranlagen vorschreibt. Viele seiner Ziele kann der Staat aber nur mit Geld erreichen. Wie viel Geld durch die Hände des Staates geht, sehen wir in **Abbildung 11.5**. Dort ist die *Staatsquote* dargestellt, die zeigt, wie hoch der Anteil des Staates am BIP insgesamt ist. Sie setzt die Ausgaben von Bund, Ländern, Gemeinden und Sozialversicherungen ins Verhältnis zum BIP. Fast die Hälfte der gesamten erwirtschafteten Leistung wandert demnach durch die Hände des Staates. 1960 lag dieser Anteil noch bei einem Drittel des BIP, stieg danach aber deutlich an. Seit dem Spitzenwert von knapp 55 % Mitte der 1990er-Jahre, der durch hohe staatlichen Ausgaben im Zuge der Wiedervereinigung zustande kam, bewegt sich die Staatsquote Deutschlands um die 44 %. Schon aufgrund dieses großen Volumens sind die Staatsfinanzen eines Landes – und damit die *Finanzpolitik* – von ganz besonderem volkswirtschaftlichen Interesse.

→ **Staatsquote**
Ausgaben aller öffentlichen Haushalte und der gesetzlichen Sozialversicherungen, gemessen als Prozentsatz des nominalen BIP.

→ **Finanzpolitik**
Maßnahmen zur Steuerung der Einnahmen und Ausgaben des Staates.

Abbildung 11.5
Staatsquote in Deutschland 1970–2014 (in Prozent)

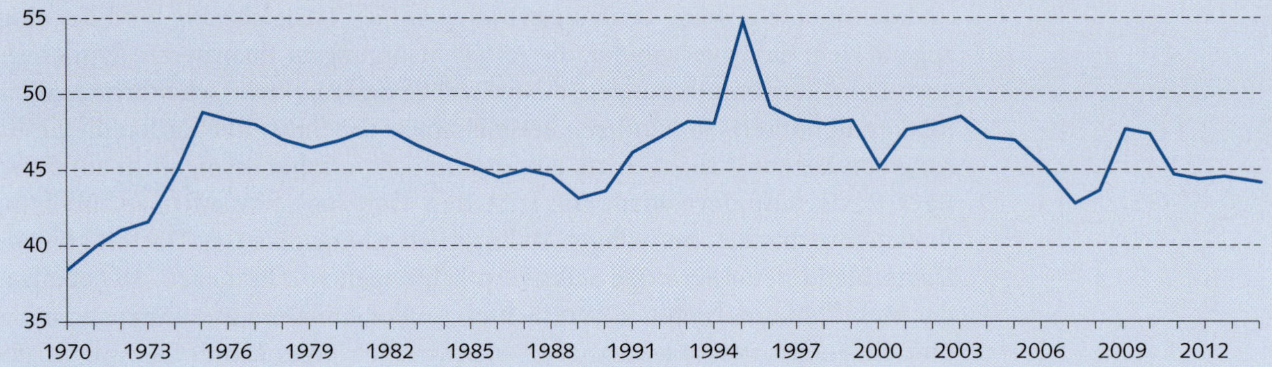

Quelle: SVR

Das staatliche Budget besteht aus den staatlichen Ausgaben und Einnahmen in einem einzelnen Jahr. Sind die Ausgaben größer als die Einnahmen, so resultiert ein Budgetdefizit; im umgekehrten Fall erzielt man einen Budgetüberschuss. Ein Budgetdefizit bedeutet, dass der Staat neben den Steuer- und Gebühreneinnahmen zusätzliche Mittel braucht, um die Ausgaben zu finanzieren. Diese Mittel muss sich der Staat auf den *Kapitalmärkten* besorgen, indem er sich verschuldet. Die Staatsverschuldung ist nichts anderes als die Summe der über die Jahre aufgelaufenen Budgetdefizite. Ein Land, das Schulden hat, hat also in der Vergangenheit insgesamt mehr ausgegeben als eingenommen. Man kann die Staatsverschuldung demnach als Maß verwenden, um zu beurteilen, wie stark ein Staat in der Vergangenheit über seine finanziellen Verhältnisse gelebt hat; dies ist vergleichbar mit der finanziellen Situation eines privaten Haushalts.

→ **Kapitalmarkt**
Markt, auf dem sich die Unternehmen und der Staat Geld in Form von langfristigen Krediten beschaffen können.

Bei der Gegenüberstellung von Ausgaben und Einnahmen in **Abbildung 11.6** sehen wir, dass sich die beiden Datenreihen zwar weitgehend parallel entwickelten, es aber in einzelnen Jahren durchaus starke Abweichungen gegeben hat. Diese Abweichungen sind als Balken (im Saldo) ebenfalls in der Grafik abgetragen; sie entsprechen in einem bestimmten Jahr dem jeweiligen Defizit (Ausgaben größer als Einnahmen) oder Überschuss (Ausgaben kleiner als Einnahmen). Klar wird, dass noch Anfang der 1970er-Jahre die Ausgaben und Einnahmen meist sehr nahe beieinanderlagen und dass sich dies danach deutlich geändert hat. Von 1970 bis 1999 gab es kein einziges Jahr, in dem das staatliche Budget einen Überschuss aufwies. Finanziert wurden diese andauernden Budgetdefizite durch Aufnahme von Mitteln auf den Kapitalmärkten, also durch Verschuldung. Sehen wir von den Rekorddefiziten der Krisenjahre 2009 und 2010 ab, hat sich die Situation seit dem Jahr 2003 verbessert. Doch Überschüsse gibt es nur in Ausnahmejahren, sodass die Staatsschuld nicht getilgt wird, sondern weiterwächst. Die Kumulation der hohen Defizite über die Jahre führte dazu, dass die Verschuldung des deutschen Staates in Euro von rund 64 Milliarden im Jahr 1970 auf über 2049 Milliarden im Jahr 2014 anstieg.

Abbildung 11.6
Einnahmen und Ausgaben des deutschen Staates 1950–2014 (in Milliarden Euro)

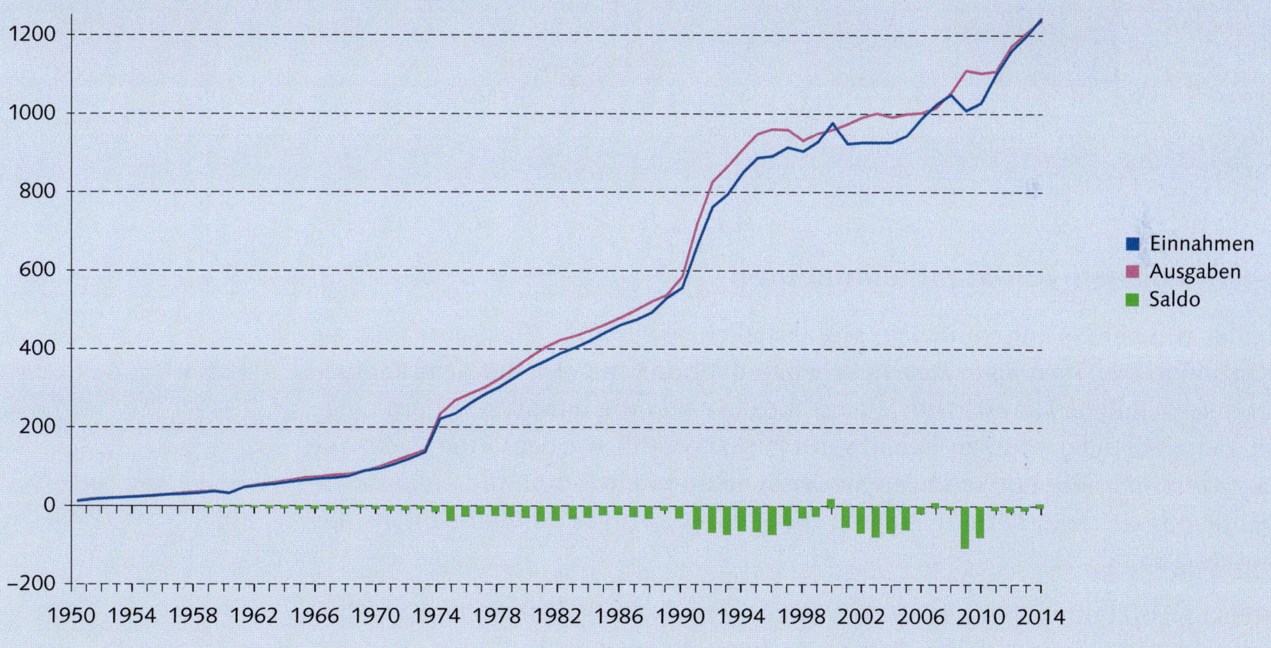

Quelle: Statistisches Bundesamt

Zu diesem Schuldenberg haben alle Gebietskörperschaften ihren Teil beigetragen. Wir sehen dies in **Abbildung 11.7**, in der die Anteile der staatlichen Ebenen an den Staatsschulden auf jeden Einwohner Deutschlands umgerechnet sind. Hier berücksichtigen wir den gerade für die Staatsfinanzen wichtigen *Föderalismus*. Denn ein großer Teil des staatlichen Budgets wird nicht auf Bundesebene, sondern von den Bundesländern und Gemeinden verwaltet – und zwar unterschiedlich gut oder schlecht. Diesen Aspekt muss man sich auch vor Augen halten, wenn man von „Staatsverschuldung“ oder „Staatsausgaben“ spricht. Denn

→ **Föderalismus**
Die einzelnen Bundesländer eines Landes bewahren ein großes Maß an politischer Eigenständigkeit.

der Begriff „Staat“ umfasst nicht nur den Bund, sondern eben auch die Länder und die Gemeinden (sowie die gesetzlichen Sozialversicherungen). Wir sehen, dass die Bundesebene sich deutlich stärker verschuldet hat als die hier im Durchschnitt betrachteten Länder und die Gemeinden. Zwischen Ländern und zwischen Gemeinden gibt es aber teilweise extreme Unterschiede bei der Verschuldung: Während einige Gebietskörperschaften hoch verschuldet sind, glänzen andere mit Überschüssen.

Abbildung 11.7
Schulden der öffentlichen Haushalte im Jahr 2014 je Einwohner (in Euro)

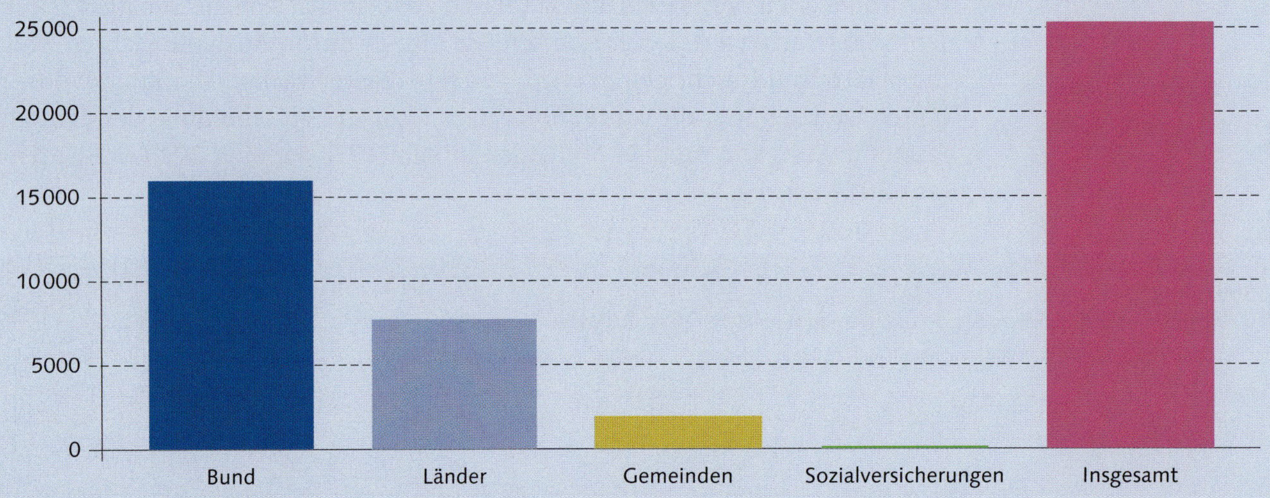

Quelle: Statistisches Bundesamt

11.4.1 Formen von Staatseinnahmen

Es gibt, wie bereits angesprochen, grundsätzlich zwei Arten, Staatsausgaben zu finanzieren. Der Staat kann *Steuern* erheben oder er kann sich auf dem Kapitalmarkt verschulden. Längerfristig aber ist die Finanzierung nur über Steuern möglich, denn Schulden müssen irgendwann zurückgezahlt werden. Eine Verschuldung verschiebt die notwendigen Steuereinnahmen einfach in die Zukunft: In irgendeiner späteren Periode müssen diese dann zwingend höher sein als die Staatsausgaben.

→ **Steuer**
Abgabe, die der Staat von Unternehmen und Haushalten einfordert und der keine direkte Gegenleistung gegenübersteht.

In einem erweiterten Sinne kann man als Steuern alle Abgaben an den Staat bezeichnen. Sie lassen sich in drei Kategorien unterteilen:

- direkte Steuern,
- indirekte Steuern,
- Gebühren.

→ Direkte Steuer
Steuer, die aufgrund von persönlichen Merkmalen der steuerpflichtigen Personen oder Unternehmen erhoben wird, etwa aufgrund des Einkommens oder des Vermögens.

Direkte Steuern sind Abgaben, die aufgrund persönlicher Merkmale der Steuerzahlerinnen und Steuerzahler erhoben werden und deshalb bei verschiedenen Personen unterschiedlich hoch sind. Wie hoch die Steuerzahlungen der Steuerpflichtigen ausfallen, hängt von ihrem Einkommen und Vermögen ab. Direkte Steuern, wie beispielsweise die Einkommenssteuer, bewirken dabei in zweierlei Hinsicht eine Umverteilung von wohlhabenden zu weniger wohlhabenden Akteuren. Einerseits wird das gesamte Einkommen besteuert, wodurch Personen mit höherem Einkommen einen größeren absoluten Steuerbetrag bezahlen. Andererseits enthalten direkte Steuern meist noch eine sogenannte Progression. Sie lässt den Prozentsatz des Einkommens, der als Steuer zu entrichten ist, mit der Einkommenshöhe ansteigen.

„Er ist zwar immer noch ein Jäger und Sammler, aber er nennt sich jetzt ‚Steuereintreiber'."

→ Indirekte Steuer
Steuer, die auf Markttransaktionen im weitesten Sinne erhoben wird. Ein typisches Beispiel ist die Mehrwertsteuer.

Indirekte Steuern sind Abgaben, die keine persönlichen Merkmale der Steuerzahlenden berücksichtigen. Sie werden auf Markttransaktionen im weitesten Sinne erhoben, unabhängig davon, wer diese ausführt. So ist die Mehrwertsteuer auf ein bestimmtes Produkt für alle gleich hoch und damit unabhängig von Einkommen und Vermögen. Dasselbe gilt für die Zölle, eine weitere wichtige Form der indirekten Steuern. Eine progressive indirekte Steuer zu erheben, wäre administrativ zu kompliziert. Dennoch ist auch in den indirekten Steuern oft ein gewisses Umverteilungselement enthalten, indem Güter des täglichen Bedarfs mit einem tieferen Steuersatz belegt werden. Beim Kauf von Brot und anderen Lebensmitteln im Einzelhandel werden in Deutschland 7 % Mehrwertsteuer fällig, beim Kauf langlebiger Haushaltswaren wie Messer und Gabel im selben Geschäft hingegen die regulären 19 %.

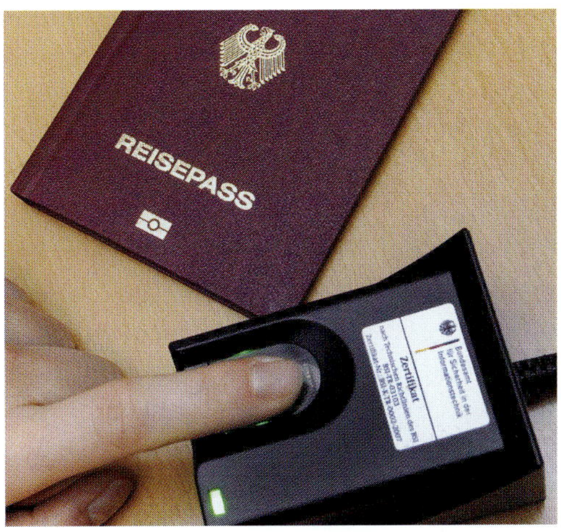

Gewisse staatliche Leistungen, z. B. das Ausstellen eines Reisepasses, werden über direkte Zahlungen finanziert. Diese bezeichnet man als Gebühren.

Gebühren schließlich sind Zahlungen von Personen an den Staat für eine klar definierte Leistung. Bekommt man beispielsweise einen Pass ausgestellt, so wird eine Gebühr fällig. Direkte und indirekte Steuern entrichtet man in einen gemeinsamen Topf und finanziert damit allgemeine öffentliche Leistungen. Bei den Gebühren dagegen erwirbt man direkt eine ganz bestimmte staatliche Leistung. Sie sind daher streng genommen keine eigentlichen Steuern. In einer breiteren Definition ist es aber dennoch sinnvoll, sie als eine Form von Steuern zu bezeichnen. Denn auch bei den Gebühren werden die laufenden Staatsausgaben durch laufende Staatseinnahmen finanziert, sodass keine Verschuldung nötig wird. Zudem stellen Gebühren auch deshalb eine Staatseinnahme mit Steuercharakter dar, weil man ihnen kaum ausweichen kann.

→ **Gebühr**
Zahlungen an den Staat für klar definierte Gegenleistungen, z. B. für das Ausstellen eines Reisepasses.

Zusammenfassende Übersicht

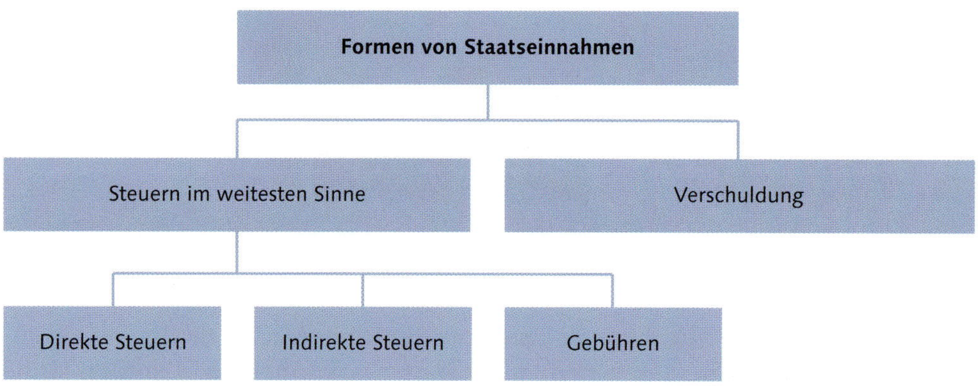

Kosten der Besteuerung und die Rolle der Elastizität

Jede Steuer auf eine Tätigkeit oder ein Gut verändert die relativen Preise; sie ist letztlich immer ein Aufschlag auf den Marktpreis. Und wie wir aus Kapitel 5 wissen, führt jede künstliche – also nicht aus veränderten Knappheiten resultierende – Veränderung von Preisen zu wohlfahrtsmindernden Verzerrungen. Dabei bewirken Steuern in allen Fällen Preisveränderungen, gleichgültig, ob sie als direkte Steuern bei den Lohn- und Zinseinkommen oder als indirekte Steuern bei den Preisen für Waren und Dienstleistungen erhoben werden.
Dass Steuern zu Wohlfahrtsverlusten führen, mag auf den ersten Blick schwer verständlich sein. Denn der Staat kann ja mit den Steuereinkünften Waren und Dienstleistungen kaufen und produktive Tätigkeiten entfalten. Aber gleichgültig, wie produktiv der Staat die Steuereinnahmen einsetzt: Die Veränderung der relativen Preise bewirkt immer einen Wohlfahrtsverlust, da die Preise nicht mehr die tatsächlichen Knappheiten widerspiegeln. Insgesamt kann die Staatstätigkeit die Wohlfahrt trotzdem steigern, wenn nämlich die positiven Wirkungen der Staatsausgaben die negativen Wirkungen der steuerlichen Verzerrungen übertreffen.
Ein gewisser Wohlfahrtsverlust durch Steuern ist also unvermeidlich. Wie hoch aber der jeweilige Verlust ausfällt, hängt stark von der Ausgestaltung der Steuer ab. Dabei spielt die Preiselastizität von Angebot und Nachfrage eine ausschlaggebende Rolle.
Intuitiv ist durchaus verständlich, warum die Elastizität für die Wirkung von Steuern dermaßen wichtig ist. Der Wohlfahrtsverlust entsteht dadurch, dass die Preisveränderung durch die Steuer zu einer Veränderung der nachgefragten und angebotenen Menge führt. Je deutlicher diese Mengenveränderung ist, desto größer wird der Wohlfahrtsverlust ausfallen. In die Sprache der Mikroökonomie übersetzt, bedeutet dies: Je elastischer Nachfrage und Angebot sind, desto stärker reagiert die Menge und desto größer werden die Wohlfahrtsverluste. Da es bei hoher Elastizität sehr einfach ist, der Steuer auszuweichen, verursacht diese entsprechend deutliche Reaktionen und damit hohe Wohlfahrtsverluste.

Im luxemburgischen Wasserbillig ist nicht das Wasser billig, sondern das Benzin, der Schnaps, der Kaffee und die Zigaretten. Die niedrige Steuerlast auf diesen Waren lockt Deutsche in Scharen zum Tanken und Einkaufen an, sodass gleich hinter der Grenze eine Tankstellenmeile entstanden ist. Im Grenzgebiet ist die Nachfrage nach diesen Waren sehr elastisch.

Denkt man die obigen Überlegungen konsequent zu Ende, so erkennt man, dass es einen Fall geben muss, in dem die Steuer zu keinerlei Wohlfahrtsverlusten führt. Dann nämlich, wenn z. B. das Angebot völlig unelastisch ist, also überhaupt nicht auf Preisveränderungen reagiert – eine unwahrscheinliche, aber denkbare Möglichkeit. Dies könnte beispielsweise dann der Fall sein, wenn ein Anbieter leicht verderbliche Ware produziert hat, die er sofort verkaufen muss. Eine solche Situation ist allerdings meist nur kurzfristig denkbar, da ein Produzent längerfristig Strategien entwickeln wird, um nicht in solche für ihn unattraktive Situationen zu kommen. Anders ausgedrückt: Steuern bewirken praktisch immer Wohlfahrtsverluste.

Die Analyse der Elastizität führt zu einer wichtigen Folgerung für eine effiziente Steuerpolitik: Steuern sollten möglichst immer dort erhoben werden, wo Angebot oder Nachfrage sehr unelastisch sind, also kaum reagieren können. Denn dies verringert die Wohlfahrtsverluste. Gleichzeitig ergibt sich aber ein ausgeprägter Verteilungseffekt, weil jene Marktseite, die nicht ausweichen kann (die unelastische Marktseite also), den Großteil der Steuer bezahlen muss. Deshalb ist beispielsweise die Tabaksteuer eine effiziente Art der Besteuerung. Denn die Raucher haben eine sehr unelastische Nachfrage und werden auf Preisveränderungen kaum reagieren. Die Tabaksteuer hat folglich kaum einen Effekt auf die nachgefragte Menge und ist damit – bei kleinen Wohlfahrtskosten – enorm ergiebig. Auch klar ist aber, dass der Verteilungseffekt stark ist: Verlierer sind in diesem Fall die Raucherinnen und Raucher.

11.4.2 Effekte der Staatsverschuldung

An politischen Ideen, was der Staat alles zur Verfügung stellen sollte, herrscht selten Knappheit. Dies liegt natürlich daran, dass Politikerinnen und Politiker über staatliche Ausgaben mit scheinbar geringen Kosten Vorteile für jene Gruppen schaffen können, die ihnen nahestehen. Allerdings entkommt man der Knappheit auch in diesem Gebiet nicht: Jede Staatsausgabe muss finanziert werden. Und so beliebt höhere Staatsausgaben für die Nutznießer sind, so unbeliebt sind Steuererhöhungen. Der Anreiz ist deshalb groß, zusätzliche Staatsausgaben nicht heute zu bezahlen, sondern morgen, das heißt nicht über zusätzliche Steuern, sondern über die Staatsverschuldung. Dies wiederum hat den unangenehmen Effekt, dass die Verschuldung und damit die Zinszahlungen des Staates eine starke Tendenz haben, anzusteigen. In diesem Abschnitt wollen wir genauer analysieren, welche Effekte verschiedene Formen der Verschuldung haben können. Wir werden deshalb zunächst die Formen der Staatsverschuldung präsentieren und dann ihre Vor- und Nachteile gegeneinander abwägen.

Ein Budgetdefizit bedeutet, dass die Ausgaben größer sind als die Einnahmen. Die Mehrausgaben werden – wenn wir von der unverantwortlichen Finanzierung über die Notenpresse absehen – immer über Verschuldung finanziert. Die notwendigen Mittel kann der Staat entweder im Inland oder im Ausland aufnehmen. Beide Verschuldungsarten führen zu einer Veränderung von wichtigen Komponenten der gesamtwirtschaftlichen Nachfrage.

Erfolgt die Verschuldung im Inland, so führt dies zu einem Rückgang der inländischen Investitionen. Erfolgt die Verschuldung im Ausland, so führt dies zu einem Rückgang der Nettoexporte (Exporte minus Importe).

Warum reduziert eine Finanzierung des Budgetdefizits im Inland die Investitionen? Ökonomisch bedeutet eine Verschuldung des Staates im Inland, dass die Kreditnachfrage auf dem inländischen Kapitalmarkt steigt. Wenn gleichzeitig das Kreditangebot konstant bleibt, wird der Preis für die Kredite (der Zinssatz) steigen, was zu einem Rückgang der privaten Investitionen führt. Dies ist der sogenannte *Crowding-out*-Prozess, demzufolge die staatliche Kreditnachfrage zu einem gewissen Grad die private Kreditnachfrage verdrängt.

→ **Crowding-out**
Verdrängung privater Investitionen, weil durch die staatliche Nachfrage nach Krediten die Zinsen steigen.

Warum reduziert eine Finanzierung des Budgetdefizits im Ausland die Nettoexporte? Verschuldet sich der Staat im Ausland, so fragt er auf einem ausländischen Kapitalmarkt Kredite nach. Diese werden ihm in ausländischer Währung gewährt, im Fall Deutschlands beispielsweise in US-Dollar. Mit dem Kredit will der Staat jedoch in erster Linie Ausgaben im Inland finanzieren; also wird er die Dollar in Euro umtauschen. Damit aber steigt die Nachfrage nach dem Euro, wodurch sich dieser im Verhältnis zum Dollar aufwertet. Wie in Kapitel 6 erklärt wurde, führt dies zu einem Rückgang der Nettoexporte, da eine Aufwertung der inländischen Währung die Importe vergünstigt, die Exporte aber verteuert.

Eine wichtige Illustration dieser Mechanismen lässt sich in den USA seit dem Beginn des neuen Jahrhunderts beobachten. Die USA finanzieren ihr hohes Budgetdefizit vor allem mit einer Verschuldung im Ausland, was mit stark rückläufigen Nettoexporten einhergeht und wiederum zu einer Verschlechterung der Handelsbilanz führt. Daraus ergibt sich ein sogenanntes *Zwillingsdefizit*, also ein Budgetdefizit kombiniert mit einer negativen Leistungsbilanz (Importe höher als Exporte). Das gleichzeitige Auftreten der beiden Defizite ist deshalb häufig, weil die Verschuldung im Ausland eine der beiden Methoden ist, um Budgetdefizite zu finanzieren.

→ **Zwillingsdefizit**
Gleichzeitiges Auftreten eines Budgetdefizits und eines Leistungsbilanzdefizits in einem Land.

11.4.3 Vor- und Nachteile der Staatsverschuldung

Es liegt nahe, die Staatsverschuldung als etwas generell Negatives zu betrachten. Doch es gibt auch Gründe dafür, eine gewisse Staatsverschuldung zuzulassen:

- staatliche Investitionen,
- Steuerglättung,
- makroökonomische Stabilisierung.

Das erste Argument betrifft staatliche Investitionen mit langer Laufzeit. Anders als beim staatlichen Konsum, bei dem die heutigen Steuerzahlerinnen und Steuerzahler direkt und vollumfänglich von den heutigen Staatsausgaben profitieren, bedeuten Investitionen immer, dass heutiges Geld für zukünftige Erträge aufgewendet wird. Nun lässt sich argumentieren, dass große Staatsinvestitionen auch tatsächlich von den Nutznießern bezahlt werden sollten. Eine langfristige Investition, die vor allem zukünftigen Generationen zugute kommt, wird sinnvollerweise auch mit den Steuerzahlungen kommender Generationen mitfinanziert. Dieser Finanzierungsausgleich über die Zeit liefert also eine gewisse Rechtfertigung für eine langfristige Verschuldung. Problematisch ist dabei nur, dass die zukünftigen Zahler nicht an der Investitionsentscheidung beteiligt werden können. Deshalb ist bei diesem Argument immer große Vorsicht angebracht.

→ **Steuerglättung**
Gleichmäßige Besteuerung über die Zeit hinweg.

Das zweite Argument ist die *Steuerglättung*. Die Überlegung dabei ist, dass die Steuersätze nicht dauernd verändert werden sollten. Denn stellen wir uns ein Verbot jeglicher Staatsverschuldung vor. Dies würde bedeuten, dass das staatliche Budget jederzeit ausgeglichen sein müsste, die Staatsausgaben also in jeder Periode genau den Staatseinnahmen entsprechen müssten. In der Praxis wäre dies undenkbar: Bei jeder, oft unvorhersehbaren Veränderung der Staatsausgaben müssten dann nämlich die Steuersätze erhöht oder gesenkt werden.

→ **Makroökonomische Stabilisierung**
Wirtschaftspolitische Maßnahmen zur Glättung konjunktureller Schwankungen.

Das dritte Argument, die in Kapitel 15 besprochene *makroökonomische Stabilisierung*, weist Parallelen zum Konzept der Steuerglättung auf. Die Idee hier ist, in einer schlechten Wirtschaftslage höhere Staatsausgaben zuzulassen, um damit die gesamtwirtschaftliche Nachfrage zu stärken. Umgekehrt sollte in einer Hochkonjunktur ein Überschuss an Staatseinnahmen für den Schuldenabbau verwendet werden. Will man eine solche Politik umsetzen können, so muss Staatsverschuldung möglich sein. Über einen ganzen Konjunkturzyklus sollten sich die Schwankungen aber ausgleichen und die Staatsverschuldung sollte im mittelfristigen Durchschnitt gleich null sein.

Die Elbphilharmonie Hamburg, deren Bau 2007 begonnen wurde, ist eine staatliche Investition, die auch den nächsten Generationen zugutekommt, die sie über die Verschuldung mitbezahlen. Aber würden diese der Ausgabe auch zustimmen?

Keines der genannten Argumente für eine staatliche Verschuldung liefert eine stichhaltige Begründung dafür, warum Staaten stets wachsende Schuldenberge anhäufen sollten. Den Perioden mit anwachsender Staatsverschuldung sollten vielmehr stets auch Perioden mit sinkender Staatsverschuldung gegenüberstehen. Dass es nur selten zu einem solchen Schuldenabbau kommt, hat der langfristige Anstieg der Verschuldungsquoten vieler Länder in **Abbildung 10.6** (vgl. Abschnitt 10.2.4) gezeigt.

Neben den geschilderten Vorteilen einer kurzfristigen Staatsverschuldung bringt diese verschiedene Nachteile mit sich:

- Verdrängung privater Investitionen,
- Verlust des Handlungsspielraums im Budget aufgrund steigender Zinskosten,
- Verlockung zur Monetisierung der Verschuldung.

Die Verdrängung (Crowding-out) privater Investitionen durch eine Erhöhung der Staatsverschuldung haben wir bereits besprochen. Sie ist nachteilig, weil man davon ausgehen kann, dass private Investitionen meist effizienter sind als staatliche. Die Gründe für diese Annahme sind erstens das unterschiedliche Wettbewerbsumfeld und zweitens das unterschiedliche Konkursrisiko. Zum einen ist der Staat in aller Regel Monopolist, sodass keine Konkurrenz besteht, die ein ineffizientes Verhalten seinerseits „bestrafen" könnte. Anders ist dies bei privaten Unternehmen, die – bei funktionierendem Wettbewerb – einen großen Anreiz haben, so effizient wie möglich zu investieren, da sie andernfalls von effizienteren Konkurrenten verdrängt werden. Zum anderen ist der Staat selbst dann kaum zu Effizienz gezwungen, wenn er in einem Markt tätig ist, in dem Wettbewerb herrscht. Im Falle eines Misserfolgs droht einem privaten Unternehmen nämlich der Konkurs. Ein staatliches Unternehmen dagegen wird – auch bei offensichtlichem Misserfolg – kaum je in Konkurs gehen, weil letztlich das Staatsbudget für den erlittenen Verlust geradestehen wird.

Der zweite Nachteil einer steigenden Staatsverschuldung ist der Verlust des Handlungsspielraums im Budget aufgrund des Drucks der anwachsenden Zinszahlungen. Ab einem gewissen Niveau entwickelt die Staatsverschuldung nämlich ein selbstverstärkendes Element. Verschuldet sich der Staat, steigen neben der Staatsschuld auch die Zinszahlungen auf diese Schuld, für deren Bedienung sich der Staat allenfalls weiter verschulden muss. Wird zudem ein gewisses Maß an Staatsverschuldung überschritten, so verlangen die Finanzmärkte früher oder später einen Zinszuschlag, um sich gegen das Risiko einer Zahlungsunfähigkeit des Staates abzusichern. Jede zusätzliche Schuld wird auf diese Weise teurer. Und wenn die Zinsen auf der Staatsverschuldung einen immer größeren Budgetposten ausmachen, bleibt schließlich kaum mehr Geld für andere, produktivere Staatsausgaben übrig.

Die mögliche *Monetisierung der Verschuldung* ist der dritte negative Effekt der Staatsverschuldung. Sie droht vor allem dann, wenn die Staatsverschuldung völlig aus dem Ruder läuft. Erhält der Staat auf den Kapitalmärkten keine oder nur sehr teure Kredite, wächst die Verlockung, das Problem durch Geldschöpfung zu lösen. Dann verschuldet sich der Staat bei der Zentralbank und finanziert die Staatsausgaben über die Notenpresse. Dies aber führt oft direkt in die ökonomische Katastrophe einer Hyperinflation.

→ **Monetisierung der Verschuldung**
Finanzierung einer Staatsverschuldung über die Geldschöpfung. Dies führt zu einer hohen Inflation und reduziert damit zusätzlich den realen Wert der bestehenden Verschuldung.

Zusammenfassende Übersicht

Vor- und Nachteile der Staatsverschuldung

- Argumente für das Zulassen von Staatsverschuldung
  - Finanzierung langfristiger Investitionen
  - Steuerglättung
  - Makroökonomische Stabilisierung
- Argumente gegen die Staatsverschuldung
  - Verdrängung privater Investitionen
  - Steigende Zinskosten
  - Verlockung zur Monetisierung der Verschuldung

11.4.4 Die Schuldenbremse

Wie bereits festgestellt, hat die Staatsverschuldung in den letzten Jahrzehnten auch in Deutschland deutlich zugenommen. Seit einigen Jahren allerdings hat sich die Verschuldungsquote stabilisiert, was neben der guten Konjunkturlage auch wirtschaftspolitischen Anpassungen zu verdanken ist. Der starke Anstieg der Verschuldung Deutschlands seit 1990 hat zu deutlichen politischen Reaktionen geführt.

→ **Schuldenbremse**
Finanzpolitischer Mechanismus zur Stabilisierung der Staatsverschuldung unter Berücksichtigung des Konjunkturzyklus.

Im Jahr 2009 wurde eine sogenannte *Schuldenbremse* in Bundestag und Bundesrat mit großer Mehrheit angenommen und ist seither explizit in der Verfassung verankert. Die Grundidee dieser Schuldenbremse ist, dass man seit 2016 auf Bundesebene nur noch sehr wenig und auf Länderebene ab 2020 gar keine zusätzliche Verschuldung mehr zulässt, aber kurzfristig die konjunkturelle Situation berücksichtigt. Demnach sollte die Staatsverschuldung über einen ganzen Konjunkturzyklus hinweg weitgehend konstant bleiben. In einer Rezession darf also die Verschuldung von Bund und Ländern ansteigen, sollte jedoch in einer guten Konjunkturphase mittels Budgetüberschüssen wieder abgebaut werden. **Abbildung 11.8** verwendet unser einfaches Makro-Schema, um die Funktion einer Schuldenbremse zu erläutern.

Abbildung 11.8
Die Schuldenbremse im Makro-Schema

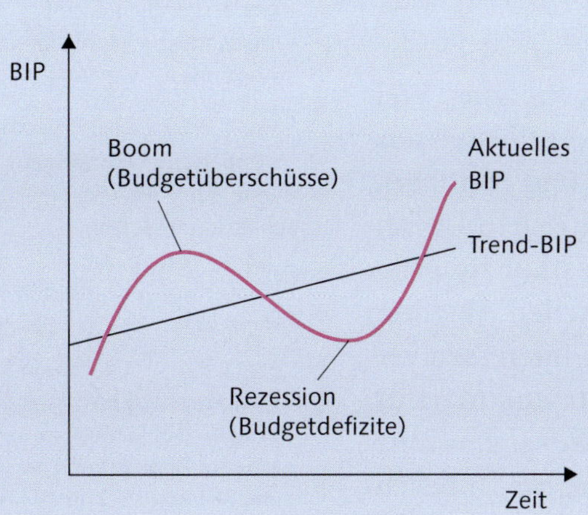

Damit eine Schuldenbremse wirksam ist, wird eine Ausgabenregel vom Prinzip her so definiert, dass das Budget über einen gesamten Konjunkturzyklus hinweg betrachtet ausgeglichen ist. Unter Berücksichtigung der Konjunkturschwankungen bedeutet dies, dass während einer Boomphase Budgetüberschüsse erzielt werden sollten und während einer Rezession Budgetdefizite zugelassen sind.

Als schwarze Gerade ist die Trendentwicklung des BIP abgetragen. Die Entwicklung der Staatsausgaben folgt ungefähr proportional diesem Trend-BIP. Die rote Kurve zeigt die Entwicklung des laufenden BIP mit den typischen Konjunkturschwankungen. Sie verläuft etwa proportional zu den Staatseinnahmen, die erfahrungsgemäß sehr stark von der konjunkturellen Entwicklung abhängen. Umgesetzt wird die Schuldenbremse vom Prinzip her über eine Ausgabenregel wie nach folgender Formel:

$$\text{Ausgaben} = \text{Einnahmen} \times \frac{\text{Trend-BIP}}{\text{aktuelles BIP}}$$

In einer schlechten Wirtschaftslage ist das aktuelle BIP kleiner als das Trend-BIP. Der Ausdruck $\frac{\text{Trend-BIP}}{\text{aktuelles BIP}}$ ist dann größer als eins, das heißt, die Ausgaben dürfen höher als die Einnahmen sein. Damit wird ein Budgetdefizit zugelassen und die Wirtschaft kann in einer Rezession trotz Schuldenbremse über die Staatsausgaben stimuliert werden. Umgekehrt ist in einer guten Wirtschaftslage der Ausdruck kleiner als eins, da das aktuelle BIP höher ist, als wenn sich die Wirtschaft „nur" mit dem Trendwachstum entwickelt hätte. Gemäß der Schuldenbremsen-Formel müssen deshalb in einem Boom die Ausgaben kleiner als die Einnahmen sein; die Dynamik der Wirtschaftsentwicklung wird damit gebremst. Die Schuldenbremse wirkt demnach in ausgeprägter Weise als automatischer Stabilisator – ein Konzept, das bei der Diskussion der Konjunkturpolitik in Kapitel 15 eingehender erklärt wird.

11.5 Der Einfluss von Politikern und Interessengruppen

Wir haben besprochen, welche Rolle dem Staat aus Sicht der Ökonomie zukommt, damit eine Marktwirtschaft effizient funktioniert. Wirtschaftspolitik wird aber in der politischen Realität natürlich nicht nur vom Streben nach Effizienz bestimmt, sondern auch von handfesten Interessen verschiedenster Gruppierungen. Auch wenn eine Maßnahme aus Sicht der Gesamtwirtschaft die Effizienz verbessert, heißt das noch lange nicht, dass alle Bevölkerungsgruppen gleichermaßen davon profitieren.

Der Staat übernimmt seine Rolle nicht einfach als *wohlwollender Diktator*. Vielmehr sind auch die Repräsentanten des Staates unterschiedlichen Einflüssen ausgesetzt und reagieren auf Anreize. Interessen von Politikerinnen und Politikern, Verwaltungen und Interessengruppen haben daher bei der praktischen Umsetzung der Wirtschaftspolitik einen großen Einfluss. Auch die bestkonzipierten wirtschaftspolitischen Empfehlungen müssen ja stets von politischen Akteuren umgesetzt werden, die nebst den allgemeinen auch immer eigene Interessen verfolgen. Die sogenannte *politische Ökonomie* gibt wichtige Anhaltspunkte dafür, wie man diese Interessen angemessen berücksichtigen kann. Bei jeder Wirtschaftspolitik ist deshalb immer die Möglichkeit eines *Staatsversagens* zu beachten. Dabei besteht nicht nur die Gefahr, dass wirtschaftspolitische Maßnahmen

→ **Wohlwollender Diktator**
Gedankenkonstrukt, bei dem ein vollständig informierter, allmächtiger und wohlwollender Entscheidungsträger die gesamtwirtschaftliche Wohlfahrt zu optimieren versucht.

→ **Politische Ökonomie**
Zweig der Volkswirtschaftslehre, der politische Prozesse mit ökonomischen Konzepten untersucht.

→ **Staatsversagen**
Versagen des Staates, ineffiziente Allokationen in einer Marktwirtschaft zu korrigieren.

aufgrund „technischer" Fehler zu schlechteren Resultaten führen können, als wenn man gar nichts getan hätte. Es besteht auch die Gefahr, dass Anreize die beteiligten Personen oder Gruppen zu Entscheidungen bewegen, die dem ursprünglich angestrebten Ziel zuwiderlaufen. Wir wollen hier kurz die beiden Hauptpunkte der politisch-ökonomischen Analyse betrachten: die Anreize für Politiker sowie die Bedeutung verschiedener privater Interessengruppen.

11.5.1 Eigeninteressen in Politik und Verwaltung

Wie alle Menschen reagieren auch Politikerinnen und Politiker auf Anreize. Und ein ganz wichtiges Ziel eines jeden Politikers ist es, wiedergewählt zu werden. Er wird sich also bei jeder Umsetzung von wirtschaftspolitischen Empfehlungen überlegen, wie sich diese auf seine Wahlchancen auswirken könnten. Zudem ist es nicht von der Hand zu weisen, dass Politiker auch einen Anreiz haben können, ihre Machtbefugnisse zu verwenden, um persönliche Interessen durchzusetzen.

Eine zweite wichtige Gruppierung neben den gewählten Politikerinnen und Politikern bildet die Verwaltung. Sie beeinflusst die Wirtschaftspolitik oder bereitet sie vor, und sie unterliegt dabei ebenfalls persönlich gefärbten Anreizen. Mitarbeiterinnen und Mitarbeiter öffentlicher Verwaltungen müssen zwar nicht wiedergewählt werden, sie befinden sich jedoch häufig in einer Monopolsituation. Die Skepsis vieler Ökonominnen und Ökonomen, was staatliche Problemlösungen betrifft, gründet meist auf diesem Fehlen der „Kontrollinstanz" Wettbewerb. Entsprechend wichtig ist es, auch für die Verwaltung die richtigen Anreize zu setzen, vor allem bei der Organisation und bei der – hierarchischen – Kontrolle. Brauche ich beispielsweise eine Bewilligung, um ein Geschäft zu eröffnen, dann gibt es dafür keinen Markt, auf dem ich mir einen Anbieter aussuchen kann, sondern es besteht genau eine staatliche Instanz, welche die Bewilligung vergibt; es herrscht also kein Wettbewerb. Damit der Beamte diese Monopolstellung nicht ausnutzen kann (etwa indem er Bestechungsgelder verlangt), braucht es eine starke Kontrolle innerhalb des Verwaltungsapparates. Fehlverhalten kann in diesem Fall nicht dadurch bestraft werden, dass ich den Anbieter der Bewilligung nicht berücksichtige und zu einem anderen Anbieter wechsle, sondern nur dadurch, dass der Beamte mit einer Sanktion rechnen muss, wenn er sich nicht an die Regeln hält.

„Senator, welchen Plan haben Sie, um auf einen Ölpreis von 100 Dollar pro Fass zu reagieren?" „Kleinere Fässer verwenden."

Will man die Umsetzungschancen wirtschaftspolitischer Empfehlungen erhöhen, so müssen die Anreize für Politiker und die Verwaltung sorgfältig analysiert und berücksichtigt werden.

Der Staat als Arbeitgeber

Wenn vom „Staat" die Rede ist, denken viele an die Regierung, ans Parlament und an Wahlen. Dabei ist der Staat für einen großen Teil der Bevölkerung mehr als ein Ort politischer Meinungsbildung, nämlich schlicht der Arbeitgeber. Das gilt keineswegs nur für die mit lebenslanger Beschäftigungsgarantie versehenen 1,7 Millionen Beamten. Insgesamt 5,8 Millionen Menschen arbeiten in Deutschland bei staatlichen Einrichtungen. Dazu zählen Ministerien, Ämter, Behörden, Gerichte, Sozialversicherungen, Schulen, Universitäten und viele Institutionen mehr, die über die Haushaltspläne von Bund, Ländern und Gemeinden finanziert werden. Wie **Abbildung 11.9** zeigt, sind Länder und Gemeinden die größten öffentlichen Arbeitgeber: Bei den Ländern arbeiten 2,5 Millionen Menschen. Die Gemeinden beschäftigen 2,2 Millionen Menschen sowie Bund und Sozialversicherungen zusammen 1,1 Millionen. Allein bei der Bundesagentur für Arbeit gibt es 120 000 Beamte und Angestellte – und damit etwa so viele Mitarbeiter, wie die Konzerne Siemens oder Deutsche Telekom jeweils in Deutschland beschäftigen.

Daneben existiert ein weiterer staatlicher Sektor. Dies sind öffentlich-rechtliche oder privatrechtliche Unternehmen, die sich in Staatsbesitz befinden. Deren Liste ist so lang wie facettenreich. Allein die Sparte der kommunalen Betriebe reicht von den Sparkassen und Strom-, Wasser- und Gasversorgern über Krankenhäuser, Nahverkehrsbetriebe, Schwimmbadbetreiber, regionale Internetdienstleister bis hin zur Müllabfuhr. Viele dieser Betriebe stehen in scharfer Konkurrenz mit privaten Unternehmen, die zum Teil steuerliche oder andere Nachteile hinnehmen müssen.

Damit ist die offizielle Aufzählung abgeschlossen. Sie kann aber inoffiziell um die Einrichtungen verlängert werden, die dem Staat nicht oder nur zu weniger als 50 % gehören, die aber staatliche Aufgaben übernehmen oder vom Staat direkt oder indirekt subventioniert werden. Das gilt für kirchliche Betriebe, Industrie- und Handelsbanken, Rundfunk- und Fernsehanstalten. Arbeitsplätze in Branchen wie der Solarindustrie wären ohne die Geldströme, die der Gesetzgeber zu ihren Gunsten veranlasst hat, nicht in dieser Zahl entstanden. Ob im Amt, im Kommunalbetrieb oder in einer subventionierten Branche: Da die Arbeitsplätze mehr oder weniger unter dem Schutz des Staates stehen, ist nicht sicher, ob diese Jobs ihr Geld wirklich wert sind. In den Bereichen, die auch privat erledigt werden können, kann diese Frage nur der Markt und damit der Wettbewerb entscheiden. Aus diesem Grund wurden in den 1990er-Jahren große Staatsbetriebe wie Post oder Telekom ganz oder teilweise privatisiert.

Abbildung 11.9
Beschäftigte im öffentlichen Dienst und sonstigen staatlichen Einrichtungen 2014

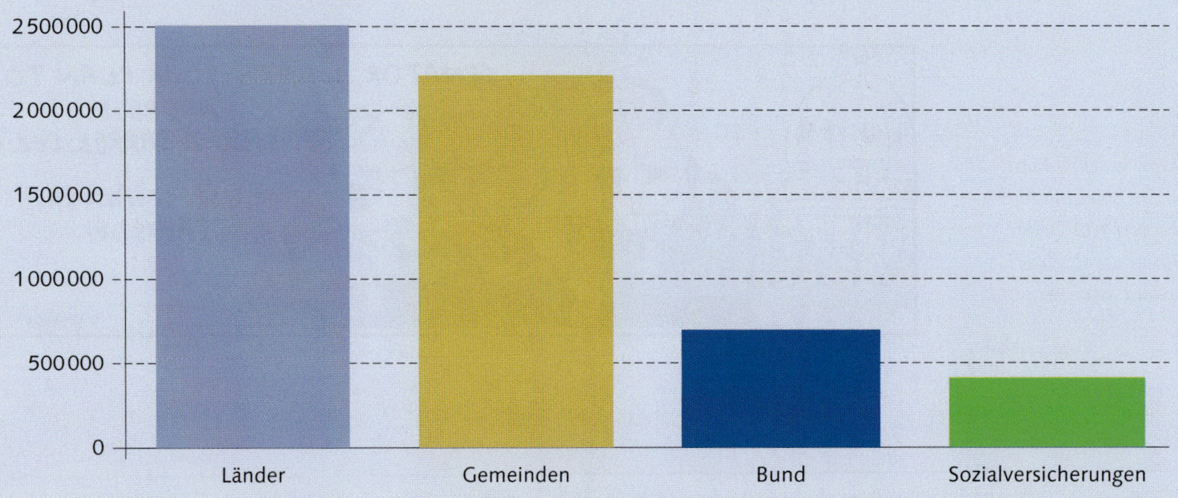

Quelle: Statistisches Bundesamt

11.5.2 Interessengruppen und das Streben nach politisch geschaffenen Vorteilen

→ **Interessengruppen**
Unterschiedlich stark organisierte, nicht gewählte Gruppierungen, die versuchen, den politischen Prozess zu ihren Gunsten zu beeinflussen.

Interessengruppen spielen neben Politik und Verwaltung ebenfalls eine wichtige Rolle bei der Umsetzung der Wirtschaftspolitik. Ein großer Teil der wirtschaftspolitischen Diskussion dreht sich nämlich um die Wirkung von Maßnahmen auf einzelne Gruppen. Dabei kann es sich um die Arbeiterschaft, eine bestimmte Region, bestimmte Unternehmen oder einzelne Branchen handeln. Praktisch jede dieser Gruppen wird durch Interessenorganisationen, oft auch Lobbys genannt, vertreten. Darunter fallen etwa Berufsverbände, Gewerkschaften oder Arbeitgeberorganisationen. Ihr Ziel ist es, den politischen Prozess zugunsten ihrer Gruppe zu beeinflussen. Weit weniger setzen sie sich – von den Anreizen her gut verständlich – für die Zunahme der gesamtwirtschaftlichen Wohlfahrt ein.

→ **Rent-Seeking**
Statt Ressourcen produktiv zu verwenden, werden diese eingesetzt, um über den politischen Prozess Umverteilungen zu erreichen.

Das sogenannte *Rent-Seeking*, mit „Streben nach leistungslosem Einkommen" nur unzureichend übersetzbar, ist ein eng mit den Interessengruppen verbundener Begriff. Er bezeichnet deren Absicht, über Regulierungen oder staatliche Gelder Vorteile für ihre Gruppe zu erzielen. So kann beispielsweise eine bestimmte Branche versuchen, mithilfe der Politik einen Mindestpreis einzuführen, um so die eigenen Gewinne zu steigern. Wie wir in Kapitel 5 gesehen haben, liegt eine solche Politik keineswegs im Gesamtinteresse einer Volkswirtschaft. Häufig besteht ein Gegensatz zwischen den Interessen einer bestimmten Gruppe und den Interessen der gesamten Wirtschaft oder der gesamten Bevölkerung.

Der Bundestag in Berlin: Auch Interessengruppen versuchen, sich hier Gehör zu verschaffen.

Man könnte argumentieren, die Interessengruppen seien ja ein Abbild der verschiedenen Gruppen innerhalb der Gesellschaft und sollten daher auch deren relative Bedeutung widerspiegeln. Doch dem ist nicht so: Die Bedeutung von Interessengruppen entspricht in der Regel nicht ihrem Anteil an der Bevölkerung. Denn die Organisation von Interessen kostet Geld und Zeit, und es ist nicht für alle Gruppen gleich einfach und lohnend, die Mittel für eine wirksame Interessenvertretung aufzubringen.

So ist zum Beispiel der Bauernverband politisch wesentlich einflussreicher als die Konsumentenorganisationen. Auf den ersten Blick ist das erstaunlich, sind doch die Bauern den Konsumenten zahlenmäßig weit unterlegen. Tatsächlich sind aber gerade die Interessen einer kleinen, intensiv betroffenen Gruppe einfacher zu organisieren. So vertritt der Bauernverband eine eher kleine Gruppe, und jede Bäuerin und jeder Bauer hat durch Änderungen der Landwirtschaftspolitik viel zu gewinnen oder zu verlieren. Bei den Konsumentinnen und Konsumenten, die eine sehr große Gruppe darstellen, ist es gerade umgekehrt. Der Einzelne hat beim Abbau einer bestimmten Regulierung, etwa bei der Senkung der Importzölle zum Beispiel für Milch, nur relativ geringe Vorteile; es geht nur um eines der zahlreichen Güter, die er nachfragt. Also sind die Gewinne für den einzelnen Konsumenten klein im Vergleich mit dem, was der einzelne Bauer zu verlieren hat. Insgesamt aber würden die Gewinne der Gesellschaft – und das ist natürlich die relevante Größe für die gesamtwirtschaftliche Analyse – durch einen solchen Zollabbau steigen (vgl. Kapitel 7). Je größer also die Anzahl der Nutznießer und je kleiner der erwartete Pro-Kopf-Gewinn, desto schwieriger ist es, politische Interessen zu organisieren. Das bedeutet aber, dass wirtschaftspolitische Aktionen, von denen die Gesellschaft insgesamt profitieren würde, im politischen Prozess oft Schiffbruch erleiden.

Die Berücksichtigung politisch-ökonomischer Aspekte ist bei der Ausgestaltung der Wirtschaftspolitik entscheidend. Analysiert man hier nicht sorgfältig, kann jede gut gemeinte Maßnahme sehr rasch zu einer Verschlechterung führen. Ein solches Staatsversagen ist deshalb bei jedem wirtschaftspolitischen Eingriff eine nicht zu unterschätzende Gefahr.

ZUSAMMENFASSUNG ANHAND DER LERNZIELE ZU KAPITEL 11

1 Was der Staat zum Funktionieren einer Marktwirtschaft beiträgt

Um das effiziente Funktionieren einer Marktwirtschaft zu gewährleisten, fallen dem Staat vor allem drei Aufgaben zu:

- Er muss ein Rechtssystem bereitstellen, das Eigentums- und Vertragsrechte klar definiert und auch durchsetzt.
- Er muss Regulierungen so gestalten, dass sie die wirtschaftliche Effizienz möglichst wenig beeinträchtigen – wobei Gesetzesfolgenabschätzungen mit Kosten-Nutzen-Analysen eine gute Hilfestellung bieten können.
- Er muss bei Fällen von Marktversagen eingreifen, also wenn Preissignale nicht funktionieren. Unbestrittene Formen von Marktversagen sind Monopolmacht, externe Effekte und öffentliche Güter.

2 **Die Notwendigkeit und die Aufgaben der Wettbewerbspolitik**

Damit eine Marktwirtschaft gut funktionieren kann, sollte der Wettbewerb möglichst frei sein, Unternehmen sollten also in vollständiger Konkurrenz miteinander stehen. Denn Monopole, Kartelle und andere Vormachtstellungen mindern die Effizienz – Anbieter können Einfluss auf die Preise ausüben und haben somit kaum Anreize zu Innovationen und einer möglichst kostensparenden Produktion. Außerdem werden Mittel verschwendet, um mittels sogenannter Marktzutrittsschranken die Vormachtstellung zu sichern. Dem Staat kommt nun die Aufgabe zu, solche Vormachtstellungen zu verhindern. Hier gibt es zum einen die Möglichkeit, Marktzutrittsschranken zu bekämpfen, wie dies in Deutschland im Zuge der wettbewerbssteigernden Regulierung getan wird. Zum anderen kann direkt und mit rechtlichen Schritten gegen Kartelle vorgegangen werden. Dies ist Aufgabe der Wettbewerbsbehörden.

3 **Umweltpolitische Instrumente und Besonderheiten der deutschen Umweltpolitik**

Um externen Effekten im Umweltbereich entgegenzuwirken, kann auf verschiedene umweltpolitische Instrumente zurückgegriffen werden. Die Möglichkeiten freiwilliger Umweltschutz, staatliche Nachsorge und ordnungsrechtlicher Umweltschutz über Verbote und Vorschriften weisen teils massive Nachteile auf. Daher spielt sogenannte marktwirtschaftliche Umweltpolitik eine immer größere Rolle. Diese funktioniert über die Anwendung des Verursacherprinzips, wonach Verursacher von Umweltschäden über Lenkungsabgaben oder Umweltzertifikate für diese aufkommen müssen. Die deutsche Umweltpolitik zeichnet sich besonders aus durch ein sehr umfassendes Ordnungsrecht und vielfältige Maßnahmen nach dem Verursacherprinzip. Außerdem sind viele Kombinationen aus umweltpolitischen Ansätzen anzutreffen, z. B. bei den Abfallgebühren.

4 **Die Finanzpolitik und deren grundlegende Mechanismen**

Seine Ausgaben deckt der Staat über zwei Wege ab: Einnahmen und Verschuldung. Die Einnahmen erfolgen in der Regel über Steuern, wobei zwischen direkten Steuern (z. B. Einkommenssteuer), indirekten Steuern (z. B. Mehrwertsteuer) und Gebühren (z. B. für das Ausstellen von Dokumenten) unterschieden wird. Eine gewisse Finanzierung über Verschuldung bietet sich vor allem an für staatliche Investitionen und ist zudem unumgänglich zur Steuerglättung und makroökonomischen Stabilisierung. Jedoch führt eine Verschuldung im Inland zu einem Rückgang privater Investitionen (Crowding-out-Prozess), während eine Verschuldung im Ausland einen Rückgang der Nettoexporte nach sich zieht. Außerdem besteht bei übermäßigem Gebrauch dieses Finanzierungswegs die Gefahr, dass die Verschuldung selbstverstärkende Ausmaße annimmt und nicht mehr ausgeglichen werden kann. Aus diesem Grund wird seit 2016 auf der Bundesebene die sogenannte Schuldenbremse eingesetzt, womit Neuverschuldungen innerhalb eines Konjunkturzyklus weitgehend ausgeglichen werden müssen.

5 **Von Interessen geleitete Wirtschaftspolitik**
Ein Problem in der Wirtschaftspolitik besteht darin, dass nicht immer unbedingt das gesamtwirtschaftliche Interesse im Vordergrund steht, da die einzelnen Akteure unterschiedlichen Anreizen ausgesetzt sind. Für Politiker spielt bei Entscheidungen oft die Wiederwahl eine wesentliche Rolle, und auch Verwaltungsangestellte können Anreizen unterliegen, da staatliche Institutionen nicht im Wettbewerb stehen und somit eine Monopolstellung innehaben. Zudem gibt es vor allem auf Anbieterseite diverse Interessengruppen, die meist stärkeren Einfluss ausüben als die Gegenpole auf Konsumentenseite. (Wirtschafts-)Politik ist also auch von persönlichen Interessen beeinflusst.

ZENTRALE BEGRIFFE

Regulierung
Marktversagen
Eigentumsrechte
Vertragsrechte
Informelle Wirtschaftsbeziehungen
Kosten-Nutzen-Analyse
Gesetzesfolgenabschätzung
Monopolmacht
Externe Effekte
Asymmetrische Information
Öffentliche Güter
Rivalität
Ausschließbarkeit
Private Güter
Allmendegüter
Clubgüter
X-Ineffizienz
Marktzutrittsschranken
Monopolrente
Natürliches Monopol
Fixkosten
Kartell
Konzentrationsgrad
Größenvorteile
Produktdifferenzierung
Liberalisierung
Deregulierung
Wettbewerbsbehörde
Harte Kartelle
Kronzeugenregelung
Nachsorge
Ordnungsrechtlicher Umweltschutz
Verursacherprinzip
Internalisierung
Lenkungsabgabe
Private Kosten
Soziale Kosten
Staatsquote
Finanzpolitik
Kapitalmarkt
Föderalismus
Steuer
Direkte Steuer
Indirekte Steuer
Gebühr
Crowding-out
Zwillingsdefizit
Steuerglättung
Makroökonomische Stabilisierung
Monetisierung der Verschuldung
Schuldenbremse
Wohlwollender Diktator
Politische Ökonomie
Staatsversagen
Interessengruppen
Rent-Seeking

WIEDERHOLUNGSAUFGABEN ZU KAPITEL 11

1 Warum und inwiefern sind die Aufgaben des Staates zum Funktionieren der Marktwirtschaft relevant? Was unterscheidet tatsächliches Marktversagen von vermeintlichem?

2 Inwiefern behindern Monopole und Kartellabsprachen die Marktwirtschaft? Erläutern Sie dies an Beispielen.

3 Erklären Sie, welche wirtschaftlichen Nachteile aus der Staatsverschuldung resultieren, und erläutern Sie die Funktionsweise der Schuldenbremse.

4 Konstruieren Sie jeweils ein Beispiel dafür, wie Eigeninteressen von Politikern, Verwaltungsangestellten und Interessenverbänden der Gesamtwirtschaft schaden.

HANDLUNGSORIENTIERTE AUFGABEN ZU KAPITEL 11

1 Beschäftigen Sie sich mit den asymmetrischen Informationen an Märkten. Finden Sie jeweils mindestens zwei Beispiele, bei denen im einen Fall die Nachfragerseite im Vorteil ist und im anderen Fall die Anbieterseite. Wie kann in Ihren Beispielen das drohende Marktversagen vermieden werden? Machen Sie Vorschläge bzw. zeigen Sie Lösungen aus der Ihnen bekannten wirtschaftlichen Praxis auf.

2 Im Bereich der staatlichen Dienstleistungen hat in den letzten Jahrzehnten ein starker Wandel stattgefunden. Finden Sie drei Beispiele von Gütern, die früher vom Staat bereitgestellt wurden, obwohl sie keine im ökonomischen Sinne öffentlichen Güter waren, und die heute als private Güter an freien Märkten gehandelt werden. Weshalb hat hier ein Wandel stattgefunden? Welche positiven, aber auch negativen Effekte erkennen Sie?

3 Welche vier Methoden werden in der Ausgestaltung der Umweltpolitik unterschieden? Beschreiben Sie diese. Fertigen Sie eine Tabelle an, in die Sie die Vor- und Nachteile der umweltpolitischen Instrumente eintragen. Wo sehen Sie Kombinationsmöglichkeiten?

4 In der Schweiz gibt es schon sehr viel länger als in Deutschland eine sogenannte Schuldenbremse. Erkundigen Sie sich über die Schuldenbremse in der Schweiz und deren Beitrag zur nachhaltigen Staatsfinanzierung. Vergleichen Sie die bundesdeutsche Schuldenbremse mit der schweizerischen. Welche Unterschiede und Parallelen gibt es?

Themengebiet 5: Sozial- und Arbeitsmarktpolitik

„Eine Rezession ist, wenn mein Nachbar seinen Job verliert. Eine Depression ist es, wenn ich meinen Job verliere.“

Harry Truman (1884–1972), amerikanischer Präsident 1945–1953

›

Kapitel 12: Einkommensverteilung und Sozialpolitik

12.1 Verteilung

12.2 Umverteilung durch Steuern

12.3 Umverteilung durch Sozialversicherungen und Transfers

LERNZIELE ZU KAPITEL 12

Nachdem Sie Kapitel 12 durchgearbeitet haben, sollten Sie in der Lage sein,

1. sich konstruktiv mit den Schwierigkeiten einer gerechten Einkommens- und Vermögensverteilung auseinanderzusetzen.
2. Konzepte zur Messung von Einkommens- und Vermögensverteilung sowie den Stand Deutschlands im internationalen Vergleich zu erläutern.
3. die Instrumente der Einkommens- und Sozialpolitik im Hinblick auf Verteilung zu analysieren und zu erläutern.
4. die Auswirkungen der demografischen Entwicklung auf die soziale Sicherheit zu erkennen.

Kapitel 12: Einkommensverteilung und Sozialpolitik

Obwohl der Wohlstand der Bevölkerung in Deutschland heute viel höher ist als früher, gibt der Staat immer mehr für sozialpolitische Zwecke aus. Die Bedeutung der Umverteilung über sozialpolitische Instrumente hat in den letzten Jahrzehnten markant zugenommen. Der Anteil der Sozialleistungen an den Staatsausgaben wächst und wächst. Die Alterung der Bevölkerung dürfte in den kommenden Jahrzehnten dafür sorgen, dass dieser Trend ungebremst weitergeht.

Die Sozialpolitik ist wirtschaftspolitisch eng mit der Finanzpolitik verknüpft, da ihre geordnete und möglichst wenig verzerrende Finanzierung über Steuern und Sozialabgaben zu den zentralen finanzpolitischen Fragen gehört. In diesem Kapitel wollen wir uns zunächst generell mit der Einkommensverteilung befassen, um dann die wichtigsten ökonomischen Fragestellungen im Zusammenhang mit der Finanzierung der Sozialausgaben zu analysieren.

12.1 Verteilung

12.1.1 Verteilung versus Effizienz

In einem marktwirtschaftlichen System beruht die Verteilung der Einkommen in erster Linie auf der Produktivität der Arbeitnehmer. Ihre Leistung wird entlohnt, und die Höhe der Entlohnung hängt ab von der Wertschätzung, die diese Leistung auf dem Markt erfährt. Daraus ergibt sich eine Verteilung der Einkommen, die keine Rücksicht auf den Bedarf der einzelnen Personen nimmt. Ist jemand aus verschiedensten Gründen nur beschränkt leistungsfähig, wird er oder sie in einem solchen System ein entsprechend geringes, oft als ungenügend eingestuftes Einkommen erzielen. Will eine Gesellschaft diese Konsequenz des marktwirtschaftlichen Systems nicht akzeptieren, so muss umverteilt werden.

Wie und wie stark umverteilt werden soll, ist eine schwierige Frage. Ob eine Maßnahme die Effizienz steigert, lässt sich relativ einfach beurteilen. Ob jedoch eine Maßnahme auch gerecht ist, lässt sich nur schwer objektiv messen. Natürlich gibt es eine gewisse Einigkeit darüber, ob ein Zustand gerecht ist oder nicht, aber die genaue Definition von Gerechtigkeit unterscheidet sich von Person zu Person. Ein Problem aller Ansätze zur Umverteilung besteht darin, dass in der Regel eine vollkommene Gleichverteilung – gleicher Wohlstand für alle – aus Gerechtigkeitssicht günstig beurteilt würde. Bevor man daraus den Schluss zieht, dass eine Gleichverteilung aller Einkommen das Ziel sein sollte, muss man sich aber darüber im Klaren sein, dass zwischen Effizienz und Verteilung ein gewisser Zielkonflikt besteht. Denn eine absolute Gleichverteilung würde die materiellen Anreize eliminieren, welche die Gesellschaftsmitglieder dazu bewegen, sich in ihren wirtschaftlichen Bestrebungen anzustrengen. Ein guter Teil des Willens zu Innovation und Verbesserung würde erlahmen, womit auch das Wirtschaftswachstum praktisch zum Erliegen käme. Zu einem gewissen Grad konnte man beim Zusammenbruch der kommunistischen Systeme sehen, welche Anreizprobleme man sich mit dem Ziel der Gleichverteilung einhandelt; und dies, obwohl eine absolute Gleichverteilung in den kommunistischen Gesellschaften bei Weitem nicht erreicht werden konnte.

Den goldenen Mittelweg einzuschlagen, ist hier nicht einfach. Verteilt man zu stark um, unterstützt man neben den tatsächlich Bedürftigen auch Personen, die keine Hilfe nötig haben oder sich bewusst nicht anstrengen. Damit verzerrt man die Anreize so, dass eine ineffiziente Situation entsteht, also Ressourcen verschwendet werden. Wird auf der anderen Seite sehr wenig umverteilt, so empfinden die Gesellschaftsmitglieder dies als ungerecht. Man benachteiligt dann auch Personen, die aus verschiedenen triftigen Gründen nicht in der Lage sind, mehr zu leisten. Es gehört deshalb zu den schwierigsten Aufgaben der Politik, sozialpolitische Instrumente so zu konzipieren, dass sich die Verteilungsziele mit möglichst geringen Anreizen zur Verschwendung von Ressourcen erreichen lassen.

Ansätze zur Beurteilung der Verteilungsgerechtigkeit

Es ist letztlich eine philosophische Frage, wie eine Gesellschaft die Verteilungsgerechtigkeit beurteilen will; und es gibt natürlich eine große Anzahl möglicher Konzepte. Zwei der prominentesten Ansätze – den *Utilitarismus* und den *Gesellschaftsvertrag unter Unsicherheit* – wollen wir hier kurz diskutieren. Beginnen wir mit dem Utilitarismus. Er konzentriert sich auf den Nutzen jedes einzelnen Mitglieds einer Gesellschaft. Eine Gesellschaft sollte deshalb versuchen, den Nutzen für jedes ihrer Individuen zu maximieren. Für sich alleine genommen, wäre diese Maximierung des individuellen Nutzens allerdings noch kein Anlass für eine Umverteilung innerhalb einer Gesellschaft. Hier kommt aber das zweite Prinzip des Utilitarismus zum Tragen. Es besagt, dass der Grenznutzen des Einkommens bei steigendem Einkommen zurückgeht. Ein intuitiv einleuchtender Punkt, scheint doch die Annahme, dass ein zusätzlicher Euro einem Bettler wesentlich mehr Nutzen stiftet als einem Millionär, durchaus plausibel. Ausgehend von diesem Konzept des abnehmenden Grenznutzens erhöht also eine Umverteilung der Einkommen von Reich zu Arm den Gesamtnutzen in einer Gesellschaft.
Ein zweites wichtiges philosophisches Konzept der Verteilungsgerechtigkeit ist der Gesellschaftsvertrag unter Unsicherheit. Es wurde vom amerikanischen Philosophen John Rawls entwickelt und wird auch häufig als Rawls'sche Gerechtigkeit bezeichnet. Bei der Festlegung von Regeln für die Umverteilung ergibt sich das Problem, dass diejenigen, die über die Regeln entscheiden, bereits wissen, welche Position sie in der Gesellschaft innehaben. Sie wissen also, ob sie reich oder arm, hierarchisch hoch- oder niedriggestellt, eher gut oder eher schlecht ausgebildet sind. Sie werden sich deshalb nicht unparteiisch verhalten, sondern versuchen, den Gesellschaftsvertrag zum Nutzen von Bevölkerungsgruppen auszugestalten, denen sie selbst angehören. Darum schlägt Rawls ein Gedankenexperiment vor: Bei der Festlegung eines Gesellschaftsvertrags sollten wir uns mental in die Situation vor unserer Geburt versetzen. Wir sollten also unter einem „Schleier der Ungewissheit" entscheiden, ohne zu wissen, wie es uns später im Leben ergehen wird. Dann würden wir mit unserem Vertrag dafür sorgen, dass auch die vom Schicksal am wenigsten Begünstigten ein menschenwürdiges Leben führen können. Denn wir könnten ja selbst zu diesen Benachteiligten gehören. Der Rawls'sche Ansatz fokussiert entsprechend statt auf den Nutzen aller – wie der Utilitarismus – auf den Nutzen der Schlechtestgestellten.

→ **Utilitarismus**
Prinzip, wonach Regeln und Institutionen bezüglich des Nutzens beurteilt werden, den sie für jedes einzelne Individuum stiften.

→ **Gesellschaftsvertrag unter Unsicherheit**
Konzept zur Beurteilung der Verteilungsgerechtigkeit, demgemäß die Mitglieder einer Gesellschaft über die gesellschaftlichen Regeln in einem Zustand der Unsicherheit über ihre eigene zukünftige Position in dieser Gesellschaft befinden. Das Konzept wurde durch den amerikanischen Philosophen John Rawls begründet.

12.1.2 Messung der Verteilung

Das BIP pro Kopf gibt einen verlässlichen Hinweis auf das durchschnittliche Einkommen in einem Land. Und die Verteilungsseite des BIP gibt einen gewissen Hinweis darauf, wem das Einkommen zufließt. Allerdings sehen wir hier nur, wie sich die Einkommen auf die Produktionsfaktoren Arbeit und Kapital verteilen (vgl. Kapitel 9). Wir können nicht beurteilen, wie gleichmäßig die Einkommen auf die Haushalte aufgeteilt sind. Die Frage, ob die Einkommensverteilung gleichmäßig oder „gerecht" ist, muss mit anderen Konzepten beantwortet werden.

→ **Lorenzkurve**
Grafische Darstellung der Verteilung von Einkommen oder Vermögen in einer Gesellschaft.

Da die verschiedensten Vorstellungen darüber bestehen, was eine gerechte Verteilung ist, gibt es entsprechend viele Möglichkeiten, die Verteilungsgerechtigkeit zu messen und zu beurteilen. Als wichtigstes Konzept zur Messung der Verteilung von Einkommen oder Vermögen in einer Gesellschaft hat sich die sogenannte *Lorenzkurve* durchgesetzt, die in **Abbildung 12.1** grafisch dargestellt ist.

Abbildung 12.1
Lorenzkurven der deutschen Haushaltseinkommen 2011 (in Prozent)

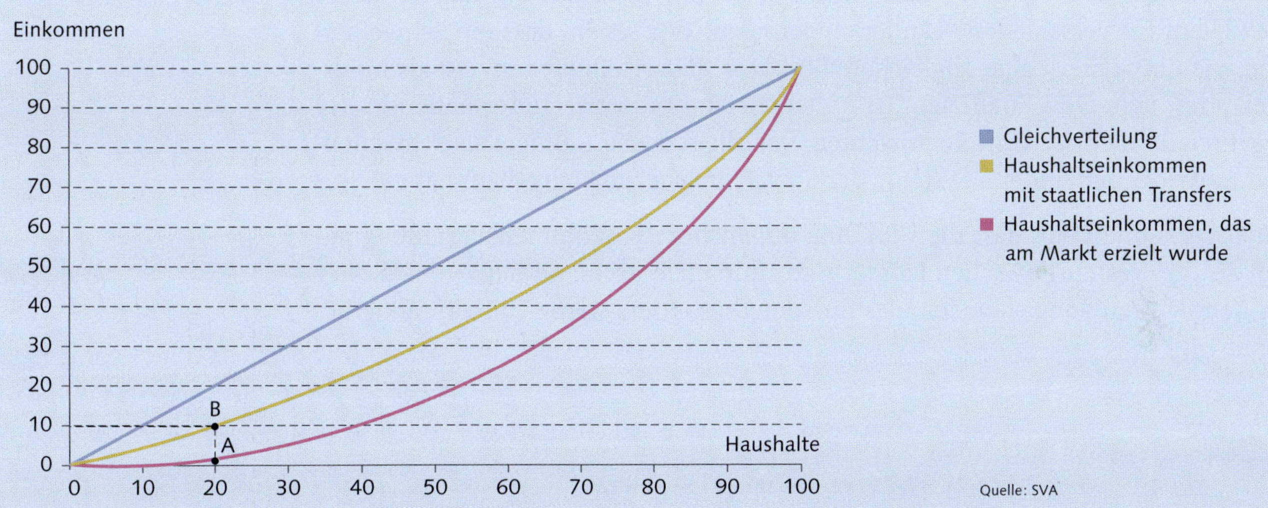

Quelle: SVA

Abgetragen sind dabei auf der Horizontalen die Anzahl der Haushalte, geordnet nach Einkommensklassen, und auf der Vertikalen die zusammengezählten Einkommen dieser Gruppen. Berücksichtigt wird neben den Löhnen aus Erwerbstätigkeiten und den – wesentlich ungleicher als die Löhne verteilten – Vermögenseinkünften noch eine dritte Quelle für die Einkommen der Einzelnen, und zwar die staatlichen Transfers.

Am einfachsten verständlich wird das Konzept, wenn man die Situation auf der Winkelhalbierenden betrachtet. Je näher die Lorenzkurve an der Winkelhalbierenden liegt, desto gleichmäßiger sind die Einkommen verteilt. Auf dieser Geraden herrscht absolute Gleichverteilung: 10% der Haushalte erhalten dann genau 10% des Einkommens dieser Gesellschaft. In der Realität begegnen wir natürlich nie einer solchen Gleichverteilung. Vielmehr beobachten wir Ungleichverteilungen, die einer bauchigen Kurve, der Lorenzkurve, entsprechen.

So verfügen in Deutschland, wie der Punkt B in der Grafik illustriert, die ärmsten 20 % der Haushalte über knapp 10 % des gesamten Einkommens. Ohne staatliche Transfers müssten diese Haushalte sogar mit einem Bruchteil dieses Einkommens auskommen. Aufgrund der Umverteilung durch Steuern und Sozialabgaben verringert sich nämlich die Lücke zwischen Arm und Reich: Die Lorenzkurve des Haushaltseinkommens, das die Haushalte für ihre Zwecke verwenden können, liegt links von jener des Markteinkommens, z. B. des Lohns.

Die einkommensstärksten 10 % der Haushalte in Deutschland haben in den Jahren von 2002 bis 2008 rund 66-mal so viel verdient wie die einkommensschwächsten 10 %. Nach der Umverteilung war ihr Einkommen aber nur noch ungefähr 3,5-mal höher als das der ärmsten Haushalte. Die ausgeprägte Ungleichheit der Markteinkommen wird also durch Umverteilung gemildert.

Wie groß diese Ungleichverteilung nach Umverteilung im internationalen Vergleich ist, sehen wir anhand des sogenannten Gini-Koeffizienten. Dieses Verteilungsmaß nimmt Werte an zwischen 0 und 100: Ein Wert von 0 bedeutet dabei eine völlige Gleichverteilung (alle haben gleich viel), ein Wert von 100 entspricht einer extremen Ungleichverteilung (einer besitzt alles). Je gewölbter die Lorenzkurve also ist, desto größer ist der Gini-Koeffizient. In **Abbildung 12.2** ist dieser Koeffizient für verschiedene Länder eingetragen. Wir sehen, dass ein Schwellenland wie China meist eine ungleichere Einkommensverteilung aufweist als Industrieländer. Sein Gini-Koeffizient ist höher. Reiche Industrieländer haben in der Regel relativ niedrige Gini-Koeffizienten, vor allem da sie – anders als Schwellen- und Entwicklungsländer – Systeme der Sozialversicherung aufgebaut haben.

Zudem erkennen wir, dass die USA eine ungleichere Einkommensverteilung haben als die westeuropäischen Länder und China. Deutschland bewegt sich eher auf dem Niveau von Schweden, das für seine besonders starke Umverteilung bekannt ist.

Abbildung 12.2
Gini-Koeffizienten für die Einkommen in ausgewählten Ländern 2013

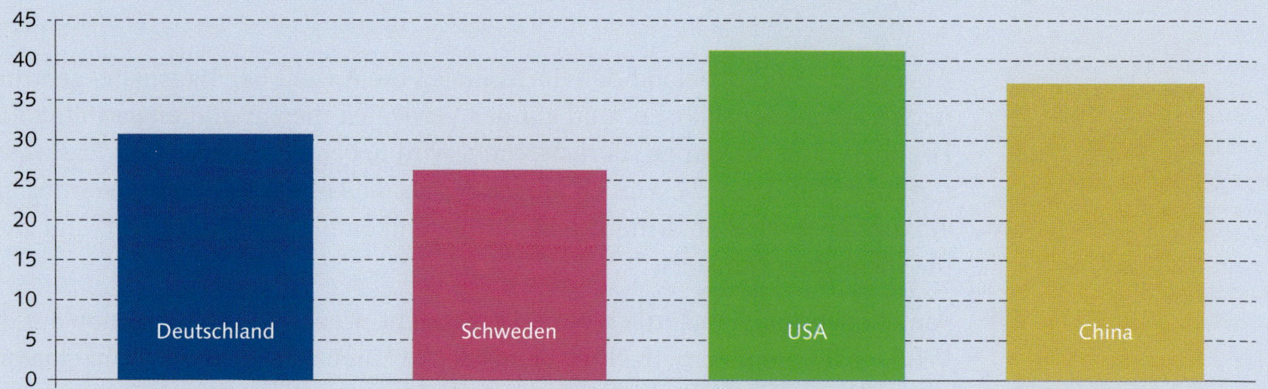

Quelle: UN Human Development Report 2015

Die Zunahme der Sozialausgaben

Die Sozialausgaben sind ein wichtiges Thema der wirtschaftspolitischen Diskussion. Sie sind in den letzten Jahren zu einem immer größeren Posten der Staatsausgaben geworden. Zudem ist davon auszugehen, dass die Bevölkerungsalterung zu weiteren Steigerungen des Anteils der Sozialausgaben an den Staatsausgaben führen wird.
In **Abbildung 12.3** ist dargestellt, wie sich die Anteile der wichtigsten Positionen der Staatsausgaben seit 1975 entwickelt haben. Es handelt sich um die Ausgaben von Bund, Ländern, Gemeinden und Sozialversicherungen. Der dynamischste Bereich der Staatsausgaben war dabei die soziale Wohlfahrt. Sie hat ihren Anteil von gut 47 % im Jahr 1975 auf gut 56 % im Jahr 2011 gesteigert. Zurückgegangen sind hingegen die Anteile der Ausgaben für Landesverteidigung, fürs Bildungswesen und für die – einst sehr investitionsträchtigen – Bereiche Verkehr und Bau. Hierin spiegeln sich der anteilsmäßige Rückgang der Investitionen und der Anstieg des staatlichen Konsums wider.
Ein großer Teil der Sozialausgaben ist über Zwangsabgaben finanziert, das heißt, der Einzelne hat nicht die Möglichkeit, seinen Beitrag zu verweigern. Dies betrifft insbesondere die Zahlungen an die gesetzliche Renten- und die Krankenversicherung, die nicht über das steuerfinanzierte Budget von Bund, Ländern und Gemeinden laufen. Die Beiträge an diese Sozialversicherungen werden von der Bevölkerung oft wie Steuern wahrgenommen, auch wenn sie nicht vom Finanzamt, sondern z. B. durch die Krankenkassen eingezogen werden. Da die Bevölkerungsalterung die Ausgaben der Sozialversicherungen mittelfristig stark nach oben treiben wird, ist eine wichtige Frage, wie das finanziert werden soll. Wenn der Staat einen guten Teil der erforderlichen Zusatzfinanzierung leistet, dann wird – ohne deutliche Steuererhöhungen – der Anteil der sozialen Sicherheit an den Staatsausgaben in Zukunft weiter steigen. Eine andere Frage wird dann natürlich sein, auf Kosten welcher anderen Staatsausgaben diese Ausweitung erfolgen oder ob sie über zusätzliche Abgaben finanziert werden soll.
Insgesamt beläuft sich die sozialpolitisch motivierte Umverteilung in Deutschland derzeit auf jährlich über 800 Milliarden Euro oder rund 30 % des Bruttoinlandsprodukts. Diese enormen Ausgaben für Sozialleistungen fließen nicht nur aus staatlichen Einrichtungen an die Bevölkerung, sondern auch von den Arbeitgebern an ihre Beschäftigten, z. B. in Form von Betriebsrenten oder der Lohnfortzahlung im Krankheitsfall. Angesichts des stattlichen Umfangs aller Sozialtransfers gehört eine möglichst effiziente Ausgestaltung dieser Umverteilungsinstrumente, deren wichtigste Vertreter wir im Folgenden betrachten werden, zu den zentralen Aufgaben der Wirtschaftspolitik.

Abbildung 12.3
Ausgaben des deutschen Staates nach Aufgabenbereichen (in Prozent)
Bund, Länder, Gemeinden und Sozialversicherungen

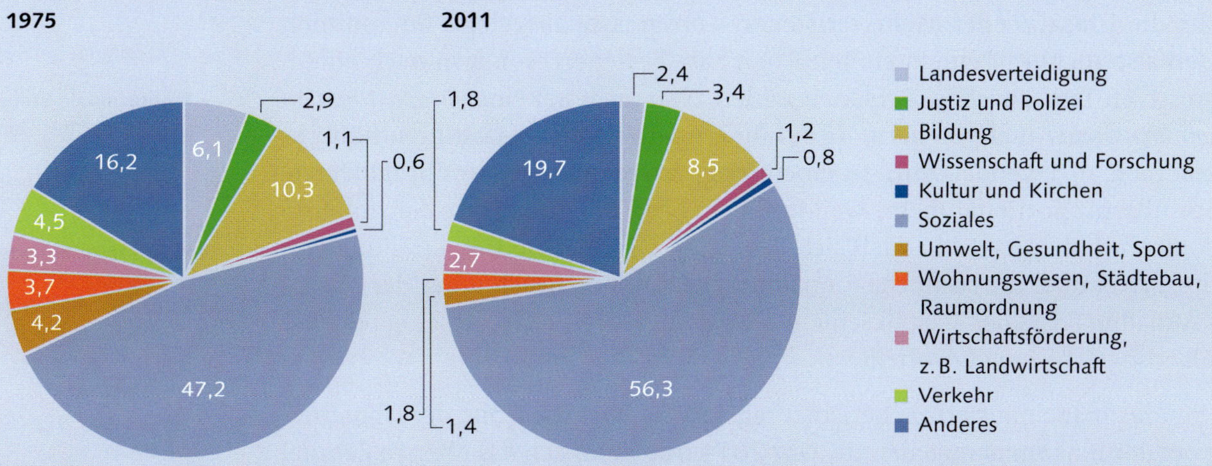

Quelle: Statistisches Bundesamt, eigene Berechnungen

12.2 Umverteilung durch Steuern

Entschließt sich eine Gesellschaft dazu, Umverteilungen vorzunehmen, so stehen dem Staat zwei Möglichkeiten offen: Einerseits kann er die Umverteilung über die Einnahmeseite des staatlichen Budgets und andererseits über dessen Ausgabenseite umsetzen. Über die Einnahmeseite geschieht dies im Wesentlichen durch eine entsprechende Ausgestaltung des Steuersystems. Ist dieses progressiv angelegt, dann ist die Umverteilung besonders ausgeprägt.

Abbildung 12.4
Die wichtigsten Steuerquellen des deutschen Staates 2014 (in Prozent)

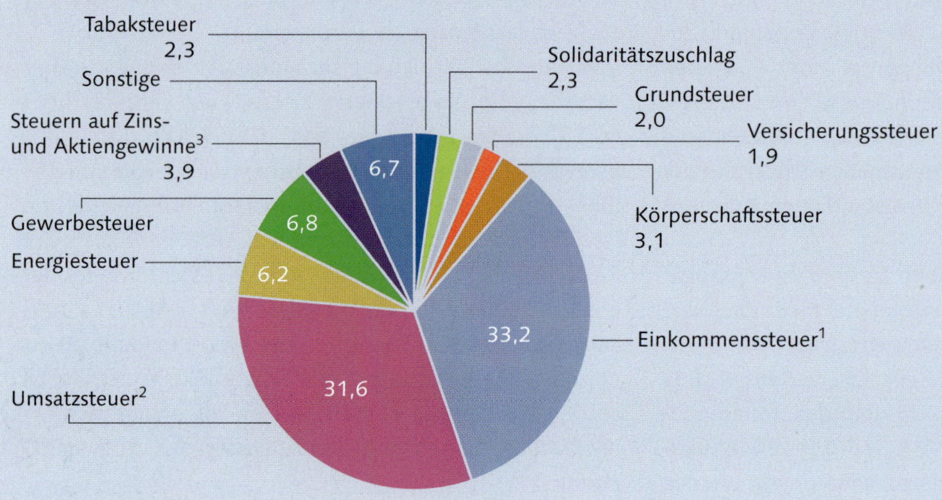

Quelle: Bundesfinanzministerium

[1] Lohnsteuer und veranlagte Einkommenssteuer

[2] Umsatzsteuer und Einfuhrumsatzsteuer

[3] Abgeltungssteuer auf Zinsen und Veräußerungsgewinne sowie nicht veranlagte Steuer auf Erträge wie Dividenden

Die wichtigste steuerliche Einnahmequelle des deutschen Staates ist die Einkommenssteuer (vgl. **Abbildung 12.4**). Diese ist – anders als die zweitwichtigste Steuerquelle, die Umsatz- oder Mehrwertsteuer – progressiv ausgelegt. Einkommen werden also nicht mit einem einheitlichen Satz besteuert, sondern nach einem progressiven Tarif. Reichere Personen zahlen zwar auch bei einer *proportionalen Einkommenssteuer* mehr Steuern, da bei ihnen der Steuersatz ja auf ein höheres Einkommen angewendet wird. In einem *progressiven Steuersystem* bezahlen sie jedoch überproportional mehr, weil in diesem Fall der Steuersatz der höheren Einkommen höher ist. Es handelt sich damit um eine direkte Umverteilung von Reich zu Arm über die staatliche Einnahmeseite. Dies natürlich unter der plausiblen Annahme, dass der Staat in seinem Ausgabengebaren nicht einseitig reichere Bevölkerungsschichten bevorteilt.

→ **Proportionale Steuer**
Steuer, bei der der Steuersatz bei jedem Einkommen gleich hoch ist.

→ **Progressive Steuer**
Steuer, bei der die ökonomisch leistungsfähigeren Wirtschaftsakteure prozentual stärker besteuert werden.

Das Bundesfinanzministerium berichtet regelmäßig über die Höhe der Umverteilung bei der Einkommenssteuer. Im Jahr 2014 trug demnach das oberste Zehntel der Steuerzahler, das 37 % aller Einkünfte auf sich vereint, 56 % der gesamten Einkommenssteuerlast. Weitet man den Kreis der Leistungsstarken aus und betrachtet die obere Hälfte aller Einkommenspflichtigen, ergibt sich ein Anteil am Einkommenssteueraufkommen von 95 %. Umgekehrt betrachtet zeigt sich der

Die Umverteilung zwischen den Regionen

Es gibt Reiche und Arme: Was für die Einwohner in Deutschland gilt, gilt auch für die Gemeinden. Hat eine Stadt wenig Industrie, aber viele Arbeitslose, sind ihre Steuereinnahmen niedriger und ihre Sozialausgaben höher als die einer Stadt mit vielen Betrieben und einkommensstarken Einwohnern.

Das Gleiche trifft auf die Bundesländer zu: Unter ihnen gibt es über- und unterdurchschnittlich finanzstarke. Müssten nun die ärmeren Regionen mit ihren eigenen Einnahmen auskommen, könnten sie ihren Bürgern weniger öffentliche Leistungen bieten als andere. Der Lebensstandard innerhalb Deutschlands würde deutlich voneinander abweichen. Das will die Politik verhindern. Das Grundgesetz spricht von der „Herstellung gleichwertiger Lebensverhältnisse im Bundesgebiet".

Zu diesem Zweck werden die Steuern zwischen den starken und schwachen Gebietskörperschaften massiv umverteilt. Die Steuern in Deutschland werden also nicht genau in den Regionen wieder ausgegeben, in denen sie eingenommen werden. Die Steuerverteilung wird korrigiert: Von dort, wo überdurchschnittliches Steueraufkommen anfällt (primäre Steuerverteilung), fließt es über verschiedene Kanäle an die Orte, wo es ausgegeben wird (sekundäre Steuerverteilung). Diese Kanäle haben viele Verzweigungen und Richtungen. Es gibt einen *Finanzausgleich* zwischen den Bundesländern (Länderfinanzausgleich), Finanzausgleiche zwischen den Kommunen eines Bundeslandes (kommunaler Finanzausgleich) sowie vertikale Finanzausgleiche zwischen Bund und Ländern sowie Ländern und Kommunen. Mit komplizierten Rechenmethoden wird dabei ein durchschnittlicher Finanzbedarf errechnet und die Differenz zum Durchschnitt größtenteils erstattet. Die Angleichung der örtlichen Finanzkraft geht also sehr weit – so weit, dass viele Ökonomen den Anreiz in Empfängerländern und -kommunen vermissen, sparsam zu wirtschaften oder die eigene Wirtschaftskraft zu stärken.

Zu diesen kritischen Stimmen gehören naturgemäß auch die Geberländer und Geberkommunen. Bezeichnenderweise ist die Zahl dieser Nettozahler im Zeitablauf immer kleiner geworden, während die der profitierenden Gebietskörperschaften zugelegt hat. Zu den großen Nutznießern des Finanzausgleichs in Ost und West zählen seit vielen Jahren Bremen, das Saarland und die neuen Bundesländer. Beispielsweise kann Mecklenburg-Vorpommern doppelt so viel ausgeben, als es an eigenen Steuern aufzubringen vermag.

Schon dieses Ausmaß der Umverteilung zeigt, dass die Verteilung der Steuern keine politische Nebensache ist, sondern ein Kernthema unserer Demokratie. Die Art und Weise, wie die Finanzausgleiche vollzogen werden, sagt auch viel aus über das Verhältnis, das Bürgerinnen und Bürger zur Politik haben. Wenn Sie sich informieren möchten, wo ihre Steuern landen, gibt es keine befriedigende Antwort. Im Grundgesetz steht zwar sehr genau, welcher Gebietskörperschaft in Deutschland welche Steuer zusteht. Aufgrund der verschlungenen Pfade der Steuerumverteilung sagt dies jedoch nicht viel aus.

In der ersten Fassung des Grundgesetzes 1949 waren die wichtigsten Steuern noch klar verteilt: Einkommenssteuer und Körperschaftssteuer erhielten die Länder, die Gewerbesteuer bekamen die Kommunen, und der Bund finanzierte sich über die Umsatzsteuer. Hinter dieser klaren Aufteilung steckte der Gedanke, dass die Verantwortung für die Einnahme einer Steuer am besten auf der Ebene angesiedelt ist, die auch über die Ausgaben entscheidet. Geplante Mehrausgaben müssten die jeweiligen Politiker somit durch Steuererhöhungen finanzieren, die sie den Bürgern – und Wählern – zu erklären hätten. Die Wähler wären gleichzeitig Erbringer, Nutznießer und Entscheider bei dieser Steuer.

Im Lauf der Zeit wurde dieser Gedanke von den Politikern aller Ebenen aufgegeben. Heute sind die wichtigsten Steuern sogenannte Verbundsteuern. Ihr Aufkommen wird auf die verschiedenen staatlichen Ebenen verteilt, und zwar jeweils nach einem eigenen Schlüssel. Von der Einkommenssteuer z. B. erhalten die Kommunen 15 %, Bund und Länder jeweils 42,5 %. Auch auf der Ausgabenseite werden nun viele Formen der *Mischfinanzierung* praktiziert, bei denen die Ebenen gemeinsam tätig werden, statt ihre Aufgaben klar zu trennen. Die Folge für den Bürger ist eine Unklarheit darüber, wer eigentlich für welche staatliche Leistung – oder Minderleistung – verantwortlich ist. Für politische Entscheidungsträger aller Ebenen ist es möglich und üblich geworden, mit dem Finger auf die jeweils anderen zu zeigen. Es gibt immer wieder einmal Anläufe, dieses Wirrwarr zu entwirren und den Kommunen einen größeren Teil der Steuerhoheit zu geben, z. B. durch ein lokales Zuschlagsrecht auf die Einkommenssteuer. Gleichzeitig sorgt aber die Furcht vor Steuerwettbewerb zwischen Kommunen weiterhin dafür, dass die wesentlichen Steuerfragen nicht vor Ort, sondern auf Bundesebene in Berlin entschieden werden.

Hielt seine Stadt für „arm, aber sexy": Berlins ehemaliger Regierender Bürgermeister Klaus Wowereit. „Arm" ist Berlin an potenten Steuerzahlern. Dennoch stehen der Berliner Landespolitik üppige Finanzmittel zur Verfügung, mit denen sich Staat machen lässt. Brachten die Berliner im Jahr 2012 nur 11,5 Milliarden Euro für die Stadtkasse auf, konnten ihre Politiker 22,6 Milliarden Euro ausgeben. Wie das? Die Hauptstadt – hier beispielhaft für weitere Empfängerländer dargestellt – wird von anderen Bundesländern und vom Bund unterstützt, weil sie

1. *wenig eigene Steuern einnimmt (Länderfinanzausgleich),*
2. *im Osten liegt („teilungsbedingte Sonderlasten"),*
3. *ein kleines Bundesland ist („überproportionale Kosten politischer Führung"),*
4. *eine große Kommune ist (und darum mehr Infrastruktur pro Kopf unterhält, was über die „Einwohnerveredlung" – ein höheres Gewicht der Ballungsraumbewohner – bei Finanzausgleichen vergütet wird),*
5. *Hauptstadt ist („Sonderbelastungen aus der Hauptstadtfunktion") und*
6. *sich hoch verschuldet hat (Konsolidierungshilfen)*

→ **Mischfinanzierung**
Vermengung der Zuständigkeiten für öffentliche Aufgaben zwischen den politischen Entscheidungsebenen.

→ **Finanzausgleich**
Weitgehende Anpassung der Finanzkraft der öffentlichen Hand zwischen den Bundesländern und zwischen den Kommunen, auch mithilfe von Transfers des Bundes.

Umverteilungseffekt noch deutlicher: Die untere – also ärmere – Hälfte der Steuerpflichtigen erzielt 16 % aller Einkünfte, trägt aber nur rund 5 % zum Einkommenssteuertopf bei. Die Ärmeren werden durch die progressive Steuer also wie beabsichtigt stark entlastet.

Natürlich gibt es noch viel mehr Steuern als die hier vor allem betrachtete progressiv gestaltete Einkommenssteuer. Die Broschüre des Bundesfinanzministeriums „Steuern von A bis Z" listet allein 40 Steuerarten auf. Von Alkopops bis hin zu Zwischenerzeugnissen – worunter das Finanzamt Getränke „zwischen Wein und Schnaps" versteht, z. B. Sherry – wird allerlei besteuert: Erben, Hunde, Kaffee, die Kirchenmitgliedschaft, Bordellbesuche, Kernbrennstoff, Jagen, Wohnungen, Nebenwohnungen ... Die Verteilungswirkungen der Steuern unterscheiden sich jeweils voneinander. Diese Wirkungen wollen wir nun analytisch erläutern.

Wer bezahlt die Steuern?

Vorn in Abschnitt 11.4 haben wir gesehen, dass jede Erhebung einer Steuer mit Ausweichreaktionen und Wohlfahrtsverlusten verbunden ist. Wesentlich bedeutsamer als die Wohlfahrtseffekte sind in der politischen Diskussion oft die Verteilungswirkungen von Steuern. Es geht hier um die Frage, wer letztlich die Steuer bezahlt. Wiederum spielt die Elastizität eine entscheidende Rolle, denn der Löwenanteil der Steuern wird stets von der weniger elastischen Marktseite getragen; man denke an das Beispiel der Raucher. Die Frage, welche Bevölkerungsgruppe eine Steuer schließlich bezahlen muss, nennt man die *Steuerinzidenz*.

→ **Steuerinzidenz**
Analyse der Verteilungswirkung einer Steuer. Die Steuerinzidenz zeigt auf, welche Bevölkerungsgruppe eine Steuer schließlich bezahlt.

Betrachten wir die zwei Fälle in **Abbildung 12.5**. Die Steuerhöhe ist in beiden Fällen die gleiche. Wir sehen aber, dass die Verteilung der Steuerlast sehr unterschiedlich ausfällt.

Abbildung 12.5
Wer bezahlt die Steuer?

Elastisches Angebot, unelastische Nachfrage | **Unelastisches Angebot, elastische Nachfrage**

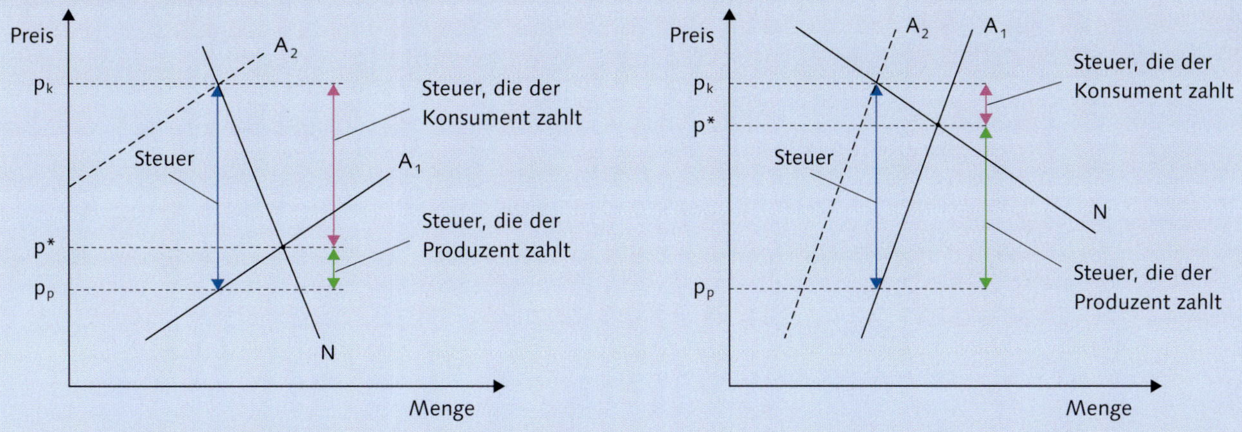

Ist die Nachfrage eher unelastisch und das Angebot relativ elastisch, fällt die Steuerlast vor allem auf die Nachfrager. Durch die Einführung der Steuer erhöht sich nämlich der Konsumentenpreis deutlich von p^* auf p_k, der Produzentenpreis sinkt aber nur geringfügig. Ein typisches Beispiel für eine relativ unelastische Nachfrage stellt der Tabakkonsum dar.

Ist die Nachfrage eher elastisch und das Angebot relativ unelastisch, fällt die Steuerlast vor allem auf die Anbieter. Durch die Einführung der Steuer sinkt nämlich der Produzentenpreis deutlich von p^* auf p_p, der Konsumentenpreis steigt aber nur geringfügig. Ein typisches Beispiel für diese Konstellation sind Luxusgüter.

Links wird der Fall einer unelastischen Nachfrage und eines elastischen Angebots dargestellt – hier bezahlen die nachfragenden Konsumentinnen und Konsumenten den Löwenanteil der Steuer. Rechts ist es umgekehrt: Das Angebot ist unelastisch und die Nachfrage elastisch – es ist der anbietende Produzent, der hier den Hauptteil der Steuer trägt. Wer die Steuer bezahlt, hängt also einzig von der Elastizität ab, also davon, welche Marktseite einer Preisveränderung weniger gut ausweichen kann.

Wichtig ist dabei anzumerken, dass es keine Rolle spielt, auf welcher Marktseite (Anbieter oder Nachfrager) die Steuer von Gesetzes wegen erhoben wird. Nehmen wir als Beispiel wiederum die Tabaksteuer und gehen davon aus, dass diese nur bei den Produzenten erhoben wird. Pro verkauftes Päckchen zahlen die Produzenten also einen gewissen Betrag an den Staat. Da nun die Nachfrage nach Zigaretten sehr unelastisch ist, können die Produzenten einen großen Teil der Steuer auf die Zigarettenpreise überwälzen, ohne dass die Nachfrage einbricht. Deshalb tragen in diesem Fall die Raucherinnen und Raucher den Großteil der Steuer, auch wenn diese formal von den Produzenten bezahlt wird.

Wer zahlt eine „Luxussteuer"?

Die Last von Steuern auf den Erwerb solcher Güter tragen nicht unbedingt die Wohlhabenden.

Eine voreilige oder unsaubere Analyse von Steuerwirkungen kann wegen der Elastizitäten zu völlig falschen Schlüssen führen. Ein klassisches Beispiel ist die Frage, wer eine sogenannte Luxussteuer bezahlt. Die Absicht bei Luxussteuern ist es, hohe Steuern auf Güter zu erheben, die von reichen Leuten konsumiert werden. Davon erhofft man sich eine ausgleichende Umverteilung von „Reich" zu „Arm" oder zumindest von „Reich" zum Staat. Mit dieser Begründung kann beispielsweise der Kauf von Diamantencolliers, Golfausrüstungen oder Jachten mit hohen Steuern belegt werden.

Der Haken dabei ist aber, dass die hohen Steuern auf diese Güter nicht sicherstellen, dass tatsächlich die Reichen den Löwenanteil der Steuern bezahlen müssen. Überraschenderweise sind es oft gerade weniger wohlhabende Personen, die zur Kasse gebeten werden.

Betrachten wir dazu das klassische Beispiel, die Luxussteuer auf den Kauf von Jachten und ähnlichen Gütern, die in den USA zu Beginn der 1990er-Jahre eingeführt wurde. Sie sollte vor allem jene treffen, die sich teure Güter und somit auch diese hohe Steuer leisten konnten. Das Ergebnis fiel jedoch zur Überraschung der Initiatoren völlig anders aus. Denn wer eine Steuer am Ende wirklich bezahlt, hängt nicht von der Bezeichnung der Steuer ab, sondern von der Elastizität von Angebot und Nachfrage. In diesem Fall erwies sich die Nachfrage nach Luxusjachten als ausgesprochen elastisch. Niemand benötigt unbedingt eine in den USA produzierte Jacht, und daher kauften die Reichen anstelle von Jachten andere Luxusgüter oder sie erwarben ihre Jachten im Ausland, etwa in den karibischen Staaten. Der Kauf von Jachten brach deshalb in Florida innerhalb kurzer Zeit um 90 % ein. Weniger gut ausweichen konnten aber die amerikanischen Anbieter von Jachten und mit ihnen die Angestellten der Jachtwerften, die üblicherweise nicht der Gruppe der Reichen angehören. Für sie ging es nicht um das eher zweitrangige Problem, sich nun statt des einen Luxusgutes einfach ein anderes zu kaufen. Vielmehr hätte für sie ein Ausweichen vor der Steuer bedeutet, dass sie sich eine andere Beschäftigung hätten suchen müssen. Dies ist jedoch ein schwieriges und aufwendiges Unterfangen, und entsprechend unelastisch war das Angebot an Jachten. Damit aber wurde die Luxussteuer vor allem von den finanziell schlechtergestellten Angestellten der Jachtwerften bezahlt. Es überrascht daher kaum, dass diese Luxussteuer bald wieder abgeschafft wurde.

12.3 Umverteilung durch Sozialversicherungen und Transfers

Über die Ausgabenseite kann die Umverteilung auf zwei Arten geschehen: Man kann den Benachteiligten entweder direkt Geld zukommen lassen oder ihnen staatliche Leistungen verbilligt anbieten. Im Folgenden sprechen wir vor allem über die verschiedenen Formen von direkten Geldzuschüssen, womit die Sozialpolitik im engeren Sinne gemeint ist. Die Absicht dieser Maßnahmen ist es, die Risiken sehr niedrigen Einkommens abzufedern. Diese Risiken sind vielfältig und es bestehen entsprechend viele Möglichkeiten der sozialen Absicherung.

→ **Sozialversicherungen** Obligatorische staatliche Versicherungen, die soziale Risiken abdecken und vorwiegend über Lohnabzüge und Arbeitgeberbeiträge finanziert werden.

Abbildung 12.6 gliedert diese Sicherungssysteme auf, ausgehend von verschiedenen Arten von Risiken, und zeigt für Deutschland die entsprechenden *Sozialversicherungen* mit ihren Ausgaben in Euro im Jahr 2012.

In der Abbildung sind oben die wichtigsten Einkommensrisiken eingetragen, die durch die Sozialversicherungen abgedeckt werden. Das Ziel der Sozialversicherungen ist es, die Auswirkungen zu mildern, wenn eines dieser Risiken eintrifft. Dabei geht es entweder darum,

- Erwerbsersatz zu zahlen (z. B. bei der Arbeitslosenversicherung),
- dabei zu unterstützen, die Arbeitsfähigkeit wiederzuerlangen (z. B. bei der Unfallversicherung), oder
- die Gesundheit wiederherzustellen (bei der Krankenversicherung).

Abbildung 12.6
Systematik der sozialen Sicherheit und Ausgaben der deutschen Sozialversicherungen 2014

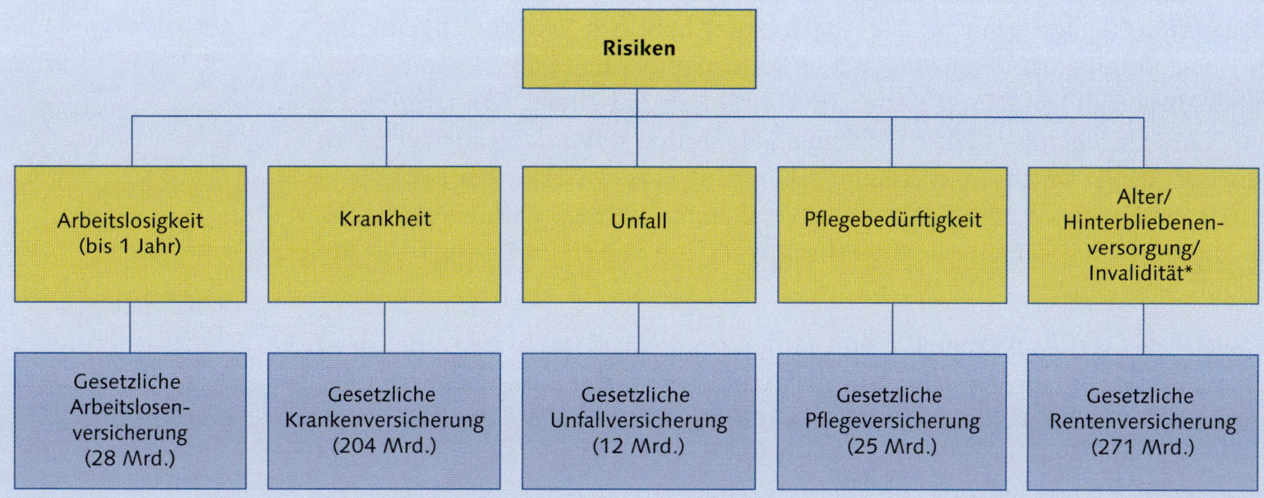

In Klammern stehen die Ausgaben der betreffenden Sozialversicherungen im Jahr 2014.

* Invalidität: Die Rentenversicherung deckt seit 2001 nicht mehr das Risiko der Berufsunfähigkeit ab, sondern nur noch das der verminderten Erwerbsfähigkeit. Der Unterschied: Berufsunfähig ist man, wenn man seinen Beruf nicht mehr ausüben kann; erwerbsunfähig, wenn man gar keinen Job mehr ausüben kann.

Quelle: Bundesministerium für Arbeit und Soziales

Über die Sozialversicherungen fließt der größte Teil aller Sozialleistungen in Deutschland, nämlich zwei Drittel. Zum restlichen Drittel gehören Sozialleistungen, die direkt aus dem Staatshaushalt bezahlt werden, z. B. die Grundsicherung für Arbeitsuchende und die Sozialhilfe (73 Milliarden Euro in 2014, vgl. Abschnitt 12.3.3), die Beamtenpensionen (51 Milliarden Euro) oder das Kindergeld (42 Milliarden Euro). Hinzu kommen Leistungen, die direkt von Arbeitgebern gewährt werden. So kostet die Lohnfortzahlung, welche die Unternehmen vom ersten Krankheitstag an bis zu sechs Wochen lang übernehmen, sie jährlich rund 30 Milliarden Euro.

12.3.1 Die Rentenversicherung

Weil niemand wissen kann, wie alt er wird, lässt sich auch nicht absehen, wie lange Geld im Ruhestand benötigt wird. Die **Abbildung 12.6** hat gezeigt, dass die Absicherung des „Altersrisikos" den mit Abstand größten Sozialversicherungszweig begründet. In Deutschland ist die Altersvorsorge nach dem sogenannten *Dreisäulenprinzip* aufgebaut. Die erste Säule bildet die gesetzliche Rentenversicherung (GRV). Die zweite Säule ergänzt diese Basisversorgung durch eine Zusatzversorgung über die betriebliche Vorsorge und die staatlich geförderte Riester-Rente. Die dritte Säule umfasst die darüber hinausgehende Selbstvorsorge. **Abbildung 12.7** benennt die wichtigsten Unterscheidungsmerkmale dieser drei Säulen.

→ **Dreisäulenprinzip**
Konzept der deutschen Altersvorsorge, wobei die erste Säule durch die Basisversorgung der gesetzlichen Rentenversicherung (GRV), die zweite Säule durch die Zusatzversorgung aus betrieblicher Vorsorge und staatlich geförderter Riester-Rente und die dritte Säule durch die rein private Vorsorge gebildet wird.

Betrachten wir kurz die Hauptpunkte: Was sind die Ziele der drei Säulen? Die erste Säule soll die Existenz im Alter sichern. Die zweite Säule soll es den Rentnerinnen und Rentnern ermöglichen, den gewohnten Lebensstandard aufrechtzuerhalten. Die dritte Säule schließlich dient dazu, weitergehende Bedürfnisse individuell abdecken zu können.

Wie werden die drei Säulen finanziert? Die erste Säule funktioniert nach dem sogenannten *Umlageverfahren*. Die Abgaben der heutigen Erwerbstätigen kommen dabei unmittelbar den heutigen Rentnern zugute. Eingezahlte Rentenbeiträge fließen von der jüngeren Generation direkt an die ältere. Die zweite und dritte Säule dagegen werden nach dem sogenannten *Kapitaldeckungsverfahren* finanziert. Die Erwerbstätigen sammeln über ihr Erwerbsleben ein Kapital an, welches die Unternehmen, Banken und Versicherer auf dem Kapitalmarkt anlegen. Dieses Kapital können die Erwerbstätigen dann zur Finanzierung ihres Ruhestands verwenden.

→ **Umlageverfahren**
Finanzierungsmethode von Versicherungen, bei der die Beiträge der Versicherten unmittelbar für die Finanzierung der heutigen Versicherungsleistungen verwendet werden.

→ **Kapitaldeckungsverfahren**
Finanzierungsmethode von Versicherungen, bei der die Beiträge der Versicherten auf dem Kapitalmarkt angelegt werden, um aus Beitragssumme und Zinserträgen später den Versicherungsanspruch abzudecken.

Aus welchen Quellen werden die drei Säulen finanziert? Die erste Säule speist sich aus Beiträgen der Versicherten, der Arbeitgeber und aus Zuschüssen des Bundes. Letztere sind ein Politikum ersten Ranges. Sie machen rund ein Viertel der gezahlten Renten aus. Mit anderen Worten: Die Renten wären um rund ein Viertel niedriger, würden sie allein durch die Versichertenbeiträge getragen (oder die Beiträge würden entsprechend erhöht). Die Zuschüsse aus Steuermitteln in die Rentenkasse sind der größte Einzelposten im Haushalt der Bundesregierung.

→ **Riester-Rente**
Zusätzlich zur gesetzlichen Rentenversicherung ansparbare private, kapitalgedeckte Rente, die stark durch staatliche Zulagen und Steuerersparnisse gefördert wird. Benannt nach einem ehemaligen Bundesarbeitsminister.

Die betriebliche Vorsorge wird über Beiträge der Arbeitnehmer, der Arbeitgeber oder von beiden finanziert, während die *Riester-Rente* durch Arbeitnehmerbeiträge und Steuerzuschüsse angespart wird. Bei dieser zweiten Säule tritt aber noch ein weiterer wichtiger „Beitragszahler" auf, nämlich die Zinserträge. Durch die Anlage der Gelder auf dem Kapitalmarkt werden Zinseinkommen erzielt, die dem Kapital zugeschlagen werden. Die dritte Säule schließlich beruht auf Beiträgen der Versicherten und auf Zinserträgen des angesparten Kapitals.

Abbildung 12.7
Die drei Säulen der deutschen Altersvorsorge

	Basisversorgung: Gesetzliche Rente (Erste Säule)	**Zusatzversorgung: Betriebsrente und Riester-Rente** (Zweite Säule)	**Selbstvorsorge** (Dritte Säule)
Ziel	Sicherung des Existenzbedarfs	Fortsetzung des gewohnten Lebensstandards	Weitergehende Bedürfnisse
Finanzierungsmethode	Umlageverfahren	Kapitaldeckungsverfahren	Kapitaldeckungsverfahren
Finanzierungsquellen	Beiträge Versicherter, Beiträge Arbeitgeber, Zuschüsse aus dem Staatshaushalt	Betriebsrente: Beiträge Arbeitnehmer, Beiträge Arbeitgeber, Zinserträge Riester-Rente: Beiträge Arbeitnehmer, Zuschüsse aus dem Staatshaushalt, Zinserträge	Beiträge Versicherter/ Anleger, Zinserträge
Grundprinzip	Äquivalenz kombiniert mit Solidarität	Betriebsrente: Äquivalenz Riester-Rente: Äquivalenz kombiniert mit Solidarität	Äquivalenz
Versichertenkreis	Arbeitnehmerinnen und Arbeitnehmer, Selbstständige einiger Berufsgruppen (z. B. Handwerker und Künstler), obligatorisch	Arbeitnehmerinnen und Arbeitnehmer, freiwillig	Freiwillig
Träger	Deutsche Rentenversicherung	Betriebsrente: Arbeitgeber, Versicherung, Pensionsfonds, Pensionskasse Riester-Rente: Versicherung, Bank	Banken, Versicherungen, Immobilien

Was ist das Grundprinzip hinter jeder dieser drei Säulen? Jede Säule beruht auf dem *Äquivalenzprinzip*: Es besteht ein direkter Zusammenhang zwischen dem eingezahlten und dem später ausbezahlten Geld. Je mehr man einzahlt, desto höher fallen die Renten aus. Die erste Säule beruht allerdings auch auf dem *Solidaritätsprinzip*. Die erhaltenen Renten sind nicht allein vom Betrag abhängig, den man während des Erwerbslebens eingezahlt hat, sondern zum Beispiel auch davon, ob man Kinder großgezogen oder Angehörige gepflegt hat. Auch die Riester-Rente in der zweiten Säule enthält Umverteilungskomponenten, z. B. zwischen Männern und Frauen oder zwischen Paaren mit und ohne Kinder. Die dritte Säule ist fast ausschließlich nach dem Äquivalenzprinzip ausgestaltet. Es kommt hier zu keinen Umverteilungen – außer denen zwischen den Geschlechtern durch das Unisex-Prinzip. Aufgrund dieser politischen Vorgabe zahlen Männer und Frauen seit 2012 bei neu abgeschlossenen Versicherungen den gleichen Beitrag, auch wenn ihre Risiken sich unterscheiden. Weil Frauen länger leben als Männer, zahlten sie früher höhere Beiträge bei privaten Rentenversicherungen (Altersvorsorge), aber niedrigere für Risikolebensversicherungen (Schutz der Hinterbliebenen bei frühzeitigem Tod). Heute zahlt für höhere Risiken das jeweils andere Geschlecht mit.

→ Äquivalenzprinzip
Versicherungsprinzip, wonach die versicherte Leistung den bezahlten Beiträgen entspricht.

→ Solidaritätsprinzip
Versicherungsprinzip, bei dem es zwischen den Versicherten zu starken Umverteilungen kommt. Die Beiträge richten sich nach der finanziellen Leistungsfähigkeit der Versicherten, die Versicherungsleistungen nach deren Bedürftigkeit.

Ein wesentlicher Unterschied zwischen den drei Säulen ist der Grad der Freiwilligkeit, mit dem die jeweilige Altersvorsorge betrieben werden kann. Gehört man zu den fest angestellten Arbeitnehmern, dann gibt es aufgrund der *Sozialversicherungspflicht* keine Wahl: Es besteht die Pflicht, in die gesetzliche Rentenversicherung einzuzahlen. Freiwillig sind hingegen die zusätzlichen Vorsorgeverträge der zweiten und dritten Säule. Gut die Hälfte der Arbeiter und Angestellten spart auf eine Betriebsrente, gut ein Drittel hat einen Riester-Vertrag. Fast jede und jeder Dritte verzichtet hingegen auf eine zusätzliche Vorsorge der zweiten Säule.

→ Sozialversicherungspflicht
Pflicht, sich bei den Zweigen der deutschen Sozialversicherung zu versichern. Besteht für fest angestellte Beschäftigte, Rentner und Selbstständige einiger Berufsgruppen.

Die demografische Herausforderung für die Altersvorsorge

Prognosen sind in der Ökonomie immer mit großer Unsicherheit behaftet. Vor diesem Hintergrund scheint eine Prognose bezüglich der wirtschaftlichen Entwicklungen in den nächsten 20 bis 30 Jahren geradezu tollkühn. Es gibt aber ein ganz wesentliches Element, über dessen Verlauf wir uns doch ziemlich sicher sein können: die Bevölkerungsentwicklung. Die Personen, die in 50 Jahren in Rente gehen werden, sind heute schon geboren. Zudem sind wichtige Faktoren der demografischen Entwicklung, wie die Geburtenquote, die Lebenserwartung und die Zuwanderung, ziemlich präzise prognostizierbar oder ändern sich zumindest nicht abrupt. Aus diesem Grund wissen wir heute schon, dass uns die Bevölkerungsalterung in den kommenden Jahrzehnten wohl die größten wirtschaftspolitischen Herausforderungen auferlegen wird. Im Zentrum steht dabei die Finanzierung der Altersvorsorge. Die demografische Herausforderung besteht darin, dass sich durch die Bevölkerungsalterung das Verhältnis zwischen der Anzahl Erwerbstätiger und der Anzahl Rentner stark verändert. Die Kombination von höherer Lebenserwartung und niedrigerer Geburtenquote führt dazu, dass die „Bevölkerungspyramide" (Basis der Pyramide mit vielen jungen und Spitze mit wenig alten Menschen) sich immer mehr einer Pilzform annähert (wenige junge und viele alte Menschen). Nun ist bei der Finanzierung der gesetzlichen Rente über das Umlageverfahren die Zahl der Erwerbstätigen pro Rentner entscheidend. Dieses Verhältnis wird sich in den nächsten 30 Jahren sehr verändern, weil geburtenstarke Jahrgänge aus dem Arbeitsleben ausscheiden werden. Immer mehr Rentner müssen dann von immer weniger Erwerbstätigen finanziert werden. Kamen im Jahr 2000 auf einen Rentner rund zwei Beitragszahler, werden es 2040 nur noch etwa 1,5 sein. Auch wenn solche Prognosen nicht genau sein können: Die grundsätzliche Aussage, dass es – bei gleichbleibendem Renteneintrittsalter – deutlich weniger Erwerbstätige pro Rentner geben wird, wird sich mit Sicherheit bewahrheiten.

Wie die Sozialversicherungen mit dieser zukünftigen demografischen Herausforderung umgehen sollen, gehört schon heute zu den kniffligsten Fragen der Wirtschaftspolitik. Dabei ist es ziemlich unbestritten, wovon die Finanzierungssituation der Rentenversicherung längerfristig abhängt. Die wichtigsten Faktoren lassen sich in zwei Formen unterteilen: solche, die direkt durch wirtschaftspolitische Entscheidungen beeinflussbar sind, und solche, die sich nicht oder nur indirekt beeinflussen lassen. Wirtschaftspolitisch direkt beeinflussbare Faktoren:

- Höhe der Beiträge,
- Höhe der Renten,
- Höhe des Renteneintrittsalters.

Je höher die jährlichen Beitragszahlungen der Erwerbstätigen, je niedriger die jährlichen Auszahlungen in Form von Altersrenten und je höher das tatsächliche Renteneintrittsalter, desto besser ist die finanzielle Situation der gesetzlichen Rentenversicherung.
Wirtschaftspolitisch nur indirekt beeinflussbare Faktoren:

- Einwanderung,
- Geburtenrate,
- Wirtschaftswachstum.

Je mehr Arbeitskräfte einwandern, je höher die Geburtenrate und je höher das durchschnittliche Wirtschaftswachstum, desto besser ist die finanzielle Situation der gesetzlichen Rentenversicherung.

Die Finanzierbarkeit der gesetzlichen Rentenversicherung hängt auch stark von der Geburtenrate ab.

Wichtige Schritte zur Lösung der Finanzierungsprobleme hat die Politik in den letzten Jahren bereits unternommen. So wurde beschlossen, das Renteneintrittsalter schrittweise von 65 auf 67 Jahre zu erhöhen. Wer früher in Rente gehen will, muss 45 Jahre in die Rentenversicherung eingezahlt haben oder Rentenabschläge in Kauf nehmen. Weil die Lebenserwartung steigt, bedeutet die „Rente mit 67" nicht, dass die insgesamt empfangene Rente gekürzt wird. Anderes gilt für die beschlossene Rentenhöhe. Diese sinkt nämlich. Lag sie einst bei über 55 % des vorherigen durchschnittlichen Lohns, wird sie bis zum Jahr 2030 auf 42 % abfallen. Diese Rentenkürzung hat die Politik zum Anlass genommen, den Versicherten mit einer üppigen staatlichen Förderung zusätzliche Privatvorsorge schmackhaft zu machen. Seit 2002 gibt es die Riester-Rente, so genannt nach dem damaligen Bundesarbeitsminister. Die Versicherten sollen durch das geförderte kapitalgedeckte Sparen ausgleichen, was sie umlagefinanziert verlieren.
Die kapitalgedeckte Alternative mag sinnvoll sein, geschützt gegen die demografischen Veränderungen ist sie nicht. Denn auch bei dieser Form der Altersvorsorge spielt die demografische Entwicklung eine entscheidende Rolle. Mit dem Kapitaldeckungsverfahren wird über die Jahre ein Kapitalstock angespart. Im Alter wird dieses angesparte Vermögen wieder abgebaut, um damit die Rente zu finanzieren. Eine kritische Frage für jede Versicherung ist natürlich, welchen Anteil seines Kapitals ein Rentner jährlich aufbrauchen darf. Dabei ist die durchschnittliche Lebenserwartung von zentraler Bedeutung. Steigt nämlich die Lebenserwartung, muss das angesparte Kapital für eine größere Anzahl von Jahren reichen und es kann pro Jahr weniger ausgezahlt werden. Ein fix angespartes Kapital muss dann quasi in kleinere Portionen aufgeteilt werden. Dies führt dazu, dass auch die privaten Versicherungen, obwohl sie mit dem Kapitaldeckungsverfahren operieren, stark von der demografischen Entwicklung abhängen.
Auch gegen wirtschaftliche Schwankungen ist die Kapitalsicherung nicht gewappnet (ebenso wenig die Umlagefinanzierung). Die finanzielle Situation in der zweiten und dritten Säule ist stark abhängig von der Höhe der Zinserträge, die man an den Kapitalmärkten erzielen kann. Die durchschnittliche Rendite auf den Finanzmärkten hängt dabei direkt mit der Wachstumsrate des Bruttoinlandsprodukts zusammen. Schließlich kann man das Wirtschaftswachstum ja einfach als durchschnittliche Rendite einer Volkswirtschaft interpretieren, womit klar ist, dass der durchschnittliche Realzins langfristig in etwa der durchschnittlichen Wachstumsrate entsprechen dürfte. Allzu unterschiedlich sind die langfristigen Finanzierungsprobleme der auf den ersten Blick so unterschiedlichen Finanzierungsformen über das Kapitaldeckungsverfahren und über das Umlageverfahren also nicht. Um den Lebensstandard der Rentner zu sichern, führt somit kein Weg daran vorbei, zusätzlich zur Sparaktivität auf das künftige Wirtschaftswachstum und eine hohe Erwerbstätigkeit zu setzen sowie die Gesellschaft offen für Zuwanderer – und Kinder – zu gestalten.

Zusammenfassende Übersicht

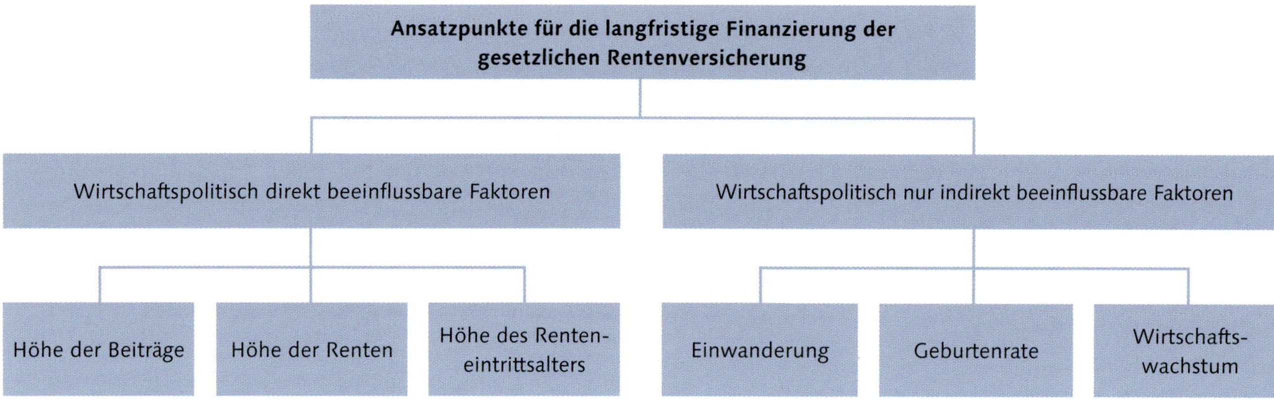

12.3.2 Die Krankenversicherung

Anders als die Rentenversicherung ist die gesetzliche Krankenversicherung vor allem nach dem Solidaritätsprinzip ausgestaltet. Jeder Versicherte erhält die gleichen Leistungen – egal, wie viel er eingezahlt hat. Es gibt Versicherte, die wenig oder sogar gar nichts an ihre Krankenkasse zahlen, und es gibt solche, die den Höchstbetrag abführen. Das hängt davon ab, ob sie wenig verdienen oder viel. Von dieser Umverteilung profitieren vor allem Geringverdiener, Kinder und verheiratete Hausfrauen.

Wie bei der Rentenversicherung sind Arbeitnehmerinnen und Arbeitnehmer bei der gesetzlichen Krankenversicherung (GKV) pflichtversichert, außerdem Arbeitslose, Rentner, Studierende und Selbstständige bestimmter Berufsgruppen. Insgesamt sind rund 70 Millionen gesetzlich versichert. Anders als bei der Rentenversicherung können sich Gutverdiener von der Versicherungspflicht befreien und eine private Krankenversicherung (PKV) abschließen. Bei dieser hängt die Höhe des Beitrags vom Alter und vom individuellen Krankheitsrisiko ab, das die Versicherungen durch eine Gesundheitsprüfung ermitteln; kostenlose Mitversicherungen z. B. von Kindern gibt es nicht. Neben Gutverdienern gehören vor allem Selbstständige und Beamte zur Klientel der PKV. Deren rund 9 Millionen Mitglieder erhalten in der Regel umfangreichere Leistungen als die Mitglieder der gesetzlichen Krankenkassen.

Die GKV hat – ähnlich wie die Rentenversicherung – Finanzierungsprobleme. Nicht nur der demografische Wandel, sondern auch neue Behandlungsmethoden treiben die Krankheitskosten. Da der Markt für Gesundheitsleistungen in Deutschland stark reglementiert ist, kann kaum von Wettbewerb und dessen kostendämpfender Wirkung gesprochen werden. Die Leistungskataloge der rund 120 gesetzlichen Krankenkassen sind weitestgehend identisch und der fällige Grundbeitragssatz ist bei allen gleich. Das Geld fließt in einen staatlichen Gesundheitsfonds, der es an die Kassen verteilt. Kommen sie damit nicht aus, erheben sie Zusatzbeiträge, die seit 2015 aus Sicht der Versicherten für einen gewissen preislichen Unterschied zwischen den Kassen sorgen.

Viele Preise und Budgets von Ärzten, Apothekern, Krankenhäusern und Pharmaunternehmen werden zentral und mit Lobbybeteiligung ausgehandelt. Es wimmelt von Fehlanreizen zur Mittelverschwendung, die mit den bürokratischen Mitteln der Kostenkontrolle, die zur Verfügung stehen, nicht in den Griff zu bekommen sind. So ineffizient viele Strukturen im Gesundheitswesen aus ökonomischer Sicht zu beurteilen sind, so zahlreich sind die politischen Versuche, diese Strukturen zu reformieren. Statt für wirkliche Erfolge sorgen Reformen oft aber nur dafür, dass die Finanzausstattung des Gesundheitswesens für den Moment sichergestellt wird. Diesem Ziel dienen nicht nur Beitragserhöhungen, sondern auch das Streichen vorheriger Kassenleistungen, z. B. für Brillen oder bestimmte Medikamente.

Die GKV finanziert sich vor allem durch die Beiträge, die von Arbeitgebern und Arbeitnehmern gemeinsam getragen werden. Anders als bei der Rentenversicherung ist die *paritätische Finanzierung* seit der Gesundheitsreform 2004 nicht mehr gegeben. Der Anteil der Arbeitgeber wurde fixiert, sodass die Arbeitnehmer Beitragssteigerungen alleine tragen und somit mehr als 50 % des Beitrags leisten. Diese Maßnahme soll verhindern, dass die Lohnnebenkosten aus Arbeitgebersicht zu hoch und darum Arbeitsplätze abgebaut werden.

→ **Paritätische Finanzierung**
Prinzip der gesetzlichen Sozialversicherungen, nach dem die Beiträge jeweils zur Hälfte von Arbeitnehmer und Arbeitgeber getragen werden. Gilt nicht mehr bei der Krankenversicherung; bei dieser zahlen Arbeitnehmer inzwischen mehr als 50 %.

12.3.3 Die Grundsicherung

Die Grundsicherung sorgt beim Lebensstandard von Menschen für eine staatlich gezogene Untergrenze des Einkommens. Sie sichert das Existenzminimum, so wie es die Politik definiert (vgl. Seiten „Kompetenzen bilden"). Empfänger bekommen vom Staat Miete und Heizung bezahlt, sie werden kranken- und pflegeversichert und erhalten darüber hinaus im Regelfall 404 Euro im Monat zu ihrer Verfügung (Stand: 2016).

Dieser Betrag ist es, der im allgemeinen Sprachgebrauch „Hartz IV" oder „Arbeitslosengeld II" genannt wird (zum Arbeitslosengeld I vgl. Kapitel 13). Anders als es die Bezeichnung nahelegt, erhalten keineswegs nur Arbeitslose diese Grundsicherung, hinter der eine ganze Reihe von verschiedenen Transfers stecken. „*Grundsicherung für Arbeitsuchende*", „Grundsicherung im Alter", „Grundsicherung bei Erwerbsminderung", „Sozialgeld", „*Sozialhilfe*": Die breite Palette an Begriffen verdeutlicht bereits, dass es eine ebenso breite Palette an Empfängergruppen gibt.

→ **Grundsicherung für Arbeitsuchende**
Grundsicherung des Lebensunterhalts für Erwerbsfähige (Arbeitslosengeld II) und ihre Angehörigen (Sozialgeld).

→ **Sozialhilfe**
Grundsicherung des Lebensunterhalts für nicht Erwerbsfähige und Rentner.

Vor wenigen Jahren kürten Jugendliche und eine Jury das Verb „hartzen" zum „Jugendwort des Jahres". In der Tat reden manche von Hartz IV, als gehe es beim Bezug von Sozialleistungen um die Wahl eines Lebensstils, wie hier an einem U-Bahnhof in Köln.

KOMPETENZEN BILDEN: Hartz IV – Wie viel braucht man zum Leben?

Beim Thema „Hartz IV" kochen schnell die Emotionen hoch. Gegner der „Grundsicherung für Arbeitsuchende", so die offizielle Bezeichnung des Arbeitslosengelds II, sprechen von Demütigung, „finanziellem Striptease", Behördenwillkür. Andere wiederum glauben, mit Blick auf Langzeitarbeitslose von „Sozialschmarotzertum" sprechen zu müssen. Ihrer Meinung nach ist es in der „sozialen Hängematte" viel zu bequem, sodass der Anreiz gering sei, sie zu verlassen. Einige gehen gar so weit zu argwöhnen, das Angebot solcher Sozialleistungen bringe die Nachfrage danach erst hervor. Weil verlässliche Zahlen zum Leistungsmissbrauch fehlen, ist die Spielwiese für Mutmaßungen groß. Die Hitzigkeit der Debatte ist kein Wunder. Denn bei der Existenzsicherung geht es für die Betroffenen, wie es der Begriff schon sagt, um die Existenz. Deutschland ist im Grundgesetz als „sozialer Bundesstaat" definiert. Allgemein wird darunter die Verpflichtung des Staates verstanden, nicht tatenlos zuzusehen, wenn soziale Missstände, Schicksalsschläge oder eigene Fehler Menschen in die Verzweiflung treiben. Es zeichnet eine Gesellschaft aus, wenn die Menschenwürde nicht nur auf dem Papier der Verfassung geachtet wird, sondern den edlen Worten auch Taten folgen. Mit dieser Umsetzung wird es allerdings auch kompliziert – denn die nötigen Eingriffe in das Leben anderer Leute sind gewaltig.

Das Prinzip der Selbstbestimmung, auf dem das Menschenbild in der Marktwirtschaft aufbaut, wird bei der Grundsicherung teilweise außer Kraft gesetzt – notgedrungen. Durch Armut wird der Homo oeconomicus zum Bedürftigen. Sein Lebensstandard bemisst sich nicht mehr nach seiner Leistung, sondern nach dem Prinzip der Fürsorge. Betroffene erhalten einerseits Hilfe, dürfen andererseits aber viele Entscheidungen nicht mehr selbst treffen. Statt selbst festzulegen, wie viel man konsumiert oder spart, redet der Staat bei Hartz-IV-Empfängern ein mächtiges Wörtchen mit. Statt ihr Leben nach eigenen Maßstäben zu führen, sind sie z. B. verpflichtet, sich regelmäßig zu melden, sich Urlaube genehmigen zu lassen oder Jobs anzunehmen, für die sie nicht ausgebildet wurden.

Kurz gesagt werden den Betroffenen große Teile ihres Lebens aus der Hand genommen. Weil vieles stattdessen staatlich geregelt wird, wird es auch ins Amtsdeutsch übersetzt. Das Zuhause wird zur „Bedarfsgemeinschaft", das verbliebene Ersparte zum „Schonvermögen", das Nichterscheinen beim „Persönlichen Ansprechpartner (PAP)" zum „Meldeversäumnis". Mangelnde Kooperation wird mit Leistungskürzung bestraft. Das ist die Kehrseite der Alimentierung: Hilfe gibt es nur im Tausch gegen Kontrolle und gewünschtes Verhalten („Fördern und Fordern").

Wie aber bestimmt der Staat, was und wie viel die Menschen zum Leben brauchen? Niemanden verhungern zu lassen, wäre vermutlich ein Konsens in der Gesellschaft über ein Mindestmaß an sozialer Sicherheit. Aber der Mensch lebt nicht vom Brot allein. Also benötigen

Berechnung des Existenzminimums durch die Regierung nach Ausgabenbereichen im Jahr 2016

So viel erhält ein durchschnittlicher Einpersonenhaushalt bzw. ein 18- bis 24-Jähriger im elterlichen Haushalt bei Hartz IV und Sozialhilfe für folgende Ausgabenbereiche seines Lebensunterhalts. Hinzu kommen Miete, Heizungskosten und Sozialversicherung.

Ausgabenbereiche	Anteil in Prozent	in Euro pro Monat: Alleinstehender Erwachsener, eigener Haushalt	in Euro pro Monat: 18- bis 24-Jähriger, elterlicher Haushalt
Nahrung, alkoholfreie Getränke	35,50	143,42	115,02
Freizeit, Unterhaltung, Kultur	11,04	44,60	35,77
Nachrichtenübermittlung (Telefon, Internet)	8,83	35,67	28,61
Bekleidung, Schuhe	8,40	33,94	27,22
Strom, sonstige Energie (ohne Heizung), Wohnungsinstandhaltung	8,36	33,77	27,09
Innenausstattung, Haushaltsgeräte und -gegenstände	7,58	30,62	24,56
Andere Waren und Dienstleistungen	7,32	29,57	23,72
Verkehr, Mobilität	6,30	25,45	20,41
Körper- und Gesundheitspflege	4,30	17,37	13,93
Beherbergungs- und Gaststättendienstleistungen	1,98	8,00	6,42
Bildung	0,38	1,54	1,23
Gesamt	100,00	404,00	324,00

Quelle: Regelbedarfsermittlungsgesetz

Bedürftige auch Kleidung und Wohnung. Weil Einsamkeit kein Lebensstil ist, der Anlass zu großen Hoffnungen gibt, ist „Teilhabe" ebenfalls staatlicherseits gewünscht – Teilhabe am sozialen und kulturellen Leben, z. B. ein Gaststätten- oder Kinobesuch. Alle fünf Jahre untersucht der Staat mit der Einkommens- und Verbrauchsstichprobe (EVS), wie die Menschen in Deutschland ihr Geld verdienen und wofür sie es ausgeben. Die Haushalte mit den niedrigsten Einkommen werden dabei genauer betrachtet. Das Ergebnis ist die Basis für das, was der Staat Bedürftigen im Monat fürs Leben zugesteht. Die Tabelle zeigt das Ergebnis der Strichprobe, deren Beträge von Jahr zu Jahr etwas erhöht werden, um Inflation und Lohnentwicklung zu berücksichtigen. 2016 resultierte für einen alleinstehenden Empfänger ein Regelbedarfsatz von monatlich 404 Euro, die der Staat auszahlt. Darüber hinaus übernimmt er die Kosten fürs Wohnen, Heizen und die Sozialversicherung. Die aufgeführten Ausgabenbereiche geben die Lebensrealität nur scheinbar genau wieder. Es fehlen einige Ausgaben. Die Statistiker hatten bei den untersuchten Haushalten natürlich erfasst, dass diese etwa auch Bier trinken oder Zigaretten rauchen. Doch Alkohol und Tabak hat die Regierung als überflüssig gestrichen, ebenso Hundefutter oder „Schnittblumen" – worunter auch der Weihnachtsbaum fällt, wie in skandalisierenden Schlagzeilen herausgestellt wurde. Somit fällt das bewilligte Existenzminimum niedriger aus.

Dafür können die Sozialleistungsempfänger aber besondere Härten und Sonderausgaben geltend machen. Die Behörden bezahlen zum Beispiel zusätzlich eine Putzhilfe für Rollstuhlfahrer, nicht hingegen eine besondere Ernährung oder Diät. Größere Anschaffungen wie Matratzen oder Waschmaschinen werden auf Antrag als „Erstausstattung" bezahlt, wenn vorher keine vorhanden waren. Verschleißen sie, müssen Reparaturen oder der Nachkauf aus dem Regelsatz bezahlt werden oder mit einem staatlichen Darlehen.

Die Regierung hat dieses Berechnungsverfahren bereits wegen rechtlicher Mängel nachbessern müssen. Wie sich zeigt, ist es alles andere als einfach, einheitliche Existenzbedürfnisse zu definieren, die den unterschiedlichen Lebensweisen halbwegs gerecht werden. Mit Hartz IV ist eine Welle an Klagen in die Sozialgerichte geschwappt. Gegen Ablehnungen und Auflagen wehren sich viele Betroffene, unterstützt von Anwälten und Sozialverbänden. Die Kosten dieser Verfahren – auch das gehört zum Selbstverständnis unseres Sozialstaates – werden bei Bedürftigen oft vom Staat übernommen. Selbst wenn er es ist, der hier verklagt wird.

Der Mensch lebt nicht vom Brot allein. Nach Einschätzung der deutschen Regierung benötigt er auch 1,54 Euro monatlich für Bildung und 17,37 Euro für die Körperpflege. Genaueres steht in insgesamt zwölf Gesetzbüchern, die das deutsche Sozialrecht umfassen.

Arbeitsaufträge:

1. Berechnen Sie, welches monatliche Nettoeinkommen dem Haushalt, in dem Sie leben, insgesamt zustehen würde, wenn er im vollen Umfang hilfebedürftig wäre (alle arbeitslos, kein Vermögen). Verwenden Sie dazu kostenfreie Online-Hartz-IV-Rechner. Informieren Sie sich außerdem auf den Webseiten des Bundesministeriums für Arbeit und Soziales (www.bmas.de, Themen/Arbeitsmarkt/Grundsicherung/SGB II im Überblick).
2. Führen Sie einen Monat lang ein Haushaltsbuch. Tragen Sie sämtliche Ausgaben für Ihren Lebensunterhalt – Ihre Ausgaben *und* Ausgaben anderer Personen für Sie – nach den Ausgabenbereichen der Tabelle ein. Schätzen Sie die Summen notfalls realistisch ab. Vergleichen Sie nach Ablauf des Monats die Beträge und deren Anteil an den Gesamtausgaben mit jenen in der obigen Tabelle. Beurteilen Sie die Höhe des staatlichen Leistungsniveaus von Ihrer Warte aus.
3. Vergleichen Sie das Hartz-IV-Leistungsniveau mit den Verdienstmöglichkeiten im Niedriglohnsektor (Bruttostundenlöhne etwa bis 10 Euro). Sehen Sie einen Zusammenhang zwischen dem Abstand dieser beiden Einkommensarten und der Bereitschaft, eine Arbeit aufzunehmen?
4. Nehmen Sie Stellung zu der Forderung, das steuerfinanzierte Arbeitslosengeld II sollte nur gewährt werden, wenn Hilfeempfänger von Kommunen zu Arbeiten herangezogen werden können.

Wer nicht arbeiten kann, erhält ebenso Grundsicherungsleistungen wie ein Rentner oder Berufstätiger, dessen Rente bzw. Einkommen zu niedrig ist, um davon leben zu können. Letztere sind sogenannte „Aufstocker" – Menschen, die sich zum Grundsicherungsgeld noch etwas dazuverdienen und meist nur geringfügig und nicht in Vollzeit beschäftigt sind. Eine Grundsicherung bekommen auch nicht erwerbsfähige Angehörige im Haushalt eines Hartz-IV-Empfängers, z. B. Kinder. Betrachten wir nur diejenigen, die dem Arbeitsmarkt tatsächlich zur Verfügung stehen könnten, also die Erwerbsfähigen unter den Leistungsempfängern, ergibt sich folgendes Bild: Arbeitslos gemeldet waren im September 2015 von den 4,3 Millionen erwerbsfähigen Hartz-IV-Beziehern nur 1,9 Millionen, davon knapp die Hälfte Langzeitarbeitslose. Alle anderen arbeiteten entweder oder waren gerade nicht auf Jobsuche, z. B. weil sie als Alleinerziehende keine Möglichkeit für eine Berufstätigkeit sahen.

Peter Hartz übergibt im Jahr 2002 dem damaligen Bundeskanzler Gerhard Schröder die Vorschläge seiner Reformkommission für den Arbeitsmarkt.

Insgesamt bezieht rund jeder elfte Einwohner in Deutschland eine der genannten Mindestsicherungsleistungen. Dabei besteht ein großes Gefälle zwischen den Regionen: In Berlin lebt fast jeder Fünfte mit einer Existenzhilfe des Staates, in Bayern nur jeder Zwanzigste.

Anders als die Leistungen der gesetzlichen Renten- oder Krankenversicherung ist die Grundsicherung keine Versicherungsleistung, für die man vorher Beiträge zu zahlen hätte. Sie wird aus Steuermitteln finanziert. Grundsicherungsleistungen erhalten alle, die das Kriterium der „Bedürftigkeit" erfüllen. Je nach Grad der Bedürftigkeit sind die Leistungen gestaffelt. Einerseits können über den sogenannten Regelbedarf von 404 Euro hinaus auf Antrag weitere Gelder bewilligt werden, z. B. für Härtefälle. Andererseits werden aber auch geringere Beträge als der Regelbedarf ausgezahlt, etwa an Kinder und andere nicht erwerbsfähige Haushaltsmitglieder. Es wird nämlich angenommen, dass bei gemeinsamer Haushaltsführung die Pro-Kopf-Kosten niedriger liegen als bei einem Einpersonenhaushalt, z. B. weil der Kühlschrank von mehreren Personen genutzt wird.

Ein wichtiges (und von vielen Betroffenen als beschwerlich empfundenes) Merkmal der Grundsicherungsleistungen ist die gründliche Prüfung der Bedürftigkeit. Dazu untersuchen die zuständigen Behörden das Einkommen und das Vermögen der Antragsteller. Wer zu viel verdient oder zu viel Erspartes hat, bekommt keine Grundsicherung, sondern soll zunächst seine eigenen Mittel angreifen. Natürlich ist die Grenze politisch umstritten, ab der man auf seine eigenen Kräfte – und die seiner Lebenspartner – verwiesen wird.

→ **Hartz-Reformen**
Nach dem ehemaligen VW-Personalmanager und Regierungsberater Peter Hartz benanntes Reformprogramm für den Arbeitsmarkt, das in vier Schritten (Hartz I bis IV) größtenteils umgesetzt wurde. Schwerpunkt ist das unter dem Slogan „Fördern und Fordern" eingeführte Arbeitslosengeld II.

Hartz-IV-Empfänger werden von sogenannten Jobcentern betreut. Die meisten Kommunen arbeiten im Jobcenter mit der Bundesagentur für Arbeit zusammen, während andere Gemeinden die Antragsteller in Eigenregie betreuen. An diese Jobcenter wenden sich alle Bedürftigen zwischen 15 und (derzeit) 65 Jahren, die mindestens drei Stunden täglich arbeiten können und somit als erwerbsfähig gelten. Bis zu den *Hartz-Reformen* gingen Bedürftige auf zwei getrennte Ämter – Arbeitsamt und Sozialamt. Schon der Name „Jobcenter" verrät, worum es bei dieser Umstellung auf die Betreuung und Vermittlung aus einer Hand geht: Die Betroffenen sollen die Bedürftigkeit möglichst rasch hinter sich lassen, indem sie auf dem Arbeitsmarkt eine Stelle annehmen, die ihnen vom Jobcenter angeboten wird. Die Zumutbarkeitskriterien und Sanktionsmöglichkeiten wurden dabei im Vergleich zu früher verschärft, wie in Kapitel 13 ausgeführt wird.

ZUSAMMENFASSUNG ANHAND DER LERNZIELE ZU KAPITEL 12

1 **Schwierigkeiten einer gerechten Einkommens- und Vermögensverteilung**
In einem marktwirtschaftlichen System wird das Einkommen automatisch nach der Effizienz verteilt und damit auch danach, inwieweit die Arbeit – die Produktionsleistung – eines Einzelnen auf dem Markt wertgeschätzt wird. Sollen auch andere Faktoren wie Bedarf oder Gerechtigkeitsvorstellungen berücksichtigt werden, müssen zusätzliche Verteilungsmechanismen etabliert werden. Hier stellt sich aber die Schwierigkeit, dass kein eindeutiger Konsens darüber herrscht, wann die Verteilung wirklich gerecht wäre. Zudem besteht ein gewisser Zielkonflikt, da eine sehr starke Umverteilung die Arbeitsanreize reduziert und damit den Wohlstand beeinträchtigt.

2 **Messung der Verteilung**
Ein wichtiges Konzept, um die Verteilung von Einkommen und Vermögen zu messen und darzustellen, stellt die Lorenzkurve dar. Sie zeigt in einem Diagramm, welcher Anteil der Haushalte welchen Anteil des Gesamteinkommens für sich beansprucht. Dabei würde die Winkelhalbierende eine vollkommen gleichmäßige Verteilung darstellen, z. B. 10 % der Haushalte beanspruchen 10 % des Einkommens. Die Realität sieht jedoch meist anders aus: Eine eher bauchige Kurve zeigt die Ungleichverteilung, z. B. dass in Deutschland die ärmsten 20 % der Haushalte unter 10 % des Einkommens erhalten. Um einen internationalen Vergleich zu ermöglichen, gibt der sogenannte Gini-Koeffizient die Ungleichverteilung in Werten von 0 bis 100 wieder, wobei 0 eine vollkommene Gleichverteilung bedeuten würde. Mit einem Wert von 30,6 für das Jahr 2013 steht Deutschland mit einer vergleichsweise ausgeglichenen Verteilung da.

3 **Instrumente der Umverteilung**

Dem Staat stehen verschiedene Mittel zur Verfügung, um eine „gerechtere" Verteilung zu bewirken. Auf der Einkommensseite funktioniert dies vor allem über progressive Steuermodelle, indem höhere Einkommen automatisch auch prozentual höher besteuert werden. Eine Möglichkeit bieten auch sogenannte Luxussteuern. Hier ist jedoch zu beachten, dass es von der Nachfrage- und Angebotselastizität abhängt, ob eine solche Steuer letztlich von Nachfragern oder Anbietern getragen wird. Andere Wege der Umverteilung führen über Sozialversicherungen und Transfers. Als wichtigste Instrumente sind hier die Rentenversicherung, die Krankenversicherung und die Grundsicherung (vor allem ALG II) zu nennen.

4 **Auswirkungen der demografischen Entwicklung**

Die demografische Entwicklung stellt unser Sozialsystem vor eine schwierige Aufgabe: Durch die zunehmende Bevölkerungsalterung steigt die Anzahl der Rentner in Relation zur Anzahl der Erwerbstätigen. Damit steigt auch der Beitrag, den jede oder jeder Erwerbstätige im Zuge der Rentenversicherung zu leisten hat. Ein erster Versuch, dieser Entwicklung beizukommen, ist die schrittweise Erhöhung des Renteneintrittsalters auf 67 Jahre. Wirtschaftspolitisch direkt beeinflussbare Faktoren in dieser Hinsicht sind die Höhe der Rentenversicherungsbeiträge, die Höhe der Rente und die Höhe des Renteneintrittsalters. Indirekt beeinflussbar sind Einwanderung, Geburtenrate und Wirtschaftswachstum. Die demografische Entwicklung macht sich aber auch im Hinblick auf andere Sozialversicherungen bemerkbar. So stellen z. B. die durch sie verursachten steigenden Krankheitskosten eine nicht zu unterschätzende Schwierigkeit für die gesetzlichen Krankenkassen dar.

ZENTRALE BEGRIFFE

Utilitarismus
Gesellschaftsvertrag unter Unsicherheit
Lorenzkurve
Proportionale Steuer
Progressive Steuer
Finanzausgleich
Mischfinanzierung
Steuerinzidenz
Sozialversicherungen
Dreisäulenprinzip
Umlageverfahren
Kapitaldeckungsverfahren
Riester-Rente
Äquivalenzprinzip
Solidaritätsprinzip
Sozialversicherungspflicht
Paritätische Finanzierung
Grundsicherung für Arbeitsuchende
Sozialhilfe
Hartz-Reformen

WIEDERHOLUNGSAUFGABEN ZU KAPITEL 12

1 Sammeln Sie in der Gruppe verschiedene „Definitionen" von Verteilungsgerechtigkeit. Inwieweit sind Unterschiede zu finden? Lassen sich Ansichten an dem individuellen Hintergrund des Äußernden festmachen? Versuchen Sie, sich innerhalb der Gruppe auf einen Konsens zu einigen.

2 Suchen sie verschiedene Punkte auf der Lorenzkurve heraus und verdeutlichen Sie deren Aussage (z. B. 90 % der Haushalte erhalten rund 75 % des Einkommens; Umkehrschluss: Die reichsten 10 % der Haushalte erhalten rund 25 % des gesamten Einkommens). Vergleichen Sie die Lorenzkurve mit und ohne staatliche Transfers. Welche Rückschlüsse lassen sich daraus ziehen?

3 Welche Instrumente der Umverteilung stehen dem Staat zur Verfügung? Nehmen Sie eine begründete Bewertung der verschiedenen Möglichkeiten im Hinblick auf den Verteilungseffekt vor und erstellen Sie daraus eine persönliche Rangliste. Gibt es starke Abweichungen innerhalb der Klasse?

4 Warum stellt die demografische Entwicklung eine Herausforderung für unser Sozialsystem dar? Überlegen Sie sich, welche Auswirkungen diese Entwicklung auf Ihr weiteres Leben haben kann.

HANDLUNGSORIENTIERTE AUFGABE ZU KAPITEL 12

1 In der Debatte um Hartz IV ist alternativ immer wieder von einem (bedingungslosen) Grundeinkommen die Rede. Erkundigen Sie sich über verschiedene Konzepte zu einem Grundeinkommen und vergleichen Sie diese mit der derzeitigen Grundsicherung nach Hartz IV. Welche Schlussfolgerungen ziehen Sie? Zu welcher eigenen Meinung kommen Sie nach Abwägung aller Aspekte?

Kapitel 13: Arbeitsmarktpolitik

LERNZIELE ZU KAPITEL 13

Nachdem Sie Kapitel 13 durchgearbeitet haben, sollten Sie in der Lage sein,

1. die wichtigsten Kenngrößen des Arbeitsmarktes zu benennen.
2. die verschiedenen Formen von Arbeitslosigkeit und deren jeweiliges Zustandekommen zu erläutern.
3. die Folgen struktureller und konjunktureller Arbeitslosigkeit für Sie selbst und für die Volkswirtschaft im Ganzen abzuschätzen.
4. die Maßnahmen und Wirkungen der Arbeitsmarkt- und Bildungspolitik zu analysieren und zu beurteilen.

Kapitel 13: Arbeitsmarktpolitik

In der öffentlichen Diskussion um die Ausgestaltung der Wirtschaftspolitik stellt die Arbeitslosigkeit meist das wichtigste Thema dar. Doch was unterscheidet die Arbeitslosigkeit von anderen wirtschaftspolitischen Problemen?

Zum Ersten trifft die Arbeitslosigkeit nicht alle ein wenig, sondern einige massiv. Steigt sie an, so müssen nicht alle Personen ihre Arbeitszeit ein bisschen reduzieren, sondern ein relativ kleiner Teil der Bevölkerung kann überhaupt keine Arbeit mehr finden. Dies sollte zwar das Mitgefühl der weiterhin Beschäftigten wecken, würde aber für sich alleine kaum dazu führen, dass eine Mehrheit die Arbeitslosigkeit als großes Problem empfindet. Denn die meisten bleiben ja beschäftigt.

Doch hier kommt die zweite Eigenheit der Arbeitslosigkeit ins Spiel – die Unsicherheit. Vor allem dann, wenn die Arbeitslosigkeit stark steigt und nicht klar ist, wer betroffen sein wird, scheint für viele die eigene Arbeitsstelle bedroht zu sein.

Diese beiden Merkmale der Arbeitslosigkeit – die stark negative Wirkung auf Einzelne sowie die Unsicherheit darüber, wer betroffen sein wird – sind verantwortlich für die große Bedeutung des Themas in der wirtschaftspolitischen Diskussion.

13.1 Arbeitslosigkeit

Bevor wir die Hintergründe der Arbeitslosigkeit diskutieren, wollen wir in **Abbildung 13.1** den Begriff der Arbeitslosigkeit klarer definieren.

Die Bevölkerung lässt sich in zwei Gruppen aufteilen: in die Gruppe der 15- bis 64-Jährigen und in den Rest der Bevölkerung. Die 15- bis 64-Jährigen bilden unter den heutigen gesetzlichen Rahmenbedingungen die potenziell erwerbstätige Bevölkerung. Das sind also alle Personen, die bereits ins Erwerbsleben einsteigen können (ab 15 Jahren) bzw. noch nicht im Rentenalter sind, das in Deutschland im Jahr 2016 bei 65 Jahren und fünf Monaten anfängt (vgl. Abschnitt 12.3.1). Statistiker nutzen das Renteneintrittsalter als Abgrenzung zwischen Arbeit und Ruhestand – auch wenn es durchaus viele Rentner gibt, die weiterhin arbeiten.

→ **Erwerbsbevölkerung**
Alle arbeitsfähigen und arbeitswilligen 15- bis 64-jährigen Personen. Durch die schrittweise Erhöhung des Renteneintrittsalters werden ab dem Jahr 2031 auch die bis 66-Jährigen zur Erwerbsbevölkerung gehören.

Diese Altersgruppe lässt sich nun weiter in zwei Untergruppen aufteilen: in die *Erwerbsbevölkerung* und in die Nichterwerbsbevölkerung. Zur Nichterwerbsbevölkerung gehören die 15- bis 64-Jährigen, die aus verschiedensten Gründen nicht arbeiten wollen – etwa weil sie sich um ihre Kinder kümmern – oder die nicht arbeiten können, da sie beispielsweise dauerhaft krank sind. Dementsprechend stellen alle arbeitsfähigen und arbeitswilligen Personen die Erwerbsbevölkerung dar, die sich wiederum unterteilen lässt in die Beschäftigten, die tatsächlich eine Stelle haben, und die Arbeitslosen.

Aus dieser Zerlegung lassen sich nun drei wichtige Kenngrößen des Arbeitsmarktes ableiten:

- Arbeitslosenquote: Sie ist das Verhältnis zwischen den Arbeitslosen und der Erwerbsbevölkerung. Sie misst den Anteil der arbeitswilligen Personen, die keine Stelle finden. Die Arbeitslosenquote ist eine wichtige Kennzahl und wird uns in diesem Kapitel vor allem beschäftigen.
- *Erwerbsquote:* Sie ist das Verhältnis zwischen der Erwerbsbevölkerung, also allen Arbeitswilligen, und der Gesamtheit der 15- bis 64-Jährigen. Sie zeigt uns, welcher Anteil der potenziell Beschäftigten tatsächlich einer bezahlten Arbeit nachgehen möchte. Hierzu zählen auch die Arbeitslosen.
- Erwerbstätigenquote: Sie ist das Verhältnis zwischen den tatsächlich Beschäftigten und der Gesamtheit der 15- bis 64-Jährigen. Im Gegensatz zur Erwerbsquote werden hier nur diejenigen 15- bis 64-Jährigen berücksichtigt, die einer bezahlten Arbeit nachgehen. Diese Größe und ihre Entwicklung sind für das Produktionspotenzial und damit für das langfristige Wirtschaftswachstum eines Landes von grundlegender Bedeutung.

→ **Erwerbsquote**
Prozentualer Anteil der Erwerbsbevölkerung an der Gesamtheit der 15- bis 64-Jährigen.

Abbildung 13.1
Messung der Arbeitslosigkeit

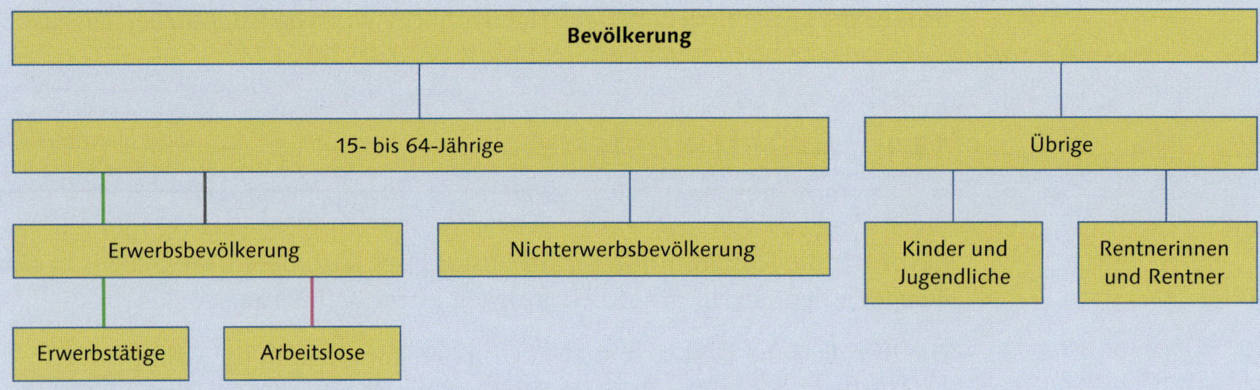

$$\text{Arbeitslosenquote} = \frac{\text{Arbeitslose}}{\text{Erwerbsbevölkerung}} \times 100$$

$$\text{Erwerbsquote} = \frac{\text{Erwerbsbevölkerung}}{\text{15- bis 64-Jährige}} \times 100$$

$$\text{Erwerbstätigenquote} = \frac{\text{Erwerbstätige}}{\text{15- bis 64-Jährige}} \times 100$$

Der deutsche Arbeitsmarkt, in dem über mehrere Jahrzehnte viel Potenzial brachlag, hat sich in den vergangenen Jahren im Vergleich zu anderen OECD-Ländern gut entwickelt. Das zeigt sich sowohl beim Blick auf die (gesunkene) Arbeitslosenquote (vgl. Abschnitt 10.2.2) als auch auf die (gestiegene) Erwerbstätigenquote (vgl. Abschnitt 15.3.2). Die Erwerbsquote unter den 15- bis 64-Jährigen hat von 67 % im Jahr 1990 auf inzwischen rund 77 % zugelegt. Diese Zunahme liegt fast ausschließlich daran, dass heute mehr Frauen als damals berufstätig sind und somit am Arbeitsmarkt teilnehmen.

13.2 Formen der Arbeitslosigkeit

Für die Wirtschaftspolitik ist es zentral, dass es zwei sehr unterschiedliche Formen der Arbeitslosigkeit gibt, nämlich die konjunkturelle Arbeitslosigkeit einerseits und die Sockelarbeitslosigkeit andererseits. Auf die Ursachen der *konjunkturellen Arbeitslosigkeit* gehen wir in Kapitel 14 näher ein. In diesem Kapitel werden wir sie deshalb nur kurz ansprechen und uns vor allem mit der zweiten Form befassen, nämlich der *Sockelarbeitslosigkeit*; auch als gleichgewichtige Arbeitslosigkeit bezeichnet.

→ Konjunkturelle Arbeitslosigkeit
Arbeitslosigkeit, die in einer konjunkturellen Schwächephase entsteht, da aufgrund der beschränkten gesamtwirtschaftlichen Nachfrage mehr Arbeitslose als offene Stellen vorhanden sind.

→ Sockelarbeitslosigkeit
Die Anzahl freier Stellen entspricht der Anzahl Arbeitsloser. Die Sockelarbeitslosigkeit wird auch als gleichgewichtige Arbeitslosigkeit bezeichnet.

Sockelarbeitslosigkeit ist dann vorhanden, wenn an und für sich genügend Stellen verfügbar wären, die Arbeitslosen und die vorhandenen Stellen aber nicht zusammenpassen oder die Arbeitslosen die vorhandenen Stellen erst einmal finden müssen. In einer dynamischen, einem stetigen strukturellen Wandel unterworfenen Marktwirtschaft ist die Sockelarbeitslosigkeit ein unvermeidliches Phänomen. Denn gewisse Branchen oder Regionen schaffen andauernd neue Stellen, während andere bestehende Stellen abbauen. Dieser Anpassungsprozess bedingt unweigerlich einen permanenten Sockel von Arbeitslosigkeit, der aber in Prozent der Erwerbsbevölkerung von Land zu Land sehr unterschiedlich hoch sein kann. Konzeptionell entscheidend aber ist, dass es bei der Sockelarbeitslosigkeit genügend offene Stellen gibt. Dies im Unterschied zur konjunkturellen Arbeitslosigkeit, bei der tatsächlich zu wenig Stellen vorhanden sind. Denn in einer Rezession ist die Anzahl der Arbeit suchenden Personen größer als die Anzahl der freien Arbeitsplätze.

→ Beveridge-Kurve
Grafische Darstellung des Zusammenhangs zwischen der Anzahl Arbeitsloser und der Anzahl offener Stellen.

Die in **Abbildung 13.2** dargestellte sogenannte *Beveridge-Kurve* hilft bei der Unterscheidung zwischen Sockelarbeitslosigkeit und konjunktureller Arbeitslosigkeit.

Auf der vertikalen Achse ist die Anzahl offener Stellen abgetragen und auf der horizontalen Achse die Zahl der Arbeitslosen. Auf der Winkelhalbierenden entsprechen sich die beiden Zahlen genau – für alle Arbeitslosen wäre eine Stelle vorhanden. Die Arbeitslosigkeit in Punkt X ist also reine Sockelarbeitslosigkeit. Bei Punkt Y dagegen ist die Zahl der Arbeitslosen größer als die Zahl der offenen Stellen – in diesem Fall herrscht auch konjunkturelle Arbeitslosigkeit.

Schon alleine wegen der Suche nach neuen Stellen gibt es in jeder Volkswirtschaft immer eine gewisse Anzahl Arbeitslose. Schnellere Vermittlung durch mehr Transparenz im Arbeitsmarkt hilft, diese sogenannte friktionelle Arbeitslosigkeit niedrig zu halten.

Abbildung 13.2
Die Beveridge-Kurve

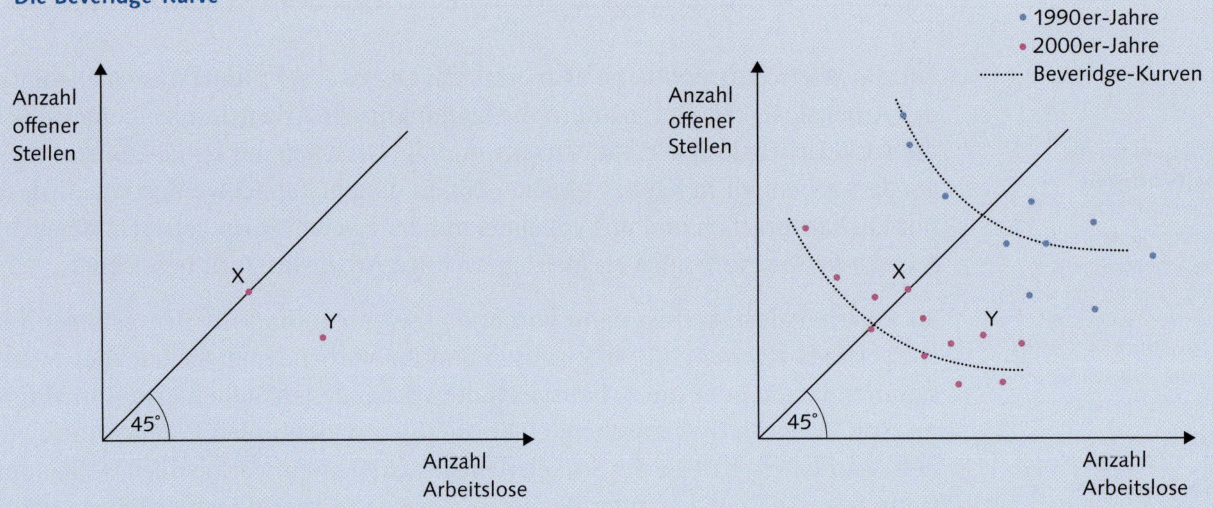

Die oben stehenden Grafiken stellen die Anzahl offener Stellen der Anzahl an Arbeitslosen gegenüber. Auf der 45°-Linie halten sich die beiden Größen die Waage. Das ist in Punkt X der Fall: In einer solchen Situation gibt es lediglich Sockelarbeitslosigkeit. Punkt Y zeigt eine Situation, in der die Zahl der Arbeitslosen die Anzahl der offenen Stellen übersteigt. Ein Teil der Arbeitslosigkeit ist somit der konjunkturellen Arbeitslosigkeit zuzurechnen. Die Beveridge-Kurve ergibt sich als Verbindung der Punkte mehrerer Jahre. Betrachtet man einen umfangreichen Zeitraum, dann lässt sich unter Umständen eine Verschiebung der Beveridge-Kurve erkennen. Im hier schematisch dargestellten Fall hätte sich die Beveridge-Kurve nach innen verschoben, was gleichbedeutend mit einer Abnahme der Sockelarbeitslosigkeit ist.

Verbessert sich die konjunkturelle Situation, dann erfolgt eine Bewegung vom Punkt Y zum Punkt X und die Arbeitslosigkeit reduziert sich wieder auf die Sockelarbeitslosigkeit. Ein Kurvenpunkt links der 45°-Linie entspräche einer Überhitzung oder Hochkonjunktur – hier gäbe es mehr offene Stellen als Arbeitslose. Die Verbindung dieser Punkte mit unterschiedlicher Konjunkturlage ergibt eine Beveridge-Kurve.

Wichtig ist, dass die Beveridge-Kurve nicht konstant sein muss. Kommt es zu einer Veränderung der Sockelarbeitslosigkeit, so hat dies eine Verschiebung der Beveridge-Kurve nach außen oder nach innen zur Folge. Die Verschiebung der Kurve bedeutet, dass sie in einer konjunkturell neutralen Situation, also in einer normal ausgelasteten Wirtschaft, einen anderen Punkt der Winkelhalbierenden schneidet. Jede Beveridge-Kurve steht also für ein bestimmtes Ausmaß an Sockelarbeitslosigkeit. Verschiebt sich die Kurve nach innen, dann ist ein nachhaltiger Abbau der Sockelarbeitslosigkeit gelungen.

Auf den ersten Blick erscheint es deshalb als optimal, in der Grafik den Nullpunkt anzustreben, in dem es keine offene Stellen und vor allem keine Arbeitslosen gibt. In einer arbeitsteiligen, dynamischen Marktwirtschaft ist dies aber undenkbar, denn dann käme der Strukturwandel zum Erliegen. In einer solchen Wirtschaft wäre auch kein Wachstum mehr zu erwarten. Dennoch ist es natürlich erstrebenswert, in einer dynamischen Wirtschaft eine Beveridge-Kurve möglichst nahe am Nullpunkt des Diagramms zu erreichen.

„Ich kann es kaum glauben, dass ich den Job als Mathe-Lehrer nicht bekommen habe!" „Vielleicht hättest du nicht sagen sollen, dass du 110 Prozent Einsatz geben wirst!"

Die Sockelarbeitslosigkeit entsteht also, weil eine arbeitsteilige Wirtschaft einem stetigen Wandel unterworfen ist. Sie tritt dabei in zwei Formen auf, deren Unterscheidung wichtig ist, da sie unterschiedliche Ursachen haben.

→ Strukturelle Arbeitslosigkeit
Vom strukturellen Wandel verursachte Arbeitslosigkeit, bei der die Qualifikationen der arbeitslosen Personen nicht zu den Qualifikationsprofilen der offenen Stellen passen.

Die erste Form ist die sogenannte *strukturelle Arbeitslosigkeit*. In diesem Fall sind an sich genügend Stellen vorhanden, doch die *Qualifikationen* der arbeitslosen Personen entsprechen nicht den Anforderungsprofilen der vorhandenen Stellen. Strukturelle Arbeitslosigkeit hängt mit dem strukturellen Wandel einer Volkswirtschaft zusammen, also mit dem Niedergang gewisser Branchen und dem gleichzeitigen Aufbau anderer Wirtschaftszweige. Neu geschaffene Stellen in den wachsenden Branchen verlangen neuere oder andere Qualifikationen als die abgebauten Stellen in den alten Branchen.

→ Qualifikation
Voraussetzungen bezüglich Ausbildung, Fähigkeiten und Fertigkeiten, die eine Arbeitnehmerin oder ein Arbeitnehmer für eine Stelle vorweisen kann.

→ Friktionelle Arbeitslosigkeit
Arbeitslosigkeit, die beim Stellenwechsel dadurch entsteht, dass die neue Stelle erst gefunden werden muss. Die friktionelle Arbeitslosigkeit wird auch als Sucharbeitslosigkeit bezeichnet.

Die zweite Form ist die *friktionelle Arbeitslosigkeit*, auch Sucharbeitslosigkeit genannt. Der letztere Begriff macht klar, worum es hier geht. Friktionelle Arbeitslosigkeit besteht dann, wenn genügend Stellen vorhanden sind und diese Stellen auch den Qualifikationsprofilen der Arbeitslosen entsprechen. Das Problem ist aber, dass die Arbeitslosen diese Stellen erst finden müssen. Diese weniger problematische Form der Arbeitslosigkeit reduziert sich, wenn sich die Transparenz im Arbeitsmarkt verbessert. Stellenanzeiger in den Medien und im Internet und die Tätigkeit von Arbeitsvermittlern können hier helfen, die Suche zu verkürzen und damit die friktionelle Arbeitslosigkeit zu vermindern.

Zusammenfassende Übersicht

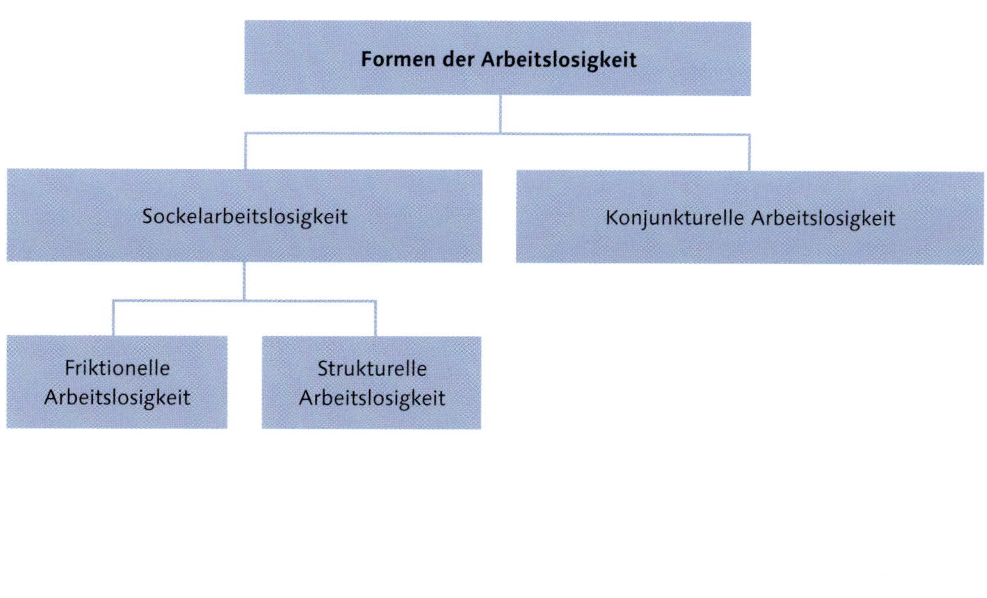

13.3 Konjunkturelle Arbeitslosigkeit

Konjunkturelle Arbeitslosigkeit entsteht, wenn die Wirtschaft in eine Rezession gerät. Ausgangspunkt ist dabei ein Rückgang der gesamtwirtschaftlichen Nachfrage, wie in Kapitel 14 genauer erläutert wird. Weil die Löhne der Beschäftigten während einer gewissen Zeit fixiert sind, also nicht parallel zur rückläufigen Nachfrage sinken, kommt es in der Gesamtwirtschaft zu Entlassungen. Dies betrifft alle Sektoren der Wirtschaft und entsprechend nimmt bei einem Konjunkturrückgang die Arbeitslosigkeit in den meisten Sektoren gleichzeitig zu. Zieht dann die gesamtwirtschaftliche Nachfrage wieder an, geht die konjunkturelle Arbeitslosigkeit wieder zurück.

Den Hintergrund der konjunkturellen Arbeitslosigkeit kann man auch am makroökonomischen Schema erläutern, das wir bereits mehrfach verwendet haben. Dieses stellt bekanntlich modellhaft dar, wie das BIP-Wachstum im Zeitablauf je nach konjunktureller Entwicklung um das Trendwachstum herum schwankt. Diese BIP-Entwicklung können wir nun mit der Situation der Arbeitslosigkeit verbinden, wie dies in **Abbildung 13.3** schematisch dargestellt ist.

Zum Zeitpunkt X steckt die Wirtschaft in einer Rezession. Sie ist unterausgelastet, das heißt, nicht alle Produktionsfaktoren können voll eingesetzt werden, da die Nachfrage zu klein ist. Diese Unterauslastung bedeutet einerseits, dass nicht alle vorhandenen Kapitalgüter, wie Gebäude oder Maschinen, gebraucht werden. Andererseits – und das interessiert uns hier besonders – können auch nicht alle Arbeitskräfte, die bei normaler Konjunkturlage eine Stelle hätten, beschäftigt werden. Und das bedeutet, dass die Arbeitslosigkeit in einer Rezession relativ groß ist; denn zur „normalen" Sockelarbeitslosigkeit (strukturelle und friktionelle Arbeitslosigkeit) kommt noch die konjunkturelle Arbeitslosigkeit hinzu.

Abbildung 13.3
Konjunkturelle Arbeitslosigkeit im Makro-Schema

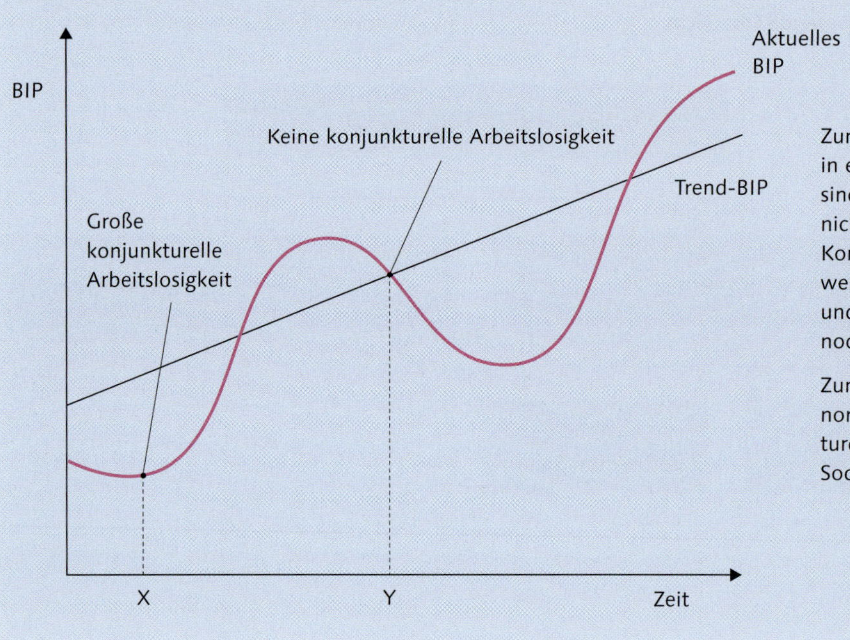

Zum Zeitpunkt X befindet sich die Wirtschaft in einer Rezession. Die Produktionsfaktoren sind unterausgelastet, das heißt, es können nicht alle Arbeitskräfte, die bei normaler Konjunkturlage eine Stelle hätten, beschäftigt werden. Zur Sockelarbeitslosigkeit (strukturelle und friktionelle Arbeitslosigkeit) addiert sich noch die konjunkturelle Arbeitslosigkeit.

Zum Zeitpunkt Y jedoch ist die Wirtschaft normal ausgelastet und es gibt keine konjunkturelle Arbeitslosigkeit, sondern „nur" die Sockelarbeitslosigkeit.

Die Weltwirtschaftskrise der frühen 1930er-Jahre zeigte, wie massiv die Arbeitslosigkeit allein aus konjunkturellen Gründen ansteigen kann. Das Bild aus dem Jahr 1930 zeigt Arbeitslose, die in New York vor einer Essensausgabe Schlange stehen.

Zum Zeitpunkt Y jedoch ist die Wirtschaft normal ausgelastet und es gibt keine konjunkturelle Arbeitslosigkeit, sondern „nur" die Sockelarbeitslosigkeit. Im Gegensatz zur Beveridge-Kurve lassen sich in dieser Darstellung aber Veränderungen der Sockelarbeitslosigkeit nicht ablesen, weshalb sie sich eben nur für die Konjunkturanalyse eignet, nicht aber für die Analyse der gesamten Arbeitsmarktentwicklung.

13.4 Strukturelle Arbeitslosigkeit

Konjunkturelle Arbeitslosigkeit ist also ein makroökonomisches Phänomen. Das heißt, wir betrachten hier die Entwicklung der gesamtwirtschaftlichen Nachfrage und stellen fest, dass in allen Märkten die Arbeitslosigkeit ansteigt.

Um die strukturelle Arbeitslosigkeit zu verstehen, müssen wir den Blick hingegen von der Gesamtwirtschaft weg hin zur Situation auf einzelnen Arbeitsmärkten richten. Strukturelle Arbeitslosigkeit kann nämlich entstehen, wenn die Nachfrage in einem ganz bestimmten Markt sinkt, etwa weil seine Güter veraltet sind (z. B. Schreibmaschinen) und von moderneren Gütern (z. B. Computern) verdrängt werden. Dieser Nachfragerückgang führt bei zu starren Löhnen zu struktureller Arbeitslosigkeit, da für eine bestimmte Art von Arbeit nun ein Überschussangebot besteht. Zentral ist dabei, dass gleichzeitig andere Sektoren wachsen und damit dort die Nachfrage nach Arbeit steigt. Man beobachtet in ganzen Volkswirtschaften also gleichzeitig schrumpfende wie auch wachsende Sektoren und somit einen Nachfragerückgang in gewissen Arbeitsmärkten und einen Nachfragezuwachs in anderen. Sind die schrumpfenden Sektoren geografisch stark konzentriert, so kann dieser Strukturwandel in gewissen Regionen einen längerfristigen Abbau von Arbeitsplätzen bewirken. Man denke etwa an den langjährigen wirtschaftlichen Niedergang des Ruhrgebiets. In der gesamten deutschen Volkswirtschaft aber ist auch in solchen regional dramatischen Perioden die Beschäftigung nicht zurückgegangen, weil in anderen Regionen Wachstumsbranchen zusätzliche Arbeitsplätze entstehen ließen.

Dass in diesem Prozess strukturelle Arbeitslosigkeit entsteht, hat seinen Ursprung in der mangelnden Anpassungsfähigkeit der Löhne. Anders gesagt: Bei voll flexiblen Lohnanpassungen gäbe es diese Form der Arbeitslosigkeit gar nicht. Denn dann würde der Nachfragerückgang „lediglich" zu einem Beschäftigungsrückgang in einem Sektor führen, nicht aber zu Arbeitslosigkeit. Das scheint der Intuition zu widersprechen, folgt aber der einfachen Logik eines Marktes. Funktioniert dieser, so passen sich die Preise – in diesem Fall die Löhne – bei einer Veränderung von Angebot oder Nachfrage so an, dass der Markt geräumt ist, dass also Angebot und Nachfrage einander wieder entsprechen.

Geht uns die Arbeit aus?

Abbildung 13.4
Entwicklung der Erwerbstätigkeit in Deutschland 1991–2015

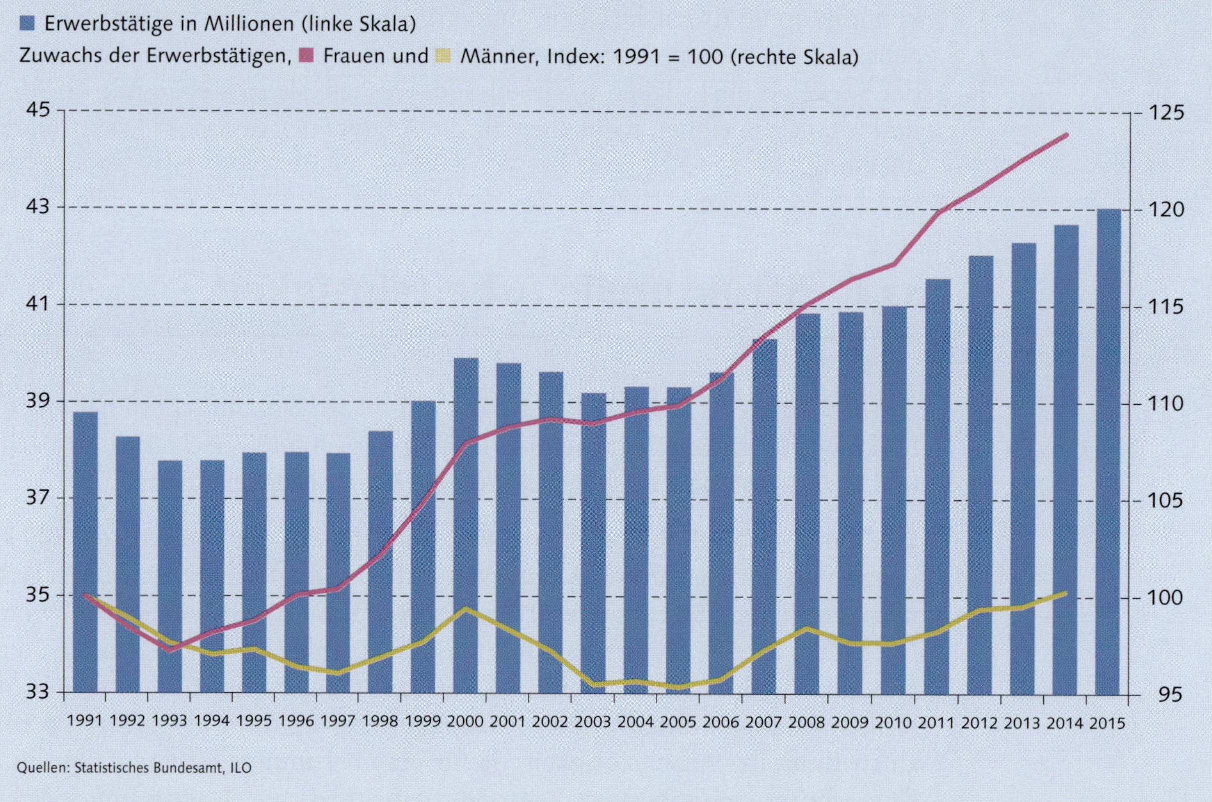

Quellen: Statistisches Bundesamt, ILO

Mit der Befürchtung, dass uns einmal die Arbeit ausgehen könnte, werden Ökonominnen und Ökonomen in der wirtschaftspolitischen Diskussion immer wieder konfrontiert. Glücklicherweise lässt sich mithilfe einfacher ökonomischer Überlegungen zeigen, dass diese Befürchtung unbegründet ist. Doch woher kommt diese tief sitzende Angst vor dem bevorstehenden Ende der Arbeit? Ein Grund dafür ist sicher, dass ein Stellenabbau meist öffentlich wahrgenommen wird, während der Stellenaufbau kaum Beachtung findet. Streicht ein Unternehmen in einer bestimmten Region 200 Stellen, dann ist dies eine Nachricht mit regionalem, oft auch nationalem Echo. Der Aufbau neuer Stellen dagegen erfolgt meist verstreut über viele einzelne Unternehmen und verteilt über einen längeren Zeitraum. Auch wenn der Aufbau umfangreicher ist als der Abbau, erfolgt er zu unspektakulär und ist zu schwierig zu verfolgen, um auf breiter Front wahrgenommen zu werden. Es bleibt der Eindruck, viel öfter mit Stellenabbau als mit Stellenaufbau konfrontiert zu sein. **Abbildung 13.4** zeigt aber, dass selbst in der von hoher

Arbeitslosigkeit geprägten Periode der 1990er-Jahre die Beschäftigung in Deutschland insgesamt kaum abgenommen hat. Wie am Verlauf der Erwerbstätigenzahlen deutlich wird, strömten ab Mitte der 1990er-Jahre viele zusätzliche Arbeitskräfte – darunter vor allem Frauen – auf den Arbeitsmarkt und fanden dort mehrheitlich eine Stelle. Die Angst vor dem Ende der Arbeit stammt wohl daher, dass man sich beim Analysieren der Effekte des technischen Fortschritts und der Globalisierung oft auf die Betrachtung von Einzelsektoren beschränkt. Dabei werden die Auswirkungen auf die Gesamtwirtschaft zu wenig berücksichtigt. Nehmen wir das Beispiel der Schreibmaschine, die durch den Computer verdrängt wurde. Wird nur die Situation der Schreibmaschinenproduzenten analysiert, dann hat die neue Technologie – in diesem Fall der Computer – in der Tat zu einem bedeutenden Abbau von Arbeitsplätzen geführt. Doch wir müssen auch die Wirkung auf andere Sektoren mitberücksichtigen. In der gesamten Wirtschaft führte der Einsatz von Computern in der Textverarbeitung zu einem Produktivitätsgewinn und damit zu zusätzlichen Einkommen. Diese fließen drei Gruppen zu: (1) den jetzt produktiveren Arbeitskräften in Form von Lohnerhöhungen, (2) den Kapitalgebern in Form höherer Gewinne sowie (3) den Konsumentinnen und Konsumenten in Form niedrigerer Preise. Diese Einkommen werden von den drei Gruppen aber auch wieder ausgegeben, indem sie zusätzliche Waren und Dienstleistungen nachfragen. Diese wiederum müssen von jemandem produziert werden. Das bedeutet aber, dass zusätzliche Arbeit geleistet werden muss, wodurch die Nachfrage nach Arbeit und damit die Beschäftigung ansteigen.

Die fortschreitende Produktivitätssteigerung führt also zur Schaffung immer neuer Arbeitsplätze – und deshalb geht uns die Arbeit mit Sicherheit nicht aus. Ein Blick auf die langjährige Beschäftigungsentwicklung unterstreicht dies eindrücklich.

Diese Analyse basiert auf der Annahme, dass die Preise auf dem Markt tatsächlich so flexibel reagieren. Diese Annahme ist ebenso entscheidend wie in Wirklichkeit unrealistisch: Denn eine rasche Lohnanpassung nach unten als Folge eines Nachfragerückgangs auf einem Arbeitsmarkt ist nicht das, was man üblicherweise beobachtet. Löhne werden vielmehr meist am Verhandlungstisch zwischen Arbeitgeberverbänden und Gewerkschaften für längere Zeit festgelegt. Jeder Lohnrückgang ist ausgesprochen schwierig durchzusetzen. *Reallöhne* sind also – zumindest über eine gewisse Zeit – fixiert, und damit erfolgt die Anpassung an einen Nachfragerückgang nicht über eine Preisreduktion (fallender Lohn), sondern eben über eine Mengenreduktion (steigende Arbeitslosigkeit).

→ **Reallohn**
Lohn, der um die Inflation korrigiert ist und somit anzeigt, welche Menge an Waren und Dienstleistungen damit gekauft werden kann.

Dies ist in **Abbildung 13.5** dargestellt, die den Arbeitsmarkt für eine bestimmte Gruppe von Beschäftigten zeigt. Der Preis auf diesem Markt ist der Lohn, die Menge auf diesem Markt ist die Anzahl der Beschäftigten. Die Anbieter von Arbeit sind die Haushalte, nachgefragt wird die Arbeit von den Unternehmen. Beide Kurven weisen den normalen Verlauf auf. Im Schnittpunkt der beiden Kurven entsprechen sich Angebot A und Nachfrage N_1, der gleichgewichtige Lohn beträgt w_1. Alle Personen, die nicht beschäftigt sind, haben einen höheren *Reservationslohn* als w_1. Sie gehen also in der betrachteten Branche „freiwillig" keiner Beschäftigung nach, weil ihnen der gleichgewichtige Lohn zu niedrig ist. Der Begriff „freiwillig" bezieht sich hier lediglich darauf, dass diese Personen zum Marktlohn eine Arbeit finden könnten, darauf aber verzichten. Damit soll nicht beurteilt werden, ob dieser Marktlohn als „anständig" empfunden wird oder ob er genügend hoch ist, um einen gewissen Lebensstandard zu sichern.

→ **Reservationslohn**
Individuell erwarteter minimaler Lohn. Für einen Lohn unter diesem Minimum verzichtet eine Arbeitnehmerin oder ein Arbeitnehmer auf eine Beschäftigung.

Abbildung 13.5
Arbeitsmarkt bei fixierten Löhnen

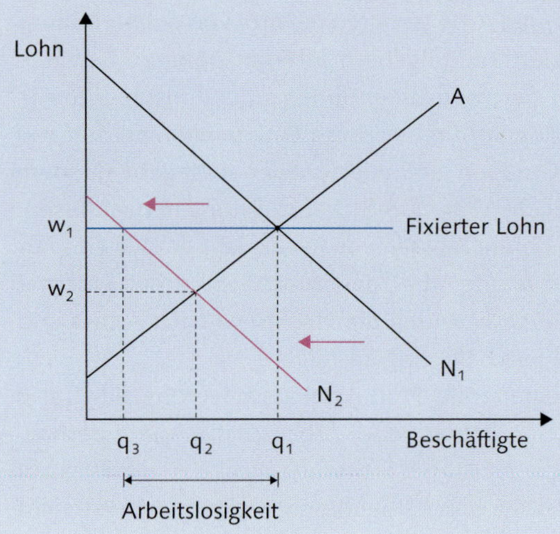

Wird der Lohn fixiert, z. B. durch einen Mindestlohn in der Höhe des ursprünglichen Lohns w_1, entsteht bei einem Rückgang der Nachfrage unfreiwillige Arbeitslosigkeit. Eigentlich möchte zu diesem Lohn die Anzahl q_1 arbeiten, die Unternehmen werden aber nur der Anzahl q_3 einen Arbeitsvertrag anbieten. Es entsteht somit Arbeitslosigkeit in der Höhe $q_1 - q_3$. Die Effekte auf die Wohlfahrt verhalten sich analog zu einem Mindestpreis (vgl. Abschnitt 5.4.4).

Nehmen wir nun an, dass die Nachfrage nach Arbeitskräften auf dem betrachteten Arbeitsmarkt auf N_2 sinkt. Ein möglicher Grund dafür kann ein Strukturwandel sein, der zu einer Schrumpfung der betrachteten Branche und folglich zu einer Verkleinerung der Arbeitsnachfrage für entsprechend ausgebildete Personen führt. Entscheidend ist jetzt, wie der Lohn auf diesen Nachfragerückgang reagiert. Würde er sofort auf w_2 zurückgehen, so entstünde ein neues Gleichgewicht mit geringerer Beschäftigung q_2, aber ohne unfreiwillige Arbeitslosigkeit. Alle, die zum neu herrschenden Marktlohn arbeiten wollten, könnten dies auch tun. Die anderen bleiben z. B. im Haushalt, nehmen an Weiterbildungen teil oder wechseln in die Selbstständigkeit. In der Abbildung ist aber der realistischere Fall dargestellt, dass der Lohn auf dem ursprünglichen Niveau w_1 fixiert bleibt und folglich nicht auf den Rückgang der Arbeitsnachfrage reagiert. Verbleibt der Lohn auch bei reduzierter Nachfrage auf w_1, dann sind immer noch q_1 Personen bereit, zu diesem Lohn zu arbeiten. Tatsächlich werden aber nur noch q_3 Arbeitskräfte bei diesem Lohn nachgefragt, da w_1 im Vergleich zum neuen Gleichgewichtslohn w_2 für die Unternehmen zu hoch liegt. Die Differenz zwischen q_1 und q_3 entspricht der Anzahl Personen, die in der betrachteten Branche unfreiwillig nicht beschäftigt sind, also Arbeitslose im oben definierten Sinne darstellen: Zum herrschenden (allerdings im Vergleich zur Produktivität zu hohen) Lohn w_1 finden sie keine Arbeit.

Unfreiwillige Arbeitslosigkeit entsteht also dann, wenn auf dem Arbeitsmarkt für eine bestimmte Gruppe von Beschäftigten der Preis der Arbeit, der Reallohn, aus irgendeinem Grund nicht flexibel auf eine Reduktion der Nachfrage reagieren kann.

13.5 Hintergründe der strukturellen Arbeitslosigkeit

Hat eine Branche einen strukturellen Rückgang zu verzeichnen, so führt dies in den meisten Fällen zu unfreiwilliger Arbeitslosigkeit, weil die Arbeitsmärkte zu wenig flexibel reagieren. Der Grund der Unflexibilität unterscheidet sich aber sehr stark von Land zu Land. Woher kommen diese Unterschiede? Was bestimmt also die Anpassungsfähigkeit eines Arbeitsmarktes? Dieser Frage wollen wir uns nun zuwenden.

Im Wesentlichen beeinflussen zwei Faktoren die Anpassungsfähigkeit:

- die vielfältigen Regulierungen des Arbeitsmarktes. Sie erklären, weshalb die Löhne kurzfristig nicht auf einen Rückgang der Nachfrage nach entsprechenden Arbeitskräften reagieren; man könnte dies auch als „institutionelle Arbeitslosigkeit" bezeichnen.
- die Aus- und Weiterbildung. Sie bestimmt zu einem gewissen Grad, wie rasch die Arbeitnehmerinnen und Arbeitnehmer ihre Qualifikation dem Strukturwandel anpassen können.

13.5.1 Regulierungen des Arbeitsmarktes

In den meisten Industrieländern ist der Arbeitsmarkt wesentlich stärker reguliert als normale Gütermärkte. Denn der Arbeitsmarkt wird als spezieller Markt betrachtet. Verliert jemand seine Arbeit, so ist die unmittelbar spürbare Auswirkung ungleich dramatischer als bei einer fallenden Nachfrage nach einem Gut.

→ **Arbeitsmarktregulierungen**
Gestaltung des Arbeitsmarktes durch Gesetze und Verordnungen.

Der Vorteil schützender *Arbeitsmarktregulierungen* ist, dass die Arbeitnehmerinnen und Arbeitnehmer eine gewisse Sicherheit erhalten. Der Nachteil kann jedoch sein, dass es für Arbeitslose gerade wegen dieser Regulierungen schwieriger wird, wieder eine Arbeit zu finden.

Die Kunst der Arbeitsmarktregulierung besteht also darin, ein Gleichgewicht zwischen Arbeitnehmerschutz und Flexibilität zu finden. Dabei ist zu berücksichtigen, dass ein zu starker Schutz die Illusion erweckt, Arbeitsplätze könnten für alle Zeiten gesichert werden. In einer Marktwirtschaft, die strukturellem Wandel unterworfen ist, ist dies jedoch unmöglich. Jeder Versuch, in einer bestimmten Branche Arbeitsplätze zu garantieren, untergräbt die Anpassungsfähigkeit und den Anpassungswillen der Beschäftigten und hat zur Folge, dass irgendwann die nötige Anpassung schockartig und damit wesentlich dramatischer erfolgen wird.

Welches sind nun die wichtigsten Formen von Arbeitsmarktregulierungen, welche die Flexibilität des Arbeitsmarktes gewollt oder ungewollt einschränken? Hier lassen sich vor allem fünf Formen unterscheiden:

- Mindestlöhne,
- zentralisierte Lohnverhandlungen,
- Regulierungen bezüglich Anstellung und Entlassung von Arbeitnehmenden (Kündigungsschutz),
- Ausgestaltung der Arbeitslosenversicherung,
- Regulierungen der Arbeitszeit.

Mindestlöhne sind die offensichtlichste und in ihrer Wirkung am einfachsten verständliche Inflexibilität auf dem Arbeitsmarkt. Wird ein Mindestlohn eingeführt, ist dies ein direkter Eingriff in den Preismechanismus. Die Situation ist vergleichbar mit einem zu hoch angesetzten Mindestpreis auf einem Gütermarkt. Wie in Kapitel 5 ausgeführt, kommt es dabei zu einem Angebotsüberhang und einer zu geringen Nachfrage. Um den Arbeitnehmerinnen und Arbeitnehmern ein genügend hohes Einkommen zu garantieren, werden Mindestlöhne oft auf ein Niveau gesetzt, das über der Produktivität der betroffenen Arbeitskräfte liegt. Die Arbeitgeber werden in einem solchen Fall aber nicht bereit sein, alle Arbeitswilligen zu diesen Löhnen einzustellen. Da die Produktivität unter dem bezahlten Lohn liegt, würde das Unternehmen mit jeder Arbeitsstunde, die sie unter diesen Bedingungen nachfragt, einen Verlust erleiden.

→ **Mindestlohn**
Gesetzlich oder vertraglich festgelegtes Lohnminimum mit landes- oder branchenweiter Verbindlichkeit.

Produktivität und Löhne

Fallbeispiele zeigen den engen Zusammenhang zwischen Produktivitäts- und Lohnentwicklung immer wieder eindrücklich. So befürchteten etwa im vergangenen Jahrzehnt viele, dass die europäische Wirtschaft gegen die unglaublich niedrigen Löhne in China nie und nimmer konkurrieren könne. Und auf den ersten Blick zeichnen die Zahlen tatsächlich ein alarmierendes Bild. Die durchschnittlichen jährlichen Industrielöhne in China lagen Ende der 1990er-Jahre bei knapp über 700 US-Dollar pro Jahr, in Deutschland dagegen bei rund 35 000 US-Dollar. Will man dies richtig interpretieren, muss man aber nicht nur die Löhne, sondern auch die Produktivität als deren Gegenwert betrachten. Dabei zeigt sich, dass die chinesischen Arbeiter nicht nur viel billiger, sondern auch weit weniger produktiv waren. Die durchschnittliche jährliche Wertschöpfung pro Arbeitskraft lag in der gleichen Periode in Deutschland bei rund 80 000 Dollar, in China dagegen bei nicht einmal 3000 Dollar. Das bedeutet aber, dass die für die Wettbewerbsfähigkeit entscheidenden *Lohnstückkosten* (Löhne im Verhältnis zur Produktivität) in China gar nicht so viel tiefer liegen als in Industrieländern. Der Grund ist, dass die durchschnittliche europäische Arbeitskraft mit deutlich mehr Kapital, einer besseren Ausbildung und einer weit effizienteren Technologie ausgestattet ist. Häufig folgt darauf der Einwand, dass bei den enormen chinesischen Wachstumsraten die Produktivität rasch steige und es nicht lange dauern werde, bis die niedrigen Löhne einen unschlagbaren Wettbewerbsvorteil darstellten. Auch hier sind die Befürchtungen weitgehend unbegründet. Der Zusammenhang zwischen Löhnen und Produktivität gilt nämlich nicht nur statisch für einen bestimmten Zeitpunkt, sondern auch dynamisch. Die steigende Produktivität in China schafft zusätzliches Einkommen, das unter anderem den Arbeitskräften in Form von höheren Löhnen zufließt. Denn der Lohn in wettbewerbsintensiven Märkten wird durch seinen realen Gegenwert bestimmt, also durch die Produktivität der Arbeitskräfte. Und tatsächlich lässt sich beobachten, dass die Reallöhne in vormaligen Entwicklungsländern ungefähr im gleichen Tempo steigen wie die Produktivität. Ein typisches Beispiel ist Südkorea, dessen Industrielöhne gemäß einer Studie 1970 etwa 8 % des US-Niveaus entsprachen. 1995 erreichten sie bereits 48 % der US-Löhne; diese Lohnerhöhung entsprach ziemlich genau dem relativen Produktivitätsschub von Südkorea in dieser Periode. Natürlich kann es auch sein, dass in einem Land für eine gewisse Periode die Produktivität stärker als die Löhne ansteigt. Längerfristig aber ist ein solches Auseinanderklaffen kaum möglich.

→ **Lohnstückkosten**
Lohnkosten pro produzierte Einheit einer Ware oder einer Dienstleistung.

→ **Zentralisierte Lohnverhandlungen**
Lohnverhandlungen zwischen Vertretern von Arbeitgebern (Verbände) und Arbeitnehmern (Gewerkschaften), deren Ergebnisse branchenweite Gültigkeit haben.

→ **Tarifvertrag**
Vertrag zwischen Arbeitgeberverbänden und Gewerkschaften, der die Löhne und weitere Arbeitsbedingungen in einer bestimmten Branche und Region regelt.

→ **Kündigungsschutz**
Vorschriften, welche die Entlassung von Arbeitskräften erschweren oder verhindern.

→ **Arbeitslosenversicherung**
Sozialversicherung, die erwerbslosen Personen während der Arbeitsuche ein Einkommen garantiert.

Zentralisierte Lohnverhandlungen sind eine zweite, konzeptionell eng mit Mindestlöhnen verbundene Quelle der Inflexibilität auf dem Arbeitsmarkt. Je stärker die Verhandlungen zwischen Arbeitnehmern und Arbeitgebern zentralisiert sind – also sehr viele Arbeitsverhältnisse auf einmal umfassen –, desto weniger können sie auf die Situation einzelner Arbeitsverhältnisse, insbesondere auf unterschiedliche Produktivitäten der Arbeitskräfte, Rücksicht nehmen. Werden in Lohnverhandlungen die Bedingungen für ganze Branchen einheitlich festgelegt, ergibt sich ein grober Durchschnitt, der sich in einzelnen Segmenten des Arbeitsmarktes wie ein zu hoch angesetzter Mindestlohn auswirkt. In der Region, in welcher der *Tarifvertrag* getroffen wurde, gibt es Betriebe, für die ist der vereinbarte Lohn zu hoch. Die produktivsten Betriebe der Branche könnten hingegen sogar noch mehr zahlen.

Ein weiterer Effekt zentralisierter Lohnverhandlungen ergibt sich aus der Ausstrahlungswirkung sogenannter Pilotabschlüsse. Da die Verhandlungen nicht deutschlandweit, sondern in Regionen geführt werden, gibt es für jede Branche eine Region, in der die Tarifrunde startet. Für die Industrie z. B. führen die Industriegewerkschaft Metall und die Metallarbeitgeber ihre Arbeitskämpfe bevorzugt dort, wo sie stark sind. Rund um Stuttgart, im Tarifbezirk Nordwürttemberg/Nordbaden, arbeiten potente Firmen wie Daimler und Bosch samt Zulieferern. Die Ausstrahlungswirkung ergibt sich, weil viele andere Tarifbezirke im Land die ausgehandelten Abschlüsse übernehmen.

Regulierungen zur Einstellung und Entlassung sind eine dritte wichtige Komponente der Arbeitsmarktordnung. Dabei geht es um Vorschriften, die es erschweren, jemanden anzustellen und vor allem zu entlassen. Ein gut ausgebauter *Kündigungsschutz* scheint intuitiv etwas Positives zu sein; schließlich trägt er ja scheinbar zur Sicherheit der Arbeitsplätze bei. Leider handelt es sich dabei aber um eine Regulierung, die auf sehr subtile Weise verhindern kann, dass eine arbeitslose Person überhaupt eine freie Stelle findet. Denn wenn ein Unternehmer weiß, dass er bei einer Verschlechterung der Wirtschaftslage niemanden entlassen kann, hat er einen starken Anreiz, auch bei guter Konjunkturlage auf Anstellungen zu verzichten und stattdessen seine Belegschaft Überstunden leisten oder Sonderschichten fahren zu lassen. Vordergründig scheint diese Regulierung positiv auf die Beschäftigung zu wirken, tatsächlich aber wird sie zu einem Bumerang und führt mittelfristig zu einer Reduktion der insgesamt vorhandenen Stellen. Dies ist ein klassisches Beispiel einer Regulierung, welche die Anreize der Beteiligten zu wenig berücksichtigt und daher das Gegenteil des Beabsichtigten erreicht, also das, was wir in Kapitel 1 als Kobra-Effekt bezeichnet haben.

Die Ausgestaltung der *Arbeitslosenversicherung* ist ein vierter Einflussfaktor der strukturellen Arbeitslosigkeit. Auch hier sind die Auswirkungen oft anders als ursprünglich angestrebt. Eine großzügige Arbeitslosenunterstützung ist aus sozialer Sicht natürlich positiv zu beurteilen. Verliert eine Person ihre Arbeitsstelle, ist sie während der ohnehin schwierigen Zeit der Arbeitslosigkeit wenigstens finanziell abgesichert. Aber auch diese Institution setzt Anreize, die das Gegenteil des Angestrebten bewirken können. Eine großzügige Arbeitslosenunterstützung reduziert nämlich für die Arbeitslosen den Anreiz, sich intensiv um eine neue Stelle zu bemühen. So besteht die Gefahr, dass ein Teil der Betroffenen erst knapp vor dem Auslaufen der Unterstützung mit der intensiven Stellensuche beginnt. Wie schon beim Kündigungsschutz ergeben sich hier schwerwiegende Zielkonflikte. Denn ein zu umfassender Ausbau der schützenden Regulierung kann dazu führen, dass sich das ursprüngliche Problem – die Arbeitslosigkeit – verschärft, statt sich wie gewünscht zu reduzieren. Bei der Ausgestaltung von Regulierungen ist es also auch hier unabdingbar, die ökonomischen Anreize der Betroffenen zu berücksichtigen.

Regulierungen der Arbeitszeit sind schließlich der fünfte Einflussfaktor. Häufig werden von Gewerkschaften in Tarifverhandlungen Arbeitszeitregulierungen angestrebt, welche die Wochenarbeitszeit, die Beschäftigte leisten müssen, bei gleichem Lohn reduzieren. In diesem Fall wirkt die Maßnahme wie ein zu hoch angesetzter Mindestlohn. Passen sich die Löhne nicht der reduzierten Arbeitszeit an, führt dies zu Arbeitslosigkeit.

13.5.2 Aus- und Weiterbildung

Neben den Regulierungen des Arbeitsmarktes sind Aus- und Weiterbildung wichtige Einflussfaktoren der strukturellen Arbeitslosigkeit. Letztlich entsteht diese Arbeitslosigkeit ja dadurch, dass aufgrund des Strukturwandels die Nachfrage nach einem bestimmten Qualifikationsprofil zurückgeht und der Reallohn nicht schnell genug darauf reagiert. Will eine arbeitslose Person nun zu ähnlichen Bedingungen eine Beschäftigung finden, so muss sie ihre Qualifikationen an ein neues Stellenprofil anpassen. Dabei haben es Personen mit einem guten Ausbildungsniveau meistens leichter. Denn ist eine Person gewohnt zu lernen, ist es für sie einfacher, sich neue Fertigkeiten oder Qualifikationen anzueignen.

Eng damit verbunden sind gut ausgebaute Weiterbildungssysteme. Diese ermöglichen es den von struktureller Arbeitslosigkeit Betroffenen, relativ rasch neue Fertigkeiten zu erlernen. Die Arbeitslosenunterstützung ist daher in den meisten Ländern vermehrt dazu übergegangen, den Arbeitslosen verschiedene Formen der Weiterbildung anzubieten und sie teilweise sogar dazu zu verpflichten.

„Oog war kein begabter Jäger und Sammler, deshalb versucht er sich jetzt als Grafiker!"

Zusammengefasst sind also die Regulierungen des Arbeitsmarktes und die Bildung die wichtigsten Bestimmungsfaktoren der strukturellen Arbeitslosigkeit. Soll diese Form der Arbeitslosigkeit bekämpft werden, kann dies durch eine Reform der Regulierungen oder durch eine Verbesserung des Bildungsangebots erreicht werden.

13.6 Deutsche Arbeitsmarktpolitik

Die Bilanz des deutschen Arbeitsmarktes ist – vom aktuellen Standpunkt aus betrachtet – im internationalen Vergleich zwar positiv (vgl. Abschnitt 10.2.2), aber auch weiter verbesserungsfähig. Drei für die Arbeitslosigkeit besonders wichtige Elemente der deutschen Arbeitsmarktpolitik sollen hier angesprochen werden: die Regulierungen des Arbeitsmarktes, die Ausgestaltung der Arbeitslosenversicherung und -unterstützung sowie die duale Berufsausbildung.

13.6.1 Regulierungen des deutschen Arbeitsmarktes

Die Arbeitsmarktregulierung in Deutschland ist im Vergleich zu angelsächsischen Ländern nicht besonders flexibel ausgestaltet. Allerdings ist sie wesentlich anpassungsfähiger als in manch anderem europäischen Land. Die wesentlichen Elemente lassen sich an den oben beschriebenen fünf Formen von Arbeitsmarktregulierungen aufzeigen. Wir wollen sie kurz einzeln besprechen.

In Deutschland gibt es erstens – ebenso wie in den meisten anderen OECD-Ländern – einen allgemeinen gesetzlichen Mindestlohn. Er wurde im Jahr 2015 eingeführt und damals auf zunächst 8,50 Euro pro Stunde festgelegt.

Neben dieser allgemeinen Lohnuntergrenze gibt es ein Reihe von branchenspezifischen Mindestlöhnen, z. B. für Pflegekräfte, Bauarbeiter oder den Wachschutz. Die Höhe dieser Lohnuntergrenze, die den gesetzlichen Mindestlohn nicht unterschreiten darf, vereinbaren Branchenarbeitgeber und Gewerkschaft als Tarifpartner. Dem Staat fällt in diesem System die Aufgabe zu, den vereinbarten Lohn in der entsprechenden Branche per Verordnung auch den nicht tarifgebundenen Unternehmen vorzuschreiben. Die einzelnen Branchenvereinbarungen schränken zwar die Flexibilität des jeweiligen Arbeitsmarktes ein. Sie sind jedoch an die spezifischen Situationen der betroffenen Branchen angepasst und daher für die Gesamtbeschäftigung weniger problematisch.

Zweitens ist die Bedeutung der Flächentarifverträge, also der zentralisierten Lohnverhandlungen, groß. Dabei werden für Millionen von Arbeitsverhältnissen alle ein bis zwei Jahre Löhne und Arbeitsbedingungen vertraglich fixiert. Die Bedeutung dieser Institution hat aber abgenommen. Viele Unternehmen sind aus ihren Arbeitergeberverbänden ausgetreten und somit nicht mehr an den Tarif gebunden. Tarifabschlüsse sind darum für immer weniger Arbeitnehmer relevant. In Westdeutschland galt 1998 noch für 76 % der Beschäftigten ein Tarifvertrag. Im Jahr 2014 waren es nur noch 60 %, in Ostdeutschland gar nur 47 %. Auch aufseiten der Gewerkschaften sinkt der Organisationsgrad, das heißt die Mitgliederzahl.

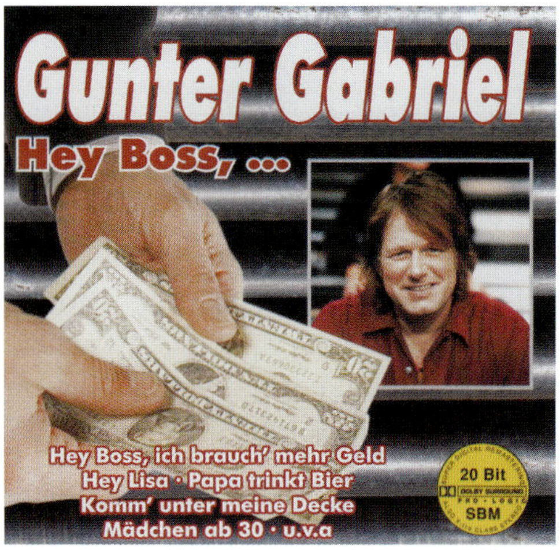

„Hey Boss, ich brauch' mehr Geld": Wer diese Malocherhymne vor seinem Vorgesetzten anstimmt, verhandelt über Zuschläge. Denn das Grundgehalt ist in vielen Betrieben bereits durch zentralisierte Lohnverhandlungen oder den gesetzlichen Mindestlohn fixiert worden.

Um negative Folgen kollektiver Tarifabschlüsse zu lindern, vereinbaren die Tarifparteien immer häufiger sogenannte Öffnungsklauseln. Mit diesen können Firmenleitung und Betriebsräte die tariflichen Regelungen an ihren Betrieb anpassen. Da eine Abweichung nach oben („übertarifliche Bezahlung") ohnehin von keinem Tarifvertrag verhindert wird, geht es hierbei um die Vereinbarung von Konditionen unterhalb des Tarifniveaus. Dank dieser Anpassungsmöglichkeit berücksichtigen die Löhne stärker die Produktivität der jeweiligen Arbeitskräfte, was sich günstig auf die Beschäftigung auswirkt.

Seit der hohen Arbeitslosigkeit in den 1990er-Jahren haben Arbeitgeber und Gewerkschaften vieler Branchen nur noch relativ moderate Lohnsteigerungen vereinbart. Als „moderat" gilt eine Lohnerhöhung, wenn sie den Arbeitnehmern den Anstieg der Inflationsrate ausgleicht, die Fortschritte der Arbeitsproduktivität hingegen nicht komplett an sie weitergibt. Dadurch sinken die Lohnstückkosten. Die niedrigen Lohnabschlüsse trugen dazu bei, die internationale Wettbewerbsfähigkeit und damit die Beschäftigung hiesiger Arbeitnehmer zu verbessern.

Die Beispiele zeigen: Trotz harter Auseinandersetzungen bis hin zu gelegentlicher Klassenkampfrhetorik haben sich die Tarifparteien in Deutschland in den letzten Jahren als durchaus flexible und verantwortungsbewusste Verhandlungspartner erwiesen. Darum wird in Deutschland in der Regel auch nur relativ selten und kurz gestreikt. So fallen z. B. in Frankreich 20-mal mehr Arbeitstage pro Jahr durch Streiks aus als hierzulande.

Hingegen gibt es auf dem deutschen Arbeitsmarkt drittens weiterhin nennenswerte Hindernisse bei Entlassungen von Arbeitskräften. Eine Anstellung wird aufgrund der Kündigungsschutzregeln rasch zur Verpflichtung über viele Jahre, von der sich die Arbeitgeber nur mit hohen Kosten wieder lösen können. Die Kosten z. B. einer Abfindung sind schwer kalkulierbar, da diese häufig erst nach langwierigen Prozessen vor den Arbeitsgerichten festgelegt wird. Entsprechend zögerlich verhalten sich Unternehmen, bei gutem Geschäftsgang Arbeitskräfte einzustellen. Oft trifft dies gerade junge Menschen, die von der Ausbildung kommend ihre erste Stelle suchen und lediglich Angebote einer befristeten Anstellung oder einer Leiharbeitsfirma erhalten. Seit 2004 gilt der Kündigungsschutz in Unternehmen ab zehn Mitarbeitern (davor schon ab fünf). Verbessert hat sich die Möglichkeit, ein eigenes Handwerk auszuüben. Früher stand der Markteintritt in allen

Handwerksberufen nur Personen mit Meisterbrief offen. Heute genügen eine abgeschlossene Lehre und Berufserfahrung. Auch beim Zugang zum Arbeitsmarkt für Ausländer fallen die Schranken. Steht dieser Zugang Bürgern aus EU-Staaten ohnehin offen, gibt es nun Beschlüsse zur erleichterten Zuwanderung auch aus Nicht-EU-Ländern und zur Anerkennung von Abschlüssen ausländischer Fachkräfte.

Viertens ist die Arbeitslosenversicherung und -unterstützung in Deutschland inzwischen stärker aktivierend ausgestaltet als früher. Sie setzt also mehr Anreize, die Dauer der Arbeitslosigkeit zu verkürzen. Dieser Punkt wird im folgenden Abschnitt näher behandelt.

Fünftens gibt es in Deutschland einige Restriktionen der Arbeitszeit. Die 35-Stunden-Woche, eine Forderung der Gewerkschaften ab den 1980er-Jahren, ist eine Randerscheinung. Sie gilt seit 1995 lediglich für Beschäftigte in der westdeutschen Metallindustrie. Andere Branchen, darunter auch der öffentliche Dienst, haben die Arbeitszeiten nach zeitweiligen Kürzungen wieder verlängert. Es ist einfacher geworden, Arbeitnehmerinnen und Arbeitnehmer im Teilzeitverhältnis anzustellen, was die Beschäftigungssituation verbessert.

13.6.2 Die Arbeitslosenversicherung und -unterstützung

Die Arbeitslosenversicherung ist eine wichtige wirtschaftspolitische Institution. Sie ist Teil der Arbeitsmarktpolitik, bildet aber zugleich auch einen wesentlichen Teil der Sozialversicherungen. Sie besteht aus zwei Elementen:

- aus einem passiven Teil, nämlich der Zahlung eines Lohnersatzes für Personen, die arbeitslos geworden sind und einen Anspruch auf Arbeitslosenunterstützung haben, sowie
- aus einem aktivierenden Teil, den Maßnahmen der sogenannten *aktiven Arbeitsmarktpolitik*. Diese unterstützen arbeitslos gewordene Personen dabei, arbeitsmarktfähig zu bleiben und sich aktiv um eine neue Stelle zu bemühen.

→ **Aktive Arbeitsmarktpolitik**
Gesamtheit aller Maßnahmen, mit denen arbeitslose Personen arbeitsmarktfähig bleiben und rasch wieder in den Arbeitsprozess eingegliedert werden sollen.

In rund 150 Arbeitsagenturen und über 400 Jobcentern werden in Deutschland Arbeitslose unterstützt.

Folgende Faktoren charakterisieren die deutsche Arbeitslosenversicherung:

- die maximale Bezugsdauer: Wie lange hat eine arbeitslose Person Anrecht auf Arbeitslosenunterstützung? Heute liegt die maximale Bezugsdauer in Deutschland bei zwölf Monaten (von wenigen Ausnahmen für über 50-Jährige abgesehen). Wer nach dieser Frist keine Stelle hat, erhält die in Kapitel 12 dargestellten Leistungen der Grundsicherung („Arbeitslosengeld II").
- die Höhe des Lohnersatzes: Wie viel Prozent des zuletzt verdienten Einkommens werden als Arbeitslosenunterstützung ausbezahlt? In Deutschland sind dies 60 % bis 67 % des letzten Nettolohns.
- der maximal versicherbare Lohn: Bis zu welcher Höhe kann man den Lohnausfall versichern? Dieses Maximum liegt in Westdeutschland derzeit bei knapp 70 000 Euro Bruttojahreseinkommen und bei knapp 60 000 Euro in Ostdeutschland.
- die Beitragsdauer: Wie lange muss eine Person Beiträge an die Arbeitslosenversicherung bezahlen, bis der volle Anspruch auf Leistungen besteht? In der Regel sind dies zwölf Monate innerhalb der letzten zwei Jahre.

Finanziert wird die Arbeitslosenversicherung durch obligatorische Beiträge aller Arbeitnehmer und Arbeitgeber in Form eines Prozentsatzes des versicherten Lohns. Dieser *Beitragssatz* (Arbeitgeber- und Arbeitnehmerbeitrag zusammengenommen) betrug 1970 noch bescheidene 1,3 %, musste in den 1990er-Jahren aber aufgrund der steigenden Arbeitslosigkeit massiv erhöht werden, und zwar auf 6,5 %. Mit dem Sinken der Arbeitslosenzahl verringerte sich ab 2007 auch der Beitragssatz der Arbeitslosenversicherung, 2016 lag er bei 3 %.

→ **Beitragssatz**
Prozentsatz des Lohns, der als Beitrag für eine Sozialversicherung bezahlt werden muss. Wird in Deutschland in der Regel je zur Hälfte von Arbeitnehmer und Arbeitgeber gezahlt.

Abbildung 13.6
Arbeitslosenquoten nach Bundesländern und Kreisen 2015 (in Prozent)

Deutschland	6,4
Westdeutschland	5,7
Ostdeutschland	9,2

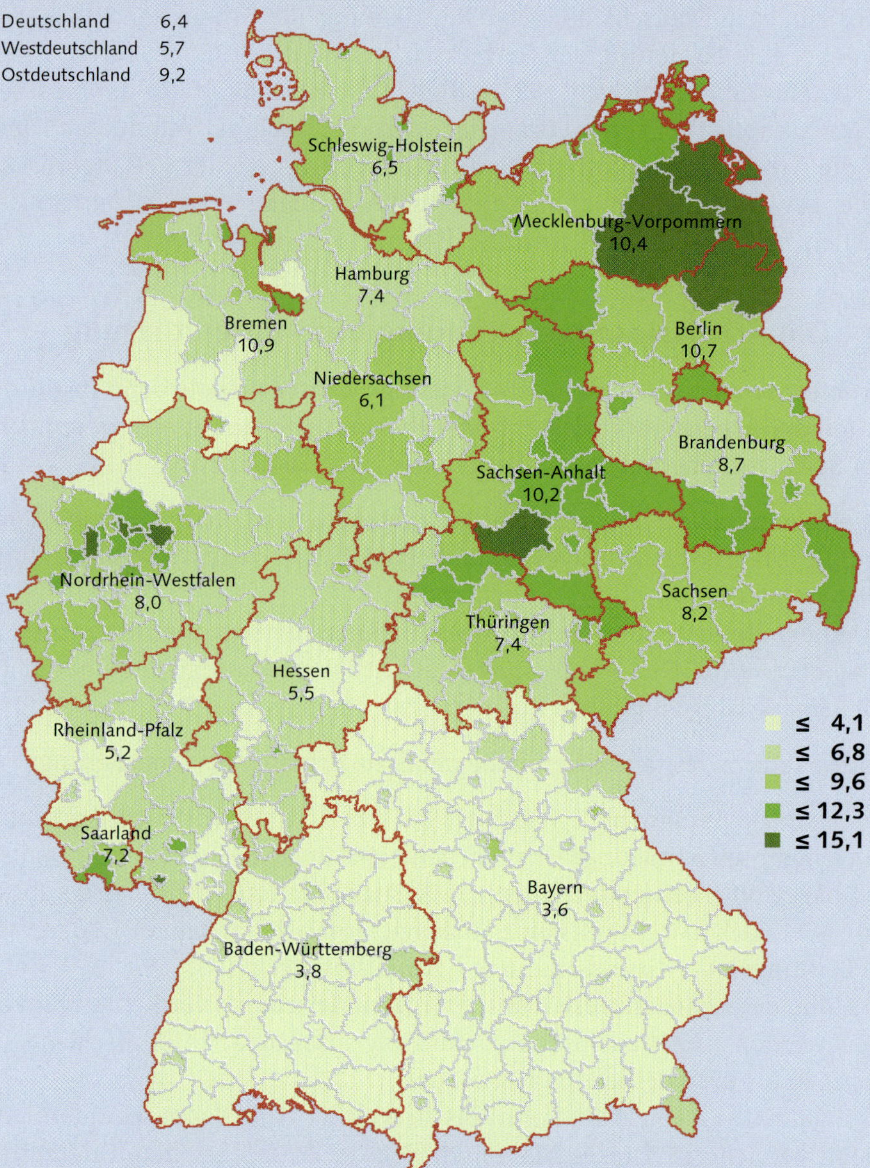

Quelle: Bundesagentur für Arbeit

Die Arbeitslosenversicherung deckt nur einen Teil des Risikos der Arbeitslosigkeit ab, nämlich das der kurzzeitigen Arbeitslosigkeit. Nach zwölf Monaten enden ihre Leistungen. Diese Frist genügt der Mehrheit vollauf, um einen neuen Job zu finden: Zwei Drittel der Arbeitslosen finden währenddessen eine neue Arbeit, 40 % gelingt dies sogar schon nach höchstens drei Monaten. Weil diese Arbeitslosen rasch wieder aus der Statistik verschwinden, fällt gar nicht auf, dass Arbeitslosigkeit sehr häufig passiert: Beispielsweise während des Jahres 2012 meldeten sich 7,8 Millionen Menschen neu als arbeitslos an – und ungefähr ebenso viele auch wieder ab.

Länger als ein Jahr arbeitslos ist rund ein Drittel der 2,9 Millionen Menschen, die in dem Jahr als arbeitslos gemeldet waren. Diese Langzeitarbeitslosen betreut nicht die Arbeitslosenversicherung, sondern die Grundsicherung, die über Steuern finanziert wird. Sie erhalten damit keine Hilfe mehr, deren Höhe sich an ihrem ehemaligen Einkommen orientiert, und müssen zudem eventuell vorhandenes Vermögen angreifen, ehe sie Unterstützung erhalten (vgl. Kapitel 12). Sie haben aber wie alle Arbeitslosen Anspruch auf Hilfen der aktiven Arbeitsmarktpolitik, die im Folgenden näher erklärt wird. Langzeitarbeitslose, von denen über die Hälfte keinen Berufsabschluss haben, verlangen besondere Aufmerksamkeit, um auf die Ursachen ihrer schweren Vermittelbarkeit reagieren zu können. Einige Förderinstrumente – etwa die häufig eingesetzten „Arbeitsgelegenheiten", auch „1-Euro-Jobs" genannt – richten sich gegen eine besondere Folge langer Arbeitslosigkeit: Durch sie sollen Betroffene wieder daran gewöhnt werden, regelmäßig zur Arbeit zu gehen.

→ **Evaluierung**
Überprüfung der Folgen einer politischen Maßnahme.

Als die heutigen Arbeitsagenturen noch „Arbeitsämter" hießen, verstanden sie unter „aktiver Arbeitsmarktpolitik" eine unüberschaubare Anzahl verschiedener Maßnahmen. Obwohl große Summen ausgegeben wurden, gab es kaum Untersuchungen, ob die Maßnahmen ihre Ziele auch erreichten. Eine solche *Evaluierung* etablierte sich erst im Zuge der Hartz-Reformen ab 2003. Dabei zeigte sich, dass viele Maßnahmen, die Arbeitslosigkeit bekämpfen sollten, ihren Zweck nicht erfüllten. Die verbreiteten Arbeitsbeschaffungsmaßnahmen (ABM) verlängerten gar die Verweildauer in der Arbeitslosigkeit, statt diese zu reduzieren, da Betroffene während der ABM die Jobsuche vernachlässigten und ihre Qualifikation nicht gepflegt wurde. Auch von den Hartz-Reformmaßnahmen für Langzeitarbeitslose sind mehrere mangels Wirksamkeit inzwischen wieder abgeschafft worden.

Dennoch waren die Hartz-Reformen ein Meilenstein in der Arbeitsmarktpolitik. Mit ihnen erfolgte in Deutschland der Wechsel zu einer aktivierenden Arbeitslosenunterstützung. Stärker als vorher sind die Arbeitslosen seither verpflichtet, sich um einen neuen Job zu bemühen oder an arbeitsmarktlichen Maßnahmen zu beteiligen, um ihre Arbeitsmarktfähigkeit zu erhalten oder zu verbessern. Dazu gehören z. B. die folgenden Maßnahmen:

- Leistungskürzungen und zumutbare Arbeit. Ein Stellenangebot können Arbeitslose heute anders als früher kaum noch ablehnen, selbst wenn sie es für unzumutbar halten. So ist es kein Hinderungsgrund, wenn der vorgeschlagene Job nicht der Ausbildung entspricht oder der Arbeitsort weiter weg liegt als die vorherige Arbeitsstelle. Auch sogenannte 1-Euro-Jobs, bei denen Arbeitslosengeld-II-Empfänger gegen eine minimale Aufwandsentschädigung zu Arbeiten herangezogen werden, können von diesen nicht einfach verweigert werden. Wer dennoch ablehnt oder sich nicht regelmäßig meldet, verliert Schritt für Schritt die gewährten Leistungen.

- Aufstocker. Personen, die nicht arbeitslos sind, aber zu wenig verdienen, um davon leben zu können, können ihr Einkommen mit Grundsicherungsleistungen aufstocken.
- Erleichterung von Leiharbeit und geringfügiger Beschäftigung (steuerbefreite 450-Euro-Jobs).
- Weiterbildung im weitesten Sinne. Die Arbeitslosenversicherung leistet dabei Ausbildungszuschüsse sowie Beiträge zur eigentlichen Weiterbildung und zur Umschulung.
- Vermittlungsgutscheine, die bei privaten Arbeitsvermittlern eingelöst werden können, um auch auf diesem Weg nach einer Stelle zu suchen.
- Eingliederungszuschüsse, also zeitlich begrenzte Zuschüsse während der Einarbeitung in eine neue Stelle, damit auch Personen angestellt werden, die erst nach einer Anlernzeit eine dem Lohn entsprechende Produktivität erbringen können.
- Förderung der Selbstständigkeit, indem die Arbeitslosenversicherung bei der Gründung eines Unternehmens mithilft.

Der Preis der Maßnahmen gegen die Arbeitslosigkeit ist hoch. Über 30 Milliarden Euro flossen 2014 über die Bundesagentur für Arbeit in die Arbeitslosenversicherung, noch einmal 10 Millarden Euro mehr kostete die Grundsicherung für Arbeitsuchende. Die meisten Ausgaben entfielen auf die Leistung von Lohnersatz, während der Rest an die Teilnahme an arbeitsmarktlichen Maßnahmen geknüpft war, also für aktive Arbeitsmarktpolitik ausgegeben wurde. Wie aus **Abbildung 13.6** hervorging, sind die vielen Instrumente der Arbeitsmarktpolitik von Region zu Region unterschiedlich bedeutsam. Während in Bayern und Baden-Württemberg kaum Bedarf für sie besteht, sind in Ostdeutschland, Bremen und im Ruhrgebiet besonders viele Arbeitslose zu betreuen.

13.6.3 Die duale Berufsausbildung

Bei der im internationalen Vergleich niedrigen Jugendarbeitslosigkeit in Deutschland spielt das System der dualen Berufsausbildung eine zentrale Rolle. Wer eine Lehrstelle in einem Unternehmen bekommt, die für eine Tätigkeit in über 360 möglichen Berufen qualifiziert, lernt drei bis vier Tage pro Woche direkt im Betrieb. Das erlaubt zahlreichen Jugendlichen eine praxisnahe Ausbildung, die sie schon sehr früh in den Arbeitsprozess integriert – und damit die Chancen auf eine Übernahme in die Belegschaft stark erhöht. Ein bis zwei Tage besuchen die Auszubildenden den Unterricht in einer Berufsschule, der ihnen betriebsübergreifende theoretische Kenntnisse vermittelt. Damit verbreitern sie ihre Wissensbasis und erlangen Wissen, das sie auch in anderen Unternehmen einsetzen könnten.

Die Unternehmen investieren Jahr für Jahr viel in die Ausbildung ihres Nachwuchses. Weil die Auszubildenden in den Firmen mitarbeiten und dabei einen relativ niedrigen Lohn beziehen, erhalten die Betriebe schon während der Ausbildung aber auch eine Gegenleistung, welche die Ausbildungskosten in der Regel aufwiegen. In EU-Ländern mit hoher Jugendarbeitslosigkeit sparen sich viele Unternehmen die Ausbildung und verlassen sich bei der Versorgung mit Fachkräften auf die Ausbildungsstätten des Staates. Wenn diese jedoch eher Geisteswissenschaftler mit Uni-Abschluss statt Techniker mit praktischen Erfahrungen hervorbringen, fehlen zumindest in der Industrie bald geeignete Fachkräfte: Qualifikationen und Arbeitsmarkt passen dann nicht zusammen.

Die duale Berufsausbildung ist auch in Österreich und der Schweiz verbreitet und gilt europaweit als Vorbild zum Abbau der Jugendarbeitslosigkeit. Ihre Fähigkeit, Jugendliche in den Arbeitsmarkt zu integrieren, kommt jedoch an Grenzen, wenn Schulabgänger nicht ausbildungsreif sind. Ohne Schulabschluss ist es sehr schwer, einen Ausbildungsplatz zu finden. Jugendliche, die noch nicht fähig sind, eine Ausbildung zu absolvieren, bleiben in Deutschland – anders als in vielen anderen Ländern – nicht auf sich allein gestellt. Sie finden über Programme wie „Einstiegsqualifizierung" und „berufsvorbereitende Maßnahmen" zu einer beruflichen Perspektive und anschließend oft auch eine Lehrstelle.

Jeder zweite Jugendliche in Spanien ist arbeitslos?

Nur wenige Jugendliche in Deutschland sind arbeitslos. Von den 15- bis 24-Jährigen, die sich auf dem Arbeitsmarkt umsahen, also weder zur Schule gingen noch einen Ausbildungs- oder Studienplatz hatten, waren im Frühjahr 2015 knapp 8 % ohne Job. Aus Krisenländern wie Spanien werden hingegen katastrophal hohe Werte von über 50 % gemeldet. Schlussfolgerungen wie „Jeder zweite junge Spanier ist arbeitslos" sind jedoch Fehlinterpretationen. Das Ausmaß der Jugendarbeitslosigkeit in den südlichen Euroländern ist sehr groß, aber nicht so groß. Tatsächlich war in dieser Altersgruppe nicht jeder Zweite, sondern jeder Fünfte in Spanien ohne Job.

Die Verwirrung entsteht durch die Tücken der Statistik. Bekannt ist, wie viele Jugendliche sich arbeitslos melden. Die Frage ist nun, welche Bezugsgröße als Maßstab angelegt wird: entweder alle 15- bis 24-Jährigen oder – wie in der amtlichen Statistik – nur diejenigen, die zur Erwerbsbevölkerung gehören. Der Unterschied ist groß: Bezogen auf *alle* Jugendlichen in einem Land wirkt die Gruppe der arbeitslosen Altersgenossen deutlich kleiner, als wenn ihre Menge nur auf die Anzahl erwerbsbereiter Jugendlicher bezogen wird. Die Anzahl Letzterer ist ziemlich klein, da die meisten in diesem Alter noch zur Schule gehen oder studieren, also auf dem Arbeitsmarkt nicht aktiv sind.

KOMPETENZEN BILDEN: Die Mindestlohndebatte (Talkshow)

Einen Mindestlohn hat Deutschland inzwischen eingeführt, die Debatte über dessen Folgen geht aber weiter. Im Bundestagswahlkampf 2013 hatten die Parteien hierzu sehr unterschiedliche Positionen, die hier nur kurz dargestellt werden. Im Anschluss sollen Sie sich selbst mit den aktuellen Argumenten zu dem Thema vertraut machen und darüber debattieren. Sehen Sie jeder für sich zu Hause zur Vorbereitung eine von den politischen Fernsehtalkshows an, in denen häufig auch ökonomische Themen zur Sprache kommen (z. B. Maybrit Illner).

Während die Diskussion ein offener Meinungsaustausch ist, bei dem persönliche Stellungnahmen erwünscht sind und es nicht darauf ankommt, einen Konsens zu erreichen, hat die Debatte eine Entscheidung zum Ziel (durch Abstimmung oder Konsens). Debatten werden vor allem in politischen Gremien geführt (z. B. Bundestag).

Die Position der Parteien zum Thema Mindestlohn im Jahr 2013

CDU/CSU: Die Union lehnt zwar einen flächendeckenden gesetzlichen Mindestlohn ab. In allen Bereichen, in denen es keine Tarifverträge gibt, sollen Arbeitgeber und Gewerkschaften aber verpflichtet werden, einen tariflichen Mindestlohn festzulegen.

FDP: Die FDP lehnt einen flächendeckenden Mindestlohn ab. Das deutsche Arbeitsmarktmodell sei dank flexibler Lohnfindung durch Arbeitgeber und Gewerkschaften erfolgreich. Ein Mindestlohn politisiere hingegen die Lohnfindung und verhindere, dass mehr Menschen in den Arbeitsmarkt einsteigen können.

SPD: Die Sozialdemokraten wollen einen flächendeckenden Mindestlohn von 8,50 Euro pro Stunde einführen. Dieser sei ökonomisch gesehen zur Stärkung der Nachfrage in Deutschland notwendig und unverzichtbar für mehr Verteilungsgerechtigkeit.

LINKE: Die Linke fordert einen flächendeckenden Mindestlohn von 10 Euro. Bis zum Ende der Wahlperiode soll er auf 12 Euro ansteigen. Leiharbeit will die Partei verbieten und Minijobs in vollwertige Arbeitsverhältnisse mit Sozialversicherungspflicht umwandeln.

GRÜNE: Die Grünen wollen einen flächendeckenden Mindestlohn von mindestens 8,50 Euro einführen und sogenannte prekäre Beschäftigung zurückdrängen.

Quellen: Zusammengestellt aus den Wahlprogrammen der Parteien zur Bundestagswahl 2013

Arbeitsaufträge:

1. Führen Sie eine Eingangsabstimmung zur Frage des Mindestlohns in der Klasse durch (geheime Abstimmung, eine Partei ankreuzen).
2. Bilden Sie in Ihrer Klasse fünf Gruppen. Jede befasst sich mit den Argumenten einer der genannten Parteien zur Frage des Mindestlohns zum aktuellen Zeitpunkt, z. B. über die Webseite der Partei. Versuchen Sie, sich mit der jeweiligen Position zu identifizieren, und arbeiten sie die Unterschiede heraus.
3. Jede Gruppe schickt einen Vertreter in die Debatte, die nun vor der Klasse geführt wird. Vorbild soll eine Talkshowrunde wie im Fernsehen sein. Die Rolle des Moderators übernimmt entweder die Lehrerin/der Lehrer oder eine Schülerin/ein Schüler. Er oder sie führt kurz in die Thematik ein, achtet auf die Einhaltung der Spielregeln, erteilt den Teilnehmern das Wort, fasst zusammen, greift Lösungsvorschläge auf und formuliert weiterführende Fragen.
4. Abschließend wird eine erneute Abstimmung zur Frage des Mindestlohns durchgeführt. Diskutieren Sie bei Änderungen des Abstimmungsergebnisses mögliche Gründe dafür.

ZUSAMMENFASSUNG ANHAND DER LERNZIELE ZU KAPITEL 13

1 Kenngrößen des Arbeitsmarktes

Um Daten wie die aktuelle Arbeitslosenquote richtig interpretieren zu können, ist es wichtig zu wissen, wie diese Zahlen zustande kommen: Unter den aktuellen gesetzlichen Rahmenbedingungen wird zunächst grundsätzlich unterschieden zwischen den prinzipiell Erwerbsfähigen – den 15- bis 64-Jährigen – und dem Rest der Bevölkerung. Erstere werden wiederum unterteilt in Nichterwerbsbevölkerung und in Erwerbsbevölkerung, welche sich aus den Untergruppen Arbeitslose und Erwerbstätige zusammensetzt. Die wichtigsten Kenngrößen in diesem Zusammenhang sind die Arbeitslosenquote (Anteil der Arbeitslosen an der Erwerbsbevölkerung), die Erwerbsquote (Anteil der Arbeitswilligen an der erwerbsfähigen Bevölkerung) und die Erwerbstätigenquote (Anteil der tatsächlich Erwerbstätigen an der erwerbsfähigen Bevölkerung).

2 Formen von Arbeitslosigkeit

Wenn Arbeitslosigkeit herrscht, obwohl eigentlich genügend offene Stellen verfügbar sind, spricht man von Sockelarbeitslosigkeit. Dabei ist zu unterscheiden zwischen der sogenannten strukturellen Arbeitslosigkeit, bei der Arbeitsuchende nicht den (neuen) Anforderungsprofilen der offenen Stellen entsprechen, und der friktionellen Arbeitslosigkeit, die durch die Zeit der Arbeitsuche bedingt ist. Zur Sockelarbeitslosigkeit hinzu kommt die konjunkturelle Arbeitslosigkeit. Hier sind konjunkturell bedingt nicht genügend offene Stellen vorhanden, um alle Arbeitsuchenden zu beschäftigen. Das Verhältnis von Sockelarbeitslosigkeit und von konjunktureller Arbeitslosigkeit lässt sich mithilfe der Beveridge-Kurve veranschaulichen.

3 Auswirkungen von Arbeitslosigkeit

Für die meisten Menschen ist Arbeitslosigkeit ein bedrückender Zustand, der mit negativen Folgen verbunden ist (geringeres Einkommen, gefühlt schlechterer sozialer Status). Um struktureller Arbeitslosigkeit entgegenzuwirken, ist besonders Flexibilität gefragt. Für den Arbeitnehmer bedeutet dies beispielsweise die Bereitschaft, sich auf neue Arbeitsbereiche einzulassen und Ortswechsel in Betracht zu ziehen – oder auch, sich mit Lohnanpassungen zu arrangieren. Gesamtwirtschaftlich gesehen entsteht Arbeitslosigkeit dadurch, dass eine dynamische Marktwirtschaft einem stetigen strukturellen Wandel unterworfen ist – sie ist Folge, aber auch Treiber des Strukturwandels. Bei dauerhaft vollständiger Beschäftigung wären strukturelle Veränderungen auf dem Arbeitsmarkt (z. B. hervorgerufen durch den Wechsel von analogen zu digitalen Medien) und Berufswechsel nahezu unmöglich.

4 Arbeitsmarkt und Bildungspolitik

Ein Staat kann aktiv in den Arbeitsmarkt eingreifen, indem er die Arbeitsbedingungen über Regulierungsmaßnahmen wie Mindestlöhne, Kündigungsschutz und Arbeitszeitvorgaben mitgestaltet. Eine gewisse Sicherheit für Arbeitnehmer kann außerdem über eine Arbeitslosenversicherung gewährleistet werden. Doch so wünschenswert solche Maßnahmen aus sozialer Sicht erscheinen, so bringen sie oft auch negative Effekte mit sich. Ein umfassender Kündigungsschutz kann z. B. Unternehmen davon abhalten, in Aufschwungphasen neue Arbeitskräfte einzustellen. Die optimale Balance zwischen Regulierung und Flexibilität stellt eine Herausforderung für die Politik dar – wobei die Regulierungen in Deutschland vergleichsweise moderat sind; Mindestlöhne z. B. bestehen bisher nur für einzelne Berufssparten. Geeignete Maßnahmen sind zudem Angebote zur Fortbildung, da Arbeitnehmer dadurch ein breiteres Spektrum an Arbeitsangeboten in Betracht ziehen können. Bei konjunktureller Arbeitslosigkeit stellt Flexibilität ebenfalls einen hilfreichen Faktor dar, doch wird diese allein nicht ausreichen, um die Arbeitslosigkeit umfassend einzudämmen. Bei friktioneller Arbeitslosigkeit sollte der Stellenmarkt transparenter gestaltet werden, um die Arbeitssuche zu beschleunigen. Bei der Arbeitslosenversicherung ist es ebenfalls wichtig, keine falschen Anreize zu schaffen, sondern für einen möglichst schnellen Wiedereinstieg ins Berufsleben zu sorgen. In Deutschland hat sich im Zuge der Hartz-Reformen in dieser Hinsicht viel getan. Weitere Maßnahmen gegen Arbeitslosigkeit bietet eine umfassende Bildungspolitik. Hier können beispielsweise eine duale Berufsausbildung oder Berufsvorbereitungsprogramme nachhaltige Veränderungen bewirken.

ZENTRALE BEGRIFFE

Erwerbsbevölkerung
Erwerbsquote
Konjunkturelle Arbeitslosigkeit
Sockelarbeitslosigkeit
Beveridge-Kurve
Strukturelle Arbeitslosigkeit
Qualifikation
Friktionelle Arbeitslosigkeit
Reallohn
Reservationslohn
Arbeitsmarktregulierungen
Mindestlohn
Lohnstückkosten
Zentralisierte Lohnverhandlungen
Tarifvertrag
Kündigungsschutz
Arbeitslosenversicherung
Aktive Arbeitsmarktpolitik
Beitragssatz
Evaluierung

WIEDERHOLUNGSAUFGABEN ZU KAPITEL 13

1 Welches sind die wichtigsten Begriffe und Quoten im Zusammenhang mit Arbeitslosigkeit? Machen Sie sich die Unterschiede an aktuellen Zahlen deutlich. Wie steht Deutschland gegenüber anderen Ländern da?

2 Welche Formen von Arbeitslosigkeit unterscheidet man und durch welche Faktoren sind diese jeweils bedingt?

3 Wie hoch ist die konjunkturelle Arbeitslosigkeit, wenn sich die Wirtschaft auf der Beveridge-Kurve an der Winkelhalbierenden befindet? Begründen Sie.

4 Stellen Sie sich Situationen vor, in denen sie von den jeweiligen Formen von Arbeitslosigkeit betroffen sind. Überlegen Sie sich, wie Sie reagieren würden.

5 Welche Möglichkeiten der staatlichen Einflussnahme bestehen im Zuge der Arbeitsmarktpolitik? Nehmen Sie begründet Stellung zu den verschiedenen Maßnahmen und vergleichen Sie die Positionen innerhalb der Klasse.

HANDLUNGSORIENTIERTE AUFGABEN ZU KAPITEL 13

1 Der Niedriglohnsektor ist im letzten Jahrzehnt in Deutschland deutlich angewachsen. Recherchieren Sie, in welchen Berufen und Branchen die Löhne besonders niedrig sind.

2 Das duale Ausbildungssystem in Deutschland gilt als Vorbild für viele andere Staaten. Seit Jahren sinkt jedoch hierzulande die Zahl der Auszubildenden und es steigt der Anteil der Jugendlichen, die lieber ein Studium aufnehmen. Welche Argumente sprechen aus Ihrer Sicht für, welche gegen diesen Trend?

3 Der allgemeine gesetzliche Mindestlohn wird oft mit dem Argument begründet, jeder müsse von seiner Hände Arbeit auch leben können. Recherchieren Sie die soziale Lage von Menschen in sogenannter prekärer Beschäftigung und von Hartz-IV-Aufstockern sowie deren Haushaltssituation (sind sie die Hauptverdiener im Haushalt?) und ihr Arbeitsangebot (Vollzeit/Teilzeit?). Trifft auf diese Erwerbstätigen und ihren Haushalt generell die Aussage zu, sie seien „arm trotz Arbeit“?

Themengebiet 6: Konjunktur, Preisstabilität und Geldpolitik

„Lenin soll angeblich gesagt haben, die beste Methode zur Zerstörung des kapitalistischen Systems sei die Aushöhlung der Währung. […] Lenin hat zweifellos recht, gibt es doch keine subtilere Methode zur Zerstörung der bestehenden gesellschaftlichen Grundlagen als die Entwertung der Währung. […] Dieser Prozess setzt alle verborgenen Kräfte der Ökonomie aufseiten der Zerstörung ein und zwar auf eine Art und Weise, die nicht einer unter einer Million Menschen diagnostizieren kann."

John Maynard Keynes (1883–1946), britischer Ökonom

Themengebiet 6: Konjunktur, Preisstabilität und Geldpolitik

Kapitel 14: Konjunkturschwankungen

14.1 Konjunktur: Die kurzfristigen Schwankungen

14.2 Konjunkturbeobachtung und Konjunkturprognose

LERNZIELE ZU KAPITEL 14

Nachdem Sie Kapitel 14 durchgearbeitet haben, sollten Sie in der Lage sein,

1. einen modellhaften Konjunkturverlauf zu beschreiben.
2. die Ursachen von Konjunkturzyklen zu verstehen und zu erläutern.
3. Indikatoren zur Konjunkturbeobachtung sowie die Möglichkeiten von Konjunkturprognosen zu kennen und zu erläutern.

Kapitel 14: Konjunkturschwankungen

Neben dem langfristigen Trendwachstum sind auch die kurzfristigen Schwankungen, die Konjunkturzyklen also, wichtige makroökonomische Themen der Volkswirtschaftslehre. Seit der Weltwirtschaftskrise in den 1930er-Jahren sind konjunkturelle Einbrüche und ihre Ursachen Gegenstand lebhafter volkswirtschaftlicher Debatten.

14.1 Konjunktur: Die kurzfristigen Schwankungen

14.1.1 Was ist ein Konjunkturzyklus?

→ **Konjunkturzyklus** Schwankungen der gesamtwirtschaftlichen Aktivität, gekennzeichnet durch das Aufeinanderfolgen einer Auf- und einer Abschwungsphase.

Im einfachen Makro-Schema von **Abbildung 4.6** (vgl. Abschnitt 4.3.2) haben wir gesehen, dass die tatsächliche Entwicklung des BIP Schwankungen um das Trendwachstum herum unterworfen ist. Diese Schwankungen bezeichnet man als Konjunktur. Ihr Ablauf folgt gewissen *Zyklen*, die allerdings sehr unregelmäßig sein können. Ein solcher Zyklus ist in **Abbildung 14.1** modellhaft dargestellt.

Abbildung 14.1
Modellhafter Konjunkturverlauf

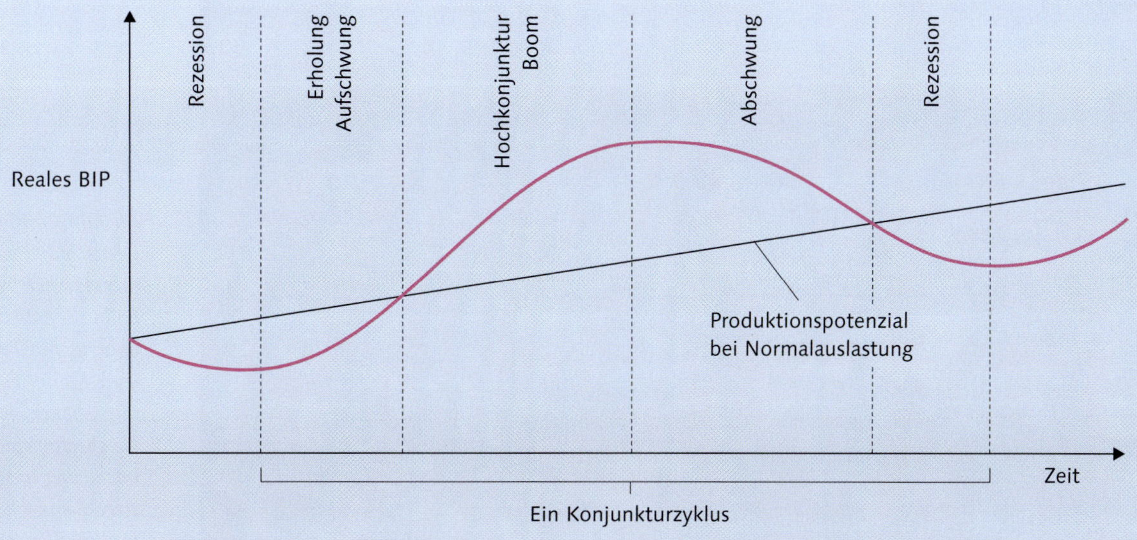

Wir beginnen hier mit einer Situation der Unterauslastung, das heißt, die Wirtschaft befindet sich in einer Rezession. Ist die Unterauslastung besonders stark und anhaltend, so spricht man übrigens von einer *Depression*. Bis zum unteren Wendepunkt ist das Wirtschaftswachstum sehr niedrig, eventuell sogar negativ, und die Produktion entfernt sich zunehmend vom Produktionspotenzial. Unter anderem äußert sich dies in hoher Arbeitslosigkeit. Ist der tiefste Punkt durchschritten, beginnt die Wirtschaft wieder zu wachsen. Setzt sich der Aufschwung fort, schneidet zu einem bestimmten Zeitpunkt die Kurve die Linie und die Wirtschaft produziert danach mehr als bei Normalauslastung. Sie befindet sich in einer Hochkonjunktur, auch Boom genannt. Irgendwann aber stößt dieser an physische Grenzen, denn die Kapazitäten sind dann überausgelastet. Das Wachstum verlangsamt sich wieder, es folgt ein Abschwung. Hält dieser eine gewisse Zeit an, so gerät die Wirtschaft wieder in Unterauslastung. Damit beginnt erneut eine Rezession und der nächste Zyklus setzt ein. Natürlich verlaufen diese Bewegungen nie so regelmäßig wie in dieser Grafik, die einzelnen Phasen lassen sich aber meist deutlich unterscheiden.

→ **Depression**
Eine besonders schwere und lang anhaltende Rezessionsphase.

Ein Beispiel ist die jüngste Entwicklung der deutschen Wirtschaft in **Abbildung 14.2**. Im Jahr 2000 war Deutschland in einer sehr guten konjunkturellen Lage, dann folgte der Abschwung. Anfang des Jahres 2003 befand man sich in einer spürbaren Rezession. Anschließend begannen die Wachstumsraten sich wieder zu verbessern und der Aufschwung setzte sich 2005 fort. In den Jahren 2006 und 2007 wiederum waren in der deutschen Wirtschaft deutliche Anzeichen eines Booms auszumachen, während Ende des Jahres 2008 als Folge der Finanz- und Wirtschaftskrise eine tiefe Rezession einsetzte. Im Vergleich zu anderen Ländern erholte sich Deutschland ziemlich rasch von diesem Schock.

Im Jahr 2006 sprach Deutschland vom „Sommermärchen“. Die Fußballnationalmannschaft überraschte ihre Landsleute bei der Heim-WM mit schönem Fußball, gleichzeitig spürten viele nach einer langen Durststrecke endlich den konjunkturellen Aufschwung.

Abbildung 14.2
Wachstumsrate des realen BIP Deutschlands gegenüber dem Vorquartal 2000–2015 (in Prozent)

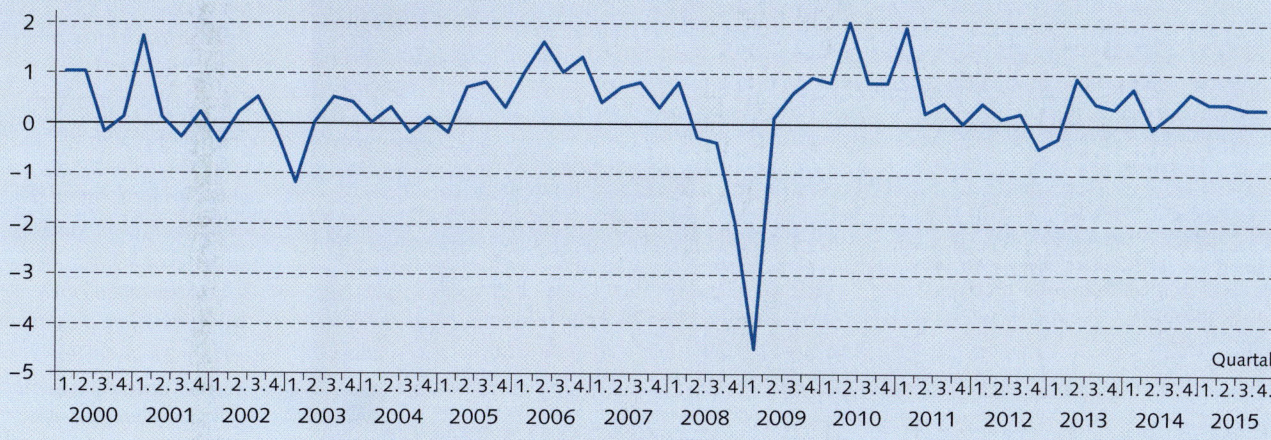

Quelle: Statistisches Bundesamt

In **Abbildung 14.2** sollte man übrigens beachten, dass es sich hier um Wachstumsraten pro Quartal handelt und nicht pro Jahr. Dies ist die Art und Weise, wie in den meisten europäischen Ländern die aktuellen BIP-Zahlen jeweils veröffentlicht werden. Will man diese Zahl in ein Jahreswachstum umrechnen, so kann man sie grob gesprochen einfach mit vier multiplizieren (da ein Jahr vier Quartale aufweist).

14.1.2 Ursachen von Konjunkturzyklen

Wir haben in Kapitel 9 gesehen, dass das Trendwachstum der Wirtschaft von der gesamtwirtschaftlichen Angebotsseite bestimmt wird, also von der Entwicklung der Produktionsmöglichkeiten über die Zeit.

Die Konjunktur dagegen wird vor allem durch die gesamtwirtschaftliche Nachfrageseite bestimmt. Letztlich resultieren die meisten konjunkturellen Zyklen aus der oft stark schwankenden Neigung der Nachfrager, die in einer Volkswirtschaft produzierten Waren und Dienstleistungen auch zu kaufen. Dabei können wir den Beginn eines konjunkturellen Abschwungs oder Aufschwungs nur selten an einem einzelnen Ereignis festmachen. Meistens steht am Anfang etwa eines Abschwungs eher eine Vielzahl von kleineren negativen Impulsen, die auf die einzelnen Nachfrager einwirken und sie dazu bewegen, in der Summe ihrer Millionen Einzelentscheidungen weniger nachzufragen. Solche negativen Impulse können zum Beispiel Turbulenzen an den Finanzmärkten, eine Häufung von Medienberichten über Rezessionen in wichtigen Handelspartnerländern, Zinserhöhungen, kriegerische Ereignisse oder Ähnliches sein. Entscheidend ist, dass solche negativen Impulse vor allem auf die Zukunftserwartungen der Nachfrager einwirken. Maßgebend für den Beginn eines Nachfragerückgangs ist nämlich meist weniger die aktuelle wirtschaftliche Situation als vielmehr die Erwartung über deren künftige Entwicklung.

Geht die Nachfrage zurück, muss das Angebot folgen. Diese Anpassung der Hersteller im Konjunkturabschwung ist unvermeidlich, sofern sie nicht auf andere Märkte ausweichen können. In schlechten Zeiten rufen die Produzenten darum gerne nach der Politik, wie hier deutsche Bauern bei einer Wahlkampfveranstaltung. Sie fordern dann z. B. Absatzhilfen, Exportsubventionen oder den Aufbau von staatlichen Lagerbeständen.

Grundsätzlich können dabei am Anfang eines Abschwungs alle vier Nachfragekomponenten, also der Konsum, die Investitionen, die Staatsausgaben oder die Nettonachfrage des Auslands, einen Rückgang erleben. Typisch sind aber vor allem Schwankungen in den Investitionen – der instabilsten Komponente der gesamtwirtschaftlichen Nachfrage. Investitionen reagieren besonders empfindlich auf sich rasch ändernde Zukunftserwartungen. Auch die Konsumnachfrage nach langlebigen Gütern wie etwa Autos oder Möbel, die ja auch einen gewissen Investitionscharakter hat, folgt oft solchen Zyklen und verstärkt damit die Schwankungen.

Ein Konjunkturzyklus zeichnet sich dadurch aus, dass ein einmal eingeleiteter Abschwung oder Aufschwung meist über mehrere Perioden anhält. Grund dafür ist, dass hier selbstverstärkende Prozesse wirken.

Sinkt etwa die gesamtwirtschaftliche Nachfrage in einer Periode, dann bleiben die Unternehmen auf einem Teil der produzierten Ware sitzen und ihre Lager wachsen an. Sie werden daher in der folgenden Periode ihre Produktion drosseln, da sich die Absatzaussichten verschlechtert haben und sie zuerst die Lager aus der Vorperiode leeren möchten. Ausbauprojekte werden deshalb erst einmal auf Eis gelegt, die Investitionen gehen zurück. Durch den Rückgang der Produktion werden die Kapazitäten nicht mehr vollständig ausgelastet und es müssen im schlimmsten Fall Stellen abgebaut werden. Die Arbeitslosigkeit nimmt zu und gleichzeitig wächst bei den Arbeitnehmern auch die Angst vor dem Stellenverlust, was sich insgesamt negativ auf die private Konsumnachfrage auswirkt. Dies wiederum reduziert die gesamtwirtschaftliche Nachfrage weiter und die Wirtschaft gerät aufgrund dieser selbstverstärkenden Mechanismen immer tiefer in eine Rezession.

Es bleibt die Frage, weshalb der Nachfragerückgang nicht sofort zu sinkenden Güterpreisen und Löhnen führt, die den Mengenrückgang (weniger Produktion, weniger Arbeitsstellen) aufhalten und den Abschwung bremsen würden. Die Ursache für die oft starken Schwankungen der produzierten Mengen ist, dass die meisten Preise – und hier vor allem die Löhne (= der Preis für Arbeit) – nicht sehr rasch auf Veränderungen reagieren. Denn Lohnanpassungen müssen erst ausgehandelt werden. Der Nachfragerückgang auf dem Arbeitsmarkt führt also zuerst einmal nicht zu einer Lohnsenkung, sondern zu einem Rückgang der produzierten Mengen, da die Löhne im Vergleich zu den sinkenden Güterpreisen zu hoch bleiben und sich deshalb für die Unternehmen die Gewinne reduzieren. Mit der Zeit aber werden auch die Löhne auf die sinkende Nachfrage reagieren und nach und nach sinken. Damit reduzieren sich die Kosten für die Unternehmen wieder. Sie werden beginnen, ihre Produktion allmählich wieder auszudehnen. Die Nachfrage wird dadurch neu stimuliert und die Wirtschaft beginnt wieder zu wachsen. Damit ist der Tiefpunkt des Konjunkturzyklus durchschritten und ein neuer Aufschwung beginnt.

→ **Geldpolitik**
Steuerung des Geldangebots durch die Zentralbank. Bei einer expansiven Geldpolitik wird die Geldmenge erhöht, bei einer restriktiven reduziert.

→ **Zentralbank**
Institution, die im Gesamtinteresse des Landes für die Geldpolitik verantwortlich ist.

Neben den Zukunftserwartungen spielen auch, wie wir in Kapitel 15 sehen werden, die *Geldpolitik* der *Zentralbank* und die Fiskalpolitik des Staates eine wichtige Rolle für den Konjunkturverlauf. Plötzliche Änderungen können hier ebenfalls Konjunkturschwankungen auslösen oder verstärken. Ein deutlicher Rückgang der Staatsausgaben kann ebenso einen konjunkturellen Abschwung bewirken wie eine restriktive Geldpolitik, welche die Zinsen nach oben treibt und damit die Investitionen verteuert. Dieser Zusammenhang zwischen Geldpolitik und Zinsen wird in Kapitel 17 noch genauer erläutert.

Schließlich können auch Schocks in der Produktion – also auf der gesamtwirtschaftlichen Angebotsseite – konjunkturelle Schwankungen auslösen. Das wichtigste Beispiel dafür waren die Erdölkrisen in den 1970er- und 1980er-Jahren. Der starke Preisanstieg dieses für die Produktion wichtigen Rohstoffs führte damals in vielen Ländern zu einer starken Rezession. Auch in diesem Fall aber wurden die Schwankungen durch Reaktionen auf der Nachfrageseite deutlich verstärkt. Die im Gefolge der stark anziehenden Inflation und der entsprechenden geldpolitischen Reaktion stark steigenden Zinsen lösten Einbrüche in der Investitionsnachfrage und zum Teil im Konsum aus. Wieder zeigte sich, dass die Konjunktur in erster Linie durch Schwankungen der gesamtwirtschaftlichen Nachfrage getrieben wird.

Es gilt also, vereinfacht ausgedrückt: Das Trendwachstum kommt von der gesamtwirtschaftlichen Angebotsseite und die konjunkturellen Schwankungen um diesen Trend herum kommen von der gesamtwirtschaftlichen Nachfrageseite.

14.2 Konjunkturbeobachtung und Konjunkturprognose

14.2.1 Konjunkturbeobachtung

Kaum ein anderes volkswirtschaftliches Thema nimmt in den Medien einen so breiten Raum ein wie die Berichterstattung zur Konjunkturlage. Dabei interessieren einerseits die momentane Situation (Konjunkturbeobachtung) und andererseits die Aussichten für die weitere Wirtschaftsentwicklung (Konjunkturprognose). Da die Konjunktur ja vor allem von der Nachfrageseite bestimmt wird, muss sich jede Diskussion der konjunkturellen Lage mit der Entwicklung der wichtigsten Nachfragekomponenten – Konsum, Investitionen, Staatsausgaben und Nettoexporte – befassen.

Krise? Welche Krise? Die aktuelle wirtschaftliche Lage wird nicht von allen Wirtschaftsakteuren gleich beurteilt. Während einige Geschäfte den Konjunkturabschwung voll zu spüren bekommen, laufen andere hervorragend weiter, hier z. B. Juwelengeschäfte im tschechischen Kurort Karlsbad.

Ziel der *Konjunkturbeobachtung* ist es, die aktuelle Konjunkturlage zu beschreiben. Das scheint einfach, ist aber tatsächlich mit etlichen Schwierigkeiten verbunden. Der häufig gehörte Vergleich von Wetterprognose und Konjunkturprognose ist hier etwas irreführend: Schon die Beurteilung der augenblicklichen Konjunkturlage ist alles andere als einfach. Um zu wissen, wie das Wetter ist, genügt ein Blick aus dem Fenster. Die derzeitige Wirtschaftslage werden wir hingegen erst in relativ ferner Zukunft genau kennen, dann nämlich, wenn alle notwendigen Daten erhoben und analysiert sind. Jede aktuelle Konjunkturbeobachtung beruht daher auf mehr oder weniger provisorischen Zahlen.

→ **Konjunkturbeobachtung**
Ermittlung der aktuellen konjunkturellen Situation mittels Interpretation geeigneter Indikatoren.

Dabei muss man offizielle Daten von inoffiziellen Beurteilungen unterscheiden. Offiziell wird rund anderthalb Monate nach Ablauf eines Quartals eine erste Schätzung der Höhe des BIP in diesem Quartal publiziert. Das Statistische Bundesamt verwendet dabei eine international standardisierte Schätzmethode auf der Basis frühzeitig vorhandener *Indikatoren*. Indikatoren sind Größen, die man leicht beobachten kann und die erfahrungsgemäß mit dem nicht direkt beobachtbaren

→ **Indikator**
Eine beobachtbare Größe, die Aufschlüsse über eine nicht beobachtbare Größe oder einen nur schwer messbaren Zustand gibt.

BIP zusammenhängen (z. B. die Industrieproduktion). Für das ganze Jahr wird dann Mitte Januar des Folgejahres eine provisorische Berechnung auf viel breiterer Datenbasis erstellt. Nach Vorliegen aller Informationen wird sie später korrigiert und zum offiziellen BIP für das entsprechende Jahr erklärt.

Parallel dazu analysieren private Konjunkturbeobachter und -beobachterinnen, beispielsweise in Banken, Unternehmensverbänden oder Wirtschaftsforschungsinstituten, laufend die vorhandenen Indikatoren und zeichnen ein Bild der Konjunkturlage. Diese Beurteilungen sind zwar weder offiziell noch international abgestimmt, müssen aber deshalb nicht weniger interessant oder zutreffend sein. Zum Beispiel liefern für kleine Wirtschaftszweige, deren wirtschaftliche Aktivität von der amtlichen Statistik nur zusammen mit der von ähnlichen Branchen erfasst und ausgewiesen wird, Verbände Detaildaten über ihre Mitgliedsunternehmen.

14.2.2 Konjunkturprognose

→ **Konjunkturprognose** Vorhersage der zukünftigen konjunkturellen Entwicklung mithilfe von Prognosemodellen.

Die *Konjunkturprognose* wiederum versucht, die Entwicklung des BIP und seiner Komponenten für die Zukunft vorherzusagen, in der Regel für das laufende und das kommende Jahr. Sie beruht entweder auf statistischen Modellen oder auf Expertenbeurteilungen, häufig auch auf einer Kombination von beidem. Prognosen werden sowohl von staatlichen als auch von privaten Institutionen gemacht. Da zukünftige Staatseinnahmen und -ausgaben maßgeblich von der Wirtschaftsentwicklung abhängen, benötigt der Staat Konjunkturprognosen für die Erstellung seines Budgets. Die Steuerschätzer, die einmal im Jahr die staatlichen Einnahmen für die nächsten vier Jahre kalkulieren und diese Schätzung anschließend aktualisieren, nutzen Annahmen zum Konjunkturverlauf. Ebenso ist die Geldpolitik für ihre Entscheidungen auf Prognosen zur zukünftigen Entwicklung der gesamten Wirtschaft angewiesen. Aber auch für private Unternehmen ist die künftige wirtschaftliche Entwicklung, gerade für Investitionsentscheidungen, oft von maßgeblicher Bedeutung. All dies führt zu einer starken Nachfrage nach Konjunkturprognosen. Und entsprechend mangelt es nicht an Angeboten.

Auf regelmäßige Beachtung stoßen in Deutschland die Frühjahrs- und die Herbstdiagnose mehrerer Wirtschaftsforschungsinstitute. Diese sogenannte Gemeinschaftsdiagnose wird im Auftrag der Bundesregierung angefertigt, ebenso wie die Konjunkturprognose des Beratergremiums „Sachverständigenrat zur Begutachtung der gesamtwirtschaftlichen Entwicklung" (SVR). Internationale Organisationen geben ebenfalls Vorausschauen auf die erwartete wirtschaftliche Entwicklung ab, zum Beispiel die EU-Kommission für Europa oder die OECD und der IWF für den weltweiten Vergleich.

Sowohl die Beobachtung als auch die Prognose der Konjunktur können dabei aber nicht auf einer exakten Messung beruhen, dafür ist eine Volkswirtschaft viel zu komplex. Will man trotzdem Aussagen machen, muss man entsprechende Indikatoren verwenden, die mit der Entwicklung des BIP zusammenhängen. Man unterscheidet drei Arten von Konjunkturindikatoren: vorlaufende, gleichlaufende und nachlaufende. **Abbildung 14.3** illustriert dies.

Abbildung 14.3
Konjunkturentwicklung und Indikatoren

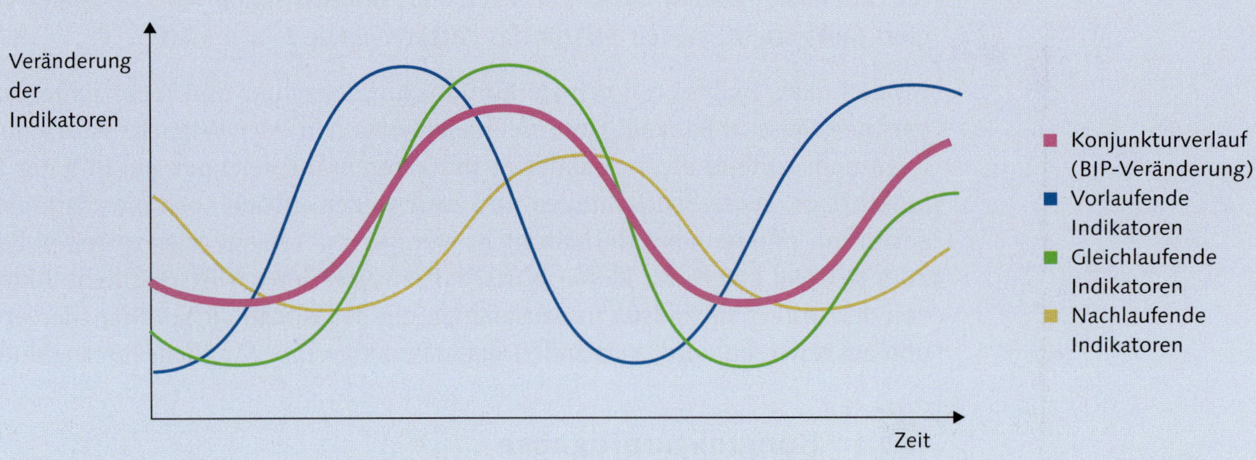

- Vorlaufende Indikatoren – auch Frühindikatoren genannt – beginnen schon einige Zeit vor einem Aufschwung zu steigen. Derartige Größen sind besonders hilfreich für die Prognose der Wirtschaftsentwicklung. So sind beispielsweise die Auftragseingänge in der Industrie eine statistisch erfassbare Größe, die einen Hinweis auf die zukünftige Entwicklung der Produktion und damit des BIP geben kann. Wenn man weiß, wie viele in- oder ausländische Aufträge die Unternehmen einer Branche eingeworben haben, kann man ungefähr vorhersagen, wie sich die Produktion dieser Branche entwickeln wird. An solche Daten gelangen die Statistischen Ämter des Bundes und der Länder aufgrund einer Meldepflicht: Betriebe wichtiger Branchen und ab einer bestimmten Größe müssen konjunkturell relevante Unternehmensdaten wie den Auftragseingang oder den Beschäftigtenstand regelmäßig melden. Ein anderes Beispiel für einen Frühindikator ist der Geschäftsklimaindex des Münchener ifo-Instituts. Dabei werden Unternehmen der Industrie, des Handels und der Bauwirtschaft monatlich nach ihrer Geschäftslage und ihren Geschäftserwartungen befragt.
- Gleichlaufende Indikatoren wie etwa die Industrieproduktion oder der Containerumschlag sind früher messbar als das BIP selbst und geben Hinweise auf die momentane Wirtschaftslage.
- Nachlaufende Indikatoren – zum Beispiel die Arbeitslosigkeit oder die Preise – sind vor allem für die Konjunkturbeobachtung von Interesse.

Die Konjunkturbeobachtung in Form der Quartalsschätzung des BIP wie auch die Konjunkturprognose beruhen auf Indikatoren, die sich in der Vergangenheit bewährt haben. Dennoch lassen sich damit immer nur Näherungswerte ermitteln, da nur ein kleiner Teil der Bestimmungsfaktoren des BIP wirklich gemessen werden kann. Man muss deshalb grundsätzlich immer mit mehr oder weniger starken Korrekturen der ermittelten Größen während der Folgeperioden rechnen. Die Zukunft lässt sich nicht exakt vorhersagen, zumal Schockereignisse, welche die Konjunktur plötzlich und stark beeinflussen können, sich selten vorher ankündigen.

Stöckelschuhe – ein Krisensymptom?

Es ist nicht leicht, eine Rezession im Alltag zu diagnostizieren. Neben den oben beschriebenen, um genaue Messung bemühten Indikatoren gibt es eine Reihe anderer Symptome, die auf den Beginn oder das Ende von Krisen hindeuten. Viele davon sind auf den ersten Blick plausibel, wenn auch nicht wirklich überprüfbar.

Der „High-Heel-Index" beispielsweise unterstellt einen Zusammenhang zwischen konjunktureller Lage und der Länge von Frauenschuhabsätzen. Diese werden in der Krise angeblich länger, weil sich die Konsumentinnen durch ein auffälliges Äußeres von der tristen Wirklichkeit abzulenken trachten. Eine steile These wie diese findet natürlich rasende Verbreitung über die Medien. Die berichten gern auch über den „Lipstick-Index": Statt größere Ausgaben zu tätigen, z. B. für Handtaschen, greift die weibliche Kundschaft in Krisenzeiten offenbar zu mehr Lippenstift. Das Bedürfnis, sich selbst und anderen zu gefallen, wird demnach durch ein erschwinglicheres Mittel befriedigt. Und weil Männer bei Geldknappheit einen Grund mehr haben, den lästigen Kauf von Unterhosen aufzuschieben, fällt der Schlüpferumsatz. Zudem wird behauptet, dass durch Wirtschaftskrisen die Scheidungsrate sinkt (Trennung zu teuer) oder die Haarschnitte kürzer werden (spart Friseurbesuche).

Mehr praktischen Wert als solche Beobachtungen hätten natürlich Indikatoren, die Krisen vorhersagen können. Eine britische Großbank hält den Bau von Wolkenkratzern für einen solchen vorauslaufenden Krisenindikator („Skyscraper-Index"): Baut mal wieder jemand ein höchstes Gebäude der Welt, signalisiert das einen Alles-ist-möglich-Größenwahn, der geradezu nach einer Korrektur ruft. Bekannte New Yorker Hochhäuser wie das Empire State Building (Große Depression) und das ehemalige World Trade Center (1. Ölkrise) wurden tatsächlich im Boom geplant und in der Krise eröffnet.

KOMPETENZEN BILDEN:

Vorhersage des Konjunkturverlaufs (Prognose)

Aussagen über die Zukunft zu treffen, kann in sehr unterschiedlicher Weise geschehen. Anders als Visionen oder Utopien streben Prognosen eine Zukunftsbeschreibung auf wissenschaftlicher Basis an. Grundlage einer Prognose sind Datensätze der Gegenwart. Diese werden unter verschiedenen Annahmen in die Zukunft fortgeschrieben. Ziel von Prognosen ist es, Entwicklungen vorherzusehen, um diese beeinflussen zu können.
Selbst die beste Prognose liefert keine vollständige Aussage über die Zukunft. Konkret erleben wir das bei den Wetterprognosen. Für wenige Tage im Voraus sind diese Vorhersagen verlässlich, darüber hinaus immer weniger. Das gilt grundsätzlich auch für Wirtschaftsprognosen, die sich oft bis aufs nächste Jahr erstrecken (vgl. Tabelle). Volltreffer gibt es nur in Ausnahmefällen. Besonders weit daneben lagen die Prognosen für die Jahre 2008 und 2009: Keine Prognose hatte die Finanz- und Wirtschaftskrise kommen sehen.

Prognosen zur Entwicklung des deutschen Bruttoinlandsprodukts 2016/2017

Quelle	Prognose von	Prognose für 2016	Prognose für 2017
Bundesregierung	Januar 2016	+1,7 %	+1,5 %
EU-Kommission	Februar 2016	+1,8 %	+1,8 %
Internationaler Währungsfonds (IWF)	Januar 2016	+1,7 %	+1,7 %
OECD	November 2015	+1,8 %	+2,0 %
Deutsche Bundesbank	Dezember 2015	+1,8 %	+1,7 %
Sachverständigenrat zur Begutachtung der gesamtwirtschaftlichen Entwicklung (SVR)	November 2015	+1,6 %	–
Gemeinschaftsdiagnose der Wirtschaftsforschungsinstitute im Auftrag der Bundesregierung	Oktober 2015	+1,8 %	–
Deutsches Institut für Wirtschaftsforschung (DIW)	März 2016	+1,6 %	+1,5 %
ifo Institut für Wirtschaftsforschung an der Universität München	Dezember 2015	+1,9 %	+1,7 %
Institut für Weltwirtschaft (IfW) Kiel	März 2016	+2,0 %	+2,2 %
Institut der deutschen Wirtschaft Köln	November 2015	+1,5 %	–
Hamburgisches WeltWirtschaftsInstitut (HWWI)	März 2016	+1,3 %	+1,3 %
Institut für Wirtschaftsforschung Halle (IWH)	März 2016	+1,5 %	+1,4 %
Institut für Makroökonomie und Konjunkturforschung (IMK)	Dezember 2015	+1,8 %	–
Rheinisch-Westfälisches Institut für Wirtschaftsforschung (RWI)	März 2016	+1,4 %	+1,6 %

Stand: 17.03.2016. Aktuelle Daten unter: www.tagesschau.de/wirtschaft/konjunkturprognose114.html

Arbeitsaufträge:

1. Vergleichen Sie Prognose und Realität: Wie hoch waren die BIP-Steigerungen der vergangenen drei Jahre und wie sahen im Vorfeld die Prognosen hierzu aus? Wie erklären Prognostiker eine mangelnde Prognosegenauigkeit? Recherchieren Sie dazu online beim Statistischen Bundesamt und auf Presseseiten.

2. Die in der Tabelle genannten Quellen von Prognosen sind teilweise sehr einfach Interessengruppen zuzuordnen, zum Beispiel dem Staat, Arbeitgeberverbänden oder Gewerkschaften. Ordnen Sie die Quellen diesbezüglich ein. Untersuchen Sie dabei auch, wie sich die Wirtschaftsforschungsinstitute finanzieren und welchen Ruf sie genießen. Teilen Sie die Recherche zu den einzelnen Quellen unter sich auf und präsentieren Sie jeweils kurz Ihre Einschätzung. Überlegen und diskutieren Sie: Kann es für eine Interessengruppe sinnvoll sein, ein Prognose optimistischer oder pessimistischer ausfallen zu lassen? Welche politischen Gruppierungen haben mehr Interesse an positiven Prognosen, wer ist eher an negativen Vorausschauen interessiert?

3. Stellen Sie selbst eine Prognose: Wo stehen Sie in zehn Jahren? Wagen Sie eine Vorausschau auf Ihre berufliche Entwicklung und nennen Sie die Annahmen (die Sie, ihre Umgebung und die Gesamtwirtschaft betreffen), auf deren Basis Sie diese Entwicklung fortschreiben.

Auf langfristige Prognosen ist kein Verlass – das erfahren gerade Geldanleger immer wieder. Angelockt von optimistischen Vorhersagen nach der Wiedervereinigung 1990 investierten viele Vermögende Milliarden an D-Mark in den ostdeutschen Wohnungsmarkt. Angesichts des Wohnraummangels und Sanierungsbedarfs gingen sie von einer steigenden Nachfrage aus. Das Gegenteil trat ein. Weil der prognostizierte Aufschwung in den neuen Bundesländern ausblieb, wanderten viele Einwohner zur Arbeitsuche ab; Vermieter blieben auf leer stehenden Immobilien sitzen. Auch die Politik musste ihre Erwartungen umkehren. Nachdem sie zunächst Neubau und Sanierung massiv gefördert hatte, unterstützt sie nun den Abriss. Im Bild: Rückbau einer Plattenbausiedlung in Chemnitz.

ZUSAMMENFASSUNG ANHAND DER LERNZIELE ZU KAPITEL 14

1 **Modellhafter Konjunkturverlauf**

Auch wenn sich die Entwicklung des BIP langfristig gesehen leicht über das Trendwachstum veranschaulichen lässt, so ist es kurzfristig doch gewissen Schwankungen unterworfen. Diese Schwankungen lassen sich modellhaft beschreiben mithilfe einer Konjunkturkurve um das Trendwachstum herum, bei der ein Zyklus generell jeweils folgende Phasen durchläuft: Rezession, Aufschwung, Boom, Abschwung (zu erneuter Rezession).

2 **Die Ursachen von Konjunkturzyklen**

Während das Trendwachstum maßgeblich von der Angebotsseite bestimmt wird, reagiert die Konjunktur vor allem auf Veränderungen auf der Nachfrageseite. Für die Entstehung von Rezessionen sind negative Impulse entscheidend, die sich beispielsweise sehr stark auf Investitionsentscheidungen auswirken. Diese negativen Impulse können durch verschiedene Faktoren begründet sein: Zinssteigerungen, Zukunftsängste, Ereignisse wie Kriege oder Katastrophen, die sich unmittelbar auf die Wirtschaft auswirken.

3 **Indikatoren zur Konjunkturbeobachtung und Möglichkeiten von Konjunkturprognosen**

Da das BIP exakt immer erst im Nachhinein berechnet werden kann, greift man zur Konjunkturbeobachtung wie auch für Prognosen auf mit der Entwicklung des BIP verbundene Indikatoren zurück, beispielsweise die Industrieproduktion. Es wird unterschieden zwischen vorlaufenden, gleichlaufenden und nachlaufenden Indikatoren. Mit diesen lassen sich zwar keine exakten Zustandsbeschreibungen und Vorhersagen, doch zumindest hilfreiche Aussagen treffen.

ZENTRALE BEGRIFFE

Konjunkturzyklus
Depression
Geldpolitik
Zentralbank
Konjunkturbeobachtung
Indikator
Konjunkturprognose

WIEDERHOLUNGSAUFGABEN ZU KAPITEL 14

1 Zeichnen Sie einen Konjunkturzyklus auf und notieren Sie zu jeder Phase stichpunktartig, was in der Wirtschaft gerade passiert (Produktion, Nachfrage, Arbeitslosigkeit).

2 Erstellen Sie eine Liste mit möglichen Ursachen für konjunkturelle Schwankungen. Kennen Sie Beispiele von gesamtwirtschaftlich relevanten Schocks?

3 Welches sind die wichtigsten Indikatoren zur Konjunkturbeobachtung? Worin bestehen ihre Stärken und Schwächen?

HANDLUNGSORIENTIERTE AUFGABEN ZU KAPITEL 14

1 Befragen Sie Ihre Eltern: Wie haben diese Rezessions- und Boomphasen der Wirtschaft erlebt? Welche konkreten Auswirkungen auf den Lebensalltag hatte dies?

2 Im Jahr 1967 kam es zu einer Rezession in Deutschland. Recherchieren Sie hierzu die maßgeblichen Zahlenwerte. Weshalb führten die aus heutiger Sicht recht unbedenklichen Kennzahlen zu so großer Beunruhigung in Wirtschaft, Politik und Bevölkerung?

3 Studieren Sie den Wirtschaftsteil einer Zeitung. Finden Sie Informationen zu vorlaufenden, gleichlaufenden oder nachlaufenden Indikatoren? Was zeigen diese Indikatioren für die deutsche Volkswirtschaft aktuell an?

Kapitel 15: Konjunkturpolitik

LERNZIELE ZU KAPITEL 15

Nachdem Sie Kapitel 15 durchgearbeitet haben, sollten Sie in der Lage sein,

1. das Konzept der antizyklischen Konjunkturpolitik zu verstehen und mit seiner Umsetzung in der Praxis zu vergleichen.
2. Nachfrage- und Angebotspolitik einander gegenüberzustellen und wichtige historische Beispiele für Angebotspolitik zu kennen (Thatcherismus).
3. die Vorteile automatischer Stabilisatoren für die Konjunktursteuerung herauszuarbeiten.
4. die deutsche Konjunktur- und Wachstumspolitik der letzten zehn Jahre nachzeichnen und erläutern zu können, warum es in der heutigen deutschen Konjunkturpolitik kaum noch eine aktive Konjunktursteuerung gibt.

Kapitel 15: Konjunkturpolitik

Mehr Jobs, mehr Lohn, mehr Chancen: Im Aufschwung gibt das Thema Konjunktur vielen einen Anlass zur Hoffnung und zur Freude. Im Abschwung hingegen ist der ökonomisch korrekte Hinweis, die wirtschaftliche Entwicklung bestehe eben in einem ständigen Auf und Ab, noch nicht mal ein schwacher Trost. Zu dramatisch sind die Folgen für jene, die ihre Arbeit und damit erst mal auch die Perspektive verlieren. Ist eine Rezession besonders ausgeprägt, kann sich diese zur Depression ausweiten. Die Analyse dieser Phänomene ist mit dem Ökonomen John Maynard Keynes verbunden, der seine Schlüsse aus der Großen Depression zog und damit zum wohl einflussreichsten Wirtschaftswissenschaftler des 20. Jahrhunderts wurde. Ökonomen sind sich seit seinen Analysen weitgehend einig, dass dem Staat im Konjunkturzyklus eine wichtige Rolle zufällt.

Diese Einigkeit endet allerdings meistens dann, wenn über das Maß und die Mittel einer Konjunkturpolitik gesprochen wird. Immerhin gibt es auf diesem weiten Feld umfangreiche praktische Erfahrungen. Nach dem Zweiten Weltkrieg bis in die 1970er-Jahre war die von Politikern hierbei selbstbewusst interpretierte starke Rolle des Staates – der „Keynesianismus" – in den meisten Industrieländern üblich. Die Wirtschaftsgeschichte dieser Zeit ist also reich an Versuchen der Politik, die Konjunktur zu beherrschen – aber auch reich an Erfahrungen, sich dabei zu überschätzen. In diesem Kapitel werden wir uns die konjunkturpolitischen Konzepte genauer ansehen und prüfen, welche Erwartungen realistischerweise an die staatliche Einflussnahme auf die konjunkturellen Schwankungen gerichtet werden können.

15.1 Aktive Konjunkturpolitik

15.1.1 Antizyklische Konjunkturpolitik

→ **Antizyklische Konjunkturpolitik**
Beeinflussung der Konjunktur durch eine expansive Geld- und Fiskalpolitik in einer Rezession und eine restriktive während eines Booms. Auch keynesianische Konjunkturpolitik genannt.

→ **Nachfragestimulierung**
Positive Beeinflussung der gesamtwirtschaftlichen Nachfrage mittels wirtschaftspolitischer Maßnahmen.

Die *antizyklische Konjunkturpolitik* wurde mit dem Argument entwickelt, dass man einer Rezession und dem damit verbundenen Anstieg der Arbeitslosigkeit nicht einfach zusehen dürfe, bis sich die Lage von selbst wieder entspanne. Vielmehr müsse der Staat gemäß dieser Sichtweise aktiv gegen die Rezession vorgehen. Diese aktive, antizyklische Politik wurde durch die Analysen von John Maynard Keynes begründet und wird deshalb oft auch als keynesianische Konjunk turpolitik bezeichnet.

Das Konzept besagt, dass der Staat auf den Rückgang der gesamtwirtschaftlichen Nachfrage mit einer *Nachfragestimulierung* reagieren soll; gleichzeitig soll der Staat in Boomzeiten die Nachfrage bremsen. Es geht um die Stabilisierung, also die Eindämmung der Konjunkturschwankungen. Doch wie kann der Staat in der Realität die gesamtwirtschaftliche Nachfrage beeinflussen? Handlungsmöglichkeiten dafür ergeben sich in zwei wirtschaftspolitischen Gebieten, nämlich in der Fiskalpolitik und in der Geldpolitik. Die Fiskalpolitik bedient sich der Mittel des Staatshaushalts, die Geldpolitik der Mittel der Zentralbank.

Wie wirken Fiskal- und Geldpolitik auf die vier Komponenten der gesamtwirtschaftlichen Nachfrage, also auf Konsum, Investitionen, Staatsausgaben und Nettoexporte? Die Fiskalpolitik kann in erster Linie die beiden Komponenten Konsum und Staatsausgaben beeinflussen. Die Geldpolitik ihrerseits wirkt vor allem auf die anderen beiden Komponenten, also auf die Investitionen und Nettoexporte. Wir wollen die Mechanismen kurz kennenlernen.

„Sind Sie sicher, dass dies die Wirtschaft stimulieren wird?"

Fiskalpolitik und Konjunktur

Beginnen wir mit der Fiskalpolitik, dem Umgang mit den Staatseinnahmen und -ausgaben. Die einfachste und direkteste Methode, die Nachfrage zu stimulieren, ist eine Erhöhung der Staatsausgaben, also der Nachfrage des Staates. Dabei vergibt der Staat in einer Rezession zusätzliche Aufträge oder kauft Waren und Dienstleistungen.

Neben dem direkten Effekt auf die Staatsausgaben folgt kurzfristig ein indirekter zweiter Effekt. Die ausgegebenen Gelder landen unter anderem als Löhne bei den Arbeitnehmerinnen und Arbeitnehmern, die sie zum Teil wieder für den Konsum ausgeben und damit die Nachfrage zusätzlich stimulieren. Dies war die Hauptempfehlung der ursprünglichen keynesianischen Analyse. Sie hielt fest, dass es für den angestrebten Effekt auf die Nachfrage gleichgültig sei, wofür der Staat das Geld ausgebe. Er könne sogar Arbeiter anstellen, die Löcher in den Boden graben, um sie anschließend wieder zuzuschaufeln. Für die Rezessionsbekämpfung wichtig sei nur, dass die Arbeiter dafür einen Lohn erhielten, den sie dann zumindest teilweise wieder ausgeben könnten. Für das langfristige Wachstum ist es allerdings alles andere als unbedeutend, wofür der Staat das Geld ausgibt.

125 Millionen Euro flossen von 2004 bis 2007 in den Bau der Brücke über den Strelasund zwischen Stralsund und Rügen. Die Bautätigkeit schaffte nicht nur neue Infrastruktur, sondern stimulierte auch die gesamtwirtschaftliche Nachfrage.

Die zweite Handlungsmöglichkeit der Fiskalpolitik ist die Stimulierung der Konsumnachfrage. Sie wirkt etwas indirekter, da der Staat ja seinen Bürgerinnen und Bürgern nicht einfach befehlen kann, mehr zu konsumieren. Konsum hängt von einer ganzen Reihe von Faktoren ab, mit Sicherheit aber gehört das *verfügbare Einkommen* dabei zu den wichtigsten. Wie viel Geld ein Haushalt netto verdient, wird zu einem guten Teil seinen Konsum bestimmen. Dieses verfügbare Einkommen ist grob definiert als das Einkommen abzüglich der Steuern. Senkt also der Staat in einer Rezession die Steuern, so steigt das verfügbare Einkommen der Verbraucher. Entsprechend erhöht sich ihr Konsum und damit die gesamtwirtschaftliche Nachfrage. Bei dieser zweiten Variante wirkt die Konjunkturpolitik also nicht über die Staatsausgaben, sondern über die Staatseinnahmen. Der Staat reduziert sie, wodurch mehr Einkommen bei der Bevölkerung verbleibt, welches zumindest teilweise für den Konsum verwendet wird.

→ **Verfügbares Einkommen**
Einkommen eines Haushalts abzüglich Steuern und Sozialabgaben, zuzüglich staatlicher Transfers und Renten.

Erhöhung der Staatsausgaben und Senkung der Staatseinnahmen sind also die beiden fiskalpolitischen Ansatzpunkte zur Bekämpfung der konjunkturellen Arbeitslosigkeit. Klar ist – und das wird uns im Folgenden noch beschäftigen –, dass eine solche antizyklische Fiskalpolitik in der Rezession zu staatlichen *Budgetdefiziten* führt, die über die Staatsverschuldung finanziert werden müssen.

→ **Budgetdefizit**
Die Ausgaben eines öffentlichen Haushalts übersteigen innerhalb einer Budgetperiode dessen Einnahmen.

Übersicht: Expansive Fiskalpolitik

1. **Staatsausgaben**
   Staatsausgaben ↑ ⟶ BIP (kurzfristig) ↑

2. **Konsum**
   Steuern ↓ ⟶ Haushaltseinkommen ↑ ⟶ Konsum ↑ ⟶ BIP (kurzfristig) ↑

John Maynard Keynes

Der einzige Ökonom, dessen Einfluss auf die Wirtschaftswissenschaften wohl mit demjenigen von Adam Smith vergleichbar ist, war John Maynard Keynes. Er prägte die Wirtschaftspolitik des 20. Jahrhunderts wie kaum ein anderer. Die Makroökonomie als eigenständiger Zweig der Ökonomie geht auf sein Hauptwerk zurück.
Keynes wurde 1883 in England geboren. Er studierte in Cambridge Mathematik und wurde an derselben Universität 1908 Dozent für Ökonomie. Im Jahr 1915 trat er ins englische Finanzministerium ein und war dann 1919 Vertreter des britischen Schatzkanzlers an den Versailler Friedensverhandlungen nach dem Ersten Weltkrieg. Aus Protest gegen die seiner Ansicht nach zu harte Behandlung der Kriegsverlierer trat er jedoch von dieser Position zurück und verfasste das Buch „The Economic Consequences of the Peace", das ihm in kürzester Zeit Weltruhm verschaffte. Darin kritisierte er die Deutschland auferlegten Reparationszahlungen vehement und prophezeite, dass diese die ökonomische Saat für weitere Konflikte legen würden. Angesichts der Weltwirtschaftskrise nach dem Börsencrash von 1929 publizierte er 1936 sein Hauptwerk „The General Theory of Employment, Interest and Money". Darin schuf er die Grundlage für die heute als „keynesianisch" bezeichnete makroökonomische Politik. Seine zentrale Aussage war, dass in der kurzen Frist die Nachfrage bestimmt, wie viel produziert wird, wie hoch also das Wachstum und damit die Beschäftigung ausfällt. Die Weltwirtschaftskrise wurde gemäß dieser Analyse durch einen starken Einbruch der gesamtwirtschaftlichen Nachfrage ausgelöst und durch strenges Sparen der Staaten verstärkt. Den politischen Entscheidungsträgern empfahl er daher, vor allem durch eine Expansion der Staatsausgaben die fehlende Nachfrage zu kompensieren. Die Ereignisse vor dem Zweiten Weltkrieg bestätigten zu einem gewissen Grad diese Theorie, führten doch die forcierten Rüstungsausgaben zu einer deutlichen Verbesserung der Beschäftigungssituation in zahlreichen Ländern. Allerdings war damit eine massiv steigende Staatsverschuldung verbunden – später ein entscheidender Kritikpunkt an der keynesianischen Wirtschaftspolitik.

Gegen Ende des Zweiten Weltkriegs war Keynes englischer Verhandlungsführer auf der Konferenz von Bretton Woods, welche die weltwirtschaftliche Nachkriegsordnung begründete. Unter anderem resultierte daraus die Gründung des Internationalen Währungsfonds und der Weltbank. Keynes starb im April 1946.
Er war ein vielseitig begabter Mensch, der zu den bekanntesten Intellektuellen seiner Zeit gehörte. So war er auch ein erfolgreicher Börsenspekulant, der damit sein Vermögen und das seiner Universität mehrte. Er publizierte zur mathematischen Wahrscheinlichkeitstheorie und er war Mitglied der legendären Bloomsbury Group, der bekannte Künstler und Intellektuelle angehörten.

Geldpolitik und Konjunktur

Eine andere Möglichkeit der Nachfragesteuerung durch den Staat liegt im Einsatz der Geldpolitik. Sie wirkt vor allem auf die beiden anderen Komponenten der gesamtwirtschaftlichen Nachfrage, nämlich auf die Investitionsnachfrage einerseits und auf die Nettoexporte andererseits. Die Geldpolitik wird in Kapitel 17 ausführlich behandelt; hier betrachten wir nur die konjunkturellen Effekte einer Geldmengenausweitung, die auch ohne tiefere Analyse der Geldpolitik verständlich sind.

Wie wirkt eine expansive Geldpolitik, also die Ausdehnung der *Geldmenge*, auf die Investitionsnachfrage? Diese hängt von verschiedenen Faktoren ab, wobei die Kosten der Finanzierung wohl die wichtigste Rolle spielen. Diese Kosten wiederum werden unter anderem vom Zinssatz bestimmt. Stellt der Staat mit einer expansiven Geldpolitik mehr Geld zur Verfügung, reduziert er den Preis für dieses Geld und damit den Zinssatz, und dies vermindert die Investitionskosten. Die sinkenden Zinsen stimulieren daher die Nachfrage nach Investitionsgütern.

→ **Geldmenge**
Menge an Mitteln, die für Zahlungen verwendet werden können.

Eine expansive Geldpolitik hat aber auch Auswirkungen auf die vierte Komponente der gesamtwirtschaftlichen Nachfrage: die Nettoexporte, also die Netto-Nachfrage des Auslands. Wie wir in Abschnitt 6.4 gesehen haben, bewirkt eine Ausweitung der Geldmenge eine Abwertung der einheimischen Währung. Diese hilft Exporteuren, da deren Waren auf den internationalen Märkten nun günstiger geworden sind. Gleichzeitig werden Importgüter teurer. Der Verkauf ins Ausland wird angekurbelt, der Einkauf im Ausland hingegen gedämpft. Unterm Strich wird die einheimische Produktion also begünstigt – allerdings nur so lange, bis der Anstieg des einheimischen Preisniveaus den Kostenvorteil wieder zunichtegemacht hat.

Zusammenfassend besteht aktive Konjunktursteuerung also darin, mit einer expansiven Geld- oder Fiskalpolitik die gesamtwirtschaftliche Nachfrage zu stimulieren, um so die durch den Konjunkturrückgang ausgelöste erhöhte Arbeitslosigkeit zu reduzieren.

Übersicht: Expansive Geldpolitik

1. Investitionen

Geldmenge ↑ ⟶ Zinsen ↓ ⟶ Investitionen ↑ ⟶ BIP (kurzfristig) ↑

2. Nettoexporte

Geldmenge ↑ ⟶ Abwertung Währung ⟶ Exporte ↑ ⟶ BIP (kurzfristig) ↑

Geldmenge ↑ ⟶ Abwertung Währung ⟶ Importe ↓ ⟶ BIP (kurzfristig) ↑

15.1.2 Probleme der antizyklischen Konjunkturpolitik

Die Idee der aktiven Konjunktursteuerung – die keynesianische Konjunkturpolitik – war lange Zeit sehr einflussreich. Sie bestimmte die makroökonomische Politik der Nachkriegszeit, weckte sie doch die Erwartung, dass sich Konjunkturzyklen durch geschickte Handhabung der Geld- und Fiskalpolitik weitgehend vermeiden ließen. Die Erfahrung hat dann aber gezeigt, dass dieses einfache Konzept in der Realität doch einige größere Probleme aufweist. Inzwischen hat sich die Begeisterung dafür verflüchtigt, und zwar so weit, dass von einer aktiven Konjunkturpolitik oft vollständig abgeraten wird, zumindest wenn es sich nicht um so außergewöhnliche Konjunktureinbrüche handelt wie im Gefolge der Finanzkrise.

Welches sind nun die wichtigsten Schwierigkeiten, die bei der aktiven Bekämpfung der konjunkturellen Arbeitslosigkeit auftreten können? Hier bestehen vor allem diese zwei grundsätzlichen Probleme:

- die Wirkungsverzögerungen und
- die problematischen politischen Anreize.

→ Wirkungsverzögerungen der Konjunkturpolitik
Zeit, die vom Auftreten eines konjunkturellen Problems bis zur Wirkung der wirtschaftspolitischen Gegenmaßnahmen verstreicht.

→ Negativer Nachfrageschock
Unerwarteter Rückgang der gesamtwirtschaftlichen Nachfrage.

Beginnen wir mit dem Problem der *Wirkungsverzögerungen der Konjunkturpolitik*. In der Theorie sieht die Rezessionsbekämpfung einfach aus: Bei einem *negativen Nachfrageschock* kann die Wirtschaftspolitik mit einer expansiven Geld- oder Fiskalpolitik die rückläufige gesamtwirtschaftliche Nachfrage wieder ankurbeln und so das Problem lösen. In der Realität jedoch lässt sich diese simple makroökonomische Handlungsanweisung nicht so rasch und effizient umsetzen.

Vergeht nämlich vom Zeitpunkt des negativen Nachfrageschocks bis zur Wirkung der gewählten Maßnahmen ein längerer Zeitraum, dann bekämpft die Wirtschaftspolitik unter Umständen eine Rezession, während der Aufschwung bereits wieder voll eingesetzt hat. Dann aber können sich die Maßnahmen kontraproduktiv auswirken. Die Grundidee der keynesianischen Feinsteuerung – expansive Politik in einer Rezession, restriktive Politik in einer Überhitzung – kann also bei größeren Verzögerungen nicht funktionieren.

Was kann nun zu derartigen Verzögerungen führen? Drei Formen lassen sich hier unterscheiden:

- Verzögerung in der Erkenntnis, bis man überhaupt realisiert hat, dass die Wirtschaft in eine Rezession geraten ist,
- Verzögerung in der Umsetzung, bis die entsprechenden fiskal- oder geldpolitischen Maßnahmen durch die Politik beschlossen sind,
- Verzögerung in der Wirkung, bis die ergriffenen Maßnahmen tatsächlich auf die gesamtwirtschaftliche Nachfrage durchgeschlagen haben.

Insgesamt darf man davon ausgehen, dass diese Verzögerungen sich gut und gerne auf ein bis zwei Jahre summieren können.

Ein zweites Problem der keynesianischen Konjunktursteuerung hat sich als mindestens ebenso groß erwiesen: die Schwierigkeit, ein solches ökonomisches Konzept in einer Welt mit rational eigennützigen Politikerinnen und Politikern konsequent umzusetzen. Denn die antizyklische Politik ist in einer Rezession wesentlich attraktiver als in einem Boom. In der Rezession geht es darum, mit staatlichen Maßnahmen die Nachfrage zu steigern, was jeder Politiker liebend gern tun wird.

„Es scheint, dass die Wahlen näher rücken: Die Regierung hat gerade sehr gute Wirtschaftsnachrichten verbreitet. Diese stammen aus dem neu geschaffenen Ministerium für sehr gute Wirtschaftsnachrichten."

Wesentlich weniger attraktiv ist es aber, in einer Boomperiode die gesamtwirtschaftliche Nachfrage zu dämpfen, um eine Überhitzung zu vermeiden. Welcher Politiker setzt sich schon gerne für Steuererhöhungen und Ausgabendisziplin ein, wenn es der Wirtschaft einmal gut geht? Diese Asymmetrie in den politischen Anreizen führt dazu, dass die Wirtschaft durch eine systematisch einseitige Konjunkturpolitik ständig zu stark stimuliert wird, was die Inflation anheizt.

Nachfrage- versus Angebotsökonomie

In der konjunkturpolitischen Diskussion war lange Zeit von der Unterscheidung zwischen nachfrageorientierter und angebotsorientierter Politik die Rede. Dabei konnte oft der Eindruck entstehen, eine Rezession ließe sich ebenso gut über die Angebots- wie über die Nachfrageseite bekämpfen. Das wäre aber eine Fehlinterpretation. Will man einen Konjunktureinbruch aktiv bekämpfen, so muss man dies über die Nachfrageseite tun. Die Ursache für den Einbruch ist ja in aller Regel ein Rückgang der gesamtwirtschaftlichen Nachfrage, und will man aktiv etwas dagegen unternehmen, dann muss man Instrumente einsetzen, welche die Nachfrage stimulieren. Ob dies eine gute Idee ist, darüber gibt es – wie bereits erläutert – lebhafte Diskussionen, aber rein technisch steht klar die Nachfrage- und nicht die Angebotsseite im Zentrum.

Gerade bei der Frage, ob die Nachfragestimulierung grundsätzlich eine gute Idee ist, setzten vor allem in den 1980er-Jahren jene Wirtschaftspolitiker an, die man heute gelegentlich als Angebotsökonomen bezeichnet. Ihr Argument ist, dass eine Stimulierung der gesamtwirtschaftlichen Nachfrage aus den oben genannten Gründen nicht effektiv ist und unter Umständen gar das Gegenteil des Erstrebten bewirkt. Deshalb sei es wesentlich besser, die Wachstumskräfte der Wirtschaft zu stärken, denn wenn das Trendwachstum höher ist, dann sei die Wahrscheinlichkeit, in eine Rezession zu geraten, auch deutlich geringer.

Will man aber das Trendwachstum erhöhen, so muss man, wie wir gesehen haben, beim gesamtwirtschaftlichen Angebot und nicht bei der Nachfrage ansetzen. Deshalb empfehlen Angebotsökonomen Maßnahmen zur Produktivitätssteigerung und zur Erhöhung der Beschäftigung. Es war aber nie die Idee, dass solche auf das langfristige Trendwachstum ausgerichtete Politiken Entscheidendes zur kurzfristigen Bekämpfung einer Rezession beitragen könnten.

Aus diesem Grund ist die in der politischen Diskussion immer noch oft anzutreffende Unterscheidung in Nachfrage- und Angebotsökonomen wenig sinnvoll. Sie beruht auf der irrigen Annahme, die Angebotsökonomen hätten ihre Rezepte zur Bekämpfung einer lahmenden Konjunktur vorgeschlagen. Vielmehr kann man sagen, dass die allermeisten Volkswirtschaftler für die Diskussion der kurzen Frist Nachfrageökonomen und für diejenige der langen Frist Angebotsökonomen sind. Geht es um Rezepte, um das Wirtschaftswachstum zu beeinflussen, so ist man sich also einig, dass das langfristige Trendwachstum nur über die Stärkung der Angebotsseite erreicht werden kann, das heißt über Maßnahmen zur Kräftigung des Produktivitäts- bzw. Beschäftigungswachstums. Bei der kurzfristigen Bekämpfung einer Rezession dagegen stehen sich zwei entgegengesetzte Positionen gegenüber, welche die Idee einer aktiven Konjunkturpolitik durch Nachfragestimulierung eher befürworten oder ablehnen.

Margaret Thatcher, berühmte Angebotspolitikerin. Bevor sie 1979 Premierministerin wurde, war Großbritannien über Jahrzehnte hinweg ein wirtschaftlich gelähmtes Hochsteuerland mit Spitzensätzen von bis zu 95 %. Großverdienern wie den einstigen „Beatles" blieben von jedem verdienten Pfund fünf Pence, wie sie 1966 in einem Lied beklagten, in dem George Harrison als „Taxman" befand: „Should five per cent appear too small – be thankful I don't take it all". Als Thatcher 1990 abtrat, waren als Folge sehr einschneidender und schmerzhafter Reformen die Steuersätze gesunken, die Inflation gebändigt, viele Staatsbetriebe privatisiert und Millionen einstiger Sozialwohnungsmieter mit staatlicher Hilfe Eigentümer ihrer Wohnung geworden.

Außerdem sind durch eine solch asymmetrische Konjunktursteuerung permanente Budgetdefizite vorprogrammiert, womit die Staatsverschuldung laufend wächst, wie wir in den Kapiteln 10 und 11 erläutert haben.

Genau dieses Muster konnte man in der Nachkriegszeit in zahlreichen Ländern beobachten. Die forcierte und asymmetrische Anwendung der keynesianischen Rezepte führte zu einem zunehmenden Anstieg der Inflation und zu einer Verschlechterung der staatlichen Schuldensituation. In Rezessionen machten die Politiker kräftig Schulden, bauten diese im Boom aber nicht wieder ab. Aufgrund dieser politischen Anreize ist eine aktive Konjunkturpolitik anfällig für politische Manipulationen. Man nennt dies die Theorie der *politischen Konjunkturzyklen*. Sie besagt, dass Politikerinnen und Politiker aus wahltaktischen Gründen Konjunkturzyklen auslösen können. In den USA etwa sind Arbeitslosigkeit und Wirtschaftswachstum im Wahljahr jeweils die besten Prognoseindikatoren für den Wahlausgang. Das schafft für die Regierung den Anreiz, im Wahljahr oder knapp davor eine expansive Konjunkturpolitik zu betreiben, um so ihre Wiederwahlchancen zu erhöhen. Ist die Regierung dann wiedergewählt, kann sie die ersten beiden Jahre der Regierungszeit dafür verwenden, durch restriktivere Konjunkturpolitik die Schäden der überexpansiven Vorwahlpolitik zu neutralisieren. Und stehen wieder Wahlen vor der Tür, wird sie erneut expansiv auf die Wirtschaft einwirken. Unter der Voraussetzung, dass die Wählerinnen und Wähler dieses Manöver nicht genügend durchschauen, kann es zu Konjunkturzyklen kommen, die einzig und allein durch den politischen Prozess ausgelöst werden. Dies ist das genaue Gegenteil dessen, was die keynesianische Konjunktursteuerung eigentlich beabsichtigt. Statt die Wirtschaft zu stabilisieren, verstärkt eine solche Politik die Konjunkturausschläge.

→ **Politische Konjunkturzyklen**
Aus wahltaktischen Gründen ausgelöste Konjunkturzyklen.

Zusammenfassende Übersicht

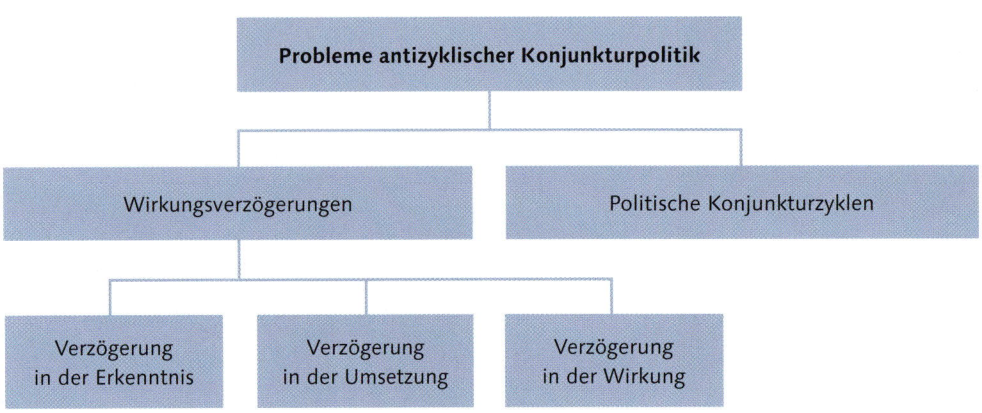

15.2 Automatische Stabilisatoren

Die aktive Konjunktursteuerung bringt also – so überzeugend sie auf dem Papier aussieht – doch verschiedene ernst zu nehmende Probleme mit sich. In den letzten Jahrzehnten hat sich denn auch als Alternative zunehmend durchgesetzt, die Fiskalpolitik so auszugestalten, dass nach einem Nachfrageschock ein gewisser Anpassungsprozess ohne aktiven Staatseingriff automatisch erfolgt. Für die Eindämmung normaler Konjunkturschwankungen sind diese Stabilisatoren deutlich effektiver als der Versuch, mit aktiver Fiskalpolitik die Konjunktur zu steuern. Diese *automatischen Stabilisatoren* können sowohl bei der Ausgaben- als auch bei der Einnahmenseite des Staates ansetzen.

→ **Automatische Stabilisatoren**
Staatliche Einnahmen und Ausgaben, die so ausgestaltet sind, dass bei einem Rückgang der gesamtwirtschaftlichen Nachfrage automatisch die Nachfrage stimuliert wird.

→ **Sozialabgaben**
Zahlungen von Versicherten und ihren Arbeitgebern für die Sozialversicherungen.

Analysieren wir zuerst die automatischen Stabilisatoren auf der Einnahmenseite. Praktisch alle Steuern hängen positiv mit der ökonomischen Aktivität zusammen. Sie steigen also, wenn die Wirtschaft wächst, und sie verringern sich, wenn die Wirtschaft schrumpft. Das gilt einmal für die Einkommenssteuer. Sie ist direkt an die Einkommen der Haushalte gekoppelt, die während einer Rezession sinken. Dies gilt aber auch für die *Sozialabgaben*, die über Lohnabzüge und Arbeitgeberbeiträge erhoben werden und daher direkt vom Einkommen und damit von der Konjunkturlage abhängen. Und schließlich reduzieren sich die Gewinnsteuern der Unternehmen, wenn sich die wirtschaftliche Lage verschlechtert. Mit dem Rückgang der Nachfrage in einer Rezession schrumpfen zudem auch die Einnahmen aus indirekten Steuern, vor allem der Mehrwertsteuer. In einer Rezession sinken also automatisch zahlreiche Staatseinnahmen, wodurch den Akteuren mehr Geld in der Tasche verbleibt, mit dem sie Waren und Dienstleistungen nachfragen können. Entsprechend verringert sich in einer Rezessionsphase die Nachfrage weniger markant, insbesondere bei stark progressiven Steuersystemen.

Ein weiterer wichtiger automatischer Stabilisator, der sowohl auf der Einnahmen- als auch auf der Ausgabenseite wirkt, ist die Arbeitslosenversicherung. Sie gewährt entlassenen Personen staatliche Zuschüsse, die sich in Deutschland in der Regel für ein Jahr auf 60% bis 67% des Nettolohns belaufen. Steigt die Arbeitslosigkeit, steigen automatisch die Staatsausgaben in Form dieser Zahlungen. Entsprechend sinken die Konsumausgaben der Arbeitslosen viel weniger stark als ohne dieses Ersatzeinkommen. Zudem wirkt die Arbeitslosenversicherung auch auf der Einnahmenseite stabilisierend, denn die Einnahmen der Versicherung gehen in der Rezession zurück und steigen in der Hochkonjunktur, da die Versicherten und ihre Arbeitgeber ja Beiträge als Prozentsatz der Lohnsumme bezahlen.

Dieser konjunkturbedingte automatische Anstieg der Staatsausgaben bei gleichzeitigem Rückgang der Staatseinnahmen kompensiert zusammengefasst einen guten Teil des Nachfragerückgangs und reduziert damit die Dauer und das Ausmaß der Rezession.

15.3 Deutsche Konjunktur- und Wachstumspolitik

Die deutsche Wirtschaftspolitik hat ihren Fokus in den letzten Jahrzehnten nicht auf die (kurzfristige) Konjunkturpolitik, sondern auf die (langfristige) Wachstumspolitik gelegt. Konjunkturpolitische, aktive Maßnahmen wurden lediglich im Gefolge der Finanzkrise ergriffen. Nach einer Beschreibung der Konjunkturpolitik in Deutschland wenden wir uns deshalb auch der aktuellen Wachstumspolitik zu.

15.3.1 Deutsche Konjunkturpolitik

In der heutigen deutschen Wirtschaftspolitik gibt es im Normalfall kaum noch Elemente einer aktiven Konjunktursteuerung im keynesianischen Sinne. Die *Stabilisierungsmaßnahmen* sind stark auf automatische Stabilisatoren und auf eine behutsame Anwendung der Geldpolitik ausgerichtet. Das war in den Jahren 1967 bis 1982 anders. Als sich der Schwung der Nachkriegszeit legte und eine erste Rezession die Phase der Vollbeschäftigung beendet hatte, wurden die Rufe nach dem Staat lauter. Dessen Vertreter trauten es sich damals zu, die Nachfrage der Volkswirtschaft durch permanente Eingriffe steuern zu können. Die systematische Beeinflussung der wirtschaftlichen Zielgrößen sollte die Wirtschaftspolitik in Richtung einer an John Maynard Keynes orientierten aktiven Wirtschaftspolitik verlagern. Mit dem Stabilitäts- und Wachstumsgesetz (vgl. Kapitel 10) beschloss die Politik die sogenannte Globalsteuerung. Mit dieser sollten die Fiskalpolitik des Staates und die Lohnpolitik von Arbeitgebern und Gewerkschaften abgestimmt werden, um Konjunkturausschläge zu glätten. Die Bundesbank sollte an dieser *„konzertierten Aktion“* zwar ebenfalls mitwirken, blieb jedoch unabhängig.

→ **Stabilisierungsmaßnahmen**
Wirtschaftspolitische Maßnahmen, um konjunkturelle Schwankungen zu dämpfen.

→ **Konzertierte Aktion**
Ehemaliger Gesprächskreis von Regierung, Arbeitgebern, Gewerkschaften und Bundesbank mit dem Ziel, durch eine Abstimmung von Fiskal-, Lohn- und Geldpolitik konjunkturelle Schwankungen auszugleichen.

Die Wirkung von Konjunkturprogrammen wurde damals überschätzt. Jede Stimulierung der gesamtwirtschaftlichen Nachfrage begünstigt zu einem guten Teil die Wirtschaft der Handelspartner statt jene des Inlands. Statt die Nachfrage nach deutschen Produkten anzukurbeln, fließt nämlich ein Teil der angestoßenen Nachfrage in den Import ausländischer Waren. Es wird also nicht nur – wie mit der Konjunkturpolitik angestrebt – die Nachfrage nach in Deutschland produzierten Produkten gestärkt.

Die Bilanz der ersten Jahre sah dennoch vielversprechend aus, die Rezession war Ende der 1960er-Jahre rasch überwunden. Im Verlauf der 1970er-Jahre hingegen erwiesen sich die immer größeren Ausgabenprogramme als unwirksam. Sie waren keine geeignete Antwort auf die beiden Ölkrisen, die Investitions- und Absatzschwäche deutscher Betriebe und den unflexiblen Arbeitsmarkt. Weder Wachstum noch Beschäftigungsstand erreichten die früheren hohen Werte. Lediglich der Staatsschuldenstand wuchs – und die Inflation, die am Geldwert zehrte. Mit dem Regierungswechsel 1982 fand diese Globalsteuerung ein Ende.

Nach diesen Erfahrungen greift die Politik heute meist nur noch in besonderen Zeiten zu Instrumenten der kurzfristigen Nachfragesteuerung, so wie in der Finanz- und Wirtschaftskrise (vgl. Seiten „Kompetenzen bilden"). So erhöhte der Staat im Jahr 2009 seine Ausgaben allein für Investitionen gegenüber dem Vorjahr um 7 %.

Betrachten wir kurz die generelle konjunkturpolitische Ausrichtung der deutschen Geld- und Fiskalpolitik. In beiden Fällen beschränken wir uns auf die konjunkturell relevanten Aspekte, da diese beiden Politikbereiche in anderen Kapiteln ausführlicher behandelt werden.

Die Geldpolitik in der Eurozone und damit in Deutschland ist in erster Linie auf die Sicherung der Preisstabilität ausgerichtet. Ist diese gewährleistet, dann ist die Europäische Zentralbank (EZB) in zweiter Linie gehalten, auf die konjunkturelle Lage Rücksicht zu nehmen. Da nun in einer Rezession typischerweise keine Inflationsgefahr besteht, kann die Zentralbank die Geldpolitik einsetzen, um die konjunkturelle Lage zu verbessern. Sie muss sich dabei jedoch immer die heikle Frage stellen, wie weit sie die Geldpolitik expansiv gestalten kann, ohne damit die Preisstabilität zu gefährden. Die EZB arbeitet ausdrücklich unabhängig von der Regierung. Die konjunkturelle Ausrichtung der Geldpolitik ist also ausschließlich Sache der Zentralbankspitze. Allerdings kann auch eine unabhängige Zentralbank politisch angegriffen werden, wenn der Eindruck entsteht, die Geldpolitik nehme zu wenig Rücksicht auf die Konjunkturlage.

Die deutsche Fiskalpolitik beeinflusst die Konjunktur vor allem über die – zum Teil bewusst als solche konzipierten – automatischen Stabilisatoren. Eine aktive fiskalpolitische Konjunktursteuerung kommt dagegen eher selten zur Anwendung. Auf der Einnahmenseite können die Sätze von Steuer- und Sozialabgaben in der Konjunkturflaute gesenkt werden. Beispielsweise senkte die Regierung in der Finanz- und Wirtschaftskrise den Beitragssatz der gesetzlichen Krankenversicherung und der Arbeitslosenversicherung, wodurch den Sozialversicherten etwas mehr Geld in der Tasche blieb. Auf der Ausgabenseite wurde mit der sogenannten Schuldenbremse ein System eingeführt, das die Erhöhung der Schulden verhindern soll und so konzipiert ist, dass die Konjunktur automatisch stabilisiert wird. Ihr Ziel ist es, über den Konjunkturzyklus hinweg das Budget auszugleichen (vgl. Abschnitt 11.4.4). Das bedeutet, dass in einer Rezession Defizite anfallen dürfen, die durch Überschüsse bei guter Wirtschaftslage kompensiert werden sollen. Eine antizyklische Fiskalpolitik würde hier also durch die Gestaltung eines Budgetmechanismus automatisch umgesetzt.

KOMPETENZEN BILDEN

KOMPETENZEN BILDEN: Deutsche Konjunkturpolitik in Reaktion auf die Finanz- und Wirtschaftskrise

Die Turbulenzen auf den Finanzmärkten (vgl. ausführlicher im Anhang) schickten die Weltwirtschaft ab dem Jahr 2008 auf die tiefste Talfahrt seit Jahrzehnten. Ab dem zweiten Quartal 2008 wies die deutsche Wirtschaft negative Wachstumsraten auf und die Angst vor einem raschen Anstieg der Arbeitslosigkeit ging um. Die Unsicherheit über Verlauf und Dauer der Krise war ungewöhnlich hoch. Es handelte sich nicht um einen normalen Konjunkturabschwung nach einer wirtschaftlichen Boomphase, sondern um eine weltwirtschaftliche Krise, die durch das Platzen einer außergewöhnlichen Kredit- und Immobilienblase ausgelöst wurde. Wie rasch und wie tief dieser Anpassungsprozess verlaufen und wie stark das im Binnenmarkt kaum unter solchen Problemen leidende Deutschland davon betroffen sein würde, war schwer abzuschätzen.

Vor dem Hintergrund dieser Unsicherheiten entschied sich das Parlament im Winter 2008/2009, kriselnde Banken vor der Pleite zu schützen und die Wirtschaft mit konjunkturpolitischen Maßnahmen zu stützen. Private Kreditinstitute, aber auch staatseigene Institute wie Landesbanken erhielten Kapital vom Staat, um ihren Geschäftsbetrieb – vor allem die Kreditvergabe an die Unternehmen – fortführen zu können.

Der Realwirtschaft sollten zwei Konjunkturpakete mit einem Bündel an Maßnahmen unter die Arme greifen. Insgesamt 80 Milliarden Euro wurden lockergemacht, um den Nachfrageausfall der privaten Haushalte, der Unternehmen und des Auslands zu kompensieren. Die Konjunkturpakete enthielten unter anderem:

- zusätzliche Investitionen des Staates, z. B. für Sanierungen von Schulen durch die Kommunen und Hochschulen durch die Länder, raschere Vergaben von öffentlichen Aufträgen, Hilfen beim Ausbau des Netzes an Breitbandverbindungen,
- Investitionsanreize für Haushalte und Unternehmen, wie leichtere steuerliche Abschreibungsmöglichkeiten, billige Kredite für Gebäudesanierungen sowie Kredithilfen und Bürgschaften für Unternehmen,
- Kaufanreize wie die Abwrackprämie von 2500 Euro für ältere Fahrzeuge plus eine einjährige Kfz-Steuerbefreiung beim Neuwagenkauf, eine Sonderzahlung für Eltern von 100 Euro pro Kind sowie mehr Geld pro Kind für Hartz-IV-Empfänger,
- Senkungen der Einkommenssteuer und der Beiträge zur gesetzlichen Arbeitslosen- und zur Krankenversicherung,
- mehr Forschungsförderung, z. B. für Elektrofahrzeuge,
- Hilfen zur Beschäftigungsstabilisierung, z. B. durch die Förderung der Kurzarbeit, um Entlassungen zu vermeiden. Beschäftigte nicht ausgelasteter Betriebe erhielten statt sechs Monate bis zu zwei Jahre lang *Kurzarbeitergeld*. Außerdem nahm der Staat den Unternehmen die Hälfte von deren Sozialversicherungsbeiträgen für Kurzarbeiter ab und gab mehr Geld für Weiterbildung aus.

All diese Gegenmaßnahmen konnten nicht verhindern, dass die Produktion stark einbrach, vor allem die der exportabhängigen Industrie. Die gesamte volkswirtschaftliche Leistung sank in Deutschland 2009 um 5,1 % gegenüber dem Vorjahr. Einen solchen Rückgang hatte es in der Nachkriegszeit noch nicht gegeben. Doch es dauerte nur zwei Jahre, da war das Vorkrisenniveau des BIP wieder erreicht. Die Exportnachfrage war rasch wieder angesprungen, auch weil andere Länder große Konjunkturprogramme aufgelegt hatten. Die schnelle Erholung und die Überbrückung der Flaute mit Kurzarbeit verhinderten einen Abbau von Arbeitsplätzen.

Die Konjunkturpakete hatten aber nicht nur kurzfristige Auswirkungen auf die Konjunktur, sondern auch langfristige auf die Finanzpolitik. Ihr Preis war nämlich ein rasanter Anstieg der Staatsschulden. Diese wuchsen vor allem auch aufgrund der kreditfinanzierten Programme auf das Rekordniveau von über 2 Billionen Euro. Die Staatsschulden je Einwohner hatten sich von 2008 bis 2010 um über 5000 Euro auf knapp 25 000 Euro erhöht und der Schuldenberg war von 66,7 % des BIP auf 83 % gewachsen.

Angesichts der neuen Dimensionen der Staatsschulden wurde beschlossen, die Verschuldung rasch und planmäßig wieder abzubauen. Im Mai 2009 stimmten der Bundestag und im Monat darauf auch die Bundesländer im Bundesrat mit Zweidrittelmehrheit zu, eine Schuldenbremse im Grundgesetz zu verankern (vgl. Abschnitt 11.4.4). Dieselben Politiker, die kurz zuvor mit den Konjunkturprogrammen eine Rekordverschuldung beschlossen hatten, verabschiedeten somit ein halbes Jahr später eine weitreichende Verpflichtung zum Schuldenverzicht.

→ **Kurzarbeitergeld**
Leistung der gesetzlichen Arbeitslosenversicherung, die bei Auftragsmangel in Betrieben anstelle des Arbeitgebers für eine bestimmte Zeit einen Teil des Lohns der Belegschaft zahlt, damit diese nicht entlassen wird.

Rund 1,8 Millionen Autobesitzer profitierten von der Krise. Sie tauschten ihr altes Auto gegen ein neues und bekamen 2500 Euro vom Staat dazu. Die Unterstützung preisbewusster Schnäppchenjäger beim Autokauf nutzte besonders Herstellern günstiger Kleinwagen, vor allem den ausländischen Marken Hyundai, Dacia und Škoda, die ihren Marktanteil dadurch steigerten. Insgesamt wurden im Krisenjahr 23 % mehr Autos verkauft als zuvor. Mit dem Ende des 5-Milliarden-Euro-Programms sanken die Autoverkäufe entsprechend stark.

Arbeitsaufträge:

1. Lesen Sie den Text durch und notieren Sie sich kurz die wesentlichen Aussagen.
2. Die Konjunkturpakete sorgten für eine rege Bautätigkeit auf der kommunalen Ebene. Viele Gemeinden bekamen hierdurch die Mittel, Schulgebäude zu sanieren. Recherchieren Sie in Ihrer Kommune, wofür die Lokalpolitik die Konjunkturmittel vor Ort verwendet hat. Stellen Sie die Ergebnisse in der Klasse vor und diskutieren Sie, ob die Verwendung effektiv und sinnvoll war und welche Alternativen Ihrer Meinung nach möglich wären.
3. Fragen Sie Autobesitzer im Familien- und Bekanntenkreis, wie diese das Angebot einer Abwrackprämie für Autos beurteilen. Welche Argumente benutzen Autofahrer, welche das Angebot damals genutzt haben? Und was sagen solche, die leer ausgingen oder sich dagegen entschieden haben? Diskutieren Sie anschließend in der Klasse, ob Abwrackprämien generell geeignet sind, die Nachfrage zu stimulieren. Wie ist das Instrument aus Sicht der gesamtwirtschaftlichen Effizienz und der umweltpolitischen Nachhaltigkeit zu beurteilen?
4. Fragen Sie auch danach, welche Erfahrungen Ihre Eltern, Freunde oder Bekannten mit Kurzarbeit gemacht haben. Welche genauen Folgen hatte die Kurzarbeit für die konkrete und die gefühlte Lage der Betroffenen? Wo liegen Ihrer Meinung nach die Chancen und wo die Grenzen dieses arbeitsmarktpolitischen Instruments?

15.3.2 Deutsche Wachstumspolitik

Das langfristige Wirtschaftswachstum spielte in der wirtschaftspolitischen Diskussion in Deutschland im vergangenen Jahrzehnt eine wichtige Rolle. Denn Deutschland ist, von dem sehr hohen Niveau des „Wirtschaftswunders" in der Nachkriegszeit aus startend, im internationalen Wachstumsvergleich über längere Zeit tendenziell zurückgefallen. Der Zuwachs des BIP fiel in vielen Jahren vor und nach der Jahrtausendwende so klein aus, das Politiker und Ökonomen mehr von Stagnation denn von Wachstum sprachen. Wegen der Kombination aus Wachstumsschwäche und hohen Arbeitslosenquoten betitelte das Wirtschaftsmagazin „The Economist" Deutschland Ende der 1990er-Jahre als den „kranken Mann Europas". Inzwischen, nur eine Dekade später, heißt es bei der Gazette: „Modell Deutschland über alles". Statt weiter gescholten zu werden, wird Deutschland nun gelobt. Die deutschen Wachstumsraten sind zwar für sich betrachtet weiterhin nicht hoch, im Vergleich zur Zeit davor und zu anderen Ländern jedoch schon. Deutschland ist besser durch die Krise gekommen als viele andere Länder. Was hat sich verändert?

Wegen der lang anhaltenden deutschen Wachstumsschwäche beschloss die damals rot-grüne Regierung zwischen 2003 und 2005 ein Bündel von wirtschaftspolitischen Maßnahmen, die sogenannte Agenda 2010. Hinzu kamen Steuersenkungen und weitere Beschlüsse, die Unternehmensinvestitionen erleichterten. Die Maßnahmen richteten sich sowohl auf die Erhöhung der Erwerbsbeteiligung als auch auf die der Arbeitsproduktivität. Es handelte sich um angebotsseitige Reformen: Statt die Nachfrage zu befeuern und bestehende Strukturen zu zementieren, sollten die Wachstumsquellen gefördert und der Strukturwandel abgefedert werden. Da ein solcher Kurs den Wirtschaftsakteuren eine höhere Anpassungsbereitschaft abverlangte, kam es dazu nur unter Protesten. Das kostete einige Landesregierungen und die Bundesregierung die Wiederwahl.

Bevor wir die wachstumspolitischen Reformen genauer betrachten, blicken wir auf die Wachstumsquellen Erwerbstätigkeit und Arbeitsproduktivität. Wir haben in Kapitel 9 gesehen, dass das Wachstum eines Landes, das von der Wirtschaftspolitik beeinflusst werden kann, aus zwei Quellen stammen kann, nämlich aus zusätzlich geleisteten Arbeitsstunden einerseits und aus erhöhter Arbeitsproduktivität andererseits.

Bezüglich der insgesamt geleisteten Arbeitsstunden ist das Wachstumspotenzial in Deutschland nicht ausgeschöpft. Wie **Abbildung 15.1** zeigt, sinkt die durchschnittliche Jahresarbeitszeit der Erwerbstätigen hierzulande vielmehr stetig. Verbrachte ein Erwerbstätiger 1991 insgesamt 1552 Stunden am Arbeitsplatz, waren es 2010 nur noch 1408 Stunden. In dieser Durchschnittsangabe macht sich die Zunahme der Teilzeitarbeit bemerkbar. Unter den Arbeitnehmern ist die Teilzeitquote in diesem Zeitraum nämlich von 15,7% auf 34,7% gestiegen, weil mehr Frauen als früher auf den Arbeitsmarkt geströmt sind. Drei Viertel aller Teilzeitbeschäftigten sind Frauen. Weil die Zahl der Erwerbstätigen insgesamt deutlich zugenommen hat, ist das insgesamt in Deutschland geleistete Arbeitsvolumen nicht in dem Maße gesunken wie die Zahl der Pro-Kopf-Arbeitsstunden.

Abbildung 15.1
Erwerbstätige, Arbeitsvolumen, Jahresarbeitszeit in Deutschland 1991–2010 (Index: 1991 = 100)

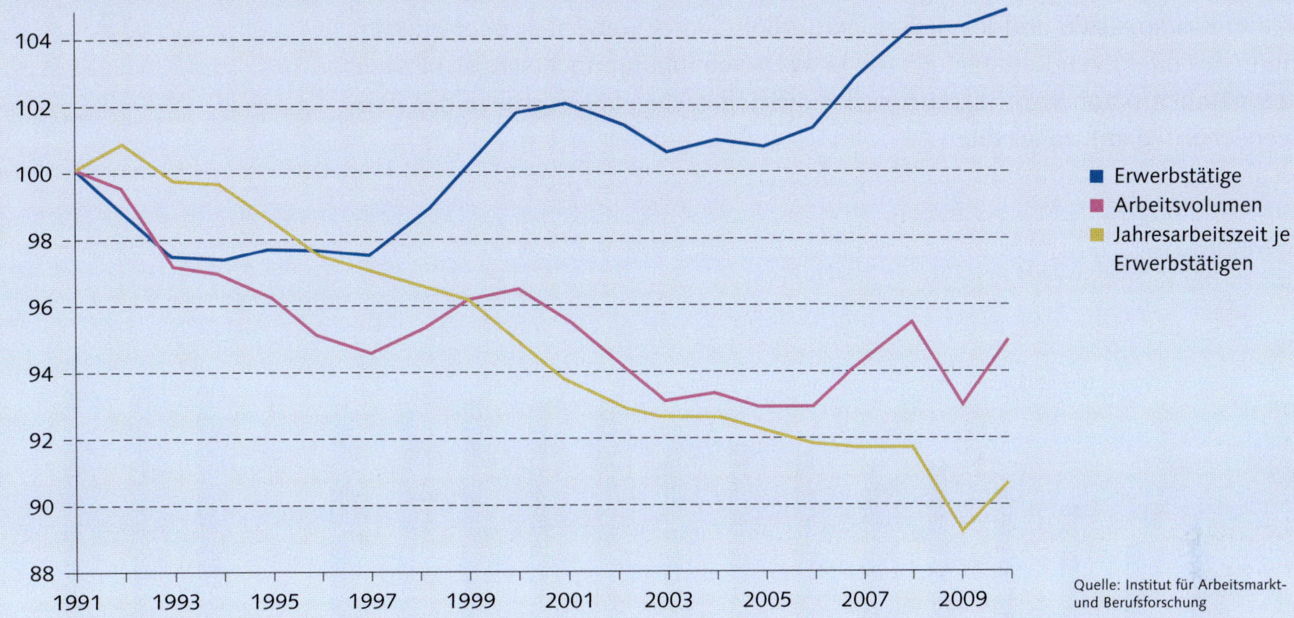

Quelle: Institut für Arbeitsmarkt- und Berufsforschung

→ **Erwerbstätigenquote**
Prozentualer Anteil der Bevölkerung im erwerbsfähigen Alter zwischen 15 und 64 Jahren, der einer bezahlten Arbeit nachgeht.

Abbildung 15.2 vergleicht die *Erwerbstätigenquoten* der Jahre 2004 und 2014 in verschiedenen Ländern. Die Erwerbstätigenquote entspricht dem Anteil der Bevölkerung im erwerbsfähigen Alter zwischen 15 und 64 Jahren, der einer bezahlten Arbeit nachgeht. Mit einer Erwerbstätigenquote von fast 74 % im Jahr 2014 steht Deutschland zwar nicht an der Spitze aller betrachteten Länder, hat sich aber stark verbessert. Die Quote lag im Jahr 2004 erst beim Durchschnitt der OECD-Länder, nämlich bei 65 %. In Ländern wie Frankreich hat sie sich seitdem kaum verändert und z. B. in Griechenland und Spanien sogar deutlich verschlechtert. Deutschland schöpft eine der beiden genannten Wachstumsquellen, die Erwerbstätigkeit nämlich, heute besser aus als vor einigen Jahren, wie wir schon in Kapitel 13 gesehen haben.

Welchen Anteil die Agenda 2010 an der positiven Entwicklung des deutschen Arbeitsmarktes hat, ist umstritten. Zu den wichtigen Maßnahmen zählte die Reform des Arbeitsmarktes mit den sogenannten Hartz-Gesetzen. Die Anreize, aus der Arbeitslosigkeit in Beschäftigung zu wechseln, wurden deutlich erhöht. Die folgenden Regierungen hielten an der Reform größtenteils fest und legten weitere nach. Zum Beispiel verschob die Große Koalition aus CDU und SPD die Regelaltersgrenze der gesetzlichen Rentenversicherung auf 67 Jahre, um die Lebensarbeitszeit der Erwerbstätigen zu verlängern. Den gleichen Effekt haben die Verkürzung der Schuljahre bis zum Abitur auf zwölf Jahre, die Abschaffung der Wehrpflicht und Einführung von Bachelor- und Masterstudiengängen an Hochschulen. Frisch qualifizierte Arbeitskräfte gelangen somit früher auf den Arbeitsmarkt und verlassen diesen später.

Eine weitere Erhöhung der Erwerbstätigenquote ist ebenso denkbar wie eine Verlängerung der Arbeitszeit, z. B. durch eine Umwandlung von Teilzeit- in Vollzeitjobs. So wird versucht, die Frauenerwerbstätigkeit in Deutschland auszuweiten. Um mehr Müttern die Berufstätigkeit zu ermöglichen, wird derzeit die Zahl der Plätze in Kindergärten und Kinderkrippen erhöht. Auch ließe sich über eine Erhöhung des effektiven Rentenalters die Erwerbsbeteiligung noch steigern – viele hören nämlich schon vorm Erreichen der offiziellen Regelaltersgrenze der Rentenversicherung auf, zu arbeiten.

Abbildung 15.2
Erwerbstätigenquoten 2004 und 2014 (in Prozent)

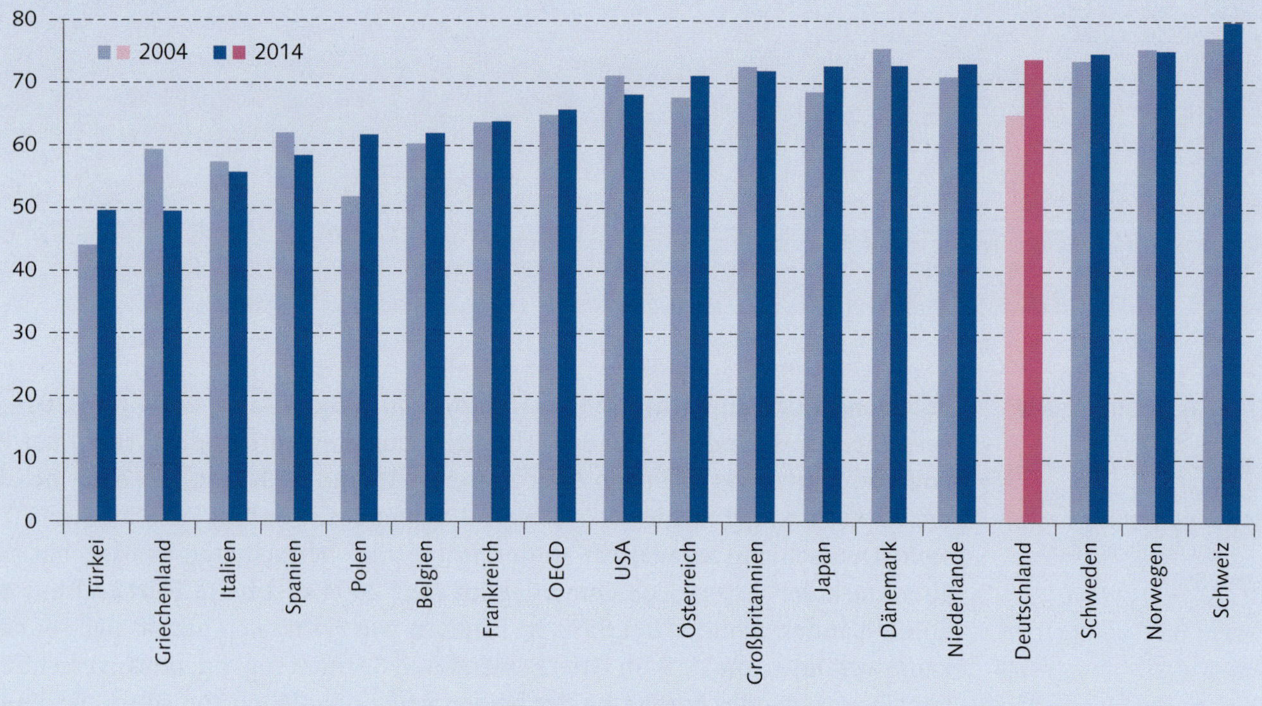

Quelle: OECD

Auch bei der Arbeitsproduktivität, der zweiten betrachteten Wachstumsquelle, gibt es für Deutschland noch Spielräume. **Abbildung 15.3** zeigt, dass die deutsche Arbeitsproduktivität zwar relativ weit vorn, aber nicht an der Spitze liegt. Um sie zu steigern, wären unter anderem Investitionen in Bildung, Forschung und öffentliche Infrastruktur geeignete Instrumente. Bundesregierung und Landesregierungen versprechen darüber hinaus immer wieder die administrative Entlastung von Unternehmen durch Bürokratieabbau.

Abbildung 15.3
Niveau der Arbeitsproduktivität 2014 (Index: USA = 100)

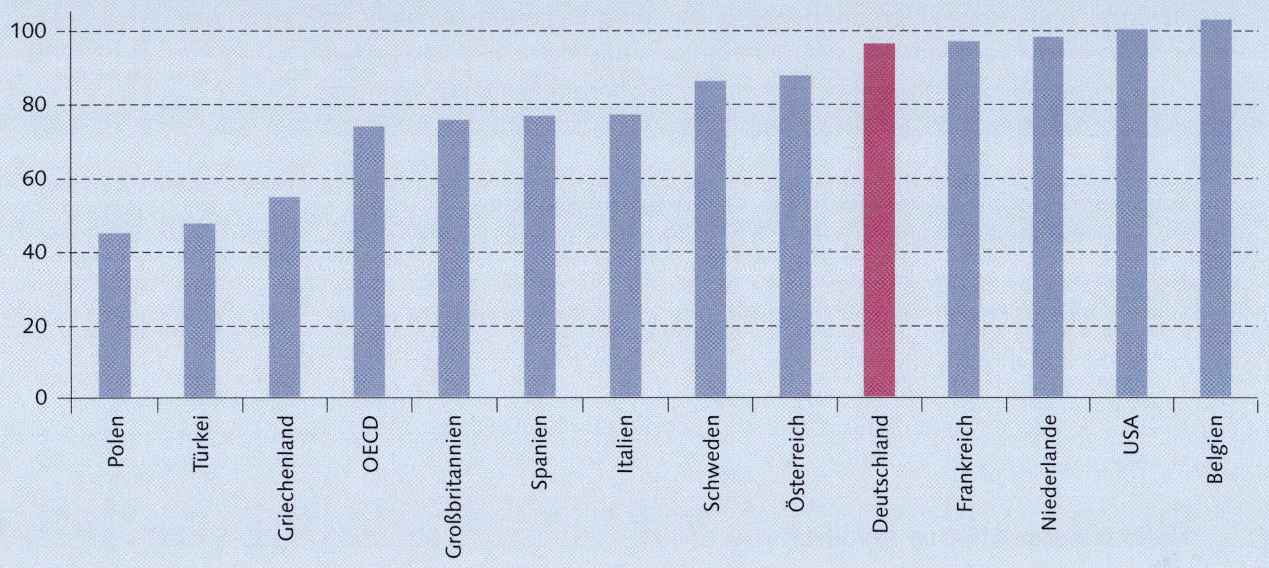

Quelle: OECD

Andere angebotsseitige Reformen zielen darauf ab, unternehmerische Tätigkeit attraktiver zu machen. Um die steuerliche Attraktivität des Standorts Deutschland für Personen- und für Kapitalgesellschaften zu steigern, wurden z. B. die Sätze der Einkommenssteuer und der Körperschaftssteuer gesenkt, letzterer von einst 40 % auf inzwischen 15 % der Gewinne.

ZUSAMMENFASSUNG ANHAND DER LERNZIELE ZU KAPITEL 15

1 **Konzept der antizyklischen Konjunkturpolitik**
Eine Möglichkeit der Schadensbegrenzung in Rezessionsphasen besteht in der antizyklischen Konjunkturpolitik nach Keynes. So kann der Staat die rezessionsbedingt niedrige Nachfrage fördern, indem er

- die Staatsausgaben erhöht (z. B. in Form von Aufträgen),
- die Konsumnachfrage fördert (z. B. mittels Steuersenkungen) oder
- durch eine Geldmengenausweitung Investitionen und Exporte relativ gesehen günstiger und damit attraktiver macht.

So plausibel dieses Konzept auch klingen mag, so scheitert es doch oft an der Wirklichkeit. Denn zum einen können sogenannte Wirkungsverzögerungen dazu führen, dass die Maßnahmen zu spät greifen. Zum anderen werden aus wahlpolitischen Gründen ausgleichende Maßnahmen in Boomzeiten vermieden – was dauerhafte Budgetdefizite zur Folge hat. Darüber hinaus wird ein Teil der staatlich stimulierten Nachfrage von Angeboten aus dem Ausland absorbiert.

2 **Gegenüberstellung von Nachfrage- und Angebotspolitik**

Eine weitere Möglichkeit der politischen Einflussnahme auf das BIP-Wachstum besteht in der Angebotspolitik. Im Gegensatz zur kurzfristig orientierten Nachfragepolitik zur Abschwächung einer Rezession geht es hier aber um langfristige Maßnahmen zur Steigerung des Trendwachstums. Konjunkturpolitik kann lediglich über die Stimulierung der Nachfrage betrieben werden. Angebotspolitik ist deshalb keine Konjunktur-, sondern Wachstumspolitik.

3 **Vorteile automatischer Stabilisatoren**

Eine Alternative zum aktiven konjunkturpolitischen Eingreifen stellt die Verankerung sogenannter automatischer Stabilisatoren dar. Diese können das Sinken der Nachfrage ein Stück weit abmildern. Deutschland verfügt beispielsweise über ein Steuersystem, bei dem mit sinkendem Einkommen gleichzeitig auch der prozentuale Anteil der Abgaben sinkt – die für den Konsum verfügbaren Mittel sinken also nicht ganz so stark wie das Einkommen. Ein weiterer wichtiger Stabilisator ist die Arbeitslosenversicherung, die bei Jobverlust ein – wenn auch geringeres – Einkommen garantiert.

4 **Konjunktur- und Wachstumspolitik der letzten zehn Jahre in Deutschland**

Da sich die Implementierung automatischer Stabilisatoren in der Praxis als weitaus effektiver erwiesen hat, findet in Deutschland kaum noch aktive Konjunktursteuerung statt. Abweichungen von diesem Trend hin zu automatischen Stabilisatoren sind im Zuge der Finanz- und Wirtschaftskrise seit 2008 zu finden. Hier wurde zur Stabilisierung auch auf aktive Maßnahmen zurückgegriffen – wobei ein starker Anstieg des Staatsdefizits in Kauf genommen wurde. In Reaktion auf eine längere Wachstumsschwäche wurde ab 2003 neben Steuererleichterungen für Unternehmen die sogenannte Agenda 2010 beschlossen. Unter anderem hat dieses Bündel an angebotspolitisch orientierten Maßnahmen dazu geführt, dass die Erwerbstätigenquote stark zugenommen hat. Eine wesentliche Rolle spielen hierbei z. B. die Hartz-Reformen.

ZENTRALE BEGRIFFE

Antizyklische Konjunkturpolitik
Nachfragestimulierung
Verfügbares Einkommen
Budgetdefizit
Geldmenge
Wirkungsverzögerungen der Konjunkturpolitik
Negativer Nachfrageschock
Politische Konjunkturzyklen
Automatische Stabilisatoren
Sozialabgaben
Stabilisierungsmaßnahmen
Konzertierte Aktion
Kurzarbeitergeld
Erwerbstätigenquote

WIEDERHOLUNGSAUFGABEN ZU KAPITEL 15

1 Skizzieren Sie grob ein Beispiel für eine funktionierende antizyklische Konjunkturpolitik. Woran könnte eine konkrete Umsetzung scheitern?

2 Welcher Ansatz ist geeigneter, einen kurzfristigen Einbruch der gesamtwirtschaftlichen Nachfrage abzumildern – der nachfrage- oder der angebotspolitische? Begründen Sie anhand von Maßnahmen in Reaktion auf die Finanz- und Wirtschaftskrise.

3 Welche Vorteile haben die automatischen Stabilisatoren gegenüber aktiven Eingriffen? Fallen Ihnen passende Beispiele ein?

4 Welches waren die bedeutsamsten wachstumspolitischen Maßnahmen in Deutschland seit 2003? Nehmen Sie Stellung zum Erfolg/Misserfolg.

HANDLUNGSORIENTIERTE AUFGABEN ZU KAPITEL 15

1 Erkundigen Sie sich über den sogenannten Investitionsstau in Deutschland. Welche Infrastrukturmaßnahmen (mit Stimulierung der gesamtwirtschaftlichen Nachfrage) stehen in Deutschland dringend an?

2 Fassen Sie entweder die Angebotspolitik von Margaret Thatcher (Thatcherismus) oder diejenige von Gerhard Schröder auf einer Seite in eigenen Formulierungen bei Beibehaltung der Fachausdrücke zusammen. Folgen Sie dabei folgender Struktur: kurze biografische Notiz zu Thatcher bzw. Schröder – der wirtschaftspolitische Ausgangspunkt/die Herausforderung – die Maßnahmen und deren Wirkung – kritische Stimmen – Fazit.

3 Überlegen Sie, wie das System automatischer Stabilisatoren weiter verstärkt werden kann. Wo hat Ihres Erachtens die automatische Stabilisierung ihre besonderen Vorteile und wo ihre Grenzen?

Kapitel 16: Preisstabilität

LERNZIELE ZU KAPITEL 16

Nachdem Sie Kapitel 16 durchgearbeitet haben, sollten Sie in der Lage sein,

1. die Schädlichkeit der Inflation zu verstehen und sowohl deren direkte, aber auch indirekte Kosten zu beschreiben.
2. die Schädlichkeit der Deflation zu verstehen und deren Kosten zu beschreiben.
3. die besondere fiskalpolitische und geldpolitische Reaktion bei Inflation und Deflation an historischen und aktuellen Beispielen zu erläutern.
4. Konzepte der Preisniveaumessung in Europa zu verstehen (HVPI), Binnenwert und Außenwert einer Währung zu unterscheiden sowie Kaufkraftvergleiche anzustellen.
5. die Repräsentativität des deutschen Warenkorbs zu beurteilen.

Kapitel 16: Preisstabilität

Im Januar 1923 kostete ein US-Dollar in der Weimarer Republik 20000 Mark, im August war es bereits eine Million, im September eine Milliarde und im Oktober eine Billion Mark. Es erfordert wenig Fantasie, sich die verheerende Wirkung einer solchen Inflation auf die Wirtschaft eines Landes vorzustellen. Gut verständlich, dass gerade in Deutschland die Angst vor einer Geldentwertung deshalb nach wie vor tief sitzt. Innerhalb weniger Wochen wurden im Herbst 1923 die Geldvermögen einer ganzen Generation buchstäblich vernichtet. Erreicht eine Inflation derartige Ausmaße, dann wird sie sofort zur zentralen Herausforderung für die Wirtschaftspolitik. Denn deren offensichtliche Aufgabe ist es, solche ökonomischen Katastrophen zu vermeiden. Wir werden in diesem Kapitel die Hintergründe der Preisniveaustabilität erläutern.

16.1 Wieso ist Inflation schädlich?

16.1.1 Direkte Kosten der Inflation

Die Kosten der Inflation treten meist nicht derart offensichtlich zutage wie diejenigen der Arbeitslosigkeit. Inflation bedeutet eine mehr oder weniger schleichende Entwertung des Geldes, woran man sich bis zu einem gewissen Grad sogar gewöhnen kann. Klar sichtbar werden die Kosten erst dann, wenn die Inflation eine bestimmte Höhe erreicht hat. Wie das einleitende Beispiel verdeutlicht, zeigen die Erfahrungen mit *Hyperinflationen*, also mit monatlichen Inflationsraten von über 50 %, dass ab einem gewissen Maß die Inflation das Wirtschaftsgeschehen vollständig beherrscht. Allerdings entstehen selbst bei vergleichsweise niedrigen Inflationsraten von 10 % bis 15 % pro Jahr bereits sehr hohe Kosten. Hinzu kommt die ständige Gefahr, dass sich die Inflation ab einer gewissen Höhe weiter nach oben schaukelt; denn eine relativ hohe, aber gleichzeitig stabile Inflation gibt es kaum.

→ **Hyperinflation**
Sehr starke Inflation. Als Faustregel gilt: Liegen die monatlichen Inflationsraten über 50 %, wird von Hyperinflation gesprochen.

Wenden wir uns also den Kosten einer moderaten Inflation zu. Sie lassen sich in fünf Kategorien unterteilen:

- Transaktionskosten,
- Kosten der Unsicherheit,
- Kosten aufgrund der Verzerrung der relativen Preise,
- Kosten für die Kreditgeber,
- Kosten wegen der kalten Progression der Steuern.

Betrachten wir zuerst die Transaktionskosten. Hat die Inflation eine gewisse Höhe erreicht, beginnt man, sich zu überlegen, wie man sich gegen die Geldentwertung schützen kann. Typischerweise wird man versuchen, möglichst wenig Bargeld zu halten, da die Opportunitätskosten der Geldhaltung steigen. Bei höherer Inflation verliert das Geld nämlich laufend an Wert, und es wird immer attraktiver, möglichst viele Mittel auf einem Bankkonto zu belassen, da man dort durch höhere Zinsen für die Inflationsverluste entschädigt wird. Das führt dazu, dass man häufiger zur Bank geht, um jeweils nur kleine Beträge abzuheben, wodurch die Transaktionskosten steigen. Auf solche an sich unproduktive Tätigkeiten kann man bei niedriger Inflation verzichten. Ebenso kann es bei hoher Inflation zu einer zunehmenden Flucht in *Sachwerte* kommen. Um sich vor der Geldentwertung zu schützen, kauft man dann physische Dinge wie Gold oder Immobilien. Damit verliert das Geld einen gewissen Teil seiner Funktionen, die wir in Abschnitt 3.1 diskutiert haben.

→ **Sachwerte**
Physische Güter wie Immobilien oder Schmuck, die bei Inflation im Gegensatz zu Bargeld nicht an Wert verlieren.

Wichtiger noch sind die Kosten, die durch die Unsicherheit verursacht werden. Eine höhere Inflation ist nur äußerst selten stabil. Läge etwa eine stabile Inflation von 12 % jährlich vor, dann könnte sich die Wirtschaft darauf einstellen und in alle langfristigen Verträge eine Inflationsrate von 12 % einbauen. Tatsächlich haben aber höhere Inflationsraten die Tendenz, weiter zu steigen und überdies von Jahr zu Jahr stark zu schwanken. Für alle längerfristigen Verträge, vor allem natürlich Kreditverträge im weitesten Sinne, steigt deshalb die Unsicherheit. Und damit werden solche Verträge weniger attraktiv, was sich negativ auf die Wirtschaftsentwicklung auswirkt.

Die deutsche Hyperinflation

In den 1920er-Jahren kam es in Deutschland zu einer Inflation, die bis heute als traumatische Erfahrung gilt. Nach der Niederlage im Ersten Weltkrieg saß die deutsche Regierung auf einem Berg von Schulden; zudem wurden hohe Reparationen fällig. Um die zurückkehrenden Soldaten in Lohn und Brot zu bringen und um die Wirtschaft wiederzubeleben, vergab die Regierung viele Staatsaufträge. Da nur ein kleiner Teil der Staatsausgaben durch Steuereinnahmen gedeckt war – 1920 reichten diese nur für ein Drittel des Reichshaushalts –, verschuldete sich der Staat immer mehr. Weil die Bevölkerung keine Staatsanleihen mehr kaufen wollte, wendete sich die Regierung an die Zentralbank – und die gab unbegrenzt Kredit. Sie druckte Geld. Das verlor Schritt für Schritt an Wert, bis es in der Hyperinflation für den Wertverlust kein Halten mehr gab. Diese Phase dauerte von Ende 1922 bis Ende 1923. Am besten wird der Wertverfall am Maßstab einer ausländischen Währung deutlich: Zu Beginn dieser Zeitspanne konnte man einen US-Dollar in 8000 Mark umtauschen. Zu ihrem Ende hin bekam man dafür 4,2 Billionen Mark. Die Folgen dieses immer schnelleren Wertverfalls waren denkwürdig. Je höher die auf die Banknoten gedruckten Summen wurden, umso weniger konnten sich die Menschen dafür kaufen. Obwohl sie ihre Preise ständig erhöhten, begannen Einzelhandelsgeschäfte, ihre Waren lieber zu horten, statt sie gegen die rasch an Wert verlierenden Scheine abzugeben. Langlebige Güter – sozusagen Sachwerte – verschwanden aus dem Warenangebot, weil sich alle in der Absicht darauf stürzten, etwas von bleibendem Wert zu erhaschen. Weil der Lohn am Ende des Monats kaum noch etwas wert war, wurden Arbeiter nicht mehr monatlich, sondern täglich bezahlt. Dann versuchten sie, das Geld so schnell wie möglich auszugeben oder in ausländische Währungen umzutauschen. Handwerker arbeiteten nur noch für Dollar. Lebensmittel, Zigaretten und Kohle wurden im Alltag zu Parallelwährungen.

Bis zur Hyperinflation gelang es, die Konjunktur zu beleben und die innenpolitisch angespannte Lage der Nachkriegszeit zu beruhigen. Arbeitnehmer profitierten von der Geldflut, da sie Arbeit fanden und der Kaufkraftverlust zunächst durch Lohnsteigerungen ausgeglichen wurde. Wessen Gehalt nur zögerlich angepasst wurde, geriet in Existenznot. Die großen Verlierer waren diejenigen mit Geldvermögen: Sparer und Mittelständler sowie Gläubiger wie Versicherungen und Banken. Ihnen standen Gewinner gegenüber, die dank Geldentwertung praktisch schuldenfrei geworden waren: öffentliche Schuldner wie Reich und Kommunen sowie private Schuldner wie Landwirte und Hausbesitzer. Eine große, willkürliche Umverteilung – wie sie für hohe Inflationen typisch ist – hatte stattgefunden.

Die Hyperinflation endete Ende 1923 mit einem Währungsschnitt, einer harten Sparpolitik und der teilweisen Rückkehr zur Währungsabsicherung mit Goldreserven – ein Prinzip, das Deutschland wie andere Länder mit dem Kriegsbeginn 1914 aufgegeben hatte. Auch wenn der Begriff „Inflation" heute häufig mit dieser deutschen Erfahrung in den 1920er-Jahren verbunden wird, sind Inflationsgefahren keineswegs Geschichte. Menschen in vielen Ländern müssen mit hohen Inflationsraten zurechtkommen – zuletzt z. B. in Weißrussland oder Simbabwe.

Hyperinflationen sind volkswirtschaftliche Katastrophen. Das Bild zeigt eine deutsche Reichsbanknote aus der Zeit der Hyperinflation im Jahr 1923. Anders als es der hohe Nennwert von zwei Billionen Mark suggeriert, konnte man dafür nicht viel kaufen.

→ Verzerrung der relativen Preise
Zustand, in dem die relativen Preise nicht die richtigen Signale über die Knappheit der entsprechenden Waren und Dienstleistungen wiedergeben.

Die dritte Form von Inflationskosten ist etwas subtiler. Es geht hier um die *Verzerrung der relativen Preise*, wodurch Knappheitssignale verwischt werden, sodass der Einsatz der Ressourcen nicht effizient gelenkt wird. Dies scheint auf den ersten Blick überraschend, haben wir doch die Inflation als eine Erhöhung aller Preise und nicht einzelner Preise definiert. Und wenn alle Preise gleich stark steigen, dann müssten ja die relativen Preise zwischen den Gütern unverändert bleiben. In der Praxis sind aber nicht alle Preise gleich flexibel. Es gibt Preise, die sich jede Sekunde anpassen, beispielsweise diejenigen für Rohstoffe wie Erdöl oder Zucker. Bei anderen kann es durchaus ein halbes Jahr oder länger dauern, bis sie auf veränderte Bedingungen reagieren. Beispiele dafür sind abgedruckte Preise in Katalogen oder längerfristig vertraglich festgelegte Löhne. Diese unterschiedlichen Anpassungsgeschwindigkeiten sind in einer inflationären Periode dafür verantwortlich, dass sich die relativen Preise zwischen Gütern verschieben. Ein Gut, dessen Preis sich bei einer Inflation relativ rasch erhöht, wird durch dieses Preissignal dann als zu knapp bewertet. Im Vergleich zur unverzerrten Situation wird folglich zu viel dieses Gutes produziert und zu wenig davon konsumiert. Der zentrale Steuermechanismus einer Marktwirtschaft wird dadurch empfindlich gestört. Die Verzerrung der relativen Preise bildet einen wichtigen, wenn auch kaum direkt erkennbaren Kostenfaktor jeder höheren Inflation.

Die vierte Form von Inflationskosten besteht in der Schädigung der Kreditgeber. Nehmen wir an, jemand vergebe einen Kredit von 100 Euro und man einige sich auf eine jährliche Zinszahlung von 10 % des Kreditbetrags, also von zehn Euro. Beträgt nun im Verlauf des Jahres die Inflation unerwartet 100 % – um ein extremes Beispiel zu wählen –, dann ist diese Zinszahlung von zehn Euro am Ende des Jahres real nur noch die Hälfte wert. Das Gleiche gilt für den ursprünglichen Betrag von 100 Euro, der die Hälfte an Kaufkraft verloren hat, sodass sich der Kreditgeber auch bei der Rückzahlung der Schuld geschädigt sieht. Natürlich werden sich die Kreditgeber dagegen zu schützen versuchen und höhere Zinsen verlangen. Das bedeutet aber, dass in einem Umfeld mit hoher Inflation die Zinsen meist sehr hoch sind, was die Wirtschaftstätigkeit empfindlich dämpft.

→ Kalte Progression
Anstieg der realen Steuerlast, der dadurch entsteht, dass bei Inflation Arbeitnehmer mit steigenden Nominallöhnen höheren Steuersätzen als zuvor unterworfen werden, auch wenn sie real nicht mehr verdienen.

Eine fünfte Form von Inflationskosten ist schließlich die sogenannte *kalte Progression*. Sie entsteht dadurch, dass Steuerklassen meist in nominalen Werten definiert sind und die Einkommenssteuer progressiv ausgestaltet ist, die zu leistenden Steuern auf jeden verdienten Euro also nicht gleichmäßig ansteigen, sondern überproportional zulegen. Das nominale Einkommen steigt aufgrund der Inflation, auch wenn es real nicht an Wert zugenommen hat.

„Wenn man hingegen die Inflation berücksichtigt …"

Beim Vergleichen und Beurteilen von ökonomischen Zahlenreihen spielt es oft eine große Rolle, ob man es mit nominalen (nicht inflationsbereinigten) oder realen (inflationsbereinigten) Größen zu tun hat. Wie die Karikatur zeigt, kann eine starke Inflation aus einer nominalen Gewinnsteigerung einen realen Gewinnrückgang machen.

Erhält beispielsweise jemand mit einem Jahreseinkommen von 50 000 Euro am Ende des Jahres wegen einer 10 %igen Inflation eine Lohnerhöhung auf 55 000 Euro, so hat sich sein reales Einkommen nicht verändert. Das nominal (aber eben nicht real) höhere Einkommen kann aber dazu führen, dass die betroffene Person in der Steuertabelle aufrückt und einen höheren Steuersatz zahlen muss. Musste sie bisher 30 % an Steuern bezahlen, so werden in diesem Beispiel wegen der Geldentwertung nun 32 % fällig. Dies bedeutet eine eigentlich unbeabsichtigte Umverteilung der Einkommen von den Steuerzahlerinnen und Steuerzahlern hin zum Staat.

Zusammenfassende Übersicht

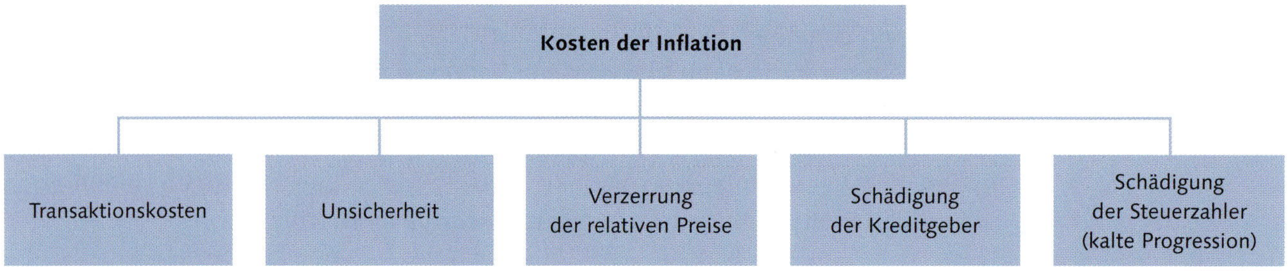

16.1.2 Indirekte Kosten der Inflation

Neben den genannten direkten Kosten verursacht eine steigende Inflation auch große indirekte Kosten. Sie fallen an, weil eine steigende Inflation zwingend irgendwann wieder gesenkt werden muss. Die Korrektur ist vor allem auch deshalb nötig, weil sich die Inflation zu einem gewissen Grad selbst verstärken kann. Sind nämlich einmal Inflationserwartungen bei den Akteuren einer Volkswirtschaft entstanden, so besteht die starke Tendenz zu einer Spirale nach oben, einer sogenannten *Lohn-Preis-Spirale*.

→ **Lohn-Preis-Spirale**
Selbstverstärkender Prozess, bei dem ein Anstieg des Preisniveaus einen Anstieg der Löhne bewirkt, der wiederum zu einer Preisanpassung nach oben führt.

Dabei geschieht Folgendes: Die Inflation führt dazu, dass die Kaufkraft der Löhne sinkt. Das heißt, mit einem gegebenen Geldbetrag kann aufgrund der höheren Preise weniger gekauft werden. Der Effekt wird dadurch verstärkt, dass die Nominallöhne in Arbeitsverträgen typischerweise für eine gewisse Zeitspanne festgeschrieben sind. Steigt nun innerhalb dieser Zeitspanne das Preisniveau, so sinken die Reallöhne. Deshalb werden die Arbeitnehmerinnen und Arbeitnehmer in der nächsten Lohnrunde einen höheren Nominallohn fordern. Wird ihnen nun der Nominallohn nur um die Preissteigerung erhöht, dann führt das lediglich zu einer Rückführung der Reallöhne auf das ursprüngliche Niveau. Erfolgt diese Lohnrunde aber in einem Umfeld mit hoher Inflation, dann werden die Arbeitnehmerinnen und Arbeitnehmer eine Nominallohnerhöhung anstreben, die die Teuerung der vergangenen Perioden übersteigt. Denn sie wollen erstens eine gewisse Entschädigung für die gesunkene Kaufkraft ihrer Löhne in der vergangenen Periode. Und zweitens wollen sie vor allem vermeiden, in naher Zukunft wieder in dieselbe Situation mit sinkenden Reallöhnen zu geraten. Gewähren die Unternehmen aber diese stärkere Nominallohnerhöhung, so steigen ihre Kosten und sie werden diese zumindest teilweise in Form höherer Güterpreise an die Konsumentinnen und Konsumenten weitergeben. Damit erhöht sich das allgemeine Preisniveau, und das Spiel beginnt von vorn.

Die so entstehende Spirale treibt die Inflationsrate ständig nach oben. Soll dies nicht außer Kontrolle geraten, muss wirtschaftspolitisch kräftig gegengesteuert werden. Das heißt in erster Linie, dass die Geldpolitik die Geldmenge knapp halten muss, um den Preissteigerungen sozusagen den Sauerstoff zu entziehen. Eine solche Verknappung der Geldmenge reduziert die gesamtwirtschaftliche Nachfrage, wie wir in Kapitel 15 gesehen haben. Das führt aber zu einer Rezession und zu steigender konjunktureller Arbeitslosigkeit. Wenn in der Ausgangslage die Inflation besonders hartnäckig ist, dann kann die Inflationsbekämpfung sogar zu einer sogenannten *Stagflation* führen. Für einige Zeit stagniert dann die Wirtschaft bei gleichzeitig hoher Inflation.

→ **Stagflation**
Gleichzeitiges Auftreten einer stagnierenden Wirtschaft und einer Inflation.

Die Bekämpfung einer Inflation ist also mit hohen gesamtwirtschaftlichen Kosten in Form von Rezessionen und steigender Arbeitslosigkeit verbunden. Diese sind im Gegensatz zu den in Abschnitt 16.1.1 analysierten direkten Kosten für alle unmittelbar sicht- und spürbar. Allerdings werden sie in der öffentlichen Diskussion oft zu wenig mit der vorangegangenen Inflation in Zusammenhang gebracht. Eine Inflation lässt sich übrigens nicht bekämpfen, indem die Preise einfach staatlich fixiert werden, z. B. per Dekret oder durch die Ausgabe von Lebensmittelmarken. Dann drückt sich der Überhang der Nachfrage nicht in steigenden Preisen aus, sondern in Form von Warteschlangen und Schwarzmärkten.

16.2 Wieso ist Deflation schädlich?

16.2.1 Kosten der Deflation

Das Preisniveau kann auch anhaltend rückläufig sein; man spricht dann von einer *Deflation*. Dieses Ereignis tritt zwar viel seltener auf, verursacht aber ebenfalls ernst zu nehmende gesamtwirtschaftliche Kosten. Zunächst ist festzuhalten, dass es sich bei der Deflation ganz ähnlich wie bei der Inflation nicht um eine einmalige Preisveränderung handelt. Sinken die Preise in einer Periode, dann stellt das noch längst keine Deflation dar, sondern zunächst einmal einen einfachen Preisrückgang. Deflation kann erst entstehen, wenn die Preise über längere Zeit in

→ **Deflation**
Anhaltender Rückgang des Preisniveaus (Preise aller Güter).

konstanten oder sogar steigenden Raten zurückgehen. Ursache für die fallenden Preise ist in der Regel ein Rückgang der gesamtwirtschaftlichen Nachfrage.

Eine Deflation wird meist als noch problematischer eingestuft als eine Inflation, da sie wirtschaftspolitisch schwieriger zu bekämpfen ist. Eine einmal entstandene Deflation ist nämlich ausgesprochen widerstandsfähig; sie lässt sich mithilfe der konventionellen Geldpolitik, die wir in Kapitel 17 kennenlernen werden, kaum mehr aus der Welt schaffen. Dabei spielen vor allem zwei Faktoren eine wichtige Rolle: Eine Deflation ist selbstverstärkend und es treten selbst bei expansiver Geldpolitik hohe Realzinsen auf. Diese beiden wichtigen Punkte wollen wir genauer erläutern.

Zum Ersten ist eine Deflation selbstverstärkend. Sinken die Preise während längerer Zeit, bildet die Bevölkerung negative Inflationserwartungen. Sie geht dann davon aus, dass die Preise weiter sinken werden, und reduziert deshalb ihre Nachfrage. Denn es ist in dieser Situation vernünftig, mit dem Kauf langlebiger Konsumgüter erst einmal zu warten, da diese sich ja morgen billiger erwerben lassen. Morgen aber verschiebt man den Kauf auf übermorgen, und so weiter. Verhalten sich viele Personen auf diese Weise, kann das zu einem sich beschleunigenden Rückgang der gesamtwirtschaftlichen Nachfrage führen. Dieser Prozess kann, ist er einmal in Gang gekommen, nur schwer gestoppt werden.

Zum Zweiten können nominale Zinssätze rein logisch nicht negativ werden. Würde nämlich der Nominalzins tatsächlich negativ, dann wäre niemand mehr bereit, sein Geld einer Bank zur Verfügung zu stellen. Es wäre günstiger, das Geld unter das Kopfkissen zu legen, da man der Bank sonst de facto einen Zins für die Geldaufbewahrung bezahlen müsste. Diese Tatsache hat nun aber die weitreichende Auswirkung, dass in einer Deflation hohe *Realzinsen* entstehen. Der Realzins r entspricht ungefähr dem Nominalzins i abzüglich der erwarteten Inflation p_e:

→ **Realzins**
Um die Inflation korrigierter Nominalzins.

$$\mathbf{r} \text{ (Realzins)} \approx \mathbf{i} \text{ (Nominalzins)} - \mathbf{p_e} \text{ (erwartete Inflation)}$$

Für ökonomische Entscheidungen ist natürlich der Realzins wesentlich, weil er ausdrückt, wie viel für einen Kredit pro Periode in realen Werten gezahlt werden muss. Nehmen wir an, dass die erwartete Deflation 5 % pro Jahr beträgt, dann ist $p_e = -5\,\%$. Da der Nominalzins niemals negativ wird, kann ihn die Zentralbank bestenfalls auf 0 % drücken. Der Realzins entspricht dann dem Nominalzins (0 %) minus die erwartete Inflation (–5 %) und beträgt damit 5 % (0 % – (–5 %) = +5 %). Auch wenn die Zentralbank die Zinsen auf dem tiefstmöglichen Wert hält, sind während einer Deflation die Realzinsen sehr hoch. In einer Wirtschaftslage, in der die Geldpolitik eigentlich expansiv sein müsste, wirkt sie tatsächlich stark restriktiv, obwohl die Zinsen bei null liegen. Die hohen Realzinsen dämpfen die Kredit- und damit die Investitionsnachfrage. Es wird real gesehen sehr teuer, zu investieren. Dieser zusätzliche negative Nachfrageeffekt verschlimmert die Rezession und heizt die Deflation weiter an.

16.2.2 Reaktion auf Deflation

Die größte Wirtschaftskrise der modernen Zeit – die Weltwirtschaftskrise nach dem Börsencrash von 1929 – war vor allem deshalb so schmerzhaft, weil sie zu einer Periode lang anhaltender Deflation führte. Und die schwere Wirtschaftskrise Japans seit den 1990er-Jahren hat gezeigt, dass auch ein modernes Industrieland in eine derartige Situation geraten kann und dass die gesamtwirtschaftlichen Kosten dann drastische Ausmaße annehmen. Auch jahrelange Nominalzinsen von 0% reichten in Japan nicht aus, um aus dem konjunkturellen Wellental herauszukommen. Mit Nachdruck bestätigt wurden die potenziellen Gefahren der Deflation aber vor allem durch die jüngsten Erfahrungen in der Finanz- und Wirtschaftskrise. Auf den massiven Einbruch der Weltwirtschaft reagierten die Zentralbanken im Herbst 2008 mit starken Zinssenkungen. In Kapitel 17 werden wir sehen, dass eine solche Zinssenkung der Zentralbank normalerweise belebend wirkt. Die Märkte werden mit Liquidität geflutet, sodass über die Kreditvergabe und Geldschöpfung der Banken die gesamtwirtschaftliche Nachfrage steigt oder zumindest nicht weiter sinkt.

→ Unkonventionelle Geldpolitik
Geldpolitische Maßnahme, die nicht auf eine Beeinflussung der kurzfristigen Zinsen zielt.

Da aber in der jüngsten Krise die Zinsen ohnehin schon relativ tief waren, wurde die Nullzinsgrenze rasch erreicht, ohne dass sich die Situation spürbar besserte. In dieser Lage gingen fast alle Zentralbanken der Industrieländer dazu über, sogenannte *unkonventionelle* – das heißt bisher kaum erprobte – *geldpolitische Maßnahmen* zu ergreifen. Weil über die normale Geldpolitik keine weitere Expansion der Geldmenge mehr erreicht werden konnte (die kurzfristigen, durch die Zentralbank direkt beeinflussbaren Zinsen lagen schon bei 0%), begannen die Zentralbanken, längerfristige Staatsanleihen zu kaufen oder durch den Kauf von ausländischen Wertpapieren den Wechselkurs ihrer Landeswährungen zu beeinflussen. Auf diese Art gelang es trotz Nullzinsen auf kurzfristigen Papieren, die Geldmenge auszudehnen und die Wirtschaft mithilfe der Geldpolitik doch weiter zu stimulieren. Weil der direkte Weg über eine weitere Senkung der kurzfristigen Zinsen nicht mehr offenstand, wurden durch die unkonventionelle Geldpolitik die längerfristigen Zinsen indirekt nach unten gedrückt. Ergänzt wurde dies in allen Ländern durch zum Teil massive Ausweitungen der Staatsausgaben und/oder Senkungen der Staatseinnahmen, um die Nachfrage auch über die *Fiskalpolitik* zu stärken.

→ Fiskalpolitik
Beeinflussung der Konjunktur durch die Gestaltung der Staatseinnahmen und -ausgaben.

Diese ungewöhnlich expansive Geld- und Fiskalpolitik war mit dafür verantwortlich, dass die Deflationsgefahr trotz eines außergewöhnlich starken weltwirtschaftlichen Einbruchs im Verlauf des Jahres 2009 abnahm. Noch nicht klar ist aber, wie diese expansive Politik ohne starke Wachstumseinbußen wieder in den normalen Bereich zurückgeführt werden kann. Auf jeden Fall zeigen dieses aktuelle Beispiel und die wirtschaftspolitischen Reaktionen darauf, wie groß die Furcht vor den Kosten einer anhaltenden Deflation ist.

Fed comes to the rescue

Der vom US-Häusermarkt ausgehende Schock war so groß, dass mit konventioneller Geldpolitik (Zinssenkungen) kein nennenswerter stabilisierender Effekt mehr erzielt werden konnte.

US-Zentralbank Fed kommt zu Hilfe: „Fed-Zinssenkung".

Japan in der Deflation

Abbildung 16.1
Japanischer Börsenindex Nikkei 225 1982–2015

Quelle: Finanzen.net

Abbildung 10.5 (vgl. Kapitel 10) zeigte, dass Japan in den vergangenen 20 Jahren häufig eine Inflationsrate unterhalb von 0 % hatte, die durchschnittlichen Preise also in vielen Jahren gesunken sind. Wie hat sich das auf die japanische Volkswirtschaft ausgewirkt?

Das Land geriet Anfang der 1990er-Jahre in eine Kombination aus Rezession und Deflation. Der Absturz war tief, wie sich in **Abbildung 16.1** anhand des japanischen Börsenindex zeigt. In den 1980er-Jahren hatte es nämlich einen unglaublichen Boom mit allem gegeben, was irgendwie japanisch war: Japanische Konsumgüter, Aktien und Immobilien stießen auf weltweite Nachfrage. Bei den Vermögenswerten kam es zu absurden Preissteigerungen. Flächen in Tokio wurden zu Mondpreisen gehandelt. Allein das Gelände um den Kaiserpalast in Tokio war 1990 so viel wert wie alle Grundstücke Kaliforniens zusammen. Als die Blase platzte, rauschten die Vermögenspreise in den Keller – und mit ihnen die Kauflaune der japanischen Konsumenten, die nun eisern sparten. Mangels Nachfrage traten die Verbraucherpreise ebenfalls den Rückzug an. Banken, die auf Basis der übertriebenen Vermögensbewertungen Kredite ausgereicht hatten, horteten finanzielle Leichen im Keller. Eigens für sie ist der Begriff Zombie-Banken entstanden: Statt die Verluste abzuschreiben oder pleitezugehen, wurden Banken vom Staat künstlich am Leben gehalten und machten aufgrund ihrer mangelnden Vertrauenswürdigkeit die Finanzmärkte weiter unsicher. Erst als die Banken ab 2003 ernsthaft restrukturiert wurden und die faulen Kredite aus ihren Bilanzen verschwanden, begann sich die Lage im Land zu bessern – nur um sich mit der Finanz- und Wirtschaftskrise wieder dramatisch zu verschlechtern.

Die Reaktion Japans auf die neuerliche Krise ist die gleiche wie schon in den 1990er-Jahren. Weil die Verbraucherinnen und Verbraucher nur wenig konsumieren und stattdessen sparen, sorgt der Staat für mehr Nachfrage. Die Regierung legt ein schuldenfinanziertes Konjunkturprogramm nach dem anderen auf. Die Folge ist eine Staatsverschuldung, die mit über 240 % des BIP die höchste aller Industrieländer ist. Dass die Regierung die darauf fälligen Zinsen überhaupt stemmen kann, liegt daran, dass Japaner nach wie vor bereit sind, zu sehr niedrigen Zinsen Staatsanleihen zu kaufen. Für die japanische Wirtschaft war die Zeit seit den 1990er-Jahren zwar keine Zeit des Stillstands, sehr wohl aber eine wachstumsschwache Phase. Auffällig ist, dass viele der einstigen Weltmarktführer wie z. B. Sony in dieser Zeit ihre einstige Vormachtstellung an dynamischere internationale Konkurrenten verloren haben.

Zurück in den Achtzigern: Die Band Alphaville aus Münster hatte 1984 in vielen Ländern einen Hit mit „Big in Japan" (wenn auch nicht in Japan). Der Refrain passte gut zur Begeisterung für alles, was damals aus dem Land der aufgehenden Sonne kam. So konnte man das Lied gleich auf einem neuartigen Gerät namens Walkman anhören, das Sony auf den Markt gebracht hatte. Oder auf der Heimanlage von JVC, Sharp, Yamaha oder Aiwa. Oder es erklang aus dem Radio eines Toyota, Mazda, Datsun, Suzuki oder Mitsubishi.

16.3 Preisniveaumessung in Europa

16.3.1 Preisunterschiede und Kaufkraftvergleiche

→ **Binnenwert**
Kaufkraft einer inländischen Währungseinheit im Inland.

→ **Außenwert**
Kaufkraft einer inländischen Währungseinheit im Ausland.

Wenn wir ins Ausland reisen, machen wir Bekanntschaft mit einem Phänomen, das unsere Reisekasse entweder wachsen oder schrumpfen lässt. Es ist die Differenz zwischen *Binnenwert* und *Außenwert* unseres Geldes. Wir stellen dann fest, dass der Inhalt unserer Geldbörse umgerechnet in die jeweilige Landeswährung mehr oder weniger wert ist als bei uns zu Hause, weil wir uns dafür mehr oder weniger kaufen können, als wir es gewohnt sind. Solche Preisniveauunterschiede bestehen nicht nur zwischen Ländern mit verschiedenen Währungen, sondern auch zwischen Ländern, die den Euro haben. Fahren wir z. B. nach Frankreich, können wir uns weniger leisten als in Deutschland. Unter Touristen gilt Frankreich darum als „teuer". In Spanien hingegen müssen wir nicht so sehr aufs Geld schauen – dort ist das Preisniveau niedriger als hierzulande. **Abbildung 16.2** vergleicht die Kosten der Lebenshaltung in europäischen Ländern.

Abbildung 16.2
Vergleich der Lebenshaltungskosten in Europa 2014 (Abstand zum EU-Durchschnitt in Prozent)

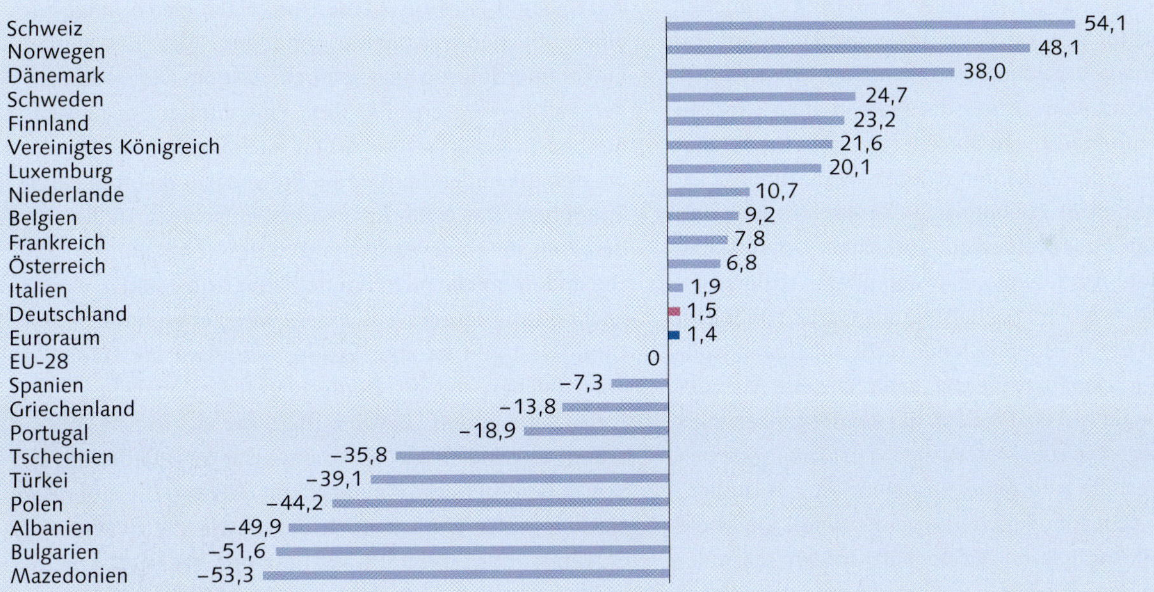

Quelle: Statistisches Bundesamt

Deutschland ist – anders als skandinavische Länder oder die Schweiz – keine sogenannte Hochpreisinsel (vgl. Seiten „Kompetenzen bilden"). Das hiesige Preisniveau liegt ungefähr auf durchschnittlichem EU-Niveau. Die Preisspanne innerhalb der EU hingegen ist gewaltig: Während die Dänen für den Kauf eines repräsentativen Warenkorbs 38 % mehr ausgeben müssen als der Durchschnitt der EU-Mitgliedstaaten, kommen die Bulgaren mit halb so viel aus wie der Durchschnitt.

KOMPETENZEN BILDEN: Preisniveaumessung per Big Mac – Kaufkraftunterschiede (Ländervergleichsstudie)

Abbildung 16.2 zeigt, dass im Jahr 2014 die deutschen Preise nur leicht über dem Durchschnitt aller EU-Länder lagen. Skandinavische Länder oder die Schweiz hingegen weisen ein deutlich höheres Preisniveau als Deutschland auf. Wie kommt es dazu? Drei mögliche Gründe könnten zur Erklärung herangezogen werden:

- Qualitätsunterschiede,
- Einkommensunterschiede,
- unterschiedliche Wettbewerbsintensität.

Sieht überall auf der Welt gleich aus, wird einheitlich fabriziert und schmeckt nirgends anders. Nur der Preis unterscheidet sich von Land zu Land. Warum?

Betrachten wir zum Ersten die Qualitätsunterschiede: Häufig wird argumentiert, das Leben in wohlhabenden Ländern sei zwar teurer als in ärmeren Staaten, die Konsumentinnen und Konsumenten erhielten aber wegen der hohen Qualität der Güter auch einen höheren Gegenwert. Die Preise seien deshalb nicht miteinander vergleichbar. Nun besteht bei internationalen Vergleichen tatsächlich die Gefahr, dass Äpfel mit Birnen verglichen werden; und für gewisse Güter mag das Argument der Unvergleichbarkeit durchaus zutreffen. Theoretisch müsste aber für handelbare Güter der Preis in allen Ländern gleich oder zumindest sehr ähnlich sein, weil Nachfrager dort bestellen oder einkaufen würden, wo es billiger ist. Anbieter würden in hochpreisige Märkte strömen und dadurch einen Preiswettbewerb entfachen. Doch Autos, Computer oder Mobiltelefone kosten überall anders viel. Und ein anderes bekanntes Beispiel zeigt, dass zumindest ein guter Teil der Preisunterschiede nicht auf Qualitätsunterschiede zurückgeführt werden kann. Der Big Mac der Firma McDonald's ist ein Produkt, das auf der ganzen Welt in gleich ausgestatteten Restaurants nach dem gleichen Rezept hergestellt wird (eine Ausnahme ist z. B. Indien, wo Hühner- statt Rindfleisch verwendet wird). Denn die Geschäftsphilosophie von McDonald's fordert, dass der Big Mac und das restliche Produktsortiment samt Service und Restaurantausstattung weltweit die gleiche Qualität aufweisen sollen. Vergleicht man aber den Preis eines Big Mac international – die britische Wochenzeitschrift „The Economist" errechnet jährlich diesen „Big-Mac-Index" –, dann zeigen sich starke Preisunterschiede für ein und dasselbe Gut. In US-Dollar umgerechnet kostete ein Big Mac in Stockholm oder Zürich im Jahr 2016 rund 35 % bis 65 % mehr als in Berlin. Qualitätsunterschiede können solche „Hochpreisinseln" kaum allein erklären.

Zum Zweiten könnten die Preisunterschiede eine Folge der Einkommensunterschiede sein. Dass ein reiches Land höhere Preise aufweist, ist bis zu einem gewissen Grad logisch. Denn hier sind viele Dienstleistungen wesentlich teurer als in einem Land mit niedrigen Einkommen, und zwar vor allem dann, wenn diese Dienstleistungen nicht international gehandelt werden können. Nehmen wir das Beispiel eines Haarschnitts, der in einem Industrieland wesentlich teurer ist als in Mexiko. Und das kommt nicht daher, dass der mexikanische Friseur produktiver wäre; beide Friseure werden ungefähr gleich lange für einen üblichen Haarschnitt benötigen. Aber das hiesige Einkommensniveau liegt so hoch, dass ein Friseur auf keinen Fall bereit wäre, mit dem Einkommen des mexikanischen Kollegen seiner Arbeit nachzugehen. Er könnte bei dem hierzulande höheren Preisniveau damit ja kaum überleben. Das hohe Lohn- und Preisniveau treibt also den Preis für einen Haarschnitt in die Höhe, und zahlreiche andere solche nicht handelbaren Güter sind in einem reichen Land teurer als in einem weniger wohlhabenden Land. Nun gibt es aber Länder wie etwa die USA, die noch reicher sind als Deutschland. Dennoch liegt das Preisniveau in den USA unterhalb des deutschen Werts. Wären es wirklich nur Einkommensunterschiede, die zu den höheren Preisen führen, dann müssten die amerikanischen Preise ähnlich hoch liegen wie die deutschen. Qualitätsunterschiede und Einkommensunterschiede können also höhere Preisniveaus nicht wirklich erklären. Folglich liegen die Gründe für „Hochpreisinseln" oft beim dritten Erklärungsfaktor, den Unterschieden in der Wettbewerbsintensität, und damit bei der Wettbewerbspolitik im weitesten Sinne. Mangelt es an Wettbewerb, z. B. aufgrund von Protektionismus für bestimmte Branchen oder Importverboten für bestimmte Güter, können einheimische Anbieter deutlich höhere Preise verlangen, als wenn Nachfrager zwischen verschiedenen Angeboten auswählen können. Ein lang anhaltendes hohes Preisniveau ist somit ein Indikator für abgeschottete Märkte.

Arbeitsaufträge:

1. Recherchieren Sie Preisunterschiede von Gütern zwischen verschiedenen Ländern. Zwischen den Euroländern ist dies relativ leicht möglich, bei Fremdwährungen helfen Online-Währungsrechner.
   - Beispiel: Besuchen Sie die Webseite www.store.apple.com/de. Hier finden Sie die Preise, die der Apple-Konzern für seine Produkte in Deutschland verlangt. Indem Sie nun das Kürzel hinter dem Schrägstrich ersetzen, gelangen Sie zur Apple-Seite und den Preisen in anderen Ländern (zum Beispiel /us /br /cn /jp/no). Betrachten Sie auf allen Seiten einen Preis für dasselbe Produkt. Indem Sie nun die aktuellen Wechselkurse nehmen, können Sie umrechnen, wie viel dies in Euro ist. So erhalten Sie eine Übersicht ähnlich dem Big-Mac-Index. Wie interpretieren Sie die Unterschiede?
   - Bestimmen Sie weitere Güter für einen Preisvergleich. Vergleichen Sie identische Waren (etwa Elektronikartikel, Ersatzteile, Autos in Grundausstattung, Medikamente). Gerade bei ortsgebundenen Dienstleistungen wie Pauschalreiseangeboten oder Restaurantbesuchen ist es schwer, Vergleichbarkeit herzustellen (vgl. Text zum Big-Mac-Index). Versuchen Sie dennoch, in verschiedenen Ländern ähnliche Angebote zu identifizieren.
   - Nutzen Sie dabei auch Ihr Wissen über die Preisniveaus anderer Länder und Ihre eigenen Erfahrungen durch Auslandsreisen.
2. Bilden Sie in Ihrer Klasse Arbeitsgruppen. Bearbeiten Sie pro Arbeitsgruppe je ein Gut mit dem Ziel herauszufinden, wie groß die Preisunterschiede zwischen verschiedenen Ländern sind. Nutzen Sie dabei zum Beispiel Firmenwebseiten, Händlermarktplätze (z.B. Amazon-Länderportale) und Suchmaschinen. Wo sind bestimmte Waren und Dienstleistungen teuer, wo billig?
3. Präsentieren Sie die Ergebnisse. Versuchen Sie, die Preisunterschiede mit Blick auf Unterschiede von Löhnen, Kaufkraft, Inflation und Wechselkurse zu erklären.
4. Wenn Preisunterschiede bestehen und Preisvergleiche so einfach sind – warum bestellen nicht alle Kunden einfach grenzübergreifend da, wo es am günstigsten ist? Suchen Sie Gründe dafür. Informieren Sie sich dabei auch über die Hürden, die Staaten und Hersteller gegen diese sogenannte Arbitrage aufstellen.

Kaufkraftvergleiche wie dieser in **Abbildung 16.2** sind – wenn man es nicht rein statistisch sieht – schwierig, unterscheiden sich doch die Konsumgewohnheiten und das Güterangebot von Land zu Land. Wie wir in Kapitel 3 gesehen haben, berechnet das Statistische Bundesamt für Deutschland den Verbraucherpreisindex VPI anhand eines repräsentativen Warenkorbs. Andere Länder erfassen und gewichten die Konsumgewohnheiten ihrer Bevölkerung zwar in ähnlicher Weise, aber nicht genauso. So ist der Anteil der Lebensmittelausgaben an den gesamten Konsumausgaben und damit am Warenkorb des Preisindex z. B. in Frankreich höher als bei uns. Geben die Deutschen rund 10% für Lebensmittel aus, sind es bei den Franzosen fast 17%. Es gibt also keinen einheitlichen Warenkorb für alle Mitgliedstaaten.

Damit dennoch länderübergreifende Aussagen zur Preisstabilität und Kaufkraftentwicklung getroffen werden können, müssen die verschiedenen Warenkörbe der europäischen Länder vergleichbar gemacht – oder, wie der Statistiker sagt, „harmonisiert" – werden. Diese Aufgabe erledigt das Statistische Amt der Europäischen Union (Eurostat). Auf der Grundlage der nationalen Daten ermittelt es den *Harmonisierten Verbraucherpreisindex* (HVPI). Er führt die nationalen Ergebnisse in gewichteter Form zusammen. Weil die Berechnung etwas anders ist als beim VPI, weicht der deutsche Wert des HVPI etwas von diesem Index ab.

→ **Harmonisierter Verbraucherpreisindex (HVPI)**
Preisindex, der für die EU-Länder nach einheitlichen Kriterien berechnet wird und länderübergreifende Preisniveauvergleiche zulässt.

16.3.2 Ist der deutsche Warenkorb repräsentativ?

Monat für Monat erfassen in Deutschland Mitarbeiter der Statistischen Ämter des Bundes und der Bundesländer rund 300 000 Einzelpreise in Fachgeschäften, Supermärkten, Kaufhäusern und Onlineshops. Sie verfolgen die Preise von rund 600 Waren und Dienstleistungen. Das sind bei Weitem nicht alle Güter, die in unserer Volkswirtschaft im Angebot sind. Was ist nicht drin im Warenkorb?

Sozialversicherungsbeiträge. Die Beiträge zur gesetzlichen Krankenversicherung machen für viele Haushalte einen bedeutenden Teil der Ausgaben aus. Dieser wichtige Posten taucht aber im VPI nicht auf. Ist der Index deshalb unvollständig? Die Antwort ist nein, denn der VPI versucht nicht, die Ausgaben des durchschnittlichen deutschen Haushalts direkt abzubilden. Er versucht vielmehr, die Preisentwicklung der durchschnittlich konsumierten Waren und Dienstleistungen zu erfassen. Dass Ausgaben und Konsum nicht immer das Gleiche sein müssen, zeigt der Gesundheitsbereich. Denn für den Konsum der entsprechenden Güter, z. B. Krankenhausleistungen, Arztbesuche oder Medikamente, müssen wir größtenteils nicht direkt aufkommen. Diese Leistungen „bezahlen" wir vielmehr indirekt über Beitragszahlungen. Der VPI misst nun die Gesundheitskosten nicht anhand deren Finanzierung, sondern direkt anhand der Preise der konsumierten Gesundheitsleistungen. Aus dem gleichen Grund sind auch die Beiträge für die Arbeitslosenversicherung oder für die gesetzliche Rentenversicherung nicht im VPI enthalten.

Vermögenspreise. Was kosten Häuser, Grundstücke, Aktien und Rentenpapiere? Die Frage, die Anleger und Hausbesitzer umtreibt, spielt bei der Inflationsrate keine Rolle. Die Immobilienkrise in den USA und die New-Economy-Krise an den Börsen rund um die Jahrtausendwende haben gezeigt, dass die Vermögenspreise rasant steigen und fallen können, ohne dass diese Preisveränderungen in den amtlichen Preisindizes ablesbar waren. Preise von Immobilien und Wertpapieren gehen weder in den VPI noch in den HVPI ein. Dabei sind Vermögenspreise von großer Bedeutung, wie die weltweite Finanz- und Wirtschaftskrise zeigt. In der Regel angetrieben von lockerer Kreditvergabe der Banken, bilden sich Spekulationsblasen auf den Immobilien- und Kapitalmärkten, deren Platzen eine Volks- oder gar die Weltwirtschaft in die Krise zieht. Um „Vermögenspreisinflationen" zu verhindern, achten Zentralbanken stärker als vor der Krise auf die Kreditmärkte. Außerdem werden immer mehr spezielle Indizes entwickelt, welche die Preisveränderungen auf den regional sehr unterschiedlichen Wohnimmobilienmärkten abbilden sollen, um Spekulationsblasen zu erkennen.

Gefühlte Inflation. Für die Wahrnehmung einer Preisveränderung spielt es eine Rolle, wie häufig die Konsumentin oder der Konsument die betroffene Ware kauft. Wer täglich Brötchen kauft, für den fällt deren Preiserhöhung schwerer ins Gewicht als eine Preissenkung bei einem Gut, das er vielleicht nur alle zehn Jahre kauft, z. B. Fernseher. Preise von Waren des täglichen Bedarfs verfolgen die Marktteilnehmer nämlich aufmerksamer als die langlebiger Konsumgüter. Auch wenn sich das Preisniveau insgesamt kaum verändert, sprechen viele von „gefühlter Inflation". Aus diesem wirtschaftspsychologischen Phänomen entwickelte sich nach der Einführung des Euro in Deutschland eine lebhafte Debatte. Während das Statistische Bundesamt von Monat zu Monat Inflationsraten veröffentlichte, die keinen Preissprung für den Warenkorb feststellten, lag die Wahrnehmung der Bevölkerung meilenweit davon entfernt: Sie sprach vom „Teuro". Statistiker errechneten daraufhin einen „Index der wahrgenommenen Inflation" (IWI), der die Kaufhäufigkeit berücksichtigte, indem er den täglichen Bedarf stärker gewichtete. Nahrungsmittel und alkoholfreie Getränke gehen in den IWI z. B. nicht mit 10,3 % wie in der amtlichen Statistik, sondern mit 55 % ein. Das Ergebnis bestätigte die Wahrnehmung der Verbraucher: Der Index lag bei der Einführung des Euro-Bargelds 2002 deutlich über der amtlichen Inflationsrate, weil sich alltägliche Ausgaben stärker erhöhten als Preise für PCs, Autos und Reisen.

Die „gefühlte Inflation" war nach der Einführung des Euro-Bargelds höher als die amtlich gemessene. Preise von häufig konsumierten Gütern hatten deutlich stärker zugelegt als die Preise von seltener konsumierten und damit weniger wahrgenommenen Gütern. Der „Teuro" war das „Wort des Jahres" 2002 und erfreut sich auch heute noch gewisser Beliebtheit.

ZUSAMMENFASSUNG ANHAND DER LERNZIELE ZU KAPITEL 16

1 Die Schädlichkeit der Inflation und deren direkte und indirekte Kosten

Auch wenn es nicht immer auf den ersten Blick erkennbar ist, so kann eine Geldentwertung doch beträchtliche wirtschaftliche Schäden anrichten. Auf der Seite der direkten Kosten stehen:

- Transaktionskosten (da mehr Geldbewegungen, Flucht in Sachwerte),
- Kosten der Unsicherheit (da Inflationsrate im Voraus unbekannt ist),
- Kosten, die durch eine Verzerrung der Preise hervorgerufen werden (da sich einige Preise erst zeitverzögert der Inflation anpassen),
- Kosten für Kreditgeber (da der reale Schuldenwert sinkt) und
- Kosten wegen der kalten Progression der Steuern.

Hinzu kommen bei steigender Inflation noch indirekte Kosten, weil die zur Bekämpfung der Inflation nötige Verknappung der Geldmenge eine Rezession mit entsprechenden wirtschaftlichen Folgen nach sich zieht.

2 **Die Schädlichkeit der Deflation und deren Kosten**

Auch die Deflation – also ein anhaltendes Sinken des Preisniveaus – bringt wirtschaftliche Folgeschäden mit sich. Zum einen sind die Realzinsen vergleichsweise hoch, wodurch Investitionen gehemmt werden. Zum anderen wird die Ursache für die Deflation, die geringe Nachfrage, durch das sinkende Preisniveau noch verstärkt – größere Anschaffungen werden verschoben in der Hoffnung, dass die Preise weiter fallen. Wegen dieses Selbstverstärkungseffekts kann eine Deflation schnell bedrohliche Ausmaße annehmen, sodass nur mit einer außergewöhnlich expansiven Geld- und Fiskalpolitik gegengesteuert werden kann.

3 **Die Reaktion auf Inflation und Deflation an Beispielen**

In Reaktion auf die Finanz- und Wirtschaftskrise haben Zentralbanken weltweit die Geldversorgung ausgeweitet – so stark, dass langfristig Inflationsgefahren drohen, wenn die Geldmenge nicht wieder verknappt wird. Inflationsbekämpfung geht mit Rezessionen und hoher Arbeitslosigkeit einher, wie das Beispiel der 1970er-Jahre in Deutschland gezeigt hat. Auch Folgen einer Deflation bleiben lange spürbar. Dies war in der Großen Depression nach 1929 so und Japan hat seit Anfang der 1990er-Jahre stark zu kämpfen. In der jüngsten Finanzkrise war die Weltwirtschaft von Deflation bedroht. Nachdem Zinssenkungen wegen des bereits niedrigen Zinsniveaus wenig Wirkung zeigten, wurden umfassende geld- und fiskalpolitische Maßnahmen getroffen – etwa der Kauf von Staatsanleihen durch die Zentralbanken.

4 **Konzepte der Preisniveaumessung in Europa (HVPI), Binnenwert und Außenwert einer Währung sowie Kaufkraftvergleiche**

Die Kaufkraft einer Währungseinheit kann von Land zu Land und auch von Region zu Region (trotz gleicher Währung) abweichen. Daher unterscheidet man in diesem Zusammenhang zwischen Binnenwert – der Kaufkraft einer inländischen Währungseinheit im Inland – und Außenwert – der Kaufkraft einer inländischen Währungseinheit im Ausland. Es gibt verschiedene Methoden, um Preisniveaus zu messen. Um Unterschiede zu berücksichtigen, werden die Warenkörbe beim Harmonisierten Verbraucherpreisindex europaweit vergleichbar gemacht. Eine andere Messmethode, die wenig Zweifel an der Vergleichbarkeit zulässt, stellt der Big-Mac-Index dar. Für Preisniveauunterschiede im internationalen Vergleich gibt es vor allem drei Gründe: Qualitätsunterschiede, Einkommensunterschiede und unterschiedliche Wettbewerbsintensität.

5 **Die Repräsentativität des deutschen Warenkorbs**
Nicht alle Ausgaben von Haushalten sind im deutschen Warenkorb enthalten, z. B. nicht die Sozialversicherungsausgaben. Es geht nämlich darum, die Preisniveauentwicklung für den durchschnittlichen Konsum abzubilden, nicht die durchschnittlichen Ausgaben. Umstrittener ist, dass Vermögenspreise nicht einbezogen werden. Außerdem sind Güter des täglichen Bedarfs weniger berücksichtigt, als viele Menschen meinen – weshalb die Ergebnisse teils stark von der gefühlten Inflation abweichen.

ZENTRALE BEGRIFFE

Hyperinflation
Sachwerte
Verzerrung der relativen Preise
Kalte Progression
Lohn-Preis-Spirale
Stagflation
Deflation
Realzins
Unkonventionelle Geldpolitik
Fiskalpolitik
Binnenwert
Außenwert
Harmonisierter Verbraucherpreisindex (HVPI)

WIEDERHOLUNGSAUFGABEN ZU KAPITEL 16

1 Zeigen Sie beispielhaft die Folgeschäden einer Inflation auf. Worin besteht der Unterschied zwischen direkten und indirekten Kosten?

2 Erläutern Sie, warum eine Deflation in der Regel als problematischer eingestuft wird als eine Inflation.

3 Nennen Sie Maßnahmen, welche eine Deflation eindämmen könnten, und versuchen Sie, Aussagen über ihre Effektivität zu treffen.

4 Wodurch unterscheiden sich Binnenwert und Außenwert einer Währung?

5 Was ist mit der gefühlten Inflation gemeint?

HANDLUNGSORIENTIERTE AUFGABE ZU KAPITEL 16

1 Befragen Sie Bekannte oder Verwandte in Ostdeutschland. Wie haben diese die Währungsumstellung 1990 in der damaligen DDR erlebt? Tauschen Sie sich über die Befragungsergebnisse in der Klasse aus.

Kapitel 17: Geldpolitik

17.1 Die Entstehung von Geld

17.2 Geldpolitische Strategien

17.3 Europäische Geldpolitik

LERNZIELE ZU KAPITEL 17

Nachdem Sie Kapitel 17 durchgearbeitet haben, sollten Sie in der Lage sein,

1. die Geldschöpfung einer Zentralbank zu verstehen und zu beschreiben.
2. den Zusammenhang von Geldmenge und Inflation zu erläutern.
3. unterschiedliche geldpolitische Strategien darzustellen.
4. das Eurosystem zu beschreiben und die geldpolitische Strategie der Europäischen Zentralbank zu erläutern.
5. das Konzept des optimalen Währungsraums zu verstehen und auf die Beurteilung der Eurozone anzuwenden.

Kapitel 17: Geldpolitik

Dass Geld und die Geldpolitik eine große Rolle für das Gedeihen einer Volkswirtschaft spielen, haben wir schon in mehreren Kapiteln gesehen. Mit der Finanz- und Wirtschaftskrise ist diese elementare Bedeutung jedoch besonders deutlich geworden. Befassten sich Ökonomie-Lehrbücher früher meist nur mit den Aufgaben einer Zentralbank, der Funktionsweise von Leitzinsen und den geldpolitischen Kanälen der Konjunkturbeeinflussung, muss inzwischen an dieser Stelle auch über die Staatsschuldenkrise und die Bankenrettung gesprochen werden. In diesem Kapitel werden wir uns anschauen, wie all diese Begriffe miteinander zusammenhängen und warum der Europäischen Zentralbank eine Schlüsselrolle für die Krisenbewältigung zugefallen ist.

17.1 Die Entstehung von Geld

17.1.1 Wie bringt die Zentralbank Geld in Umlauf?

Bevor wir uns konkret der Geldpolitik in Deutschland und im Euroraum zuwenden, betrachten wir zunächst abstrakt, wie eine Zentralbank Einfluss auf das Geld in ihrem Währungsgebiet nehmen kann. Will die Zentralbank die Geldmenge verändern, so tut sie dies in der Regel, indem sie mit den Geschäftsbanken Transaktionen tätigt. Dies wird als *Offenmarktpolitik* bezeichnet.

→ **Offenmarktpolitik**
Kauf und Verkauf von Aktiva (hauptsächlich Wertpapiere) durch die Zentralbank, um ihre geldpolitischen Ziele zu erreichen.

→ **Wertpapier**
Ein Dokument, das den Inhaber als Eigentümer einer Sache oder einer Forderung ausweist und deshalb einen Wert besitzt. Im engeren Sinne werden Finanzmarkttitel wie Aktien oder Anleihen als Wertpapiere bezeichnet.

Die Grundidee der Offenmarktpolitik besteht darin, dass die Zentralbank *Wertpapiere* im weitesten Sinne auf den Finanzmärkten („offener Markt") kauft oder verkauft. Damit kann sie die Geldmenge erhöhen oder reduzieren, weil sie die Transaktionen mit Zentralbankgeld bezahlt oder solches Geld einnimmt. Betrachten wir ein Beispiel: Nehmen wir an, dass die Zentralbank eine expansive Geldpolitik verfolgt. Sie möchte also die Geldmenge erhöhen. In diesem Fall kauft sie auf dem Kapitalmarkt Wertpapiere, beispielsweise eine Staatsanleihe. Sie bezahlt diese Anleihe mit „frisch gedrucktem" Geld. Die Anführungszeichen stehen dafür, dass nicht wirklich die Druckerpresse angeworfen werden muss, um neues Geld zu schaffen. Dazu genügt heutzutage der Transfer virtueller Ziffern zugunsten der Verkäufer der besagten Staatsanleihe. Die Zentralbank ist ja in der speziellen Position, etwas mit selbst geschaffenem Geld kaufen zu können. Das neue Zentralbankgeld fließt zur Geschäftsbank, die das Wertpapier verkauft. Dadurch erhöht sich die im Umlauf befindliche Geldmenge. Über die Kreditvergabe dieser und weiterer Geschäftsbanken vermehren sich dann, wie wir in Abschnitt 3.1.3 gesehen haben, die liquiden Mittel durch den Geldschöpfungsmultiplikator.

Möchte die Zentralbank umgekehrt eine restriktive Geldpolitik betreiben und die Geldmenge reduzieren, verkauft sie ein Wertpapier auf dem offenen Markt. Sie verkauft beispielsweise aus ihrem Fundus eine Staatsanleihe an eine Geschäftsbank. Indem diese den Preis der Anleihe an die Zentralbank zahlt, wird Geld im Wert der Kaufsumme dem Markt entzogen; die Geldmenge hat sich damit reduziert.

Wir können die beschriebenen Mechanismen der Offenmarktpolitik direkt an der modellhaften Bilanz einer Zentralbank zeigen, die in **Abbildung 17.1** dargestellt ist.

Auf der linken Seite einer Zentralbankbilanz stehen Aktiva, also Wertgegenstände im weitesten Sinne wie Gold, Devisen, inländische Wertpapiere, aber auch andere Aktiva wie Gebäude oder Landbesitz. Auf der Passivseite der Bilanz stehen die sich im Umlauf befindenden Noten und Münzen, die bereits in Kapitel 3 erwähnten sogenannten *Girokonten der Geschäftsbanken bei der Zentralbank* sowie die Reserven. Mit Ausnahme der Reserven sind dies also die liquiden Mittel, die in der engsten Definition der Geldmenge (Zentralbankgeldmenge, vgl. Kapitel 3) enthalten sind. Dass das im Umlauf befindliche Geld auf der Passivseite der Zentralbankbilanz steht, kommt daher, dass mit diesen Mitteln die auf der Aktivseite der Bilanz stehenden Wertpapiere, Devisen oder Goldbestände finanziert werden.

→ **Girokonten der Geschäftsbanken bei der Zentralbank**
Konten, welche die Geschäftsbanken bei der Zentralbank haben. Diese sind so liquide wie Bargeld und werden deshalb zur Zentralbankgeldmenge gezählt.

Abbildung 17.1
Modellhafte Bilanz einer Zentralbank

Aktiva	Passiva
▪ Gold	▪ Notenumlauf
▪ Inländische Wertpapiere	▪ Girokonten der Geschäftsbanken
▪ Ausländische Wertpapiere (Devisen)	▪ Reserven
▪ Andere Aktiva	

Bei einer expansiven Geldpolitik nimmt die Bilanzsumme zu, da die Zentralbank mit neu geschaffenem Notengeld auf dem offenen Markt Aktiva, z. B. Devisen, kauft.

In der Bilanz steigen dadurch auf der Aktivseite der Posten „Devisen" und auf der Passivseite der Posten „Notenumlauf" um den gleichen Betrag.

Will die Zentralbank nun eine expansive Geldpolitik betreiben, so verlängert sie die Bilanz auf der Aktiv- und der Passivseite um den gleichen Betrag. Sie kauft auf dem offenen Markt *Aktiva*; typischerweise Gold, Devisen oder Wertpapiere, theoretisch möglich wären aber auch Gebäude, Gemälde oder beliebige andere Wertgegenstände. Der entsprechende Posten auf der Aktivseite erhöht sich um den Wert dieser Aktiva. Bei den *Passiva* erhöhen sich entweder der Notenumlauf oder die Girokonten der Geschäftsbanken um den gleichen Betrag, sodass die Bilanz wieder ausgeglichen ist. Für den Kauf der Aktiva hat die Zentralbank damit die entsprechende Menge an liquiden Mitteln neu geschaffen.

→ **Aktiva**
Linke Seite der Bilanz einer Bank oder eines Unternehmens; zeigt Guthaben bzw. die Verwendung der Mittel an.

→ **Passiva**
Rechte Seite der Bilanz einer Bank oder eines Unternehmens; zeigt die Herkunft der Mittel an, z. B. Schulden und Eigenkapital.

Will die Zentralbank umgekehrt eine restriktive Geldpolitik betreiben, dann verkürzt sie die Bilanz. Sie verkauft Aktiva, beispielsweise Gold, womit sich der Goldbestand auf der Aktivseite und gleichzeitig der Notenumlauf auf der Passivseite reduzieren. Der Notenumlauf wird kleiner, weil die Zentralbank für den Verkauf des Goldes liquide Mittel erhält, die damit aus dem Umlauf und folglich auch aus der Zentralbankbilanz verschwinden.

→ **Geldschöpfung**
Schaffung von Geld, indem die Zentralbank den Geschäftsbanken und schließlich die Geschäftsbanken weiteren Akteuren Kredite gewähren.

Wie wir bei der Beschreibung der expansiven Geldpolitik gesehen haben, handelt es sich bei Zentralbanken offenbar um Institutionen in heikler Position. Denn die Zentralbank ist die einzige staatliche Stelle, die Instrumente zur *Geldschöpfung* besitzt. Sie kann sich prinzipiell kaufen, was immer sie möchte: der Traum eines jeden Finanzministers. Darum müssen hier strikte Vorkehrungen dafür sorgen, dass diese Macht nicht missbraucht wird und keine Staatsausgaben über die Geldschöpfung finanziert werden, was unweigerlich eine Inflation auslösen würde. Entsprechend wichtig ist deshalb, dass die Zentralbank einen klaren Auftrag hat und von der Regierung unabhängig ist.

Aus der Bilanz in **Abbildung 17.1** ist auch ersichtlich, dass die Zentralbank fast immer einen Gewinn erwirtschaften wird, auch wenn dies gar nicht das Ziel ihrer Tätigkeit ist. Denn auf den Notenumlauf der Passivseite bezahlt sie keine Zinsen, doch mit den Wertpapieren auf der Aktivseite erzielt sie eine Rendite. Diese Gewinne werden an den Staat abgeliefert oder für ein Polster aus Rücklagen verwendet. In Deutschland erhält der Bund die Gewinne der Deutschen Bundesbank und damit auch den Teil der Gewinne der Europäischen Zentralbank, der Deutschland zusteht.

In der Münzstätte der USA: „Ich denke, wir hätten eine Lohnerhöhung verdient … Unsere Produktivität ist zweifellos gestiegen!"

Was bedeutet die Aussage „Die Zentralbank senkt die Zinsen"?

In der öffentlichen geldpolitischen Diskussion ist selten von „Offenmarktpolitik" die Rede. Vielmehr spekuliert man darüber, ob die Zentralbank „die Zinsen" erhöhe oder senke. Welche Zinsen sind hier gemeint? Und stellt dies ein anderes Instrument der Geldpolitik dar? Es handelt sich dabei keineswegs um ein alternatives Instrument, vielmehr geht es lediglich darum, wie die Geldpolitik kommuniziert wird. Die Zentralbank erhöht oder senkt über die Offenmarktpolitik das Angebot an Zentralbankgeld und verändert damit diese kurzfristigen Zinsen. Das geldpolitische Instrument ist aber nach wie vor die Offenmarktpolitik.

Wenn die *Europäische Zentralbank* „die Zinsen senkt", dann bedeutet dies, dass sie den für die Offenmarktpolitik wichtigsten Zins gesenkt hat, zu dem sich die Banken bei der Zentralbank Geld beschaffen können. Diese können zwar selbst Geld schöpfen, indem sie Kredite gewähren. Sie benötigen aber Zentralbankgeld, um ihren Kunden Bargeld auszuzahlen oder deren Kredite und Guthaben an andere Banken zu überweisen. Die Zentralbank kann also die Kreditvergabe beeinflussen und hält somit den Hauptschlüssel zum Finanzsystem in der Hand.

Wenn in der Eurozone vom *Leitzins* gesprochen wird, dann ist der Zinssatz für sogenannte Hauptrefinanzierungsgeschäfte gemeint, dessen Entwicklung in **Abbildung 17.2** dargestellt ist. Bei diesen Offenmarktgeschäften leihen die Notenbanken des Eurosystems für sieben Tage Geld an die Geschäftsbanken, wofür ihnen die Banken Zinsen schulden sowie als Pfand Wertpapiere übergeben. Nach einer Woche zahlen die Banken das Zentralbankgeld entweder zurück oder müssen es sich aufs Neue leihen, dann zu einem eventuell veränderten Leitzins. Weil es noch andere Zinsgeschäfte zwischen Zentralbank und Geschäftsbanken gibt, z. B. für Ausleihungen oder Einlagen über Nacht, für die andere Zinssätze gelten, wird oft von „Leitzinsen" gesprochen.

→ **Europäische Zentralbank (EZB)**
Institution, die für die gemeinsame Geldpolitik der Mitgliedsländer der Eurozone zuständig ist.

→ **Leitzins**
Zentraler kurzfristiger Zinssatz für die Kommunikation der Geldpolitik.

Abbildung 17.2
Leitzins der Europäischen Zentralbank (in Prozent)

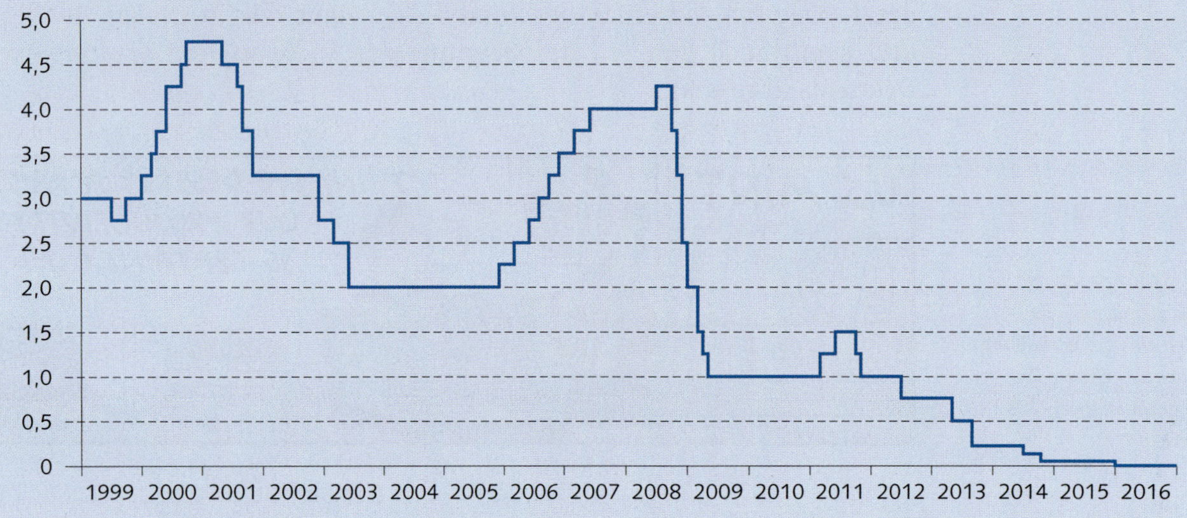

Quelle: EZB

17.1.2 Wie hängen Geldmenge und Inflation zusammen?

Wir haben schon verschiedentlich über die Auswirkungen der Geldpolitik auf die Inflation gesprochen. In diesem Abschnitt wollen wir diesen zentralen Zusammenhang etwas genauer untersuchen. Dabei können wir auf das wohl wichtigste Grundkonzept jeder geldpolitischen Analyse zurückgreifen, auf die sogenannte *Quantitätsgleichung*.

→ **Quantitätsgleichung**
Ökonomischer Zusammenhang, nach dem das nominale BIP der Geldmenge multipliziert mit der Umlaufgeschwindigkeit des Geldes entsprechen muss.

Die Quantitätstheorie des Geldes lässt sich anhand einer einfachen Gleichung erläutern, aus deren Analyse wir die Effekte der Geldpolitik auf die Inflation ableiten können. Diese Quantitätsgleichung lautet wie folgt:

P (Preisniveau) × **Q** (reales BIP) = **M** (Geldmenge) × **V** (Geldumlaufgeschwindigkeit)

Diese Gleichung gilt definitionsgemäß immer. Ein Ungleichgewicht ist deshalb, auch kurzfristig, nicht möglich. Verändert sich also eine der Größen, dann muss sich gleichzeitig eine andere Größe so ändern, dass die Gleichung wieder gilt.

Wie aber setzt sich die Gleichung zusammen? Sowohl auf der rechten als auch auf der linken Seite der Gleichung steht der gleiche Betrag, jedoch einmal in Form von Geld (rechte Seite) und einmal als in Geldeinheiten bewertetes BIP (linke Seite). Die Multiplikation des Preisniveaus P mit dem realen Bruttoinlandsprodukt Q ergibt das nominale Bruttoinlandsprodukt, also das BIP, ausgedrückt beispielsweise in Euro. Das nominale BIP ist die Wertschöpfung einer Ökonomie in einer bestimmten Zeitperiode, meist während eines Jahres. Um dieses in Geldeinheiten, also hier in Euro, bewerten zu können, ist Geld notwendig. Dieses Geld ist auf der rechten Seite der Gleichung abgetragen, und zwar als Geldmenge M multipliziert mit der *Umlaufgeschwindigkeit des Geldes* V.

→ **Umlaufgeschwindigkeit des Geldes**
Anzahl der Transaktionen, die mit einer Einheit Geld innerhalb einer Periode durchgeführt werden.

Was bedeutet diese Umlaufgeschwindigkeit? Das BIP bildet die Wertschöpfung eines ganzen Jahres ab. Da aber die einzelnen Geldeinheiten – etwa eine Zehnernote – pro Jahr mehrmals für Zahlungen verwendet werden, muss nicht für das gesamte nominale BIP Geld im physischen Sinne vorhanden sein. Es genügt eine kleinere Geldmenge, um den Gegenwert des nominalen BIP abzubilden. Wie groß der nötige Betrag an physischem Geld ist, hängt davon ab, wie viele Male pro Jahr die Zehnernote verwendet wird – dies bezeichnet man als Umlaufgeschwindigkeit des Geldes. Beträgt diese 10, so bedeutet das, dass im Durchschnitt jede Note zehnmal verwendet wird und deshalb nur eine Geldmenge M benötigt wird, die einem Zehntel des Werts des nominalen BIP entspricht. Je größer also die Umlaufgeschwindigkeit V, desto kleiner ist die benötigte Geldmenge M.

Was aber hat das alles mit der Inflation zu tun?

Mit der Quantitätsgleichung lässt sich analysieren, welche Auswirkungen eine Veränderung der Geldmenge M hat, also zum Beispiel eine expansive Geldpolitik. Dafür macht man in der Regel die wichtige Annahme, dass die Umlaufgeschwindigkeit des Geldes konstant ist. Mit anderen Worten heißt dies, dass die Geldnachfrage – die Zahlungsgewohnheiten also – sich nicht stark ändert; wir brauchen im Durchschnitt eine Zehnernote pro Periode immer gleich häufig.

Der Reiz, der von Edelmetallen ausgeht, ist groß. Sie werden noch begehrter, wenn Inflationsängste aufkommen und Misstrauen gegenüber Banken und Papiergeld herrscht – so wie in der Finanzkrise. In deren Verlauf verdoppelte sich der Goldpreis.

Mit dieser Annahme wird aus der Quantitätsgleichung die *Quantitätstheorie des Geldes*, die in der Analyse der Inflation eine zentrale Rolle spielt. Sie besagt, dass eine zu starke Erhöhung der Geldmenge längerfristig immer zu einer entsprechenden Erhöhung des Preisniveaus und damit zu Inflation führt. Zu stark ist die Veränderung der Geldmenge dann, wenn sie höher als das reale Wirtschaftswachstum (also die Veränderung von Q) ausfällt. Diesen Zusammenhang können wir direkt aus der Quantitätsgleichung herauslesen: Erhöhen wir – bei konstanter Geldumlaufgeschwindigkeit V – die Geldmenge M stärker, als das reale BIP Q wächst, dann muss sich zwangsläufig auch das Preisniveau P erhöhen, damit die Quantitätsgleichung erfüllt bleibt; ein übermäßiges Wachstum der Geldmenge führt also zu Inflation. Deflation wiederum würde entstehen, wenn die Geldmenge weniger stark wächst als das reale BIP.

→ **Quantitätstheorie des Geldes**
Theorie, die besagt, dass in einer Volkswirtschaft langfristig ein proportionaler Zusammenhang zwischen der Entwicklung von Geldmenge und Preisniveau besteht.

Inflation im einfachen Makro-Schema

Wir können das in Abschnitt 4.3.2 eingeführte gesamtwirtschaftliche Schema auch verwenden, um Situationen mit unterschiedlicher Inflationsneigung zu unterscheiden. Wir haben gesehen, dass die Inflation dann tendenziell ansteigt, wenn die Geldpolitik zu expansiv ist und die gesamtwirtschaftliche Nachfrage zu stark stimuliert wird. In **Abbildung 17.3** finden sich solche Situationen dort, wo das tatsächliche BIP in einer Periode deutlich höher liegt als das Trend-BIP, also zum Beispiel im Zeitpunkt Y. In dieser Situation wird mehr nachgefragt, als bei Normalauslastung produziert werden kann, und dieser Nachfrageüberhang führt zu einem erhöhten Preisdruck. Zum Beispiel müssen gewisse Arbeitskräfte teure Überstunden leisten, um die nachgefragte Menge herzustellen, womit die Güterpreise ansteigen. Befindet sich die Wirtschaft in einer Hochkonjunktur, beginnt deshalb die Inflation in der Regel anzuziehen. Umgekehrt ist in einer Situation wie im Zeitpunkt X die nachgefragte Menge kleiner als jene, die bei Normalauslastung produziert wird. In einer solchen Situation mit Überangebot werden die Produzenten versuchen, die Nachfrage über Preissenkungen zu stimulieren. In einer Rezession sinkt deshalb der Preisdruck, und die Inflation bildet sich zurück. Ist die Rezession besonders heftig, so können die Preise auch permanent sinken und es kann zu einer Deflation kommen. Für die Ausrichtung der Geldpolitik in der Praxis ist die Auslastung der Wirtschaft und damit letztlich eine Analyse wie in dieser Abbildung eine wichtige Entscheidungsgrundlage.

Abbildung 17.3
Inflation im Makro-Schema

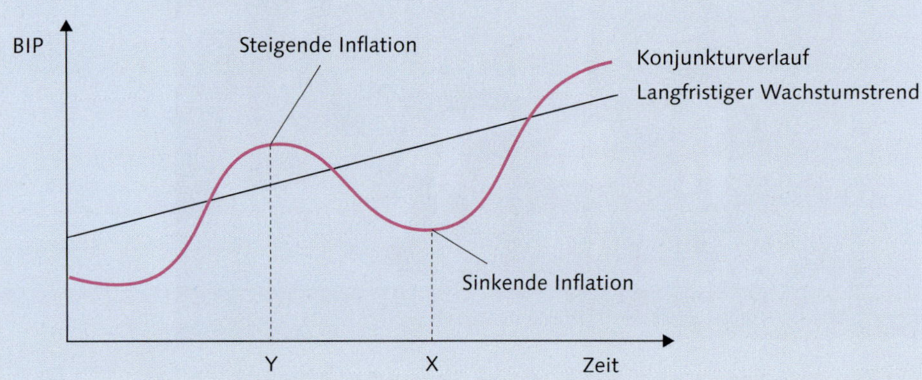

17.2 Geldpolitische Strategien

Die Geldpolitik eines Landes zielt letztlich darauf ab, die Preisstabilität zu garantieren, das heißt, sowohl Inflation als auch Deflation zu vermeiden. Das Problem ist allerdings, dass es ziemlich lange dauern kann, bis geldpolitische Entscheidungen vollständig auf die Preise durchgeschlagen haben. Es ist nicht ungewöhnlich, dass dieser Prozess bis zu drei Jahre benötigt. Will man das Ziel der Preisstabilität konkretisieren, müssen die in Kapitel 15 beschriebenen starken Wirkungsverzögerungen bei der Geldpolitik berücksichtigt werden. Daher muss die geldpolitische Strategie klarstellen, über welchen Mechanismus die Preisstabilität erreicht werden soll und anhand welcher Größen die Öffentlichkeit auch kurzfristig die Ausrichtung der Geldpolitik beurteilen kann.

Dabei lassen sich drei grundsätzliche geldpolitische Strategien unterscheiden, nämlich erstens Wechselkursziele, zweitens Geldmengenziele oder drittens Inflationsziele. Wir wollen im Folgenden diese drei grundsätzlichen Ansätze etwas genauer besprechen.

17.2.1 Orientierung am Wechselkurs

→ **Wechselkursziel**
Geldpolitisches Ziel, den Wechselkurs gegenüber einer anderen Währung innerhalb einer festgelegten Bandbreite zu halten.

→ **Bretton-Woods-System**
Ein System fixer Wechselkurse, an dem die wichtigsten Währungen der Welt – mit dem US-Dollar als Leitwährung – beteiligt waren.

Verfolgt eine Zentralbank ein *Wechselkursziel*, so setzt sie die Geldpolitik ein, um den Wechselkurs gegenüber einer bestimmten Währung zu fixieren. Der angestrebte Wechselkurs ersetzt dann zu einem gewissen Grad die Preisstabilität als eigentliches Ziel der Geldpolitik. Unmittelbar nach dem Zweiten Weltkrieg dominierte dieser Mechanismus die Geldpolitik der Industrieländer. Die Währungen der wichtigsten Industrieländer waren bis Anfang der 1970er-Jahre im sogenannten *Bretton-Woods-System* fixer Wechselkurse eingebunden.

In der genannten Periode stand in den meisten Industrieländern also nicht die Preisstabilität, sondern der Wechselkurs im Fokus der Geldpolitik. Die Zentralbanken, darunter auch die Bundesbank, veränderten die Geldmenge durch Devisenankäufe oder -verkäufe, um die Wechselkurse stabil zu halten. Sie verkauften ihre einheimische Währung, wenn eine Aufwertung ihrer Währung über den angestrebten fixen Kurs hinaus drohte, und sie erwarben umgekehrt einheimisches Geld zurück, wenn die eigene Währung zu stark abwertete. Diese Erhöhung von Angebot oder Nachfrage steigerte bzw. senkte den Stand der Währungsreserven der jeweiligen Zentralbank.

→ **Leitwährung**
Referenzwährung bei einer Wechselkursfixierung zwischen mehreren Ländern.

Dies ging gut, solange der US-Dollar als *Leitwährung* des Systems stabil war. Als aber die USA gegen Ende der 1960er-Jahre begannen, im Zusammenhang mit der Finanzierung des Vietnamkriegs eine zunehmend inflationäre Politik zu verfolgen – den Krieg also, plakativ ausgedrückt, mit Dollars aus der Druckerpresse finanzierten –, zeigten sich die Nachteile einer Wechselkursfixierung immer deutlicher. Denn ein Land, das seine Währung an die eines anderen Landes bindet, übernimmt automatisch die Inflationsneigung des anderen Landes. Es muss ja die gleiche Geldpolitik wie das andere Land betreiben, damit sich die relativen Knappheiten der beiden Währungen und damit der relative Preis zwischen ihnen – der Wechselkurs also – nicht verändern. Die steigende Inflation in den USA übertrug sich deshalb auf alle anderen Länder innerhalb des Bretton-Woods-Systems. Die

Kosten der Inflation wurden für diese Länder aber immer weniger tragbar. Im Jahr 1973 wurde deshalb die Wechselkursfixierung aufgegeben und das Bretton-Woods-System aufgehoben. In Europa wurde es von 1979 bis zur Einführung des Euro durch das Europäische Währungssystem (EWS) abgelöst, das die Wechselkurse zwischen den Währungen der meisten Mitgliedstaaten der EU zwar nicht vollkommen fixierte, aber zumindest stabilisierte. Die Wechselkurse konnten innerhalb bestimmter Bandbreiten schwanken, für deren Einhaltung die Zentralbanken mit ihren Käufen und Verkäufen am Devisenmarkt einstanden. Aufgrund ihres Gewichts innerhalb des EWS fiel der D-Mark die Rolle einer inoffiziellen Leitwährung zu.

17.2.2 Orientierung an der Geldmenge

Nach dem Zusammenbruch des Bretton-Woods-Systems stellte sich für die Geldpolitik der Industrieländer die Frage, an welchem Ziel sie sich in Zukunft orientieren sollte. Zu dieser Zeit gewann mit dem *Monetarismus* ein neues geldpolitisches Konzept, das stark auf der oben besprochenen Quantitätstheorie des Geldes basierte, zunehmend an Bedeutung. Der Einfluss dieses Konzepts war so groß, dass die Deutsche Bundesbank für Deutschland Mitte der 1970er-Jahre als erste Zentralbank der Welt das für den Monetarismus typische *Geldmengenziel* übernahm. Diesem Beispiel folgten weitere Länder.

→ **Monetarismus**
Ökonomische Theorie, nach der Inflation immer durch ein Überangebot an Geld verursacht wird.

→ **Geldmengenziel**
Geldpolitisches Ziel, das Preisstabilität über die Beeinflussung der Geldmenge erreichen will.

Ab 1974 konzentrierte sich die Geldpolitik der Bundesbank daher stark auf das Zwischenziel der Geldmengenentwicklung, in der Annahme, dass ein starker Zusammenhang zwischen diesem Zwischenziel und dem eigentlichen Ziel der Preisstabilität bestehe. Diese Politik war über lange Zeit erfolgreich. Deutschland hatte im internationalen Vergleich eine relativ niedrige Inflationsrate.

Gegen Ende der 1980er-Jahre wurden die Probleme der Geldmengensteuerung jedoch immer offensichtlicher. Das monetaristische Konzept funktioniert nämlich nur dann, wenn die Umlaufgeschwindigkeit des Geldes und damit die Geldnachfrage relativ konstant sind. Wie wir bei der Analyse der Quantitätsgleichung gesehen haben, besteht in diesem Fall ein stabiler Zusammenhang zwischen Geldmengenentwicklung und Inflation.

Zentralbanken üben direkt oder indirekt einen großen Einfluss auf die Finanzmärkte aus.

Sobald aber die Umlaufgeschwindigkeit des Geldes unvorhersehbar zu schwanken beginnt, bricht der stabile Zusammenhang zusammen. Aufgrund der Geldmengenentwicklung können dann keine verlässlichen Aussagen mehr über die zu erwartende Inflation gemacht werden. Als nun Ende der 1980er-Jahre eine ganze Reihe von Innovationen auf den Finanzmärkten dazu führte, dass sich die Geldnachfrage stark veränderte, wurde die Prognose der Inflationsentwicklung auf der Basis der Geldmengenentwicklung immer schwieriger.

Die Zentralbanken verfolgten darum die Geldmengenziele nicht mehr stur. Die Bundesbank hielt zwar bis zum Ende der D-Mark offiziell an ihrem Geldmengenziel fest, nahm es jedoch hin, dass sie dieses in der Hälfte der Jahre verfehlte. Sie kündigte die Geldmengenziele regelmäßig an, doch sie wurden kaum je erreicht. Damit wurde aber der scheinbare Kommunikationsvorteil (Geldmengenziele sind einfach zu kommunizieren) zu einem Problem: Ein Ziel, das dauernd verfehlt wird, verwirrt eher, anstatt Klarheit über die geldpolitische Ausrichtung zu schaffen.

Außerdem drohte dies, die Glaubwürdigkeit als wichtigstes Kapital der Zentralbank infrage zu stellen. Dazu kam, dass die Bundesbank Anfang der 1990er-Jahre, auch wegen der unklaren Entwicklung der Geldnachfrage, einige besonders schwierige und folgenreiche Entscheidungen getroffen hatte. Im Zuge der Wiedervereinigung war die Geldpolitik deutlich zu expansiv, was die Inflationsraten stark erhöhte. Auf diese Entwicklung reagierte die Bundesbank mit einer stark restriktiven Geldpolitik und stabilisierte damit die Preisentwicklung, verschärfte jedoch gleichzeitig die Rezession Mitte der 1990er-Jahre – auch in anderen europäischen Staaten, deren Währungen damals die D-Mark als Leitwährung diente (vgl. Abschnitt 6.4.3).

17.2.3 Orientierung an der Inflation

Diese Schwierigkeiten mit der Geldmengensteuerung und insbesondere mit der Kommunikation der geldpolitischen Ausrichtung machten im Verlauf der 1990er-Jahre deutlich, dass mittelfristig ein neues geldpolitisches Konzept notwendig war. Die Europäische Zentralbank verfolgt denn auch seit ihrer Gründung primär ein *Inflationsziel*.

→ **Inflationsziel**
Geldpolitisches Ziel, das direkt die Preisstabilität anvisiert.

Allerdings spielen die breiteren Geldmengendefinitionen M2 und M3 nach wie vor eine wichtige Rolle als Entscheidungsgrundlagen für die Geldpolitik. Da die beiden Geldmengenkonzepte Informationen über die Entwicklung von Preisniveau und Zinsen enthalten, werden sie als Indikatoren für die zu erwartende Inflation verwendet und von der Europäischen Zentralbank auch als Zielgröße kommuniziert.

Im Zentrum der Kommunikation der europäischen Geldpolitik steht heute aber nicht ein Zwischenziel wie die Geldmenge, sondern direkt das endgültige Ziel, nämlich die Preisstabilität. Es wird auf der Basis eines klar definierten Inflationsziels kommuniziert, wie wir das im nächsten Abschnitt genauer erläutern werden. Dies ist ein internationaler Trend, sind doch die meisten Zentralbanken in den letzten Jahren dazu übergegangen, mehr oder weniger explizite Inflationsziele zu verwenden.

Zusammenfassende Übersicht

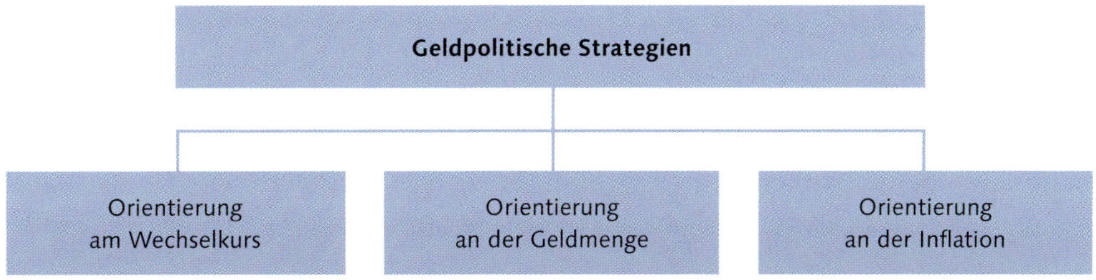

17.3 Europäische Geldpolitik

Die Geldpolitik für Deutschland liegt nicht mehr in den Händen der Deutschen Bundesbank, sondern seit dem 1. Januar 1999 bei der Europäischen Zentralbank. An diesem Tag ersetzte der Euro in damals elf teilnehmenden Ländern der *Europäischen Währungsunion* (auch: Europäische Wirtschafts- und Währungsunion – EWWU) die jeweiligen nationalen Währungen. Die Wechselkurse zwischen diesen Währungen wurden fixiert und in Euro umgerechnet. Ein Euro war demnach 1,95583 D-Mark wert – und ist es bis heute. Denn zu diesem Kurs können noch immer alte Scheine und Münzen umgetauscht werden.

→ **Europäische Währungsunion (EWU)**
Zusammenschluss eines Teils der Mitgliedsländer der EU zu einer Währungsunion mit dem Euro als gemeinsamer Währung und der EZB als gemeinsamer Zentralbank.

Für den Übergang gab es die neue Währung drei Jahre lang nur als Buchgeld. Die Bürgerinnen und Bürger der elf Eurostaaten fanden den Euro also noch nicht in ihren Portemonnaies, jedoch nach und nach auf ihren Kontoauszügen, Lohnabrechnungen oder in Börsenkursen. Als Bargeld blieben D-Mark, Franc, Gulden, Lira, Peseta oder Schilling zunächst erhalten, wurden also zum Bezahlen von Einkäufen verwendet. Mit der Ausgabe der neuen Geldscheine und Münzen ab 1. Januar 2002 wurde der Euro alleiniges Zahlungsmittel in der *Eurozone*, der inzwischen weitere Länder beigetreten sind. Erster Nachzügler war Griechenland 2001. Anfang 2015 vergrößerte Litauen als 19. Land die Eurozone weiter.

→ **Eurozone**
Alle Länder, die den Euro als alleiniges gesetzliches Zahlungsmittel eingeführt haben. Im Jahr 2016 waren dies 19 Länder.

Bevor wir uns näher anschauen, welche Geldpolitik in der Eurozone verfolgt wird, betrachten wir die Institutionen, mit denen diese Geldpolitik in der Währungsunion umgesetzt wird: Das sind die Europäische Zentralbank (EZB) und die nationalen Zentralbanken der Euroländer, die zusammen das Eurosystem bilden. Notenbanken von Mitgliedstaaten der EU, die der Währungsunion bislang nicht beigetreten sind, gehören nicht dem Eurosystem, sondern dem Europäischen System der Zentralbanken (ESZB) an, wo sie sich mit den Institutionen des Eurosystems beraten und koordinieren.

17.3.1 Das Eurosystem

Alle Mitgliedsländer der Währungsunion haben mit dem Beitritt zur Eurozone nicht nur ihre Währungen, sondern auch ihre bis dahin eigenständige Geldpolitik aufgegeben. Für diese ist nun die Europäische Zentralbank (EZB) zuständig, die zentrale Institution des Eurosystems, das sich aus EZB und den nationalen Zentralbanken der Euroländer zusammensetzt. Im wichtigsten Gremium, dem EZB-Rat, stimmen die Führung der EZB sowie die Präsidenten oder Gouverneure der nationalen Notenbanken über die geldpolitischen Schritte ab. Für Deutschland hat der Präsident der Bundesbank hier Sitz und Stimme.

EZB und Bundesbank sind staatliche Institutionen mit ganz speziellen Kompetenzen. Sie sind keine Verwaltungsstellen im üblichen Sinne, denn sie sind von Regierungen und Parlamenten unabhängig. Will man nämlich glaubwürdig das Ziel der Preisstabilität verfolgen, so ist es unumgänglich, dass die Regierungen keinerlei Einfluss auf die operative Tätigkeit der Zentralbank nehmen können. Insbesondere muss es den Regierungen verwehrt sein, die Geldschöpfung als Finanzierungsquelle zu benutzen oder aus politischen Gründen die Konjunktur über die Geldpolitik zu beeinflussen.

Dementsprechend ist die Bundesbank in Deutschland unabhängig. Zwar wird der sechsköpfige Vorstand vom Bundespräsidenten nach Vorschlägen von Bundesregierung und Bundesrat ernannt, aber es gibt keine Vorgaben der Regierung an die Zentralbank. Das Bundesbankgesetz stellt klar, dass Weisungen der Bundesregierung nicht beachtet werden müssen. Gegenüber dem Parlament ist die Bundesbank zwar rechenschaftspflichtig (ebenso wie die EZB gegenüber den EU-Gremien), aber auch die Volksvertreterinnen und Volksvertreter dürfen auf die operative Tätigkeit der Zentralbank keinen Einfluss nehmen. Ein vergleichbarer Grad der Unabhängigkeit wurde der EZB zugesichert: Weder nationale Regierungen noch EU-Kommission oder EU-Parlament dürfen den Vertretern im EZB-Rat vorschreiben, wie sie zu entscheiden haben. Wie bei der Bundesbank entscheiden allerdings Politiker darüber, wer die EZB leiten darf. Ihre sechs Direktoriumsmitglieder werden von den Staats- und Regierungschefs der EU bestimmt.

Aufgaben der Bundesbank im Eurosystem

Wieso wurden die nationalen Zentralbanken mit der Einführung des Euro und der Einrichtung der Europäischen Zentralbank nicht abgeschafft? Die nationalen Zentralbanken haben doch ihre wichtigste Aufgabe – die Festlegung der geldpolitischen Strategie – an die EZB abgegeben. Dort entscheiden die Präsidenten oder Gouverneure der nationalen Notenbanken im EZB-Rat zwar weiterhin mit. Aber ihr Einfluss ist nicht mit jenem von früher vergleichbar. Selbst die einst mächtige Deutsche Bundesbank – angesiedelt wie die EZB in Frankfurt am Main – hat nur eine Stimme von insgesamt 25. Sie kann also leicht überstimmt werden, was im Verlauf der Euro-Schuldenkrise auch immer wieder geschehen ist. Wozu also ist die Bundesbank noch nötig?

Während die Entscheidung über die Geldpolitik bei der EZB liegt, ist deren Umsetzung Sache der nationalen Zentralbanken. Sie führen die Offenmarktgeschäfte aus, nachdem die EZB über die Zinsen entschieden hat. Bei ihnen führen die Geschäftsbanken ihre Zentralbankkonten und hinterlegen die Mindestreserve. Für Deutschland versorgt die Bundesbank die Banken mit Bargeld, das diese über die Bankautomaten oder über den Schalter unter die Leute bringen. Gleichzeitig landet Bargeld, das bei Banken eingezahlt wird, regelmäßig bei der Bundesbank und wird von dieser auf Echtheit und Abnutzung überprüft. Kleine Banknoten nutzen sich am schnellsten ab, Münzen fast gar nicht. Eine 5-Euro-Note wird, da oft gebraucht und damit rasch beschmutzt oder beschädigt, oft schon nach einem Jahr aus dem Verkehr gezogen. Neue Banknoten gibt die Bundesbank bei Spezialdruckereien in Auftrag, alte Banknoten schreddert und entsorgt sie. Wegen der engen Kontakte zu den Banken obliegt der Bundesbank teilweise auch die Bankenaufsicht. Zusammen mit der Bundesanstalt für Finanzdienstleistungsaufsicht (BaFin) prüft sie, ob Geschäfte von Banken die Stabilität im Finanzsektor bedrohen. Darüber hinaus wickelt sie als Dienstleister den Zahlungsverkehr der öffentlichen Haushalte ab, ist sozusagen Hausbank des Staates. Eine wichtige Rolle spielt sie zudem auf der internationalen Ebene, z. B. als Vertreter Deutschlands im Internationalen Währungsfonds (IWF).

Beide residieren in Frankfurt am Main: Bundesbank und Europäische Zentralbank. Während Erstere nicht mehr so mächtig ist wie früher, errichtete sich die immer mächtigere EZB einen Wolkenkratzer.

Hier haben also staatliche Stellen, die einen der zentralen wirtschaftspolitischen Hebel in der Hand halten, eine doch außergewöhnliche Unabhängigkeit. Entsprechend wichtig ist es, ihnen einen klaren Auftrag zu erteilen. Es muss unmissverständlich definiert sein, welche Ziele die Institutionen des Eurosystems verfolgen sollen, um beurteilen zu können, ob sie ihre Unabhängigkeit ausschließlich zur Zielerreichung verwenden. Mit den Zielen der Europäischen Zentralbank beschäftigen wir uns im nächsten Abschnitt.

17.3.2 Die geldpolitische Strategie der Europäischen Zentralbank

Die EZB hat sich ein Inflationsziel vorgegeben und setzt dieses mit einem geldpolitischen Konzept um, das vier wesentliche Punkte umfasst:

- die Definition der Preisstabilität (vorrangiges Ziel),
- die monetäre und die wirtschaftliche Analyse der Preisstabilitätsrisiken (Entscheidungsgrundlage),
- das Ziel der Unterstützung der Wirtschaftspolitik der EU und
- das Ziel der Stabilität des Finanzsektors.

Diese vier Elemente sind wesentlich, um die heutige Ausrichtung der Geldpolitik im Euroraum zu verstehen.

Die Definition der Preisstabilität

Ein Inflationsziel erfordert zunächst einmal eine klare Kommunikation darüber, was unter Preisstabilität zu verstehen ist. Im geldpolitischen Konzept der EZB herrscht Preisstabilität dann, wenn die per HVPI gemessene Inflation (vgl. Kapitel 16) im Durchschnitt der Euroländer „unter, aber nahe 2 %" gegenüber dem Vorjahresniveau liegt. Die entscheidende Größe ist also nicht die Inflationsrate eines Landes, sondern die aller Euroländer zusammen. Schließlich haben die Euroländer keine einheitliche Inflationsrate, sondern es bestehen zwischen ihnen – teilweise relativ große – Unterschiede der nationalen HVPI-Preisindizes.

De facto strebt die EZB also für die Eurozone eine leichte Inflation an. Eine leichte Deflation würde deshalb als Zielverfehlung gewertet, während eine leichte Erhöhung des Preisniveaus immer noch als Preisstabilität bezeichnet wird. Dies vor allem aus drei Gründen: Erstens wird eine leicht positive Inflation aufgrund der besonderen Gefahren einer Deflation angestrebt. Da eine Deflation rasch selbstverstärkend werden kann, ist es sehr schwierig, wieder aus ihr herauszufinden. Eine gewisse Sicherheitsmarge ist deshalb sinnvoll. Zweitens erhöht ein leichter Preisniveauanstieg des Länderdurchschnitts die Wahrscheinlichkeit, dass auch Euroländer, in denen die Inflationsrate nach unten abweicht, nicht gleich in eine Deflation geraten – anders als bei einem Länderdurchschnitt von 0 %. Drittens wird eine leichte Inflation auch deshalb toleriert, weil durch die offiziell gemessene Inflationsrate die tatsächliche Inflation eher etwas überschätzt wird. Qualitätsverbesserungen der Produkte, die wir in Abschnitt 3.2 thematisiert haben, werden nämlich nur unvollständig erfasst.

Wichtig ist, dass das Ziel der Preisstabilität, wie es die EZB anstrebt, nicht zu jedem Zeitpunkt erreicht werden muss. Vielmehr handelt es sich ausdrücklich um ein mittelfristiges Ziel. Wird es kurzfristig über- oder unterschritten, heißt dies nicht, dass das Ziel verfehlt worden wäre. So ergibt sich eine gewisse Flexibilität, wenn etwa starke Wechselkursschwankungen oder Veränderungen der Erdölpreise in einer bestimmten Periode zu einer Inflationsrate führen, die ober- oder unterhalb des Zielbandes liegt. Die EZB ist in solchen Fällen nicht gezwungen, sofort und mit unverhältnismäßigen Mitteln zu reagieren.

Zwei-Säulen-Analyse des Eurosystems als Entscheidungsgrundlage

Bevor der EZB-Rat geldpolitische Entscheidungen trifft, analysiert er die aktuellen Risiken für die Preisstabilität. Diese Analyse beruht auf einer „Zwei-Säulen-Strategie", nämlich auf der

- monetären Analyse und der
- wirtschaftlichen Analyse.

Bei der monetären Analyse betrachtet die EZB die Entwicklung der Geldmenge und der Kredite. Für die Geldmenge ermittelt die EZB einen Referenzwert. Weicht die tatsächliche Geldmenge von diesem Referenzwert ab, analysiert sie die Gründe für diese Abweichung. Wie wir in Abschnitt 17.1.2 anhand der Quantitätsgleichung gesehen haben, besteht mittel- bis langfristig ein Zusammenhang zwischen der Zunahme der Geldmenge und der Inflation. Eine Geldvermehrung geht also (bei konstanter Umlaufgeschwindigkeit des Geldes) auf Dauer mit einem Anstieg der Preise einher. Die Zentralbank nutzt die Informationen über die Geldmenge M3, um eine *Inflationsprognose* zu erhalten. Sie untersucht aber auch die engeren Geldmengen M1 und M2 sowie die Kreditvergabe der Geschäftsbanken. Sie will damit prüfen, wie stark ein Geldmengenanstieg durch eine Kreditaufnahme aus Spekulationsgründen verursacht wird. Wer sich verschuldet, um Immobilien, Aktien oder Anleihen zu kaufen, vergrößert zwar die Geldmenge M3 und treibt tendenziell die Vermögenspreise, nicht jedoch die Verbraucherpreise. Diesen Unterschied zwischen Verbraucherpreis- und Vermögenspreisinflation haben wir in Abschnitt 16.3 kennengelernt. In dem Fall wäre ein starker Anstieg der Kredite kein Indikator für eine kommende Inflation bei den Gütern, die sich im Warenkorb des HVPI befinden und auf deren Preisstabilität es der EZB ankommt. Die monetäre Analyse liefert Aussagen über die langfristigen Inflationsaussichten.

→ **Inflationsprognose**
Vorhersage der zukünftigen Inflationsentwicklung, meist unter Zuhilfenahme statistischer Modelle.

Mit der wirtschaftlichen Analyse untersucht die EZB die kurz- und mittelfristigen Inflationsrisiken. Ein rascher Preisanstieg kann mehrere Gründe haben, die jeweils von den Notenbankern im Auge behalten werden. Hohe Lohnabschlüsse, eine überhitzende Konjunktur, ein starker Anstieg des Ölpreises. Ein deutlicher Anstieg der bereits genannten Vermögenspreise kann anzeigen, dass viele Wirtschaftsakteure eine Inflation erwarten, indem sie ihre Mittel in vermeintlich wertbeständige Sachwerte umschichten. All diese Indikatoren münden in die wirtschaftliche Analyse.

Zweimal im Jahr gibt das Eurosystem bekannt, welche Entwicklung es für Wachstum und Preise erwartet. Diese Projektionen sind, wie alle Vorhersagen der Zukunft, unsicher. Deshalb begründet der EZB-Rat seine geldpolitischen Entscheidungen nicht allein mit Blick auf diese Ergebnisse, sondern hält sich einen gewissen Spielraum offen.

Das Hauptrefinanzierungsgeschäft der EZB

Die Europäische Zentralbank schreibt den Banken nicht vor, welche Zinsen diese von ihren Kunden verlangen dürfen. Für die Steuerung der kurzfristigen Zinsen setzt die EZB vielmehr sogenannte kurzfristige Repogeschäfte ein. Diese Variante der Offenmarktpolitik – das Hauptrefinanzierungsgeschäft – ist das wichtigste geldpolitische Instrument, das die nationalen Notenbanken der Eurozone im Auftrag der EZB verwenden. Der Begriff „Repo" ist eine Abkürzung von „Repurchase Agreement" (Rückkaufvereinbarung). Bei einem expansiven Repogeschäft verkauft eine Geschäftsbank der Zentralbank Wertpapiere und erhält dafür liquide Mittel. Gleichzeitig wird vereinbart, dass die Bank zu einem späteren Zeitpunkt dieselbe Menge gleichartiger Wertpapiere von der Zentralbank wieder zurückkauft. Die Bank bezahlt der Zentralbank während der Laufzeit des Repos einen Zins. Dieser ist so hoch wie der Leitzins, den der EZB-Rat festgelegt hat. Die Repogeschäfte sind oft sehr kurzfristig angelegt. Rund drei Viertel ihres Bedarfs an Zentralbankgeld beschaffen sich Banken mit Repos, die eine Laufzeit von einer Woche haben. Mit diesem Instrument kann die Zentralbank sehr flexibel den Markt mit zusätzlichem Geld versorgen (expansive Geldpolitik) beziehungsweise dieses dem Markt entziehen (restriktive Geldpolitik). Wird so das kurzfristige Geldangebot verändert, so hat dies auch einen Einfluss auf längerfristige Zinssätze, weil die veränderte Knappheit des Geldes letztlich alle Zinsen betrifft. Deshalb kann die EZB mithilfe der Repogeschäfte das Zinsniveau in der Eurozone steuern.

Unterstützung der Wirtschaftspolitik als Ziel der EZB

Neben der Erhaltung der Preisstabilität hat die EZB einen zweiten europavertraglich fixierten Auftrag, der inzwischen in der öffentlichen Diskussion ebenfalls stark beachtet wird. Sie ist nämlich auch verpflichtet, die allgemeine Wirtschaftspolitik in der Europäischen Union zu unterstützen, sofern dies das Hauptziel – die Preisstabilität – nicht gefährdet. Demzufolge senkt die Zentralbank die Leitzinsen im Verlauf von Rezessionen. Dann besteht nämlich keine Inflationsgefahr, sodass wirtschaftliche Aktivitäten mit tieferen Zinsen angeregt werden können. Die Konjunkturbelebung ist aber ein nachrangiges Kriterium, anders als bei der US-Notenbank, für die beide Ziele gleichrangige Bedeutung haben. Die Fed kündigte beispielsweise an, ihre äußerst lockere Geldpolitik erst dann zu beenden, wenn die Arbeitslosigkeit in den USA eine bestimmte Marke unterschreitet. So weit geht die EZB nicht – aber doch weiter, als viele Ökonomen und nicht zuletzt auch die Bundesbank dies für möglich gehalten haben.

Die Wirtschaftspolitik der EU, welche die EZB unterstützen soll, strebt nach einem hohen Beschäftigungsniveau und einem stetigen Wachstum. Mit der Finanz- und Wirtschaftskrise ist die Bedeutung dieses Ziels schlagartig ins Blickfeld der Öffentlichkeit gerückt. Denn die Arbeitslosigkeit ist in vielen EU-Ländern auf einem sehr hohen Niveau, während die Wirtschaft schrumpft oder stagniert. Einen Teil ihrer unkonventionellen Maßnahmen begründet die EZB daher zumindest implizit mit dem Ziel, die Wirtschaft anzukurbeln und vor Schäden zu bewahren, die ein Ende des Euro mit sich bringen würde.

Im Mai 2010 kündigte der damalige EZB-Präsident Jean-Claude Trichet an, die EZB werde auf dem Kapitalmarkt gehandelte *Staatsanleihen* von Euro-Krisenländern kaufen. Gemeint war damals Griechenland, dessen Staatsfinanzen offensichtlich zerrüttet waren. Dies wurde mit der Zeit auf andere Krisenländer ausgeweitet. Bis in den Sommer 2012 waren aber alle Hilfsmaßnahmen der EZB limitiert, das heißt, es wurde jeweils maximal nur eine von vornherein angekündigte Summe zur Verfügung gestellt. Dies änderte sich im September 2012,

→ **Staatsanleihen**
Obligationen (Schuldverschreibungen in Wertpapierform), mit denen sich der Staat auf den Finanzmärkten verschuldet.

als Trichets Nachfolger Mario Draghi ein Programm ankündigte, das im Extremfall und unter gewissen Bedingungen unlimitierte Summen zum Ankauf von Staatsanleihen einzelner Länder auf den Kapitalmärkten bereitstellen würde. Diese Aussicht beruhigte die Situation stark, da damit die Befürchtungen der Finanzmärkte vor einem Austritt von Krisenländern aus der Eurozone eingedämmt werden konnten. Ohne Zweifel erleichterte dies die Finanzierung der Staatshaushalte in den Krisenländern seither. Die Länder müssen ihre staatliche Nachfrage nicht so drastisch einschränken, wie es die Zweifel an ihrer Zahlungsfähigkeit sonst erzwingen würden.

Dennoch ist das EZB-Eingreifen sehr umstritten. In Artikel 123 des maßgeblichen Vertrags über die Arbeitsweise der Europäischen Union heißt es nämlich, dass Kredite von EZB und nationalen Zentralbanken an die Mitgliedstaaten „ebenso verboten" sind „wie der unmittelbare Erwerb von Schuldtiteln". Mit dieser Regel soll eine direkte Staatsfinanzierung aus der Notenpresse ausgeschlossen werden, welche in der Geschichte schon mehrmals den Weg in die Hyperinflation bereitete. Indem die EZB die Staatsanleihen nicht „unmittelbar" bei den Staaten kaufte, sondern sie nur mittelbar auf dem Kapitalmarkt erwarb (Staatsanleihen können gehandelt werden, nachdem sie von den Staaten ausgegeben wurden), erfüllte sie die rechtliche Vorgabe. Dass sie dieser nur formal, nicht aber inhaltlich entsprach, erregt die Kritiker. Das Ergebnis ist nämlich letztlich das Gleiche: Die EZB hat Geld ausgeteilt im Tausch gegen riskante Staatsanleihen, deren Wert äußerst unsicher ist.

Stabilität des Finanzsektors als Ziel der EZB

Schließlich hat die EZB auch die Aufgabe, über die Stabilität des Finanzsektors zu wachen. Zunächst ging es bei dieser Aufgabe nicht um die Aufsicht über einzelne Finanzinstitute. Dies ist Sache der nationalen Finanzmarktaufsichtsbehörden, in Deutschland der BaFin und der Bundesbank, welche die Bankenregulierung durchsetzen, also etwa, dass die einzelnen Banken die in Abschnitt 3.4.2 beschriebenen Liquiditäts- und Eigenkapitalvorschriften einhalten. Im Jahr 2014 übernahm die EZB jedoch für die größten Geldinstitute die Bankenaufsicht von den nationalen Behörden und überprüft diese fortan nach einheitlichen Kriterien. Die Zersplitterung der Bankenaufsicht hatte sich – eine Lehre der Krise – negativ auf die Kontrolle der Bankgeschäfte ausgewirkt.

Schon immer zuständig ist die EZB hingegen für die gesamtwirtschaftliche Überwachung. Dabei geht es darum, das Finanzsystem als Ganzes am Funktionieren zu halten, also in erster Linie um die Prävention und gegebenenfalls Bekämpfung von Finanzkrisen. Das ist nötig, weil der Konkurs einer einzelnen Bank unter Umständen eine Kettenreaktion auslösen kann, sodass andere Banken mitgerissen werden und im Extremfall gar das ganze Finanzsystem gefährdet ist.

Diese Gefahr kommt vor allem daher, dass Banken sich im täglichen Geschäft oft gegenseitig große Kredite geben und sie dadurch eng miteinander verflochten sind. Geht eine Bank Konkurs, so bedeutet diese Verflechtung, dass andere Banken dadurch Verluste aus diesen Krediten erleiden können. Diese Verluste können rasch so groß werden, dass auch der kreditgebenden Bank, die ja typischerweise ebenfalls mit wenig Eigenkapital ausgestattet ist, der Konkurs droht und sie ihrerseits damit wiederum andere Banken mitreißt.

Bankenpleiten haben also externe Effekte auf andere Banken, und wir haben in Kapitel 11 gesehen, dass bei einem solchen Marktversagen ein Eingriff des Staates gerechtfertigt sein kann. Die EZB versucht daher, die gesamtwirtschaftlichen Konsequenzen von Bankenpleiten einzudämmen.

Zum einen wirkt die EZB eher präventiv: Sie versucht, dazu beizutragen, dass Finanzkrisen weniger wahrscheinlich werden. Dafür beobachtet und analysiert sie die Entwicklung auf den Finanzmärkten, um abschätzen zu können, ob Gefahren für die Stabilität des Finanzsystems drohen. Zudem gestaltet sie die rechtlichen Rahmenbedingungen der Finanzmärkte mit. Das heißt, sie äußert sich auf europäischer Ebene im Rahmen der Gesetzgebung im Finanzbereich und arbeitet in den internationalen Gremien mit, die Fragen der Finanzmarktstabilität behandeln.

Wenn alle Kunden auf einen Schlag ihr Geld abheben wollen, ist bei den Banken schnell die Kasse leer. In einer Krise im März 2013 blieben darum die Bankfilialen auf Zypern geschlossen und die Automaten gaben täglich nur ein paar Hundert Euro pro Kunde aus.

Kommt es zum anderen aber doch einmal zu einer solchen Krise, so besteht die Aufgabe darin, bei der Bewältigung von Krisen mitzuhelfen. Das wichtigste Instrument ist dabei die kurzfristige Versorgung der Banken mit zusätzlicher Liquidität. Eine der gefährlichsten Begleiterscheinungen von Finanzkrisen ist, dass sich die Banken auf dem *Geldmarkt* nur noch schwer oder gar nicht mehr liquide Mittel beschaffen können. In der Finanz- und Wirtschaftskrise war dies nach dem Kollaps der Investmentbank Lehman Brothers weltweit der Fall. In einer solchen Situation besteht die akute Gefahr, dass ein großer Teil der Banken unkontrolliert in Konkurs geht. Zentralbanken können diese Gefahr abwenden, indem sie in großem Stil kurzfristig Liquidität zur Verfügung stellen. Sie geben dann kurzfristige Kredite an bedrohte Banken, springen also ein, wenn alle anderen Quellen ausgetrocknet sind.

→ **Geldmarkt**
Markt für Zentralbankgeld, auf dem sich die Banken gegenseitig kurzfristige Kredite geben können. Banken, die zu viel Zentralbankgeld haben, leihen es denen, die es gerade benötigen.

Beispielsweise griff die EZB in einer hitzigen Phase der Finanz- und Wirtschaftskrise zu einem neuen Instrument und verlieh an Banken so viel Zentralbankgeld, wie diese es wünschten, und das – ungewöhnlich lang – für drei Jahre. Sie wollte sichergehen, dass Banken ausreichend mit Liquidität versorgt sind. Zu diesem Zweck senkte sie zudem den Mindestreservesatz von 2 % auf 1 %: Diesen Anteil von ihren Einlagen müssen die Geschäftsbanken bei der EZB horten. Da dieser Anteil gesunken ist, können sie nun mehr Kredite an Kunden vergeben als zuvor.

Zusammenfassende Übersicht

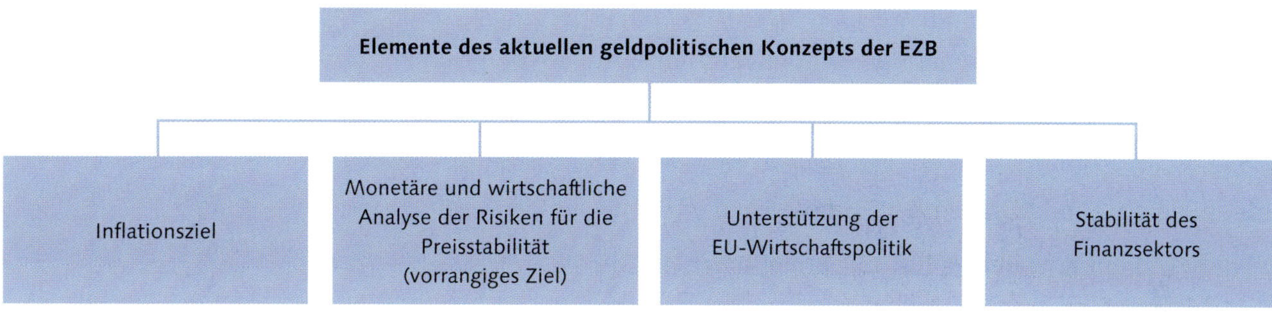

17.3.3 Ist die Eurozone ein optimaler Währungsraum?

Mit der Schaffung einer Währungsunion machte die EU in den 1990er-Jahren einen wichtigen Schritt zur Vertiefung ihres Integrationsprozesses. Ökonomisch gesehen, war dies sicherlich der bedeutendste Integrationsschritt, wurde doch mit der Geldpolitik eines der zentralen wirtschaftspolitischen Instrumente von der nationalen auf die supranationale Ebene verlagert. Bei der Einführung des Euro betonten Politiker die Vorteile der Europäischen Währungsunion. Augenfällig ist der Wegfall des Geldumtauschs an den Grenzen. Das spart Zeit und Gebühren. Ein noch größerer Vorteil entsteht dadurch, dass wegen der einheitlichen Währung die Wechselkursschwankungen zwischen den beteiligten Ländern der Vergangenheit angehören. Für importierende und exportierende Unternehmen ist dies ein großer Vorteil, denn sie bekommen dadurch Planungssicherheit. Die bessere Vergleichbarkeit der Preise führt zu mehr grenzüberschreitendem Wettbewerb und damit zu günstigeren Angeboten für die Konsumentinnen und Konsumenten.

Mittlerweile sind jedoch auch die Nachteile der Währungsunion zutage getreten. Das Für und Wider der bestehenden Währungsunion lässt sich anhand der Fragen diskutieren, ob Europa die Bedingungen eines *optimalen Währungsraums* erfüllt und ob die Regeln der Währungsunion ausreichen, um Krisen abzufedern oder zu verhindern. Diesen Fragen wollen wir uns nun zuwenden.

→ Optimaler Währungsraum
Theoretisches Konstrukt, wonach Länder für eine Währungsunion geeignet sind, wenn zwischen ihnen ähnliche makroökonomische Strukturen bestehen und eine hohe Mobilität ihrer Produktionsfaktoren herrscht.

Konvergenzkriterien und Stabilitäts- und Wachstumspakt

Innerhalb eines einzelnen Landes ist eine einheitliche Geldpolitik der Normalfall. Betrachtet man Deutschland, so kann man sich prinzipiell zwar gut vorstellen, dass es eine Geldpolitik für Bayern und eine für Brandenburg gäbe. Allerdings ist Deutschland als Wirtschaftsraum zu stark integriert, als dass seine verschiedenen Landesteile massiv unterschiedliche Konjunkturentwicklungen aufweisen könnten, die eine eigene Geldpolitik rechtfertigen würden.

Ebenso wird eine Währungsunion zwischen verschiedenen Ländern dann besonders erfolgreich sein, wenn deren Konjunkturverläufe einander möglichst ähnlich sind. Befinden sich beispielsweise alle Länder gleichzeitig in einer Rezession, so ist auch für alle eine eher expansive Geldpolitik angezeigt. Je ähnlicher also die Wirtschaftsstrukturen der Mitgliedsländer einer Währungsunion sind, desto kleiner ist die Gefahr, dass diese Union von sogenannten *asymmetrischen Schocks* getroffen wird. Asymmetrisch sind Schocks dann, wenn sie gewisse Länder besonders stark tangieren und andere weniger; eine Situation, die an sich eine unterschiedliche geldpolitische Ausrichtung wünschenswert machen würde.

→ **Asymmetrischer Schock**
Exogene Veränderungen der konjunkturellen Situation, welche die Mitgliedsländer einer Währungsunion in unterschiedlichem Ausmaß treffen.

Um daran zu arbeiten, dass zwischen den Mitgliedsländern der Währungsunion kein allzu großes Gefälle besteht, legte der Vertrag von Maastricht Anfang der 1990er-Jahre ein Prozedere fest, gemäß dem aus der Europäischen Gemeinschaft eine Währungsunion werden sollte. Den Kernpunkt bildete eine Reihe von makroökonomischen Kenngrößen, die sogenannten *Konvergenzkriterien*. Diese betrafen die Geld- bzw. Fiskalpolitik. Sie dienten – und dienen noch heute – zur Beurteilung, ob ein Land Mitglied der Europäischen Währungsunion werden kann.

→ **Konvergenzkriterien**
Makroökonomische Bedingungen, die ein Land erfüllen muss, wenn es Mitglied der Europäischen Währungsunion (EWU) werden möchte.

Bei der Geldpolitik waren es die folgenden Kriterien:

- Zinssätze in dem Land innerhalb eines engen Rahmens,
- stabile Wechselkurse gegenüber den anderen Mitgliedsländern im Vorfeld des Beitritts,
- Inflationsrate ähnlich hoch wie in den übrigen Mitgliedsländern.

Bei der Fiskalpolitik wurden die folgenden, viel zitierten Maastrichtkriterien festgelegt:

- ein jährliches staatliches Budgetdefizit (Nettoneuverschuldung) von maximal 3 % des Bruttoinlandsprodukts,
- eine Staatsverschuldung von unter 60 % des Bruttoinlandsprodukts.

Mit diesen Kriterien wurde angestrebt, die beteiligten Volkswirtschaften einander makroökonomisch so weit anzunähern, dass sie die Bedingungen eines optimalen Währungsraums, so gut das in der kurzen Zeit überhaupt möglich war, erfüllten. Vor allem die Konjunkturdifferenzen zwischen den beteiligten Ländern sollten dabei nicht zu groß sein.

Obwohl die Union, gemessen an diesen Kriterien, weitgehend erfolgreich vollzogen wurde, erwies sich deren Erfüllung allein doch als zu wenig weitgehend, um tatsächlich einen optimalen Währungsraum zu schaffen. Die Gefahr, dass unterschiedliche Regionen von asymmetrischen Schocks getroffen werden, hängt nämlich vor allem von realwirtschaftlichen Größen wie der Wirtschaftsstruktur oder der Regulierung der Arbeits- und Produktmärkte ab. Diese Größen sind jedoch weitgehend landesspezifisch bedingt und können nicht auf gesamteuropäischer Ebene rasch angepasst werden.

→ **Stabilitäts- und Wachstumspakt**
Bestimmung, nach der eine Verletzung der Maastrichtkriterien zur Nettoneuverschuldung und zum Staatsschuldenstand eines Landes von der EU geahndet werden kann.

Zudem erwies sich nach Einführung des Euro die Kontrolle der fiskalpolitischen Kriterien als unzureichend. Mit dem *Stabilitäts- und Wachstumspakt* sollte garantiert werden, dass die Staaten nicht nur vor dem Beitritt, sondern auch darüber hinaus Haushaltsdisziplin wahrten. Länder, die sich stärker verschuldeten, als es erlaubt war, sollten erst verwarnt und anschließend mit Strafzahlungen belegt werden. De facto standen diese Regeln aber nur auf dem Papier. Die Strafen hätten die Regierungen der EU-Länder verhängen müssen. Da sie mehr oder weniger alle die Schuldenregeln nicht wirklich ernst nahmen, gingen sie äußerst milde miteinander um. Das betraf keineswegs nur die südlichen Euroländer, die heute am Pranger stehen. Auch Deutschland entging im Jahr 2003 nur durch politischen Druck den Sparauflagen, nachdem es zwei Jahre hintereinander die Neuverschuldungsgrenze überschritten hatte. Statt auf Einhaltung der Regeln zu drängen, arbeitete es mit daran, dass der Pakt im Jahr 2005 durch eine Reform weiter aufgeweicht wurde.

Die Schulden der anderen

Die Mitgliedsländer der Währungsunion haben sich im Vertragswerk gegenseitig versichert, nicht gegenseitig für Staatsschulden zu haften. Ein hoch verschuldetes Land kann demnach nicht darauf hoffen, von den anderen Ländern gerettet zu werden. Diese sogenannte *No-Bailout-Klausel* wird seit der Euro-Schuldenkrise durchaus nicht so strikt interpretiert, wie sie auf dem Papier steht. Doch warum ist es überhaupt ein Problem für die Währungsunion, wenn sich einzelne Länder übermäßig verschulden?

Strikte Verschuldungsregeln sind in einer Währungsunion vor allem deshalb notwendig, weil für Politiker nun größere Anreize bestehen, sich zu verschulden. Sie müssen die Finanzmärkte nämlich nicht mehr für ein höheres Abwertungsrisiko ihrer nationalen Währung entschädigen, das im Fall steigender Staatsverschuldung drohen würde. Darum fällt der Zinsaufschlag für ihre Staatsanleihen geringer aus. Noch geringer ist dieser Zinsaufschlag zudem, wenn die Märkte davon ausgehen, dass andere, zahlungskräftige Mitgliedsländer für die Staatsverschuldung mithaften.

Außerdem bleiben die negativen Folgen der Verschuldung nicht auf das Land beschränkt, das sich verschuldet, sondern betreffen auch alle anderen. Ein steigendes Zinsniveau ist die Folge.

Somit gibt es gute Gründe, die Finanzpolitik der Mitgliedstaaten einer Währungsunion nicht allein den jeweiligen Finanzpolitikern zu überlassen, sondern an Regeln zu binden.

→ **No-Bailout-Klausel** (Nichtbeistandsklausel)
Regel im EU-Vertragswerk, wonach ein Mitgliedsland nicht für die Schulden anderer EU-Länder zu haften hat.

Anpassungsmechanismen

Obwohl sich vor der Einführung des Euro die makroökonomischen Größen zwischen den künftigen Mitgliedsländern stark angenähert haben, gab es noch große Unterschiede. Man konnte also nicht von einem optimalen Währungsraum sprechen. Sind nun aber die zu einer Währungsunion zusammengeschlossenen Länder in ihrer konjunkturellen Entwicklung verschieden, so kann dies durch andere Anpassungsmechanismen bis zu einem gewissen Grad aufgefangen werden, und zwar vor allem durch:

- flexible Löhne (und damit auch flexible Preise),
- mobile Arbeitskräfte und
- ausgleichende Fiskalströme.

KOMPETENZEN BILDEN: Ursachen der Eurokrise

Seit 2010 kämpft die Eurozone mit der schwersten Krise seit ihrer Gründung, das Vertrauen in die Währungsunion ist erschüttert. Die Ursachen dieser Krise liegen in Konstruktionsfehlern der Währungsunion. Seit der Einführung des Euro bauten sich in der Währungsunion nämlich – von der Öffentlichkeit lange unbemerkt – gewaltige makroökonomische Ungleichgewichte auf. Entscheidend dafür war, dass der Euro das vor allem in den südlichen Euroländern übliche hohe Zinsniveau drastisch gesenkt hatte, wie wir in der Abbildung sehen. Die Linien stellen den Unterschied dar zwischen den Zinsen von Staatsanleihen Deutschlands und denen der wirtschaftlich geschwächten, sogenannten GIPS-Länder (Griechenland, Irland, Portugal, Spanien). Die Einführung des Euro ist mit bloßem Auge zu erkennen. Es ist der Zeitpunkt, an dem diese Unterschiede verschwinden, die Differenz zu den deutschen Zinsen also gegen null fällt. In Irland, Portugal und Spanien wurde der Euro 1999 eingeführt, in Griechenland 2001. Vorher betrieben die südlichen Länder traditionell eine lockere Geldpolitik, welche ihre nationalen Währungen laufend nominell ab- und damit die Zinserträge aus Investorensicht entwertete. Anleger ließen sich dafür entschädigen, indem sie höhere Zinsen verlangten. Seit dem Euro gingen die Anleger jedoch davon aus, dass die Risiken nun ebenso klein seien wie das von als sicher geltenden deutschen Anleihen. In der Krise zeigte sich, dass diese Annahme falsch war.

Zinsdifferenz von Euro-Krisenländern gegenüber Deutschland 1996–2016 (in Prozent)

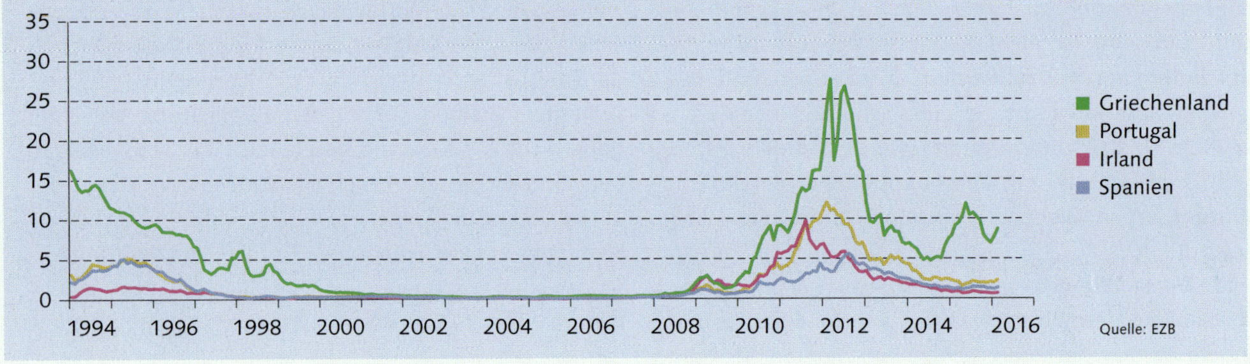

Für die Volkswirtschaften der GIPS-Länder wirkte der drastische Zinsrückgang äußerst stimulierend. Sie verzeichneten einen regelrechten Boom. Die Nachfrage im Inland erhöhte sich stark, da die niedrigen Zinsen Investitionen und Konsum ankurbelten. Dieser Boom bewirkte Ungleichgewichte in zwei Bereichen: Erstens reduzierte sich die Wettbewerbsfähigkeit der GIPS-Länder. Zweitens blähten sie ihre Staatsausgaben auf.

Zum ersten Effekt: Die zusätzliche Nachfrage aufgrund des Booms war so stark, dass die Produktion nicht nachkam; für den Aufbau neuer Produktionskapazitäten wird stets eine gewisse Zeit benötigt. Die hohe zusätzliche Nachfrage stieß auf ein eher fixes Angebot. Die Folge war ein Anstieg der Preise und Löhne in diesen Ländern. Die Inflation lag deshalb spürbar höher als in Deutschland und anderen EU-Ländern. Das Inflationsgefälle hatte eine fatale Nebenwirkung. Es erhöhte das inländische Kostenniveau und verringerte damit die Wettbewerbsfähigkeit der Exportunternehmen dieser Länder. Vor der Einführung des Euro hätte die höhere Inflation einfach zu einer nominellen Abwertung der jeweiligen Währung geführt und so die Wettbewerbsfähigkeit wiederhergestellt. Nun bestand aber dieser Anpassungsmechanismus nicht mehr. Die höheren Inflationsraten übersetzten sich direkt in reale Aufwertungen und damit in Kostennachteile. Die Exporte sanken, während die Importe rasant zunahmen. Den Importüberschuss finanzierten die Länder durch Schulden im Ausland, auch in Deutschland.

Gleichzeitig – und dies war der zweite Effekt des künstlichen Booms dieser Länder – weitete auch der Staat seine Ausgaben stark aus. Die durch den Boom sprudelnden Steuereinnahmen wurden direkt ausgegeben. Die Staatsausgaben wuchsen zwischen 2000 und 2007 Jahr für Jahr um 5 % (Portugal) bis über 11 % (Irland). Die Politiker ignorierten dabei, dass der Boom eine künstliche Übertreibung war, also nicht auf verbesserter Leistungs-

fähigkeit der Länder basierte. Stattdessen behandelten sie die gestiegenen Steuereinnahmen, als ob sie dauerhaft zur Verfügung stünden.
Mit dem Ausbruch der Finanzkrise wurden diese Ungleichgewichte plötzlich offensichtlich. Überschuldet, wettbewerbsschwach und ohne das Korrekturinstrument der Abwertung fanden sich die GIPS-Länder in fataler Lage wieder. Es kam zum gesamtwirtschaftlichen Einbruch. Der Kontrast zum vorangegangenen Boom war stark. Entsprechend hoch fiel auch der Rückgang der Steuereinnahmen aus. Die stark ausgeweiteten Staatsausgaben ließen sich aber schon aus innenpolitischen Gründen nicht aggressiv kürzen, sodass ein immer größerer Teil durch Staatsverschuldung finanziert werden musste. Diese Entwicklung führte auf den Finanzmärkten zu einem schlagartigen Vertrauensverlust in diese Länder. Plötzlich machte sich die Sorge breit, dass sie gar nicht mehr in der Lage sein könnten, ihren Schuldendienst zu leisten. Nicht nur die Währungsentwicklung, sondern auch die Zahlungsfähigkeit der Schuldner stellt nämlich ein Risiko einer Kreditvergabe dar – eine Tatsache, welche die Zinsentwicklung vor der Krise in keiner Weise widerspiegelt hatte. Mit großer Verspätung realisierten die Anleger, dass trotz gemeinsamer Währung zwischen den Staatsanleihen von Deutschland und Griechenland große Unterschiede bestanden, wie die Zinskurve der Abbildung ab Mitte 2008 zeigt. Zwar gingen die Zinsaufschläge wieder etwas zurück, als sich die Finanzmärkte stabilisierten. Zu Beginn des Jahres 2010 aber, als sich die finanzielle Lage der GIPS-Länder weiter verschlechterte, brach die Krise voll aus. Die Zinsen für griechische Staatsanleihen stiegen in kürzester Zeit massiv an, und auch die drei anderen Länder mussten steigende Risikoprämien zahlen. Damit verschlechterte sich ihre Situation weiter, weil sich ihre wachsenden Schulden immer stärker verteuerten.
Gerät ein privater Haushalt in eine Schuldenspirale, endet dies oft im zumindest teilweisen Konkurs. Die Gläubiger müssen in dem Fall anerkennen, dass eine volle Rückzahlung nicht möglich ist und sie zumindest Teile ihrer Kredite abschreiben müssen. Im Prinzip ist es bei einem überschuldeten Staat ähnlich. Die Geschichte kennt viele Staatsbankrotte. Geldgeber streben dann danach, mithilfe einer Umschuldung etwas zurückzuerhalten. Dabei verzichten sie auf den Rest in der Hoffnung, dass das Schuldnerland so eher in der Lage sein könnte, die verbliebenen Schulden zu bedienen. Der Spatz in der Hand (teilweise Rückzahlung) wird als besser erachtet als die Taube auf dem Dach (ganze Summe, die aber nicht zurückgezahlt werden kann).
Die offensichtliche Lösung der Verschuldungskrise im Euroraum wäre also eine solche teilweise Abschreibung der Schulden gewesen. So wäre akzeptiert worden, dass die Gläubiger in der Boomperiode unvorsichtig Kredite vergeben hatten und nun die Kosten dieses Fehlers mitzutragen hätten. Das Problem war allerdings, dass ein großer Teil dieser Schuldenpapiere von europäischen Banken gehalten wurde, die ohnehin aufgrund ihrer Fehler vor Ausbruch der Finanzkrise in Schwierigkeiten steckten, also keine Polster mehr besaßen. Damit drohte eine Wiederholung der Bankenkrise – eine Finanzkrise II sozusagen. Angesichts dieses Dilemmas entschieden sich die EU und die EZB dafür, die Euro-Krisenländer massiv zu unterstützen.

Arbeitsaufträge:

1. Lesen Sie den Text sowie den Anhang, in dem die Entwicklung der weltweiten Finanz- und Wirtschaftskrise dargestellt wird. Informieren Sie sich zudem online über die Vorgeschichte der Krise der Eurozone.
2. Die Abbildung zeigt den Verlauf der Zinsen für Staatsschulden von der Zeit vor der Einführung des Euro bis nach Ausbruch der Krise. Tragen Sie auf dem Zeitstrahl der Abbildung (ungefähr) die Stationen der in Text und Anhang (vgl. dort Chronologie) beschriebenen Eurokrise ein. Versuchen Sie, die Reaktion der Zinskurve bei der jeweiligen Station zu deuten. Erklären Sie, warum sich die Zinskurven der Krisenländer nunmehr zwar ähneln, aber unterscheiden.
3. Bilden Sie vier Arbeitsgruppen. Jede recherchiert Informationen über Verlauf und Besonderheiten der Eurokrise in einem der vier betrachteten Länder. Präsentieren Sie die Ergebnisse im Kurzvortrag.
4. Mit Blick auf die Eurokrise fordern die einen, starke Euroländer müssten die Krisenländer solidarisch unterstützen. Andere fordern einen Austritt aus dem Euro. Führen Sie eine Abschlussdiskussion zum Thema Eurokrise. Wie lautet Ihr Standpunkt – und wie begründen Sie ihn?

Betrachten wir diese drei Mechanismen kurz im Einzelnen. Erstens stellen flexible Löhne einen ausgleichenden Faktor bei asymmetrischen Schocks dar. Befindet sich ein Land in einer Rezession, dann werden in diesem Land die Löhne sinken, während umgekehrt die Löhne in einem Land mit sehr guter Konjunktur steigen. Die Reaktionen der Löhne und damit der Preise führen so zu den notwendigen Anpassungen, die sonst über die Geldpolitik erfolgen.

Die zweite Anpassungsmöglichkeit in einem Land ist die Mobilität der Arbeitskräfte. Nehmen wir an, die Nachfrage nach Produkten, die in einem bestimmten Land produziert werden, ginge plötzlich stark zurück. Sind die Arbeitskräfte in dieser Situation mobil, können sie dieses Land verlassen und ihre Tätigkeit in Länder mit besserer Wirtschaftslage verlegen. Ausgesprochen mobile Arbeitskräfte können also makroökonomische Schocks zu einem gewissen Grad ausgleichen.

Der dritte Mechanismus sind *ausgleichende Fiskalströme*. Innerhalb einer Währungsunion kann zwar keine regionale Geldpolitik betrieben werden, trotzdem lässt sich über die Fiskalpolitik im Prinzip nach wie vor eine stabilisierende Wirkung erzielen. So können die Fiskalausgaben in den Ländern verstärkt werden, die sich in einer Rezession befinden, während sie in Ländern mit guter Wirtschaftslage reduziert werden. Über verschiedene Formen des Finanzausgleichs lassen sich somit asymmetrische Schocks in einer stark ausgebauten Wirtschafts- und Währungsunion ebenfalls bis zu einem gewissen Grad abfedern.

→ **Ausgleichende Fiskalströme**
Versuch, regionale wirtschaftliche Ungleichgewichte über fiskalpolitische Maßnahmen auszugleichen.

Alle drei genannten Ausgleichsmechanismen sind auch heute noch in der EU wenig ausgebaut. Denn zahlreiche Mitglieder der Europäischen Union haben

- wenig flexible Löhne und relativ streng regulierte Arbeitsmärkte;
- wenig mobile Arbeitskräfte (auch aufgrund der Sprachunterschiede, die eine ähnliche Mobilität der Arbeitskräfte wie in den USA verhindern) und
- geringe ausgleichende Fiskalströme, weil das von Brüssel aus zentral verwaltete Budget der EU bei Weitem nicht groß genug ist, um hier einen makroökonomisch wirksamen Ausgleich zu schaffen.

Von Beginn an war deshalb das Projekt der Europäischen Währungsunion von vielen Ökonominnen und Ökonomen stark kritisiert worden. Sie hielten fest, dass die Europäische Währungsunion aus zwei Gründen keinen optimalen Währungsraum darstelle. Einerseits deshalb, weil die Gefahr asymmetrischer Schocks bei der strukturellen Verschiedenheit der einzelnen Länder relativ groß sei, und andererseits aufgrund der nicht oder in zu geringem Maße vorhandenen Anpassungsmechanismen.

ZUSAMMENFASSUNG ANHAND DER LERNZIELE ZU KAPITEL 17

1 **Die Geldschöpfung einer Zentralbank**

Da für eine Zentralbank die Möglichkeit der Geldschöpfung besteht, hat sie direkten Einfluss auf die in Umlauf befindliche Geldmenge. Über den Kauf von Anlagen wie Gold und Wertpapieren bringt sie zusätzliches Geld in Umlauf, durch Verkauf entzieht sie dem Markt Geld. Diese (Macht-) Position verlangt strikte Zielvorgaben und die Unabhängigkeit von der Regierung.

2 **Zusammenhang von Geldmenge und Inflation**

Die Quantitätstheorie des Geldes geht von einem proportionalen Zusammenhang zwischen der Entwicklung der Geldmenge und dem Preisniveau aus. Wird also die Geldmenge stark erhöht, kommt es zwangsläufig zur Inflation. Berechnen lässt sich dieser Zusammenhang mithilfe der Quantitätsgleichung:

P (Preisniveau) x Q (reales BIP) = M (Geldmenge) x V (Geldumlaufgeschwindigkeit)

3 **Unterschiedliche geldpolitische Strategien**

Das Ziel der Preisstabilität kann über drei grundsätzliche geldpolitische Strategien verfolgt werden:

- Orientierung am Wechselkurs: Die Zentralbank tätigt An- und Verkäufe von Devisen, um den Wechselkurs gegenüber einer bestimmten Währung stabil zu halten.
- Orientierung an der Geldmenge: Die Preisstabilität soll über eine Stabilisierung der Geldmenge erreicht werden.
- Orientierung an der Inflation: Ein konkretes Inflationsziel wird definiert und verfolgt.

4 **Das Eurosystem und die geldpolitische Strategie der EZB**

Im Eurosystem liegen die geldpolitischen Entscheidungen nicht bei den Zentralbanken der einzelnen Mitgliedstaaten, sondern bei der Europäischen Zentralbank. Sie ist – ähnlich den nationalen Zentralbanken – weitestgehend unabhängig von den Regierungen. Die Hauptaufgabe der EZB besteht in der Wahrung der Preisstabilität, die mithilfe eines vier Punkte umfassenden geldpolitischen Konzepts angestrebt wird:

- der Definition der Preisstabilität (die per HVPI gemessene Inflation im Durchschnitt der Euroländer soll „unter, aber nahe 2 % gegenüber dem Vorjahresniveau" liegen; darf vorübergehend abweichen),
- der monetären und wirtschaftlichen Analyse der Preisstabilitätsrisiken (es werden Prognosen über die Inflationsentwicklung und mögliche Risiken getroffen, um eine Grundlage für geldpolitische Entscheidungen zu erhalten),
- dem Ziel der Unterstützung der Wirtschaftspolitik der EU (Maßnahmen zur Konjunkturbelebung, sofern sie die Preisniveaustabilität nicht

gefährden; im Zuge der Finanz- und Wirtschaftskrise eingreifender als erwartet),
- dem Ziel der Stabilität des Finanzsektors (gesamtwirtschaftliche Überwachung, Prävention und Bekämpfung von Finanzkrisen).

5 **Eurozone und optimaler Währungsraum**
Auch wenn die Europäische Währungsunion bedeutende Vorteile für die Wirtschaft mit sich bringt, weisen doch die Stabilitätsmechanismen gewisse Schwächen auf. So legt zwar der Stabilitäts- und Wachstumspakt Höchstgrenzen für die Nettoneuverschuldung (3 % des BIP) und die Staatsverschuldung (60 % des BIP) fest. Doch kommt es des Öfteren zu Überschreitungen, die nicht sanktioniert werden – wodurch der stabilisierende Effekt schwindet. Zudem ist die Eurozone eindeutig kein optimaler Währungsraum: Das Problem stellen hier asymmetrische Schocks dar, wenn also die Mitgliedsländer unterschiedlich stark von konjunkturellen Veränderungen betroffen sind. Mögliche Anpassungsmechanismen bei konjunkturellen Veränderungen, z. B. flexible Löhne, mobile Arbeitskräfte und ausgleichende Fiskalströme, sind nur unzureichend gegeben.

ZENTRALE BEGRIFFE

Offenmarktpolitik
Wertpapier
Girokonten der Geschäftsbanken bei der Zentralbank
Aktiva
Passiva
Geldschöpfung
Europäische Zentralbank (EZB)
Leitzins
Quantitätsgleichung
Umlaufgeschwindigkeit des Geldes
Quantitätstheorie des Geldes
Wechselkursziel
Bretton-Woods-System
Leitwährung
Monetarismus
Geldmengenziel
Inflationsziel
Europäische Währungsunion (EWU)
Eurozone
Inflationsprognose
Staatsanleihen
Geldmarkt
Optimaler Währungsraum
Asymmetrischer Schock
Konvergenzkriterien
Stabilitäts- und Wachstumspakt
No-Bailout-Klausel
Ausgleichende Fiskalströme

WIEDERHOLUNGSAUFGABEN ZU KAPITEL 17

1 Legen Sie dar, wie eine Zentralbank die in Umlauf befindliche Geldmenge erhöht oder senkt.

2 Erklären Sie anhand der Quantitätsgleichung, warum ein Geldmengenwachstum, das höher ist als das Wirtschaftswachstum, langfristig zu einer Inflation führt.

3 Erläutern Sie kurz den Einsatz der drei geldpolitischen Strategien im Deutschland der Nachkriegszeit.

4 Erstellen Sie anhand von Abschnitt 17.3 eine Liste mit Stärken und Schwächen der Europäischen Währungsunion.

HANDLUNGSORIENTIERTE AUFGABEN ZU KAPITEL 17

1 Im Zuge der Wiedervereinigung kam es Anfang der 1990er-Jahre zu hohen Inflationsraten. Erkundigen Sie sich über die damalige Geldpolitik der Bundesbank. Wie wurde diese damals im In- und Ausland von Politik, Wirtschaft und Bevölkerung beurteilt?

2 Lesen Sie im Anhang, wie sich die globale Finanz- und Wirtschaftskrise entwickelt hat. Bewerten Sie vor diesem Hintergrund die Rolle der Zentralbanken bei der Entstehung und anschließend bei der Bekämpfung der Krise.

3 Im nachfolgenden Artikel ist davon die Rede, dass die EZB die Märkte mit Geld geflutet hat. Warum kommt es bisher dennoch nicht zu einer höheren Inflationsrate? Unterscheiden Sie zwischen einer Inflation der Verbraucherpreise und einer Vermögenspreisinflation. Wozu wird die EZB von ihren Kritikern aufgefordert? Stellen Sie fest, wie die EZB-Politik sich aktuell weiterentwickelt hat.

Experten warnen vor Spekulationsblasen
EZB-Geldflut schürt Inflationsängste

Die EZB überschüttet die Banken mit billigem Geld. Experten warnen nun vor unkalkulierbaren Risiken. Der ehemalige Bundesbankchef Helmut Schlesinger spricht von „Dimensionen, die eher an die Kriegsfinanzierung erinnern." Die EZB bringe leichtfertig Notenbankgeld in Umlauf und riskiere mit ihrer Geldschwemme eine Inflation, sagte der frühere Bundesbank-Präsident Helmut Schlesinger der „Welt am Sonntag". „Die EZB betreibt nun Liquiditätspolitik in einem Ausmaß, für das es in Friedenszeiten keine historischen Erfahrungen gibt."

Die Europäische Zentralbank (EZB) hatte im Kampf gegen eine Kreditklemme die Märkte Ende Februar [2012] erneut mit extrem billigem Geld geflutet. Die von der Schuldenkrise gebeutelten Banken liehen sich die Rekordsumme von 529,5 Milliarden Euro für den außergewöhnlich langen Zeitraum von bis zu drei Jahren. Beim ersten Geschäft dieser Art kurz vor Weihnachten hatten sich Geschäftsbanken 489,2 Milliarden Euro für drei Jahre von der Zentralbank geborgt. Beide Geschäfte wurden zum Festzins von 1,0 Prozent abgewickelt.

„Dimensionen, die an Kriegsfinanzierung erinnern"
Schlesinger sagte, die Notenbankbilanz habe sich innerhalb kurzer Zeit von einer auf drei Billionen Euro verdreifacht. „Das sind Dimensionen, die eher an die Kriegsfinanzierung erinnern. Damals hat sich die Bilanzsumme verzehnfacht." Er kritisierte vor allem die allzu großzügige Haltung der EZB gegenüber den Geschäftsbanken. „Die Banken werden mit Geld regelrecht überschüttet und können sich sehr wohlfühlen."

Volker Kauder sieht Geldpolitik mit „gemischten Gefühlen"
Unionsfraktionschef Kauder sagte der „Wirtschafts-Woche", er sehe die Ausgabe von über einer Billion Euro an Banken mit „gemischten Gefühlen". Sobald der dauerhafte Euro-Rettungsfonds ESM im Laufe des Jahres in Kraft getreten sei, sollte die EZB ihre Liquiditätshilfen und zinsgünstigen Kredite an die Banken reduzieren, um das Inflationsrisiko wieder zu verringern. „Ich hoffe, die EZB erkennt ihre Grenzen und sammelt das Geld später auch wieder zügig ein", sagte Kauder. [...]

Kredite über eine Billion Euro
Die EZB hatte den Banken im Dezember und im Februar insgesamt Kredite über eine Billion Euro für drei Jahre zum ultraniedrigen Zins von einem Prozent zur Verfügung gestellt. Ziel war es, eine Kreditklemme abzuwenden und den schwächelnden Euro-Schwergewichten Spanien und Italien am Kapitalmarkt Luft für Reformen im Kampf gegen die Schuldenkrise zu verschaffen. Kritiker warnen aber auch vor steigenden Inflationsrisiken wegen der Geldflut, die Blasen an den Rohstoff- und Immobilienmärkten begünstigen könnten. Im Führungsgremium der EZB hatte sich zuletzt sogar wegen der gelockerten Geldvergabe-Bedingungen ein Richtungsstreit abgezeichnet: Bundesbankchef Weidmann dringt insbesondere auf eine Verschärfung der Anforderungen für die Sicherheiten, die Banken für das günstige Zentralbankgeld bieten müssen.

Quelle: www.focus.de, 10.3.2012

Anhang: Die Entstehung der globalen Finanz- und Wirtschaftskrise

In den Jahren 2008 und 2009 geriet die Weltwirtschaft in eine Krise, wie es sie in diesem Ausmaß seit der Großen Depression der 1930er-Jahre nicht mehr gegeben hatte. Zwar hat sich der Einbruch schließlich doch als deutlich weniger dramatisch erwiesen als bei der weltwirtschaftlichen Katastrophe vor 80 Jahren, aber noch ist die Krise nicht überwunden. Und ihre Nachwirkungen dürften uns noch einige Zeit beschäftigen.

Hier soll es darum gehen, eine sehr geraffte Übersicht zu den wichtigsten Ursachen für die Entstehung und die globale Verbreitung der Krise zu geben.*

Die Entstehung des Problems auf dem amerikanischen Häusermarkt

Der Ursprung dieser Krise liegt in den USA, genauer im US-Häusermarkt. Verschiedene Entwicklungen begünstigten völlig übertriebene Preiserhöhungen auf diesem Markt. Die anschließende scharfe Korrektur riss das Bankensystem und schließlich die Weltwirtschaft in die Krise. Zunächst müssen wir also verstehen, was auf dem US-Häusermarkt schieflief.

Wegen der aus heutiger Sicht deutlich zu expansiven Geldpolitik nach 2001 waren die Zinsen in den USA lange Zeit ungewöhnlich niedrig. Gleichzeitig floss aus verschiedenen Gründen sehr viel Kapital vor allem aus asiatischen Ländern in die USA. Dieses Geld suchte nach rentablen Anlagen, die aber aufgrund der tiefen Zinsen schwer zu finden waren. Eine Lösung für dieses Problem bot der amerikanische Immobilienmarkt. Die Häuserpreise in den USA stiegen seit Jahren an und dieser Anstieg beschleunigte sich nach 2001 noch einmal deutlich. Eine Entwicklung, die durch die sehr lockere Geldpolitik, welche die Kredite verbilligte, maßgeblich unterstützt wurde. Investitionen in einzelne Immobilien sind aber sehr lokale Geschäfte, weshalb sie an sich keine geeigneten Anlagemöglichkeiten für große internationale Investoren darstellen. Innovationen auf den Finanzmärkten änderten dies drastisch. Mit der sogenannten *Verbriefung* wurden Tausende von einzelnen *Hypothekarkrediten*, mit deren Hilfe sich viele Amerikaner Häuser gekauft hatten, gebündelt und in handelbare Wertpapiere verwandelt. Diese Wertpapiere wurden dann in unterschiedlich riskante Teile – sogenannte Tranchen – aufgespalten. Wegen dieser starken Aufteilung der Risiken wurde ein großer Teil der Tranchen anschließend als praktisch risikolos beurteilt. Gleichzeitig konnten Investoren mit diesen Papieren eine spürbar höhere Rendite erwirtschaften als mit anderen risikoarmen Anlagen, wie etwa Staatsanleihen.

→ Verbriefung
Bündelung einer großen Zahl von Hypotheken zu einem handelbaren Wertpapier. Die an die Halter des Wertpapiers bezahlten Zinsen werden mit den regelmäßigen Hypothekarzinszahlungen der Haushalte finanziert.

→ Hypothekarkredit
Langfristiges Darlehen, das durch das Pfandrecht an einem Grundstück gesichert ist.

* Dieser Anhang stellt ein vielschichtiges Ereignis auf sehr knappem Raum dar und spricht deshalb zahlreiche wichtige Aspekte nur kurz an. Aymo Brunetti hat ein Buch publiziert, das die Entstehung, Verbreitung und Bekämpfung der Krise in verständlicher Form erklärt. Dieses Werk mit dem Titel „Wirtschaftskrise ohne Ende? US-Immobilienkrise – Globale Finanzkrise – Europäische Schuldenkrise" eignet sich für eine Vertiefung, in der zahlreiche in diesem Buch erklärte Konzepte angewendet werden können.

Chronologie der wichtigsten Ereignisse bis Herbst 2012

Die Ursprünge der Krise in den USA

2001–2006	Auf dem amerikanischen Immobilienmarkt kommt es zu einer Preisexplosion („Blase"). Die seit Mitte der 1990er-Jahre zu beobachtenden markanten Preissteigerungen beschleunigen sich drastisch.
2004–2006	In zunehmendem Maße werden risikobehaftete Hypothekarkredite an US-Haushalte mit zweifelhafter Zahlungsfähigkeit vergeben.
2006–2007	Die Häuserpreise in den USA beginnen erstmals seit Jahrzehnten landesweit stark zu fallen; dies setzt sich in den folgenden Jahren fort.
2007	Die Preise von Wertpapieren, die auf der Verbriefung von Hypotheken beruhen, brechen stark ein; diese Papiere finden sich in großer Zahl in den Bilanzen der global tätigen Banken.

Die Finanzkrise beginnt und verbreitet sich weltweit

August 2007	Die Bankenkrise beginnt: Banken realisieren, dass andere Banken auf schlechten Papieren sitzen, die sie existenziell bedrohen; sie geben sich deshalb gegenseitig deutlich weniger Kredite.
2007–2008	Die Zentralbanken stellen den Banken in zunehmendem Ausmaß liquide Mittel (kurzfristige Kredite) zur Verfügung; es gelingt, die Situation etwas zu beruhigen.
15.9.2008	Die US-Investmentbank Lehman Brothers geht in Konkurs. Damit beginnt eine globale Finanzkrise. Die Banken geben sich gegenseitig keine Kredite mehr; viele Banken sind in ihrer Existenz bedroht.
2008–2009	Die Zentralbanken gewähren den Banken in bisher ungekanntem Ausmaß kurzfristige Kredite, um einen Zusammenbruch des Finanzsystems zu vermeiden. Viele Banken werden vom Staat gerettet.

Die Finanzkrise wird zur Wirtschaftskrise

Ende 2008	Die Aktienmärkte gehen weltweit auf Talfahrt und der Welthandel erleidet den größten Einbruch seit dem Zweiten Weltkrieg.
2009	Weltweit verschlechtert sich die Konjunkturlage dramatisch. In vielen Ländern war 2009 das Jahr mit dem stärksten Wirtschaftseinbruch der Nachkriegszeit. Zentralbanken und Regierungen bekämpfen den Konjunktureinbruch mit massiv expansiver Geld- und Fiskalpolitik.
2010–2013	Die meisten Länder haben die Rezession überstanden; sie wachsen auf niedrigem Niveau. Die Arbeitslosigkeit ist hoch und die Staatsverschuldung steigt stark an. Ausgehend von Griechenland entsteht eine Schuldenkrise im Euroraum. Mit verschiedenen Maßnahmen versuchen Regierungen, Zentralbanken und Internationaler Währungsfonds (IWF), die schwierige Wirtschaftslage zu verbessern.

Die Ereignisse lösen eine Staatsverschuldungskrise in Europa aus

2009–2012	Massive Budgetdefizite und tiefe Rezessionen lassen die Schuldenquote in den sogenannten GIPS-Ländern (Griechenland, Irland, Portugal und Spanien) so stark ansteigen, dass sich die Zinsen für die Staatsverschuldung dieser Länder drastisch erhöhen.
Mai 2010	Der drohende Staatsbankrott von Griechenland gefährdet die Solvenz der europäischen Banken. Die Euroländer beschließen, das Land mit 110 Milliarden Euro zu unterstützen. Gemeinsam mit dem IWF spannen die Euroländer einen gigantischen finanziellen Rettungsschirm von bis zu 750 Milliarden Euro für vom Bankrott bedrohte Mitgliedstaaten auf; die Situation beruhigt sich etwas.
November 2010	Auch Irland, dessen Staatsfinanzen wegen der Rettung der maroden Banken völlig aus dem Ruder gelaufen sind, erhält Unterstützung aus dem Rettungsschirm.
2011–2012	Die Eurostaaten beschließen im März 2011 zur Ablösung des Rettungsschirms bis 2013 einen permanenten Europäischen Stabilitätsmechanismus (ESM) zu schaffen. Im April ist auch Portugal nicht mehr in der Lage, die Schuldenlast zu tragen, und erhält Unterstützung. Auch Italien wird zunehmend von den Turbulenzen erfasst. Um die Situation zu beruhigen, beginnt die Europäische Zentralbank (EZB), italienische Staatsanleihen zu kaufen. Im Juni 2012 beantragt Spanien Unterstützung aus dem Rettungsschirm; mit bis zu 100 Milliarden Euro sollen spanische Banken bei der dringend nötigen Rekapitalisierung unterstützt werden.
September 2012	Die EZB verspricht unbeschränkte Stützungskäufe für Staatsanleihen von Euroländern, die bereit sind, unter dem Rettungsschirm harte Sparauflagen umzusetzen.

Damit wurde es möglich, einen guten Teil der massiven Kapitalimporte auf dem amerikanischen Finanzmarkt rentabel anzulegen; das heizte diese Investitionen weiter an und die Preiserhöhung auf dem US-Häusermarkt setzte sich noch einmal beschleunigt fort. Im Rückblick muss hier von einer *Finanzblase* gesprochen werden, also einer unverhältnismäßigen Preissteigerung, die in keinem vernünftigen Zusammenhang mit dem eigentlichen Wert der Immobilien mehr stand.

→ **Finanzblase**
Übertriebener Preisanstieg für Wertpapiere (z. B. Aktien) oder Wertobjekte (z. B. Immobilien).

Schwächen in der Regulierung des amerikanischen Häusermarktes trugen dann zunehmend dazu bei, dass die neu vergebenen Hypotheken mit der Zeit eine immer schlechtere Qualität aufwiesen. Dies führte so weit, dass schließlich völlig unverantwortliche Hypothekarkredite vergeben wurden, die nur mit immerzu weiter steigenden Häuserpreisen überhaupt noch vertretbar gewesen wären. Unverantwortlich waren diese Kreditvergaben der Banken, weil sie gering bemittelten Menschen den Kauf von Immobilien ermöglichten, ohne dass der Schuldner eine realistische Chance hatte, die Schuld jemals zurückzuzahlen. Indem die Hypothekarkredite vergebenden lokalen Geschäftsbanken die Forderung an Investmentbanken weiterverkauften, wurden sie dieses Ausfallrisiko los. Dazu kam, dass die Finanzprodukte – die ja aus Tausenden von Hypotheken zusammengesetzt waren – dermaßen komplex wurden, dass niemand mehr genau beurteilen konnte, wo welche Risiken lagen. Sobald 2006 die Häuserpreise zu sinken begannen, platzte die Blase, und die Preise der verbrieften Finanzprodukte brachen in einem völlig unerwarteten Ausmaß ein. Aufgrund der großen Unsicherheit über die Risiken wollten plötzlich alle Investoren diese in unbekanntem Maße überbewerteten (und damit „vergifteten") Papiere gleichzeitig loswerden, was die Preisspirale nach unten beschleunigte.

Die Krise erfasst das globale Bankensystem

Diese Verkaufswelle aber verwandelte die bis dahin eher lokale Krise auf dem US-Häusermarkt in eine globale Bankenkrise. Die Finanzprodukte aus den verbrieften US-Hypotheken waren nämlich in den Jahren 2003–2006 weltweit von praktisch allen großen Banken in rauen Mengen gekauft worden. Sie schienen einen risikolosen Gewinn zu versprechen, ging man doch fälschlicherweise davon aus, dass diese Papiere mit Immobilien gesichert wären, deren Wert auch in Zukunft laufend weiter steigen würde. Zahlreiche Banken finanzierten den Kauf dieser Papiere mit einer außerordentlich großen zusätzlichen Verschuldung vor allem bei anderen Banken; das heißt, dass ihr Eigenkapital im Verhältnis zum Fremdkapital immer kleiner wurde. Dies führte aber dazu, dass die Banken sehr verletzlich wurden, da schon relativ kleine Verluste bei den „vergifteten" Papieren das gesamte Eigenkapital aufzuzehren drohten. Die hohe Verschuldung, die in guten Zeiten hohe Gewinne garantierte, zeigte jetzt gnadenlos ihre Kehrseite. In einer stark verschuldeten Bank reichen im Verhältnis zur Bilanzsumme schon kleine Wertverluste, um sie in den Konkurs zu treiben (vgl. Abschnitt 3.4.2).

Entscheidend war der Vertrauensverlust zwischen den Banken, der aus dieser Ausgangslage resultierte. Erst dieser führte zu einer systembedrohenden Bankenkrise. Es wurde immer klarer, dass viele Banken stark verschuldet waren und auf Bergen von Papieren saßen, deren Preise laufend fielen und deren Wert oft sogar – da sich gar keine Käufer fanden – nicht mehr zu beurteilen war. Man wusste also, dass viele Banken von der Insolvenz bedroht waren. Da aber niemand den Wert der Papiere wirklich kannte, wusste man nicht genau, wer wie stark betroffen war. Einer Bank, deren Zahlungsfähigkeit nicht mehr klar ist, möchte keine andere Bank auch nur kurzfristig Geld leihen, insbesondere wenn Zahlungsausfälle sie selbst existenziell bedrohen würden. Ein modernes Bankensystem beruht aber stark auf täglichen Krediten der Banken untereinander auf dem sogenannten Geldmarkt, damit alle jederzeit genügend liquide Mittel haben. Trocknen diese Geschäfte aus, so kann dies rasch zu Konkursen einzelner Banken führen, die – wegen der starken gegenseitigen Verflechtung über die kurzfristige Verschuldung – laufend weitere Banken mit in den Abgrund reißen.

Staatsschulden: „Wir möchten unseren Enkelkindern danken, ohne die diese Rettungspläne nicht möglich gewesen wären."

Ab 2007 und dann vor allem im Verlauf des Jahres 2008 wurde das Bankensystem infolge dieser Entwicklung immer labiler. Dank der außergewöhnlichen Liquiditätsspritzen der Zentralbanken (vgl. Abschnitt 16.2.2) konnte das System vor dem Absturz bewahrt werden. Dann aber kam das Ereignis, das eine schwelende Krise in eine katastrophale Finanzkrise verwandelte. Im September 2008 musste die amerikanische Investmentbank Lehman Brothers, die sich besonders stark mit „vergifteten" Papieren verspekuliert hatte, Konkurs anmelden. Der Schock bestand vor allem darin, dass die Marktteilnehmer fest damit gerechnet hatten, dass die Behörden die viertgrößte US-Investmentbank nicht in Konkurs gehen lassen würden. Man ging davon aus, dass die Bank „*Too big to fail*" sei, also zu groß und damit zu stark mit anderen Banken verflochten, als dass das Risiko eingegangen würde, sie fallen zu lassen. Die US-Regierung aber, die ohnehin schon stark in der Kritik stand, weil große amerikanische Banken vom Staat unterstützt worden waren, griff nicht ein. Lehman Brothers war über verschiedene Geschäfte dermaßen stark mit anderen Banken vernetzt und deshalb für die Finanzmärkte so bedeutend, dass der Geldmarkt durch diesen Schock praktisch zum Stillstand kam. Das Vertrauen in die Finanzmärkte wurde derart erschüttert, dass die Banken sich gegenseitig überhaupt kein Geld mehr ausliehen.

→ **„Too big to fail"**
Problem, dass gewisse Banken so groß sind, dass sie nicht in Konkurs gehen können, ohne das gesamte Finanzsystem zu gefährden.

Man ist sich heute einig, dass ohne die nach diesem Ereignis erfolgten massiven Liquiditätsspritzen der Zentralbanken im Herbst 2008 ein Wirtschaftseinbruch vom Kaliber der Großen Depression gedroht hätte.

Die Finanzkrise wird zur Wirtschaftskrise

Nach dem Zusammenbruch von Lehman Brothers wurde zunehmend deutlich, dass diese Krise nicht auf die Finanzmärkte beschränkt bleiben würde. Der erste klare Indikator dafür waren die starken Einbrüche der Aktienmärkte im Herbst 2008. Nachdem bis dahin vor allem die Aktien von Finanzinstituten gelitten hatten, begannen die Werte von Unternehmen aus allen Wirtschaftszweigen deutliche Rückschläge zu erleiden. Offensichtlich wurden also zu diesem Zeitpunkt auch die Zukunftsaussichten von Unternehmen anderer Branchen drastisch schlechter beurteilt.

Sehr rasch zeigte sich, dass diese Einschätzungen realistisch waren. Im vierten Quartal 2008 brach der internationale Handel in einer Art und Weise ein, wie man das seit dem Zweiten Weltkrieg nicht mehr gesehen hatte. Jahrelang hatte der Welthandel einen Boom erlebt. Im Herbst 2008 änderte sich das schlagartig. In sehr kurzer Zeit reduzierten sich die Exporte aller wichtigen Länder massiv. Insbesondere bei den Investitionsgütern brach die Nachfrage plötzlich weg. International tätige Unternehmen berichteten von Auftragsrückgängen von bis zu 80 %. Dieses plötzliche Wegfallen der Nachfrage führte dazu, dass sich die Lager der Unternehmen rasant füllten, und das wiederum zwang sie dazu, ihre Produktion in den darauffolgenden Quartalen deutlich zu drosseln. Mit dem Einbruch des Welthandels wurde klar, dass der Produktion und damit dem BIP der betroffenen Länder ein außergewöhnlich starker Rückgang bevorstand; die Finanzkrise weitete sich damit zur globalen Rezession aus.

Das Ergebnis zeigt sich in den BIP-Wachstumsraten. Bereits im dritten Quartal 2008 waren sie in den meisten Ländern leicht negativ, aber der echte Einbruch kam dann im vierten Quartal 2008 und in der ersten Jahreshälfte 2009. In den meisten Ländern war dies die tiefste Rezession seit Jahrzehnten, in einigen Fällen gar seit dem Zweiten Weltkrieg. Aufgrund der sehr starken Rückgänge in der ersten Jahreshälfte betrug der BIP-Rückgang im gesamten Jahr 2009 in einzelnen Ländern 5 % und mehr; eine wahrhaft schwere Rezession. In der zweiten Jahreshälfte 2009 begannen die Wachstumsraten in den meisten Ländern wieder positiv zu werden, das allerdings auf sehr niedrigem Niveau.

Diese leichte Trendwende reichte nicht aus, um zu verhindern, dass die Krise in zunehmendem Maße auf die Arbeitsmärkte überschwappte. Die Arbeitslosenquoten stiegen so gut wie überall an. Große Rückwirkungen hatte die Krise auch auf die Staatsfinanzen. Zahlreiche Länder verschuldeten sich zur Bekämpfung der Kriseneffekte dermaßen stark, dass zum Teil der Staatsbankrott droht. Im Frühjahr 2010 wurde die Schuldensituation so dramatisch, dass die Finanzmärkte das Vertrauen in die Staatsanleihen Griechenlands, Irlands, Portugals und Spaniens zunehmend verloren. Griechenland bekam so große Finanzierungsprobleme, dass die Euroländer beschlossen, das Land finanziell zu unterstützen. Da auch dies nicht reichte, um die Situation zu beruhigen, spannten die Euroländer einen sogenannten Rettungsschirm auf. Es gelang dadurch, kurzfristig die Gefahr chaotischer Staatsbankrotte abzuwenden. Trotzdem ist die Verschuldungskrise im Euroraum bis heute noch nicht nachhaltig gelöst.

Glossar

Absoluter Vorteil Gegenüber dem Handelspartner höhere Produktivität bei der Produktion eines Gutes. (Kap. 6)

Aktie Wertpapier, mit dessen Kauf sich der Anleger zum anteilsmäßigen Besitzer des Unternehmens macht; damit beteiligt er sich an der Wertsteigerung und – über die Dividende – am Gewinn des Unternehmens. (Kap. 4)

Aktiva Linke Seite der Bilanz einer Bank oder eines Unternehmens; zeigt Guthaben bzw. die Verwendung der Mittel an. (Kap. 17)

Aktive Arbeitsmarktpolitik Gesamtheit aller Maßnahmen, mit denen arbeitslose Personen arbeitsmarktfähig bleiben und rasch wieder in den Arbeitsprozess eingegliedert werden sollen. (Kap. 13)

Allmendegüter Güter, die zwar rivalisierend im Gebrauch, aber nicht ausschließbar sind. Bei Allmendegütern besteht die Gefahr der übermäßigen Nutzung des Gutes. (Kap. 11)

Allokation der Ressourcen Entscheidung darüber, wofür die knappen Ressourcen eingesetzt werden. (Kap. 5)

Anbieter Wirtschaftliche Akteure, die Güter auf einem Markt zum Verkauf anbieten. (Kap. 2)

Angebotskurve Grafische Darstellung der angebotenen Mengen in Abhängigkeit vom Preis. (Kap. 5)

Angebotsüberhang Die angebotene Menge übersteigt die nachgefragte Menge, weil der herrschende Preis über dem Gleichgewichtspreis des Marktes liegt. (Kap. 5)

Anleihe Wertpapier, das bezeugt, dass man dem ausstellenden Unternehmen einen Kredit gegeben und damit einen Anspruch auf einen vereinbarten jährlichen Zins hat. (Kap. 4)

Anreiz Faktor, der einen wirtschaftlichen Akteur motiviert, sich für eine bestimmte Handlungsalternative zu entscheiden. (Kap. 1)

Antizyklische Konjunkturpolitik Beeinflussung der Konjunktur durch eine expansive Geld- und Fiskalpolitik in einer Rezession und eine restriktive während eines Booms. Auch keynesianische Konjunkturpolitik genannt. (Kap. 15)

Äquivalenzprinzip Versicherungsprinzip, wonach die versicherte Leistung den bezahlten Beiträgen entspricht. (Kap. 12)

Arbeitslosenquote Prozentualer Anteil der Arbeitslosen an der Erwerbsbevölkerung. (Kap. 10)

Arbeitslosenversicherung Sozialversicherung, die erwerbslosen Personen während der Arbeitsuche ein Einkommen garantiert. (Kap. 13)

Arbeitslosigkeit Zustand, in dem arbeitsfähige Personen aktiv auf Arbeitssuche sind, jedoch keine Arbeitsstelle finden. (Kap. 10)

Arbeitsmarktregulierungen Gestaltung des Arbeitsmarktes durch Gesetze und Verordnungen. (Kap. 13)

Arbeitsproduktivität Menge an produzierten Waren und Dienstleistungen pro geleistete Arbeitsstunde. (Kap. 1)

Arbeitsteilung Aufteilung des Produktionsprozesses in einzelne Arbeitsschritte, die durch jeweils verschiedene Personen oder Unternehmen ausgeführt werden. (Kap. 4)

Asymmetrische Information Bei einer Markttransaktion verfügt die eine Seite über mehr und bessere Informationen als die Gegenseite. (Kap. 11)

Asymmetrischer Schock Exogene Veränderungen der konjunkturellen Situation, welche die Mitgliedsländer einer Währungsunion in unterschiedlichem Ausmaß treffen. (Kap. 17)

Ausgleichende Fiskalströme Versuch, regionale wirtschaftliche Ungleichgewichte über fiskalpolitische Maßnahmen auszugleichen. (Kap. 17)

Ausschließbarkeit Eigenschaft eines Gutes, wonach ein Akteur einen anderen am Gebrauch eines Gutes hindern kann. (Kap. 11)

Außenwert Kaufkraft einer inländischen Währungseinheit im Ausland. (Kap. 16)

Außenwirtschaftspolitik Maßnahmen zur Absicherung der wirtschaftspolitischen Interessen eines Landes gegenüber dem Ausland. (Kap. 6)

Autarkie (griechisch für Selbstgenügsamkeit) Situation eines Landes, das sämtliche benötigten Rohstoffe, Waren und Dienstleistungen selbst produziert und somit auf jeglichen Außenhandel verzichtet. (Kap. 6)

Automatische Stabilisatoren Staatliche Einnahmen und Ausgaben, die so ausgestaltet sind, dass bei einem Rückgang der gesamtwirtschaftlichen Nachfrage automatisch die Nachfrage stimuliert wird. (Kap. 15)

Bank Run Krisensituation, bei der die meisten Einleger gleichzeitig ihre Einlagen bei einer Bank abheben möchten und die Bank wegen mangelnder liquider Mittel zu dieser Auszahlung nicht in der Lage ist. (Kap. 3)

Bedarf Konkretisiertes Bedürfnis des Einzelnen, das sich am Markt als Nachfrage äußert, sofern die nötigen Zahlungsmittel vorhanden sind. (Kap. 2)

Bedürfnis Wunsch, einen empfundenen Mangel zu beseitigen oder zu mildern. (Kap. 1)

Beitragssatz Prozentsatz des Lohns, der als Beitrag für eine Sozialversicherung bezahlt werden muss. Wird in Deutschland in der Regel je zur Hälfte von Arbeitnehmer und Arbeitgeber gezahlt. (Kap. 13)

Beveridge-Kurve Grafische Darstellung des Zusammenhangs zwischen der Anzahl Arbeitsloser und der Anzahl offener Stellen. (Kap. 13)

Binnenmarkt Integrationsform, bei der nicht nur Waren und Dienstleistungen, sondern auch die Produktionsfaktoren Arbeit und Kapital frei gehandelt werden können. (Kap. 7)

Binnenwert Kaufkraft einer inländischen Währungseinheit im Inland. (Kap. 16)

Bretton-Woods-Konferenz Konferenz der Alliierten 1944 in Bretton Woods (USA), um die globale wirtschaftliche Zusammenarbeit nach dem Zweiten Weltkrieg festzulegen. (Kap. 7)

Bretton-Woods-System Ein System fixer Wechselkurse, an dem die wichtigsten Währungen der Welt – mit dem US-Dollar als Leitwährung – beteiligt waren. (Kap. 17)

Bruttoinlandsprodukt (BIP) pro Kopf Wert der gesamten Produktion (abzüglich Vorleistungen) von Waren und Dienstleistungen pro Einwohner, die während eines Jahres in einem Land hergestellt werden. (Kap. 1)

Bruttonationaleinkommen (BNE) Früher Bruttosozialprodukt genannt. Gesamte Produktion von Gütern, die von Inländern während einer Zeitperiode erbracht wird. Im Gegensatz zum BIP werden auch von ihnen im Ausland produzierte Werte berücksichtigt. (Kap. 9)

Budgetdefizit Die Ausgaben eines öffentlichen Haushalts übersteigen innerhalb einer Budgetperiode dessen Einnahmen. (Kap. 15)

Cassis-de-Dijon-Prinzip Prinzip, nach dem die EU-Länder beim Handel miteinander jene nationalen technischen Vorschriften gegenseitig anerkennen, die nicht EU-weit vereinheitlicht sind. Der Begriff geht auf ein Urteil des Europäischen Gerichtshofs zurück, das den Verkauf französischen Johannisbeerlikörs in

Deutschland ermöglichte, obwohl dessen Alkoholgehalt nicht dem eines deutschen „Likörs" entsprach. (Kap. 7)

Clubgüter Güter, die ausschließbar, aber nicht rivalisierend im Gebrauch sind. (Kap. 11)

CO_2-Zertifikat Handelbares Recht, eine bestimmte Menge an Treibhausgasen in die Atmosphäre auszustoßen. (Kap. 9)

Crowding-out Verdrängung privater Investitionen, weil durch die staatliche Nachfrage nach Krediten die Zinsen steigen. (Kap. 11)

Deflation Anhaltender Rückgang des Preisniveaus (Preise aller Güter). (Kap. 16)

Depression Eine besonders schwere und lang anhaltende Rezessionsphase. (Kap. 14)

Deregulierung Lockerung oder Beseitigung staatlicher Regulierungen. (Kap. 11)

Devisen Gelder und Kontoguthaben in einer Fremdwährung. (Kap. 6)

Direkte Steuer Steuer, die aufgrund von persönlichen Merkmalen der steuerpflichtigen Personen oder Unternehmen erhoben wird, etwa aufgrund des Einkommens oder des Vermögens. (Kap. 11)

Direktinvestition Substanzielle Beteiligung eines inländischen Investors an einem ausländischen Unternehmen. (Kap. 6)

Dispositionskredit (kurz: Dispo) Möglichkeit für Bankkunden, bis zu einer bestimmten Höhe weiter Geld abzuheben oder zu überweisen, obwohl auf ihrem Konto kein Guthaben vorhanden ist. Für diese Überziehungsmöglichkeit verlangen Banken hohe Zinsen. (Kap. 3)

Dividende Ausschüttung des Gewinns einer Aktiengesellschaft an die Aktionäre. (Kap. 4)

Dreisäulenprinzip Konzept der deutschen Altersvorsorge, wobei die erste Säule durch die Basisversorgung der gesetzlichen Rentenversicherung (GRV), die zweite Säule durch die Zusatzversorgung aus betrieblicher Vorsorge und staatlich geförderter Riester-Rente und die dritte Säule durch die rein private Vorsorge gebildet wird. (Kap. 12)

Dynamischer Wachstumseffekt Ergibt sich dann, wenn zusätzliche Produktionsfaktoren die Produktionsmöglichkeiten erhöhen. (Kap. 8)

Effizienz Situation, in der es mit den gegebenen Ressourcen nicht möglich ist, mehr von einem Gut zu produzieren, ohne dass von einem anderen Gut weniger hergestellt werden kann. Im weiteren Sinne bezeichnet Effizienz eine Situation, in der die Wohlfahrt der Akteure maximiert ist. (Kap. 5)

EFTA Abkürzung für „European Free Trade Association". Diese Freihandelszone wurde 1960 als Gegengewicht zur damaligen EG gegründet. (Kap. 7)

Eigenhandel Bankgeschäft, das darin besteht, Wertpapiere auf eigene Rechnung zu handeln, um daraus einen Gewinn zu erzielen. (Kap. 3)

Eigenkapital Finanzierung über Geldgeber, die Miteigentümer des Unternehmens sind. (Kap. 3)

Eigenkapitalanforderungen Regulierung, die verlangt, dass eine Bank einen gewissen Mindestanteil an Eigenkapital hält. (Kap. 3)

Eigentumsrechte Durchsetzbare Rechte, die das Eigentum der Menschen schützen. (Kap. 11)

Elastizität Ausmaß der Reaktion einer Größe auf die Veränderung einer anderen wirtschaftlichen Größe. (Kap. 5)

Entstehungsseite des BIP (Entstehungsrechnung) Berechnung des BIP über die entstandene Wertschöpfung bei der Produktion von Waren und Dienstleistungen. (Kap. 9)

Erneuerbare-Energien-Gesetz (EEG) Gesetz, das durch langfristige Zusicherung finanzieller Anreize Investoren zur Stromerzeugung aus erneuerbaren Energien (Sonne, Wind, Wasser, Biomasse) motivieren soll. (Kap. 9)

Erwerbsbevölkerung Alle arbeitsfähigen und arbeitswilligen 15- bis 64-jährigen Personen. Durch die schrittweise Erhöhung des Renteneintrittsalters werden ab dem Jahr 2031 auch die bis 66-Jährigen zur Erwerbsbevölkerung gehören. (Kap. 13)

Erwerbsquote Prozentualer Anteil der Erwerbsbevölkerung an der Gesamtheit der 15- bis 64-Jährigen. (Kap. 13)

Erwerbstätigenquote Prozentualer Anteil der Bevölkerung im erwerbsfähigen Alter zwischen 15 und 64 Jahren, der einer bezahlten Arbeit nachgeht. (Kap. 15)

Europäische Währungsunion (EWU) Zusammenschluss eines Teils der Mitgliedsländer der EU zu einer Währungsunion mit dem Euro als gemeinsamer Währung und der EZB als gemeinsamer Zentralbank. (Kap. 17)

Europäische Zentralbank (EZB) Institution, die für die gemeinsame Geldpolitik der Mitgliedsländer der Eurozone zuständig ist. (Kap. 17)

Europäischer Wirtschaftsraum (EWR) Der EWR erweitert den Europäischen Binnenmarkt um Island, Norwegen und Liechtenstein. (Kap. 7)

Europäisches Währungssystem (EWS) Währungspolitische Zusammenarbeit der Mitglieder der früheren Europäischen Gemeinschaft mit dem Ziel, Währungsstabilität zu gewährleisten. (Kap. 6)

Eurozone Alle Länder, die den Euro als alleiniges gesetzliches Zahlungsmittel eingeführt haben. Im Jahr 2014 waren dies 18 Länder. (Kap. 17)

Evaluierung Überprüfung der Folgen einer politischen Maßnahme. (Kap. 13)

Externe Effekte Auswirkung der Handlung eines ökonomischen Akteurs auf die Handlungen eines anderen, ohne dass sich dies in den Preisen widerspiegelt. Externe Effekte werden auch als Externalitäten bezeichnet. (Kap. 11)

Finanzausgleich Weitgehende Anpassung der Finanzkraft der öffentlichen Hand zwischen den Bundesländern und zwischen den Kommunen, auch mithilfe von Transfers des Bundes. (Kap. 12)

Finanzblase Übertriebener Preisanstieg für Wertpapiere (z. B. Aktien) oder Wertobjekte (z. B. Immobilien). (Anhang)

Finanzmärkte Organisierte Märkte, auf denen Wertpapiere gehandelt werden. (Kap. 4)

Finanzpolitik Maßnahmen zur Steuerung der Einnahmen und Ausgaben des Staates. (Kap. 11)

Fiskalpolitik Beeinflussung der Konjunktur durch die Gestaltung der Staatseinnahmen und -ausgaben. (Kap. 16)

Fixer Wechselkurs Wechselkurssystem, bei dem die Kurse der beteiligten Währungen innerhalb einer gewissen Bandbreite gegeneinander fixiert sind. (Kap. 6)

Fixkosten Kosten, die unabhängig davon anfallen, wie viel von einem Gut produziert wird. (Kap. 11)

Fixkurssystem Wechselkurssystem, in dem die Währungen innerhalb von definierten Bandbreiten aneinander gebunden sind. (Kap. 6)

Flexibler Wechselkurs Wechselkurs, der sich auf dem freien Markt bildet, ohne dass die Zentralbank versucht, diesen Kurs mit gezielten geldpolitischen Eingriffen zu gestalten. (Kap. 6)

Föderalismus Die einzelnen Bundesländer eines Landes bewahren ein großes Maß an politischer Eigenständigkeit. (Kap. 11)

Freihandel Grenzüberschreitender Handel, der nicht durch Zölle und andere Handelshemmnisse beeinträchtigt wird. (Kap. 7)

Freihandelsabkommen Meist bilaterale Abkommen, die den Handel zwischen den beteiligten Staaten liberalisieren. (Kap. 7)

Freihandelszone Integrationsform, bei der Zölle und andere Handelsbeschränkungen zwischen den Mitgliedsländern abgeschafft werden, die Außenzölle gegenüber Nichtmitgliedern aber nicht vereinheitlicht werden. (Kap. 7)

Fremdkapital Finanzierung über Geldgeber, die nicht Eigentümer des Unternehmens sind. (Kap. 3)

Friktionelle Arbeitslosigkeit Arbeitslosigkeit, die beim Stellenwechsel dadurch entsteht, dass die neue Stelle erst gefunden werden muss. Die friktionelle Arbeitslosigkeit wird auch als Sucharbeitslosigkeit bezeichnet. (Kap. 13)

Fristentransformation Volkswirtschaftliche Funktion der Banken, dafür zu sorgen, dass kurzfristig angelegte Spargelder für langfristige Investitionsprojekte zur Verfügung gestellt werden. (Kap. 3)

Gebühr Zahlungen an den Staat für klar definierte Gegenleistungen, z. B. für das Ausstellen eines Reisepasses. (Kap. 11)

Geldillusion Psychologisch erklärbare, aber falsche Annahme, dass sich mit steigendem Nominallohn automatisch die persönliche Kaufkraft erhöht. Gründet auf dem Glauben der Wirtschaftsakteure an die Stabilität des Geldes. (Kap. 3)

Geldmarkt Markt für Zentralbankgeld, auf dem sich die Banken gegenseitig kurzfristige Kredite geben können. Banken, die zu viel Zentralbankgeld haben, leihen es denen, die es gerade benötigen. (Kap. 17)

Geldmenge Menge an Mitteln, die für Zahlungen verwendet werden können. (Kap. 15)

Geldmengenziel Geldpolitisches Ziel, das Preisstabilität über die Beeinflussung der Geldmenge erreichen will. (Kap. 17)

Geldpolitik Steuerung des Geldangebots durch die Zentralbank. Bei einer expansiven Geldpolitik wird die Geldmenge erhöht, bei einer restriktiven reduziert. (Kap. 14)

Geldschöpfung Schaffung von Geld, indem die Zentralbank den Geschäftsbanken und schließlich die Geschäftsbanken weiteren Akteuren Kredite gewähren. (Kap. 17)

Geldschöpfungsmultiplikator Faktor, um den sich eine von der Zentralbank geschaffene Geldeinheit durch die Geldschöpfung der Geschäftsbanken maximal erhöhen kann. (Kap. 3)

Gesamtwirtschaftliche Nachfrage Die gesamte, während einer bestimmten Periode gekaufte Menge an Waren und Dienstleistungen. (Kap. 4)

Gesamtwirtschaftliche Produktionsfunktion Beziehung zwischen der in einer Volkswirtschaft produzierten Menge an Waren und Dienstleistungen (reales BIP) und den insgesamt dafür eingesetzten Produktionsfaktoren. (Kap. 9)

Gesamtwirtschaftliches Angebot Die gesamte, während einer bestimmten Periode produzierte Menge an Waren und Dienstleistungen. (Kap. 4)

Geschäftsbanken Kommerzielle Geldinstitute, die Gelder entgegennehmen und als Kredite vergeben. Alle Sparkassen und Banken außer der Zentralbank werden als Geschäftsbanken bezeichnet. (Kap. 3)

Gesellschaftsvertrag unter Unsicherheit Konzept zur Beurteilung der Verteilungsgerechtigkeit, demgemäß die Mitglieder einer Gesellschaft über die gesellschaftlichen Regeln in einem Zustand der Unsicherheit über ihre eigene zukünftige Position in dieser Gesellschaft befinden. Das Konzept wurde durch den amerikanischen Philosophen John Rawls begründet. (Kap. 12)

Gesetz abnehmender Grenzerträge Gesetzmäßigkeit, nach der limitierende Inputfaktoren dazu führen, dass der zusätzliche Output pro Inputeinheit mit steigender Inputmenge abnimmt. (Kap. 8)

Gesetz der Nachfrage Die nachgefragte Menge sinkt mit steigenden Preisen, wenn alle anderen Einflüsse konstant gehalten werden. (Kap. 5)

Gesetz des abnehmenden Grenznutzens (Erstes Gossensches Gesetz) Je mehr man von einer Ware oder einer Dienstleistung bereits konsumiert hat, desto geringer wird der Nutzen einer zusätzlich konsumierten Einheit. (Kap. 5)

Gesetz vom Ausgleich der Grenznutzen (Zweites Gossensches Gesetz) Ein Wirtschaftsakteur verteilt sein Einkommen so auf seine verschiedenen Bedürfnisse, dass ihm im besten Fall jedes konsumierte Gut geteilt durch dessen Preis den gleichen Grenznutzen stiftet. (Kap. 5)

Gesetzesfolgenabschätzung Verfahren, um die Auswirkungen neuer Regulierungen auf die Volkswirtschaft aufzuzeigen. (Kap. 11)

Girokonten der Geschäftsbanken bei der Zentralbank Konten, welche die Geschäftsbanken bei der Zentralbank haben. Diese sind so liquide wie Bargeld und werden deshalb zur Zentralbankgeldmenge gezählt. (Kap. 17)

Gleichgewicht Situation, in der kein wirtschaftlicher Akteur einen Grund hat, seine Handlungen anzupassen. (Kap. 5)

Globalisierung Zunehmende wirtschaftliche Verflechtung von Volkswirtschaften durch die raschere Verbreitung von Technologien und das Wachstum des globalen Handels und der internationalen Finanzströme. (Kap. 6)

Grenzkosten Anstieg der Gesamtkosten bei der Produktion einer zusätzlichen Einheit. (Kap. 8)

Grenznutzen Nutzen, der entsteht, wenn eine zusätzliche Einheit einer Ware oder einer Dienstleistung konsumiert wird. (Kap. 2)

Größenvorteile Technologisch bedingte Vorteile der Massenproduktion, die dafür sorgen, dass die Stückkosten eines Herstellers mit zunehmender Produktionsmenge sinken. (Kap. 11)

Grundsicherung für Arbeitsuchende Grundsicherung des Lebensunterhalts für Erwerbsfähige (Arbeitslosengeld II) und ihre Angehörigen (Sozialgeld). (Kap. 12)

Handelsbilanz Stellt die Warenexporte eines Landes den Warenimporten gegenüber. Der Saldo der Handelsbilanz entspricht den Nettoexporten. (Kap. 6)

Handelsliberalisierung Maßnahmen zur Förderung des freien Handels, insbesondere der Abbau von Zöllen und anderen Handelshemmnissen. (Kap. 7)

Handelspolitik Alle staatlichen Maßnahmen, die den internationalen Handel eines Landes gezielt beeinflussen. Wird auch als Außenhandelspolitik bezeichnet. (Kap. 7)

Handelsschaffung Erhöhung der Menge an gehandelten Waren und Dienstleistungen durch wirtschaftliche Integration. (Kap. 7)

Handelsumlenkung Waren und Dienstleistungen werden nicht mehr vom weltweit günstigsten Produzenten bezogen, sondern vom günstigsten Produzenten innerhalb des Integrationsraums, dessen Preise nicht mehr durch Zölle belastet sind. (Kap. 7)

Harmonisierter Verbraucherpreisindex (HVPI) Preisindex, der für die EU-Länder nach einheitlichen Kriterien berechnet wird und länderübergreifende Preisniveauvergleiche zulässt. (Kap. 16)

Harte Kartelle Absprachen, die den Wettbewerb besonders drastisch einschränken. Darunter fallen Preis-, Mengen- und Gebietskartelle. (Kap. 11)

Hartz-Reformen Nach dem ehemaligen VW-Personalmanager und Regierungsberater Peter Hartz benanntes Reformprogramm für den Arbeitsmarkt, das in vier Schritten (Hartz I bis IV) größtenteils umgesetzt wurde. Schwerpunkt ist das unter dem Slogan „Fördern und Fordern" eingeführte Arbeitslosengeld II. (Kap. 12)

Hochkonjunktur Gesamtwirtschaftliche Situation, in der wegen der großen Nachfrage die Produktionsfaktoren übermäßig ausgelastet sind. Wird auch als Boom bezeichnet. (Kap. 4)

Homo oeconomicus Verhaltensmodell der Volkswirtschaftslehre, das davon ausgeht, dass sich die Menschen bei Entscheidungen rational verhalten und ihren Nutzen maximieren. (Kap. 1)

Homogene Güter Güter, die sich in ihrer Qualität nicht unterscheiden und vollkommen gegeneinander austauschbar sind. (Kap. 5)

Humankapital Fähigkeiten, Fertigkeiten und Wissen der Arbeitskräfte, in der Regel erworben durch Aus- und Weiterbildung. (Kap. 8)

Hyperinflation Sehr starke Inflation. Als Faustregel gilt: Liegen die monatlichen Inflationsraten über 50%, wird von Hyperinflation gesprochen. (Kap. 16)

Hypothekarkredit Langfristiges Darlehen, das durch das Pfandrecht an einem Grundstück gesichert ist. (Anhang)

Immaterielle Güter Güter wie z.B. Patente oder Dienstleistungen, die einen Nutzen stiften, aber nicht physisch existieren. (Kap. 2)

Indikator Eine beobachtbare Größe, die Aufschlüsse über eine nicht beobachtbare Größe oder einen nur schwer messbaren Zustand gibt. (Kap. 14)

Indirekte Steuer Steuer, die auf Markttransaktionen im weitesten Sinne erhoben wird. Ein typisches Beispiel ist die Mehrwertsteuer. (Kap. 11)

Inflation Anstieg des generellen Preisniveaus, meist gemessen als prozentuale Veränderung des Preises für einen repräsentativen Warenkorb. (Kap. 3)

Inflationsprognose Vorhersage der zukünftigen Inflationsentwicklung, meist unter Zuhilfenahme statistischer Modelle. (Kap. 17)

Inflationsziel Geldpolitisches Ziel, das direkt die Preisstabilität anvisiert. (Kap. 17)

Informelle Wirtschaftsbeziehungen Aufgrund fehlender Rechtssicherheit handeln die Akteure nicht über anonyme Märkte, sondern nur mit ihnen bekannten Personen oder Unternehmen. (Kap. 11)

Inländerbehandlung Prinzip der WTO, nach dem inländische Produkte gegenüber Produkten anderer WTO-Mitgliedsländer nicht durch Regulierungen bevorzugt werden dürfen. (Kap. 7)

Innovation Erfindung oder Verbesserung eines Produkts oder einer Produktionsmethode und deren Durchsetzung auf dem Markt. (Kap. 5)

Insolvenz Zustand, in dem Unternehmen oder Privatleute so überschuldet sind, dass sie nicht mehr in der Lage sind, ihren Schuldendienst zu leisten. (Kap. 3)

Insolvenzverfahren Befriedigung der Gläubiger eines Wirtschaftsakteurs durch Verwertung des Vermögens oder durch Sanierung mithilfe eines Insolvenzplans, bei Privathaushalten „Verbraucherinsolvenz" genannt. (Kap. 3)

Interessengruppen Unterschiedlich stark organisierte, nicht gewählte Gruppierungen, die versuchen, den politischen Prozess zu ihren Gunsten zu beeinflussen. (Kap. 11)

Intermediär Klassische Funktion der Geschäftsbanken; sie sorgen dafür, dass die Ersparnisse der Haushalte zu den Investoren fließen. (Kap. 4)

Internalisierung Berücksichtigung der externen Effekte durch die Verursacher. (Kap. 11)

Internationaler Währungsfonds (IWF) Internationale Organisation, die unter anderem zum Ziel hat, die Stabilität des internationalen Finanzsystems zu fördern. (Kap. 7)

Investitionsausgaben Ausgaben der Unternehmen und der öffentlichen Hand für sehr langlebige Güter. (Kap. 9)

Investmentbanking Bankgeschäft, das vor allem darin besteht, Unternehmen bei Finanzmarktgeschäften zu unterstützen. (Kap. 3)

Kalte Progression Anstieg der realen Steuerlast, der dadurch entsteht, dass bei Inflation Arbeitnehmer mit steigenden Nominallöhnen höheren Steuersätzen als zuvor unterworfen werden, auch wenn sie real nicht mehr verdienen. (Kap. 16)

Kapitaldeckungsverfahren Finanzierungsmethode von Versicherungen, bei der die Beiträge der Versicherten auf dem Kapitalmarkt angelegt werden, um aus Beitragssumme und Zinserträgen später den Versicherungsanspruch abzudecken. (Kap. 12)

Kapitalmarkt Markt, auf dem sich die Unternehmen und der Staat Geld in Form von langfristigen Krediten beschaffen können. (Kap. 11)

Kapitalverkehrsbilanz Teilbilanz der Zahlungsbilanz, welche alle grenzüberschreitenden Zuflüsse und Abflüsse von Kapital erfasst. (Kap. 6)

Kartell Gruppe von Unternehmen, die sich absprechen, um eine monopolistische Stellung zu erlangen. (Kap. 11)

Kaufkraft Menge an Waren und Dienstleistungen, die mit einer bestimmten Menge Geld gekauft werden kann. (Kap. 3)

Kommissionsgeschäft Teil des Bankgeschäfts, bei dem die Bank gegen eine Entschädigung (Kommission) Dienstleistungen für den Kunden erbringt. (Kap. 3)

Komparativer Vorteil Gegenüber dem Handelspartner tiefere Opportunitätskosten bei der Produktion eines Gutes. Für die Spezialisierung kommt es nur auf den komparativen, nicht den absoluten Vorteil an. (Kap. 6)

Komplementärgüter Güter, die sich in ihrem Nutzen ergänzen und deshalb oft gemeinsam nachgefragt werden. (Kap. 5)

Konjunktur Auslastung der Produktionsfaktoren in einer Volkswirtschaft, betrachtet über einen kürzeren Zeitraum (Quartale, einzelne Jahre). (Kap. 4)

Konjunkturbeobachtung Ermittlung der aktuellen konjunkturellen Situation mittels Interpretation geeigneter Indikatoren. (Kap. 14)

Konjunkturelle Arbeitslosigkeit Arbeitslosigkeit, die in einer konjunkturellen Schwächephase entsteht, da aufgrund der beschränkten gesamtwirtschaftlichen Nachfrage mehr Arbeitslose als offene Stellen vorhanden sind. (Kap. 13)

Konjunkturprognose Vorhersage der zukünftigen konjunkturellen Entwicklung mithilfe von Prognosemodellen. (Kap. 14)

Konjunkturzyklus Schwankungen der gesamtwirtschaftlichen Aktivität, gekennzeichnet durch das Aufeinanderfolgen einer Auf- und einer Abschwungsphase. (Kap. 14)

Konsumentenrente Zahlungsbereitschaft eines Konsumenten für ein Gut, abzüglich des Preises, den er tatsächlich dafür bezahlen muss. (Kap. 5)

Konvergenzkriterien Makroökonomische Bedingungen, die ein Land erfüllen muss, wenn es Mitglied der Europäischen Währungsunion (EWU) werden möchte. (Kap. 17)

Konzentrationsgrad Marktanteil, der auf die größten Anbieter eines Marktes entfällt. (Kap. 11)

Konzertierte Aktion Ehemaliger Gesprächskreis von Regierung, Arbeitgebern, Gewerkschaften und Bundesbank mit dem Ziel, durch eine Abstimmung von Fiskal-, Lohn- und Geldpolitik konjunkturelle Schwankungen auszugleichen. (Kap. 15)

Kostenfunktion Beziehung zwischen der Outputmenge eines Gutes und den Kosten, die bei der Produktion dieser Outputmenge anfallen. (Kap. 8)

Kosten-Nutzen-Analyse Untersuchung, die für eine bestimmte Entscheidung die erwarteten Kosten dem erwarteten Nutzen gegenüberstellt. (Kap. 11)

Kredit Überlassung von Geld für eine bestimmte Dauer. (Kap. 3)

Kreditausfallrisiko Risiko im Bankgeschäft, das darin besteht, dass die Kreditnehmer nicht mehr in der Lage sein können, die Kreditzinsen zu zahlen oder den Kredit zurückzuzahlen. (Kap. 3)

Kreditprüfung Die Bank überprüft vor der Vergabe von Krediten, ob der Kreditnehmer willens und fähig ist und sein wird, die regelmäßigen Zinszahlungen zu leisten und den Kredit zum Ende der Laufzeit zurückzuzahlen. (Kap. 3)

Kronzeugenregelung Strafbefreiung oder Strafreduktion für Unternehmen, die als Mittäter helfen, Verstöße gegen die Wettbewerbsregeln aufzudecken. (Kap. 11)

Kündigungsschutz Vorschriften, welche die Entlassung von Arbeitskräften erschweren oder verhindern. (Kap. 13)

Kurzarbeitergeld Leistung der gesetzlichen Arbeitslosenversicherung, die bei Auftragsmangel in Betrieben anstelle des Arbeitgebers für eine bestimmte Zeit einen Teil des Lohns der Belegschaft zahlt, damit diese nicht entlassen wird. (Kap. 15)

Kyoto-Protokoll Internationale Vereinbarung über verbindliche Reduktionsziele beim Ausstoß von CO_2, abgeschlossen 1997 in der japanischen Stadt Kyoto. (Kap. 9)

Leistungsbilanz Teilbilanz der Zahlungsbilanz, welche hauptsächlich alle Einnahmen und Ausgaben aus dem Handel mit Gütern und aus der internationalen Verwendung von Produktionsfaktoren erfasst. (Kap. 6)

Leitwährung Referenzwährung bei einer Wechselkursfixierung zwischen mehreren Ländern. (Kap. 17)

Leitzins Zentraler kurzfristiger Zinssatz für die Kommunikation der Geldpolitik. (Kap. 17)

Lenkungsabgabe Besteuerung einer umweltschädigenden Tätigkeit mit dem Ziel, die externen Effekte zu internalisieren. (Kap. 11)

Liberalisierung Öffnung eines bisher monopolistischen Marktes durch die Zulassung von Wettbewerb. (Kap. 11)

Liquide Mittel Finanzielle Mittel, z. B. Bargeld oder Kontoguthaben, mit denen Zahlungen getätigt werden können. (Kap. 3)

Liquidität Leichtigkeit, mit der man ein Wertpapier oder ein Kontoguthaben zu Geld machen kann, um damit Zahlungen zu tätigen. (Kap. 3)

Liquiditätsrisiko Risiko im Bankgeschäft, das darin besteht, dass eine Bank nicht genügend liquide Mittel hat oder beschaffen kann, um Fremdkapitalgeber zu bedienen, die ihr Geld zurückhaben möchten. (Kap. 3)

Lohn-Preis-Spirale Selbstverstärkender Prozess, bei dem ein Anstieg des Preisniveaus einen Anstieg der Löhne bewirkt, der wiederum zu einer Preisanpassung nach oben führt. (Kap. 16)

Lohnstückkosten Lohnkosten pro produzierte Einheit einer Ware oder einer Dienstleistung. (Kap. 13)

Lorenzkurve Grafische Darstellung der Verteilung von Einkommen oder Vermögen in einer Gesellschaft. (Kap. 12)

Makroökonomie Teilgebiet der Volkswirtschaftslehre, das sich mit gesamtwirtschaftlichen Phänomenen wie der Inflation, den Konjunkturschwankungen oder dem langfristigen Wachstum befasst. (Kap. 1)

Makroökonomische Stabilisierung Wirtschaftspolitische Maßnahmen zur Glättung konjunktureller Schwankungen. (Kap. 11)

Marginale Entscheidung Der zusätzliche Nutzen aus einer Entscheidung wird den zusätzlichen Kosten gegenübergestellt. Überwiegt der Nutzengewinn, so entscheidet man sich dafür. (Kap. 1)

Markt Ort oder Institution, wo Angebot und Nachfrage von Waren, Dienstleistungen oder Produktionsfaktoren zusammentreffen. (Kap. 2)

Markträumung Die nachgefragte Menge entspricht der angebotenen Menge. Voraussetzung für Markträumung ist, dass der Marktpreis dem Gleichgewichtspreis entspricht. (Kap. 5)

Marktversagen Situation, in welcher der Markt keine effiziente Allokation der Ressourcen hervorbringt. (Kap. 11)

Marktwirtschaft Wirtschaftssystem, in dem die Produktions- und Konsumentscheidungen dezentral durch Märkte koordiniert werden. (Kap. 2)

Marktzutrittsschranken Faktoren, die potenzielle Konkurrenten davon abhalten, in einen bestehenden Markt einzutreten. (Kap. 11)

Materielle Güter Greifbare, physisch vorhandene Güter wie z. B. Nahrungsmittel. (Kap. 2)

Meistbegünstigung Prinzip der WTO, nach dem der Abbau einer Handelsschranke gegenüber einem Mitgliedsland gleichzeitig auch für alle anderen WTO-Mitgliedsländer gelten muss. (Kap. 7)

Mikroökonomie Teilgebiet der Volkswirtschaftslehre, das sich mit den Entscheidungen der Haushalte und Unternehmen sowie mit deren Zusammenspiel auf einzelnen Märkten befasst. (Kap. 1)

Mindestlohn Gesetzlich oder vertraglich festgelegtes Lohnminimum mit landes- oder branchenweiter Verbindlichkeit. (Kap. 13)

Mindestpreis Gesetzlich vorgegebener Minimalpreis eines Gutes. Unterhalb dieses Preises darf das Gut auf dem Markt nicht gehandelt werden. (Kap. 5)

Mindestreservesatz Prozentualer Anteil der Kundenguthaben, der von den Banken als Sicherheit liquide gehalten werden muss und nicht als Kredit vergeben werden darf. (Kap. 3)

Minimalkostenkombination Kombination der Produktionsfaktoren, mit der Unternehmen entweder eine gegebene Menge an Gütern zu minimalen Kosten herstellen oder bei gegebenen Kosten die hergestellte Gütermenge maximieren. (Kap. 8)

Mischfinanzierung Vermengung der Zuständigkeiten für öffentliche Aufgaben zwischen den politischen Entscheidungsebenen. (Kap. 12)

Monetäre Ströme Alle Zahlungs- und Kreditvorgänge in einer Volkswirtschaft. (Kap. 4)

Monetarismus Ökonomische Theorie, nach der Inflation immer durch ein Überangebot an Geld verursacht wird. (Kap. 17)

Monetisierung der Verschuldung Finanzierung einer Staatsverschuldung über die Geldschöpfung. Dies führt zu einer hohen Inflation und reduziert damit zusätzlich den realen Wert der bestehenden Verschuldung. (Kap. 11)

Monopolmacht Ein Unternehmen ist auf einem bestimmten Markt der einzige Anbieter und kann wegen der fehlenden Konkurrenz die Preise auf diesem Markt zu seinen Gunsten beeinflussen. (Kap. 11)

Monopolrente Einkommen, das ein Monopolist im Vergleich zum vollkommenen Wettbewerb zusätzlich erhält, weil er seine Preise unabhängig vom Wettbewerb gewinnmaximierend festlegen kann. (Kap. 11)

Nachfragekurve Grafische Darstellung der nachgefragten Menge in Abhängigkeit vom Preis. (Kap. 5)

Nachfrager Wirtschaftliche Akteure, die Güter erwerben möchten und auf einem Markt als Käufer auftreten. (Kap. 2)

Nachfragestimulierung Positive Beeinflussung der gesamtwirtschaftlichen Nachfrage mittels wirtschaftspolitischer Maßnahmen. (Kap. 15)

Nachfrageüberhang Die nachgefragte Menge übersteigt die angebotene Menge, weil der herrschende Preis unter dem Gleichgewichtspreis des Marktes liegt. (Kap. 5)

Nachhaltige Staatsfinanzierung Die Ausgaben des Staates sind langfristig (über einen Konjunkturzyklus hinweg) durch die ordentlichen Einnahmen gedeckt. (Kap. 10)

Nachhaltigkeit Situation, in der die Möglichkeiten der kommenden Generationen durch heutige Handlungen nicht eingeschränkt werden. (Kap. 9)

Nachsorge In der Regel durch den Staat organisierte, nachträgliche Beseitigung einer Umweltverschmutzung. (Kap. 11)

Natürliches Monopol Monopolsituation, die deshalb besteht, weil die hohen Fixkosten der Produktion potenzielle Konkurrenten davon abhalten, in den Markt einzutreten. (Kap. 11)

Negativer Nachfrageschock Unerwarteter Rückgang der gesamtwirtschaftlichen Nachfrage. (Kap. 15)

Nettoexporte Wert der Exporte einer Volkswirtschaft abzüglich des Werts der Importe. (Kap. 9)

Nichttarifäre Handelshemmnisse Alle protektionistischen Maßnahmen, die den freien Austausch von Waren und Dienstleistungen behindern – mit Ausnahme der Zölle. Beispiele sind Quoten, unterschiedliche technische Vorschriften und Subventionen. (Kap. 7)

No-Bailout-Klausel (Nichtbeistandsklausel) Regel im EU-Vertragswerk, wonach ein Mitgliedsland nicht für die Schulden anderer EU-Länder zu haften hat. (Kap. 17)

Nominale Abwertung Verringerung des Werts einer Währung gegenüber einer anderen Währung. Wertet die einheimische Währung ab, wird die ausländische Währung im Vergleich dazu teurer. (Kap. 6)

Nominale Größe Eine wirtschaftliche Kennziffer, die nicht um die Inflation korrigiert und damit zu laufenden Preisen bewertet wird. (Kap. 3)

Nominales BIP Die gesamte, zu laufenden Preisen bewertete Produktion von Waren und Dienstleistungen einer Volkswirtschaft. (Kap. 9)

Nutzen Maß für das Wohlbefinden oder die Zufriedenstellung eines wirtschaftlichen Akteurs. (Kap. 2)

OECD Organisation von 34 Ländern, die sich einer demokratischen Regierungsform und der Marktwirtschaft verpflichtet fühlen. Die OECD erarbeitet z. B. wirtschaftspolitische Entscheidungsgrundlagen in Form von Publikationen und Statistiken. (Kap. 9)

Offenmarktpolitik Kauf und Verkauf von Aktiva (hauptsächlich Wertpapiere) durch die Zentralbank, um ihre geldpolitischen Ziele zu erreichen. (Kap. 17)

Öffentliche Güter Güter, die im Gebrauch weder rivalisierend noch ausschließbar sind und deren Bereitstellung sich daher für wirtschaftliche Akteure in der Regel nicht rechnet. Deshalb werden sie auf einem freien Markt in ungenügendem Ausmaß zur Verfügung gestellt. (Kap. 11)

Ökonomie Je nach Zusammenhang ein Synonym für die Volkswirtschaftslehre als Wissenschaft oder ein Synonym für die Gesamtwirtschaft eines Landes (Volkswirtschaft). (Kap. 1)

Ökosteuer Eine Steuer, die das Verhalten der Marktakteure in ökologisch gewünschte Bahnen lenken soll. In Deutschland verbirgt sich dahinter keine einzelne Steuer, sondern ein Bündel an verschiedenen Abgaben, z. B. auf den Strom- oder Kraftstoffverbrauch. (Kap. 9)

OPEC Abkürzung für „Organization of the Petroleum Exporting Countries", das Kartell der wichtigsten Erdöl exportierenden Staaten. (Kap. 5)

Opportunitätskosten Kosten, die bei einer Entscheidung für eine Handlung dadurch anfallen, dass die Vorteile einer alternativen Handlung nicht realisiert werden können. (Kap. 1)

Optimaler Währungsraum Theoretisches Konstrukt, wonach Länder für eine Währungsunion geeignet sind, wenn zwischen ihnen ähnliche makroökonomische Strukturen bestehen und eine hohe Mobilität ihrer Produktionsfaktoren herrscht. (Kap. 17)

Ordnungsrechtlicher Umweltschutz Staatliche Vorschriften in Form von Geboten und Verboten, die umweltschädigende Tätigkeiten einschränken sollen. (Kap. 11)

Pareto-Effizienz Technische Bezeichnung für das volkswirtschaftliche Konzept der Effizienz. Die Bezeichnung verweist auf den italienischen Ökonomen Vilfredo Pareto. (Kap. 8)

Paritätische Finanzierung Prinzip der gesetzlichen Sozialversicherungen, nach dem die Beiträge jeweils zur Hälfte von Arbeitnehmer und Arbeitgeber getragen werden. Gilt nicht mehr bei der Krankenversicherung; bei dieser zahlen Arbeitnehmer inzwischen mehr als 50 %. (Kap. 12)

Passiva Rechte Seite der Bilanz einer Bank oder eines Unternehmens; zeigt die Herkunft der Mittel an, z. B. Schulden und Eigenkapital. (Kap. 17)

Planwirtschaft Wirtschaftssystem, in dem eine zentrale Planungsbehörde über die Produktion und damit auch den Konsum von Waren und Dienstleistungen entscheidet. (Kap. 2)

Politische Konjunkturzyklen Aus wahltaktischen Gründen ausgelöste Konjunkturzyklen. (Kap. 15)

Politische Ökonomie Zweig der Volkswirtschaftslehre, der politische Prozesse mit ökonomischen Konzepten untersucht. (Kap. 11)

Polypol Eine Marktform, bei der eine Vielzahl von Anbietern einer Vielzahl von Nachfragern gegenübersteht. (Kap. 5)

Portfolioinvestition Kauf von ausländischen Wertpapieren (v. a. Aktien und Anleihen), die nicht zu einer größeren Beteiligung an Unternehmen führen. (Kap. 6)

Präferenz Bevorzugung einer bestimmten Handlungsalternative, die sich aus der individuellen Bewertung aller Handlungsalternativen ergibt. (Kap. 5)

Preis Maß für die Knappheit von Waren und Dienstleistungen. (Kap. 1)

Preisliche Wettbewerbsfähigkeit Die inländischen Preise sind, in die gleiche Währung umgerechnet, niedriger als die entsprechenden Preise im Ausland. (Kap. 6)

Preisniveau Höhe der Preise in einem Land, meist gemessen als Preis eines repräsentativen Warenkorbs. (Kap. 3)

Preissignal Information, welche die Preise den Marktteilnehmern über die relative Knappheit eines Gutes vermitteln. (Kap. 5)

Preisstabilität Zustand, in dem ein gewichteter Durchschnitt der für den Konsum relevanten Preise einer Volkswirtschaft keine großen Schwankungen aufweist. (Kap. 10)

Private Güter Güter, die rivalisierend und ausschließbar im Gebrauch sind. Die meisten Güter sind private Güter. (Kap. 11)

Private Kosten Kosten, die bei der Produktion von Waren und Dienstleistungen beim Produzenten anfallen. (Kap. 11)

Privater Konsum Konsumausgaben der privaten Haushalte. (Kap. 9)

Produktdifferenzierung Strategie von Unternehmen, aus einem von Konkurrenzprodukten kaum unterscheidbaren homogenen Produkt ein unverwechselbares zu machen, z. B. durch Produktvarianten und Imagepflege. (Kap. 11)

Produktionsfaktoren Materielle und immaterielle Mittel zur Herstellung von Waren und Dienstleistungen. (Kap. 4)

Produktionsfunktion Beziehung zwischen der Inputmenge und der Outputmenge bei der Produktion eines Gutes. (Kap. 8)

Produktionsmöglichkeitenkurve Grafische Darstellung, die aufzeigt, welche Güterkombinationen mit den gegebenen Ressourcen maximal produziert werden können. (Kap. 8)

Produktionspotenzial BIP einer Volkswirtschaft bei einer normalen Auslastung der Produktionsfaktoren. (Kap. 4)

Produzentenrente Erlös eines Produzenten für ein Gut, abzüglich der Kosten, die ihm für den Erwerb oder die Herstellung des Gutes entstanden sind. (Kap. 5)

Progressive Steuer Steuer, bei der die ökonomisch leistungsfähigeren Wirtschaftsakteure prozentual stärker besteuert werden. (Kap. 12)

Proportionale Steuer Steuer, bei der der Steuersatz bei jedem Einkommen gleich hoch ist. (Kap. 12)

Protektionismus Handelspolitische Maßnahme mit dem Ziel, die inländischen Produzenten vor ausländischer Konkurrenz zu schützen. (Kap. 5)

Qualifikation Voraussetzungen bezüglich Ausbildung, Fähigkeiten und Fertigkeiten, die eine Arbeitnehmerin oder ein Arbeitnehmer für eine Stelle vorweisen kann. (Kap. 13)

Quantitätsgleichung Ökonomischer Zusammenhang, nach dem das nominale BIP der Geldmenge multipliziert mit der Umlaufgeschwindigkeit des Geldes entsprechen muss. (Kap. 17)

Quantitätstheorie des Geldes Theorie, die besagt, dass in einer Volkswirtschaft langfristig ein proportionaler Zusammenhang zwischen der Entwicklung von Geldmenge und Preisniveau besteht. (Kap. 17)

Quoten Mengenmäßige Beschränkungen des grenzüberschreitenden Handels. Die häufigste Form ist die Importquote, welche die Einfuhr ausländischer Güter auf eine bestimmte Menge einschränkt. (Kap. 7)

Reale Abwertung Der Preis eines Güterkorbs im Inland sinkt im Verhältnis zum Preis des gleichen Güterkorbs (in die gleiche Währung umgerechnet) im Ausland. (Kap. 6)

Reale Größe Eine wirtschaftliche Kennziffer, die um die Inflation korrigiert wird. (Kap. 3)

Reale Ströme Alle Transaktionen, bei denen Güter von einem Wirtschaftssubjekt auf ein anderes übergehen, und zwar entweder für eine Gegenleistung auf Märkten oder ohne Gegenleistung wie bei Transfers oder Geschenken. (Kap. 4)

Realer Wechselkurs Gibt an, in welchem Verhältnis ein repräsentativer Güterkorb eines Landes gegen den gleichen Güterkorb eines anderen Landes getauscht werden kann. (Kap. 6)

Reales BIP Die gesamte, zu konstanten Preisen bewertete Produktion von Waren und Dienstleistungen einer Volkswirtschaft. (Kap. 9)

Realkapital Anlagen und Einrichtungen, die zur Produktion von Waren und Dienstleistungen eingesetzt werden. (Kap. 8)

Reallohn Lohn, der um die Inflation korrigiert ist und somit anzeigt, welche Menge an Waren und Dienstleistungen damit gekauft werden kann. (Kap. 13)

Realzins Um die Inflation korrigierter Nominalzins. (Kap. 16)

Regionale Integration Handelsliberalisierung zwischen einzelnen, geografisch meist nahe beieinander gelegenen Ländern. Oft wird auch nur der Begriff Integration verwendet. (Kap. 7)

Regulierung Begrenzung des Handlungsspielraums der wirtschaftlichen Akteure durch Gesetze und Verordnungen. (Kap. 11)

Relative Knappheit Knappheit eines Gutes im Verhältnis zur Knappheit anderer Güter. (Kap. 2)

Relativer Preis Preis eines Gutes im Verhältnis zum Preis anderer Güter. (Kap. 5)

Rent-Seeking Statt Ressourcen produktiv zu verwenden, werden diese eingesetzt, um über den politischen Prozess Umverteilungen zu erreichen. (Kap. 11)

Repogeschäft Sehr kurzfristige Geschäfte der Zentralbank mit den Geschäftsbanken. Die Geschäftsbank erhält dabei für kurze Zeit liquide Mittel, wofür die Zentralbank den sogenannten Repozins verrechnet. (Kap. 3)

Reservationslohn Individuell erwarteter minimaler Lohn. Für einen Lohn unter diesem Minimum verzichtet eine Arbeitnehmerin oder ein Arbeitnehmer auf eine Beschäftigung. (Kap. 13)

Ressourcen Materielle oder immaterielle Mittel, die zur Befriedigung von Konsumbedürfnissen oder für die Produktion von Waren und Dienstleistungen verwendet werden können. (Kap. 1)

Restschuldbefreiung Vereinbartes Erlassen der restlichen Schulden, wenn der private Schuldner seinen Gläubigern mehrere Jahre lang sein pfändbares Einkommen überlassen und seine Schuld damit teilweise getilgt hat. (Kap. 3)

Rezession Periode, in der die Produktionsfaktoren schlecht ausgelastet sind. Die realen Einkommen nehmen ab und die Arbeitslosigkeit steigt. (Kap. 4)

Riester-Rente Zusätzlich zur gesetzlichen Rentenversicherung ansparbare private, kapitalgedeckte Rente, die stark durch staatliche Zulagen und Steuerersparnisse gefördert wird. Benannt nach einem ehemaligen Bundesarbeitsminister. (Kap. 12)

Rivalität Eigenschaft eines Gutes, wonach der Gebrauch des Gutes verhindert, dass ein anderer wirtschaftlicher Akteur das gleiche Gut auch konsumieren kann. (Kap. 11)

Römische Verträge Abkommen zwischen Belgien, Deutschland, Frankreich, Italien, Luxemburg und den Niederlanden, mit dem unter anderem die Europäische Wirtschaftsgemeinschaft (EWG), die Vorgängerin der Europäischen Gemeinschaft (EG), gegründet wurde. (Kap. 7)

Sachwerte Physische Güter wie Immobilien oder Schmuck, die bei Inflation im Gegensatz zu Bargeld nicht an Wert verlieren. (Kap. 16)

Schengener Abkommen Europäischer Vertrag über die Zusammenarbeit im Bereich der inneren Sicherheit, mit dem insbesondere die Personenkontrollen an den gemeinsamen Grenzen abgeschafft wurden. (Kap. 7)

Schock Eine bedeutende, plötzliche und unerwartete Änderung einer wirtschaftlichen Kenngröße. (Kap. 5)

Schulden Leistungen in festgelegter Höhe, die ein Schuldner einem Gläubiger zu erbringen hat. Auch als Verbindlichkeiten bezeichnet. (Kap. 3)

Schuldenbremse Finanzpolitischer Mechanismus zur Stabilisierung der Staatsverschuldung unter Berücksichtigung des Konjunkturzyklus. (Kap. 11)

Schuldendienst Zahlungen des Schuldners an den Gläubiger; umfasst Tilgung und Zinsen. (Kap. 3)

Sektor Einteilung der Quellen der volkswirtschaftlichen Produktion in den primären Sektor, der Agrarprodukte herstellt, den sekundären Sektor, der Industriewaren fabriziert, und den tertiären Sektor, der Dienstleistungen anbietet. (Kap. 1)

Sichteinlagen Bankguthaben, über die innerhalb eines Tages verfügt werden kann. (Kap. 3)

Sockelarbeitslosigkeit Die Anzahl freier Stellen entspricht der Anzahl Arbeitsloser. Die Sockelarbeitslosigkeit wird auch als gleichgewichtige Arbeitslosigkeit bezeichnet. (Kap. 13)

Solidaritätsprinzip Versicherungsprinzip, bei dem es zwischen den Versicherten zu starken Umverteilungen kommt. Die Beiträge richten sich nach der finanziellen Leistungsfähigkeit der

Versicherten, die Versicherungsleistungen nach deren Bedürftigkeit. (Kap. 12)

Sozialabgaben Zahlungen von Versicherten und ihren Arbeitgebern für die Sozialversicherungen. (Kap. 15)

Soziale Kosten Gesamte Kosten der Produktion von Waren und Dienstleistungen, also auch diejenigen, die aus externen Effekten resultieren. (Kap. 11)

Soziale Marktwirtschaft Marktwirtschaftlich organisiertes Wirtschaftssystem, in dem der Staat politisch gewünschte Umverteilungen von Einkommen und Vermögen vornimmt. (Kap. 2)

Sozialhilfe Grundsicherung des Lebensunterhalts für nicht Erwerbsfähige und Rentner. (Kap. 12)

Sozialkapital Ressourcen, die sich aus den Beziehungen zwischen Menschen ableiten, also aus deren Teilhabe am sozialen Netzwerk. (Kap. 9)

Sozialversicherungen Obligatorische staatliche Versicherungen, die soziale Risiken abdecken und vorwiegend über Lohnabzüge und Arbeitgeberbeiträge finanziert werden. (Kap. 12)

Sozialversicherungspflicht Pflicht, sich bei den Zweigen der deutschen Sozialversicherung zu versichern. Besteht für fest angestellte Beschäftigte, Rentner und Selbstständige einiger Berufsgruppen. (Kap. 12)

Spareinlagen Bankeinlagen, die nicht direkt für den Zahlungsverkehr bestimmt sind. (Kap. 3)

Spekulative Attacke Situation, bei der die Finanzmarktteilnehmer in großem Stil eine erwartete Wechselkurskorrektur aufgrund von bestehenden makroökonomischen Ungleichgewichten ausnutzen, und zwar durch den gezielten Kauf oder Verkauf der entsprechenden Währung. Die Spekulation erzwingt dann häufig die Anpassung, auf die spekuliert wurde. (Kap. 6)

Spezialisierung Die Unternehmen und die einzelnen Arbeitnehmer konzentrieren sich auf bestimmte eingeschränkte Abläufe innerhalb des Produktionsprozesses. (Kap. 3)

Staatsanleihen Obligationen (Schuldverschreibungen in Wertpapierform), mit denen sich der Staat auf den Finanzmärkten verschuldet. (Kap. 17)

Staatsausgaben Konsum- und Investitionsausgaben der öffentlichen Hand. (Kap. 4)

Staatskonsum Staatliche Konsumausgaben für Waren und Dienstleistungen. (Kap. 9)

Staatsquote Ausgaben aller öffentlichen Haushalte und der gesetzlichen Sozialversicherungen, gemessen als Prozentsatz des nominalen BIP. (Kap. 11)

Staatsversagen Versagen des Staates, ineffiziente Allokationen in einer Marktwirtschaft zu korrigieren. (Kap. 11)

Stabilisierungsmaßnahmen Wirtschaftspolitische Maßnahmen, um konjunkturelle Schwankungen zu dämpfen. (Kap. 15)

Stabilitäts- und Wachstumspakt Bestimmung, nach der eine Verletzung der Maastrichtkriterien zur Nettoneuverschuldung und zum Staatsschuldenstand eines Landes von der EU geahndet werden kann. (Kap. 17)

Stagflation Gleichzeitiges Auftreten einer stagnierenden Wirtschaft und einer Inflation. (Kap. 16)

Statischer Wachstumseffekt Ergibt sich dann, wenn durch einen optimierten Ressourceneinsatz mehr produziert werden kann. (Kap. 8)

Steigende Skalenerträge Überproportionale Zunahme des Outputs bei Vermehrung der Inputeinheiten. (Kap. 8)

Steuer Abgabe, die der Staat von Unternehmen und Haushalten einfordert und der keine direkte Gegenleistung gegenübersteht. (Kap. 11)

Steuerglättung Gleichmäßige Besteuerung über die Zeit hinweg. (Kap. 11)

Steuerinzidenz Analyse der Verteilungswirkung einer Steuer. Die Steuerinzidenz zeigt auf, welche Bevölkerungsgruppe eine Steuer schließlich bezahlt. (Kap. 12)

Strukturbruch Große, schockartige und in einem kurzen Zeitraum stattfindende Veränderung in der Branchenstruktur. (Kap. 4)

Strukturelle Arbeitslosigkeit Vom strukturellen Wandel verursachte Arbeitslosigkeit, bei der die Qualifikationen der arbeitslosen Personen nicht zu den Qualifikationsprofilen der offenen Stellen passen. (Kap. 13)

Strukturwandel Veränderungen in der Wirtschaftsstruktur eines Landes, insbesondere was die relative Bedeutung verschiedener Branchen betrifft. (Kap. 4)

Substitut in der Produktion Andere Güter, die ein Unternehmen mit der bestehenden Ressourcenausstattung ebenso gut produzieren könnte. (Kap. 5)

Substitutionsgüter Güter, welche dieselben oder sehr ähnliche Bedürfnisse befriedigen. (Kap. 5)

Tarifvertrag Vertrag zwischen Arbeitgeberverbänden und Gewerkschaften, der die Löhne und weitere Arbeitsbedingungen in einer bestimmten Branche und Region regelt. (Kap. 13)

Technische Handelshemmnisse Regulierungen und Normen des Importlandes, die den Handel von Gütern verteuern und damit behindern. (Kap. 7)

Technischer Fortschritt Verbesserung der Technologie, welche zu einer Steigerung der Produktivität der Produktionsfaktoren führt. (Kap. 9)

Technologie Wissen darüber, auf welche Art die Produktionsfaktoren kombiniert werden können, um Waren und Dienstleistungen zu produzieren. (Kap. 9)

Termineinlagen Einlagen, die für eine bestimmte Zeitspanne den Geschäftsbanken zur Verfügung gestellt werden und erst nach Ablauf dieser Frist wieder verfügbar sind. (Kap. 3)

„Too big to fail“ Problem, dass gewisse Banken so groß sind, dass sie nicht in Konkurs gehen können, ohne das gesamte Finanzsystem zu gefährden. (Anhang)

Transaktion Ein wirtschaftlicher Handel, bei dem z. B. Waren oder Dienstleistungen gegen Geld getauscht werden. (Kap. 2)

Transaktionskosten Kosten des Austauschs von Waren und Dienstleistungen. Damit ist nicht der Preis des gehandelten Gutes gemeint, sondern die durch die Transaktion zusätzlich anfallenden Kosten (z. B. Informations-, Verhandlungs-, Abwicklungs- und Kontrollkosten). (Kap. 3)

Transfer Meist staatliche Leistungen, die man ohne direkte Gegenleistung erhält. (Kap. 4)

Überschuldung Notlage eines Wirtschaftsakteurs, die eintritt, wenn die aufgenommenen Schulden dessen Vermögen und damit die Rückzahlungsfähigkeit übersteigen. (Kap. 3)

Umlageverfahren Finanzierungsmethode von Versicherungen, bei der die Beiträge der Versicherten unmittelbar für die Finanzierung der heutigen Versicherungsleistungen verwendet werden. (Kap. 12)

Umlaufgeschwindigkeit des Geldes Anzahl der Transaktionen, die mit einer Einheit Geld innerhalb einer Periode durchgeführt werden. (Kap. 17)

Universalbank Bank, die in allen wesentlichen Bankgeschäften tätig ist. (Kap. 3)

Unkonventionelle Geldpolitik Geldpolitische Maßnahme, die nicht auf eine Beeinflussung der kurzfristigen Zinsen zielt. (Kap. 16)

Unverzerrte Preise Preise, welche die relativen Knappheiten der Güter korrekt widerspiegeln. (Kap. 8)

Ursprungsnachweis Erklärung über die Warenherkunft, wobei als Herkunftsland das Land aufgeführt wird, in dem die letzte wesentliche Be- oder Verarbeitung des Produkts stattgefunden hat. (Kap. 7)

Utilitarismus Prinzip, wonach Regeln und Institutionen bezüglich des Nutzens beurteilt werden, den sie für jedes einzelne Individuum stiften. (Kap. 12)

Verarbeitendes Gewerbe Unternehmen, die mit maschinellen, arbeitsteiligen Methoden Agrar- und Rohstoffe nicht gewinnen, sondern be- und verarbeiten und als Waren auf großen Märkten absetzen. (Kap. 4)

Verbraucherpreisindex (VPI) Index, der die Preisentwicklung eines für deutsche Haushalte repräsentativen Warenkorbs misst. (Kap. 3)

Verbriefung Bündelung einer großen Zahl von Hypotheken zu einem handelbaren Wertpapier. Die an die Halter des Wertpapiers bezahlten Zinsen werden mit den regelmäßigen Hypothekarzinszahlungen der Haushalte finanziert. (Anhang)

Verfügbares Einkommen Einkommen eines Haushalts abzüglich Steuern und Sozialabgaben, zuzüglich staatlicher Transfers und Renten. (Kap. 15)

Vermögensverwaltung Bankgeschäft, das in der Bewirtschaftung von privaten Vermögen nach den Vorstellungen der Eigentümer besteht. (Kap. 3)

Verschuldungsquote Gesamter Bestand der Staatsverschuldung, gemessen als Prozentsatz des nominalen BIP eines Jahres. (Kap. 10)

Verteilungsgerechtigkeit Normative Vorstellung darüber, wie in einer Gesellschaft der Wohlstand verteilt sein soll. (Kap. 10)

Verteilungsseite des BIP (Verteilungsrechnung) Berechnung des BIP über die Verteilung der erzielten Wertschöpfung an die Unternehmen (Gewinne) und Arbeitnehmer (Löhne). (Kap. 9)

Vertrag von Maastricht Abkommen, mit dem die Mitgliedstaaten der Europäischen Gemeinschaft (EG) die Europäische Union (EU) gründeten. Der Vertrag lieferte unter anderem die Grundlage für die Vollendung der Europäischen Währungsunion. (Kap. 7)

Vertragsrechte Rechte, die sich aus einem Vertrag zwischen wirtschaftlichen Akteuren ergeben. (Kap. 11)

Verursacherprinzip Grundsatz, nach dem der Verursacher einer Umweltverschmutzung die Kosten ihrer Beseitigung zu tragen hat. (Kap. 11)

Verwendungsseite des BIP (Verwendungsrechnung) Berechnung des BIP über die gesamten Ausgaben der privaten Haushalte, der Unternehmen, des Staates und des Auslands für im Inland produzierte Waren und Dienstleistungen. (Kap. 9)

Verzerrung der relativen Preise Zustand, in dem die relativen Preise nicht die richtigen Signale über die Knappheit der entsprechenden Waren und Dienstleistungen wiedergeben. (Kap. 16)

Vollständige Konkurrenz Marktsituation, in der weder Produzenten noch Konsumenten über genügend Marktmacht verfügen, um die Preise zu beeinflussen. (Kap. 5)

Vollständige Wirtschaftsunion Integrationsform, bei der eine gemeinsame Wirtschaftspolitik verfolgt wird. (Kap. 7)

Vorleistung Wert der von anderen Unternehmen bezogenen Waren und Dienstleistungen, die in die Produktion eingehen. (Kap. 9)

Wachstum Langfristige Entwicklung des Wohlstands einer Volkswirtschaft, gemessen am realen BIP; wird auch als Trendwachstum oder langfristiges (Wirtschafts-)Wachstum bezeichnet. (Kap. 4)

Wachstumsdeterminanten Bestimmungsfaktoren des Wirtschaftswachstums. (Kap. 9)

Wachstumsrate Prozentuale Zunahme des BIP innerhalb einer bestimmten Zeiteinheit. (Kap. 9)

Währungsunion Integrationsform, bei der die nationalen Währungen zugunsten einer gemeinsamen Währung aufgegeben werden. (Kap. 6)

Warenkorb Gewichtetes Bündel von Waren und Dienstleistungen, das anhand der Ausgaben eines durchschnittlichen Haushalts zusammengestellt wird. (Kap. 3)

Wechselkurs Preis einer Währung, ausgedrückt in einer anderen Währung. (Kap. 6)

Wechselkursrisiko Unsicherheit über die zukünftigen Wechselkursentwicklungen. (Kap. 6)

Wechselkursziel Geldpolitisches Ziel, den Wechselkurs gegenüber einer anderen Währung innerhalb einer festgelegten Bandbreite zu halten. (Kap. 17)

Weltbank Internationale Organisation, die wirtschaftliche Entwicklung insbesondere von Entwicklungsländern fördert und geeignete Projekte finanziert. (Kap. 7)

Wertpapier Ein Dokument, das den Inhaber als Eigentümer einer Sache oder einer Forderung ausweist und deshalb einen Wert besitzt. Im engeren Sinne werden Finanzmarkttitel wie Aktien oder Anleihen als Wertpapiere bezeichnet. (Kap. 17)

Wertschöpfung Wertsteigerung bei der Produktion, indem bestehende Güter in ein neues Gut umgewandelt werden. Entspricht dem Wert der produzierten Güter abzüglich der Vorleistungen. (Kap. 9)

Wertschöpfungskette Die gesamte Abfolge von einzelnen, wertschöpfenden Produktionsschritten, die ein Produkt bis zu seiner Fertigstellung durchläuft. (Kap. 6)

Wettbewerbsbehörde Staatliche Institution, die für einen funktionierenden Wettbewerb sorgt und monopolistische Stellungen und Kartelle bekämpft. Je nach Bedeutung der Fälle sind für deutsche Unternehmen EU-Kommission, Bundeskartellamt oder Landeskartellämter zuständig. (Kap. 11)

Wirkungsverzögerungen der Konjunkturpolitik Zeit, die vom Auftreten eines konjunkturellen Problems bis zur Wirkung der wirtschaftspolitischen Gegenmaßnahmen verstreicht. (Kap. 15)

Wirtschaftlicher Akteur Einzelne Personen, Unternehmen, staatliche Einheiten oder jeweils eine Gruppe davon, die wirtschaftliche Transaktionen tätigen. (Kap. 1)

Wohlfahrt Gesamte Rente, die auf einem Markt entsteht. Diese entspricht der Summe aus Konsumenten- und Produzentenrente. (Kap. 5)

Wohlfahrtsverlust Verminderung der Wohlfahrt durch einen preisverzerrenden Eingriff in einen Markt. (Kap. 5)

Wohlstand Materieller Lebensstandard in einer Volkswirtschaft. (Kap. 1)

Wohlwollender Diktator Gedankenkonstrukt, bei dem ein vollständig informierter, allmächtiger und wohlwollender Entscheidungsträger die gesamtwirtschaftliche Wohlfahrt zu optimieren versucht. (Kap. 11)

WTO Abkürzung für „World Trade Organization" (Welthandelsorganisation). Institution, innerhalb derer multilaterale, das heißt für alle Mitgliedsländer gleichermaßen geltende, Handelsverträge abgeschlossen werden. (Kap. 7)

X-Ineffizienz Ein Unternehmen produziert mit den vorhandenen Ressourcen weniger, als möglich wäre. (Kap. 11)

Zahlungsbereitschaft Betrag, den ein Konsument maximal zu zahlen bereit ist, um eine bestimmte Ware oder eine bestimmte Dienstleistung zu erwerben. (Kap. 2)

Zahlungsbilanz Bilanz, die alle internationalen Transaktionen eines Landes erfasst und laut Definition immer ausgeglichen sein muss. Sie zeigt das Ausmaß der internationalen Verflechtung einer Volkswirtschaft. (Kap. 6)

Zentralbank Institution, die im Gesamtinteresse des Landes für die Geldpolitik verantwortlich ist. (Kap. 14)

Zentralbankgeldmenge Summe an Bargeld im Umlauf und an Geld auf Girokonten der Geschäftsbanken bei der Zentralbank. (Kap. 3)

Zentralisierte Lohnverhandlungen Lohnverhandlungen zwischen Vertretern von Arbeitgebern (Verbände) und Arbeitnehmern (Gewerkschaften), deren Ergebnisse branchenweite Gültigkeit haben. (Kap. 13)

Zielkonflikt Situation, in der die Erreichung eines Ziels verhindert, dass gleichzeitig ein anderes Ziel erreicht werden kann. (Kap. 10)

Zins Preis für die Überlassung von Geld, den der Schuldner dem Gläubiger zahlen muss. (Kap. 3)

Zinsdifferenzgeschäft Traditionelles Bankgeschäft; die Bank verdient daran, dass ihre Zinszahlungen an die Sparer kleiner sind als die Zinsen, die sie aus der Kreditvergabe erhält. (Kap. 3)

Zinseszins Zinszahlung, die bei einer Geldanlage für bereits früher gutgeschriebene und dem Kapitalstock zugeschlagene Zinsen geleistet wird. (Kap. 3)

Zollsatz Abgabesatz, der auf den Import einer Ware oder einer Dienstleistung erhoben wird. (Kap. 7)

Zollunion Integrationsform, bei der Zölle und andere Handelsbeschränkungen zwischen den Mitgliedsländern abgeschafft und gegenüber Nichtmitgliedern die gleichen Zölle erhoben werden. (Kap. 7)

Zwillingsdefizit Gleichzeitiges Auftreten eines Budgetdefizits und eines Leistungsbilanzdefizits in einem Land. (Kap. 11)

Index

Bildnachweis

S. 14	Fotosearch.de
S. 16	Atelier Mühlberg, Basel
S. 19	© Gina Sanders/Fotolia
S. 21	© ddp/ullstein bild
S. 22	© Fotografie Dr. Thomas Kreutzig/Pixelio
S. 26	© Thinkstock/JackF
S. 29	© Ingo Bartussek/Fotolia
S. 31	OCEAN artist & brand GmbH
S. 34	Frank and Ernest, © 2005 Thaves
S. 40	Atelier Mühlberg, Basel
S. 42	ullstein Bild - Mehrl
S. 46 (oben)	Frank and Ernest, © 1988 Thaves
S. 46 (unten)	Senator Film Verleih GmbH
S. 50	action press gmbh & co. kg
S. 51	© Frank Fenstermacher/ Mit freundlicher Genehmigung von Wonder Records
S. 53	© Gina Sanders/Fotolia
S. 62	Atelier Mühlberg, Basel
S. 64	© Fotografie Philip Letsch
S. 67 (oben)	© John Shearer/Picture Alliance
S. 67 (unten)	© SONJA FLEMMING/Picture Alliance
S. 68	© telesniuk/Shutterstock
S. 72	Blue Byte GmbH
S. 74	© Eddy Risch/Keystone
S. 78	Universal Pictures Germany GmbH
S. 82	Atelier Mühlberg, Basel
S. 84	Atelier Mühlberg, Basel
S. 87	Chappatte in: International Herald Tribune, © 2005
S. 90	Chappatte in: Le Temps, © 2007
S. 96	Frank and Ernest, © 2004 Thaves
S. 98	© Kirill Kedrinski/Fotolia
S. 99 (links)	© Andrey_Arkusha/Fotolia
S. 99 (rechts)	Picture Alliance
S. 101	© Kucharz/ullstein bild
S. 108	Atelier Mühlberg, Basel
S. 111	© Keystone/Ronald Zak
S. 115	© Angelika Warmuth/Picture Alliance
S. 120	© KZ-Gedenkstätte Flossenbürg
S. 124	Volkswagen Aktiengesellschaft
S. 125	Schwalbe.com
S. 128	OCEAN artist & brand GmbH
S. 130	© Abaca Van Tine/Picture Alliance
S. 131	© Thilo Großer
S. 132	© Emilio Morenatti/Picture Alliance/ AP Images
S. 136	Atelier Mühlberg, Basel
S. 139	Chappatte in: International Herald Tribune, © 2007
S. 140	IMF Archives, www.imf.org
S. 142	Chappatte in: Le Temps, © 2003
S. 144	© Thilo Großer
S. 154	Atelier Mühlberg, Basel
S. 156	Atelier Mühlberg, Basel
S. 158	© akg-images/Picture Alliance
S. 159	© Theo Jansen
S. 162	© Sebastian Kahnert/Picture Alliance/ dpa
S. 170	Atelier Mühlberg, Basel

S. 172	OCEAN artist & brand GmbH
S. 173	© Stella/Getty Images
S. 174	© istock/LD Prod
S. 176	© Thilo Großer
S. 180	Frank and Ernest, © 2006 Thaves
S. 184	© Köhler/ullstein bild
S. 187	© ecopix/ullstein bild
S. 188	© Thilo Großer
S. 189	© Eibner-Pressefoto/Picture Alliance
S. 191	Chappette in: NZZ am Sonntag, © 2006
S. 196	© Tessa Oehmke
S. 198	© tobias_s/Fotolia
S. 200	Frank and Ernest, © 2004 Thaves
S. 203	Frank and Ernest, © 1995 Thaves
S. 218	© tobias_s/Fotolia
S. 223	© Thomas Leiss/Fotolia
S. 227	© Kai Hansen
S. 228	BetonMarketing/Springer&Jacoby
S. 230 (oben)	© Thilo Großer
S. 230 (unten)	© Felix Hörhager/Picture Alliance/dpa
S. 232	Chappette in: Le Temps, © 2007
S. 235	© Jörg Schmitt/Picture Alliance/dpa - Bildarchiv
S. 237 (oben)	© Remondis
S. 237 (unten)	© Thilo Großer
S. 241 (oben)	Frank and Ernest, © 2005 Thaves
S. 241 (unten)	© Christian Hager/Picture Alliance/dpa - Report
S. 243 (beide)	© Thilo Großer
S. 245	© wikimedia/Bahntech
S. 249	Frank and Ernest, © 2008 Thaves
S. 251	© Deutscher Bundestag/Marc-Steffen Unger
S. 256	Atelier Mühlberg, Basel
S. 258	© Claude Giger, Basel
S. 266	© XAMAX/Picture Alliance
S. 268	© Imagebroker.net/ullstein bild
S. 273	© Thilo Großer
S. 275	© Thilo Großer
S. 277	Erich Schmidt Verlag
S. 278	Picture Alliance
S. 282	© Claude Giger, Basel
S. 285	© Martin Schutt/Picture Alliance/ZB
S. 287	Frank and Ernest, © 2007 Thaves
S. 289	ullstein bild
S. 296	Frank and Ernest, © 2006 Thaves
S. 298	Bellaphonrecords GmbH
S. 299	© Arne Dedert/Picture Alliance/dpa
S. 304 (oben links)	CDU
S. 304 (oben rechts)	FDP-Bundesgeschäftsstelle
S. 304 (Mitte links)	SPD-Parteivorstand
S. 304 (unten links)	BÜNDNIS 90/DIE GRÜNEN
S. 304 (unten rechts)	DIE LINKE
S. 308	Isochrom.com
S. 310	© bluedesign/Fotolia
S. 312	© Gero Breloer/Picture Alliance/dpa
S. 314	© Thilo Großer
S. 316	© Thilo Großer
S. 319	© Thilo Großer
S. 321	© Thilo Großer
S. 324	© bluedesign/Fotolia

S. 326	Frank and Ernest, © 2009 Thaves
S. 327	© Cornelia Wermke
S. 330	Frank and Ernest, © 2003 Thaves
S. 331 (links)	© Adrian Dennis / Picture Alliance / AP Photo
S. 331 (rechts)	© Christian Skrein / Picture Alliance / Imagno
S. 337	© Maurizio Gambarini / Picture Alliance / dpa
S. 344	© bluedesign/Fotolia
S. 348	Frank and Ernest, © 1980 Thaves
S. 351	Chappatte in: International Herald Tribune, © 2007
S. 352 (links)	Warner Music Group Germany Holding GmbH
S. 352 (rechts)	Picture Alliance
S. 354	© McDonald's Suisse Holding SA
S. 357	Frank Rumpenhorst / Picture Alliance / dpa
S. 360	© bluedesign/Fotolia
S. 363	Frank and Ernest, © 2009 Thaves
S. 365	© Thilo Großer
S. 368	© Alessandro Della Bella / Keystone
S. 371 (links)	Bundesbank.de
S. 371 (rechts)	© wikimedia / DXR / Daniel Vorndran
S. 376	Stringer / Picture Alliance / dpa
S. 390	Chappatte in: International Herald Tribune, © 2008
Umschlagvorderseite (oben)	© Max Diesel/Fotolia
Umschlagvorderseite (unten)	© nmann77/Fotolia
Umschlagsrückseite (Portrait unten)	© Alfred Jansen Fotografie